油气钻探企业安全监督应知应会

川庆长庆监督公司　编著

石 油 工 业 出 版 社

内 容 提 要

本书内容共四篇,分别介绍了与油气钻探企业相关的安全管理理论、安全法律法规及相关制度、安全技术、安全监督实用技术等,并附有练习题库。

本书可作为安全监督人员自学工具书和培训教材,也可供开展现场监督检查和安全评价查询参考。

图书在版编目(CIP)数据

油气钻探企业安全监督应知应会/川庆长庆监督公司编著.—北京:石油工业出版社,2019.5

ISBN 978-7-5183-3303-5

Ⅰ.①油… Ⅱ.①川… Ⅲ.①油气钻井-石油企业-企业安全-监管制度-中国 Ⅳ.①F426.22

中国版本图书馆 CIP 数据核字(2019)第 077733 号

出版发行:石油工业出版社

(北京市朝阳区安华里 2 区 1 号楼　100011)

网　　址:www.petropub.com

编辑部:(010)64255590

图书营销中心:(010)64523633

经　　销:全国新华书店

印　　刷:北京中石油彩色印刷有限责任公司

2019 年 5 月第 1 版　2019 年 5 月第 1 次印刷

787×1092 毫米　开本:1/16　印张:29.25

字数:700 千字

定价:85.00 元

(如发现印装质量问题,我社图书营销中心负责调换)

前 言

积极贯彻"安全第一、预防为主、综合治理"的安全生产方针，树立安全发展理念，弘扬"生命至上、安全第一"的思想，健全公共安全体系，完善安全生产责任制，坚决遏制重特大安全事故，提升防灾减灾救灾能力，是新时代安全工作的主线。

随着油气田开发规模的不断加大，新工艺、新技术、新装备、新工具的不断应用，需要广大安全监督人员不断学习法律法规、技术标准，掌握安全基础理论知识及技术方法。为进一步完善油气钻探企业安全监督应知应会知识体系，满足安全监督人员业务水平不断提高的需求，我们组织编写了《油气钻探企业安全监督应知应会》。全书内容共四篇，分别介绍了安全管理理论、安全生产法律法规及相关制度、安全技术、安全监督实用技术等，并附有练习题库。

本书可作为安全监督自学工具书和培训教材，也可供开展现场监督检查和安全评价查询参考。

由于编者水平有限，书中难免有疏漏之处，恳请广大读者提出宝贵意见。

编　者

2019 年 4 月

目 录

第一篇 安全管理理论

第二篇 安全生产法律法规及相关制度

第三篇　安全技术

第四篇　安全监督实用技术

第 一 篇

安全管理理论

第一章 概 论

第一节 安全生产管理基本概念

一、安全

安全，泛指没有危险、不出事故的状态。汉语中有"无危则安，无缺则全"；安全的英文为 safety，指健康与平安之意；梵文为 sarva，意为无伤害或完整无损；《韦氏大词典》对安全定义为"没有伤害损伤或危险，不遭受危害或损害的威胁，或免除了危害、伤害或损失的威胁"。

生产过程中的安全，即安全生产，指的是"不发生工伤事故、职业病、设备或财产损失"。工程上的安全性，是用概率表示的近似客观量，用以衡量安全的程度。系统工程中的安全是一个相对的概念，当危险性低于某种程度时，人们就认为是安全的。

二、本质安全

本质安全是指通过设计等手段使生产设备或生产系统本身具有安全性，即使在误操作或发生故障的情况下也不会造成事故。具体包括两方面的内容：

（一）失误—安全功能

指操作者即使操作失误，也不会发生事故或伤害，或者说设备、设施和技术工艺本身具有自动防止人的不安全行为的功能。

（二）故障—安全功能

指设备、设施或生产工艺发生故障或损坏时，还能暂时维持正常工作或自动转变为安全状态。

本质安全是生产中"预防为主"的根本体现，也是安全生产的最高境界。实际上，由于技术、资金和人们对事故的认识等原因，目前还很难做到本质安全，只能作为追求的目标。

三、安全生产

《辞海》将"安全生产"解释为：为预防生产过程中发生人身、设备事故，形成良好劳动环境和工作秩序而采取的一系列措施和活动。《中国大百科全书》将"安全生产"解释为：旨在保护劳动者在生产过程中安全的一项方针，也是企业管理必须遵循的一项原则，要求最大限度地减少劳动者的工伤和职业病，保障劳动者在生产过程中的生命安全和身体健康。根据现代系统安全工程的观点，安全生产，一般意义上讲，是指在社会生产活动中，通过人、机、物料、环境的和谐运作，使生产过程中潜在的各种事故风险和伤害因素始终处于有效控制状态，切实保护劳动者的生命安全和身体健康。

四、安全生产管理

安全生产管理是管理的重要组成部分，是安全科学的一个分支。所谓安全生产管理，就是针对人们在生产过程中的安全问题，运用有效的资源，发挥人们的智慧，通过人们的努力，进行有关决策、计划、组织和控制等活动，实现生产过程中人与机器设备、物料、环境的和谐，达到安全生产的目标。

安全生产管理的目标是减少和控制危害，减少和控制事故，尽量避免生产过程中由于事故所造成的人身伤害、财产损失、环境污染以及其他损失。安全生产管理包括安全生产法制管理、行政管理、监督检查、工艺技术管理、设备设施管理、作业环境和条件管理等方面。

安全生产管理的基本对象是企业的员工，涉及企业中的所有人员、设备设施、物料、环境、财务、信息等各个方面。安全生产管理的内容包括：安全生产管理机构和生产管理人员、安全生产责任制、安全生产管理规章制度、安全生产策划、安全培训教育、安全生产档案等。

第二节　管理科学基本概念及原理

一、管理的定义及概念

管理（manage）就是制定、执行、检查和改进。制定就是制定计划（或规定、规范、标准、法规等）；执行就是按照计划去做，即实施；检查就是将执行的过程或结果与计划进行对比，总结出经验，找出差距；改进首先是推广通过检查总结出的经验，将经验转变为长效机制或新的规定，再次是针对检查发现的问题进行纠正，制定纠正、预防措施，以持续改进。

管理主体包含5个方面的要素：人（决策者、执行者、监督者）、财（资金）、物（土地、生产设备及工具、物料等）、信息（管理机制、技术与方法，以及管理用的各种信息等）、时空（时点和持续时间、地理位置及空间范围）。

管理的手段包括5个方面：强制（战争、政权、暴力、抢夺等）、交换（双方意愿交换）、惩罚（包括物质性的和非物质性的）、激励、沟通与说服。

管理的过程包括7个环节：管理规则的确定（组织运行规则，如章程及制度等）、管理资源的配置（人员配置及职责划分与确定，设备及工具、空间等资源配置与分配）、目标的设立与分解、组织与实施、过程控制（检查、监督与协调）、效果评价、总结与处理（奖惩）。

二、管理的基本原理

管理原理是对管理工作的实质内容进行科学分析总结而形成的基本真理，它是实现管理现象的抽象，是对各项管理制度和管理方法的高度综合概括，对一切管理活动具有普遍的指导意义。安全生产管理作为管理的重要组成部分，遵循管理的普遍规律，既服从管理的基本原理和原则，又有其特殊的原理和原则。安全生产管理的原理有：系统原理、人本原理、预防原理、强制原理和责任原理。以下对系统原理及人本原理进行介绍。

（一）系统原理

系统原理是指人们在从事管理工作时，运用系统的理论、观点和方法，对管理活动进行充分分析，以达到管理优化的目的，即用系统的理论观点和方法来认识和处理管理中出现的问题。

1. 整分合原则

整分合原则是指首先在整体规划下明确分工，在分工基础上再进行有效的综合。该原则在安全管理工作中的意义如下：

整——企业领导确定整体目标、制定规划与计划、进行宏观决策。此阶段，要把安全放在首要位置加以考虑。

分——明确分工，层层落实。

合——展现全员的凝聚力，对各部分、人员进行协调控制，实现有效全面的安全管理。

运用该原则，要求企业管理者在制定整体目标和进行宏观决策时，必须把安全生产纳入其中，在考虑资金、人员和体系时，都必须将安全生产作为一项重要内容考虑。

2. 动态相关性原则

动态相关性原则是指任何安全管理系统的正常运转，不仅要受到系统自身条件和因素的制约，而且还要受到其他有关系统的影响，并随着时间、地点以及人们的不同努力程度而发生变化。因此，要提高安全生产管理的效果，必须掌握各个管理对象要素之间的动态相关特征，充分利用各要素之间的相互作用。

3. 反馈原则

反馈就是由控制系统把信息输送出去，又把其作用结果返送回来，并对信息的再输出发生影响，起到控制作用，以达到预定的目的。

4. 封闭原则

封闭原则是指在任何一个管理系统内部，管理手段、管理过程等必须构成一个连续封闭的回路，才能形成有效的管理活动。

封闭，就是把管理手段、管理过程等加以分割，使各部、各环节相对独立，各行其是，充分发挥自己的功能；然而又互相衔接、互相制约并且首尾相连，形成一条封闭的管理链。

任何一个管理系统，仅具备决策指挥中心和执行机构是不足以实施有效的管理的，必须设置监督机构和反馈机构，监督机构对执行机构进行监督，反馈机构感受执行效果的信息，并对信息进行处理，再返回决策指挥中心。决策指挥中心据此发出新的指令，这样就形成了一个连续封闭的回路（图1-1）。

管理法规的建立和实施也必须封闭。不仅要建立尽可能全面的执行法，还应建立对执行

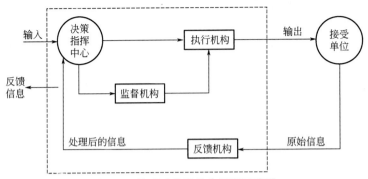

图 1-1 管理系统的基本封闭回路图

的监督法，且必须有反馈法，这样才能发挥法规的威力。

管理封闭是相对的，封闭系统不是孤立系统。从空间上看，它要受到系统管理的作用，与环境之间存在输入输出关系，有物质、能量、资金、人员、信息等的交换，只能与它们协调平衡地发展；从时间上讲，事物是不断发展的，依靠预测作出的决策不可能完全符合未来的发展。因此，必须根据事物发展的客观需要，不断以新的封闭代替旧的封闭，求得动态的发展，在变化中不断前进。

（二）人本原理

人本原理是以人为中心的管理思想，人是管理的主体。人的积极性、主动性、创造性的发挥，是取得最佳管理效益的保证。因此管理者应该以调动被管理者的积极性、主动性、创造性，彼此沟通，采取一致行动作为其工作之根本。以人为本有两层含义："一切为了人"和"一切依靠人"。

运用人本原理时应遵循能级原则、动力原则和激励原则。

1. 能级原则

能级原则是指一个稳定而高效的管理系统必须是由若干分别具有不同能级的不同层次有规律地组合而成的。

稳定的管理能级结构如图 1-2 所示，该管理三角形一般分为四个层次，即经营决策层、管理层、执行层、操作层。四个层次能级不同，使命各异，必须划分清楚，不可混淆。

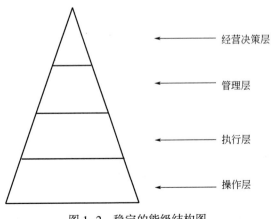

图 1-2 稳定的能级结构图

在运用能级原则时应该做到三点：一是能级的确定必须保证管理结构具有最大的稳定性，即管理三角形的顶角大小必须适当；二是人才的配备必须能级对应，使人尽其才，各尽所能；三是责、权、利应做到能级对等，在赋予责任的同时授予权力和给予利益，才能使其能量得到相应能级的发挥。

2. 动力原则

动力原则是指推动管理活动的基本力量是人，管理必须有能激发人的工作能力的动力。动力的产生来自物质、精神和信息，相应就有三类基本动力，即：

（1）物质动力：以适当的物质利益刺激人的行为动机。

（2）精神动力：运用理想、信念、鼓励等精神力量刺激人的行为动机。

（3）信息动力：通过信息的获取与交流产生奋起直追或领先他人的行为动机。

3. 激励原则

激励原则是指利用某种外部诱因的刺激调动人的积极性和创造性，以科学的手段，激发人的内在潜力，使其充分发挥出积极性、主动性和创造性。

第三节　安全管理的原理与原则

一、安全管理的定义

安全管理是企业管理的重要组成部分，它是以安全为目的，履行有关安全工作的计划、组织、指挥、协调、控制等职能，合理有效地使用人力、财力、物力、时间和信息，为达到预定的安全防范而进行的各种活动的总和。

施工现场安全管理的内容，大体可归纳为安全组织管理、场地与设施管理、行为控制和安全技术管理四个方面，分别对生产中的人、物、环境的行为与状态，进行具体的管理与控制。

在企业安全管理系统中，专业安全工作者起着非常重要的作用。他们既是企业内部上下沟通的纽带，更是企业领导者在安全方面的得力助手。他们在掌握充分资料的基础上，为企业安全生产实施日常监管工作，并向有关部门或领导提出安全改造、管理方面的建议。归纳起来，专业安全工作者的工作可分为 4 个部分。

（1）分析。对事故与损失产生的条件进行判断和估计，并对事故的可能性和严重性进行评价，这是事故预防的基础。

（2）决策。确定事故预防和损失控制的方法、程序和规划，在分析的基础上制订出合理可行的事故预防、应急措施及保险补偿的总体方案，并向有关部门或领导提出建议。

（3）信息管理。收集、管理并交流与事故和损失控制有关的资料、情报信息，并及时反馈给有关部门和领导，保证信息的及时交流和更新，为分析与决策提供依据。

（4）测定。对事故和损失控制系统的效能进行测定和评价，并为取得最佳效果做出必要的改进。

二、安全管理的原理与原则

(一) 预防原理

1. 预防原理的含义

安全管理工作应当以预防为主，即通过有效的管理和技术手段，防止人的不安全行为和物的不安全状态出现，从而使事故发生的概率降到最低。

2. 预防原理的原则

1) 偶然原则

事故所产生的后果（人员伤亡、健康损害、物质损失、环境影响等），以及后果的大小如何，都是随机的，难以预测的。反复发生的同类事故，并不一定产生相同的后果，这就是事故损失的偶然性。

有的事故发生没有造成任何损失，这种事故被称为未遂事故（英文 Near Miss，或叫险肇事故、准事故）。但若再次发生完全类似的事故，会造成多大的损失，只能由偶然性决定而无法预测。

根据事故损失的偶然性，可得到安全管理上的偶然损失原则：无论事故是否造成了损失，为了防止事故损失的发生，唯一的办法是防止事故再次发生。这个原则强调，在安全管理实践中，要重视各类事故，包括未遂事故，只有控制住未遂事故，才能真正防止事故损失的发生。

2) 因果关系原则

事故是许多因素互为因果连续发生的最终结果。一个因素是前一因素的结果，而又是后一因素的原因，环环相扣，导致事故的发生。事故的因果关系决定了事故发生的必然性，即事故因素及其因果关系的存在决定了事故或迟或早必然要发生。掌握事故的因果关系，砍断事故因素的环链，就消除了事故发生的必然性，就可能防止事故的发生。

事故的必然性中包含着规律性。必然性来自因果关系，深入调查、了解事故的因果关系，就可以发现事故发生的客观规律，从而为防止事故发生提供依据。应用数理统计方法，收集尽可能多的事故案例进行统计分析，就可以从总体上找出带有规律性的问题，为宏观安全决策奠定基础，为改进安全工作指明方向，从而做到以预防为主实现安全生产。

从事故的因果关系中认识必然性，发现事故发生的规律，变不安全条件为安全条件。把事故消灭在早期起因阶段，这就是因果关系原则。

3) 3E 原则

造成人的不安全行为和物的不安全状态的主要原因可归结为四个方面：

(1) 技术的原因。其中包括：作业环境不良（照明、温度、湿度、通风、噪声、振动等），物料堆放杂乱，作业空间狭小，设备、工具有缺陷并缺乏保养，防护与报警装置的配备和维护存在技术缺陷。

(2) 教育的原因。其中包括：缺乏安全生产的知识和经验，作业技术、技能不熟练等。

(3) 身体和态度的原因。其中包括：生理状态或健康状态不佳，如听力、视力不良，反应迟钝，醉酒，疾病、疲劳等生理机能障碍；急慢、反抗、不满等情绪，消极或亢奋的工作态度等。

（4）管理的原因。其中包括：企业主要领导人对安全不重视，人事配备不完善，操作规程不合适，安全规程缺乏或执行不力等。

针对这四个方面的原因，可以采取三种防止对策，即工程技术（Engineering）对策、教育（Education）对策和强化（Enforcement）对策。这三种对策就是3E原则。

工程技术对策是运用工程技术手段消除生产设施设备的不安全因素，改善作业环境条件，完善防护与报警装置，实现生产条件的安全和卫生。

教育对策是提供各种层次、各种形式和内容的教育和训练，使员工牢固树立"安全第一"的思想，掌握安全生产所必需的知识和技能。

强化对策是利用法律、规程、标准以及规章制度等必要的强制性手段约束人们的行为，从而达到消除不重视安全、违章作业等现象的目的。

4）本质安全原则

所谓本质安全是指设备、设施或技术工艺含有内在的能够从根本上防止发生事故的功能，包含3个方面：

（1）失误—安全（Fool-Proof）功能。指操作者即使操纵失误也不会发生事故和伤害，或者说设备、设施具有自动防止人的不安全行为的功能。

（2）故障—安全（Fail-Safe）功能。指设备、设施发生故障或损坏时还能暂时维持正常工作或自动转变为安全状态。

（3）上述两种安全功能应该是设备、设施本身固有的，即在它们的规划设计阶段就被纳入其中，而不是事后补偿的。

本质安全的含义也不仅局限于设备、设施的本质安全化，而应扩展到诸如新建工程项目、交通运输、新技术、新工艺、新材料的应用，甚至包括人们日常生活等各个领域中。

（二）强制原理

1.强制原理的含义

采取强制管理的手段控制人的意愿和行动，使个人的活动、行为等受到安全管理要求的约束，从而实现有效的安全管理，这就是强制原理。安全管理更需要具有强制性，这是基于以下三个原因：

（1）事故损失的偶然性。由于事故的发生及其造成的损失具有偶然性，并不一定马上会产生灾害性的后果，这样会使人觉得安全工作并不重要，可有可无，从而忽视安全工作，直至发生事故。

（2）人的"冒险"心理。这里的"冒险"是指某些人为了获得诸如省事、省时、省能、图舒服、爱美、逞能、逞强、提高金钱收益等某种利益，而心存侥幸，在避免风险和获得利益之间作出了错误的选择。

（3）事故损失的不可挽回性。事故损失一旦发生，往往会造成永久性的损害，尤其是人的生命和健康更是无法弥补。因此，在安全问题上，经验一般都是间接的，不能允许当事人通过犯错误来积累经验和提高认识。

安全强制性管理的实现，离不开严格合理的法律、法规和各级规章制度，这些法规、制度构成了安全行为的规范。同时，还要有强有力的管理和监督体系，以保证被管理者始终按照行为规范进行活动，一旦其行为超出规范的约束，就要有严厉的惩处措施。

2. 与强制原理有关原则

做好企业的安全管理，必须遵循以下原则。

1）"安全第一、预防为主、综合治理"的原则

"安全第一、预防为主、综合治理"是我国安全生产的一贯方针。安全第一是指在看待和处理安全同生产和其他工作的关系上，要突出安全，要把安全放在一切工作的首要位置，要做到不安全不生产、隐患不处理不生产、安全措施不落实不生产。

2）管生产必须管安全的原则

管生产必须管安全的原则是我国安全生产最基本的准则之一。坚持管生产必须管安全的原则，企业法人和各级行政正职是安全生产的第一责任人，对本单位、本部门的安全生产负全责。其他管理人员都必须在承担生产责任的同时对职责范围内的安全工作负责。为确保企业生产过程中的安全，各级生产管理人员必须同时管理安全，正确处理安全与生产的关系，保证安全法律法规、制度和安全技术措施的贯彻落实，真正做到不安全不生产。

3）安全生产人人管理、自我管理的原则

企业安全管理必须建立在广泛的群众基础之上，依靠全体员工的自我管理，充分调动员工安全生产的积极性。要提高员工的安全意识和安全技能，促使其在自身的职责范围内，自觉执行安全制度和劳动纪律，遵守工艺规范和操作规程，自我发现、防范，控制不安全因素。

各部门要结合自己的业务，对本部门的安全生产负责，使安全管理贯穿于企业生产建设的全过程，真正实行全员、全面、全过程、全天候安全管理，防止和控制各类事故，实现安全。

4）"三同时"原则

"三同时"原则指建设工程的安全设施必须和主体工程同时设计、同时施工、同时投入生产和使用。

执行"三同时"原则必须做到以下几方面：有关部门在组织建设项目可行性论证时，必须同时对生产安全条件进行论证，不具备安全生产条件的不能立项；设计单位在编制初步设计文件时，应同时编制安全设施的设计，不得随意降低安全设施的标准；建设单位在编制建设项目计划和财务计划时，应将安全设施所需投资一并纳入计划，同时编报；施工单位必须按照施工图纸和设计要求施工，确保安全设施与主体工程同时施工，同时投入使用。

5）"四不放过"原则

"四不放过"原则是指发生事故后，事故原因未查清不放过；人未受到处理不放过；群众未受到教育不放过；整改措施未落实不放过。"四不放过"原则是我国事故管理的基本经验和原则，其出发点是预防事故。要充分利用事故这种反面教材，开展典型案例教育，总结研究事故发生规律，为制定安全技术措施提供依据。

6）监督原则

为了促使各级生产管理部门严格执行安全法律法规、标准和规章制度，保护员工的安全与健康，实现安全生产，必须授权专门的部门和人员行使监督、检查和惩罚的职责以揭露安全工作中的问题，督促问题的解决，追究和惩戒违章失职行为，这就是安全管理的监督原则。

从我国目前的情况看，安全监督可分为三个层次：

第一，国家监督（或监察），即国家职业安全监督（或监察，下同）。这是指国家授权专门的行政机关，以国家名义并运用国家权力对各级经济、生产管理部门和企事业单位执行安全法规的情况进行的监督和检查。

第二，企业监督，这是指由企业经营者直接领导、指挥企业安全监督管理部门，对企业的生产、经营等各部门的安全状况和法规、制度执行情况进行的监督和检查。

第三，群众监督，这是指广大员工群众通过各级工会和职工代表大会等自己的组织，对企业各级管理部门贯彻执行安全法规、改善劳动条件等情况进行的监督。

上述三个层次的安全监督，性质不同，地位不同，所起的作用也不同。它们相辅相成，构成了一个有机的监督体系。

第二章 事故预防理论

第一节 事故的基本概念

一、事故的定义与基本特征

（一）事故（Accident）的定义

事故是已经引起或可能引起伤害、疾病和（或）对财产、环境或第三方造成损害的一件或一系列事件。

事故具有如下特点：

（1）事故是一种发生在人类生产、生活活动中的特殊事件，人类的任何生产、生活活动过程中都可能发生事故。因此，人们若想把活动按自己的意图进行下去，就必须努力采取措施防止事故。

（2）事故是一种突然发生的、出乎人们意料的意外事件。这是由于导致事故发生的原因非常复杂，往往是由许多偶然因素引起的，因而事故的发生具有随机性。在一起事故发生之前，人们无法准确地预测什么时候、什么地方、发生什么样的事故。由于事故发生的随机性，使得认识事故、弄清事故发生的规律及防止事故发生成为一件非常困难的事情。

（3）事故是一种迫使进行着的生产、生活活动暂时或永久停止的事件。

（4）事故这种意外事件除了影响人们的生产、生活活动顺利进行之外，往往还可能造成人员伤害、财物损坏或环境污染等其他形式的后果。

（二）未遂事故、二次事故、非工作事故

在事故研究中，有几类事故容易被人们所忽略，但又十分值得关注，这就是未遂事故、二次事故、非工作事故。

1. 未遂事故

未遂事故是指有可能造成严重后果，但由于其偶然因素，实际上没有造成严重后果的事件。

海因里希在调查了5000多起伤害事故后发现，在330起类似的事故中，300起事故没有造成伤害，29起引起轻微伤害，一起造成了严重伤害。即严重伤害、轻微伤害和没有伤害的事故件数之比为1∶29∶300，这就是著名的海因里希法则（图2-1）。而其中的300起无伤害事故，如同时又为没有造成财产及其他损失的事故，即为未遂事故。

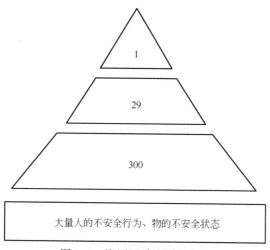

图 2-1　海因里希法则示意图

2. 二次事故

二次事故是指由外部事件或事故引发的事故。所谓外部事件，是指包括自然灾害在内的与本系统无直接关联的事件。二次事故可以说是造成重大损失的根源。绝大多数重、特大事故主要是由于事故引发了二次事故造成的。

3. 非工作事故

非工作事故即员工在非工作环境中，如旅游、娱乐、体育活动及家庭生活等诸方面活动中发生的人身伤害事故。

对于这类事故，最值得关注的因素就是员工在企业的安全管理制度约束下，有较好的安全意识，但在非工作环境中，他会产生某种"放纵"，加上对某些环境的不熟悉、操作的不熟练，都成了事故滋生的土壤。

（三）事故的基本特性

1. 普遍性

自然界中充满各种各样的危险，人类的生产、生活过程中也总是伴随着危险。所以，发生事故的可能性普遍存在。危险是客观存在的，在不同的生产、生活过程中，危险性各不相同，事故发生的可能性也就存在差异。

2. 随机性

事故发生的时间、地点、形式、规模和事故后果的严重程度都是不确定的。何时、何地、发生何种事故，其后果如何，都很难预测，从而给事故的预防带来一定困难。但是，在一定范围内，事故的随机性遵循数理统计规律，即在大量事故统计资料的基础上，可以找出事故发生的规律，预测事故发生概率的大小。因此，事故统计分析对制定正确的预防措施具有重要作用。

3. 必然性

危险是客观存在的，而且是绝对的。因此，人们在生产、生活过程中必然会发生事故，只不过事故发生的概率大小、人员伤亡的多少和财产损失的严重程度不同。人们采取措施预防事故，只能延长事故发生的时间间隔，降低事故发生的概率，而不能完全杜绝事故。

4. 因果相关性

事故是由系统中相互联系、相互制约的多种因素共同作用的结果。导致事故的原因多种多样。从总体上看，事故原因可分为人的不安全行为、物的不安全状态、环境的不良刺激作用。从逻辑上又可分为直接原因和间接原因等。这些原因在系统中相互作用、相互影响，在一定的条件下发生突变，酿成事故。通过事故调查分析，探求事故发生的因果关系，搞清事故发生的直接原因、间接原因和主要原因，对于预防事故发生具有积极作用。

5. 突变性

系统由安全状态转化为事故状态实际上是一种突变现象。事故一旦发生，往往十分突然，令人措手不及。因此，制定事故预案，加强应急救援训练，提高作业人员的应急反应能力和应急救援水平，对于减少人员伤亡和财产损失尤为重要。

6. 潜伏性

事故的发生具有突变性，但在事故发生之前存在一个量变过程，即系统内部相关参数的渐变过程，所以事故具有潜伏性。一个系统，可能长时间没有发生事故，但这并非就意味着该系统是安全的，因为它可能潜伏着事故隐患。这种系统在事故发生之前所处的状态不稳定，为了达到系统的稳定状态，系统要素在不断发生变化。当某一触发因素出现，即可导致事故。事故的潜伏性往往会引起人们的麻痹思想，从而酿成重大恶性事故。

7. 危害性

事故往往造成一定的财产损失或人员伤亡。严重者会制约企业的发展，给社会稳定带来不良影响。因此，人们面对危险，都全力抗争追求安全。

8. 可预防性

尽管事故的发生是必然的，但可以通过采取控制措施来预防事故发生或者延缓事故发生的时间间隔。充分认识事故的这一特性，对于防止事故发生有促进作用。通过事故调查，探求事故发生的原因和规律，采取预防事故的措施，可降低事故发生的概率。

二、伤害分类

根据人员受到伤害的严重程度和伤害后的恢复情况，可将伤害分为4类。

（1）暂时性失能伤害。受伤害者或中毒者暂时不能从事原岗位工作，经过一段时间的治疗或休息可以恢复工作能力的伤害。

（2）永久性部分失能伤害。导致受伤害者或中毒者肢体或某些器官的功能发生不可逆的丧失的伤害。

（3）永久性全失能伤害。使受伤害者或中毒者完全残废的伤害。

（4）死亡。

三、事故的分类

（一）按事故类别分类

《企业职工伤亡事故分类》（GB 6441—1986）按致害原因将事故类别分为 20 类。包括：物体打击、车辆伤害、机械伤害、起重伤害、触电、淹溺、灼烫、火灾、高处坠落、坍塌、冒顶片帮、透水、爆破、火药爆炸、瓦斯爆炸、锅炉爆炸、压力容器爆炸、其他爆炸、中毒和窒息、其他。

（二）按事故伤亡人数分类

（1）轻伤事故：只有轻伤的事故。

（2）重伤事故：发生了重伤但是没有死亡的事故。

（3）一般伤亡事故：死亡 1~2 人的事故。

（4）重大事故：死亡 3~9 人的事故。

（5）特大事故：死亡 10~29 人的事故。

（6）特别重大事故：死亡 30 人以上的事故。

（三）按伤害程度分类

在《企业职工伤亡事故分类》（GB 6441—1986）中，把受伤害者的伤害分为 3 类：

（1）轻伤：损失工作日低于 105 天的失能伤害。

（2）重伤：损失工作日等于或大于 105 天的失能伤害。

（3）死亡：发生事故后当即死亡，包括急性中毒死亡，或受伤后在 30 天内死亡的事故。死亡损失工作日为 6000 天。

（四）按事故经济损失程度分类

2007 年 3 月 28 日，国务院第 172 次常务会议通过《生产安全事故报告和调查处理条例》，自 2007 年 6 月 1 日起施行。将事故分为以下 4 类：

（1）一般损失事故：1000 万元以下直接经济损失的事故。

（2）较大损失事故：1000 万元以上 5000 万元以下直接经济损失的事故。

（3）重大损失事故：5000 万元以上 1 亿元以下直接经济损失的事故。

（4）特大损失事故：1 亿元以上直接经济损失的事故。

四、事故的原因

（一）事故的直接原因

所谓事故的直接原因，即直接导致事故发生的原因，又称一次原因。《企业职工伤亡事故分类》（GB 6441—1986）对人的不安全行为和物的不安全状态作了详细分类。

1.物的不安全状态方面的原因

1）防护、保险、信号等装置缺乏或有缺陷

（1）无防护。具体包括：无防护罩；无安全保险装置；无报警装置；无安全标志；无护栏或护栏损坏；（电气）未接地；绝缘不良；局部通风机无消声系统，噪声大；危房内作业；未安装防止"跑车"的挡车器或挡车栏；其他。

（2）防护不当。具体包括：防护罩未在适应位置；防护装置调整不当；坑道掘进、隧道开凿支撑不当；防爆装置不当；采伐、集材作业安全距离不够；爆破作业隐蔽所有缺陷；电气装置带电部分裸露；其他。

2）设备、设施、工具附件有缺陷

（1）设计不当，结构不合安全要求。具体包括：通道门遮挡视线；制动装置有缺欠；安全间距不够；挡车网有缺欠；工件有锋利毛刺、毛边；设施上有锋利倒棱；其他。

（2）强度不够。包括：机械强度不够；绝缘强度不够；起吊重物的绳索不合安全要求；其他。

（3）设备在非正常状态下运行。包括：设备带"病"运转；超负荷运转；其他。

（4）维修、调整不良。包括：设备失修；地面不平；保养不当、设备失灵；其他。

3）个人防护用品、用具缺少或有缺陷

个人防护用品、用具包括防护服、手套、护目镜及面罩、呼吸器官护具、听力护具、安全带、安全帽、安全鞋等。个人防护用品、用具缺少，指无个人防护用品、用具；缺陷指所用防护用品、用具不符合安全要求。

4）生产（施工）场地环境不良

（1）照明光线不良。包括：照度不足；作业场地烟雾尘弥漫，视物不清；光线过强。

（2）通风不良。包括：无通风；通风系统效率低；风流短路；停电、停风时进行爆破作业；瓦斯排放未达到安全浓度就爆破；瓦斯超限；其他。

（3）作业场所狭窄。

（4）作业场所杂乱。包括：工具、制品、材料堆放不安全；采伐时未开安全道；迎门树、坐殿树、搭挂树未作处理；其他。

（5）交通线路的配置不安全。

（6）操作工序设计或配置不安全。

（7）地面滑。包括：地面有油或其他液体；冰雪覆盖；地面有其他易滑物。

（8）储存方法不安全。

（9）环境温度、湿度不当。

2. 人的不安全行为方面的原因

（1）操作错误、忽视安全、忽视警告。未经许可开动、关停、移动机器；开动、关停机器时未给信号；开关未锁紧，造成意外转动、通电或泄漏等；忘记关闭设备；忽视警告标志、警告信号；操作错误（指按钮、阀门、扳手、把柄等的操作）；奔跑作业；供料或送料速度过快；机器超速运转；违章驾驶机动车；酒后作业；人货混载；冲压机作业时，手伸进冲压模；工件紧固不牢；用压缩空气吹铁屑；其他。

（2）造成安全装置失效。拆除了安全装置；安全装置堵塞、失掉了作用；因调整错误造成安全装置失效；其他。

（3）使用不安全设备。临时使用不牢固的设施；使用无安全装置的设备；其他。

（4）手代替工具操作。用手代替手动工具；用手清除切屑；不用夹具固定，手持工件进行加工。

（5）物体（指成品、半成品、材料、工具、切屑和生产用品等）存放不当。

（6）冒险进入危险场所。冒险进入涵洞；接近漏料处（无安全设施）；采伐、集材、运材、装车时未离开危险区；未经安全监察人员允许进入油罐或井中；未做好准备工作就开始作业；冒进信号；调车场超速上下车；易燃易爆场所有明火；私自搭乘矿车；在绞车道行走；未及时瞭望。

（7）攀、坐不安全位置，如平台护栏、汽车挡板、吊车吊钩等。

（8）在起吊物下作业、停留、检查、调整、焊接、清扫等。

（9）机器运转时加油、修理。

（10）有分散注意力的行为。

（11）在必须使用个人防护用品、用具的作业或场合中，忽视其使用。包括未戴护目镜或面罩；未戴防护手套；未穿安全鞋；未戴安全帽、呼吸帽，未佩戴呼吸护具；未佩戴安全带；未戴工作帽；其他。

（12）不安全装束。在有旋转零部件的设备旁作业时穿肥大服装；操纵带有旋转零部件的设备时戴手套；其他。

（13）对易燃易爆危险品处理错误。据美国有关方面统计，某年美国全国休工8天以上的事故中，有96%的事故与人的不安全行为有关，有91%的事故与物的不安全状态有关。日本全国某年休工4天以上的事故中，有94.5%的事故与人的不安全行为有关，83.5%与物的不安全状态有关。

这些数字表明，大多数事故既与人的不安全行为有关，也与物的不安全状态有关，也是说，只要控制好其中之一，即人的不安全行为或物的不安全状态中有一个不发生，或者使两者不同时发生，就能控制大多数事故，减少不必要的损失。

（二）事故的间接原因

事故的间接原因是指使事故的直接原因得以产生和存在的原因。事故的间接原因有以下7种：技术上和设计上有缺陷；教育培训不够；身体的原因；精神的原因；管理上有缺陷；学校教育的原因；社会历史原因。其中前5条又称二次原因，后2条又称基础原因。

1. 技术上和设计上有缺陷

"技术上和设计上有缺陷"是指从安全的角度来分析，在设计上和技术上存在的与事故发生原因有关的缺陷，包括工业构件、建筑物、机械设备、仪器仪表、工艺过程、控制方法、维修检查等在设计、施工和材料使用中存在的缺陷。这类缺陷主要表现在：在设计上因设计错误或考虑不周造成的失误；在技术上因安装、施工、制造、使用、维修、检查等达不到要求而留下的事故隐患。

（1）设计违反规范、标准、规程。如不符合《工业企业设计卫生标准》《生产设备安全卫生设计总则》等标准及其他专业规范、标准等的要求。

（2）设计错误。具体表现在图纸、公式的使用及计算中的错误，材料、设备选择错误。

（3）总体布局不合理。不符合规定或没有进行充分的可行性论证，造成设计不符合生产工艺和生产能力要求。

（4）设备安全不符合《设备安装验收规范》等规范的要求。

（5）工程施工技术水平差，质量不到设计要求和验收规范。

（6）检测、检验技术落后，未能发现隐患。

（7）因操作人员操作技术不熟练，操作方法不当造成事故的，也属技术上的缺陷。

2. 教育培训不够

"教育培训不够"是指形式上对员工进行了安全生产知识的教育和培训，但是在组织管理、方法、时间、效果、广度、深度等方面还存在一定差距，员工对党和国家的安全生产方针、政策、法规和制度不了解，对安全生产技术知识和劳动纪律没有完全掌握，对各种设备、设施的工作原理和安全防范措施等没有学懂弄通，对本岗位的安全操作方法、安全防护方法、安全生产特点等一知半解，应付不了日常操作中遇到的各种安全问题，对安全操作规程等不重视，不能真正按规章制度操作，以致不能防止事故的发生。

此外，教育培训是否足够，不仅要考虑培训内容是否满足要求，还应当注意到员工在培训中所接受的知识有些是要随时间而衰减的，因此，必须对员工进行再培训并达到相应的水平。否则，仍有可能因此而引发事故。

3. 身体的原因

"身体的原因"包括身体有缺陷，如眩晕、头痛、癫痫、高血压等疾病，近视、耳聋、色盲等残疾，身体过度疲劳、酒醉、药物的作用等。

4. 精神的原因。

"精神的原因"包括怠慢、反抗、不满等不良态度，烦躁、紧张、恐怖、心不在焉等精神状态，偏狭、固执等性格缺陷等。此外，兴奋、过度积极等精神状态也有可能产生不安全行为。

5. 管理上有缺陷

"管理上有缺陷"包括劳动组织不合理，企业主要领导人对安全生产的责任心不强，作业标准不明确，缺乏检查保养制度，人事配备不完善，对现场工作缺乏检查或指导错误，没有健全的操作规程，没有或不认真实施事故防范措施等。

企业劳动组织不合理影响企业内部的劳动分工协作，影响劳动者的生产积极性，而且直接影响企业的生产安全。劳动组织不合理主要包括以下 10 点：

（1）劳动分工不明确，任务分派不具体。

（2）作业岗位之间不协调，各生产环节之间缺乏统一配合。

（3）安排人员不科学，造成有的岗位、工种人浮于事，有的则超负荷劳动。

（4）生产作业现场指挥不当或指挥信号不明确，造成指挥失误。

（5）劳动定员、定额不合理，工作量与职工的劳动能力不相适应。

（6）劳动时间或作业班制不合理，致使工人连续加班加点，得不到充分休息。

（7）指派不具备岗位技能或作业条件的职工从事该岗位工作。

（8）工作场地或作业秩序混乱。

（9）规章制度不健全，不落实，企业管理不严格，职工劳动纪律松弛。

（10）其他。

"对现场工作缺乏检查"包括检查的数量和质量两个方面。一方面指没有进行检查或检查的次数太少，间隔时间太长；另一方面是指对某一特定的设备、设施、场所等，虽已进行了检查，但查得不细、不深，未能发现问题，因而未能避免事故发生。

"指导失误"是指对生产的组织管理、工艺技术等的指挥决策和对事故抢救的指挥考虑不周，处理措施不当，发出不正确的指令，未能避免事故发生或未能控制事故的蔓延。

事故统计表明，85%左右的事故都与管理因素有关。因此，管理因素是事故发生乃至造成严重损失的最主要原因。

6. 学校教育的原因

"学校教育的原因"是指各级教育组织中的安全教育不完全、不彻底等。学校，无论是小学、初中、高中还是大学，在对学生进行文化教育的同时，也担负着提高学生全面素质包括安全素质的责任。许多事件表明，正是由于学校教育中在安全教育方面的不完全、不彻底，大多数学生对安全知识的掌握还停留在常识性的初级阶段，他们面对形形色色的突发性事件，不知所措，遭受了不必要的伤害和损失。

7. 社会历史原因

"社会历史原因"包括有关安全法规或行政管理机构不完善，人们的安全意识不够等。

第二节　事故统计及分析

一、事故统计指标

（一）伤亡事故频率

生产过程中发生伤亡事故的次数与参加生产的职工人数、经历的时间及企业的安全状况等因素有关。在一定时间内参加生产的职工人数不变的场合，伤亡事故发生次数主要取决于企业的安全状况。于是，可以用伤亡事故频率作为表征企业安全状况的指标：

$$a = \frac{A}{N \cdot T}$$

式中　a——伤亡事故频率；

　　　A——伤亡事故发生次数，次；

　　　N——参加生产的职工人数，人；

　　　T——统计期间。

世界各国的伤亡事故统计指标的规定不尽相同。《企业职工伤亡事故分类》（GB 6441—1986）规定，按千人死亡率、千人重伤率和伤害频率计算伤亡事故频率。

（1）千人死亡率。某时期内平均每千名职工中工伤事故造成死亡的人数：

$$千人死亡率 = \frac{死亡人数}{平均职工数} \times 10^3$$

（2）千人重伤率。某时期内平均每千名职工中因工伤事故造成重伤的人数：

$$千人重伤率 = \frac{重伤人数}{平均职工数} \times 10^3$$

（3）伤害频率。某时期内平均每百万工时由于工伤事故造成的伤害人数：

$$伤害频率 = \frac{伤害人数}{实际总工时数} \times 10^6$$

目前，我国仍然沿用劳动部门规定的工伤事故频率作为统计指标：

$$工伤事故频率 = \frac{本时期内事故人数}{本时期内在册职工人数} \times 10^3$$

习惯上也把它叫作千人负伤率。

（二）事故严重率

《企业职工伤亡事故分类》（GB 6441—1986）规定，按伤害严重率、伤害平均严重率和按产品产量计算死亡率等指标计算事故严重率。

（1）伤害严重率。某时期内平均每百万工时由于事故造成的损失工作日数：

$$伤害严重率 = \frac{总损失工作日数}{实际总工时数} \times 10^6$$

国家标准中规定了工伤事故损失工作日算法，其中规定永久性全失能伤害或死亡的损失工作日为 6000 个工作日。

（2）伤害平均严重率。受伤害的每人次平均损失工作日数：

$$伤害平均严重率 = \frac{总损失工作日数}{伤害人数}$$

（3）按产品产量计算的死亡率。这种统计指标适用于以 t、m^3 为产量计算单位的企业、部门。例如：

$$百万吨钢（或煤）死亡率 = \frac{死亡人数}{实际产量（t）} \times 10^6$$

$$万立方米木材死亡率 = \frac{死亡人数}{木材产量（m^3）} \times 10^4$$

二、事故经济损失统计方法及主要内容与指标

（一）伤亡事故经济损失统计方法

《企业职工伤亡事故经济损失统计标准》（GB 6721—1986），把因事故造成人身伤亡及善后处理所支出的费用，以及被毁坏的财产的价值规定为直接经济损失；把因事故导致的产值减少、资源的破坏和受事故影响而造成的其他损失规定为间接经济损失。

1. 伤亡事故直接经济损失

我国的伤亡事故直接经济损失所占的比例约为 1∶1.2~1∶2。伤亡事故直接经济损失包括以下内容：

（1）人身伤亡后支出费用，包括医疗费用（含护理费用）、丧葬及抚恤费用、补助及救济费用、歇工工资。

（2）善后处理费用，包括处理事故的事务性费用、现场抢救费用、清理现场费用、事故罚款及赔偿费用。

（3）财产损失价值，包括固定资产损失价值、流动资产损失价值。

2. 伤亡事故间接经济损失

伤亡事故间接经济损失包括以下内容：

（1）停产、减产损失价值。

（2）工作损失价值。

（3）资源损失价值。

（4）处理环境污染的费用。

（5）补充新职工的培训费用。

（6）其他费用。

（二）伤亡事故经济损失计算方法

伤亡事故经济损失 CT 可由直接经济损失与间接经济损失之和求出，即：

$$CT = CD + CI$$

式中　CD——直接经济损失；

　　　CI——间接经济损失。

由于间接经济损失的许多项目很难得到准确的统计结果，所以必须探索一种实际可行的伤亡事故经济损失计算方法。我国现行标准规定的计算方法如下。

（1）工作损失计算公式如下：

$$L = D \cdot \frac{M}{S \cdot D_o}$$

式中　L——工作损失价值，万元；

　　　D——损失工作日数，死亡一名职工按 6000 个工作日计算，受伤职工视伤害情况按《企业职工伤亡事故分类》（GB 6441—1986）的附表或《事故损失工作日标准》（GB/T 15499—1995）确定；

　　　M——企业上年的利税，万元；

　　　S——企业上半年平均职工人数，人；

　　　D_o——企业上年法定工作日数，d。

（2）医疗费用。它是指用于治疗受伤害职工所需的费用。事故结案前的医疗费用按实际费用计算即可。对于事故结案后仍需治疗的受伤害职工的医疗费用，其总的医疗费按下式计算，即：

$$M = M_b + \frac{M_b}{P} \cdot D_c$$

式中　M——被伤害职工的医疗费，万元；

　　　M_b——事故结案日前的医疗费，万元；

　　　P——事故发生之日至结案之日的天数，d；

　　　D_c——延续医疗天数，指事故结案后还须继续医治的时间，由企业劳资、安全、工会等按医生诊断意见确定，d。

上述公式是测算一名被伤害职工的医疗费，一次事故中多名被伤害职工的医疗费应累计计算。

（3）歇工工资计算公式如下：

$$L = L_a (D_a + D_k)$$

式中　L——被伤害职工的歇工工资，元；

L_a——被伤害职工日工资，元；

D_a——事故结案日前的歇工日，d；

D_k——延续歇工日，指事故结案后被伤害职工还须继续歇工的时间，由企业劳资、安全、工会等部门与有关单位酌情商定，d。

上述公式是测算一名被伤害职工的歇工工资，一次事故中多名被伤害职工工资应累计计算。

（4）处理事故的事务性费用。包括交通及差旅费、亲属接待费、事故调查处理费、器材费、工亡者尸体处理费等。按实际费用统计。

（5）现场抢救费用。包括清理事故现场尘、毒、放射性物质及消除其他危险和有害因素所需费用，整理、整顿现场所需费用等。

（6）事故罚款和赔偿费用。是指依据法律、法规，上级行政及行业管理部门对事故单位的罚款，而不是对事故责任人的罚款。赔偿费用包括事故单位因不能按期履行产品生产合同而导致的对用户的经济赔偿费用和因公共设施的损坏而需赔偿的费用，它不包括对个人的赔偿和因环境污染造成的赔偿。

（7）固定资产损失价值。包括报废的固定资产损失价值和损坏后有待修复的固定资产损失价值两个部分，前者用固定资产净值减去固定资产残值来计算；后者由修复费用来决定。

（8）流动资产损失价值。流动资产是指在企业生产过程和流通领域中不断变换形态的物质，主要包括原料、燃料、辅助材料、产品、半成品、在制品等。原料、燃料、辅助材料的损失价值为账面值减去残留值；产品、半成品、在制品的损失价值为实际成本减去残值。

（9）资源损失价值。主要是指由于发生工伤事故而造成的物质资源损失价值。例如，煤矿井下发生火灾事故，造成部分煤炭资源被烧掉，另一部分煤炭资源被永久性冻结。物质资源损失涉及的因素较多且较复杂，损失价值有时很难计算，所以常常采用估算法来确定。

（10）处理环境污染的费用。主要包括排污费、治理费、保护费和赔损费等。

（11）补充新职工的培训费用。补充技术工人，每人的培训费用按 2000 元计算；技术人员的培训费用按每人 10000 元计算。在新的培训费用标准出台之前，当前仍执行这一标准。

（12）补助费、抚恤费。被伤害职工供养未成年直系亲属的抚恤费累计统计到 16 周岁，普通中学在校生累计统计到 18 周岁。被伤害职工供养成年直系亲属补助费、抚恤费累计统计到我国人口的平均寿命 68 周岁。

第三节　事故致因理论与事故预防原理

事故致因理论是从大量典型事故的本质原因的分析中所提炼出的事故机理和事故模型。这些机理和模型反映了事故发生的规律性，能够为事故的定性定量分析、预测预防、改进安全管理工作，从理论上提供科学完整的依据。

一、几种常见的事故致因理论

（一）海因里希因果连锁论

海因里希因果连锁论又称海因里希模型或多米诺骨牌理论。在该理论中，海因里希借助于多米诺骨牌形象地描述了事故的因果连锁关系，即事故的发生是一连串事件按一定顺序互为因果依次发生的结果。如一块骨牌倒下，则将发生连锁反应，使后面的骨牌依次倒下（图 2-2）。

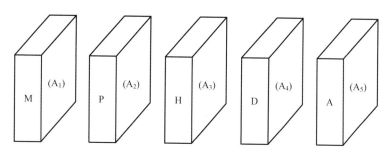

图 2-2　海因里希模型

海因里希模型这 5 块骨牌依次是：

（1）遗传及社会环境（M），遗传及社会环境是造成人的缺点的原因。遗传因素可能使人具有鲁莽、固执、粗心等不良性格；社会环境可能妨碍教育，助长不良性格的发展。这是事故因果链上最基本的因素。

（2）人的缺点（P），人的缺点是由遗传和社会环境因素所造成，是使人产生不安全行为或使物产生不安全状态的主要原因。这些缺点既包括各类不良性格，也包括缺乏安全生产知识和技能等后天的不足。

（3）人的不安全行为和物的不安全状态（H），即造成事故的直接原因。

（4）事故（D），即由物体、物质或放射线等对人体发生作用，使人员受到伤害或可能受到伤害的、出乎意料的、失去控制的事件。

（5）伤害（A），直接由于事故而产生的人身伤害。

该理论的积极意义在于，如果移去因果连锁中的任一块骨牌，则连锁被破坏，事故过程即被中止，达到控制事故的目的。海因里希还强调指出，企业安全工作的中心就是要移去中间的骨牌，即防止人的不安全行为和物的不安全状态，从而中断事故的进程，避免伤害的发生。当然，通过改善社会环境，使人具有更为良好的安全意识，加强培训，使人具有较好的安全技能，或者加强应急抢救措施，也都能在不同程度上移去事故连锁中的某一骨牌或增加该骨牌的稳定性，使事故得到预防和控制。

当然，海因里希理论也有明显的不足，它对事故致因连锁关系描述过于简单化、绝对化，也过多地考虑了人的因素。但尽管如此，由于其形象化和其在事故致因研究中的先导作用，使其有着重要的历史地位。后来，博德（Frank Bird）、亚当斯（Edward Adams）等都在此基础上进行了进一步的修改和完善，使因果连锁的思想得以进一步发扬光大，收到了较好的效果。

（二）事故频发倾向理论

该理论于 1919 年由英国 Greenwood M 提出，指个别人具有某些个性特征，因而比其他人更容易发生事故。该理论认为事故频发倾向者的存在是工业事故发生的主要原因。事故频发倾向者往往有如下性格特征：感情冲动，容易兴奋；脾气暴躁；厌倦工作、没有耐心；慌张、不沉着；动作生硬而工作效率低；喜怒无常、感情多变；理解能力低、判断和思考能力差；极度喜悦和悲伤；缺乏自制力；处理问题轻率、冒失；运动神经迟钝，动作不灵话。

（三）能量意外释放理论

1961 年由 Gibson 和 Haddon 提出，认为事故是一种不正常的或不希望的能量释放。美国矿山局的扎别塔基斯（Michael Zabetakis）依据能量意外释放理论建立了新的事故因果连锁模型（图 2-3）。

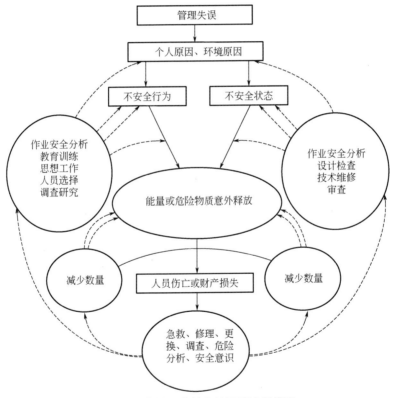

图 2-3 能量观点的事故因果连锁模型

能量或危险物质的意外释放是伤害的直接原因。为防止事故发生，可以通过技术改进防止能量意外释放，通过教育训练提高职工识别危险的能力，可佩戴个体防护用品来避免伤害。

（四）轨迹交叉论

轨迹交叉论是一种从事故的直接和间接原因出发研究事故致因的理论。其基本思想是：伤害事故是许多相互关联的事件顺序发展的结果。这些事件可分为人和物（包括环境）两个发展系列。当人的不安全行为和物的不安全状态在各自发展过程中，在一定时间、空间发生了接触，伤害事故就会发生。而人的不安全行为和物的不安全状态之所以产生和发展，又是受多种因素作用的结果。轨迹交叉论的事故模型如图 2-4 所示。

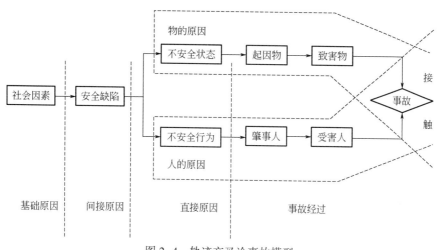

图 2-4　轨迹交叉论事故模型

（五）系统安全理论

20 世纪五六十年代美国在研制洲际导弹的过程中产生了系统安全理论。系统安全是指在系统寿命周期内应用系统安全管理及系统安全工程原理，识别危险源（Hazard），并使其危险性（Risk）减至最小，从而使系统在规定的性能、时间和成本范围内达到最佳的安全程度。

系统安全理论把人、机械、环境和管理作为一个系统（整体），研究人、机械和环境之间的相互作用、反馈和调整，从中发现事故的致因，揭示出预防事故的途径（图 2-5）。事故是由系统内部若干相互影响的因素引起的。

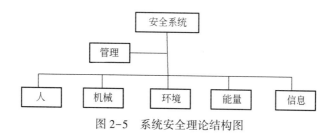

图 2-5　系统安全理论结构图

系统安全理论是接受了控制论中的负反馈的概念发展起来的。机械和环境的信息不断地通过人的感官反馈到人的大脑，人若能正确地认识、理解、做出判断和采取行动，就能化险为夷，避免事故和伤亡；反之，如果所面临的危险未能察觉、认识，未能及时做出正确的响应，就会发生事故和伤亡。

二、事故预防原理

根据事故特性的研究分析，可认识到如下事故性质。

（1）事故的因果性。工业事故的因果性是指事故是由相互联系的多种因素共同作用的结果，引起事故的原因是多方面的，在伤亡事故调查分析过程中，应弄清事故发生的因果关系，找到事故发生的主要原因，才能对症下药，有效地防范。

（2）事故的随机性。事故的随机性是指事故发生的时间、地点、事故后果的严重性是偶然的。但是，事故这种随机性在一定范畴内也遵循统计规律。从事故的统计资料中可以找到事故发生的规律性，对制定正确的预防措施有重大的意义。

（3）事故的潜伏性。表面上事故是一种突发事件，但是事故发生之前有一段潜伏期。在工业生产活动中，企业较长时间内未发生事故，如麻痹大意，就是忽视了事故的潜伏性，这是工业生产中的思想隐患，是应予以克服的。掌握事故潜伏性对有效预防事故起到关键作用。

（4）事故的可预防性。现代工业生产系统是人造系统，这种客观实际给预防事故提供了基本的前提。所以说，任何事故从理论和客观上讲，都是可预防的。认识这一特性，对坚定信念，防止事故发生有促进作用。因此，人们应该通过各种合理的对策和努力，从根本上消除事故发生的隐患，把工业事故的发生降低到最小限度。

第三章　事故预防控制

事故预防与控制包括两部分内容，即事故预防和事故控制，前者是指通过采用技术和管理的手段使事故不发生，后者则是通过采用技术和管理的手段，使事故发生后不造成严重后果或使损失尽可能地减小。

对于事故的预防与控制，应从安全技术、安全教育、安全管理 3 个方面入手，采取相应措施。安全技术对策着重解决物的不安全状态的问题；安全教育对策和安全管理对策则主要着眼于人的不安全行为的问题，安全教育对策主要是让人知道应该怎么做，而安全管理对策则是要求人必须怎么做。

第一节　安全技术对策

安全技术对策是以工程技术手段解决安全问题，预防事故的发生及减少事故造成的伤害和损失，是预防和控制事故的最佳安全措施。

一、安全技术对策的基本原则

安全技术可以划分为预防事故发生的安全技术及防止或减轻事故损失的安全技术，这是事故预防和应急措施在技术上的保证。评价一个设计、设备、工艺过程是否安全，可从以下几个方面加以考虑。

（一）防止人失误的能力

必须能够防止在装配、安装、检修或操作过程中发生可能导致严重后果的人的失误。如单项电源插头，规定火线、零线、地线的分布呈等腰三角形而非正三角形，还规定三线各自的位置，这样就可以避免因插错位置而造成的事故；否则，如果简单地设计成正三角形，即使经过严格的培训，也不可避免因人的失误而存在差错的可能性。

（二）对人失误后果的控制能力

人的失误是不可能完全避免的，因此，一旦发生可能导致事故的失误时，应能控制或限制有关部件或元件的运行，保证安全。如触电保护器就是在人失误触电后防止对人造成伤害的一项技术措施。

（三）防止故障传递的能力

应能防止一个部件或元件的故障引起其他部件或元件的故障，以避免事故的发生。如压力锅上的易熔塞，电气线路中的熔断丝。前者在限压阀发生故障或堵塞时，自动熔开以释放压力，避免因压力超高引发锅体爆炸；后者是以熔断的方式防止过电流对其他设备的损害。

（四）失误或故障导致事故的难易

应能保证有两个或两个以上相互独立的人失误或故障，或一个失误，一个故障同时发生才能导致事故发生。对安全水平要求较高的系统，则应通过技术手段保证至少 3 个或更多的失误或故障同时发生才会导致事故的发生。常用的并联冗余系统就可以达到这个目的。

（五）承受能量释放的能力

运行过程中偶然可能会产生高于正常水平的能量释放，应采取措施使系统能够承受这种释放。如加大系统的安全系数就是其中的一种方法。

（六）防止能量蓄积的能力

能量蓄积的结果将导致意外、过量的能量释放。因而应采取防止能量蓄积的措施，使能量不能积聚到发生事故的水平。如矿井通风就可以防止瓦斯积聚到爆炸的水平，避免事故发生。

二、安全技术对策的基本手段

为使系统符合上述基本原则，人们提出了许多种实施安全技术对策的基本手段，其中最典型的论述包括以下 3 个方面。

（一）生产设备的事故防止对策

日本学者北川彻三提出生产设备事故预防对策主要包括：围板、栅栏、护罩；隔离；遥控；自动化；安全装置；紧急停止；夹具；非手动装置；双手操作；断路；绝缘；接地；增加强度；遮光；改造；加固；变更；劳保用品；标志；换气；照明等。

（二）防止能量逆流于人体的措施

美国人哈登则根据能量转移论的观点，认为防止事故应着眼于防止能量的不正常转移，并以此提出了防止能量逆流于人体的措施：

（1）限制能量。如限制能量的转移速度和大小，使用低压测量仪表等。

（2）用较安全的能源代替危险性大的能源。如用水力采煤代替爆破、用煤油代替汽油作溶剂等。

（3）防止能量积聚。如控制易燃易爆气体的浓度、电器上安装保险丝等。

（4）控制能量释放。如电器安装绝缘装置、在储存能源时采用保护性容器（如盛装放射性物质的专用容器）、生活区远离污染源等。

（5）延缓能量释放。如容器上设置安全阀、座椅上设置安全带、采用吸震器件减轻震动等。

（6）开辟能量释放渠道。如电器安装接地电线、水电站设置泄洪闸等。

（7）在能源上设置屏障。如安装消声器、自动喷水灭火装置、设置防射线辐射的防护层等。

（8）在人、物与能源之间设置屏障。如安设防火门、防护罩、防爆墙等。

（9）在人与物之间设置屏障。如佩戴安全帽、手套，穿着防护服、安全鞋等。

（10）提高防护标准。如采用抗损材料、双重绝缘措施，实施远距离遥控等。

（11）改善工作条件和环境，防止损失扩大。如改变工艺流程、增设安全装置、建立紧急救护中心等。

（12）修复和恢复。治疗、矫正以减轻伤害程度或恢复原有功能。

上述（1）～（10）即"屏障"。哈登还指出：中断能量非正常流动的屏障，在能量转移过程中建立得越早越好。潜在的事故损失越大，屏障就越应在早期建立，而且应当建立多种不同类型的屏障。

（三）消除、预防设备、环境危险和有害因素的基本原则

针对设备、环境中的各种危险和有害因素的特点，综合归纳各种消除、预防对策措施，就可得出消除、预防设备、环境危险和有害因素的基本原则。

（1）消除：从根本上消除危险和有害因素。其手段就是实现本质安全，这是预防事故的最优选择。

（2）减弱：当危险、有害因素无法根除时，则采取措施使之降低到人们可接受的水平。如依靠个体防护降低吸入尘毒的数量，以低毒物质代替高毒物质等。

（3）屏蔽和隔离：当根除和减弱均无法做到时，则对危险、有害因素加以屏蔽和隔离，使之无法对人造成伤害或危害。如安全罩、防护屏。

（4）设置薄弱环节：利用薄弱元件，使危险因素未达到危险值之前就预先破坏，以防止重大破坏性事故。如熔断丝、安全阀、爆破片。

（5）联锁：以某种方法使一些元件相互制约以保证设备在违章操作时不能启动，或处在危险状态时自动停止。如起重机械的超载限制器和行程开关。

（6）防止接近：使人不能落入危险或有害因素作用的地带，或防止危险或有害因素进入人的操作地带。例如安全栅栏、冲压设备的双手按钮。

（7）加强：提高结构的强度，以防止由于结构破坏而导致发生事故。

（8）时间防护：使人处在危险或有害因素作用的环境中的时间缩短到安全限度之内。如对重体力劳动和严重有毒有害作业，实行缩短工时制度。

（9）距离防护：增加危险或有害因素与人之间的距离，以减轻、消除它们对人体的作用。如对放射性、辐射、噪声的距离防护。

（10）取代操作人员：对于存在严重危险或有害因素的场所，用机器人或运用自动控制技术来取代操作人员进行操作。

（11）传递警告和禁止信息：运用组织手段或技术信息告诫人避开危险或危害，或禁止人进入危险或有害区域。如向操作人员发布安全指令，设置声、光安全标志、信号。

这些原则可以单独采用，也可综合应用。如在增加结构强度的同时，设置薄弱环节；在减弱有害因素的同时，增加人与之的距离等。

三、预防事故的安全技术

通过设计来消除和控制各种危险，防止所设计的系统在研制、生产、使用和保障过程中发生导致人员伤亡和设备损坏的各种意外事故，可以采用不同的安全设计方法。

（一）控制能量

事故中涉及的能量绝大多数情况下就是系统所具有的能量，因而用控制能量的方法，可

以从根本上保证系统的安全性。如系统的电源部分，可以用 36V 安全电压或电池的，尽量不用 220V 交流电；可以用 220V 交流电的，不用高压电，即可大大减少电气事故发生的可能性。

（二）危险最小化设计

通过设计使系统发生事故的风险尽可能地最小化，或降低到可接受的水平。为达到这一目标，设计系统时应从以下两个方面采取措施：

（1）通过设计消除危险。可以通过选择恰当的设计方案、工艺过程和合适的原材料来消除危险因素。如消除粗糙的棱边、锐角、尖端，减少出现缺口、破裂表面的可能性，即可大大防止皮肤割破、擦伤和刺伤类事故；在填料、液压油、溶剂和电绝缘等类产品中使用不易燃的材料，即可防止发生火灾；用气压或液压系统代替电气系统，就可以防止电气事故；用液压系统代替气压系统，即可避免压力容器或管路的破裂而产生的冲击波。

（2）降低危险严重性。在不可能完全消除危险的情况下，可以通过设计降低危险的严重性，使危险不至于对人员和设备造成严重的伤害或损失。如限制易燃气体的浓度，使其达不到爆炸极限；在非金属材料上采用金属镀层或喷涂其他导电物质，以限制电荷的积累，防止静电引起火灾、爆炸、设备损坏等事故；利用液面控制装置，防止液位过高或溢出等。

（三）隔离

隔离是采用物理分离、护板和栅栏等将已识别的危险同人员和设备隔开，以防止危险或将危险降低到最低水平，并控制危险的影响。预防事故发生的隔离措施包括分离和屏蔽两种，分离是指空间上的分离，屏蔽是指应用物理的屏蔽措施进行隔离，它比空间上的分离更加可靠，因而最为常见。

隔离也可用于控制能量释放所造成的影响，如在坚固的容器中进行爆炸试验，防止对人或其他物体的影响。

（四）闭锁、锁定和联锁

闭锁（Lockouts）、锁定（Lockins）和联锁（Interlock）是另类最常用的安全技术措施。它们的安全功能是防止不相容事件发生或事件在错误的时间发生或以错误的次序发生。

1. 闭锁和锁定

所谓闭锁，是指防止某事件发生或防止人、物等进入危险区域。如油罐车上的闭锁装置，可防止在车体未接地的情况下向车内加注易燃液体；将开关锁在开路位置，防止电路接通等都是闭锁的手段。

锁定则是指保持某事件或状态，或避免人、物脱离安全区域。例如在螺栓上的保险销就可防止因振动造成的螺母松动，飞机弹射座椅上的保险销可避免地面人员误启动引发弹射座椅上的雷管和火箭；停车后在车轮前后放置石块等物体，可防止车辆意外移动而发生事故等。

2. 联锁

联锁装置主要应用于电气系统中，主要目的是保证在特定的情况下某事件不发生。联锁常用于下面几种情况：

（1）在意外情况下，联锁可尽量降低某事件 B 意外出现的可能性。它要求操作人员在执行事件 B 之前，必须先执行事件 A。例如，电气线路上的铁壳开关。在一般情况下，任何想要打开铁壳开关的人，在打开开关（事件 B）的过程中实际上已经使开关内断了电（事件 A）。

（2）在某种危险状态下，联锁可确保操作人员的安全。如大型冲压设备上同时设有手启动和脚踏启动开关，必须手脚同时启动，系统才能工作，保证了人误触动某个开关的情况下不致造成伤害。

（3）在预定事件发生前，联锁可控制操作顺序和时间，防止错误的次序导致事故的发生。如为防止个人电脑的 CPU 关键部件因风扇系统未启动而过热甚至损坏，电脑上的联锁装置可使启动电脑时同时启动风扇。

（五）故障—安全设计

在系统、设备的一部分发生故障或失效的情况下，在一定时间内也能保证安全的技术措施称为故障—安全设计（Fail-Safe Design）。故障—安全设计确保故障不会影响系统的安全，或使系统处于不会伤害人员或损坏设备的工作状态。一般情况下，故障—安全设计能在故障发生后，使系统、设备处于低能量状态，防止能量意外释放。

按系统、设备在其中一部分发生故障后所处的状态，故障—安全设计分为以下 3 种类型：

（1）故障—安全消极设计（Fail-Safe Passive Design）。这种设计当系统发生故障时，使系统停止工作，并将能量降低到最低值，直至采取矫正措施。如电气系统中的熔断器在电路过负荷时熔断，把电路断开以保证安全。

（2）故障—安全积极设计（Fail-Safe Active Design）。故障发生后，保持系统以一种安全的形式带有正常能量，直至采取矫正措施。如在交通信号指示系统的大部分故障模式中，一旦发生信号系统故障，信号将转为红灯，以避免事故发生。

（3）故障—安全工作设计（Fail-Safe Operational Design）。这种设计保证在采取矫正措施前，设备、系统正常地发挥其功能。这是最理想的工作方式。

（六）故障最小化

故障最小化方法主要有降低故障率和实施安全监控两种形式。

1. 降低故障率

降低故障率是可靠性工程中用于延长元件和整个系统的期望寿命或故障间隔时间的一种技术。降低了可能导致事故的故障的发生率，就会减少事故发生的可能性，起到预防和控制事故的作用，即以提高可靠性的方法提高系统的安全性。

2. 实施安全监控

利用监控系统对某些参数进行监测，保证这些选取的参数达不到导致意外事件的危险水平，也是一种使系统故障最小化的方法。监控方法可以指出系统是否正常运行，是否产生了不希望的输出，或某参数是否已超过了特定的阈值等。通常情况下，监控系统往往也与警告、联锁或其他安全技术措施相结合，使操作者能够及时、正确地采取适当的措施。

（七）警告

警告通常用于向有关人员通告危险、设备问题和其他值得注意的状态，以便使有关人员采取纠正措施，避免事故发生。警告可按人的感觉方式分为：视觉警告、听觉警告、嗅觉警告、触觉警告和味觉警告等。

第二节　安全教育对策

安全教育的内容可概括为 3 个方面，即安全态度教育、安全知识教育和安全技能教育。

一、安全态度教育

安全态度教育包括思想教育和态度教育，思想教育包括安全意识教育、安全生产方针政策教育和法纪教育。

在生产和社会活动中，要通过实践活动加强对安全问题的认识并使其逐步深化，形成科学的安全观。

安全生产方针政策教育是指对企业的各级领导和广大职工进行党和政府有关安全生产的方针、政策的宣传教育。

法纪教育的内容包括安全法规、安全规章制度、劳动纪律等。

二、安全知识教育

安全知识教育包括安全管理知识教育和安全技术知识教育。

（一）安全管理知识教育

安全管理知识教育包括对安全管理组织结构、管理体制、基本安全管理方法及安全心理学、安全人机工程学、系统安全工程等方面的知识。

（二）安全技术知识教育

安全技术知识教育的内容主要包括一般生产技术知识、一般安全技术知识和专业安全技术知识。

一般生产技术知识主要包括企业的基本生产概况、生产技术过程、作业方式或工艺流程，与生产过程和作业方法相适应的各种机器设备的性能和有关知识，工人在生产中积累的生产操作技能和经验，以及产品的构造、性能、质量和规格等。

一般安全技术知识主要包括企业内危险设备所在的区域及其安全防护的基本知识和注意事项，有关电气设备（动力及照明）的基本安全知识，起重机械和厂内运输的有关安全知识，生产中使用的有毒有害原材料或可能散发的有毒有害物质的安全防护基本知识，企业中一般消防制度和规划，个人防护用品的正确使用以及伤亡事故报告方法等。

专业安全技术知识主要包括安全技术知识、工业卫生技术知识，以及根据这些技术知识和经验制定的各种安全操作技术规程等，其内容涉及锅炉、受压容器、起重机械、电气、焊接、防爆、防尘、防毒和噪声控制等。

三、安全技能教育

有了安全技术知识，并不等于能够安全地从事操作，还必须把安全技术知识变成进行安全操作的本领，才能取得预期的安全效果。要实现从"知道"到"会做"的过程，就要借助于安全技能培训。

安全技能培训包括正常作业的安全技能培训，异常情况的处理技能培训。安全技能培训应按照标准化作业要求来进行。故进行安全技能培训应预先制定作业标准或异常情况时的处理标准，有计划、有步骤地进行培训。

第三节　安全管理对策

一、安全检查

安全检查是安全生产管理工作中的一项重要内容，是保持安全环境、矫正不安全操作，防止事故的一种重要手段。它是多年来从生产实践中创造出来的一种好形式，是安全生产工作中运用群众路线的方法，发现不安全状态和不安全行为的有效途径，是消除事故隐患、落实整改措施、防止伤亡事故、改善劳动条件的重要手段。

（一）安全检查的内容

安全检查主要包括以下4方面内容。

（1）查思想。即检查各级生产管理人员对安全生产的认识，对安全生产的方针政策、法规和各项规定的理解与贯彻情况，全体职工是否牢固树立了"安全第一，预防为主"的思想。各有关部门及人员能否做到当生产、效益与安全发生矛盾时，把安全放在第一位。

（2）查管理。安全检查也是对企业安全管理的大检查。主要检查安全管理的各项具体工作的实行情况，如安全生产责任制和其他安全管理规章制度是否健全，能否严格执行。安全教育、安全技术措施、伤亡事故管理等的实施情况及安全组织管理体系是否完善等。

（3）查隐患。安全检查的主要工作内容，以查现场、查隐患为主。即深入生产作业现场，查劳动条件、生产设备、安全卫生设施是否符合要求，职工在生产中的不安全行为的情况等。如是否有安全出口，是否通畅；机器防护装置情况；电气安全设施，如安全接地、避雷设备、防爆性能；车间或坑内通风照明情况；防止硅尘危害的综合措施情况；锅炉、受压容器和气瓶的安全运转情况；变电所；易燃易爆物质、有毒物质的储存、运输和使用情况；个体防护用品的使用及标准是否符合有关安全卫生的规定等。

（4）查整改。对被检单位上一次查出的问题，按其当时登记的项目、整改措施和期限进行复查。检查是否进行了及时整改和整改的效果。如果没有整改或整改不力的，要重新提出要求，限期整改。对重大事故隐患，应根据不同情况进行查封或拆除。

此外，还应检查企业对工伤事故是否及时报告、认真调查、严肃处理；在检查中，如发现未按"三不放过"的要求草率处理事故，要重新严肃处理，从中找出原因，采取有效措施，防止类似事故重复发生。

（二）安全检查的方式

安全检查的方式按检查的性质，可分为一般性检查、专业性检查、季节性检查和节假日前后的检查等。

1. 一般性检查

一般性检查又称普遍检查，是一种经常的、普遍性的检查，目的是对安全管理、安全技术、工业卫生的情况作一般性的了解。在一般性检查中，检查项目依不同企业而异，但以下3个方面均需列入：各类设备有无潜在的事故危险；对上述危险或缺陷采取了什么具体措施；对出现的紧急情况，有无可靠的立即消除措施。

2. 专业性检查

专业性检查是指针对特殊作业、特殊设备、特殊场所进行的检查。专业性检查一般以定期检查为主。专业性检查有以下突出特点：

（1）专业性强，集中检查某一专业方面的装置、系统及与之有关的问题，因而目标集中，检查可以进行得深入细致；

（2）技术性强，检查内容以生产、安全的技术规程和标准为依据；

（3）以现场实际检查为主，检查方式灵活，牵扯人力最少；

（4）不影响工作程序。

3. 季节性检查

季节性检在是根据季节特点，为保障安全生产的特殊要求所进行的检查。自然环境的季节性变化，对某些建筑、设备、材料或生产过程及运输、储存等环节会产生某些影响。某些季节性外部事件，如大风、雷电、洪水等，还会造成重大的事故和损失。因而，为了防患于未然，消除因季节变化而产生的事故隐患，必须进行季节性检查。

4. 节假日前后的检查

由于节日前职工容易因考虑过节等因素而造成精力分散，因而应进行安全生产、防火保卫、文明生产等综合检查；节日后则要进行遵章守纪和安全生产的检查，以避免因放假后职工精力涣散而引起纪律松懈等问题。

（三）安全检查的分类

按检查的方式，安全检查可分为定期检查、连续检查、突击检查、特种检查等。

（1）定期检查。制定计划，每隔一定时间进行一次的检查。

（2）连续检查。这种检查是对某些设备的运行状况和操作进行长时间的观察，通过观察发现设备运转的不正常情况并予以调整及做小的修理，以保持设备良好的运行状态的一种安全检查方式。

（3）突击检查。这是一种无一定间隔时间的检查。它是对某个特殊部门、特殊设备或某一工作区域进行的，而且事先未曾宣布的一种检查。

（4）特种检查。这是一种对采用的新设备、新工艺，新建、改建的工程项目，以及出现的新的危险因素进行的安全检查。

二、安全审查

对工程项目的安全审查是依据有关安全法规和标准，对工程项目的初步设计、施工方案以及竣工投产进行综合的安全审查、评价与检验，目的是查明系统在安全方面存在的缺陷，按照系统安全的要求，优先采取消除或控制危险的有效措施，切实保障系统的安全。

三、安全评价

安全评价采用系统科学的方法辨识系统中存在的危险因素，并根据其事故风险的大小采取相应的安全措施，以达到实现系统安全的目的。

企业安全管理包括企业的行政管理（也称综合安全管理）、技术设备安全管理和环境安全管理。企业安全管理评价就是依据系统工程的原理，以有关法规、标准、制度的安全要求为依据，对人员、设备、技术、资金、环境等方面的安全管理状况进行评价，从而确定企业对其固有危险性控制的有效程度。

四、安全目标管理

安全目标管理是目标管理在安全管理方面的应用，它以企业总的安全管理目标为基础，逐级向下分解，使各级安全目标明确、具体，各方面关系协调、融洽，把企业的全体职工都科学地组织在目标体系之内，使每个人都明确自己在目标体系中所处的地位和作用，通过每个人的积极努力来实现企业安全生产目标。

推行安全目标管理应注意以下 3 个问题。

（一）目标设定的依据

企业安全生产目标主要应依据党和国家的安全生产方针、政策，本企业安全生产的中、长期规划，工伤事故和职业病统计数据，企业长远规划和安全工作现状，企业经济技术条件等。

（二）目标设定的原则

确定安全目标应突出重点，体现安全工作的关键问题；目标要有一定先进性，一般应略高于国内同行业平均水平，并具有较好的可行性；所确定的目标应尽量使其数量化，以有利于对目标的检查、评比、监督与考核，也有利于调动员工努力工作实现目标的积极性；目标与措施要相互对应，用具体措施保证目标的实现。所设定的目标也应有一定的可调性，以使环境等变化不影响主要目标的实现。

（三）目标设定的内容

1. 设定指标

安全目标一般包括以下几个方面的指标：

（1）重大事故次数，包括死亡事故、重伤事故、重大设备事故、重大火灾事故、急性中毒事故等。

（2）死亡人数指标。

（3）伤害频率或伤害严重率。

（4）事故造成的经济损失，如工作日损失天数、工伤治疗费、死亡抚恤费等。

（5）作业点尘毒达标率。

（6）劳动安全卫生措施计划完成率、隐患整改率、设施完好率等。

（7）全员安全教育率、特种作业人员培训率等。

2. 设定保证措施

设定安全目标还应包括有关保证措施：

（1）安全教育措施，包括教育的内容、时间安排、参加人员规模、教育场地。

（2）安全检查措施，包括检查内容、时间安排、责任人、检查结果的处理等。

（3）危险因素的控制和整改。

（4）安全评比。

（5）安全控制点的管理。

3. 应注意的问题

要做好安全目标管理工作，还应当注意以下几点：

（1）加强各级人员对安全目标管理的认识。

（2）企业要有完善系统的安全基础工作。

（3）安全目标管理需要全员参与。

（4）安全目标管理需要责、权、利相结合。

（5）安全目标管理要与其他安全管理方法相结合。

第四章　风险管理与安全评价

第一节　风险管理基本概念

一、危害、危险和风险

危害（Hazard）是指可能引起的损害，包括造成人员伤亡、职业病、财产损失或环境破坏，招致生产损失或经济负担。

危险是指系统中存在导致发生不期望后果的可能性超过了人们的承受程度。危险是人们对事物的具体认识，必须指明具体对象，如危险环境、危险条件、危险状态、危险物质、危险场所、危险人员、危险因素等。

风险（Risk）是发生特定危害事件的可能性以及事件结果的严重性。一般用风险来表示危险的程度。在安全生产管理中，风险可表示如下：

$$R = f(F \cdot C)$$

式中　R——风险；

　　　F——发生事故的可能性；

　　　C——发生事故的严重性。

二、危险源和重大危险源

危险源（Hazard installations）是指可能造成人员伤害、财产损失或环境破坏的根源或状态。根据危险源在事故发生、发展中的作用，一般把危险源划分为两大类，即第一类危险源和第二类危险源。第一类危险源是指生产过程中存在的，可能发生意外释放的能量，包括生产过程中各种能量源、能量载体或危险物质。第一类危险源决定了事故的后果的严重程度，它具有的能量越多，发生事故的后果越严重。第二类危险源是指导致能量或危险物质约束或限制措施破坏或失效的各种因素。广义上包括物的故障、人的失误、环境不良以及管理缺陷等因素。第二类危险源决定了事故发生的可能性，它出现越频繁，发生事故的可能性越大。

重大危险源（Major hazards）是指长期或临时生产、搬运、使用或者储存危险物品，且危险物品的数量等于或者超过临界量的单元（包括场所和设施）。当单元中有多种物质时，如果各类物质的量满足下式，就是重大危险源：

$$\sum_{i=1}^{N} \frac{q_i}{Q_i} \geqslant 1$$

式中　q_i——单元中物质 i 的实际存在量；

　　　Q_i——物质 i 的临界值；

　　　N——单元中物质的种类数。

第二节 危害因素辨识及分析

一、辨识方法

（一）分析材料性质

了解生产或使用的材料性质是危害因素辨识的基础。危害因素辨识中常用的物料性质如表 4-1 所示。

表 4-1 常用的物料性质

性质	性质
急毒性：吸入，口入，皮入	慢毒性：吸入，口入，皮入
致癌性	诱变性
致畸性	暴露极限值：TLV（阈限值）
生物退化性	水毒性
环境中的持续性	气味阈值
物理性质：凝固点，膨胀系数，沸点，溶解性，蒸气性，密度，腐蚀性，比热，热容量	反应性：过程材料，要求的反应，副反应，分解反应，动力学，结构材料，原材料纯度，污染物，分解产物，不相容化学品
自燃材料	稳定性
燃烧、爆炸性：爆炸极限，粉尘爆炸系数，闪点，自燃点，最小点火能量，产生能量	

初始的危害因素辨识可通过简单比较材料性质来进行。如对火灾，只要辨识出易燃和可燃材料，将它们分类为各种火灾危险源，然后进行详细的危险评价工作。通常制造商和供应商能提供产品特性、材料安全数据表（MSDS）。特殊的行业集团或协会也可提供安全处置特殊化学品的信息。另外，还可以从专业和行业组织得到有关的信息。对某些化学品的特殊要求在国家、地方的法律法规中有明确规定。

（二）分析作业环境

需要分析的作业环境包括生产性毒物或粉尘、噪声、振动、高低温及采光、照明等。

（三）分析工艺流程或生产条件

工艺流程或生产条件也会产生危险或使生产过程中材料的危险性加剧。例如，水就其性质来说没有爆炸危险，但如果生产工艺的温度和压力超过了水的沸点，那么水的存在就具有蒸气爆炸的危险。因此，在危害因素辨识时，仅考虑材料性质是不够的，还必须考虑工艺流程或生产条件，同时可使有些危险材料免予进一步分析和评价。例如，某材料的闪点高于400℃，而生产是在室温和常压下进行的，那就可排除这种材料引发重大火灾的可能性。当然，在危害因素辨识时既要考虑正常生产过程，也要考虑不正常生产的情况。

二、危险、有害因素及其分类

对危险、有害因素进行分类，是为了便于进行危险、有害因素分析。危险、有害因素的分类方法有很多种，以下着重介绍按导致事故和职业危害的直接原因进行分类的方法、按照事故类别及伤害方式进行分类的方法，以及按职业病类别进行分类的方法。

（一）按事故和职业危害的直接原因进行分类

根据 GB/T 13861—2009《生产过程危险和有害因素分类与代码》的规定，将生产过程中的危险、有害因素分为 6 类。

（1）物理性危险和有害因素。

① 设备设施缺陷（强度不够、刚度不够、稳定性差、密封不良、应力集中、外形缺陷、外露运动件、制动器缺陷、控制器缺陷、设备设施其他缺陷）；

② 防护缺陷（无防护、防护装置和设施缺陷、防护不当、支撑不当、防护距离不够、其他防护缺陷）；

③ 电危害（带电部位裸露、漏电、雷电、静电、电火花、其他电危害）；

④ 噪声危害（机械性噪声、电磁性噪声、流体动力性噪声、其他噪声）；

⑤ 振动危害（机械性振动、电磁性振动、流体动力性振动、其他振动）；

⑥ 电磁辐射（电离辐射：X 射线、γ 射线、α 粒子、β 粒子、质子、中子、高能电子束等；非电离辐射：紫外线、激光、射频辐射、超高压电场）；

⑦ 运动物危害（固体抛射物、液体飞溅物、反弹物、岩土滑动、料堆垛滑动、气流卷动、冲击地压、其他运动物危害）；

⑧ 明火；

⑨ 能造成灼伤的高温物质（高温气体、高温固体、高温液体、其他高温物质）；

⑩ 能造成冻伤的低温物质（低温气体、低温固体、低温液体、其他低温物质）；

⑪ 粉尘与气溶胶（不包括爆炸性、有毒性粉尘与气溶胶）；

⑫ 作业环境不良（作业环境不良、基础下沉、安全过道缺陷、采光照明不良、有害光照、通风不良、缺氧、空气质量不良、给排水不良、涌水、强迫体位、气温过高、气温过低、气压过高、气压过低、高温高湿、自然灾害、其他作业环境不良）；

⑬ 信号缺陷（无信号设施、信号选用不当、信号位置不当、信号不清、信号显示不准、其他信号缺陷）；

⑭ 标志缺陷（无标志、标志不清楚、标志不规范、标志选用不当、标志位置缺陷、其他标志缺陷）；

⑮ 其他物理性危险和有害因素。

（2）化学性危险和有害因素。

① 易燃易爆性物质（易燃易爆性气体、易燃易爆性液体、易燃易爆性固体、易燃易爆性粉尘与气溶胶、其他易燃易爆性物质）；

② 自燃性物质；

③ 有毒物质（有毒气体、有毒液体、有毒固体、有毒粉尘与气溶胶、其他有毒物质）；

④ 腐蚀性物质（腐蚀性气体、腐蚀性液体、腐蚀性固体、其他腐蚀性物质）；

⑤ 其他化学性危险和有害因素。

（3）生物性危险和有害因素。

① 致病微生物（细菌、病毒、其他致病微生物）；

② 传染病媒介物；

③ 致害动物；

④ 致害植物；

⑤ 其他生物性危险和有害因素。

（4）心理、生理性危险和有害因素。

① 负荷超限（体力负荷超限、听力负荷超限、视力负荷超限、其他负荷超限）；

② 健康状况异常；

③ 从事禁忌作业；

④ 心理异常（情绪异常、冒险心理、过度紧张、其他心理异常）；

⑤ 辨识功能缺陷（感知延迟、辨识错误、其他辨识功能缺陷）；

⑥ 其他心理、生理性危险和有害因素。

（5）行为性危险和有害因素。

① 指挥错误（指挥失误、违章指挥、其他指挥错误）；

② 操作错误（误操作、违章作业、其他操作失误）；

③ 监护失误；

④ 其他错误；

⑤ 其他行为性危险和有害因素。

（6）其他危险和有害因素。

（二）按事故类别及伤害方式分类

参照 GB 6441—1986《企业职工伤亡事故分类》，综合考虑起因物、引起事故的先发的诱导性原因、致害物、伤害方式等，将危险因素分为 16 类。

（1）物体打击，指物体在重力或其他外力的作用下产生运动，打击人体造成人身伤亡事故，不包括因机械设备、车辆、起重机械、坍塌等引发的物体打击；

（2）车辆伤害，指企业机动车辆在行驶中引起的人体坠落和物体倒塌、飞落、挤压伤亡事故，不包括起重设备提升、牵引车辆和车辆停驶时发生的事故；

（3）机械伤害，指机械设备运动（静止）部件、工具、加工件直接与人体接触引起的夹击、碰撞、剪切、卷入、绞、碾、割刺等伤害，不包括车辆、起重机械引起的机械伤害；

（4）起重伤害，指各种起重作业（包括起重机安装、检修、试验）中发生的挤压、坠落（吊具、吊重）、物体打击和触电；

（5）触电，包括雷击伤亡事故；

（6）淹溺，包括高处坠落淹溺，不包括矿山、井下透水淹溺；

（7）灼烫，指火焰烧伤、高温物体烫伤、化学灼伤（酸、碱、盐、有机物引起的体内外灼伤）、物理灼伤（光、放射性物质引起的体内外灼伤），不包括电灼伤和火灾引起的烧伤；

（8）火灾；

（9）高处坠落，指在高处作业中发生坠落造成的伤亡事故，不包括触电坠落事故；

（10）坍塌，指物体在外力或重力作用下，超过自身的强度极限或因结构稳定性破坏而造成的事故，如挖沟时的土石塌方、脚手架坍塌、堆置物倒塌等，不适用于矿山冒顶片帮和车辆、起重机械、爆破引起的坍塌；

（11）放炮，指爆破作业中发生的伤亡事故；

（12）火药爆炸，指火药、炸药及其制品在生产、加工、运输、储存中发生的爆炸事故；

（13）化学性爆炸，指可燃性气体、粉尘等与空气混合形成爆炸性混合物，接触引爆能源时，发生的爆炸事故（包括气体分解、喷雾爆炸）；

（14）物理性爆炸，包括锅炉爆炸、容器超压爆炸、轮胎爆炸等；

（15）中毒和窒息，包括中毒、缺氧窒息、中毒性窒息；

（16）其他伤害，指除上述以外的危险因素，如摔、扭、挫、擦、刺、割伤和非机动车碰撞、轧伤等。

（三）按职业病类别分类

参照卫生部、原劳动部、全国总工会等颁发的《职业病范围和职业病患者处理办法的规定》，将有害因素分为生产性粉尘、毒物、噪声与振动、高温、低温、辐射（电离辐射、非电离辐射）、其他有害因素等 7 类。

三、重大危险源辨识

（一）重大危险源的分类

重大危险源共有五个大类，即：危险化学品、企业危险建（构）筑物、压力管道、锅炉、压力容器。

（二）危险化学品重大危险源的辨识标准及方法

依据《危险化学品重大危险源辨识》（GB 18218—2018），单元内存在危险化学品的数量等于或超过临界量，即被定义为重大危险源。单元内存在的危险化学品的数量根据危险化学品种类的多少区分为以下两种情况：

（1）单元内存在的危险化学品为单一品种，则该危险化学品的数量即为单元内危险化学品的总量，若等于或超过相应的临界量，则定义为重大危险源。

（2）单元内存在的危险化学品为多品种时，按下式计算，若满足该式，则定义为重大危险源：

$$\frac{q_1}{Q_1}+\frac{q_2}{Q_2}+\cdots+\frac{q_n}{Q_n}\geq 1$$

式中　q_1，q_2，$\cdots$，q_n——每种危险化学品实际存在量，t；

Q_1，Q_2，$\cdots$，Q_n——与化学危险品相对应的临界量，t。

（三）重大危险源的监督与管理

1. 重大危险源的分级

根据《关于规范重大危险源监督与管理工作的通知》（安监总协调字〔2005〕125 号），

重大危险源监督与管理的主要工作内容是重大危险源的分级及管理。按照重大危险源的种类和能量在意外状态下可能发生事故的最严重后果，重大危险源分为以下四级：

（1）一级重大危险源：可能造成特别重大事故的。

（2）二级重大危险源：可能造成重大事故的。

（3）三级重大危险源：可能造成较大事故的。

（4）四级重大危险源：可能造成一般事故的。

2. 生产经营单位的管理职责

（1）生产经营单位要加强对重大危险源的安全管理与检测监控，建立健全重大危险源安全管理规章制度，制定重大危险源安全管理与监控的实施方案。生产经营单位的主要负责人对本单位重大危险源的安全管理与检测监控全面负责。

（2）生产经营单位要对本单位的重大危险源进行登记建档，建立重大危险源管理档案，并按照国家和地方有关部门重大危险源申报登记的具体要求，在每年3月底前将有关材料报送当地县级以上人民政府安全生产监督管理部门备案。

（3）生产经营单位对新构成的重大危险源，要及时报告当地县级以上人民政府安全生产监督管理部门备案；对已不构成重大危险源的，生产经营单位应及时报告核销。生产经营单位存在的重大危险源在生产过程、材料、工艺、设备、防护措施和环境等因素发生重大变化，或者国家有关法规、标准发生变化时，生产经营单位要对重大危险源重新进行安全评估，并及时报告当地县级以上人民政府安全生产监督管理部门。

（4）生产经营单位的决策机构及其主要负责人、个人经营的投资人要保证重大危险源安全管理与检测监控所必需的资金投入。

（5）生产经营单位要对从业人员进行安全生产教育和培训，使其熟悉重大危险源安全管理制度和安全操作规程，掌握本岗位的安全操作技能等。

（6）生产经营单位要将重大危险源可能发生事故时的危害后果、应急措施等信息告知周边单位和人员。

（7）生产经营单位至少每3年要对本单位的重大危险源进行一次安全评估。按照国家有关规定，已经进行安全评价并符合重大危险源安全评估要求的，可不必进行安全评估。安全评估报告要做到数据准确，内容完整，方法科学，建议措施具体可行，结论客观公正。从事重大危险源安全检测检验和安全评估业务的中介机构要具备国家规定的资质条件，并对其做出的检测检验和安全评估结论负责。

（8）生产经营单位要在重大危险源现场设置明显的安全警示标志，并加强重大危险源的现场检测监控和有关设备、设施的安全管理。

（9）生产经营单位要对重大危险源的安全状况以及重要的设备设施进行定期检查、检测、检验，并做好记录。

（10）对存在事故隐患的重大危险源，生产经营单位必须立即整改。要制订整改方案，落实整改资金、责任人、期限等。整改期间要采取切实可行的安全措施，防止事故发生。

（11）生产经营单位要制定重大危险源应急救援预案，配备必要的救援器材、装备，每年进行一次事故应急救援演练。重大危险源应急救援预案必须报送当地县级以上人民政府安全生产监督管理部门备案。

3. 重大危险源的监督管理

（1）县级以上人民政府安全生产监督管理部门要建立重大危险源信息管理系统，并设置专门的管理人员，加强对重大危险源各类信息的管理。

（2）县级以上人民政府安全生产监督管理部门要加强对存在重大危险源的生产经营单位的监督检查，督促生产经营单位加强对重大危险源的安全管理与监控。

（3）县级以上人民政府安全生产监督管理部门在监督检查中发现重大危险源存在事故隐患，应当责令生产经营单位立即排除；在隐患排除前或者排除中无法保证安全的，应当责令生产经营单位从危险区域内撤出作业人员，暂时停产、停业或者停止使用；重大事故隐患排除后，经审查同意，方可恢复生产经营和使用。

第三节　风险评价

风险评价也叫安全评价，是以实现工程、系统安全为目的，应用安全系统工程的原理和方法，辨识与分析工程、系统、生产管理活动的危险、有害因素，预测发生事故或造成职业危害的可能性和严重程度，提出科学合理可行的安全对策措施建议，从而为工程、系统制定防范措施和管理决策提供科学依据。

一、安全评价分类

安全评价按照评价方法的特征可分为定性评价、定量评价和综合评价；按照工程、系统生命周期可分为安全预评价、安全验收评价和安全现状评价。

二、安全评价原理和原则

（一）安全评价原理

1. 相关性原理

相关性是指一个系统，其属性、特征与事故和职业危害存在着因果的相关性。

2. 惯性原理

任何事物在其发展过程中，从过去到现在以及延伸至将来，都具有一定的延续性，这种延续性就叫惯性。

3. 量变到质变原理

任何一个事物在发展变化过程中都存在着从量变到质变的规律，同样，在一个系统中许多有关安全的因素也都存在着从量变到质变的过程。

（二）安全评价原则

安全评价是落实"安全第一，预防为主"方针的重要技术保障，是安全生产监督管理的重要手段。安全评价应遵循权威性、科学性、公正性、严肃性、针对性、综合性和适用性原则。

1. 权威性

安全评价工作必须在国家安全生产监督管理部门的指导、监督下，严格执行国家、行业及地方颁布的有关安全的方针、政策、法规和标准等；在具体评价过程中，全面、仔细、深入地剖析评价项目或生产经营单位在执行产业政策、安全生产和劳动保护政策等方面存在的问题，主动接受国家安全生产监督管理部门的指导、监督和检查，力争为项目决策、设计和安全运行提出符合政策、法规、标准要求的评价结论和建议，为安全生产监督管理提供科学依据。

2. 科学性

安全评价涉及学科范围广，影响因素复杂多变。安全预评价从时间上讲有预测、预防性；安全现状综合评价在整个项目上具有全面的现实性；专项安全评价在技术上具有较高的针对性；验收安全评价在项目的可行性上具有较强的客观性。为保证安全评价能准确地反映被评价项目的客观实际和结论的正确性，在开展安全评价的全过程中，必须依据科学的方法、程序，以严谨的科学态度全面、准确、客观地进行工作，提出科学的对策措施，做出科学的结论。

3. 公正性

评价结论是被评价项目的决策依据、设计依据、能否安全运行的依据，也是国家安全生产监督管理部门进行安全监督管理的执法依据。因此，对于安全评价的每一项工作都要做到客观和公正。既要防止受评价人员主观因素的影响，又要排除外界因素的干扰，避免出现不合理、不公正。

4. 严肃性

安全评价必须以国家和地方有关安全的方针政策、法规、标准、规定等为依据；安全评价的效果涉及国家的利益和声誉，涉及建设单位和生产单位能否安全、正常地运行，涉及职工的安全和健康，也涉及其他设施和其他人员的安全、健康；安全评价机构和评价人员应由国家安全生产监督管理部门予以资质核准和资格注册。因此，安全评价是一项十分严肃的工作，评价单位和评价人员必须以强烈的责任心和事业心来进行安全评价工作。

5. 针对性

进行安全评价时，首先是针对被评价项目的实际情况和特征，收集有关资料对系统进行全面的分析；其次是对众多的危险、有害因素及单元进行筛选，针对主要的危险、有害因素及重要单元进行重点评价；并辅以重大事故后果和典型案例进行分析、评价。各类评价方法都有特定适用范围和使用条件，因此要有针对性地选用评价方法；最后要提出有针对性的、操作性强的对策措施，对被评价项目做出客观、公正的评价结论。

6. 综合性

系统安全分析和评价的对象千差万别，涉及企业的人员、设备、物料、法规、环境的各个方面，不可能用单一的方法就完成任务。例如，对新设计的项目和现有的生产项目就应有区别，前者多半属于静态的分析评价，后者则应考虑动态的情况。又如，对危险过程的控制和伤亡数字的目标控制，在方法上也有所不同。所以，在评价时要综合考虑各种因素与影响。一般需要采用多种评价方法，取长补短。

7.适用性

系统分析和评价方法要适合企业的具体情况，即具有可操作性。方法要简单，结论要明确，效果要显著，这样才能为人们所接受。

三、安全评价程序

安全评价程序主要包括：前期准备；辨识与分析危险、有害因素；划分评价单元；定性、定量评价；提出安全对策措施建议；做出安全评价结论；编制安全评价报告。具体程序如图 4-1 所示。

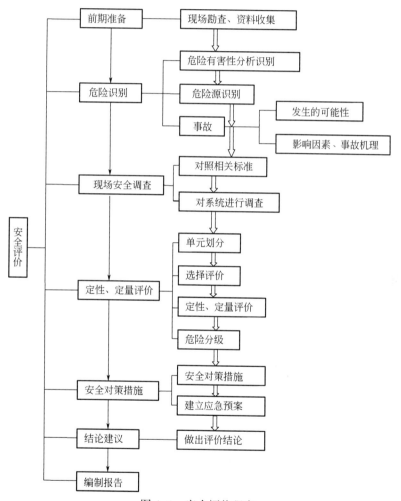

图 4-1　安全评价程序

（1）前期准备：明确被评价对象，备齐有关安全评价所需的设备、工具，收集国内外相关法律法规、技术标准及工程、系统的技术资料。

（2）辨识与分析危险、有害因素：根据被评价对象的具体情况，辨识和分析危险、有害因素，确定危险、有害因素存在的部位、存在的方式和事故发生的途径及其变化的规律。

（3）划分评价单元：在辨识和分析危险、有害因素的基础上，划分评价单元。评价单元的划分应科学、合理，便于实施评价、相对独立且具有明显的特征界限。

（4）定性、定量评价：根据评价单元的特征，选择合理的评价方法，对评价对象发生事故的可能性及其严重程度进行定性、定量评价。

（5）提出安全对策措施建议：依据危险、有害因素辨识结果与定性、定量评价结果，遵循针对性、技术可行性、经济合理性的原则，提出消除或减弱危险、有害因素的技术和管理措施建议。

（6）做出安全评价结论：根据客观、公正、真实的原则，严谨、明确地做出评价结论。

（7）编制安全评价报告：依据安全评价的结果编制相应的安全评价报告。安全评价报告是安全评价过程的具体体现和概况性总结，是评价对象完善自身安全管理、应用安全技术等方面的重要参考资料；是由第三方出具的技术性咨询文件，可为政府安全生产管理、安全监察部门和行业主管部门等相关单位对评价对象的安全行为进行法律法规、标准、行政规章、规范的符合性判别所用；是评价对象实现安全运行的技术性指导文件。

四、常用安全评价方法

按照安全评价结果的量化程度通常分为定性和定量两种方法。

定性评价方法主要是根据经验和直观判断能力对生产系统的工艺、设备、设施、环境、人员和管理等方面的状况进行定性分析，一般将危险性分成几个定性等级，并规定达到哪个等级（以上或以下）即认为系统是安全的。属于定性评价方法的有安全检查表法、专家现场询问观察法、故障假设分析法与故障假设/检查表分析法、作业条件危险性评价法、故障类型和影响分析法等。

定量评价方法中一般规定在某段时间内或某个空间内事故发生的概率（或发生次数）、事故损失（危险程度）低于确定的指标则认为系统是安全的。目前，国内外已开发出数十种评价方法，每种评价方法的原理、目标、应用条件、适用的评价对象、工作量均不尽相同，各有其特点和优缺点。

（一）安全检查表法（Safety Checklist Analysis，SCA）

为了查找工程、系统中各种设备设施、物料、工件、操作、管理和组织措施中的危险、有害因素，事先把检查对象加以分解，将大系统分割成若干小的子系统，以提问或打分的形式，将检查项目列表逐项检查，避免遗漏，这种表称为安全检查表，用安全检查表进行安全检查的方法称为安全检查表法。

（二）危险指数法（Risk Rank，RR）

危险指数法是通过评价人员对几种工艺现状及运行的固有属性（以作业现场危险度、事故概率和事故严重度为基础，对不同作业现场的危险性进行鉴别）比较计算，确定工艺危险特性、重要性大小，以及是否需要进一步研究的安全评价方法。

危险指数评价可以运用在工程项目的各个阶段（可行性研究、设计、运行等），以在详细的设计方案完成之前运用。可以在现有装置危险分析计划制定之前运用，也可用于在役装置，作为确定工艺操作危险性的依据。

目前，已有许多种危险指数方法得到广泛的应用，危险度评价法，化学公司的火灾、爆炸危险指数法，帝国化学工业公司（ICI）的蒙德法，工厂危险等级指数法等。

（三）预先危险分析法（Preliminary Hazard Analysis，PHA）

预先危险分析法是一项实现系统安全危害分析的初步或初始工作，设计、施工和生产前，先对系统中存在的危险性类别、出现条件、导致事故的后果进行分析，目的是识别系统中的潜在危险，确定危险等级，防止危险发展成事故。

预先危险分析法的步骤如下：

（1）通过经验判断、技术诊断或其他方法确定危险源，对所需分析系统的生产物料、装置及设备、工艺过程、操作条件以及周围环境等进行详细的了解。

（2）根据以往的经验及同类行业生产中的事故情况，对系统的影响、损坏程度，类比判断所要分析的系统中可能出现的情况，查找能够造成系统故障、物质损失和人员伤害的危险性，分析事故的可能类型。

（3）对确定的危险源分类，制成预先危险性分析表。

（4）转化条件，即研究危险因素转变为危险状态的触发条件和危险状态转变为事故的必要条件，并进一步寻求对策措施，检验对策措施的有效性。

（5）进行危险性分级，排列出重点和轻重缓急次序，以便处理。

（6）制定事故的预防性对策措施。

（四）故障假设分析法（What…If，WI）

故障假设分析法是一种对系统工艺过程或操作过程进行的创造性分析方法。它一般要求评价人员用"What…If"作为开头对有关问题进行考虑，任何与工艺安全有关或与之不太相关的问题都可提出并加以讨论。通常，将所有的问题都记录下来，然后分门别类进行讨论。所提出的问题要考虑任何与装置有关的不正常生产条件，而不仅仅是设备故障或工艺参数变化。

故障假设分析法比较简单，评价结果一般以表格形式表示，主要内容有：提出的问题、回答可能的后果、降低或消除危险性的安全措施。

（五）危险和可操作性研究（Hazard and Operability Study，HAZOP）

危险和可操作性研究是一种定性的安全评价方法。它的基本过程是以关键词为引导找出过程中工艺状态的变化（即偏差），然后分析找出偏差的原因、后果及可采取的对策。其侧重点是工艺部分或操作步骤的各种具体值。

危险和可操作性研究方法所基于的原理是，背景各异的专家们在一起工作，在创造性、系统性和风格上互相影响和启发，能够发现和鉴别更多的问题，这样做要比他们独立工作并分别提供结果更为有效。

危险和可操作性研究方法可按分析的准备、完成分析和编制分析结果报告三个步骤来完成。其本质就是通过系列会议对工艺流程图和操作规程进行分析，由各种专业人员按照规定的方法对偏离设计的工艺条件进行过程危险和可操作性研究。虽然某一个人也可能单独使用危险和可操作性研究方法，但这绝不能称为危险和可操作性研究。所以，危险和可操作性研究方法与其他安全评价方法的明显不同之处是，其他方法可由某人单独使用，而危险和可操作性分析则必须由一个多方面的、专业的、熟练的人员组成的小组来完成。

（六）故障类型和影响分析法（Failure Mode Effects Analysis，FMEA）

故障类型和影响分析是系统安全工程的一种方法。根据系统可以划分为子系统、设备和元件的特点，按实际需要将系统进行分割，然后分析各自可能发生的故障类型及其产生的影响，以便采取相应的对策，提高系统的安全可靠性。

故障类型和影响分析的目的是辨识单一设备和系统的故障模式及每种故障模式对系统或装置的影响。故障类型和影响分析的步骤为：明确系统本身的情况，确定分析程度和水平，绘制系统图和可靠性框图，列出所有的故障类型并选出对系统有影响的故障类型，整理出造成故障的原因。在故障类型和影响分析中不直接确定人的影响因素，但像人失误、误操作等影响通常作为一个设备故障模式表示出来。

（七）故障树分析法（Fault Tree Analysis，FTA）

故障树是一种描述事故因果关系的有方向的"树"，是系统安全工程中的重要分析方法之一。它能对各种系统的危险性进行识别评价，既适用于定性分析，又能进行定量分析，具有简明、形象化的特点，体现了以系统工程方法研究安全问题的系统性、准确性和预测性。故障树分析的基本程序如下：

（1）熟悉系统。要详细了解系统状态及各种参数，绘出工艺流程图或布置图。

（2）调查事故。收集事故案例，进行事故统计，设想给定系统可能要发生的事故。

（3）确定顶上事件。要分析的对象事件即为顶上事件。对所调查的事故进行全面分析，从中找出后果严重且较易发生的事故作为顶上事件。

（4）确定目标值。根据经验和事故案例，经统计分析后，求解事故发生的概率（频率），作为要控制的事故目标值。

（5）调查原因事件。调查与事故有关的所有原因事件和各种因素。

（6）画出故障树。从顶上事件起，一级一级找出直接原因事件，到所要分析的深度，按其逻辑关系，画出故障树。

（7）定性分析。按故障树结构进行简化，确定各基本事件的结构重要度。

（8）确定事故发生概率。确定所有事件发生概率，标在故障树上，进而求出顶上事件的发生概率。

（9）比较。比较分可维修系统和不可维修系统进行讨论，前者要进行对比，后者求出顶上事件发生概率即可。

（10）分析。故障树分析不仅能分析出事故的直接原因，而且能深入提示事故的潜在原因，因此在工程或设备的设计阶段、在事故查询或编制新的操作方法时，都可以使用故障树分析对它们的安全性做出评价。

（八）事件树分析法（Event Tree Analysis，ETA）

事件树分析是用来分析普通设备故障或过程波动（称为初始事件）导致事故发生的可能性。

在事件树分析法中，事故是典型设备故障或工艺异常（称为初始事件）引发的结果。与故障树分析不同，事件树分析法是使用归纳法（不是演绎法），可提供记录事故后果的系统性的方法，并能确定导致事件后果与初始事件的关系。事件树分析法步骤如下。

1. 确定初始事件

初始事件可以是系统或设备的故障、人员的失误或工艺参数偏移等可能导致事故发生的事件。初始事件一般依靠分析人员的经验和有关运行、故障、事故统计资料来确定。

2. 判定安全功能

系统中包含许多能消除、预防、减弱初始事件影响的安全功能（安全装置、操作人员的操作等）。常见的安全功能有自动控制装置、报警系统、安全装置、屏蔽装置和操作人员采取措施等。

3. 发展事件树和简化事件树

从初始事件开始，自左至右发展事件树。首先把事件一旦发生时起作用的安全功能状态画在上面的分支，不能发挥安全功能的状态画在下面的分支。然后依次考虑每种安全功能分支的两种状态，层层分解直至系统发生事故或故障为止。

简化事件树是在发展事件树的过程中，将与初始事件、事故无关的安全功能和安全功能不协调、矛盾的情况省略、删除，达到简化分析的目的。

4. 分析事件树

事件树各分支代表初始事件一旦发生后其可能的发展途径，其中导致系统事故的途径即为事故连锁。

事件树分析适合用来分析那些产生不同后果的初始事件。它强调的是事件可能发生的初始原因以及初始事件对事件后果的影响，事件树的每一个分支都表示一个独立的事件序列，对一个初始事件而言，每一独立事件序列都清楚地界定了安全功能之间的功能关系。

（九）作业条件危险性评价法（Job Risk analysis，JRA）

美国的 K J 格雷厄姆（Keneth J. Graham）和 G F 金尼（Gilbert f. Kinney）研究了人们在具有潜在危险环境中作业的危险性，提出了以所评价的环境与某些作为参考环境的对比为基础，将作业条件的危险性作为因变量（D），事故或危险事件发生的可能性（L）、暴露于危险环境的频率（E）及危险严重程度（C）作为自变量，确定了它们之间的函数式。根据实际经验，他们给出了 3 个自变量的各种不同情况的分数值，采取对所评价的对象根据情况进行"打分"的办法，然后根据公式计算出其危险性分数值，再在按经验将危险性分数值划分的危险程度等级表或图上，查出其危险程度的一种评价方法。这是种简单易行的评价作业条件危险性的方法。

（十）定量风险评价方法（Quantity Risk Analysis，QRA）

在识别危险分析方面，定性和半定量的评估是非常有价值的，但是这些方法仅是定性分析，不能提供足够的定量分析，特别是不能对复杂的并存在危险的工艺流程等提供决策的依据和足够的信息，在这种情况下，必须能够提供完全的定量的计算和评价。风险可以表征为事故发生的频率和事故的后果的乘积。定量风险评价对这两方面均进行评价，可以将风险的大小完全量化，并提供足够的信息，为业主、投资者、政府管理者提供定量化的决策依据。

第四节　风险控制

风险控制（Risk control）就是采用一定的技术、管理手段，将事故风险控制在按当前价值取向可接受的范围之内。不同的价值取向有不同的"可接受"水平，安全上的价值取向是建立在法律、标准和相关技术规范这些当今人们普遍认可的价值取向基础之上的。

一、安全对策措施的基本原理、基本要求和基本原则

（一）安全对策措施的基本原理——"木桶原理"

"木桶原理"是管理学上的一个基本原理，用于安全评价。如果将安全评价系统视为一个木桶，而它的危险和有害因素就是放于桶内的液体，每一项针对危险和有害因素的安全设施（措施）都是构成这个"木桶"安全的不可缺少的木板，而安全措施的完备性就象征木板的长短，危险和有害因素总是从安全措施的缺陷处形成事故隐患。

因此，"危险识别"就是测量液体的容积；"安全评价"就是测量各木板的长度，找出最短的木板，因为此处溢出液体的风险最大；某块木板太短挡不住液体溢出，就是"事故隐患"，可以采取的安全对策措施有两种：一是增长较短的木板，二是减少液体的量。增长木板可以降低液体溢出的可能性；减少液体即使溢出量也不会大，可以减少液体溢出的严重程度。此两种措施双管齐下，就可降低液体溢出的风险。

当液体的量难以减少时，为保证液体装入木桶且不溢出，就要将木桶所有的木板增长到足够盛装液体容量的高度。同理，对危险有害因素的防范，安全设施（措施）必须达到防止危险有害因素构成事故隐患的要求。但也要整体考虑木板的等高效果，若木桶中某块木板特别长，过优则可能造成浪费，某一项安全措施特别优质并不能使整个系统更安全。

（二）安全对策措施的基本要求

安全对策措施总体来说，要求具有针对性和有效性，应具备以下五个基本要求：
（1）能消除或减弱生产过程中产生的危险、危害。
（2）处置危险和有害物，并使之降低到国家规定的限值内。
（3）预防生产装置失灵和操作失误产生的危险、危害。
（4）能有效预防重大事故和职业危害的发生。
（5）发生意外时，能为遇险人员提供自救和互救条件。

（三）安全对策措施应遵循的基本原则

安全对策措施是防患安全事故的"防护墙"，因此，它应有针对性、可操作性、有效性和经济合理性，当安全技术措施与经济效益发生矛盾时，应优先考虑安全技术措施上的要求。经济合理性可以通过合理安排安全技术措施的优先顺序来达到，也可以在满足安全技术措施要求的前提下，使用新技术满足经济合理性要求。

因此，安全对策措施应遵循的原则包括：
（1）安全对策措施具有等级顺序。

（2）安全对策措施也有优先顺序。

（3）安全对策措施应具有针对性、可操作性、有效性和经济合理性。

（4）安全对策措施必须符合国家法律、法规、标准和相关技术规范。

二、安全对策措施的基础知识

（一）安全对策措施的对象——"事故隐患"

事故隐患是指作业场所、设备及设施的不安全状态，人的不安全行为和管理上的缺陷，它是应发安全事故的直接原因。事故隐患经常具有不稳定性，隐患如果不消除极易转变为事故。

从"木桶原理"可知，安全对策措施是针对事故隐患的，安全对策措施的效果就是消除事故隐患。安全评价时提出安全对策措施，一般可以从两个方向考虑：一是减少或控制危险有害因素的数量，使原有的安全对策设施（措施）体现出防范功能；二是提高安全设施（措施）的防范功能等级，能满足控制现存危险有害因素的要求。

（二）安全对策措施的重点——"安全设施"

安全评价的主要任务之一就是对"安全设施"的评价，通过评价安全设施来说明危险有害因素或与之对应的危险源是否构成事故隐患，如果"安全设施"不符合安全要求，不能有效控制危险有害因素，可判断其存在事故隐患，在安全评价中必须要提出安全对策措施。根据安全设施的目的不同，可分为预防事故设施、控制事故设施和减少事故影响设施三大类。

1. 预防事故设施

（1）检测设施，包括压力计、真空计、温度计、液位计、流量计等各种检测报警设施和分析仪器，可燃气体、有毒有害气体、氧气检测报警等设施。

（2）组分控制设施，包括气体、液体物料组分控制设施，以及防止助燃物混入、掺入惰性气体等设施。

（3）防护设施，包括防护罩、防护屏、负荷限制器、行程限制器、制动设施、限速设施、电气过载保护设施、防静电设施、防雷设施、防噪声设施、防暑降温设施、通风除尘排毒设施以及防辐射设施、传动设备安全闭锁设施、防护栏（网）等。

（4）电气防爆设施，包括各种防爆电动机、防爆仪表、防爆通信器材、防爆工器具等。

（5）个体防护器材，如头、眼、耳、手、面部、呼吸、脚、全身防护器具等。

（6）安全标志。

2. 控制事故设施

（1）泄压设施，包括安全阀、爆破片、呼吸阀、放空阀（放空管）、回流阀、逆止阀、减压阀等，低压真空系统的密封设施、排气设施、吸收设施等。

（2）紧急处理设施，包括紧急切断/投用电源、紧急切断阀、紧急分流、紧急排放及紧急吸收设施、紧急冷却、紧急通入惰性气体、紧急加入反应抑制剂、仪表联锁等设施、自动控制及紧急停车系统（如 SIS、ESD、FSC 系统）、火炬排放设施。

3. 减少事故影响设施（减灾设施）

（1）防止火灾蔓延设施，包括阻火器、安全水封、回火防止器、防油（火）堤、防火墙、防爆墙、蒸汽幕、水幕、防火门等。

（2）灭火设施，包括自动水喷淋设施、消火栓、泡沫灭火设施、惰性气体灭火设施、蒸汽灭火设施、高压水枪和水炮、消防车、消防水收集处理设施、消防水管网及稳（临时）高压系统、消防站等。

（3）紧急个体处置逃生设施，如洗眼器、喷淋器、逃生器、逃生索、应急照明等。

（4）应急救援设施，如应急救援工程抢险装备、应急救援现场医疗抢救装备。

（5）避难设施，如安全避难所（带空呼系统）、避难信号、逃生及避难指示标志、避难安全通道等。

（三）提出评价单元的安全对策措施

1. 提出安全对策措施的步骤

（1）分析评价单元的特点；

（2）确定评价单元所固有的危险有害因素以及可接受程度，并按其风险大小排序；

（3）制定符合性检查表；

（4）提出安全对策措施。

2. 评价单元技术、布局、工艺、方式的安全对策措施

（1）评价单元的技术对策措施。对评价单元存在的事故隐患，从技术上提出安全对策措施，可消除、降低或弱化事故隐患，达到安全作业。

① 本质安全技术对策措施。

② 机械化和自动化技术对策措施，采用机械化和自动化技术使人的操作岗位远离危险或有害现场，从而减少工伤事故。

③ 调整、维修的安全。在设置机器时，应尽量考虑将一些易损而需经常更换的零部件设计得便于拆装和更换；提供安全接近或站立措施；锁定切断的动力；机器的调试、润滑、维修等操作点分布在危险区外，这样可以减少操作者进入危险区的次数，从而减少操作者面临危险的概率。

④ 代替技术对策措施。尽可能以无毒或低毒的工艺和物料代替有毒、高毒的工艺和物料，是防毒的根本措施。

（2）评价单元的布局对策措施。为了应对评价单元在布局方面的事故隐患，安全评价需要对评价单元提出布局的安全对策措施。评价单元的布局对策措施一般可从风向、安全（防火）距离等方面考虑。

① 功能分区的布局。评价单元的功能分区布局，应考虑生产特点、工艺流程和火灾爆炸危险性，结合地形、风向等条件，以减少危险有害因素的交叉影响。

② 危险有害设施的布局。评价单元中可能泄漏或散发易燃、易爆、腐蚀、有毒、有害介质（气体、液体、粉尘等）的生产、储存和装卸设施（包括锅炉房、污水处理设施等）、有害废弃物堆场等的布局应符合标准要求。

③ 火灾危险性生产及储存设施布局。根据 GB 50016—2014《建筑设计防火规范》

[2018 版] 规定，生产或储存的火灾危险性分为甲、乙、丙、丁、戊 5 类。

④ 建筑物的耐火等级。在 GB 50016—2014《建筑设计防火规范》[2018 版] 里，将建筑物分为 4 个耐火等级。

⑤ 防火间距的布局。评价单元在总平面布局时，应留有足够的防火间距。

⑥ 噪声源和振动源的布局。

（3）评价单元的工艺对策措施。评价单元中针对生产过程产生的事故隐患，需要采用工艺对策措施。例如，应尽可能选择危险性较小的物质，选择成熟和工艺条件较缓和的工艺路线。

① 防火防爆工艺对策措施。生产过程中易燃、易爆炸危险性的原材料、中间物料、成品及危险物料，应列出其主要化学性能及危险性，并综合分析研究，采取有效措施加以控制。

② 静电工艺控制对策措施。从工艺流程方面采取措施，减少、避免静电荷的产生和积累。

（4）评价单元的方式对策措施。对评价单元中存在事故隐患的不同特点，可以从安全防护方式上考虑不同的安全对策措施。

① 保险装置。保险装置是发生危险情况时，能自动动作消除危险状态的装置。

② 通风换气。厂房通风有自然通风、机械通风和正压通风。

③ 惰性气体保护。惰性气体保护的作用是缩小或消除易燃可燃物质的爆炸范围，从而防止燃烧爆炸。

④ 隔离密封。隔离密封是一种阻断方式。

⑤ 安全监测。可燃气体、可燃液体蒸气或可燃粉尘在空气中的浓度达到爆炸极限时，遇到火源就会发生爆炸。

3. 评价单元设施、设备、装置的安全对策措施

（1）特种设备安全对策措施。评价单元中的特种设备必须符合安全要求。例如，锅炉、压力容器、压力管道、电梯、起重机械的制造、安装、改造、维修、使用，检验须严格执行《特种设备安全监察条例》，安全阀、压力表、水位表必须定期检测。

（2）防火、防爆对策措施。设备、机器种类繁多，以化工设备为例，可分为塔槽类、换热设备、反应器、分离器、加热炉和废热锅炉等。压力容器按工作压力不同，分为低压、中压、高压和超高压 4 个等级。生产过程中接触具有易燃、易爆、有毒、有腐蚀性的物料，且生产工艺复杂，工艺条件苛刻，设备与机器的质量、材料等要求高。材料的正确选择是设备与机器优化设计的关键，必须全面考虑设备与机器的使用场合、结构形式、介质性质、工作特点、材料性能、工艺性能和经济合理性。设备与机器必须安全可靠，其选型、结构、技术参数等方面必须准确无误，并符合设计标准的要求。工艺提出的专业设计条件应正确无误（包括形式、结构、材料、压力、温度、介质、腐蚀性、安全附件、抗震、防静电、泄压、密封接管、支座、保温、保冷、喷淋等设计参数），对于易燃、易爆、有毒介质的储运机械设备，应符合有关安全标准要求。

（3）电气设备防火、防爆对策措施。评价单元中的电气设备应按使用环境的等级、电气设备的种类和使用条件选择，所选用的防爆电气设备的级别和组别，不应低于该环境内爆炸性混合物的级别和组别。当存在两种以上的爆炸性物质时，应按混合后的爆炸性混合物的级别和组别选用。如无据可查又不可能进行试验时，可按危险程度较高的级别和组别选用。爆炸危险环境内的电气设备，应能防止周围化学、机械、热和生物因素的危害，并与环境温度、空气湿度、海拔高度、日光照射、风沙、地震等环境条件相适应。其结构应满足电气设备在规定的运行条件下不会降低防爆性能的要求。

（4）屏护设施和安全距离。屏护设施指屏蔽和障碍，能防止人体有意或无意触及或过分接近带电体的遮栏、护罩、护盖、箱匣等设施，是将带电部位与外界隔离，防止人体误入带电间隔的简单、有效的安全装置。例如，开关盒、母线护网、高压设备的围栏、变配电设备的遮栏等。金属屏护装置必须接零或接地。屏护的高度、最小安全距离、网眼直径和栅栏间距应满足 GB/T 8196—2003《机械安全　防护装置　固定式和活动式防护装置设计与制造一般要求》的规定。屏护上应根据屏护对象特征挂有警示标志。必要时，还应设置声、光报警信号和联锁保护装置，当人体越过屏护装置可能接近带电体时，声、光报警且被屏护的带电体自动断电。安全距离是指有关规程明确规定的、必须保持的带电部位与地面、建筑物、人体、其他设备、其他带电体、管道之间的最小电气安全空间距离。安全距离的大小取决于电压的高低、设备的类型和安装方式等因素，设计时必须严格遵守规定的安全距离。当无法达到时，还应采取其他安全技术措施。

（5）联锁保护。设置防止误操作、误入带电间隔等造成触电事故的安全联锁保护装置。例如，变电所的程序操作控制锁、双电源的自动切换联锁保护装置、打开高压危险设备的屏护时的报警和带电装置自动断电保护装置、电焊机空载断电或降低空载电压装置等。

第五章 应急管理

第一节 事故应急管理体系

一、事故应急救援的基本任务及特点

(一) 事故应急救援的基本任务

事故应急救援的总目标是通过有效的应急救援行动，尽可能地降低事故的后果严重程度，包括人员伤亡、财产损失和环境破坏等。事故应急救援的基本任务包括下述几个方面：

(1) 立即组织营救受害人员，组织撤离或者采取其他措施保护危害区域内的其他人员，抢救受害人员是应急救援的首要任务。

(2) 迅速控制事态，并对事故造成的危害进行检测、监测。

(3) 消除危害后果，做好现场恢复。

(4) 认清事故原因，评估危害程度。

(二) 事故应急救援的特点

事故应急救援具有不确定性、突发性、复杂性和后果、影响易猝变、激化、放大等特点。

1.不确定性和突发性

大部分事故都是突然爆发，爆发前基本没有明显征兆，而且一旦发生，发展蔓延迅速，甚至失控。因此，要求应急行动必须在极短的时间内在事故的第一现场做出有效反应，在事故产生重大灾难后果之后采取各种有效的防护、救助、疏散和控制事态等措施。

2.应急活动的复杂性

应急活动的复杂性主要表现在事故、灾害或事件影响因素与演变规律的不确定性和不可预见的多变性。

3.后果、影响易猝变、激化和放大

公共安全事故、灾害与事件虽然是小概率事件，但后果一般比较严重，会造成广泛的公众影响，应急处理稍有不慎，就可能改变事故、灾害与事件的性质，使平稳、有序、和平状态向动态、混乱和冲突方面发展，引起事故、灾害与事件波及范围扩展，卷入人群数量增加和人员伤亡与财产损失后果加大，猝变、激化与放大造成的失控状态，不但迫使应急呼应升级，甚至可导致社会性危机出现，使公众立即陷入巨大的动荡与恐慌之中。

二、事故应急管理相关法律法规要求

近年来，我国政府相继颁布的一系列法律法规和文件，如《中华人民共和国安全生产法》（以下简称《安全生产法》）《危险化学品安全管理条例》《国务院关于特大安全事故行政责任追究的规定》《特种设备安全监察条例》《中华人民共和国突发事件应对法》（以下简称《突发事件应对法》）《生产安全事故报告和调查处理条例》《生产安全事故应急预案管理办法》《生产经营单位生产安全事故应急预案评审指南（试行）》《突发事件应急演练指南》《国务院关于进一步加强企业安全生产工作的通知》等，对危险化学品、特大安全事故、重大危险源等应急救援工作提出了相应的规定和要求。

三、事故应急管理理论框架

应急管理是一个动态的过程，包括预防、准备、响应和恢复4个阶段。尽管在实际情况中这些阶段往往是交叉的，但每一阶段都有其明确的目标，而且每一阶段又是构筑在前一阶段的基础之上，因而预防、准备、响应和恢复的相互关联，构成了重大事故应急管理的循环过程。

（一）预防

在应急管理中预防有两层含义，一是事故的预防工作，即通过安全管理和安全技术等手段，尽可能地防止事故的发生，实现本质安全；二是在假定事故必然发生的前提下，通过预先采取的预防措施，达到降低或减缓事故的影响或后果的严重程度，如加大建筑物的安全距离、工厂选址的安全规划、减少危险物品的存量、设置防护墙以及开展公众教育等。

（二）准备

应急准备是指为有效应对突发事件而事先采取的各种措施的总称，包括意识、组织、机制、预案、队伍、资源、培训演练等各种准备。应急准备并不仅仅针对应急响应，它为预防、监测预警、应急响应和恢复等各项应急管理工作提供支撑，贯穿应急管理工作的整个过程。

（三）响应

应急响应是指在突发事件发生以后所进行的各种紧急处置和救援工作。《突发事件应对法》规定，自然灾害、事故灾难或者公共卫生事件发生后，履行统一领导职责的人民政府可以采取下列一项或者多项应急处置措施：

（1）组织营救和救治受害人员，疏散、撤离并妥善安置受到威胁的人员以及采取其他救助措施；

（2）迅速控制危险源，标明危险区域，封锁危险场所，划定警戒区，实行交通管制以及其他控制措施；

（3）立即抢修被损坏的交通、通信、供水、排水、供电、供气、供热等公共设施，向受到危害的人员提供避难场所和生活必需品，实施医疗救护和卫生防疫以及其他保障措施；

（4）禁止或者限制使用有关设备、设施，关闭或者限制使用有关场所，中止人员密集的活动或者可能导致危害扩大的生产经营活动以及采取其他保护措施；

（5）启用本级人民政府设置的财政预备费和储备的应急救援物资，必要时调用其他急需物资、设备、设施、工具；

（6）组织公民参加应急救援和处置工作，要求具有特定专长的人员提供服务；

（7）保障食品、饮用水、燃料等基本生活必需品的供应；

（8）依法从严惩处囤积居奇、哄抬物价、制假售假等扰乱市场秩序的行为，稳定市场价格，维护市场秩序；

（9）依法从严惩处哄抢财物、干扰破坏应急处置工作等扰乱社会秩序的行为，维护社会治安；

（10）采取防止发生次生、衍生事件的必要措施。

（四）恢复

恢复是指突发事件的威胁和危害得到控制或者消除后所采取的处置工作。恢复工作包括短期恢复和长期恢复。短期恢复工作包括向受灾人员提供食品、避难所、安全保障和医疗卫生等基本服务。长期恢复的重点是经济、社会、环境和生活的恢复，包括重建被毁的设施和房屋，重新规划和建设受影响区域等。

四、事故应急救援体系构建

（一）事故应急救援体系的基本构成

按照《全国安全生产应急救援体系总体规划方案》的要求，完整的应急体系应由组织体系、运作机制、法制基础和支持保障系统4部分构成，如图5-1所示。

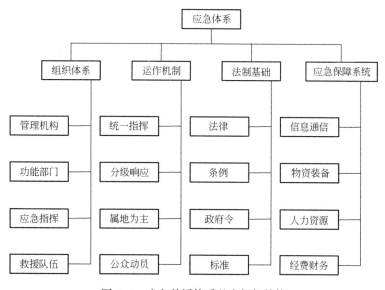

图 5-1　应急救援体系基本框架结构

1. 组织体系

组织体系是安全生产应急管理体系的基础，主要包括应急管理的领导决策层、管理与协调指挥系统以及应急救援队伍。

2. 运行机制

运行机制是安全生产应急管理体系的重要保障，目标是实现统一领导、分级管理，条块结合、以块为主，分级响应、统一指挥，资源共享、协同作战，一专多能、专兼结合，防救结合、平战结合，以及动员公众参与，以切实加强安全生产应急管理体系内部的应急管理，明确和规范响应程序，保证应急救援体系运转高效、应急反应灵敏、取得良好的抢救效果。

应急救援活动一般划分为4个阶段：应急准备、初级反应、扩大应急、应急恢复。应急运作机制主要由4个基本机制组成：

（1）统一指挥——是应急活动的最基本原则之一。

（2）分级响应——是指在初级响应到扩大应急的过程中实行的分级响应机制。

（3）属地为主——强调"第一反应"的思想和以现场应急、现场指挥为主的原则。

（4）公众动员——机制是应急机制的基础，也是整个应急体系的基础。

3. 法制基础

法制建设是应急体系的基础和保障，也是开展各项应急活动的依据，与应急有关的法规可分为4个层次，如法律、规章、规定以及相关标准或管理办法等。

4. 支持保障系统

支持保障系统是安全生产应急管理体系的有机组成部分，是体系运转的物资条件和手段，主要包括：

（1）通信信息系统，构筑集中管理的通信信息平台是应急体系重要的基础建设。应急通信信息系统要保证所有预警、报警、警报、报告、指挥等活动的信息交流快速、顺畅、准确，以及信息资源共享。

（2）培训演练系统。

（3）技术支持系统。

（4）物资与装备系统，不但要有足够的资源，而且还要快速、及时供应到位；另外还有人力资源保障、应急财务保障等。

（二）事故应急管理体系建设原则

安全生产应急管理体系建设应遵循以下建设原则：

（1）统一领导，分级管理。国务院安委会统一领导全国安全生产应急管理和事故灾难应急救援协调工作，地方各级人民政府统一领导本行政区域内的安全生产应急管理和事故灾难应急救援协调指挥。

（2）条块结合，属地为主。有关行业和部门应当与当地政府密切配合，按照属地为主的原则，进行应急救援体系建设。

（3）统筹规划，合理布局。根据产业分布、危险源分布、事故灾难类型和有关交通地理条件，对应急指挥机构、救援队伍以及应急救援的培训演练、物资储备等保障系统的布局、规模和功能进行统筹规划。

（4）依托现有，资源共享。以企业、社会和各级政府现有的应急资源为基础，对各专业应急救援队伍、培训演练、装备和物资储备等系统进行补充完善，建立有效机制实现资源共享，避免资源浪费和重复建设。

（5）一专多能，平战结合。尽可能在现有专业救援队伍的基础上加强装备和多种训练，各种应急救援队伍的建设要实现一专多能；发挥经过专门培训的兼职应急救援队伍的作用，鼓励各种社会力量参与到应急救援活动中来。

（6）功能实用，技术先进。应急救援体系建设以能够实现及时、快速、高效地开展应急救援为出发点和落脚点，根据应急救援工作的现实和发展的需要设定应急救援信息网络系统的功能，采用国内外成熟、先进的应急救援技术和特种装备，保证安全生产应急管理体系的先进性和适用性。

（7）整体设计，分步实施。根据规划和布局对各地、各部门应急救援体系的应急机构、区域应急救援基地和骨干专业救援队伍、主要保障系统进行总体设计，并根据轻重缓急分期建设。

（三）事故应急响应机制

重大事故应急应根据事故的性质、严重程度、事态发展趋势和控制能力实行分级响应机制。对不同的响应级别，相应地明确事故的通报范围、应急中心的启动程度、应急力量的出动和设备、物资的调集规模、疏散的范围、应急总指挥的职位等。典型的响应级别通常可分为3级。

1. 一级紧急情况

必须利用所有有关部门及一切资源的紧急情况，或者需要各个部门同外部机构联合处理的各种紧急情况，通常要宣布进入紧急状态。在该级别中，做出主要决定的职责通常是紧急事务管理部门。现场指挥可在现场做出保护生命和财产以及控制事态所必需的各种决定。解决整个紧急事件的决定，应该由紧急事务管理部门负责。

2. 二级紧急情况

需要两个或更多个部门响应的紧急情况。该事故的救援需要有关部门的协作，并且提供人员、设备或其他资源。该级响应需要成立现场指挥部来统一指挥现场的应急救援行动。

3. 三级紧急情况

能被一个部门正常可利用的资源处理的紧急情况。正常可利用的资源指在该部门权利范围内通常可以利用的应急资源，包括人力和物力等。必要时，该部门可以建立一个现场指挥部，所需的后勤支持、人员或其他资源增援由本部门负责解决。

（四）事故应急救援响应程序

事故应急救援的响应程序按过程可分为接警、响应级别确定、应急启动、救援行动、应急恢复和应急结束等几个过程，如图5-2所示。

1. 接警与响应级别确定

接到事故报警后，按照工作程序，对警情做出判断，初步确定相应的响应级别。如果事故不足以启动应急救援体系的最低响应级别，响应关闭。

2. 应急启动

应急响应级别确定后，按所确定的响应级别启动应急程序，如通知应急中心有关人员到

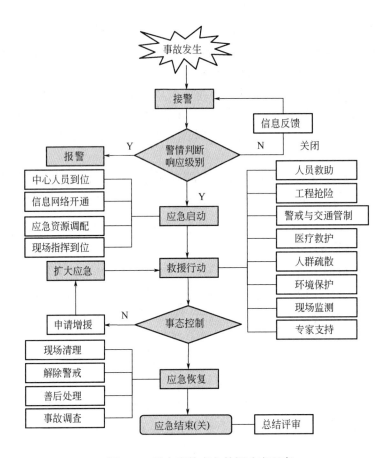

图 5-2　重大事故应急救援响应程序

位、开通信息与通信网络、通知调配救援所需的应急资源（包括应急队伍和物资、装备等）、成立现场指挥部等。

3. 救援行动

有关应急队伍进入事故现场后，迅速开展事故侦测、警戒、疏散、人员救助、工程抢险等有关应急救援工作，专家组为救援决策提供建议和技术支持。当事态超出响应级别无法得到有效控制时，向应急中心请求实施更高级别的应急响应。

4. 应急恢复

该阶段主要包括现场清理、人员清点和撤离、警戒解除、善后处理和事故调查等。

5. 应急结束

执行应急关闭程序，由事故总指挥宣布应急结束。

（五）现场指挥系统的组织结构

重大事故的现场情况往往十分复杂，且汇集了各方面的应急力量与大量的资源，应急救援行动的组织、指挥和管理成为重大事故应急工作所面临的一个严峻挑战。应急过程中存在的主要问题有：太多的人员向事故指挥官汇报；应急响应的组织结构各异，机构间缺乏协调机制，且术语不同；缺乏可靠的事故相关信息和决策机制，应急救援的整体目标不清或不明；通信不兼容或不畅；授权不清或机构对自身现场的任务、目标不清。

现场应急指挥系统的结构应当在紧急事件发生前就已建立，预先对指挥结构达成一致意见，将有助于保证应急各方明确各自的职责，并在应急救援过程中更好地履行职责。现场指挥系统模块化的结构由指挥、行动、策划、后勤以及资金、行政5个核心应急响应职能组成。

1. 事故指挥官

事故指挥官负责现场应急响应所有方面的工作，包括确定事故目标及实现目标的策略，批准实施书面或口头的事故行动计划，高效地调配现场资源，落实保障人员安全与健康的措施，管理现场所有的应急行动。

2. 行动部

行动部负责所有主要的应急行动，包括消防与抢险、人员搜救、医疗救治、疏散与安置等。所有的战术行动都依据事故行动计划来完成。

3. 策划部

策划部负责收集、评价、分析及发布事故相关的战术信息，准备和起草事故行动计划，并对有关的信息进行归档。

4. 后勤部

后勤部负责为事故的应急响应提供设备、设施、物资、人员、运输、服务等。

5. 资金、行政部

资金、行政部负责跟踪事故的所有费用并进行评估，承担其他职能未涉及的管理职责。

第二节　事故应急管理预案编制

一、事故应急预案的作用与级别

（一）事故应急预案的重要作用

（1）应急预案确定了应急救援的范围和体系，使应急管理不再无据可依、无章可循。

（2）应急预案有利于做出及时的应急响应，降低事故后果。

（3）应急预案是各类突发重大事故的应急基础。

（4）应急预案建立了与上级单位和部门应急救援体系的衔接。

（5）应急预案有利于提高风险防范意识。

（二）应急预案的级别

1. Ⅰ级（企业级）

事故的有害影响局限在一个单位（如某个工厂、火车站、仓库、农场、煤气或石油管道加压站终端站等）的界区之内，并可被现场的操作者遏制和控制在该区域内。这类事故可能需要投入整个单位的力量来控制，但其影响预期不会扩散到社区（公共区）。

2. Ⅱ级（县、市/社区级）

所涉及的事故影响可扩大到公共区（社区），但可被该县（市、区）或社区的力量，加上所涉及的工厂或工业部门的力量所控制。

3. Ⅲ级（地区/市级）

事故影响范围大，后果严重，或是发生在两个县或县级市管辖区边界上的事故。应急救援需动用地区的力量。

4. Ⅳ级（省级）

对可能发生的特大火灾、爆炸、毒物泄漏事故，特大危险品运输事故以及属省级特大事故隐患、省级重大危险源应建立省级事故应急预案。它可能是一种规模极大的灾难事故，或可能是一种需要用事故发生地的城市或地区所没有的特殊技术和设备进行处理的特殊事故。这类意外事故需用全省范围内的力量来控制。

5. Ⅴ级（区域级）

事故后果极其严重，其影响范围可能跨越省、直辖市、自治区，控制事故需邻近省、市力量援助的，应建立区域级应急救援预案。

6. Ⅵ级（国家级）

对事故后果超过省、直辖市、自治区边界以及列为国家级事故隐患、重大危险源的设施或场所，应制定国家级应急预案。

二、事故应急预案体系

生产经营单位应结合本单位的实际情况，从公司、企业（单位）到车间、岗位分别制定相应的应急预案，形成体系，相互衔接，并按照统一领导、分级负责、条块结合、属地为主的原则，同地方人民政府和相关部门的应急预案相衔接。按照应急预案的功能和目标，应急预案可分为3个层次，分别是综合预案、专项预案、现场处置方案。

（一）综合预案

综合预案相当于总体预案，从总体上阐述预案的应急方针、政策、应急组织机构及相应的职责，应急行动的总体思路等，是应对各类事故的综合性文件。

（二）专项预案

专项预案是针对某种具体的、特定类型的紧急情况，是综合应急预案的组成部分，专项应急预案应制定明确的救援程序和具体的应急救援措施。

（三）现场处置方案

现场处置方案是在专项预案的基础上，根据具体情况而编制的。它是针对具体装置、场所、岗位所制定的应急处置措施。

现场处置方案的另一特殊形式为单项预案。单项预案可以是针对大型公众聚集活动

（如经济、文化、体育、民俗、娱乐、集会等活动）或高风险的建设施工或维修活动（如人口高密度区建筑物的定向爆破、生命线施工维护等活动）而制定的临时性应急行动方案。

三、事故应急预案编制的基本要求

按照《生产安全事故应急预案管理办法》第五条规定，应急预案的编制应当符合下列基本要求：

（1）符合有关法律、法规、规章和标准的规定；

（2）结合本地区、本部门、本单位的安全生产实际情况；

（3）结合本地区、本部门、本单位的危险性分析情况；

（4）应急组织和人员的职责分工明确，并有具体的落实措施；

（5）有明确、具体的事故预防措施和应急程序，并与其应急能力相适应；

（6）有明确的应急保障措施，并能满足本地区、本部门、本单位的应急工作要求；

（7）预案基本要素齐全、完整，预案附件提供的信息准确；

（8）预案内容与相关应急预案相互衔接。

四、事故应急救援预案编制的一般步骤

生产经营单位应急预案编制程序包括成立应急预案编制工作组、资料收集、风险评估、应急资源调查、应急预案编制、推演论证、应急预案评审和批准实施八个步骤。

（一）成立应急救援预案编制组

结合本单位部门职能和分工，成立以单位相关负责人为组长，单位相关部门人员参加的应急预案编制工作组，明确工作职责和任务分工，制定工作计划，组织开展应急预案编制工作。预案编制工作组中成员可按实际情况邀请周边相关企业、单位或社区代表参加。

（二）资料收集

应急预案编制工作组应收集与预案编制工作相关的法律法规、技术标准、应急预案、国内外同行业企业事故资料，同时收集本单位安全生产相关技术资料、历史事故与隐患、地质气象水文、周边环境影响、应急资源及应急人员能力素质等有关资料。

（三）风险评估

开展生产安全事故风险评估，撰写评估报告，主要内容包括：

（1）分析生产经营单位存在的危险因素，确定可能发生的生产安全事故类型；

（2）分析各种事故类型发生的可能性和后果，确定事故具体类别及级别；

（3）评估现有事故风险控制措施及应急措施存在的差距，提出应急资源的需求分析。

（四）应急资源调查

全面调查本单位应急队伍、装备、物资、场所等应急资源状况，以及周边状况，分析应急资源性能可能受事故影响的情况，并根据生产经营单位风险评估得出的应急资源需求，并

提出补充应急资源、完善应急保障的措施。

（五）应急预案编制

依据事故风险评估及应急资源调查结果，结合本单位组织管理体系、生产规模等实际情况，合理确立本单位应急预案体系。结合组织管理体系及部门业务职能划分，科学设定本单位应急组织机构及职责。依据事故可能的危害程度和区域范围，结合应急处置权限及能力，清晰界定本单位的响应分级标准，制定相应层级的应急处置措施。按照有关规定和要求，确定信息报告、响应分级、指挥权移交、警戒疏散等方面的内容，落实与相关部门和单位应急预案的衔接。应急预案编制应当遵循以人为本、依法依规、符合实际、注重实效的原则，以应急处置为核心，体现自救互救和先期处置的特点，做到职责明确、程序规范、措施科学，尽可能简明化、图表化、流程化。

（六）推演论证

按照应急预案明确的职责分工和应急响应程序，相关部门及其人员可采取桌面推演的形式，模拟生产安全事故应对过程，逐步分析讨论，检验应急预案的可行性，并进一步完善应急预案。

（七）应急预案评审

1. 评审形式

应急预案编制完成后，生产经营单位应组织评审或论证。参加应急预案评审的人员应当包括有关安全生产及应急管理方面的专家。应急预案论证可通过推演的方式开展。

2. 评审内容

应急预案评审内容主要包括：基于风险评估和应急资源调查的结果，从应急预案体系设计的针对性、应急组织体系的合理性、应急响应程序和措施的科学性、应急保障措施的可行性、应急预案的衔接性等方面进行评审。

3. 评审程序

应急预案评审程序包括以下步骤：

（1）评审准备。成立应急预案评审工作组，落实参加评审的单位或人员，将应急预案、编制说明、风险评估及应急资源调查报告其他有关资料在评审前送达参加评审的单位或人员。

（2）组织评审。评审采取会审形式，会议由参加评审的专家共同推选出的组长主持，按照议程组织评审；表决时，必须有不少于出席会议专家人数的四分之三同意方为通过；评审会议应形成评审意见（经评审组组长签字），附参加评审会议的专家签字表。表作为评审意见的附件。

（3）修改完善。生产经营单位应认真分析研究，按照评审意见对应急预案进行修订和完善。评审表决不通过的，生产经营单位应重新组织专家评审。

（八）批准实施

通过评审的应急预案，由生产经营单位主要负责人签发实施。

第三节　应急预案演练

一、应急演练的定义、目的与原则

（一）定义

应急演练是指各级政府部门、企事业单位、社会团体，组织相关应急人员与群众，针对特定的突发事件假想情景，按照应急预案所规定的职责和程序，在特定的时间和地域，执行应急响应任务的训练活动。

（二）目的

（1）检验预案。通过开展应急演练，查找应急预案中存在的问题，进而完善应急预案，提高应急预案的实用性和可操作性。

（2）完善准备。通过开展应急演练，检查应对突发事件所需应急队伍、物资、装备、技术等方面的准备情况，发现不足时予以调整补充，做好应急准备工作。

（3）锻炼队伍。通过开展应急演练，增强演练组织单位、参与单位和人员等对应急预案的熟悉程度，提高其应急处置能力。

（4）磨合机制。通过开展应急演练，进一步明确相关单位和人员的职责任务，理顺工作关系，完善应急机制。

（5）科普宣教。通过开展应急演练，普及应急知识，提高公众风险防范意识和自救互救等灾害应对能力。

（三）原则

（1）结合实际、合理定位。紧密结合应急管理工作实际，明确演练目的，根据资源条件确定演练方式和规模。

（2）着眼实战、讲求实效。以提高应急指挥人员的指挥协调能力、应急队伍的实战能力为着眼点。重视对演练效果及组织工作的评估、考核，总结推广好经验，及时调整存在问题。

（3）精心组织、确保安全。围绕演练目的，精心策划演练内容，科学设计演练方案，周密组织演练活动，制定并严格遵守有关安全措施，确保演练参与人员及演练装备设施的安全。

（4）统筹规划、厉行节约。统筹规划应急演练活动，适当开展跨地区、跨部门、跨行业的综合性演练。充分利用现有资源，努力提高应急演练效益。

二、应急演练的类型

根据应急演练的组织方式、演练内容和演练目的、作用等，可以对应急演练进行分类，目的是便于演练的组织管理和经验交流。

（一）按组织方式分类

应急演练按照组织方式及目标重点的不同，可以分为桌面演练和实战演练。

1. 桌面演练

桌面演练是一种圆桌讨论或演习活动，其目的是使各级应急部门、组织和个人在较轻松的环境下，明确和熟悉应急预案中所规定的职责和程序，提高协调配合及解决问题的能力。桌面演练的情景和问题通常以口头或书面叙述的方式呈现，也可以使用地图、沙盘、计算机模拟、视频会议等辅助手段，有时被分别称为图上演练、沙盘演练、计算机模拟演练、视频会议演练等。

2. 实战演练

实战演练是以现场实战操作的形式开展的演练活动。参演人员在贴近实际状况和高度紧张的环境下，根据演练情景的要求，通过实际操作完成应急响应任务，以检验和提高相关应急人员的组织指挥、应急处置以及后勤保障等综合应急能力。

（二）按演练内容分类

应急演练按其内容，可以分为单项演练和综合演练两类。

1. 单项演练

单项演练是指只涉及应急预案中特定应急响应功能或现场处置方案中一系列应急响应功能的演练活动。注重针对一个或少数几个参与单位（岗位）的特定环节和功能进行检验。

2. 综合演练

综合演练是指涉及应急预案中多项或全部应急响应功能的演练活动。注重对多个环节和功能进行检验，特别是对不同单位之间应急机制和联合应对能力的检验。

（三）按演练目的和作用分类

应急演练按其目的与作用，可以分为检验性演练、示范性演练和研究性演练。

1. 检验性演练

检验性演练主要是指为了检验应急预案的可行性及应急准备的充分性而组织的演练。

2. 示范性演练

示范性演练主要是指为了向参观、学习人员提供示范，为普及宣传应急知识而组织的观摩性演练。

3. 研究型演练

研究型演练主要是为了研究突发事件应急处置的有效方法，试验应急技术、设施和设备，探索存在问题的解决方案等而组织的演练。

三、应急演练的组织与实施

应急演练活动要包括计划、准备、实施、评估总结和改进等五个阶段。

（一）计划

计划包括演练的目的、方式、时间、地点、日程安排、演练策划领导小组和工作小组构成、经费预算和保障措施等。在制定演练计划过程中需要确定演练目的、分析演练需求、确定演练内容和范围、安排演练准备日程、编制演练经费预算等。

（二）准备

演练准备阶段的主要任务是根据演练计划成立演练组织机构，设计演练总体方案，演练总体方案的设计一般包括确定演练目标、设计演练情景与演练流程、设计技术保障方案、设计评估标准与方法、编写演练方案文件等内容。

（三）实施

演练实施是对演练方案付诸行动的过程，是整个演练程序中的核心环节。演练组织形式不同，其演练执行程序也有差异。

1. 实战演练

应急演练一般始于报警消息，在此过程中，参演应急组织和人员应尽可能按实际紧急事件发生时的响应要求进行演示，即"自由演示"，由参演应急组织和人员根据自己关于最佳解决办法的理解，对情景事件做出响应行动。

2. 桌面演练

桌面演练的执行通常是五个环节的循环往复：演练信息注入、问题提出、决策分析、决策结果表达和点评。

（四）评估总结

演练评估是指观察和记录演练活动、比较演练人员表现与演练目标要求并提出演练发现问题的过程。演练评估目的是确定演练是否已经达到演练目标的要求，检验各应急组织指挥人员及应急响应人员完成任务的能力。要全面、正确地评估演练效果，必须在演练地域的关键地点和各参演应急组织的关键岗位上，派驻公正的评估人员。评估人员的主要作用是观察演练的进程，记录演练人员采取的每一项关键行动及其实施时间，访谈演练人员，要求参演应急组织提供文字材料，评估参演应急组织和演练人员表现并反馈演练发现。

（五）改进

对演练中暴露出来的问题，演练组织单位和参与单位应按照改进计划中规定的责任和时限要求，及时采取措施予以改进，包括修改完善应急预案、有针对性地加强应急人员的教育培训、对应急物资装备有计划地更新等。

演练总结与讲评过程结束之后，演练组织单位和参与单位应指派专人，按规定时间对改进情况进行监督检查，确保本单位对自身暴露出的问题做出改进。

模拟习题及答案

第一章　概　论

一、单选题

1. 人本原理体现了以人为本的指导思想，包括三个原则，下列不包括在人本原理中的原则是（　　）。
   A. 安全第一原则　　　　B. 动力原则　　　　C. 能级原则　　　　D. 激励原则

2. 危险是指系统发生不期望后果的可能性超过了（　　）。
   A. 安全性要求　　　　B. 可预防的范围　　　　C. 人们的承受程度

3. 安全管理是针对生产过程中的安全问题，进行有关（　　）等活动。
   A. 决策、计划、组织和控制　　　　　　B. 计划、组织、控制和反馈
   C. 决策、计划、实施和改进　　　　　　D. 计划、实施、评价和改进

4. 若某企业职工能够抵制违章指挥，从而避免了工伤事故的发生，企业管理部门及时对违章责任人进行相应的批评和处罚，并对坚持不违章作业的职工给予表扬和奖励。这种管理方法主要应用了（　　）管理的基本原则。
   A. 激励原则　　　　B. 能级原则　　　　C. 封闭原则　　　　D. 开放原则

5. 在安全生产工作的诸方面中，（　　）起着决定性的作用，其意义重大。
   A. 设备安全　　　　B. 安全管理　　　　C. 安全技术　　　　D. 安全措施

6. "动态相关性原则"告诉我们（　　）。
   A. 只有掌握事故发生的规律，才能保证安全生产系统处于安全状态
   B. 如果管理系统的各要素都处于静止状态，就不会发生事故
   C. 推动管理活动的基本力量是人，因此，管理必须激发人的工作能力
   D. 激发人的内在潜力，使其充分发挥积极性、主动性和创造性

7. 下列说法中，不正确的是（　　）。
   A. 安全是相对的概念
   B. 安全是人类社会活动的永恒主题
   C. 安全是相对的概念，危险是绝对的概念
   D. 安全和危险均是相对的概念

8. （　　）是指预知人类在生产和生活各个领域存在的固有的或潜在的危险，并且为消除这些危险所采取的各种方法、手段和行动的总称。
   A. 安全　　　　B. 危险　　　　C. 事故　　　　D. 专项施工方案

9. 安全管理是以安全为目的，制定有关安全工作的方针、政策、计划，通过组织、指挥、协调、控制等职能，合理有效地使用人力、财力、物力、时间和信息，为达到预定的（   ）而进行的各种活动的总和。

   A. 技术目标   B. 成本目标

   C. 安全防范   D. 进度目标

10. 在企业安全生产管理过程中，对于不同岗位所需安全生产管理人员的安排，要根据其个人从业经验、能力等综合因素决定，这体现了（   ）。

   A. 整分合原则   B. 能级原则

   C. 3E 原则   D. 激励原则

11. 运用系统原理的（   ），要求企业管理者在制定整体目标和进行宏观决策时，必须将安全生产纳入其中，在考虑资金、人员和体系时，都必须将安全生产工作作为一项重要内容考虑。

   A. 动态相关性原则   B. 整分合原则

   C. 反馈原则   D. 封闭原则

二、多选题

1. 安全管理的目标包括（   ）。

   A. 减少和控制事故

   B. 减少和控制危害

   C. 尽量避免生产过程中的财产损失

   D. 尽量避免生产过程中的人身伤害

   E. 尽量避免生产过程中的环境污染

2. 封闭原则是指在任何一个管理系统内部，（   ）等必须构成一个连续封闭的回路，才能形成有效的活动。

   A. 管理理念   B. 管理内容   C. 管理过程

   D. 管理手段   E. 管理活动

3. 在人本原理中，根据动力原则，对于管理系统有三种动力。根据激励原则，人的动力来源于（   ）。

   A. 内在动力   B. 精神动力   C. 信息动力

   D. 外部压力   E. 工作吸引力

4. 依据轨迹交叉理论，可以通过避免人的不安全行为和物的不安全状态同时同地出现，来预防事故的发生。解决人的不安全行为的有（   ）。

   A. 采用新材料   B. 设备隐患整改   C. 进行科学的安全管理

   D. 安全教育和技术培训   E. 构建企业安全文化

三、简答题

   1. 系统原理的运用遵循什么原则？

   2. 简述安全管理的定义及其重要作用？

答　案

一、单选题

　　1. A　2. C　3. A　4. A　5. B　6. B　7. C　8. A　9. C　10. B　11. B

二、多选题

　　1. ABCDE　2. CD　3. ADE　4. CDE

三、简答题

　　1. 答：运用系统原理时应遵循整分合原则、动态相关性原则、反馈原则、封闭原则。

　　2. 答：安全管理是为实现安全目标而进行的有关决策、计划、组织和控制等方面的活动。安全管理的重要作用：（1）做好安全管理是防止伤亡事故和职业危害的根本对策；（2）做好安全管理是贯彻落实"安全第一、预防为主、综合治理"方针的基本保证；（3）安全技术和劳动卫生措施要靠有效的安全管理，才能发挥应有的作用；（4）做好安全管理，有助于改进企业管理，全面推进企业各方面工作的进步，促进经济效益的提高。

第二章　事故预防理论

一、单选题

1. 可造成人员死亡、伤害、职业病、财产损失或其他损失的意外事件称为（　　）。

　　A. 事故　　　　　　　B. 不安全　　　　　　C. 危险源　　　　　　D. 事故隐患

2. 根据海因里希事故因果连锁理论，防止事故发生的最重要的工作是（　　）。

　　A. 优质遗传

　　B. 优等教育

　　C. 遮蔽性格缺点

　　D. 防止人的不安全行为和消除物的不安全状态

3. 《生产安全事故报告和调查处理条例》规定，根据生产安全事故造成的人员伤亡或者直接经济损失，将生产安全事故分为（　　）四个等级。

　　A. 特大事故、重大事故、一般事故和轻微事故

　　B. 特别重大事故、重大事故、较大事故和一般事故

　　C. 重大事故、大事故、一般事故和小事故

　　D. 特别重大事故、特大伤亡事故、重大伤亡事故和死亡事故

4. 轻伤是指损失工作日为（　　）。

　　A. 1d 以上（含 1d），105d 以下

　　B. 1d 以上（不含 1d），105d 以下

　　C. 105d 以上（含 105d），6000d 以下

D. 105d 以上（不含 105d），6000d 以下

5. 事故隐患泛指生产系统中（　　）的人的不安全行为、物的不安全状态和管理上的缺陷。

  A. 经过评估　　　　　B. 存在　　　　　　　C. 可导致事故发生　　D. 可预见

6. 根据事故致因理论分析，在人与物的两大系列的运动中，人的失误是占（　　）地位的。

  A. 绝对主要　　　　　B. 相对无关　　　　　C. 较重要　　　　　　D. 较次要

7. 机械伤害的原因是（　　）。另外，也涉及环境因素。

  A. 人的不安全行为　　　　　　　　　　B. 物的不安全状态

  C. 人的不安全行为和物的不安全因素　　D. 管理失误

8. 某企业在生产过程中，将有残留硫酸的容器随意在车间中堆放，致使职工误接触而烧伤。这种事故原因属于人的不安全行为中的（　　）。

  A. 生产场地环境不良　　　　　　　　　B. 物体存放不当

  C. 冒险进入危险场所　　　　　　　　　D. 对现场工作缺乏指导

9. 根据能量转移理论的概念，能量逆流于人体造成的伤害分为两类。其中，第一类伤害是指（　　）。

  A. 由影响了局部或全身性能量交换引起的伤害，如冻伤等

  B. 不正常的或不希望的能量释放造成的局部或全身性的伤害，如中毒伤害等

  C. 由于能量超过人体的损伤临界值导致局部或全身性的伤害，如物体打击伤害等

  D. 由于接触的能量不能被屏蔽导致的局部或全身性的伤害，如触电伤害等

10. 海因里西将事故因果连锁过程概括为五个要素，并用多米诺骨牌来形象地描述这种事故因果连锁关系。五个要素为（　　）。

  A. 人的缺点、人的不安全行为或物的不安全状态、能量意外释放、事故、伤害

  B. 遗传及社会环境、人的缺点、屏蔽失效、事故、伤害

  C. 人的缺点、管理缺陷、人的不安全行为或物的不安全状态、事故、伤害

  D. 遗传及社会环境、人的缺点、人的不安全行为或物的不安全状态、事故、伤害

11. 伤亡事故的原因可分为直接原因与间接原因。下列关于伤亡事故的原因中，属于直接原因的是（　　）。

  A. 物的不安全状态　　　　　　　　　　B. 安全操作规程不健全

  C. 劳动组织不合理　　　　　　　　　　D. 教育培训不够

12. 大量的事故调查、统计、分析表明，事故有其自身特有的属性。掌握和研究这些特性，对于指导人们认识事故、了解事故和预防事故具有重要意义。①普遍性；②随机性；③必然性；④因果相关性；⑤突变性；⑥潜伏性；⑦危害性；⑧可预防性。其中属于事故的基本特性的是（　　）。

  A. ①③④⑥⑦⑧　　　　　　　　　　　B. ①②④⑤⑦⑥⑧

  C. ①②③⑤⑥⑦⑧　　　　　　　　　　D. ①②③④⑤⑥⑦⑧

13. 《企业职工伤亡事故经济损失统计标准》（GB 6721—1986）把因事故造成人身伤亡及善后处理所支出的费用，以及被毁坏的财产的价值规定为直接经济损失。下列不是直接经济损失的是（　　）。

  A. 人身伤亡后支出费用，其中包括：医疗费用（含护理费用）、丧葬及抚恤费用、补助及救济费用、歇工工资

B. 处理环境污染的费用

C. 善后处理费用，其中包括：处理事故的事务性费用、现场抢救费用、清理现场费用、事故罚款及赔偿费用

D. 财产损失价值，其中包括：固定资产损失价值、流动资产损失价值

14. 危害和整改难度较小，发现后能够立即整改排除的隐患是（　　）。

    A. 一般事故隐患　　　　　　　　　　B. 特大事故隐患

    C. 重大事故隐患　　　　　　　　　　D. 较大事故隐患

15. 反复发生的同类事故，并不一定产生完全相同的后果，体现了运用预防原理的（　　）原则。

    A. 因果关系　　　　B. 3E　　　　　C. 事故损失偶然性　　D. 本质安全化

16. 某企业 2017 年发生了 17 起轻伤事故，轻伤 17 人，根据海因里西事故法则，该企业 2017 年存在的人的不安全行为数量为（　　）起。

    A. 17　　　　　　　B. 120　　　　　　C. 176　　　　　　　D. 246

17. 某工厂在提高职工安全管理素质的培训过程中，提出"我厂危险源比较多，不可能根除一切危险源和危险。所以宁可减少总的危险性，而不是彻底消除几种选定的危险"的观点。该观点符合事故致因理论的（　　）。

    A. 海因里西连锁理论　　　　　　　　B. 能量意外释放理论

    C. 系统安全理论　　　　　　　　　　D. 事故频发倾向理论

18. 物体打击、车辆伤害、机械伤害、起重伤害、触电、淹溺、灼烫、火灾、高处坠落、坍塌、冒顶片帮、透水、爆破、火药爆炸等。这些事故的分类是按什么原因来区分的（　　）。

    A. 人的因素　　　　　　　　　　　　B. 物的因素

    C. 事故后果　　　　　　　　　　　　D. 导致事故发生的原因

19. 在工业生产中，经常利用各种屏蔽来预防事故的发生，其应用的安全理论是（　　）。

    A. 因果连锁理论　　　　　　　　　　B. 系统安全化理论

    C. 事故频发倾向理论　　　　　　　　D. 能量意外释放理论

20. 按照轨迹交叉论理论，可以通过避免（　　）运动轨迹交叉，来预防事故的发生。

    A. 人的不安全行为与设备故障两种因素

    B. 设备故障与安全管理缺陷两种因素

    C. 安全管理上的缺陷与人的不安全行为两种因素

    D. 人的不安全行为与物的不安全状态两种因素

21. 伤亡事故善后处理费用不包括（　　）。

    A. 歇工工资　　　　　　　　　　　　B. 现场抢救费用

    C. 清理现场费用　　　　　　　　　　D. 处理事故的事务性费用

22. 某隧道在进行初期支护施工时发生坍塌事故，施工单位在事故后迅速组织救援工作，事故造成 5 人死亡，一台价值 20 万元的工具车被毁，此次事故救援费用为 10 万元，投入 5 万元对现场进行清理。至恢复施工，共耗时半个月，该项目每月的工资支出为 20 万元，劳动人身保险为 60 万元。在不考虑其他经济损失的情况下，本次事故造成的直接经济损失是（　　）万元。

    A. 320　　　　　　　B. 330　　　　　　C. 335　　　　　　　D. 345

23. 某石油化工企业在检修生产线过程中，发生一起因人员误操作而引起的危化品泄漏事故，导致1名职工重伤和周边一条河流被污染，生产线设备损失20万元，在事故处理中。受伤职工的医疗、工伤补助等费用共计3万元，安全生产监督管理部门对该企业性质处罚2万元并责令其停产整顿，企业在停产期间损失为4万元，处理被污染的费用为10万元。本次事故的间接经济损失费是（   ）万元。

    A. 12　　　　　　　B. 14　　　　　　　C. 16　　　　　　　D. 19

24. 有A和B两家建筑公司，A公司的职工人数是200人，B公司的职工人数是500人。A公司在上一年度的施工作业中造成2名职工重伤，B公司在上一年度的施工作业中造成4名职工重伤。A公司和B公司上一年度的千人重伤率分别是（   ）。

    A. 1%和4%　　　　B. 5%和8%　　　　C. 6%和7%　　　　D. 10%和8%

25. 某火灾事故造成一次死亡5人。按照《企业职工伤亡事故经济损失统计标准》（GB 6721—1986）进行计算，该起事故的总损失工作日数是（   ）工作日。

    A. 15000　　　　　B. 30000　　　　　C. 50000　　　　　D. 45000

二、多选题

1. 事故隐患泛指生产系统中可导致事故发生的（   ）。

    A. 人的不安全行为　　　　　　　　B. 设备缺陷

    C. 物的不安全状态　　　　　　　　D. 违章操作

    E. 管理上的缺陷

2. 诱发事故的三大原因是（   ）。

    A. 工艺设备故障　　　　　　　　　B. 人的操作失误

    C. 生产安全管理的缺陷　　　　　　D. 安全科技水平低下

    E. 安全意识薄弱

3. 劳动防护用品选用的原则是（   ）。

    A. 根据国家标准、行业标准或地方标准选用

    B. 防护用品的防护性能适用于生产岗位有害因素的存在形式、性质、浓度等

    C. 穿戴要舒适方便，不影响工作

    D. 根据管理人员的要求

4. 下列属于物的不安全状态方面的原因的有（   ）。

    A. 防护、保险、信号等装置缺乏或有缺陷

    B. 物体（指成品、半成品、材料、工具和生产用品等）存放不当

    C. 个人防护用品、用具缺少或有缺陷

    D. 生产（施工）场地环境不良

    E. 设备、设施、工具附件有缺陷

5. 事故的间接原因是指使事故的直接原因得以产生和存在的原因。事故的间接原因有以下7种：技术上和设计上有缺陷；教育培训不够；身体的原因；精神的原因；管理上有缺陷；学校教育的原因；社会历史原因。其中又称二次原因的是（   ）。

    A. 技术上和设计上有缺陷

    B. 教育培训不够

C. 身体的原因

D. 管理上有缺陷

E. 学校教育的原因

三、简答题

1. 事故的基本特性有哪些？

2. 简述海因里西因果连锁理论？

3. 海因里西因果连锁理论模型的 5 块骨牌依次是？

答　案

一、单选题

1. A　2. D　3. B　4. A　5. B　6. A　7. C　8. B　9. C　10. D　11. A　12. D　13. B 14. A　15. C　16. C　17. C　18. D　19. D　20. D　21. A　22. B　23. B　24. D　25. B

二、多选题

1. ACE　2. ABC　3. ABC　4. ACDE　5. ABCD

三、简答题

1. 答：普遍性、随机性、必然性、因果相关性、突变性、潜伏性、危害性、可预防性。

2. 答：海因里希因果连锁论又称海因里希模型或多米诺骨牌理论。该理论阐明导致伤亡事故的各种因素之间，以及这些因素与伤害之间的关系。该理论的核心思想是：伤亡事故的发生不是一个孤立的事件，而是一系列原因事件相继发生的结果，即伤害与各原因相互之间具有连锁关系。

3. 答：①遗传及社会环境（M）；②人的缺点（P）；③人的不安全行为和物的不安全状态（H）；④事故（D）；⑤伤害（A）。

第三章　事故预防控制

一、单选题

1. 下列对"本质安全"理解不正确的是（　　）。

A. 包括设备和设施等本身固有的失误安全和故障安全功能

B. 是安全生产管理预防为主的根本体现

C. 可以是事后采取完善措施而补偿的

2. 对于事故的预防与控制，（ ）对策着重解决物的不安全状态问题，安全教育对策和（ ）对策则主要着眼于人的不安全行为问题。

    A. 安全规则，安全技术   B. 安全管理，安全技术

    C. 安全管理，安全规则   D. 安全技术，安全管理

3. 安全生产管理的目标是减少、控制危害和事故，尽量避免生产过程中由于（ ）所造成的人身伤害、财产损失及其他损失。

    A. 环境   B. 违章   C. 管理不善   D. 设备

4. （ ）是及时发现危险、有害因素、消除事故隐患的主要措施，是实现设备环境安全化的重要保证。

    A. 处罚违章行为   B. 安全教育

    C. 安全检查   D. 安全考评

5. 在很多事故中，（ ）是造成事故的间接原因，但却是本质的原因。

    A. 人因   B. 物因

    C. 管理原因   D. 人因和物因

6. 某企业虽然制定了安全操作规程，但很不健全，并且执行不力，由此导致事故发生，在分析事故原因时，属于事故的（ ）原因。

    A. 直接   B. 管理   C. 领导   D. 间接

7. 某工人未经培训就被安排从事冲床操作，第 3 天即被冲断手指。在分析事故原因时，未经培训就被安排从事冲床操作属于事故的（ ）原因。

    A. 直接   B. 管理   C. 领导   D. 间接

8. 消除事故隐患最为直接的手段是（ ）。

    A. 安全生产规章制度的落实执行

    B. 安全生产教育培训

    C. 安全生产检查

    D. 事故调查处理

9. 下列不属于劳动防护用品一般要求的是（ ）。

    A. 防护用品应定期进行维护保养

    B. 使用前应首先做一次外观检查

    C. 防护用品的使用必须在其性能范围内，不得超极限使用

    D. 严格按照《使用说明书》正确使用劳动防护用品

10. 常用的防止事故发生的安全技术措施有（ ）。

    A. 设置薄弱环节   B. 个体防护

    C. 避难与救援   D. 消除危险源

11. 根据本质安全的概念，（ ）是从本质安全的角度出发而采取的安全措施。

    A. 切割机械上设置的光控断电装置

    B. 汽车上设置的安全气囊

    C. 为探险人员配备的卫星定位仪

    D. 煤矿工人佩戴的自救器

12. 安全生产检查中，常见的一种检查方式是（ ）。

A. 安全检查表法　　　　　　　　　B. 仪器检查法

C. 现场观察法　　　　　　　　　　D. 常规检查法

13. 安全生产检查的工作程序一般包括检查前准备、实施检查、检查结果分析、提出整改要求、落实整改、整改结果反馈等。认真做好检查前的各项准备工作，可使安全检查工作事半功倍。下列事项中，属于检查前准备内容的是（　　　）。

A. 查阅岗位安全生产责任制的考核记录

B. 查阅检查对象的日常维护和保养记录

C. 分析检查对象可能出现的危险、危害情况

D. 进行检查对象风险控制措施有效性后评估

14. 按照导致事故的原因，安全技术措施可分为防止事故发生的安全技术措施和减少事故损失的安全技术措施两类，常用减少事故损失的安全技术措施有（　　　）。

A. 监控、隔离、故障——安全设计、消除危险源

B. 隔离、设置薄弱环节、个体防护、避难与救援

C. 隔离、故障——安全设计、设置薄弱环节、避难与救援

D. 监控、设置薄弱环节、个体防护、消除危险源

15. 常用的减少事故损失的安全技术措施中，（　　　）是一种不得已的措施，却是保护人身安全的最后一道防线。

A. 隔离　　　　　　　　　　　　　B. 设置薄弱环节

C. 人体防护　　　　　　　　　　　D. 避难与救援

16. 通过设计，使系统、设备、设施发生故障或事故时处于低能状态，从而防止能量意外释放的安全技术措施是（　　　）。

A. 减少事故损失　　　　　　　　　B. 限制能量

C. 故障——安全设计　　　　　　　D. 设置薄弱环节

17. 下列属于运用预防原理原则的是（　　　）。

A. 3E 原则　　　　　　　　　　　B. 安全第一原则

C. 能级原则　　　　　　　　　　　D. 监督原则

18. 某企业使用氯气作为循环冷却水的杀菌剂。为防止氯气泄漏事故，该企业改进了生产工艺，采用对人无害的物质作为杀菌剂。该企业采用的预防事故发生的安全技术措施属于（　　　）。

A. 消除危险源　　　　　　　　　　B. 限制能量或危险物质

C. 隔离　　　　　　　　　　　　　D. 故障——安全设计

19. 为预防蒸汽加热装置过热造成的超压爆炸，在设备本体上装设了易熔塞。采取这种安全技术措施的做法属于（　　　）。

A. 故障——安全设计　　　　　　　B. 隔离

C. 设置薄弱环节　　　　　　　　　D. 限制能量或危险物质

20. 某企业准备开展一次安全生产检查与隐患排查治理活动。安全管理部门策划了如下的检查工作程序和工作内容：①检查前准备；②实施检查；③提出检查结论；④提出整改要求；⑤组织整改；⑥验证整改结果。其中，属于安全检查阶段的工作程序的是（　　　）。

A. ①②③　　　　B. ②④⑥　　　　C. ①④⑤　　　　D. ②③④

二、多选题

1. 关于本质安全，下列说法正确的是（　　）。

   A. 指在生产过程中，不发生人员伤亡、职业病或设备、设施损害或环境危害的条件

   B. 指设备、设施或技术工艺含有内在的能够从根本上防止事故发生的功能

   C. 本质安全包括失误安全功能和故障安全功能两方面的内容

   D. 本质安全是安全生产管理预防为主的根本体现

   E. 本质安全是安全生产管理的最高境界

2. 属于安全检查的内容有（　　）。

   A. 查安全管理

   B. 查规章制度

   C. 查现场和隐患

   D. 查干部的安全生产责任制和工人的岗位责任制

3. 根据能量意外释放理论，可将伤害分为两类：第一类伤害是由于施加了超过局部或全身性损伤阈值的能量引起的伤害；第二类伤害是由影响了局部或全身性能量交换而引起的伤害。下列危害因素中，能造成第二类伤害的有（　　）。

   A. 中毒　　　　B. 窒息　　　　C. 冻伤　　　　D. 烧伤　　　　E. 触电

4. 某市为了科学准确地分析本市的安全生产状况，组织各生产经营单位开展生产安全事故统计工作，统计指标包含绝对指标和相对指标，下列生产安全事故统计指标中，属于相对指标的有（　　）。

   A. 千人死亡率　　　　　　　　　　B. 损失工作日

   C. 百万工时死亡率　　　　　　　　D. 百万吨死亡率

   E. 亿万千米死亡率

5. 某公司轿车喷涂车间的燃料中含有苯和甲苯。下列安全技术措施中，防止苯和甲苯爆炸的安全技术措施有（　　）。

   A. 佩戴个体防护用品　　　　　　　B. 所有金属管件电气接地

   C. 安全教育培训上岗　　　　　　　D. 设置气体报警装置

   E. 采用Ⅰ类电气设备

三、简答题

   1. 什么是本质安全？

   2. 安全检查的内容主要包括哪几个方面？

答　　案

一、单选题

　　1. C　2. D　3. C　4. C　5. C　6. D　7. A　8. C　9. A　10. D　11. A　12. D　13. C

14. B 15. C 16. C 17. A 18. A 19. C 20. A

二、多选题

1. ABCDE 2. ABCD 3. ABC 4. ACDE 5. BD

三、简答题

1. 答：本质安全是指通过设计等手段使生产设备或生产系统本身具有安全性，即使在误操作或发生故障的情况下也不会造成事故。本质安全是生产中"预防为主"的根本体现，也是安全生产的最高境界。

2. 答：①查思想。即检查各级生产管理人员对安全生产的认识，对安全生产的方针政策、法规和各项规定的理解与贯彻情况，全体职工是否牢固树立了"安全第一，预防为主"的思想。②查管理。安全检查也是对企业安全管理的大检查，主要检查安全管理的各项具体工作的实行情况，如安全生产责任制和其他安全管理规章制度是否健全，能否严格执行。③查隐患。安全检查的主要工作内容，主要以查现场、查隐患为主。④查整改。对被检单位上一次查出的问题，按其当时登记的项目、整改措施和期限进行复查。

第四章 风险管理与安全评价

一、单选题

1. 利用安全检查表对生产系统进行评价时，检查表应将系统可能导致事故发生的 （ ） 全部列出。
   A. 人的不安全行为的概率　　　　B. 物的不安全状态的频率
   C. 管理缺陷的次数　　　　　　　D. 不安全因素

2. （ ） 是对系统存在的危险性进行定性或定量的分析，得出系统存在的危险点、危险的可能性、危害程度，预测出被评价系统的安全状况。
   A. 安全评价　　　　　　　　　　B. 工程监理
   C. 事故调查　　　　　　　　　　D. 安全检查

3. 故障树也称事故树，是一种描述事故 （ ） 的方向的树，是安全系统工程中的重要分析方法之一。
   A. 发生过程　　　　　　　　　　B. 关联
   C. 因果关系　　　　　　　　　　D. 结果及范围

4. 关于"风险"的基本概念，正确的说法是 （ ）。
   A. 指的是损失的确定性
   B. 指的是不确定的损失程度和损失发生的概率
   C. 指的是损失的不确定性
   D. 指的是确定的损失程度和损失发生的概率

5. 第一类危险源是指 （ ）。
   A. 有害的物质或能量可能失去控制

B. 危险物可能失去控制

C. 有害能量可能失去控制

D. 存在危险、有害的物质或能量

6. 在危险源辨识与评价的 $D=L×E×C$ 方法中，E 表示（　　）。

A. 作业的危险性

B. 事故发生的可能性

C. 暴露在危险环境中的频繁程度

D. 发生事故的后果

7. 重大危险源辨识的依据是物质的（　　）。

A. 形态和数量

B. 生产方式和储存类型

C. 协调性和干扰性

D. 危险特性和数量

8. 下列有关重大危险源监控监管的描述中，错误的是（　　）。

A. 企业负责，政府监管，中介组织提供技术指导

B. 企业应向公安部门提交重大危险源安全评价报告

C. 政府有关部门对存在重大危险源的企业实行分级管理

D. 储存剧毒物质构成重大危险源的场所，应设置监控系统

9. 隐患整改措施是否科学、合理直接影响隐患整改的效果，制定隐患整改措施时应优先考虑（　　）。

A. 隐患整改资金

B. 风险评价结果

C. 安全教育措施

D. 个体防护措施

10. 常规安全检查通常是对作业人员的行为、作业场所的环境条件、生产设备设施等进行的检查。检查效果很大程度上取决于检查人员的个人经验和能力。为了尽量减小检查人员个人因素对检查结果的影响，常采用的方法是（　　）。

A. 作业条件危险性评价法

B. 可靠性分析法

C. 事故树分析法

D. 安全检查表法

11. 建设项目试生产正常运行后、正式投产前，安全评价机构应用系统工程原理和方法进行的检查性安全评价是（　　）。

A. 安全专项评价

B. 安全现状评价

C. 安全验收评价

D. 安全预评价

12. 通过对建设项目的设施、装置等实际运行状况及管理状况进行分析，查找建设项目存在的危险、有害因素的种类和危害程度，提出合理可行的安全对策措施及建议的安全评价是（　　）。

A. 竣工安全审查

B. 专项安全评价

C. 安全验收评价

D. 安全现状评价

13. 安全验收评价报告应全面、概括地反映安全评价过程的全部工作，评价报告应包括①目的；②概况；③评价依据；④危险、有害因素的辨识与分析；⑤安全评价方法选择；⑥评价单元的划分；⑦安全对策措施建议；⑧安全评价结论等内容。下列安全验收评价报告内容的顺序表述，正确的是（　　）。

A. ①②③④⑤⑥⑦⑧

B. ①②③④⑥⑤⑦⑧

C.①③②④⑤⑥⑦⑧   D.①③②④⑥⑤⑦⑧

14. 安全评价过程中，在对系统危险、有害因素辨识的基础上，进行系统的单元划分是安全评价工作不可缺少的环节，单元划分的原则是以（　　）为主。

A. 事故类别   B. 装置、物质特征和生产工艺

C. 企业生产各个部门   D. 重大危险源

15. 故障树分析法是常用的系统安全分析方法，它是（　　）描述事故发生的有方向的逻辑树。

A. 从结果到原因   B. 从原因到结果

C. 从原因到责任   D. 从责任到原因

16. 通过评价人员对几种工艺现状及运行的固有属性进行比较计算，确定工艺危险性大小以及是否需要进一步研究的方法是（　　）。

A. 因果分析法   B. 故障树分析法

C. 故障假设分析法   D. 危险指数法

17. 作业条件危险性评价未涉及的内容是（　　）。

A. 事故发生的可能性   B. 暴露于危险环境的频率

C. 危险严重程度   D. 基本事件的基本结合

18. （　　）是针对某一个生产经营单位总体或局部的生产经营活动安全现状进行的全面评价。

A. 安全预评价   B. 安全验收评价

C. 安全现状综合评价   D. 专项安全评价

19. 下列属于行为性危险、有害因素的是（　　）。

A. 作业环境不良   B. 健康状况异常

C. 心理异常   D. 指挥错误

20. （　　）应用系统的事故危险指数模型，根据系统及其物质、设备（设施）及工艺的基本性质和状态，采用推算的办法，逐步给出事故的可能损失、引起事故发生或使事故扩大的设备、事故的危险性以及采取安全措施的有效性的安全评价方法。

A. 概率风险评价法   B. 伤害（或破坏）范围评价法

C. 危险指数评价法   D. 危险性分级安全评价法

21. 确定分析对象系统，讨论系统中各元件可能产生的失效类型和原因，研究分析元件失效对相邻系统和整个系统之间的影响的系统安全分析方法是（　　）。

A. 可靠性分析   B. 事故引发和发展分析

C. LEC 法   D. 故障类型和影响分析

22. 根据《安全生产法》的规定，判定重大危险源的依据是单元中危险物质的实际存在量、危险物质的临界量和（　　）。

A. 危险物质的种类   B. 危险物质的储存方式

C. 危险物质的储存范围   D. 危险物质的性质

23. 根据经验和直观判断能力对生产系统的工艺、设备、设施、环境、人员和管理等方面的状况进行的分析评价是（　　）。

A. 定量安全评价方法   B. 定性安全评价方法

C. 系统安全评价方法   D. 概率风险评价方法

24. 安全评价程序主要包括：准备阶段，危险、有害因素辨识与分析，定性、定量评价，提出安全对策措施，形成安全评价结论以及建议和（   ）。

    A. 进行报告评审   B. 申请政府部门文件备案

    C. 编制安全评价报告   D. 申请建设主管单位验收

25. 根据《危险化学品重大危险源辨识》（GB 18218—2018），判断危险化学品重大危险源是依据物质的（   ）。

    A. 反应活性及其临界量   B. 爆炸性及其临界量

    C. 毒性及其数量   D. 危险特性及其数量

26. 生产经营单位应对重大危险源登记建档，并将重大危险源相关情况报有关地方人民政府负责安全生产监督管理的部门备案。下列关于重大危险源的事项，不需要备案的是（   ）。

    A. 重大危险源安全评价报告

    B. 重大危险源的监控措施

    C. 日常检查发现的一般隐患的整改情况

    D. 重大危险源事故应急救援预案

27. 《生产过程危险和有害因素分类与代码》（GB/T 13861—2009），将生产过程中人、物、环境、管理的各种主要危险和有害因素进行了分类，根据该标准，下列危险有害因素中，属于物的因素的是（   ）。

    A. 防护装置、设施缺陷   B. 物体打击

    C. 脚手架、活动梯有缺陷   D. 高处坠落

28. 按照重大危险源的种类和能量在意外状态下可能发生事故的最严重后果，重大危险源可分为四级，可能造成重大事故的危险源是（   ）。

    A. 一级重大危险源   B. 二级重大危险源

    C. 三级重大危险源   D. 四级重大危险源

29. 下列属于危险、有害因素辨识与分析工作内容的是（   ）。

    A. 确定危险因素的种类和存在的部位

    B. 划分评价单元，选择合理的评价方法

    C. 提出消除或减弱危险、有害因素的技术建议

    D. 收集调查工程、系统的相关技术资料

30. 主要用于预测事故发展趋势，调查事故扩大过程，找出事故隐患，研究事故预防的最佳对策的安全分析方法是（   ）。

    A. 安全检查表法   B. 事故危险性分析法

    C. 事件树分析法   D. 作业安全分析法

二、多选题

1. 安全评价的一般程序主要包括（   ）。

    A. 危险、有害因素辨识与分析

    B. 定性定量评价

    C. 提出安全对策措施

D. 形成安全评价结论及建议

2. 安全评价包括（　　　）。

  A. 安全预评价　　　　　　　　　　　B. 安全验收评价

  C. 安全现状综合评价　　　　　　　　D. 安全工艺评价

3. 关于第一类危险源与第二类危险源的说法，正确的是（　　　）。

  A. 一起事故的发生往往是两类危险源共同作用的结果所造成的

  B. 两类危险源相互关联、相互依存

  C. 第一类危险源的存在是事故发生的前提

  D. 第二类危险源是第一类危险源造成事故的必要条件

  E. 危险源识别的首要任务是识别第一类危险源，在此基础上再识别第二类危险源

4. 以下属于第二类危险源控制方法的是（　　　）。

  A. 消除危险源　　　　　　　　　　　B. 增加安全系数

  C. 限制能量或危险物质　　　　　　　D. 提高可靠性

  E. 设置安全监控系统

5. 危险源识别的方法有（　　　）。

  A. 现场调查方法　　　　　　　　　　B. 工作任务分析法

  C. 安全检查表法　　　　　　　　　　D. 危险性树分析法

  E. 故障树分析法

6. 运用作业危险性分析方法进行安全评价时，需要开展的内容包括（　　　）。

  A. 分析发生事故的可能性　　　　　　B. 查找作业条件状态的偏差

  C. 统计暴露危险环境的频率　　　　　D. 计算事故发生的严重度

  E. 辨识作业故障模式

7. 某起高处坠落事故的事故分析如图所示，T 代表高处坠落事故，A 代表安全带未起作用，B 代表脚手架栏杆缺失，X1 为安全带功能损坏，X2 为未高挂低用，X3 为安全措施费用不到位，X4 为脚手架栏杆强度不足，可能导致该起事故的原因有（　　　）。

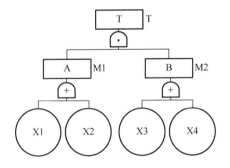

  A. X1X3　　　　B. X2X3　　　　C. X1X2　　　　D. X1X4　　　　E. X2X4

8. 安全预评价和安全验收评价中划分评价单元的方式有所不同，下列划分评价单元的方式中，属于安全预评价的是（　　　）。

  A. 自然条件　　　　　　　　　　　　B. 辅助设施配套性

  C. 危险有害因素分布的状况　　　　　D. 应急救援有效性

  E. 基本工艺条件

9. 某企业准备调整施工工艺和生产线。为保证施工工艺和生产线的安全生产，需要对施工生产的危险性进行辨别，可以采用的危险、有害因素的辨识方法有（　　）。

A. 对照、经验法　　　　　　　　　　B. LEC 法

C. 风险概率法　　　　　　　　　　　D. 系统安全分析法

E. 事故案例法

10. 《危险化学品重大危险源辨识》（GB 18218—2018）适用的危险物质包括（　　）。

A. 爆炸性物质　　　　　　　　　　　B. 易燃物质

C. 放射性物质　　　　　　　　　　　D. 有毒物质

E. 活性化学物质

11. 故障树分析的基本程序包括（　　）。

A. 确定顶上事件　　　　　　　　　　B. 确定基本事件失效模式

C. 确定基本事件逻辑关系　　　　　　D. 判定安全功能

E. 判定事件发生概率

12. 在进行安全评价时，应该在认真分析并熟悉被评价系统的前提下确定安全评价方法，并遵循（　　）的原则。

A. 充分性　　B. 适应性　　C. 系统性　　D. 针对性　　E. 合理性

13. 重大危险源评价以危险单元作为评价对象，下列评价对象中，可以化为同一单元进行评价的是（　　）。

A. 同一堤坝内的全部储罐　　　　　　B. 同一厂房内的装置

C. 建设在地上的装置　　　　　　　　D. 同一楼层的全部设备系统

E. 分布于不同楼层介质相连的设备系统

14. 定性安全评价方法主要是根据经验和直观判断能力对生产系统的工艺、设备、设施、环境、人员和管理等方面的状况进行定性分析，评价结果是一些定性的指标，下列属于定性安全评价方法的有（　　）。

A. 安全检查表法　　　　　　　　　　B. 危险可操作性研究

C. 危险指数评价法　　　　　　　　　D. 概率风险评价法

E. 因素图分析法

15. 安全设施是指将危险有害因素控制（预防、减少、消除）在安全状态的设备（装置）和措施，根据安全设施的目的不同，可分为（　　）。

A. 预防事故设施　　　　　　　　　　B. 防护设施

C. 控制事故设施　　　　　　　　　　D. 减少事故影响设施

E. 应急救援设施

三、简答题

1. 重大危险源的定义？

2. 安全评价程序过程主要包括？

3. 解释风险控制？

答　　案

一、单选题

1. D　2. A　3. C　4. C　5. D　6. C　7. D　8. B　9. B　10. D　11. C　12. D　13. D
14. B　15. A　16. D　17. D　18. C　19. D　20. C　21. D　22. D　23. B　24. C　25. D　26. C
27. A　28. B　29. A　30. C

二、多选题

1. ABCD　2. ABC　3. ABCE　4. BDE　5. ABCDE　6. ACD　7. ABDE　8. ACE　9. AD
10. ABDE　11. ACE　12. ABCDE　13. AB　14. ABE　15. ACD

三、简答题

1. 答：重大危险源是指长期或者临时生产、搬运、使用或者储存危险物品，且危险物品的数量等于或者超过临界量的单元（包括场所和设施）。

2. 答：安全评价程序过程主要包括：①前期准备；②辨识与分析危险、有害因素；③划分评价单元；④定性、定量评价；⑤提出安全对策措施建议；⑥做出安全评价结论；⑦编制安全评价报告。

3. 答：风险控制是实施风险管理的决策行为。风险控制可能包括监测、再评价和执行决策。通俗地说，风险控制就是采用一定的技术、管理手段，将事故风险控制在按当前价值取向可接受的范围之内。

第五章　应急管理

一、单选题

1. 下面哪一项不属于事故应急救援的基本任务（　　　）。
   A. 营救受害人员　　　　　　　　　　B. 控制危险源
   C. 安抚家属　　　　　　　　　　　　D. 做好现场清洁，消除危害后果

2. 应急救援预案在应急救援中的重要作用表现在（　　　）。
   A. 明确了应急救援的范围和体系
   B. 有利于做出及时的应急响应，完全消除事故后果的危害
   C. 成为各类常发事故的应急基础
   D. 当发生超过应急能力的重大事故时，便于与下级应急部门协调

3. 应急演练可以检验应急预案的有效性，锻炼队伍，检查应急资源准备情况，理顺工作关系，完善应急机制，提高从业人员应对突发事件的自我生存保护能力和救助他人的能力。应急演练实施主要包括（　　　）环节。
   A. 演练前策划和培训、接警通知启动、抢救与救援、结束点评

B. 描述演练概况和培训、启动演练、疏散人员、危险控制、救援、结束

C. 演练前检查和情况说明与动员、启动、执行、结束与意外终止、现场点评会

D. 检查演练预案和完善准备、组织演练锻炼队伍、演练结束讲评、评审与完善

4. 在应急演练过程中，加大建筑物安全距离、减少危险物品存放量、设置防护墙等措施，属于应急管理（　　）阶段所做的工作。

A. 预防 　　　　　　　 B. 准备 　　　　　　　 C. 响应 　　　　　　　 D. 恢复

5. 下列关于事故应急救援体系的说法中，正确的是（　　）。

A. 完整的救援体系由组织体制、法制基础和应急保障系统构成

B. 组织体制由管理机构、功能部门、应急指挥和救援队伍构成

C. 保障系统由应急预案、物资装备和经费保障构成

D. 在法制基础中不包括技术标准

6. 应急准备是实施有效救援的基础，主要内容包括（　　），教育训练与演习，互助协议。

A. 安全生产责任制，应急资源准备

B. 应急资源准备，接警与通知

C. 应急资源准备，恢复现场

D. 机构与职责，应急资源准备

7. 应急预案的演练是检验、评价和保持应急能力的一个重要手段。在会议室内进行，由应急组织的代表或关键岗位人员参加，按照应急预案及其标准工作程序讨论紧急情况时应采取的行动，可以锻炼参演人员解决问题的能力，解决应急组织相互协作和职责划分等方面存在的问题为目的的演练称为（　　）。

A. 功能演练 　　　　　　　　　　　 B. 桌面演练

C. 全面演练 　　　　　　　　　　　 D. 协调性演练

8. 应急演练是检验、评价和保持应急能力的有效手段。功能演练是指针对某种应急功能举行的演练活动，下列有关功能演练的说法中，正确的是（　　）。

A. 一般在应急指挥中心举行，并可同时开展桌面演练，不必调用应急设备

B. 主要目的是针对应急响应功能，检验应急人员以及应急体系的策划和响应能力

C. 演练完成之后，应向当地政府口头汇报，并提出改进建议

D. 功能演练比桌面演练更专业，要求应急人员少而精，协调工作难度更大

9. 《生产安全事故应急预案管理办法》规定，应急预案演练结束后，应急预案演练组织单位应当对应急预案演练效果进行评估，撰写应急预案演练评估报告，分析存在的问题，并对应急预案提出（　　）建议。

A. 文本修订 　　　　　　　　　　　 B. 隐患排查

C. 资源配备 　　　　　　　　　　　 D. 流程改进

10. 预案评价人员在参与事故应急预案演练过程重的任务是（　　）。

A. 观察参演人员的应急行动并记录观察结果

B. 保障演练过程的安全

C. 确保演练活动的挑战性

D. 确保演练进度

11. 在应急管理中，（　　）阶段的目标是尽可能地抢救受害人员、保护可能受威胁的人群，

并尽可能控制并消除事故。

    A. 预防   B. 准备   C. 响应   D. 恢复

12. （　　）是整个应急救援系统的重心，主要负责协调事故应急救援期间各个机构的运作，统筹安排整个应急救援行动，为现场应急救援提供各种信息支持等。

    A. 应急救援中心   B. 应急救援专家

    C. 消防与抢救   D. 信息发布中心

13. 应急预案是整个应急管理体系的反映，它的内容可能包括：①事故发生过程中的应急响应和救援措施；②事故发生前的各种应急准备；③事故发生后的紧急恢复以及预案的管理与更新。以下描述正确的是（　　）。

    A. 只包含①   B. 包含①②

    C. 包含①③   D. 包含①②③

14. 一个完整的应急体系应有组织体制、运作机制、（　　）和应急保障系统构成。

    A. 属地为主   B. 公众动员

    C. 法制基础   D. 分级响应

15. 属地为主强调（　　）的思想和以现场应急、现场指挥为主的原则。

    A. 安全第一   B. 第一反应

    C. 以人为本   D. 第二反应

16. （　　）是应急机制的基础，也是整个应急体系的基础。

    A. 分级响应   B. 统一指挥

    C. 公众动员机制   D. 以人为本

17. "收集、评价、分析及发布事故相关的战术信息"是（　　）的职责。

    A. 事故指挥官   B. 行动部

    C. 策划部   D. 资金/行政部

18. 事故应急救援的目标是尽可能减少人员伤亡和财产损失，下列选项中，不属于事故应急救援基本任务的是（　　）。

    A. 立即营救受害人员   B. 迅速控制事态发展

    C. 进行应急能力评估   D. 进行事故危害程度评估

19. 一个完整的事故应急救援体系通常由（　　）构成。

    A. 组织体系、运作机制、法律基础、评估体系

    B. 组织体系、运作机制、应急预案、应急体系

    C. 组织体系、运作机制、应急预案、评估体系

    D. 组织体系、运作机制、法律基础、保障系统

20. 事故应急救援的总目标是通过有效的应急救援行动，尽可能地减少人员和财产伤亡和财产损失。事故应急救援具有不确定性和（　　）及后果、影响易猝变等特点。

    A. 复杂性、酶期性   B. 突发性、复杂性

    C. 突发性、憋体性   D. 长期性、整体性

二、多选题

1. 应急预案能否在应急救援中成功发挥作用，不仅取决于应急预案自身的完善程度，还取决

于应急准备的充分与否。应急准备应包括（　　　）。

A. 各应急组织及其职责权限的明确

B. 应急资源的准备

C. 公众教育、应急人员的培训

D. 预案演练

2. 应急预案能否在应急救援中成功发挥作用，不仅取决于应急预案自身的完善程度，还取决于应急准备的充分与否。应急准备应包括（　　　）。

A. 各应急组织及其职责权限的明确

B. 应急资源的准备

C. 公众教育、应急人员的培训

D. 预案演练

3. 生产经营企业事故应急救援预案是按预案的适用范围进行分类的，多采用（　　　）形式进行编制。

A. 综合预案　　　　　　　　　　B. 单一预案

C. 专项预案　　　　　　　　　　D. 现场预案

4. 下列关于事故应急管理过程的说法，正确的有（　　　）。

A. 重大事故的应急管理只限于事故发生后的应急救援行动

B. 事故的应急管理贯穿事故发生前、中、后的各个过程

C. 事故应急管理是一个动态的过程

D. 应急管理包括准备、响应、行动和恢复四个阶段

E. 应急管理包括预防、准备、响应和恢复四个阶段

5. 按照事故应急预案编制的整体协调性和层次不同，可将其划分为（　　　）等几个层次。

A. 专项预案　　　　　　　　　　B. 基本预案

C. 现场处置方案　　　　　　　　D. 综合预案

E. 部门预案

6. 应急预案的演练是检验、评价和保持应急救援能力的一个重要手段。对应急预案的完整性和周密性进行评估，可采取各种应急演练方法。下列有关演练的说法，正确的是（　　　）。

A. 功能演练是检测、评价多个政府部门在紧急状态下实现集权式的运行和响应能力

B. 桌面演练是锻炼参演人员解决问题的能力，解决应急组织相互协作和职责划分的问题

C. 功能演练是指针对应急响应功能，检验应急人员以及应急体系的策划和响应能力

D. 全面演练指针对应急预案中全部或大部分响应功能，检验、评价应急组织应急运行能力的演练活动

E. 口头演练是采取口头评论形式，收藏参演人员意见，总结演练活动和提出有关改进应急响应工作的建议

三、简答题

1. 事故应急救援的基本任务包括哪几个方面？

2. 事故应急预案的重要作用？

答　案

一、单选题

1. C　2. A　3. C　4. A　5. B　6. D　7. B　8. B　9. A　10. A　11. C　12. A　13. D 14. C　15. B　16. C　17. C　18. C　19. D　20. B

二、多选题

1. ABCD　2. ABCD　3. ACD　4. BCE　5. ACD　6. ABCD

三、简答题

1. 答：①立即组织营救受害人员，组织撤离或者采取其他措施保护危害区域内的其他人员，抢救受害人员是应急救援的首要任务；②迅速控制事态，并对事故造成的危害进行检测、监测，测定事故的危害区域、危害性质及危害程度及时控制住造成事故的危险源是应急救援工作的重要任务；③消除危害后果，做好现场恢复；④认清事故原因，评估危害程度。

2. 答：①应急预案确定了应急救援的范围和体系，使应急管理不再无据可依、无章可循；②应急预案有利于做出及时的应急响应，降低事故后果；③应急预案是各类突发重大事故的应急基础；④应急预案建立了与上级单位和部门应急救援体系的衔接；⑤应急预案有利于提高风险防范意识。

第 二 篇

安全生产法律法规
及相关制度

第六章　安全生产法律法规

第一节　我国安全生产法律体系框架

一、安全生产法律体系的概念和特征

安全生产法律体系是指我国全部现行的、不同的安全生产法律规范形成的有机联系的统一整体。

安全生产法律体系具有以下特征：

（1）法律规范的调整对象和阶级意志具有统一性。加强安全生产监督管理，保障人民生命财产安全，预防和减少生产安全事故，促进经济发展，是党和国家各级人民政府的根本宗旨。生产经营活动中所发生的各种社会关系，需要通过一系列的法律规范加以调整。

（2）法律规范的内容和形式具有多样性。安全生产贯穿于生产经营活动的各个行业、领域，各种社会关系非常复杂。这就需要针对不同生产经营单位的不同特点，针对各种突出的安全生产问题，制定各种内容不同、形式不同的安全生产法律规范，调整各级人民政府、各类生产经营单位、公民相互之间在安全生产领域中产生的社会关系。

（3）法律规范的相互关系具有系统性。安全生产法律体系是由母系统与若干个子系统共同组成的。安全生产法律规范的层级、内容和形式虽然有所不同，但是它们之间存在着相互依存、相互联系、相互衔接、相互协调的辩证统一关系。

二、安全生产法律体系的基本框架

（一）按层级区分

从法的不同层级上，安全生产法律体系的基本框架可以分为上位法与下位法。上位法是指法律地位、法律效力高于其他相关法的立法；下位法相对于上位法而言，是指法律地位、法律效力低于相关上位法的立法。

1. 法律

法律是安全生产法律体系中的上位法，居于整个体系的最高层级，其法律地位和效力高于行政法规、地方性法规、部门规章、地方政府规章等下位法。国家现行的有关安全生产的专门法律有《安全生产法》《中华人民共和国消防法》（以下简称《消防法》）、《中华人民共和国道路交通安全法》（以下简称《道路交通安全法》）、《中华人民共和国海上交通安全法》《中华人民共和国矿山安全法》（以下简称《矿山安全法》）；与安全生

产相关的法律主要有《中华人民共和国劳动法》《中华人民共和国职业病防治法》（以下简称《职业病防治法》）、《中华人民共和国工会法》《中华人民共和国矿产资源法》《中华人民共和国铁路法》《中华人民共和国公路法》《中华人民共和国民用航空法》《中华人民共和国港口法》（以下简称《港口法》）、《中华人民共和国建筑法》《中华人民共和国煤炭法》《中华人民共和国电力法》等。

2. 法规

安全生产法规分为行政法规和地方性法规。

（1）行政法规。安全生产行政法规的法律地位和法律效力低于有关安全生产的法律，高于地方性安全生产法规、地方政府安全生产规章等下位法。国家现有的安全生产行政法规有《安全生产许可证条例》《危险化学品安全管理条例》《建设工程安全生产管理条例》《煤矿安全监察条例》等。

（2）地方性法规。地方性安全生产法规的法律地位和法律效力低于有关安全生产的法律、行政法规，高于地方政府安全生产规章。经济特区安全生产法规和民族自治地方安全生产法规的法律地位和法律效力与地方性安全生产法规相同。安全生产地方性法规有《北京市安全生产条例》《天津市安全生产条例》《河南省安全生产条例》等。

3. 规章

安全生产行政规章分为部门规章和地方政府规章。

（1）部门规章。国务院有关部门依照安全生产法律、行政法规的规定或者国务院的授权制定发布的安全生产规章的法律地位和法律效力低于法律、行政法规，高于地方政府规章。

（2）地方政府规章。地方政府安全生产规章是最低层级的安全生产立法，其法律地位和法律效力低于其他上位法，不得与上位法相抵触。

4. 安全生产标准

安全生产标准分为国家标准和行业标准，两者对生产经营单位的安全生产具有同样的约束力。

（1）国家标准。安全生产国家标准是指国家标准化行政主管部门依照《中华人民共和国标准化法》（以下简称《标准化法》）制定的在全国范围内适用的安全生产技术规范。

（2）行业标准。安全生产行业标准是指国务院有关部门和直属机构依照《标准化法》制定的在安全生产领域内适用的安全生产技术规范。行业安全生产标准对同一安全生产事项的技术要求，可以高于国家安全生产标准但不得与其相抵触。

（二）按效力区分

从同一层级的法的效力上，可以分为普通法与特殊法。普通法是适用于安全生产领域中普遍存在的基本问题、共性问题的法律规范，它们不解决某一领域存在的特殊性、专业性的法律问题。特殊法是适用于某些安全生产领域独立存在的特殊性、专业性问题的法律规范，它们往往比普通法更专业、更具体、更有可操作性。

（三）按内容区分

从法的内容上，可以分为综合性法与单行法。综合性法不受法律规范层级的限制，而是将各个层级的综合性法律规范作为整体来看待，适用于安全生产的主要领域或者某一领域的主要方面。单行法的内容只涉及某一领域或者某一方面的安全生产问题。

第二节　中华人民共和国安全生产法

一、《中华人民共和国安全生产法》的产生

《中华人民共和国安全生产法》（以下简称《安全生产法》）是为了加强安全生产监督管理，防止和减少生产安全事故，保障人民群众生命和财产安全，促进经济发展而制定的法律。2002 年 6 月 29 日由第九届中华人民共和国全国人民代表大会常务委员会第二十八次会议通过，2002 年 11 月 1 日起施行。根据 2014 年 8 月 31 日第十二届全国人民代表大会常务委员会第十次会议《关于修改〈中华人民共和国安全生产法〉的决定》第二次修正，自 2014 年 12 月 1 日起施行。

二、《安全生产法》的适用范围

《安全生产法》是对所有生产经营单位的安全生产普遍适用的法律。

（一）空间的适用

《安全生产法》适用于中华人民共和国领域内（陆地、海域和领空的范围内）从事生产经营活动的单位。

（二）主体和行为的适用

（1）主体适用：生产经营单位，是指从事生产经营活动的基本生产经营单元，包括各种所有制和组织形式的公司、企业、社会组织和个体工商户，以及从事生产经营活动的公民个人。

（2）行为的适用：生产经营活动，指围绕企业产品的投入、产出、销售、分配乃至保持简单再生产或实现扩大再生产所开展的各种有组织的活动的总称。

（3）排除适用：有关法律、行政法规对消防安全和道路交通安全、铁路交通安全、水上交通安全、民用航空安全以及核与辐射安全、特种设备安全另有规定的，适用其规定。我们可以从以下 4 个方面理解：

①《安全生产法》确定的安全生产领域基本的方针、原则、法律制度和新的法律规定，是其他法律、行政法规无法确定并且没有规定的，它们普遍适用于消防安全和道路交通安全、铁路交通安全、水上交通安全、民用航空安全。

② 消防安全和道路交通安全、铁路交通安全、水上交通安全、民用航空安全现行的有关法律、行政法规已有规定的，应当首先考虑和优先适用特殊法的规定。

③ 有关法律、行政法规对消防安全和道路交通安全、铁路交通安全、水上交通安全、民用航空安全没有规定的，适用《安全生产法》。

④ 今后修订有关消防安全和道路交通安全、铁路交通安全、水上交通安全、民用航空安全的法律、行政法规时，也要符合《安全生产法》确定的基本方针原则、法律制度和法律规范，不应抵触。

三、《安全生产法》的基本规定

安全生产管理的方针是：安全第一、预防为主、综合治理。

安全生产管理的工作机制是：强化和落实生产经营单位的主体责任，建立生产经营单位负责、职工参与、政府监管（党政同责、一岗双责、齐抓共管，管业务、行业及生产的必须管安全）、行业自律及社会监督（公众、工会、社区基层）的机制。

（一）生产经营单位安全生产责任制

《安全生产法》第四条规定：生产经营单位必须遵守本法和其他有关安全生产的法律、法规，加强安全生产管理，建立、健全安全生产责任制和安全生产规章制度，改善安全生产条件，推进安全生产标准化建设，提高安全生产水平，确保安全生产。

（二）生产经营单位主要负责人的安全责任

生产经营单位主要负责人是本单位安全生产工作的第一责任者，对本单位的安全生产工作全面负责。生产经营单位主要负责人的安全生产基本职责包括：

（1）建立、健全本单位安全生产责任制；

（2）组织制定本单位安全生产规章制度和操作规程；

（3）组织制定并实施本单位安全生产教育和培训计划；

（4）保证本单位安全生产投入的有效实施；

（5）督促、检查本单位的安全生产工作，及时消除生产安全事故隐患；

（6）组织制定并实施本单位的生产安全事故应急预案；

（7）及时、如实报告生产安全事故。

（三）生产经营单位主要负责人的法律责任

《安全生产法》对生产经营单位主要负责人违法行为的法律责任做出了明确的规定。如果生产经营单位主要负责人不履行法定义务，构成安全生产违法行为或者发生生产安全事故的，根据有责必究、有罪必罚的原则，将依照下列法律规定追究责任：

（1）生产经营单位主要负责人不能保证必要的安全投入，致使不具备安全生产条件的，责令限期改正，提供必要的资金；逾期未改正的，责令停产停业整顿。有前款违法行为，导致发生安全生产事故的，对生产经营单位的主要负责人给予撤职处分，对个人经营的投资人处以2万元到20万元罚款；构成犯罪的，依法追究刑事责任。

（2）生产经营单位主要负责人未履行安全管理的职责，责令限期改正；逾期未改正的，处2万元以上5万元以下的罚款，责令停产停业整顿。生产经营单位主要负责人有前款违法行为，导致发生安全生产事故的，给予撤职处分，构成犯罪的，依法追究刑事责任；生产经营单位主要负责人依照前款规定接受刑事处罚或者撤职处分的，从刑罚执行完毕或者受处分之日起5年内不能担任任何生产经营单位的主要负责人；对重大、特别重大生产安全事故负有责任的，终身不得担任本行业生产经营单位的主要负责人。

（3）生产经营单位与从业人员订立协议，免除或者减轻其对从业人员伤亡依法应承担的责任的，协议无效，对生产经营单位的主要负责人和个人经营的投资人处以2万元到10万元罚款。

（4）主要负责人未履行安全生产管理职责，导致发生生产安全事故的，有安全生产监督管理部门按照规定处以罚款；发生一般事故的，处上一年年收入 30% 罚款；发生较大事故的，处上一年收入的 40% 罚款；发生重大事故的，处上一年收入的 60% 罚款；发生特别重大事故的，处上一年收入的 80% 罚款。

（5）发生事故，未立即组织抢救或者在事故调查处理期间擅离职守或者逃匿的，给予降级、撤职处分，并由安全生产监督管理部门处上一年年收入 60% 至 100% 的罚款；对逃匿的处以 15 日以下拘留；构成犯罪的依法追究刑事责任。主要负责人对事故隐瞒不报、谎报或者迟报的，依照前款规定处罚。

（四）工会在安全生产中的地位和权力

工会是安全生产工作中代表从业人员对生产经营单位的安全生产进行监督、维护从业人员合法权益的群众性组织，是协助生产经营单位加强安全管路的助手，是政府监督管理的重要补充。党和国家历来重视工会在安全生产工作中的重要性，在《安全生产法》中对其地位和权力做出了规定。

第七条规定："工会依法组织职工参加本单位安全生产工作的民主管理和民主监督，维护职工在安全生产方面的合法权益。生产经营单位制定或者修改有关安全生产的规章制度，应当听取工会的意见。"这就意味着工会对生产经营单位只有建议权，没有决定权。

工会有权对生产经营单位新建、改建或扩张项目的安全设施设计、施工和投产使用"三同时"进行监督，并提出意见。

为了真正发挥工会的作用，《安全生产法》赋予工会在参加安全管理和监督时享有以下多项权力：

（1）对生产经营单位违反安全生产法律法规、侵犯合法权益的行为，有权要求纠正；

（2）发现生产经营单位违章指挥、强令冒险作业或发现隐患时，工会有权提出解决建议，生产经营单位应及时答复；

（3）发现危及从业人员生命安全情况时，有权建议组织从业人员撤离危险场所，生产经营单位必须立即处理；

（4）工会有权依法参与事故调查，向有关部门提出处理意见，并要求追究有关人员的责任。

（五）安全生产中介机构的规定

安全生产中介服务属于第三产业中的服务业，依法设立的为安全生产提供技术、管理服务的机构，依照法律、行政法规和执业准则，接受生产经营单位的委托为其安全生产工作提供技术、管理服务。保证安全生产的责任仍由本单位负责，具有独立性、服务性、客观性、有偿性和专业性的特征。

（六）生产安全事故责任追究

《安全生产法》规定要实行责任追究的，是指人为责任事故。因此，必须依法实行安全生产事故责任追究制度。这项制度包括安全生产责任制的建立、安全生产责任的落实和违法责任追究 3 项内容。

生产安全事故责任者所承担的法律责任主要形式有行政责任和刑事责任。

1. 行政责任

行政责任指违反有关行政管理的法律、法规的规定，但未构成犯罪的违法行为所应承担的法律责任。通常包括行政处分和行政处罚两种方式：

（1）行政处分：针对国家工作人员及由国家机关派到企事业单位任职的人员的制裁性处理，包括警告、记过、降级、降职、撤职、开除等。

（2）行政处罚：对国家机关和国家工作人员以外的生产经营及有关人员的安全生产违法行为给予的行为制裁。

2. 刑事责任

刑事责任指责任主体实施刑事法禁止的行为所应承担的法律后果。与行政责任相比的区别在于，一是责任内容不同，负刑事责任的行为的社会危害性更大；二是行为人是否承担刑事责任，只能由司法机关依照刑事诉讼程序决定；三是负刑事责任的主体通常被处以刑罚。追究刑事责任的必须是违反安全生产法律、行政法规的规定，应当给予刑事处罚的严重安全生产违法行为。

《安全生产法》规定应当追究刑事责任的责任主体包括县级以上人民政府负有安全生产监督管理职责的部门工作人员、生产经营单位的主要负责人、从业人员和中介服务机构的有关人员。

四、生产经营单位的安全生产保障

（一）安全生产条件的规定

《安全生产法》第十七条规定："生产经营单位应当具备本法和有关法律、行政法规和国家标准或者行业标准规定的安全生产条件；不具备安全生产条件的，不得从事生产经营活动。"

生产经营单位是从事各类生产经营活动的基本单元，包括各类生产经营企业（依法设立的生产经营企业、从事生产经营活动的公司）、个体工商户、公民及其他生产经营单位（从事生产经营活动的事业单位、安全生产中介服务机构）。

法定安全生产基本条件指《安全生产法》和有关法律、行政法规和国家标准或者行业标准规定的安全生产条件。

（二）安全管理机构和安全管理人员配备

（1）矿山、金属冶炼、建筑施工、道路运输单位和危险物品（危险化学品、烟花爆竹、民用爆破器材）的生产、经营、储存单位应当设置安全生产管理机构或者专职管理人员。

（2）其他生产经营单位，从业人员超过100人以上的，应当设置安全生产管理机构或者配备专职安全生产管理人员；从业人员在100人以下的，应当配备专职或者兼职的安全生产管理人员。

（三）安全生产投入的规定

不能保证必要的安全投入，致使不具备安全生产条件的，责令限期改正，提供必要的资金；逾期未改正的，责令停产停业整顿。有前款违法行为，导致发生安全生产事故的，对生产经营单位的主要负责人给予撤职处分，对个人经营的投资人处以2万元到20万元罚款；

构成犯罪的，依法追究刑事责任。

安全投入投资人的界定：

（1）公司制的生产经营单位由董事会决定安全投入金额；

（2）非公司制生产经营单位由主要负责人决定安全投入金额；

（3）个人投资并由他人管理的生产经营单位，由投资人（即股东）决定安全投入金额。

（四）从业人员安全生产培训的规定

《安全生产法》第二十五条规定：生产经营单位应当对从业人员进行安全生产教育和培训，保证从业人员具备必要的安全生产知识，熟悉有关的安全生产规章制度和安全操作规程，掌握本岗位的安全操作技能，了解事故应急处理措施，知悉自身在安全生产方面的权利和义务。未经安全生产教育和培训合格的从业人员，不得上岗作业。

（五）特种作业人员的范围和资格的规定

（1）特种作业人员的范围由国务院安全生产监督管理的部门会同国务院有关部门确定。

（2）生产经营单位的特种作业人员必须按照国家有关规定经专门的安全作业培训，取得特种作业操作资格证书，方可上岗作业。

（六）建设项目安全设施"三同时"的规定

生产经营单位新建、改建、扩建工程项目的安全设施，必须与主体工程同时设计、同时施工、同时投入生产和使用。安全设施投资应当纳入建设项目概算。

（七）建设项目的规定

矿山，金属冶炼，生产、储存、装卸危险物品的建设项目必须依照《安全生产法》的相关规定，具体为：

（1）按照国家有关规定进行安全评价。

（2）安全设施设计应当按照国家有关规定报经有关部门审查，审查部门及其负责审查的人员对审查结果负责。

（3）安全设施的设计人、设计单位应当对安全设施设计负责。

（4）施工单位必须按设计施工，对工程质量负责。

（5）竣工、使用前，建设单位组织对安全设施验收，合格后投入生产和使用。

（6）安全生产监督管理部门应加强对建设单位验收活动和结果的监督核查。

（八）安全警示标志的规定

《安全生产法》第三十二条规定："生产经营单位应当在有较大危险因素的生产经营场所和有关设施、设备上，设置明显的安全警示标志。"

（九）安全设备达标和管理规定

《安全生产法》第三十三条规定："安全设备的设计、制造、安装、使用、检测、维修、改造和报废，应当符合国家标准或者行业标准。"

生产经营单位必须对安全设备进行经常性维护、保养，并定期检测，保证正常运转。维护、保养、检测应当做好记录，并由有关人员签字。

（十）特种设备检测检验的规定

使用危险物品的容器、运输工具，以及涉及人身安全、危险性较大的海洋石油开采特种设备和矿山井下特种设备，必须按照国家有关规定，由专业生产单位生产，并经具有专业资质的检测、检验机构检测检验合格，取得安全使用证或者安全标志，方可投入使用。检测、检验机构对检测检验结果负责。

（十一）生产安全工艺、设备管理的规定

国家对严重危及生产安全的工艺、设备实行淘汰制度。生产经营单位不得使用应当淘汰的危及生产安全的工艺、设备。

（十二）危险物品管理的规定

生产经营单位生产、经营、运输、储存、使用危险物品或者处置废弃危险物品的，必须执行有关法律、法规和国家标准或者行业标准，建立专门的安全管理制度，采取可靠的安全措施，接受有关主管部门依法实施的监督管理。生产、经营、运输、储存、使用危险物品或者处置废弃危险物品的，由有关主管部门依照有关法律、法规的规定和国家标准或者行业标准审批并实施监督管理。

（十三）重大危险源管理、安全生产事故隐患排查治理的规定

重大危险源备案制度：法律规定生产经营单位应按照国家有关规定将本单位重大危险源及有关安全措施、应急措施报有关地方人民政府负责安全生产监督管理部门和有关部门备案。这是一种审查监督制度：一是生产单位必须依法备案；二是负责安全生产监督职责的部门有权进行审查、检查；三是发现生产经营单位违法的，有权依法实施行政处罚。

生产经营单位应将本单位的重大危险源登记建档，定期检测检验、评估、监控，制定应急预案，并告知从业人员和有关人员。建立健全安全生产事故隐患排查治理制度。采取技术、管理措施，及时发现并消除事故隐患。事故隐患排查治理情况应当如实记录，并向从业人员通报。

县级以上地方各级人民政府负有安全生产监督管理职责的部门应当建立健全重大事故隐患治理督办制度，督促生产经营单位消除重大事故隐患。

（十四）生产设施、场所安全距离

生产、经营、储存、使用危险物品的车间、商店、仓库不得与员工宿舍在同一座建筑物内，并应当与员工宿舍保持安全距离。

生产经营场所与员工宿舍应当设有符合紧急疏散要求、标志明显、保持畅通的出口。禁止锁闭、封堵生产经营场所或者员工宿舍的出口。

（十五）爆破、吊装等危险作业

生产经营单位进行爆破、吊装以及国务院安全生产监督管理部门会同国务院有关部门规定的其他危险作业，应当安排专门人员进行现场安全管理，确保操作规程的遵守和安全措施的落实。

（十六）告知

生产经营单位应当教育和督促从业人员严格执行本单位的安全生产规章制度和安全操作规程；并向从业人员如实告知作业场所和工作岗位存在的危险因素、防范措施以及事故应急措施。

（十七）劳动防护用品的规定

国家历来重视劳动保护用品的使用，《安全生产法》第四十三条及第四十四条明确要求：一是生产经营单位必须为从业人员提供符合国家标准或者行业标准的劳动防护用品；二是监督、教育从业人员按照使用规则佩戴、使用；三是生产经营单位应当安排用于配备劳动防护用品、进行安全生产培训的经费。

（十八）交叉作业安全管理的规定

针对一些不同单位、不同工种的人员在同一作业区域内交叉作业，彼此之间的安全责任不明，安全管理脱节的问题，《安全生产法》第四十五条规定："两个以上生产经营单位在同一作业区域内进行生产经营活动，可能危及对方生产安全的，应当签订安全生产管理协议，明确各自的安全生产管理职责和应当采取的安全措施，并指定专职安全生产管理人员进行安全检查与协调。"

（十九）发包或者出租的安全管理规定

生产经营单位应当与承包单位、承租单位签订专门的安全生产管理协议，或者在承包合同、租赁合同中约定各自的安全生产管理职责；生产经营单位对承包单位、承租单位的安全生产工作统一协调、管理，定期进行安全检查，发现安全问题的，应当及时督促整改。不得出租给不具备安全生产条件或者相应资质的单位或者个人。

（二十）工伤保险的规定

根据人身安全第一的原则，《安全生产法》第四十八条明确规定生产经营单位必须依法参加工伤保险，为从业人员缴纳保险费。

五、从业人员的权利和义务

（一）从业人员的人身保障权利

（1）获得安全保障、工伤保险和民事赔偿的权利；

（2）得知危险因素、防范措施和应急措施的权利；

（3）对本单位安全生产批评、检举和控告的权利；

（4）拒绝违章指挥和强令冒险作业的权利；

（5）紧急情况下的停止作业和紧急撤离的权利。

（二）从业人员的安全生产义务

（1）遵章守规、服从管理的义务；

（2）正确佩戴和使用劳保用品的义务（既是权利，也是义务）；

（3）接受安全培训、掌握安全生产技能的义务；

（4）发现事故隐患或者其他不安全因素，立即向现场安全生产管理人员或者本单位负责人报告的义务。

六、生产安全事故的应急救援与事故调查处理

（一）各层级生产安全事故应急能力的建设

国家加强生产安全事故应急能力建设，在重点行业、领域建立应急救援基地和应急救援队伍，鼓励生产经营单位和其他社会力量建立应急救援队伍，配备相应的应急救援装备和物资，提高应急救援的专业化水平：

（1）国务院安全生产监督管理部门建立全国统一的生产安全事故应急救援信息系统，国务院有关部门建立健全相关行业、领域的生产安全事故应急救援信息系统。

（2）县级以上地方各级人民政府应当组织有关部门制定本行政区域内生产安全事故应急救援预案，建立应急救援体系。

（3）生产经营单位应当制定本单位生产安全事故应急救援预案，与所在地县级以上地方人民政府组织制定的生产安全事故应急救援预案相衔接，并定期组织演练。

（二）生产经营单位生产安全事故应急救援

《安全生产法》明确规定，危险物品的生产、经营、储存单位以及矿山、金属冶炼、城市轨道交通运营、建筑施工单位应当建立应急救援组织；生产经营规模较小，可以不设应急救援组织的，但应当指定兼职的应急救援人员。应当配备必要的应急救援器材、设备和物资，并进行经常性维护、保养，保证正常运转。

（1）生产经营单位发生生产安全事故后，事故现场有关人员应当立即报告本单位负责人。单位负责人接到事故报告后，应当迅速采取有效措施，组织抢救，防止事故扩大，减少人员伤亡和财产损失，并按照国家有关规定立即如实报告当地负有安全生产监督管理职责的部门，不得隐瞒不报、谎报或者迟报，不得故意破坏事故现场、毁灭有关证据。

（2）负有安全生产监督管理职责的部门接到事故报告后，应当立即按照国家有关规定上报事故情况。负有安全生产监督管理职责的部门和有关地方人民政府对事故情况不得隐瞒不报、谎报或者迟报。

（3）有关地方人民政府和负有安全生产监督管理职责的部门的负责人接到重大生产安全事故报告后，应当立即赶到事故现场，组织事故抢救。任何单位和个人都应当支持、配合事故抢救，并提供一切便利条件。

（三）生产安全事故报告和处置的规定

《安全生产法》对安全生产事故的报告及处置做出了明确的法律规定：

（1）现场人员应当立即报告本单位负责人，可逐级上报，也可越级上报，不得耽误。

（2）生产经营单位应当组织抢救并报告事故。迅速采取有效措施组织抢救，防止事故扩大，减少人员伤亡和财产损失，如实报告当地负有安监管理职责的部门，采取必要措施，避免或减少对环境造成的危害。

（四）生产安全事故调查处理的规定

1. 事故调查处理的原则

事故调查处理的原则是：科学严谨、依法依规、实事求是、注重实效。

2. 事故责任的追究

生产经营单位发生生产安全事故，经调查确定为责任事故的，除了应当查明事故单位的责任并依法予以追究外，还应当查明对安全生产的有关事项负有审查批准和监督职责的行政部门的责任，对有失职、渎职行为的，依照《安全生产法》的规定第八十七条追究法律责任。

七、安全生产法律责任

（一）安全生产法律责任的形式

法律责任是指由于违法行为而应当承担的法律后果。追究安全生产违法行为法律责任的形式主要有以下 3 种：

（1）刑事责任：责任主体违反法律规定构成犯罪，由司法机关依照刑事法律给予刑罚的一种法律责任，是 3 种法律责任中最严厉的。

（2）行政责任：责任主体违反法律规定，由有关人民政府、公安机关依法对其实施行政处罚的一种法律责任。

（3）民事责任：责任主体违反法律规定造成民事损害，由人民法院依照民事法律强制其进行民事赔偿的一种法律责任。

（二）安全生产违法行为的责任主体

安全生产违法行为责任主体主要包括 4 种：

（1）有关人民政府和负有安全生产监督管理职责的部门及其领导人、负责人。

（2）生产经营单位及其负责人、有关主管人员。

（3）生产经营单位的从业人员。

（4）安全生产中介服务机构和安全生产中介服务人员。

（三）行政处罚的决定机关

（1）县级以上人民政府负责安全生产监督管理职责的部门。

（2）县级以上人民政府：有权关闭针对不具备本法和其他法律、行政法规和国家标准或行业标准规定的安全生产条件，经停产整顿仍不具备的生产经营单位。

（3）公安机关：实施限制人身自由（拘留）的行政处罚。

（4）法定的其他行政机关：有关法律、行政法规对行政处罚的决定机关另有规定的，依照其规定；没有规定的，由负责安全生产监督管理的部门作为行政执法主体。

（四）生产经营单位的安全生产违法行为

《安全生产法》规定追究法律责任的生产经营单位的安全生产违法行为，有下列 27 种：

（1）生产经营单位的决策机构、主要负责人、个人经营的投资人不依照本法规定保证安全生产所必需的资金投入，致使生产经营单位不具备安全生产条件的；

（2）生产经营单位的主要负责人未履行本法规定的安全生产管理职责的；

（3）生产经营单位未按照规定设立安全生产管理机构或者配备安全生产管理人员的；

（4）危险物品的生产、经营、储存单位以及矿山、金属冶炼、建筑施工、道路运输单位的主要负责人和安全生产管理人员未按照规定经考核合格的；

（5）生产经营单位未按照规定对从业人员进行安全生产教育和培训，或者未按照规定如实告知从业人员有关的安全生产事项的；

（6）特种作业人员未按照规定经专门的安全作业培训并取得特种作业操作资格证书，上岗作业的；

（7）生产经营单位的矿山建设项目或者用于生产、储存危险物品的建设项目没有安全设施设计或者安全设施设计未按照规定报经有关部门审查同意的；

（8）矿山建设项目或者用于生产、储存危险物品的建设项目的施工单位未按照批准的安全设施设计施工的；

（9）矿山建设项目或者用于生产、储存危险物品的建设项目竣工投入生产或者使用前，安全设施未经验收合格的；

（10）生产经营单位未在有较大危险因素的生产经营场所和有关设施、设备上设置明显的安全警示标志的；

（11）安全设备的安装、使用、检测、改造和报废不符合国家标准或者行业标准的；

（12）未对安全设备进行经常性维护、保养和定期检测的；

（13）未为从业人员提供符合国家标准或者行业标准的劳动防护用品的；

（14）特种设备以及危险物品的容器、运输工具未经取得专业资质的机构检测、检验合格，取得安全使用证或者安全标志，投入使用的；

（15）使用国家明令淘汰、禁止使用的危及生产安全的工艺、设备的；

（16）未经依法批准，擅自生产、经营、储存危险物品的；

（17）生产经营单位生产、经营、储存、使用危险物品，未建立专门安全管理制度、未采取可靠的安全措施或者不接受有关主管部门依法实施的监督管理的；

（18）对重大危险源未登记建档，或者未进行评估、监控，或者未制定应急预案的；

（19）进行爆破、吊装等危险作业，未安排专门管理人员进行现场安全管理的；

（20）生产经营单位将生产经营项目、场所、设备发包或者出租给不具备安全生产条件或者相应资质的单位或者个人的；

（21）生产经营单位未与承包单位、承租单位签订专门的安全生产管理协议或者未在承包合同、租赁合同中明确各自的安全生产管理职责，或者未对承包单位、承租单位的安全生产统一协调、管理的；

（22）两个以上生产经营单位在同一作业区域内进行可能危及对方安全生产的生产经营活动，未签订安全生产管理协议或者未指定专职安全生产管理人员进行安全检查与协调的；

（23）生产经营单位生产、经营、储存、使用危险物品的车间、商店、仓库与员工宿舍在同一座建筑内，或者与员工宿舍的距离不符合安全要求的；

（24）生产经营场所和员工宿舍未设有符合紧急疏散需要、标志明显、保持畅通的出口，或者封闭、堵塞生产经营场所或者员工宿舍出口的；

（25）生产经营单位与从业人员订立协议，免除或者减轻其对从业人员因生产安全事故伤亡依法应承担的责任的；

（26）生产经营单位不具备本法和其他有关法律、行政法规和国家标准或者行业标准规定的安全生产条件，经停产停业整顿仍不具备安全生产条件的；

（27）生产经营单位发生生产安全事故造成人员伤亡、他人财产损失的。

（五）安全生产中介机构的违法行为

承担安全评价、认证、检测、检验工作的机构，出具虚假证明的，没收违法所得；违法所得在十万元以上的，并处违法所得 2 倍以上 5 倍以下的罚款；没有违法所得或者违法所得不足十万元的，单处或者并处 10 万元以上 20 万元以下的罚款；对其直接负责的主管人员和其他直接责任人员处 2 万元以上 5 万元以下的罚款；给他人造成损害的，与生产经营单位承担连带赔偿责任；构成犯罪的，依照刑法有关规定追究刑事责任。对有前款违法行为的机构，吊销其相应资质。

（六）负有安全生产监督管理职责的部门的工作人员的违法行为

负有安全生产监督管理职责的部门的工作人员，有下列行为之一的，给予降级或者撤职的处分；构成犯罪的，依照刑法有关规定追究刑事责任：

（1）对不符合法定安全生产条件的涉及安全生产的事项予以批准或者验收通过的；

（2）发现未依法取得批准、验收的单位擅自从事有关活动或者接到举报后不予取缔或者不依法予以处理的；

（3）对已经依法取得批准的单位不履行监督管理职责，发现其不再具备安全生产条件而不撤销原批准或者发现安全生产违法行为不予查处的；

（4）在监督检查中发现重大事故隐患，不依法及时处理的。

负有安全生产监督管理职责的部门的工作人员有前款规定以外的滥用职权、玩忽职守、徇私舞弊行为的，依法给予处分；构成犯罪的，依照刑法有关规定追究刑事责任。

（七）民事赔偿

民事责任的执法主体是各级人民法院，是指当事人对其违反民事法律的行为依法应承担的法律责任。只有人民法院是受理民事赔偿案件、确定民事责任、裁判追究民事赔偿责任的唯一的法律审判机关。根据民事违法行为的主体、内容不同，将民事赔偿具体分为连带赔偿和事故损害赔偿。

1. 连带赔偿

连带赔偿是指两个以上生产经营单位或者社会组织对他们的共同民事违法行为所应承担的共同赔偿责任。

《安全生产法》明确规定了生产经营单位的两个连带赔偿责任：

（1）承担安全评价、认证、检测、检验工作的中介服务机构出具假证明给他人造成损害的，与生产经营单位承担连带赔偿责任。

（2）生产经营单位将生产经营项目、场所、设备发包或者出租给不具备安全生产条件或者相应资质的单位或者个人，导致发生生产安全事故给他人造成损害的，与承包商、承租方承担连带赔偿责任。

2. 事故损害赔偿

事故损害赔偿指因生产经营单位的过错，即安全生产违法行为而导致生产安全事故，造成人员伤亡、他人财产损失所应承担的赔偿责任。

第三节　安全生产专门法律

一、中华人民共和国消防法

(一) 火灾预防、消防组织、灭火救援的法律规定

1. 消防规划

地方各级人民政府应当将包括消防安全布局、消防站、消防供水、消防通信、消防车通道、消防装备等内容的消防规划纳入城乡规划，并负责组织实施。

城乡消防安全布局不符合消防安全要求的，应当调整、完善；公共消防设施、消防装备不足或者不适应实际需要的，应当增建、改建、配置或者进行技术改造。

2. 安全位置

生产、储存、经营易燃易爆危险品的场所不得与居住场所设置在同一建筑物内，并应当与居住场所保持安全距离。

生产、储存、装卸易燃易爆危险品的工厂、仓库和专用车站、码头的设置，应当符合消防技术标准。

易燃易爆气体和液体的充装站、供应站、调压站，应当设置在符合消防安全要求的位置，并符合防火防爆要求。不符合法律规定的，政府组织协调限期解决，消除隐患。

3. 有关单位的消防安全职责

(1) 落实消防安全责任制，制定本单位的消防安全制度、消防安全操作规程，制定灭火和应急疏散预案；

(2) 按照国家标准、行业标准配置消防设施、器材，设置消防安全标志，并定期组织检验、维修，确保完好有效；

(3) 对建筑消防设施每年至少进行一次全面检测，确保完好有效，检测记录应当完整准确，存档备查；

(4) 保障疏散通道、安全出口、消防车通道畅通，保证防火防烟分区、防火间距符合消防技术标准；

(5) 组织防火检查，及时消除火灾隐患；

(6) 组织进行有针对性的消防演练；

(7) 法律、法规规定的其他消防安全职责。

需要注意的是：单位的主要负责人是本单位的消防安全责任人。

4.消防安全重点单位的安全管理

县级以上地方人民政府公安机关消防机构应当将发生火灾可能性较大以及发生火灾可能造成重大的人身伤亡或者财产损失的单位，确定为本行政区域内的消防安全重点单位，并由公安机关报本级人民政府备案。

同一建筑物由两个以上单位管理或者使用的，应当明确各方的消防安全责任，并确定责任人对共用的疏散通道、安全出口、建筑消防设施和消防车通道进行统一管理。

消防安全重点单位除应履行一般单位的防火职责外，还应：

（1）确定消防安全管理人，组织实施本单位的消防安全管理工作；

（2）建立消防档案，确定消防安全重点部位，设置防火标志，实行严格管理；

（3）实行每日防火巡查，并建立巡查记录；

（4）对职工进行岗前消防安全培训，定期组织消防安全培训和消防演练。

5.消防产品和电器产品、燃气用具的管理

《消防法》明确规定，消防产品必须符合国家标准；没有国家标准的，必须符合行业标准。

依法实行强制性产品认证的消防产品，由具有法定资质的认证机构按照国家标准、行业标准的强制性要求认证合格后，方可生产、销售、使用。

新研制的尚未制定国家标准、行业标准的消防产品，应当按照国务院产品质量监督部门会同国务院公安部门规定的办法，经技术鉴定符合消防安全要求的，方可生产、销售、使用。

任何单位、个人不得损坏、挪用或者擅自拆除、停用消防设施、器材，不得埋压、圈占、遮挡消火栓或者占用防火间距，不得占用、堵塞、封闭疏散通道、安全出口、消防车通道。人员密集场所的门窗不得设置影响逃生和灭火救援的障碍物。

（二）消防组织

下列单位应当建立单位专职消防队，承担本单位的火灾扑救工作：

（1）大型核设施单位、大型发电厂、民用机场、主要港口；

（2）生产、储存易燃易爆危险品的大型企业；

（3）储备可燃的重要物资的大型仓库、基地；

（4）第一项、第二项、第三项规定以外的火灾危险性较大、距离公安消防队较远的其他大型企业；

（5）距离公安消防队较远、被列为全国重点文物保护单位的古建筑群的管理单位。

二、中华人民共和国突发事件应对法

《突发事件应对法》是为了预防和减少突发事件的发生，控制、减轻和消除突发事件引起的严重社会危害，规范突发事件应对活动，保护人民生命财产安全，维护国家安全、公共安全、环境安全和社会秩序。本法所称突发事件，是指突然发生，造成或者可能造成严重社会危害，需要采取应急处置措施予以应对的自然灾害、事故灾难、公共卫生事件和社会安全事件。

按照社会危害程度、影响范围等因素，自然灾害、事故灾难、公共卫生事件分为特别重大、重大、较大和一般四级。法律、行政法规或者国务院另有规定的，从其规定。

该法律适用于突发事件的预防与应急准备、监测与预警、应急处置与救援、事后恢复与重建等应对活动，具有以下特征：

（1）有明显的公共性或者社会性；

（2）突发性和紧迫性；

（3）危害性和迫害性；

（4）需要公权介入和社会力量。

（一）突发事件的预防与应急准备

1. 应急预案体系

国务院制定国家突发事件总体应急预案，组织制定国家突发事件专项应急预案；国务院有关部门根据各自的职责和国务院相关应急预案，制定国家突发事件部门应急预案（国家级）。地方各级人民政府和县级以上地方各级人民政府有关部门根据有关法律、法规、规章、上级人民政府及其有关部门的应急预案以及本地区的实际情况，制定相应的突发事件应急预案（地方级）。

此外，企事业单位也应该根据有关法律法规制定应急预案。举办大型会展和文化体育等重大活动，主办单位也要制定应急预案。

2. 应急预案的内容

《突发事件应对法》明确规定，应急预案应当根据本法和其他有关法律、法规的规定，针对突发事件的性质、特点和可能造成的社会危害，具体规定突发事件应急管理工作的组织指挥体系与职责和突发事件的预防与预警机制、处置程序、应急保障措施以及事后恢复与重建措施等内容。

应急保障措施包括人力资源保障、财力保障、物资保障、基本生活保障、医疗卫生保障、交通运输保障、治安维护、人员防护、通信保障、公共设施和科技支持。

特别注意，矿山、建筑施工单位和易燃易爆物品、危险化学品、放射性物品等危险物品的生产、经营、储运、使用单位，应当制定具体应急预案，并对生产经营场所、有危险物品的建筑物、构筑物及周边环境开展隐患排查，及时采取措施消除隐患，防止发生突发事件。

（二）监测与预警

1. 信息的收集与报告

《突发事件应对法》规定，国务院建立全国统一的突发事件信息系统。县级以上地方各级人民政府应当建立或者确定本地区统一的突发事件信息系统，汇集、储存、分析、传输有关突发事件的信息，并与上级人民政府及其有关部门、下级人民政府及其有关部门、专业机构和监测网点的突发事件信息系统实现互联互通，加强跨部门、跨地区的信息交流与情报合作。

县级以上人民政府及其有关部门、专业机构应当通过多种途径收集突发事件信息，并且在居民委员会、村民委员会和有关单位建立专职或者兼职信息报告员制度。获悉突发事件信息的公民、法人或者其他组织，应当立即向所在地人民政府、有关主管部门或者指定的专业机构报告。

2. 突发事件的预警

国家将可以预警的自然灾害、事故灾难和公共卫生事件的预警级别，按照突发事件发生的紧急程度、发展势态和可能造成的危害程度分为一级、二级、三级和四级，分别用红色、橙色、黄色和蓝色标示，一级为最高级别。当可预警的突发事件即将发生或者发生的可能性增大时，县级以上地方人民政府应当发布相应级别的警报，并宣布有关地区进入于近期。

1）三级、四级警报后的措施

（1）启动应急预案；

（2）责令有关部门、专业机构、监测网点和负有特定职责的人员及时收集、报告有关信息，向社会公布反映突发事件信息的渠道，加强对突发事件发生、发展情况的监测、预报和预警工作；

（3）组织有关部门和机构、专业技术人员、有关专家学者，随时对突发事件信息进行分析评估，预测发生突发事件可能性的大小、影响范围和强度以及可能发生的突发事件的级别；

（4）定时向社会发布与公众有关的突发事件预测信息和分析评估结果，并对相关信息的报道工作进行管理；

（5）及时按照有关规定向社会发布可能受到突发事件危害的警告，宣传避免、减轻危害的常识，公布咨询电话。

2）一级、二级警报后的措施

（1）责令应急救援队伍、负有特定职责的人员进入待命状态，并动员后备人员做好参加应急救援和处置工作的准备；

（2）调集应急救援所需物资、设备、工具，准备应急设施和避难场所，并确保其处于良好状态、随时可以投入正常使用；

（3）加强对重点单位、重要部位和重要基础设施的安全保卫，维护社会治安秩序；

（4）采取必要措施，确保交通、通信、供水、排水、供电、供气、供热等公共设施的安全和正常运行；

（5）及时向社会发布有关采取特定措施避免或者减轻危害的建议、劝告；

（6）转移、疏散或者撤离易受突发事件危害的人员并予以妥善安置，转移重要财产；

（7）关闭或者限制使用易受突发事件危害的场所，控制或者限制容易导致危害扩大的公共场所的活动；

（8）法律、法规、规章规定的其他必要的防范性、保护性措施。

（三）应急处置与救援

1. 应急处置措施

1）应急处置措施的法定条件、主体和要求

处置措施的法定条件是突发事件发生，实施的主体是履行统一领导职责或者组织处置突发事件的人民政府；具体要求是应当针对其性质、特点和危害程度；途径是立即组织有关部门，调动应急救援队伍和社会力量；依据是依照《突发事件应对法》的规定和有关法律、法规、规章的规定采取应急处置措施。

2）自然灾害、事故灾难或公共卫生事件发生后的应急处置措施

自然灾害、事故灾难或者公共卫生事件发生后，履行统一领导职责的人民政府可以采取下列一项或者多项应急处置措施：

（1）组织营救和救治受害人员，疏散、撤离并妥善安置受到威胁的人员以及采取其他救助措施；

（2）迅速控制危险源，标明危险区域，封锁危险场所，划定警戒区，实行交通管制以及其他控制措施；

（3）立即抢修被损坏的交通、通信、供水、排水、供电、供气、供热等公共设施，向受到危害的人员提供避难场所和生活必需品，实施医疗救护和卫生防疫以及其他保障措施；

（4）禁止或者限制使用有关设备、设施，关闭或者限制使用有关场所，中止人员密集的活动或者可能导致危害扩大的生产经营活动以及采取其他保护措施；

（5）启用本级人民政府设置的财政预备费和储备的应急救援物资，必要时调用其他急需物资、设备、设施、工具；

（6）组织公民参加应急救援和处置工作，要求具有特定专长的人员提供服务；

（7）保障食品、饮用水、燃料等基本生活必需品的供应；

（8）依法从严惩处囤积居奇、哄抬物价、制假售假等扰乱市场秩序的行为，稳定市场价格，维护市场秩序；

（9）依法从严惩处哄抢财物、干扰破坏应急处置工作等扰乱社会秩序的行为，维护社会治安；

（10）采取防止发生次生、衍生事件的必要措施。

3）应急救援

突发事件发生地的居民委员会、村民委员会和其他组织应当按照当地人民政府的决定、命令，进行宣传动员，组织群众开展自救和互救，协助维护社会秩序。

受到自然灾害危害或者发生事故灾难、公共卫生事件的单位，应当立即组织本单位应急救援队伍和工作人员营救受害人员，疏散、撤离、安置受到威胁的人员，控制危险源，标明危险区域，封锁危险场所，并采取其他防止危害扩大的必要措施，同时向所在地县级人民政府报告；对因本单位的问题引发的或者主体是本单位人员的社会安全事件，有关单位应当按照规定上报情况，并迅速派出负责人赶赴现场开展劝解、疏导工作。

（四）事后恢复及重建

突发事件的威胁和危害得到控制或者消除后，履行统一领导职责或者组织处置突发事件的人民政府应当停止执行依照本法规定采取的应急处置措施，同时采取或者继续实施必要措施，防止发生自然灾害、事故灾难、公共卫生事件的次生、衍生事件或者重新引发社会安全事件；承担恢复与重建职责；请求上一级政府支持恢复重建工作；制定善后工作计划并组织实施；及时查明事件经过与原因，总结经验教训。

第四节　安全生产相关法律

一、刑法有关安全生产犯罪的罪名和刑罚的规定

（一）罪名

（1）重大责任事故罪：在生产、作业中违反有关安全管理的规定，因而发生重大伤亡事故或者造成其他严重后果的，处三年以下有期徒刑或者拘役；情节特别恶劣的，处三年以上七年以下有期徒刑。

（2）强令违章冒险作业罪：强令他人违章冒险作业，因而发生重大伤亡事故或者造成其他严重后果的，处五年以下有期徒刑或者拘役；情节特别恶劣的，处五年以上有期徒刑。

（3）重大劳动安全事故罪：安全生产设施或者安全生产条件不符合国家规定，因而发生重大伤亡事故或者造成其他严重后果的，对直接负责的主管人员和其他直接责任人员，处三年以下有期徒刑或者拘役；情节特别恶劣的，处三年以上七年以下有期徒刑。

（4）大型群众性活动重大事故罪：举办大型群众性活动违反安全管理规定，因而发生重大伤亡事故或者造成其他严重后果的，对直接负责的主管人员和其他直接责任人员，处三年以下有期徒刑或者拘役；情节特别恶劣的，处三年以上七年以下有期徒刑。

（5）不报或者谎报事故罪：在安全事故发生后，负有报告职责的人员不报或者谎报事故情况，贻误事故抢救，情节严重的，处三年以下有期徒刑或者拘役；情节特别严重的，处三年以上七年以下有期徒刑。

（6）危险物品肇事罪：违反爆炸性、易燃性、放射性、毒害性、腐蚀性物品的管理规定，在生产、储存、运输、使用中发生重大事故，造成严重后果的，处三年以下有期徒刑或者拘役；后果特别严重的，处三年以上七年以下有期徒刑。

（7）工程重大安全事故罪：建设单位、设计单位、施工单位、工程监理单位违反国家规定，降低工程质量标准，造成重大安全事故的，对直接责任人员，处五年以下有期徒刑或者拘役，并处罚金；后果特别严重的，处五年以上十年以下有期徒刑，并处罚金。

（8）教育设施重大安全事故罪：明知校舍或者教育教学设施有危险，而不采取措施或者不及时报告，致使发生重大伤亡事故的，对直接责任人员，处三年以下有期徒刑或者拘役；后果特别严重的，处三年以上七年以下有期徒刑。

（9）消防责任事故罪：违反消防管理法规，经消防监督机构通知采取改正措施而拒绝执行，造成严重后果的，对直接责任人员，处三年以下有期徒刑或者拘役；后果特别严重的，处三年以上七年以下有期徒刑。

（二）刑法司法解释对有关矿山安全生产犯罪的主体范围的规定

犯罪主体，即由于实施危害社会的行为、依法应负刑事责任的人。刑法和有关安全生产的法律规定，安全生产方面犯罪追究刑事责任的主要是自然人。

1. 重大责任事故罪的犯罪主体

重大责任事故罪的犯罪主体包括对矿山生产、作业负有组织、指挥或者管理职责的负责

人、管理人员、实际控制人、投资人等人员，以及直接从事矿山生产、作业的人员。

2. 重大劳动安全事故罪的犯罪主体

重大劳动安全事故罪的犯罪主体包括对矿山安全生产设施或者安全生产条件不符合国家规定负有直接责任的负责人、管理人员、实际控制人、投资人，以及对矿山安全生产设施或者安全生产条件负有管理、维护职责的电工、瓦斯检查工等人员。

3. 不报或谎报事故罪的犯罪主体

不报或谎报事故罪的犯罪主体包括矿山生产经营单位的负责人、管理人员、实际控制人员、负责生产经营管理的投资人以及其他负有报告职责的人员。

（三）刑法司法解释对重大责任事故罪和重大劳动安全事故罪的定罪标准的规定

具有下列情形之一的，造成重大伤亡事故或者其他严重后果，应当被处以 3 年以下有期徒刑或者拘役：

（1）造成死亡 1 人以上，或者重伤 3 人以上的；

（2）造成直接经济损失 100 万元以上的；

（3）造成其他严重后果的情形。

（四）量刑情节的规定

重大责任事故罪和重大劳动安全事故罪"情节特别恶劣"的量刑情节：

（1）造成死亡三人以上，或者重伤十人以上的；

（2）造成直接经济损失三百万元以上的；

（3）其他特别恶劣的情节。

不报或者谎报事故罪"情节严重"的量刑情节：

（1）导致事故后果扩大，增加死亡一人以上，或者增加重伤三人以上，或者增加直接经济损失一百万元以上的；

（2）实施下列行为之一，致使不能及时有效开展事故抢救的：

① 决定不报、谎报事故情况或者指使、串通有关人员不报、谎报事故情况的；

② 在事故抢救期间擅离职守或者逃匿的；

③ 伪造、破坏事故现场，或者转移、藏匿、毁灭遇难人员尸体，或者转移、藏匿受伤人员的；

④ 毁灭、伪造、隐匿与事故有关的图纸、记录、计算机数据等资料以及其他证据的。

其他"情节特别严重"的情节：

（1）导致事故后果扩大，增加死亡三人以上，或者增加重伤十人以上，或者增加直接经济损失三百万元以上的；

（2）采用暴力、胁迫、命令等方式阻止他人报告事故情况导致事故后果扩大的；

（3）其他特别严重的情节。

二、中华人民共和国行政处罚法

（一）行政处罚的概念

行政处罚是指国家行政机关和法律、法规授权组织依照有关法律、法规和规章，对公民、法人或者其他组织违反行政管理秩序的行为所实施的行政惩戒。

对实施处罚的主体来说，行政处罚是一种制裁性行政行为，对承受处罚的主体来说，行政处罚是一种惩罚性的行政法律责任。行政处罚的目的是为了维护社会治安和社会秩序，保障国家的安全和公民的权利。

（二）行政处罚的特征

（1）由法定的国家机关和组织实施；

（2）对象是实施了违法行为，应当给予处罚的行政相对人；

（3）是对违法行为人的制裁，具有惩戒性；

（4）必须在法律规定范围内实施；

（5）必须依照法定程序实施。

（三）行政处罚的种类

（1）警告；

（2）罚款；

（3）没收违法所得、没收非法财物；

（4）责令停产停业；

（5）暂扣或者吊销许可证、暂扣或者吊销执照；

（6）行政拘留；

（7）法律、行政法规规定的其他行政处罚。

三、中华人民共和国劳动法

（一）用人单位劳动安全卫生的规定

1. 劳动者的权利

（1）享有平等就业和选择职业的权利；

（2）享有取得劳动报酬的权利；

（3）享有获得劳动安全卫生保护的权利；

（4）享有接受职业技能培训的权利；

（5）享受社会保险和福利的权利；

（6）享有提请劳动争议处理的权利；

（7）法律规定的其他劳动权利。

2. 劳动者的义务

（1）劳动者应当完成劳动任务；

（2）劳动者应当提高职业技能；

（3）劳动者应当执行劳动安全卫生规程；

（4）劳动者应当遵守劳动纪律和职业道德。

3. 用人单位的义务

用人单位应建立、健全劳动安全卫生制度，严格执行国家劳动安全卫生规程和标准，对劳动者进行劳动安全卫生教育，防止劳动过程中的事故，减少职业危害。

4.女工保护

（1）禁止用人单位安排女工从事矿山井下、国家规定的第四级体力劳动强度的劳动和其他禁忌从事的劳动。

（2）禁止用人单位安排女职工在经期从事高处、低温、冷水作业和国家规定的第三级体力劳动强度的劳动。

（3）禁止用人单位安排女职工在怀孕期间从事国家规定的第三级体力劳动强度的劳动和孕期禁忌从事的活动。对怀孕七个月以上的职工，不得安排其延长工作时间和夜班劳动。

（4）禁止用人单位安排女职工在哺乳未满一周岁婴儿期间从事国家规定的第三级体力劳动强度的劳动和哺乳期禁忌从事的其他劳动，不得延长其工作时间和夜班劳动。

5.未成年工保护（16~18岁）

（1）禁止用人单位安排未成年工从事矿山井下、有毒有害、国家规定的第四级体力劳动强度的劳动和其他禁忌从事的劳动；

（2）要求用人单位应当对未成年工定期进行健康检查。

（二）有关劳动安全卫生监督检查的规定

1.劳动监察

（1）县级以上各级人民政府劳动行政部门依法对用人单位遵守劳动法律、法规的情况进行监督检查，对违反劳动法律、法规的行为有权制止，并责令改正。

（2）县级以上各级人民政府劳动行政部门监督检查人员执行公务，有权进入用人单位了解执行劳动法律、法规的情况，并对劳动场所进行检查。县级以上各级人民政府劳动行政部门监督检查人员执行公务，必须出示证件，秉公执法并遵守有关规定。

2.有关部门的监督

县级以上各级人民政府有关部门在各自职责范围内，对用人单位遵守劳动法律、法规的情况进行监督。

3.工会的监督

各级工会依法维护劳动者的合法权益，对用人单位遵守劳动法律、法规的情况进行监督。任何组织和个人对于违反劳动法律、法规的行为有权检举和控告。

四、中华人民共和国职业病防治法

（一）职业病的范围

《职业病防治法》中所指的职业病是指企业、事业单位和个体经济组织的劳动者在职业活动中，因接触粉尘、放射性物质和其他有毒、有害因素而引起的疾病。

（二）我国职业病防治机制

《职业病防治法》明确规定，职业病防治工作坚持预防为主、防治结合的方针，建立用人单位负责、行政机关监管、行业自律、职工参与和社会监督的机制，实行分类管理、综合治理。

（三）职业病防治方面的职责和规定

1. 用人单位在职业病防治方面的职责

（1）为劳动者创造符合国家职业卫生标准和卫生要求的工作环境和条件，并采取措施保障劳动者获得职业卫生保护；

（2）建立、健全职业病防治责任制，加强对职业病防治的管理，提高职业病防治水平，对本单位产生的职业病危害承担责任；

（3）用人单位必须依法参加工伤社会保险。

2. 职业病前期预防的规定

（1）工作场所的职业卫生要求。

① 职业病危害因素的强度或者浓度符合国家职业卫生标准；

② 有与职业病危害防护相适应的设施；

③ 生产布局合理，符合有害与无害作业分开的原则；

④ 有配套的更衣间、洗浴间、孕妇休息间等卫生设施；

⑤ 设备、工具、用具等设施符合保护劳动者生理、心理健康的要求；

⑥ 法律、行政法规和国务院安监部门关于保护劳动者健康的其他要求。

（2）职业病危害项目申报。用人单位工作场所存在职业病目录所列职业病的危害因素的，应当及时、如实向所在地安全生产监督管理部门申报危害项目，接受监督。

（3）建设项目职业病危害预评价。建设单位在可行性论证阶段应当向安全生产监督管理部门提交职业病危害预评价报告。

（4）职业病危害防护设施"三同时"。建设项目的职业病防护设施所需经费应当纳入建设工程预算，并与主体工程同时设计、同时施工、同时投入生产使用；建设项目在竣工验收前，建设单位应当进行职业病危害控制效果评价，验收合格后，方可投入正式生产和使用。

（四）劳动过程中职业病的相关规定

1. 用人单位职业病防治措施

（1）设置或者指定职业卫生管理机构或者组织，配备专职或者兼职的职业卫生专业人员，负责本单位的职业病防治工作；

（2）制定职业病防治计划和实施方案；

（3）建立、健全职业卫生管理制度和操作规程；

（4）建立、健全职业卫生档案和劳动者健康监护档案；

（5）建立、健全工作场所职业病危害因素监测及评价制度；

（6）建立、健全职业病危害事故应急救援预案。

2. 用人单位职业病管理

（1）职业危害公告。

产生职业病危害的用人单位，应当在醒目位置设置公告栏，公布有关职业病防治的规章制度、操作规程、职业病危害事故应急救援措施和工作场所职业病危害因素检测结果。

（2）警示标识。

对产生严重职业病危害的作业岗位，应当在其醒目位置，设置警示标识和中文警示说明。警示说明应当载明产生职业病危害的种类、后果、预防以及应急救治措施等内容。

（3）应急救援设备设施。

对可能发生急性职业损伤的有毒、有害工作场所，用人单位应当设置报警装置，配置现场急救用品、冲洗设备、应急撤离通道和必要的泄险区。

（4）放射工作场所。

对放射工作场所和放射性同位素的运输、储存，用人单位必须配置防护设备和报警装置，保证接触放射线的工作人员佩戴个人剂量计。

（5）劳动合同的职业病危害内容。

用人单位与劳动者订立劳动合同（含聘用合同）时，应当将工作过程中可能产生的职业病危害及其后果、职业病防护措施和待遇等如实告知劳动者，并在劳动合同中写明，不得隐瞒或者欺骗。

劳动者在已订立劳动合同期间因工作岗位或者工作内容变更，从事与所订立劳动合同中未告知的存在职业病危害的作业时，用人单位向劳动者履行如实告知的义务，并协商变更原劳动合同相关条款。

用人单位违反规定的，劳动者有权拒绝从事存在职业病危害的作业，用人单位不得因此解除与劳动者所订立的劳动合同。

（6）急性职业病危害事故。

发生或者可能发生急性职业病危害事故时，用人单位应当立即采取应急救援和控制措施，并及时报告所在地安全生产监督管理部门和有关部门。安全生产监督管理部门接到报告后，应当及时会同有关部门组织调查处理；必要时，可以采取临时控制措施。卫生行政部门应当组织做好医疗救治工作。

对遭受或者可能遭受急性职业病危害的劳动者，用人单位应当及时组织救治、进行健康检查和医学观察，所需费用由用人单位承担。

（7）向用人单位提供可能产生职业危害设备的规定要求。

向用人单位提供可能产生职业危害的设备中文说明书、警示标志和中文警示说明。载明设备性能、职业病危害、安全操作和维护注意事项、职业病防护及应急救治措施。

（8）职业健康检查。

对从事接触职业病危害的作业的劳动者，用人单位应当按照国务院安全生产监督管理部门、卫生行政部门的规定组织上岗前、在岗期间和离岗时的职业健康检查，并将检查结果书面告知劳动者。职业健康检查费用由用人单位承担。

用人单位不得安排未经上岗前职业健康检查的劳动者从事接触职业病危害的作业；不得安排有职业禁忌的劳动者从事其所禁忌的作业；对在职业健康检查中发现有与所从事的职业相关的健康损害的劳动者，应当调离原工作岗位，并妥善安置；对未进行离岗前职业健康检查的劳动者不得解除或者终止与其订立的劳动合同。

职业健康检查应当由取得《医疗机构执业许可证》的医疗卫生机构承担。卫生行政部门应当加强对职业健康检查工作的规范管理，具体管理办法由国务院卫生行政部门制定。

（9）职业健康监护档案。

用人单位应当为劳动者建立档案，包含职业史、职业病危害接触史、职业健康检查结果、职业病诊疗记录等。劳动者离职，应无偿提供复印件，原件归档。

（10）对未成年工和女职工劳动保护。

用人单位不得安排未成年人从事接触职业病危害的作业；不得安排孕期、哺乳期的女职工从事对本人和胎儿、婴儿有危害的作业。

（11）劳动者享有的职业卫生保护权利。

① 获得职业卫生教育、培训；

② 获得职业健康检查、职业病诊疗、康复等职业病防治服务；

③ 了解工作场所产生或者可能产生的职业病危害因素、危害后果和应当采取的职业病防护措施；

④ 要求用人单位提供符合防治职业病要求的职业病防护设施和个人使用的职业病防护用品，改善工作条件；

⑤ 对违反职业病防治法律、法规以及危及生命健康的行为提出批评、检举和控告；

⑥ 拒绝违章指挥和强令进行没有职业病防护措施的作业；

⑦ 参与用人单位职业卫生工作的民主管理，对职业病防治工作提出意见和建议。

（12）工会组织的权利。

工会组织对用人单位违反职业病防治法律、法规，侵犯劳动者合法权益的行为，有权要求纠正；产生严重职业病危害时，有权要求采取防护措施，或者向政府有关部门建议采取强制性措施；发生职业病危害事故时，有权参与事故调查处理；发现危及劳动者生命健康的情形时，有权向用人单位建议组织劳动者撤离危险现场，用人单位应当立即做出处理。

（13）职业病防治的费用。

用人单位按照职业病防治要求，用于预防和治理职业病危害、工作场所卫生检测、健康监护和职业卫生培训等费用，按照国家有关规定，在生产成本中据实列支。

3. 职业病诊断与职业病病人保障

（1）职业病诊断。

医疗卫生机构承担职业病诊断，应当经省、自治区、直辖市人民政府卫生行政部门批准。省、自治区、直辖市人民政府卫生行政部门应当向社会公布本行政区域内承担职业病诊断的医疗卫生机构的名单。

劳动者可以在用人单位所在地、本人居住地或者户籍所在地依法承担职业病诊断的医疗卫生机构进行职业病诊断。

职业病诊断要考虑的因素有：职业史、职业病危害接触史和工作场所职业病危害因素情况；临床表现以及辅助检查结果等。没有证据否定职业病危害因素与病人临床表现之间的必然联系的，在排除其他致病因素后，应当诊断为职业病。

（2）职业病病人保障。

职业病病人依法享受国家规定的职业病待遇。用人单位应当按照国家有关规定，安排职业病病人进行治疗、康复和定期检查；对不适宜继续从事原工作的职业病病人，应当调离原岗位，并妥善安置。对从事接触职业病危害的作业的劳动者，应当给予适当岗位津贴。

职业病病人的诊疗、康复费用，伤残以及丧失劳动能力的职业病病人的社会保障，按照国家有关工伤社会保险的规定执行。职业病病人除依法享有工伤社会保险外，依照有关民事法律，有权向用人单位提出赔偿要求。

五、中华人民共和国劳动合同法

（一）劳动合同法的适用范围

中华人民共和国境内的企业、个体经济组织、民办非企业单位等组织（以下称用人单位）与劳动者建立劳动关系，订立、履行、变更、解除或者终止劳动合同，适用本法。国家机关、事业单位、社会团体和与其建立劳动关系的劳动者，订立、履行、变更、解除或者终止劳动合同，依照本法执行。

（二）劳动合同法的基本原则

订立劳动合同，应当遵循合法、公平、平等自愿、协商一致、诚实信用的原则。依法订立的劳动合同具有约束力，用人单位与劳动者应当履行劳动合同约定的义务。

（三）劳动者的权利及义务

劳动者拒绝用人单位管理人员违章指挥、强令冒险作业的，不视为违反劳动合同。劳动者对危害生命安全和身体健康的劳动条件，有权对用人单位提出批评、检举和控告。

用人单位有下列情形之一的，劳动者可以解除劳动合同：

（1）未按照劳动合同约定提供劳动保护或者劳动条件的；

（2）未及时足额支付劳动报酬的；

（3）未依法为劳动者缴纳社会保险费的；

（4）用人单位的规章制度违反法律、法规的规定，损害劳动者权益的；

（5）以欺诈、胁迫的手段或者乘人之危，使对方在违背真实意思的情况下订立或者变更劳动合同，致使劳动合同无效的；

（6）法律、行政法规规定劳动者可以解除劳动合同的其他情形。用人单位以暴力、威胁或者非法限制人身自由的手段强迫劳动者劳动的，或者用人单位违章指挥、强令冒险作业危及劳动者人身安全的，劳动者可以立即解除劳动合同，不需事先告知用人单位。

（四）用人单位的权利与义务

用人单位招用劳动者时，应当如实告知劳动者工作内容、工作条件、工作地点、职业危害、安全生产状况、劳动报酬，以及劳动者要求了解的其他情况；用人单位有权了解劳动者与劳动合同直接相关的基本情况，劳动者应当如实说明。

劳动者有下列情形之一的，用人单位不得依照本法第四十条无过失性辞退、第四十一条经济性裁员的规定解除劳动合同：

（1）从事接触职业病危害作业的劳动者未进行离岗前职业健康检查，或者疑似职业病病人在诊断或者医学观察期间的；

（2）在本单位患职业病或者因工负伤并被确认丧失或者部分丧失劳动能力的；

（3）患病或者非因工负伤，在规定的医疗期内的；

（4）女职工在孕期、产期、哺乳期的；

（5）在本单位连续工作满十五年，且距法定退休年龄不足五年的；

（6）法律、行政法规规定的其他情形。

第五节　安全生产行政法规

一、安全生产许可证

(一) 安全生产许可制度的适用范围

国家对矿山企业（煤矿和非煤矿企业）、建筑施工企业和危险物品（危险化学品、烟花爆竹、民用爆炸物品）生产企业实行安全生产许可制度。企业未取得安全生产许可证的，不得从事生产活动。

(二) 取得安全生产许可证的条件和程序

1. 取得安全生产许可证的条件

取得安全生产许可证应当具备的安全生产条件：

（1）建立健全安全生产责任制，制定完备的安全生产规章制度和操作规程；

（2）安全投入符合安全生产要求；

（3）设置安全生产管理机构，配备专职安全生产管理人员；

（4）主要负责人和安全生产管理人员经考核合格；

（5）特种作业人员经有关业务主管部门考核合格，取得特种作业人员操作资格证书；

（6）从业人员经安全生产教育和培训合格；

（7）依法参加工伤保险，为从业人员缴纳保险费；

（8）厂房、作业场所和安全设施、设备、工艺符合有关安全生产法律、法规、标准和规程的要求；

（9）有职业危害防治措施，并为从业人员配备符合国家标准或者行业标准的劳动保护用品；

（10）依法进行安全评价；

（11）有重大危险源监测、评估、监控措施和应急预案；

（12）有生产安全事故应急救援预案、应急救援组织或者应急救援人员，配备必要的应急救援器材、设备；

（13）法律、法规规定的其他条件。

2. 取得安全生产许可证的程序

1）公开申请事项和要求

安全生产许可证颁发管理机关应当将有关申请领取安全生产许可证的时间、地点、机关和应当提交的文件、资料以及关于颁发管理的规章制度向社会公布。

2）企业依法提出申请

（1）新设立生产企业的申请。不论法律、行政法规关于高危生产企业领取有关证照的时间和程序如何规定以及是否相同，安全生产许可证必须在企业建成投产前提出申请，如不提出申请并未取得安全生产许可证，不得从事生产活动。

（2）已经进行生产企业的申请。《安全生产许可证条例》对已经进行生产的企业，规定应当在本条例施行之日起1年内依法向安全生产许可证颁发管理机关申请办理安全生产许可证，1年是这些企业申请领取安全生产许可证的法定期限；逾期不提出申请擅自生产的，以无证非法生产论处。

（3）企业必须依法向安全生产许可证颁发管理机关提出申请。企业具备了条例规定的安全生产条件，只能表明具备了从事生产的潜在安全资质，并不表示企业具备从事安全生产的当然资格，必须依法向安全生产许可证颁发管理机关申请领取安全生产许可证。

（4）申请人应当提交相关文件、资料。高危生产企业申请办理安全生产许可证，都要向安全生产许可证颁发管理机关提交相关文件、资料。每种企业需要提交的相关文件、资料不尽相同，应由有关安全生产许可证颁发管理机关做出具体规定。申请人提交的相关文件、资料必须能够满足对安全生产条件审查的需要。

3）受理申请及审查

（1）形式审查。安全生产许可证颁发管理机关依法对申请人提交的申请文件、资料是否齐全、真实、合法，进行检查核实的工作。安全生产许可证颁发管理机关受理申请以后的第一道程序就是进行形式审查。如果发现提交的文件、资料不齐全、不真实、不符合法定要求，安全生产许可证颁发管理机关有权向申请人说明并要求补正，申请人应当按照要求补正。否则，安全生产许可证颁发管理机关有权拒绝受理安全生产许可证的申请。

（2）实质性审查。申请人提交的文件、资料通过形式审查以后，安全生产许可证颁发管理机关认为有必要的，应当对申请文件、资料和企业的实际安全生产条件进行实地审查或者核实。

安全生产许可证颁发管理机关进行实质性审查的方式主要有3种：一是委派本机关的工作人员直接进行审查或者核实；二是委托其他行政机关代为进行审查或者核实；三是委托安全中介机构对一些专业技术性很强的设施、设备和工艺进行专门的检测、检验。

4）决定

安全生产许可证颁发管理机关应当自收到申请之日起45日内审查完毕，经审查符合本条例规定的安全生产条件的，颁发安全生产许可证；不符合本条例规定的安全生产条件的，不予颁发安全生产许可证，书面通知企业并说明理由。

5）期限与延续

安全生产许可证的有效期为3年。安全生产许可证有效期满需要延期的，企业应当于期满前3个月向原安全生产许可证颁发管理机关办理延期手续。企业在安全生产许可证有效期内，严格遵守有关安全生产的法律法规，未发生死亡事故的，安全生产许可证有效期届满时，经原安全生产许可证颁发管理机关同意，不再审查，安全生产许可证有效期延期3年。

6）补办与变更原发证机关补办或变更

企业持有的安全生产许可证如遇损毁、丢失等情况，就需要向原安全生产许可证颁发管理机关申请补办。经过审核，应当重新颁发安全生产许可证。另外，已经取得安全生产许可证的企业的有关事项发生变化，也需要及时办理安全生产许可证变更手续。

二、危险化学品安全管理

危险化学品安全管理主要依据《危险化学品安全管理条例》执行。

（一）危险化学品的定义

《危险化学品安全管理条例》所称危险化学品，是指具有毒害、腐蚀、爆炸、燃烧、助燃等性质，对人体、设施、环境具有危害的剧毒化学品和其他化学品。

危险化学品的目录由国务院安全生产监督管理部门会同国务院工业与信息化、公安、环境保护、卫生、质量监督检验检疫、交通运输、铁路民用航空、农业主管部门，根据化学品危险特性的鉴别和分类标准确定、公布，并实时调整。

（二）《危险化学品安全管理条例》的适用范围

危险化学品的生产、储存、使用、经营和运输的安全管理，适用于本条例，但民用爆炸物品、烟花爆竹、放射性物品、核能物质以及用于国防科研生产的危险化学品的安全管理，不适用本条例。

（三）生产、储存危险化学品企业的安全评价及备案

生产、储存危险化学品的企业，应当委托具备国家规定的资质条件的机构，对本企业的安全生产条件每 3 年进行一次安全评价，提出安全评价报告。安全评价报告的内容应当包括对安全生产条件存在的问题进行整改的方案。

生产、储存危险化学品的企业，应当将安全评价报告以及整改方案的落实情况报所在地县级人民政府安全生产监督管理部门备案。在港区内储存危险化学品的企业，应当将安全评价报告以及整改方案的落实情况报港口行政管理部门备案。

（四）危险化学品的记录及安保要求

生产、储存剧毒化学品或者国务院公安部门规定的可用于制造爆炸物品的危险化学品（以下简称易制爆危险化学品）的单位，应当如实记录其生产、储存的剧毒化学品、易制爆危险化学品的数量、流向，并采取必要的安全防范措施，防止剧毒化学品、易制爆危险化学品丢失或者被盗；发现剧毒化学品、易制爆危险化学品丢失或者被盗的，应当立即向当地公安机关报告。生产、储存剧毒化学品、易制爆危险化学品的单位，应当设置治安保卫机构，配备专职治安保卫人员。

（五）危险化学品的储存和保管

危险化学品应当储存在专用仓库、专用场地或者专用储存室（以下统称专用仓库）内，并由专人负责管理；剧毒化学品以及储存数量构成重大危险源的其他危险化学品，应当在专用仓库内单独存放，并实行双人收发、双人保管制度。

（六）危险化学品的登记

危险化学品登记的内容国家实行危险化学品登记制度，为危险化学品安全管理以及危险化学品事故预防和应急救援提供技术、信息支持。

危险化学品生产企业、进口企业，应当向国务院安全生产监督管理部门负责危险化学品登记的机构（以下简称危险化学品登记机构）办理危险化学品登记。危险化学品登记包括

下列内容：

  （1）分类和标签信息；

  （2）物理、化学性质；

  （3）主要用途；

  （4）危险特性；

  （5）储存、使用、运输的安全要求；

  （6）出现危险情况的应急处置措施。

（七）危险化学品的经营许可证

  国家对危险化学品经营（包括仓储经营，下同）实行许可制度。未经许可，任何单位和个人不得经营危险化学品。依法设立的危险化学品生产企业在其厂区范围内销售本企业生产的危险化学品，不需要取得危险化学品经营许可。

  依照《港口法》的规定取得港口经营许可证的港口经营人，在港区内从事危险化学品仓储经营，不需要取得危险化学品经营许可。

  从事剧毒化学品、易制爆危险化学品经营的企业，应当向所在地设区的市级人民政府安全生产监督管理部门提出申请，从事其他危险化学品经营的企业，应当向所在地县级人民政府安全生产监督管理部门提出申请（有储存设施的，应当向所在地设区的市级人民政府安全生产监督管理部门提出申请）。

（八）剧毒化学品的购买许可证

  依法取得危险化学品安全生产许可证、危险化学品安全使用许可证、危险化学品经营许可证的企业，凭相应的许可证件购买剧毒化学品、易制爆危险化学品。

  民用爆炸物品生产企业凭民用爆炸物品生产许可证购买易制爆危险化学品。前款规定以外的单位购买剧毒化学品的，应当向所在地县级人民政府公安机关申请取得剧毒化学品购买许可证；购买易制爆危险化学品的，应当持本单位出具的合法用途说明。

  个人不得购买剧毒化学品（属于剧毒化学品的农药除外）和易制爆危险化学品。

（九）危险化学品运输

  从事危险化学品道路运输、水路运输的，应当分别依照有关道路运输、水路运输的法律、行政法规的规定，取得危险货物道路运输许可、危险货物水路运输许可，并向工商行政管理部门办理登记手续。

  危险化学品道路运输企业、水路运输企业应当配备专职安全管理人员。运输危险化学品，应当根据危险化学品的危险特性采取相应的安全防护措施，并配备必要的防护用品和应急救援器材。

（十）剧毒化学品道路运输通行证

  通过道路运输剧毒化学品的，托运人应当向运输始发地或者目的地县级人民政府公安机关申请剧毒化学品道路运输通行证。

  申请剧毒化学品道路运输通行证，托运人应当向县级人民政府公安机关提交下列材料：

  （1）拟运输的剧毒化学品品种、数量的说明；

  （2）运输始发地、目的地、运输时间和运输路线的说明；

（3）承运人取得危险货物道路运输许可、运输车辆取得营运证以及驾驶人员、押运人员取得上岗资格的证明文件；

（4）条例中第三十八条第一款、第二款规定的购买剧毒化学品的相关许可证件，或者海关出具的进出口证明文件。

县级人民政府公安机关应当自收到前款规定的材料之日起 7 日内，做出批准或者不予批准的决定。予以批准的，颁发剧毒化学品道路运输通行证；不予批准的，书面通知申请人并说明理由。

禁止通过内河封闭水域运输剧毒化学品以及国家规定禁止通过内河运输的其他危险化学品。

三、特种设备的安全管理

（一）特种设备的范围

特种设备包括锅炉、压力容器、压力管道、电梯、起重机械、客运索道、大型游乐设施、场（厂）内专用机动车辆等。这些设备一般具有在高压、高温、高空、高速条件下运行的特点，易燃、易爆、易发生高空坠落等，对人身和财产安全有较大危险性。

场（厂）内专用机动车辆，是指除道路交通、农用车辆以外仅在工厂厂区、旅游景区、游乐场所等特定区域使用的专用机动车辆。

（二）特种设备生产的安全管理规定

特种设备生产单位对其生产的特种设备的安全性能和能效指标负责，不得生产不符合安全性能要求和能效指标的特种设备，不得生产国家产业政策明令淘汰的特种设备。

国家对特种设备的生产、经营、使用，实施分类的、全过程的安全监督管理。压力容器的设计单位应当具备下列条件：

（1）有与压力容器设计相适应的设计人员、设计审核人员；

（2）有与压力容器设计相适应的场所和设备；

（3）有与压力容器设计相适应的健全的管理制度和责任制度。

（三）特种设备使用的安全规定

1. 特种设备使用单位的安全管理

（1）基本要求。符合安全技术规范要求。

（2）使用登记。在投入使用前或者投入使用后 30 日内，向直辖市或者设区的市的特种设备安全监督管理部门登记。登记标志应当置于或者附着于该特种设备的显著位置。

（3）建立特种设备安全技术档案。特种设备使用单位应当建立特种设备安全技术档案。安全技术档案应当包括以下内容：

① 特种设备的设计文件、制造单位、产品质量合格证明、使用维护说明等文件以及安装技术文件和资料；

② 特种设备的定期检验和定期自行检查的记录；

③ 特种设备的日常使用状况记录；

④ 特种设备及其安全附件、安全保护装置、测量调控装置及有关附属仪器仪表的日常

维护保养记录；

⑤ 特种设备运行故障和事故记录；

⑥ 高耗能特种设备的能效测试报告、能耗状况记录以及节能改造技术资料。

2. 特种设备维护保养和定期检验

（1）特种设备维护保养。对在用特种设备应当至少每月进行一次自行检查，并做出记录。发现异常情况及时处理。对在用特种设备的安全附件、安全保护装置、测量调控装置及有关附属仪器仪表进行定期校验、检修，并做出记录。

（2）特种设备定期检验检测。在安全检验合格有效期届满前1个月向特种设备检验检测机构提出定期检验要求。未经定期检验或者检验不合格的特种设备，不得继续使用。

3. 特种设备故障和事故隐患的处理

（1）事故故障消除。出现故障或者发生异常情况，使用单位应当对其进行全面检查，消除故障后方可重新投入使用。

（2）报废注销。特种设备存在严重事故隐患，无改造、维修价值，或者超过安全技术规范规定使用年限，使用单位应当及时予以报废，向原登记的特种设备安全监督管理部门办理注销。

4. 特种设备作业人员管理

（1）资格。考核合格，取得国家统一格式的特种作业人员证书，方可从事相应的作业或者管理工作。

（2）安全教育和培训。特种设备使用单位应当对特种设备作业人员进行特种设备安全、节能教育和培训，保证特种设备作业人员具备必要的特种设备安全、节能知识。

（3）事故隐患报告。作业人员在作业过程中发现事故隐患或者其他不安全因素，应当立即向现场安全管理人员和单位有关负责人报告。

（四）特种设备检验检测的规定

1. 特种设备检验检测机构资质认可

从事监督检验、定期检验，以及为特种设备生产、经营、使用提供检测服务的特种设备检测机构，应当经负责特种设备安全监督管理部门核准并具有如下条件：

（1）有与检验、检测工作相适应的检验、检测人员；

（2）有与检验、检测工作相适应的检验、检测仪器和设备；

（3）有健全的检验、检测管理制度和责任制度。

2. 检验检测人员资格管理

特种设备检验、检测机构的检验、检测人员应当经考核，取得检验、检测人员资格，方可从事检验、检测工作。

特种设备检验、检测机构的检验、检测人员不得同时在两个以上检验、检测机构中执业；变更执业机构的，应当依法办理变更手续。

（五）特种设备使用单位的法律责任

特种设备使用单位有下列情形之一的，由特种设备安全监督管理部门责令限期改正；逾期未改正的，处 2000 元以上 2 万元以下罚款；情节严重的，责令停止使用或者停产停业整顿：

（1）特种设备投入使用前或者投入使用后 30 日内，未向特种设备安全监督管理部门登记，擅自将其投入使用的；

（2）未依照《特种设备安全监察条例》第二十六条的规定，建立特种设备安全技术档案的；

（3）未依照《特种设备安全监察条例》第二十七条的规定，对在用特种设备进行经常性日常维护保养和定期自行检查的，或者对在用特种设备的安全附件、安全保护装置、测量调控装置及有关附属仪器仪表进行定期校验、检修，并做出记录的；

（4）未按照安全技术规范的定期检验要求，在安全检验合格有效期届满前 1 个月向特种设备检验检测机构提出定期检验要求的；

（5）使用未经定期检验或者检验不合格的特种设备的；

（6）特种设备出现故障或者发生异常情况，未对其进行全面检查、消除事故隐患，继续投入使用的；

（7）未制定特种设备事故应急专项预案的；

（8）未依照《特种设备安全监察条例》第三十一条第二款的规定，对电梯进行清洁、润滑、调整和检查的；

（9）未按照安全技术规范要求进行锅炉水（介）质处理的；

（10）特种设备不符合能效指标，未及时采取相应措施进行整改的。

特种设备使用单位使用未取得生产许可的单位生产的特种设备或者将非承压锅炉、非压力容器作为承压锅炉、压力容器使用的，由特种设备安全监督管理部门责令停止使用，予以没收，处 2 万元以上 10 万元以下罚款。

四、国务院关于特大安全事故行政责任的规定

（一）安全生产行政责任的责任主体

安全生产行政责任的责任主体是指各级人民政府及其有关部门对安全生产监督管理负有行政责任的有关责任人（正职负责人）。

地方人民政府和有关部门对特大安全事故的防范、发生直接负责的主管人员和其他直接责任人员，比照上述人员追究行政责任。

对中小学校违法组织学生从事接触易燃、易爆、有毒、有害等危险品的劳动或者其他危险性劳动的，要按学校隶属关系追究县、乡（镇）人民政府主要领导人和同级政府教育行政部门负责人和学校校长的行政责任。

（二）特大安全事故行政责任追究的事故种类

（1）特大火灾事故。

（2）特大交通安全事故。

（3）特大建筑质量安全事故。

（4）民用爆炸物品和危险化学品特大安全事故。

（5）煤矿和其他矿山特大安全事故。

（6）锅炉、压力容器、压力管道和特种设备特大安全事故。

（7）其他特大安全事故。

五、生产安全事故报告和调查处理条例

（一）条例的适用范围

生产经营活动中发生的造成人身伤亡或者直接经济损失的生产安全事故的报告和调查处理，适用本条例；环境污染事故、核设施事故、国防科研生产事故的报告和调查处理不适用本条例。

（二）生产安全事故等级划分的规定

1. 事故定级的要素

（1）人员伤亡的数量（人身要素）；

（2）直接经济损失的数额（经济要素）；

（3）社会影响（社会要素）。

2. 事故等级的划分

根据生产安全事故（以下简称事故）造成的人员伤亡或者直接经济损失，事故一般分为以下等级：

（1）特别重大事故，是指造成30人以上死亡，或者100人以上重伤（包括急性工业中毒，下同），或者1亿元以上直接经济损失的事故；

（2）重大事故，是指造成10人以上30人以下死亡，或者50人以上100人以下重伤，或者5000万元以上1亿元以下直接经济损失的事故；

（3）较大事故，是指造成3人以上10人以下死亡，或者10人以上50人以下重伤，或者1000万元以上5000万元以下直接经济损失的事故；

（4）一般事故，是指造成3人以下死亡，或者10人以下重伤，或者1000万元以下直接经济损失的事故。

上述的"以上"包括本数，"以下"不包括本数。

（三）生产安全事故报告的规定

报告事故是政府和企业的法定义务和责任。

1. 事故报告主体

（1）事故发生单位现场人员；

（2）事故单位负责人；

（3）有关政府职能部门；

（4）有关地方人民政府；

（5）其他报告义务人。

2. 事故报告对象

（1）事故发生单位的报告对象：事故发生地县级以上人民政府安全生产监督管理部门和负有安全生产监督管理职责的有关部门。

（2）县级以上安全生产监督管理部门和负有安全生产监督管理职责的有关部门报告对象：上一级人民政府安全生产综合监督管理部门、负有安全生产监督管理的有关部门；本级人民政府。

（四）事故通知对象

事故通知对象是：同级公安机关、劳动保障部门、工会和人民检察院。

（五）事故报告的程序

1. 事故发生后的报告要求

事故发生后，事故现场有关人员应当立即向本单位负责人报告；单位负责人接到报告后，应当于 1 小时内向事故发生地县级以上人民政府安全生产监督管理部门和负有安全生产监督管理职责的有关部门报告。

2. 政府部门报告

（1）特别重大事故、重大事故逐级上报至国务院安全监督管理部门和负有安全生产监督管理的有关部门。

（2）较大事故逐级上报至省、自治区、直辖市人民政府安全监督管理部门和负有安全生产监督管理的有关部门。

（3）一般事故逐级上报至设区的市级安全监督管理部门和负有安全生产监督管理的有关部门。

3. 越级报告

（1）情况紧急时，事故现场有关人员可以直接向事故发生地县级以上人民政府安全生产监督管理部门和负有安全生产监督管理职责的有关部门报告。

（2）必要时，安全生产监督管理部门和负有安全生产监督管理职责的有关部门可以越级上报事故情况。

4. 报告内容

报告事故应当包括下列内容：

（1）事故发生单位概况；

（2）事故发生的时间、地点以及事故现场情况；

（3）事故的简要经过；

（4）事故已经造成或者可能造成的伤亡人数（包括下落不明的人数）和初步估计的直接经济损失；

（5）已经采取的措施；

（6）其他应当报告的情况。

5. 事故续报、补报

（1）事故报告后出现新情况，应当及时续报。

（2）自事故发生之日起 30 日内（道路交通事故、火灾事故自发生之日起 7 日内），事故造成的伤亡人数发生变化的，应当及时补报。

（六）事故报告时限

1. 事故发生单位事故报告的时限

从事故发生单位负责人接到事故报告时起算，该单位向政府职能部门报告的时限是 1 小时。

2. 政府职能部门事故报告的时限

向上一级人民政府事故安全监督管理部门和负有安全生产监督管理的有关部门逐级报告事故的时限，是每级上报的时间不得超过 2 小时。同时，应当报告本级人民政府。

（七）事故应急救援

1. 事故发生单位的应急救援

事故发生单位负责人接到事故报告后，应当立即启动事故应急预案，或者采取有效措施，组织抢救，防止事故扩大，减少人员伤亡和财产损失。不立即组织事故抢救和事故发生后逃匿的，将受到法律制裁。

2. 事故发生地政府职能部门的应急救援

事故发生地有关地方人民政府、安全生产监督管理部门和负有安全生产监督管理职责的有关部门接到事故报告后，其负责人应当立即赶赴事故现场，组织事故救援。

六、工伤保险条例

（一）工伤保险条例的适用范围

中华人民共和国境内的企业、事业单位、社会团体、民办非企业单位、基金会、律师事务所、会计师事务所等组织和有雇工的个体工商户（以下简称用人单位）应当依照《工伤保险条例》规定参加工伤保险，为本单位全部职工或者雇工（以下简称职工）缴纳工伤保险费。

（二）缴纳工伤保险费的规定

1. 确定费率的原则

（1）根据以支定收、收支平衡的原则，确定费率。

（2）以一个周期内的工伤保险基金的支付额度，确定征缴的额度。

2. 费率的制定

根据不同行业的工伤风险程度确定行业的差别费率，并根据工伤保险费使用情况、工伤发生率等情况在每个行业内确定若干费率档次。

3. 工伤保险费的缴纳

（1）用人单位应当按时缴纳工伤保险费。

（2）职工个人不缴纳工伤保险费。

（3）用人单位缴纳工伤保险费的数额为本单位职工工资总额乘以单位缴费费率之积。

（三）工伤和劳动能力鉴定的规定

1. 工伤范围

（1）在工作时间和工作场所内，因工作原因受到事故伤害的；

（2）在工作时间前后和工作场所内，从事与工作有关的预备性或者收尾性工作受到事故伤害的；

（3）在工作时间和工作场所内，因履行工作职责受到暴力等意外伤害的；

（4）患职业病的；

（5）因工外出期间，由于工作原因受到伤害或者发生事故下落不明的；

（6）在上下班途中，受到非本人主要责任的交通事故或者城市轨道交通、客运轮渡、火车事故伤害的；

（7）法律、行政法规规定应当认定为工伤的其他情形。

2. 视同工伤

（1）在工作时间和工作岗位，突发疾病死亡或者在 48 小时之内经抢救无效死亡的；

（2）在抢险救灾等维护国家利益和公共利益活动中受到伤害的；

（3）职工原在军队服役，因战、因工负伤致残，已取得革命伤残军人证，到用人单位后旧伤复发的。

注：因犯罪或者违反治安管理伤亡的、醉酒导致伤亡的、自残或者自杀的等情形，不得认定为工伤或者视同工伤。

3. 工伤认定申请

1）申请时限、时效和申请责任

职工发生事故伤害或按照《职业病防治法》规定被诊断、鉴定为职业病，所在单位应当自事故伤害发生之日或者被诊断、鉴定为职业病之日起 30 日内，向统筹地区社会保险行政部门提出工伤认定申请。遇有特殊情况，经报社会保险行政部门同意，申请时限可以适当延长。

用人单位未按上述规定提出工伤认定申请的，工伤职工或者其直系亲属、工会组织在事故伤害发生之日或者被诊断、鉴定为职业病之日起 1 年内，可以直接向用人单位所在地统筹地区劳动保障行政部门提出工伤认定申请。

2）工伤认定申请材料

提出工伤认定申请，应当提交工伤认定申请表、与用人单位存在劳动关系（包括事实劳动关系）的证明材料、医疗诊断证明或者职业病诊断证明（鉴定）书等材料。

（四）劳动能力鉴定

（1）职工发生工伤经治疗伤情相对稳定后存在残疾影响劳动能力的，应当进行劳动能力鉴定。

（2）劳动功能障碍分为 10 个伤残等级，最重的为一级，最轻的为十级。

（3）生活自理障碍分为三个等级：完全不能自理、大部分不能自理、部分不能自理。

（4）自劳动能力鉴定结论做出之日起 1 年以后，职工、亲属、单位或者经办机构认为伤残情况发生变化的，可以申请劳动能力复查鉴定。

(五) 工伤保险待遇

工伤保险待遇包括工伤医疗待遇、伤残待遇、康复待遇、工亡待遇等。例如，《工伤保险条例》第三十九条规定了工亡待遇，职工因工死亡，其近亲属按照下列规定从工伤保险基金领取丧葬补助金、供养亲属抚恤金和一次性工亡补助金：

(1) 丧葬补助金为 6 个月的统筹地区上年度职工月平均工资。

(2) 供养亲属抚恤金按照职工本人工资的一定比例发给由因工死亡职工生前提供主要生活来源、无劳动能力的亲属。标准为：配偶每月 40%，其他亲属每人每月 30%，孤寡老人或者孤儿每人每月在上述标准的基础上增加 10%。核定的各供养亲属的抚恤金之和不应高于因工死亡职工生前的工资。供养亲属的具体范围由国务院社会保险行政部门规定。

(3) 一次性工亡补助金标准为上一年度全国城镇居民人均可支配收入的 20 倍。

第六节　安全生产部门规章

一、生产经营单位安全培训规定

(一) 适用范围

工矿商贸生产经营单位从业人员的安全培训，适用《生产经营单位安全培训规定》（以下简称《规定》）。

(二) 培训人员范围

生产经营单位应当进行安全培训的从业人员包括主要负责人、安全生产管理人员、特种作业人员和其他从业人员。

(三) 主要负责人、安全生产管理人员的培训规定

生产经营单位主要负责人和安全生产管理人员应当接受安全培训，具备与所从事的生产经营活动相适应的安全生产知识和管理能力。

非煤矿山、危险化学品、烟花爆竹、金属冶炼等生产经营单位主要负责人和安全生产管理人员的安全培训大纲及考核标准由国家安全生产监督管理总局统一制定。煤矿主要负责人和安全生产管理人员的安全培训大纲及考核标准由国家煤矿安全监察局制定。

生产经营单位主要负责人安全培训应当包括下列内容：

(1) 国家安全生产方针、政策和有关安全生产的法律、法规、规章及标准；

(2) 安全生产管理基本知识、安全生产技术、安全生产专业知识；

(3) 重大危险源管理、重大事故防范、应急管理和救援组织以及事故调查处理的有关规定；

(4) 职业危害及其预防措施；

(5) 国内外先进的安全生产管理经验；

（6）典型事故和应急救援案例分析；

（7）其他需要培训的内容。

生产经营单位安全生产管理人员安全培训应当包括下列内容：

（1）国家安全生产方针、政策和有关安全生产的法律、法规、规章及标准；

（2）安全生产管理、安全生产技术、职业卫生等知识；

（3）伤亡事故统计、报告及职业危害的调查处理方法；

（4）应急管理、应急预案编制以及应急处置的内容和要求；

（5）国内外先进的安全生产管理经验；

（6）典型事故和应急救援案例分析；

（7）其他需要培训的内容。

初次培训和每年再培训的时间规定包括：

（1）生产经营单位主要负责人和安全生产管理人员初次安全培训时间不得少于 32 学时。每年再培训时间不得少于 12 学时。

（2）煤矿、非煤矿山、危险化学品、烟花爆竹、金属冶炼等生产经营单位主要负责人和安全生产管理人员初次安全培训时间不得少于 48 学时，每年再培训时间不得少于 16 学时。

（四）新上岗人员的安全培训

煤矿、非煤矿山、危险化学品、烟花爆竹、金属冶炼等生产经营单位必须对新上岗的临时工、合同工、劳务工、轮换工、协议工等进行强制性安全培训，保证其具备本岗位安全操作、自救互救以及应急处置所需的知识和技能后，方能安排上岗作业。

1. 新上岗人员培训时间的规定

（1）生产经营单位新上岗的从业人员，岗前安全培训时间不得少于 24 学时。

（2）煤矿、非煤矿山、危险化学品、烟花爆竹、金属冶炼等生产经营单位新上岗的从业人员安全培训时间不得少于 72 学时，每年再培训的时间不得少于 20 学时。

2. 三级安全培训内容的规定

1）厂（矿）级岗前安全培训

（1）本单位安全生产情况及安全生产基本知识；

（2）本单位安全生产规章制度和劳动纪律；

（3）从业人员安全生产权利和义务；

（4）有关事故案例等。

煤矿、非煤矿山、危险化学品、烟花爆竹、金属冶炼等生产经营单位厂（矿）级安全培训除包括上述内容外，应当增加事故应急救援、事故应急预案演练及防范措施等内容。

2）车间（工段、区、队）级岗前安全培训

（1）工作环境及危险因素；

（2）所从事工种可能遭受的职业伤害和伤亡事故；

（3）所从事工种的安全职责、操作技能及强制性标准；

（4）自救互救、急救方法、疏散和现场紧急情况的处理；

（5）安全设备设施、个人防护用品的使用和维护；

（6）本车间（工段、区、队）安全生产状况及规章制度；

（7）预防事故和职业危害的措施及应注意的安全事项；

（8）有关事故案例；

（9）其他需要培训的内容。

3）班组级岗前安全培训

（1）岗位安全操作规程；

（2）岗位之间工作衔接配合的安全与职业卫生事项；

（3）有关事故案例；

（4）其他需要培训的内容。

（五）重新培训的规定

从业人员在本生产经营单位内调整工作岗位或离岗一年以上重新上岗时，应当重新接受车间（工段、区、队）和班组级的安全培训。生产经营单位实施新工艺、新技术或者使用新设备、新材料时，应当对有关从业人员重新进行有针对性的安全培训。

生产经营单位的特种作业人员，必须按照国家有关法律、法规的规定接受专门的安全培训，经考核合格，取得特种作业操作资格证书后，方可上岗作业。

（六）安全培训的监督管理部门及职责

监督管理体制原则是"综合监管，专项监管""分级负责，属地监管"：

（1）国家安全生产监督管理总局指导全国安全培训工作，依法对全国的安全培训工作实施监督管理。

（2）国务院有关主管部门按照各自职责指导监督本行业安全培训工作，并按照本规定制定实施办法。

（3）国家煤矿安全监察局指导监督检查全国煤矿安全培训工作。

二、特种作业人员安全技术培训考核管理规定

（一）特种作业及其作业人员范围

特种作业是指容易发生事故，对操作者本人、他人的安全健康及设备、设施的安全可能造成重大危害的作业，范围由特种作业目录规定。

本规定所称特种作业人员，是指直接从事特种作业的从业人员。应当符合下列条件：

（1）年满18周岁，且不超过国家法定退休年龄；

（2）经社区或者县级以上医疗机构体检健康合格，并无妨碍从事相应特种作业的器质性心脏病、癫痫病、美尼尔氏症、眩晕症、癔症、帕金森病、精神病、痴呆症以及其他疾病和生理缺陷；

（3）具有初中及以上文化程度；

（4）具备必要的安全技术知识与技能；

（5）相应特种作业规定的其他条件。

目前，特种作业人员共有10大类：煤矿、金属和非金属、危险化学品、烟花爆竹、石油天然气、冶金6个行业，和电工、焊接热切割、高处作业、制冷空调4个专业。

（二）特种作业人员的资格许可

特种作业人员必须经专门的安全技术培训并考核合格，取得《中华人民共和国特种作业操作证》（以下简称特种作业操作证）后，方可上岗作业。

特种作业人员的安全技术培训、考核、发证、复审工作实行统一监管、分级实施、教考分离的原则。

（三）特种作业人员的安全培训

特种作业人员应当接受与其所从事的特种作业相应的安全技术理论培训和实际操作培训。

从事特种作业人员安全技术培训的机构必须按照有关规定取得安全生产培训资质证书后，方可从事特种作业人员的安全技术培训。

（四）特种作业人员的考核发证

特种作业人员的考核包括考试和审核两部分。考试由考核发证机关或其委托的单位负责；审核由考核发证机关负责。

考核发证机关或其委托的单位收到考试申请后，应当在 60 日内组织考试。

特种作业操作资格考试包括安全技术理论考试和实际操作考试两部分。考试不及格的，允许补考 1 次。经补考仍不及格的，重新参加相应的安全技术培训。

特种作业操作证有效期为 6 年，在全国范围内有效，遗失的需向原发证机关申请补发。

（五）特种作业操作证的复审

特种作业操作证每 3 年复审 1 次。

特种作业人员在特种作业操作证有效期内，连续从事本工种 10 年以上，严格遵守有关安全生产法律法规的，经原考核发证机关或者从业所在地考核发证机关同意，特种作业操作证的复审时间可以延长至每 6 年 1 次。

特种作业操作证需要复审的，应当在期满前 60 日内，由申请人或者申请人的用人单位向原考核发证机关或者从业所在地考核发证机关提出申请。

特种作业操作证申请复审或者延期复审前，特种作业人员应当参加必要的安全培训并考试合格。

安全培训时间不少于 8 个学时，主要培训法律、法规、标准、事故案例和有关新工艺、新技术、新装备等知识。

离开特种作业岗位 6 个月以上的特种作业人员，应当重新进行实际操作考试，经确认合格后方可上岗作业。

三、用人单位劳动防护用品管理规范

（一）总则

1.适用范围

《用人单位劳动防护用品管理规范》适用于中华人民共和国境内企业事业单位和个体经济组织等用人单位的劳动防护用品管理工作。

2. 劳动防护用品

劳动防护用品是指由用人单位为劳动者配备的，使其在劳动过程中免遭或者减轻事故伤害及职业病危害的个体防护装备。

3. 工作地点

工作地点是指劳动者从事职业活动或进行生产管理而经常或定时停留的岗位和作业地点。

4. 具体要求

（1）劳动防护用品是由用人单位提供的，保障劳动者安全与健康的辅助性、预防性措施，不得以劳动防护用品替代工程防护设施和其他技术、管理措施。

（2）用人单位应当健全管理制度，加强劳动防护用品配备、发放、使用等管理工作。

（3）用人单位应当安排专项经费用于配备劳动防护用品，不得以货币或者其他物品替代。该项经费计入生产成本，据实列支。

（4）用人单位应当为劳动者提供符合国家标准或者行业标准的劳动防护用品。使用进口的劳动防护用品，其防护性能不得低于我国相关标准。

（5）鼓励用人单位购买、使用获得安全标志的劳动防护用品。

（6）劳动者在作业过程中，应当按照规章制度和劳动防护用品使用规则，正确佩戴和使用劳动防护用品。

（7）用人单位使用的劳务派遣工、接纳的实习学生应当纳入本单位人员统一管理，并配备相应的劳动防护用品。对处于作业地点的其他外来人员，必须按照与进行作业的劳动者相同的标准，正确佩戴和使用劳动防护用品。

（二）劳动防护用品选择

1. 劳动防护用品分类

（1）防御物理、化学和生物危险、有害因素对头部伤害的头部防护用品。

（2）防御缺氧空气和空气污染物进入呼吸道的呼吸防护用品。

（3）防御物理和化学危险、有害因素对眼面部伤害的眼面部防护用品。

（4）防噪声危害及防水、防寒等的听力防护用品。

（5）防御物理、化学和生物危险、有害因素对手部伤害的手部防护用品。

（6）防御物理和化学危险、有害因素对足部伤害的足部防护用品。

（7）防御物理、化学和生物危险、有害因素对躯干伤害的躯干防护用品。

（8）防御物理、化学和生物危险、有害因素损伤皮肤或引起皮肤疾病的护肤用品。

（9）防止高处作业劳动者坠落或者高处落物伤害的坠落防护用品。

（10）其他防御危险、有害因素的劳动防护用品。

2. 选择的原则

（1）同一工作地点存在不同种类的危险、有害因素的，应当为劳动者同时提供防御各类危害的劳动防护用品。需要同时配备的劳动防护用品，还应考虑其可兼容性。

（2）劳动者在不同地点工作，并接触不同的危险、有害因素，或接触不同的危害程度的有害因素的，为其选配的劳动防护用品应满足不同工作地点的防护需求。

（3）劳动防护用品的选择还应当考虑其佩戴的合适性和基本舒适性，根据个人特点和需求选择适合号型、式样。

（4）用人单位应当在可能发生急性职业损伤的有毒、有害工作场所配备应急劳动防护用品，放置于现场临近位置并有醒目标识。

（5）用人单位应当为巡检等流动性作业的劳动者配备随身携带的个人应急防护用品。

（三）劳动防护用品采购、发放、培训、使用

1. 采购

（1）用人单位应当根据劳动防护用品配备标准制定采购计划，购买符合标准的合格产品。

（2）用人单位应当查验并保存劳动防护用品检验报告等质量证明文件的原件或复印件。

（3）用人单位应当确保已采购劳动防护用品的存储条件，并保证其在有效期内。

2. 发放

用人单位应当按照本单位制定的配备标准发放劳动防护用品，并做好登记。

3. 培训

用人单位应当对劳动者进行劳动防护用品的使用、维护等专业知识的培训。

4. 使用

（1）用人单位应当督促劳动者在使用劳动防护用品前，对劳动防护用品进行检查，确保外观完好、部件齐全、功能正常。

（2）用人单位应当定期对劳动防护用品的使用情况进行检查，确保劳动者正确使用。

（四）劳动防护用品维护、更换、报废

1. 维护

公用的劳动防护用品应当由车间或班组统一保管，定期维护。

用人单位应当对应急劳动防护用品进行经常性的维护、检修，定期检测劳动防护用品的性能和效果，保证其完好有效。

2. 更换

用人单位应当按照劳动防护用品发放周期定期发放，对工作过程中损坏的，用人单位应及时更换。

3. 报废

安全帽、呼吸器、绝缘手套等安全性能要求高、易损耗的劳动防护用品，应当按照有效防护功能最低指标和有效使用期，到期强制报废。

四、安全生产事故隐患排查治理暂行规定

（一）事故隐患的定义和范围

安全生产事故隐患，是指生产经营单位违反安全生产法律、法规、规章、标准、规程和安全生产管理制度的规定，或者因其他因素在生产经营活动中存在可能导致事故发生的物的

危险状态、人的不安全行为和管理上的缺陷。

(二) 事故隐患的分级

事故隐患分为一般事故隐患和重大事故隐患。

一般事故隐患，是指危害和整改难度较小，发现后能够立即整改排除的隐患。

重大事故隐患，是指危害和整改难度较大，应当全部或者局部停产停业，并经过一定时间整改治理方能排除的隐患，或者因外部因素影响致使生产经营单位自身难以排除的隐患。

(三) 事故隐患排查治理

1. 生产经营单位事故隐患排查治理职责

（1）生产经营单位应当依照法律、法规、规章、标准和规程的要求从事生产经营活动。严禁非法从事生产经营活动。

（2）生产经营单位是事故隐患排查、治理和防控的责任主体。生产经营单位应当建立健全事故隐患排查治理和建档监控等制度，逐级建立并落实从主要负责人到每个从业人员的隐患排查治理和监控责任制。

（3）生产经营单位应当保证事故隐患排查治理所需的资金，建立资金使用专项制度。

（4）生产经营单位应当定期组织安全生产管理人员、工程技术人员和其他相关人员排查本单位的事故隐患。对排查出的事故隐患，应当按照事故隐患的等级进行登记，建立事故隐患信息档案，并按照职责分工实施监控治理。

（5）生产经营单位应当建立事故隐患报告和举报奖励制度，鼓励、发动职工发现和排除事故隐患，鼓励社会公众举报。对发现、排除和举报事故隐患的有功人员，应当给予物质奖励和表彰。

（6）生产经营单位将生产经营项目、场所、设备发包、出租的，应当与承包、承租单位签订安全生产管理协议，并在协议中明确各方对事故隐患排查、治理和防控的管理职责。生产经营单位对承包、承租单位的事故隐患排查治理负有统一协调和监督管理的职责。

（7）生产经营单位应当每季、每年对本单位事故隐患排查治理情况进行统计分析，并分别于下一季度 15 日前和下一年 1 月 31 日前向安全监管监察部门和有关部门报送书面统计分析表。统计分析表应当由生产经营单位主要负责人签字。

2. 重大事故隐患报告

对于重大事故隐患，生产经营单位除依照前款规定报送外，应当及时向安全监管监察部门和有关部门报告。重大事故隐患报告内容应当包括：

（1）隐患的现状及其产生原因；

（2）隐患的危害程度和整改难易程度分析；

（3）隐患的治理方案。

3. 事故隐患治理

一般事故隐患的治理，由生产经营单位（车间、分厂、区队等）负责人或者有关人员立即组织整改。

重大事故隐患的治理，由生产经营单位主要负责人组织制定并实施事故隐患治理方案。重大事故隐患治理方案应当包括以下内容：

（1）治理的目标和任务；

（2）采取的方法和措施；

（3）经费和物资的落实；

（4）负责治理的机构和人员；

（5）治理的时限和要求；

（6）安全措施和应急预案。

（四）监督管理

安全监管监察部门应当指导、监督生产经营单位按照有关法律、法规、规章、标准和规程的要求，建立健全事故隐患排查治理等各项制度。

安全监管监察部门应当建立事故隐患排查治理监督检查制度，定期组织对生产经营单位事故隐患排查治理情况开展监督检查；应当加强对重点单位的事故隐患排查治理情况的监督检查。对检查过程中发现的重大事故隐患，应当下达整改指令书，并建立信息管理台账。必要时，报告同级人民政府并对重大事故隐患实行挂牌督办。

对挂牌督办并采取全部或者局部停产停业治理的重大事故隐患，安全监管监察部门收到生产经营单位恢复生产的申请报告后，应当在 10 日内进行现场审查。审查合格的，对事故隐患进行核销，同意恢复生产经营；审查不合格的，依法责令改正或者下达停产整改指令。对整改无望或者生产经营单位拒不执行整改指令的，依法实施行政处罚；不具备安全生产条件的，依法提请县级以上人民政府按照国务院规定的权限予以关闭。

五、生产安全事故应急预案管理办法

（一）应急预案的编制

1.基本要求

应急预案的编制应当遵循以人为本、依法依规、符合实际、注重实效的原则，以应急处置为核心，明确应急职责、规范应急程序、细化保障措施，编制应当符合下列基本要求：

（1）有关法律、法规、规章和标准的规定；

（2）本地区、本部门、本单位的安全生产实际情况；

（3）本地区、本部门、本单位的危险性分析情况；

（4）应急组织和人员的职责分工明确，并有具体的落实措施；

（5）有明确、具体的应急程序和处置措施，并与其应急能力相适应；

（6）有明确的应急保障措施，满足本地区、本部门、本单位的应急工作需要；

（7）应急预案基本要素齐全、完整，应急预案附件提供的信息准确；

（8）应急预案内容与相关应急预案相互衔接。

2.应急预案的种类及其主要内容

应急预案主要包括综合应急预案、专项应急预案及现场处置方案。

1）综合应急预案的主要内容

生产经营单位风险种类多、可能发生多种事故类型的，应当组织编制本单位的综合应急预案。综合应急预案应当包括本单位的应急组织机构及其职责、预案体系及响应程序、事故预防及应急保障、应急培训及预案演练等主要内容。

2）专项预案的主要内容

对于某一种类的风险，生产经营单位应该根据存在的重大危险源和可能发生的事故类型，制定相应的专项预案。专项预案应明确指定救援程序和具体的应急救援措施，包括危险性分析、可能发生的事故特征、应急组织机构和职责、预防措施、应急处置程序和应急保障等内容。

3）现场预案的主要内容

对于危险性较大的重点岗位，生产经营单位应当制定重点工作岗位的现场处置方案。现场处置方案应当包括危险性分析、可能发生的事故特征、应急处置程序、应急处置要点和注意事项等内容。

（二）应急预案的评审

应急预案的评审或者论证应当注重应急预案的实用性、基本要素的完整性、预防措施的针对性、组织体系的科学性、响应程序的操作性、应急保障措施的可行性、应急预案的衔接性等内容。

生产经营单位的应急预案经评审或者论证后，由生产经营单位主要负责人签署公布。

（三）应急预案的备案

企业应急预案按照"分类管理、分级负责"的原则报当地政府主管部门和上级备案。

生产经营单位应当在应急预案公布之日起20个工作日内，按照分级属地原则，向安全生产监督管理部门和有关部门进行告知性备案。

中央企业总部（上市公司）的应急预案，报国务院主管的负有安全生产监督管理职责的部门备案，并抄送国家安全生产监督管理总局；其所属单位的应急预案报所在地的省、自治区、直辖市或者设区的市级人民政府主管的负有安全生产监督管理职责的部门备案，并抄送同级安全生产监督管理部门。

（四）应急预案的实施

1.应急预案的宣传教育培训

各级安全生产监督管理部门应当将本部门应急预案的培训纳入安全生产培训工作计划，并组织实施本行政区域内重点生产经营单位的应急预案培训工作。

生产经营单位应当组织开展本单位的应急预案、应急知识、自救互救和避险逃生技能的培训活动，使有关人员了解应急预案内容，熟悉应急职责、应急处置程序和措施。

应急培训的时间、地点、内容、师资、参加人员和考核结果等情况应当如实记入本单位的安全生产教育和培训档案。

2.应急预案的演练

生产经营单位应当制定本单位的应急预案演练计划，根据本单位的事故风险特点，每年至少组织一次综合应急预案演练或者专项应急预案演练，每半年至少组织一次现场处置方案演练。

应急预案演练结束后，应急预案演练组织单位应当对应急预案演练效果进行评估，撰写应急预案演练评估报告，分析存在的问题，并对应急预案提出修订意见。

3. 应急预案的修订

有下列情形之一的，应急预案应当及时修订并归档：

（1）依据的法律、法规、规章、标准及上位预案中的有关规定发生重大变化的；

（2）应急指挥机构及其职责发生调整的；

（3）面临的事故风险发生重大变化的；

（4）重要应急资源发生重大变化的；

（5）预案中的其他重要信息发生变化的；

（6）在应急演练和事故应急救援中发现问题需要修订的；

（7）编制单位认为应当修订的其他情况。

六、生产安全事故信息报告和处置办法

（一）事故信息的概念

本办法规定的应当报告和处置的生产安全事故信息是指已经发生的生产安全事故和较大涉险事故的信息。

（二）较大涉险事故的范围

（1）涉险 10 人以上的事故；

（2）造成 3 人以上被困或者下落不明的事故；

（3）紧急疏散人员 500 人以上的事故；

（4）因生产安全事故对环境造成严重污染（人员密集场所、生活水源、农田、河流、水库、湖泊等）的事故；

（5）危及重要场所和设施安全（电站、重要水利设施、危化品库、油气站和车站、码头、港口、机场及其他人员密集场所等）的事故；

（6）其他较大涉险事故。

（三）事故信息的报告

1. 生产经营单位事故信息报告

生产经营单位发生生产安全事故或者较大涉险事故，其单位负责人接到事故信息报告后应当于 1 小时内报告事故发生地县级安全生产监督管理部门、煤矿安全监察分局。

发生较大以上生产安全事故的，事故发生单位在依照第一款规定报告的同时，应当在 1 小时内报告省级安全生产监督管理部门、省级煤矿安全监察机构。

发生重大、特别重大生产安全事故的，事故发生单位在依照本条第一款、第二款规定报告的同时，可以立即报告国家安全生产监督管理总局、国家煤矿安全监察局。

2. 安全生产监督管理部门、煤矿安全监察机构事故信息报告

安全生产监督管理部门、煤矿安全监察机构接到事故发生单位的事故信息报告后，应当按照下列规定上报事故情况，同时书面通知同级公安机关、劳动保障部门、工会、人民检察院和有关部门：

（1）一般事故和较大涉险事故逐级上报至设区的市级安全生产监督管理部门、省级煤矿安全监察机构；

（2）较大事故逐级上报至省级安全生产监督管理部门、省级煤矿安全监察机构；

（3）重大事故、特别重大事故逐级上报至国家安全生产监督管理总局、国家煤矿安全监察局。

前款规定的逐级上报，每一级上报时间不得超过 2h。安全生产监督管理部门依照前款规定上报事故情况时，应当同时报告本级人民政府。

第七章 HSE 管理体系

第一节 HSE 管理体系概述

一、HSE 管理体系的理念和意义

（一）HSE 管理体系的理念

1."领导作用"的理念

领导和承诺是体系运行的驱动力。没有领导对 HSE 管理的信心、决心和承诺，没有领导对员工的不断激励和督促，体系管理所需的资源就无法保障，HSE 管理体系就无法有效运行，企业 HSE 文化就无法建立。

2."全员参与"的理念

全员参与包括两个方面：一方面，组织要对员工进行 HSE 意识和敬业精神的教育，以激发他们参与 HSE 管理的积极性和责任感；另一方面，员工还要通过组织的培训及自身的刻苦学习，具备足够的知识技能和经验，胜任本职工作，实现充分参与。

3."风险管理"的理念

风险是可以管理、可以削减的。风险管理是 HSE 体系的核心，体系的方针和目标。体系的管理方案及体系有效运行的决策和实施，均来源于"风险管理"。

4."事故预防"的理念

事故是可以预防、可以控制的。隐患、事故的管理要重视"事后处理"，更要注重"事前控制"。

5."责任到人"的理念

HSE 体系管理和运行工作，是由一个个责任主体的履职来体现的，必须建立一整套的责任体系，出现的问题必须责任到人。

6."闭环管理"的理念

HSE 体系运行的各个环节、各项工作，必须遵循戴明循环（PDCA 循环），必须按此循环"封闭"管理。

7."持续改进"的理念

对 HSE 目标的制定和完成，不揠苗助长，不好高骛远。制定的目标只要是符合法律、法规要求，切实可行，就允许企业不断有新的进步，哪怕进步只是一点点，只有坚持持续改

进，企业才能不断进步。持续改进应作为每个企业永恒的追求、永恒的目标、永恒的话题。

8."合理实际并尽可能低"的理念

风险消减和控制，所需的资源一定要体现节约的原则。在完成"风险的减和控制"目标的同时，应采用合理的方案，并考虑实际的能力，使费用尽可能低。

(二) 建立和实施 HSE 管理体系的目标

企业健康、安全与环境管理工作的目标是：

(1) 满足政府对健康、安全与环境管理的法律、法规要求。

(2) 为企业提出的总方针、总目标以及各方面具体目标的实现提供保证。

(3) 提高技术服务质量，满足顾客和企业内外部相关方的要求。

(4) 减少事故发生，保证员工的健康与安全，保护企业财产不受损失。

(5) 保护环境，满足可持续发展的要求。

(6) 提高原材料和能源利用率，保持自然资源，增加经济效益。

(7) 减少医疗、赔偿、财产损失费用，降低保险费用。

(8) 满足公众的期望，保持良好的公共和社会关系。

(9) 维护企业的名誉.增强市场竞争能力。

建立和实施 HSE 管理体系的意义是：

(1) 可满足贯彻国家可持续发展战略的要求。

(2) 可促进我国石油企业进入国际市场。

(3) 可减少企业成本，节约能源和资源。

(4) 可减少各类事故的发生，减少事故损失。

(5) 可提高健康、安全与环境管理水平。

(6) 可改善企业的形象及与当地政府和居民的关系。

(7) 可吸引投资者。

(8) 可帮助企业满足有关法规的要求。

(9) 可提高企业的社会效益和经济效益。

二、HSE 管理体系的基本模式和原理

健康、安全与环境管理体系（HSE）是企业管理体系的一种，它将企业的健康（H）、安全（S）和环境（E）管理纳入了一个管理体系之中，体现了企业一体化的管理思想。而管理思想是由一定的管理模式和管理原则来体现的。

(一) 戴明模式

戴明模式是质量管理体系、环境管理体系、HSE 管理体系所依据的管理模式。它由计划（P）、实施（D）、检查（C）和改进（A）4 个阶段的循环组成，简称 PDCA 循环模式。

(二) 基本原理

HSE 管理体系是企业整个管理体系的有机组成部分之一。HSE 管理体系为企业实现持续发展提供了一个结构化的运行机制，并为企业提供了一种不断改进健康、安全与环境表现和实现既定目标的内部管理工具。HSE 管理体系有效运行遵循以下原则：

（1）HSE 管理体系的建立以体系标准为框架，以风险管理为核心，以全员参与为手段，以持续改进为机制，以实现健康、安全与环境目标为宗旨，同时对风险的削减依照"合理实际并尽可能低"的原则。

（2）HSE 管理体系是一个不断变化和发展的动态体系，其设计和建立也是一个不断发展和交互作用的过程。随着时间的推移，随着对体系各要素的不断设计和改进，体系经过良性循环，不断达到更佳的运行状态。

（3）HSE 管理体系通盘考虑企业各管理体系的组织、过程、程序和资源，尽量合理地设置和共享共用，以简化内部各项管理工作的复杂程度，防止相互冲突，实现相互协调。

（三）中石油 HSE 管理体系的基本框架

1.基本体系结构

任何一个管理体系都会因其关注对象、关注角度的不同，有着各自独特的结构。HSE 管理体系因其关注的是引发事故、隐患的根本原因风险，其基本框架也与别的管理体系有所不同。

中石油 HSE 管理体系的基本体系结构如图 7-1 所示。

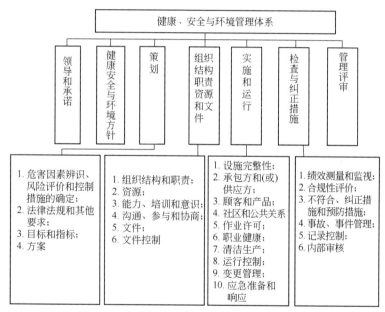

图 7-1 中石油 HSE 管理体系的基本体系结构

2.基本要素分析

为了更好地理解 HSE 管理体系标准的各个要素，按照持续改进的戴明模式，用图 7-2 将中石油的 HSE 管理体系表示出来。体系要素及相关部分分为三大块：主体框架要素、支持性要素、全面监控要素。

7 个一级要素和 26 个二级要素具体可分为以下 3 类。

（1）构成 HSE 管理体系主体框架的要素：5.1 领导和承诺、5.2 健康、安全与环境方针、5.3 策划、5.3.1 危害因素辨识、风险评价和控制措施的确定、5.3.2 法律法规和其他要求、5.3.3 目标和指标、5.3.4 方案、5.5 实施与运行、5.5.1 设施完整性、5.5.2 承包方和（或）供应方、5.5.3 顾客和产品、5.5.4 社区和公共关系、5.5.5 作业许可、5.5.6 职业

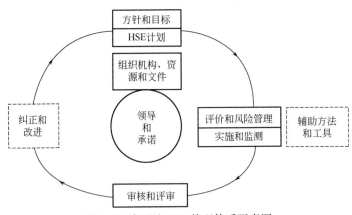

图 7-2 中石油 HSE 管理体系要素图

健康、5.5.7 清洁生产、5.5.8 运行控制、5.5.9 变更管理、5.5.10 应急准备和响应。

（2）对主体框架起支持作用、对实现基本功能起保证的支持性要素：5.4 组织结构、职责、资源和文件、5.4.1 组织结构和职责、5.4.2 资源、5.4.3 能力、培训和意识、5.4.4 沟通、参与和协商、5.4.5 文件、5.4.6 文件控制、5.6 检查和纠正措施、5.6.1 绩效测量和监视、5.6.2 合规性评价、5.6.3 不符合、纠正措施和预防措施、5.6.4 事故、事件管理、5.6.5 记录控制。

（3）实现体系持续改进的、对体系各要素进行全面监控的要素：5.6.6 内部审核、5.7 管理评审。

HSE 管理体系可分为 3 个部分：主体框架部分、支持性部分和全面监控部分。图 7-2 中实框部分为各个要素，虚框部分是贯穿在其他各部分中的内容。

1）主体框架部分

（1）领导和承诺。这是 HSE 管理体系的核心，承诺是 HSE 管理的基本要求和动力，自上而下的承诺和企业 HSE 文化的培育是体系成功实施的基础。

（2）HSE 方针。是对 HSE 管理意向和原则的公开声明，体现了组织对 HSE 管理的共同意图、行动原则和追求。

（3）策划。对具体风险以及完成目标指标的方案进行的策划，对 HSE 管理关键活动、过程和设施风险的确定和评价及风险控制措施的制订。有 4 个二级要素。

2）支持性部分

（1）组织机构、职责、资源和文件。良好的 HSE 表现所需的人员组织、资源和文件是体系实施和不断改进的支持条件。这一部分虽然也参与循环，但通常具有相对的稳定性，是做好 HSE 工作必不可少的主要条件通常由高层管理者或相关管理人员制订和决定。有 6 个二级要素。

（2）实施与运行。对 HSE 责任和活动的实施进行管理。有 10 个二级要素。

（3）检查和纠正措施。对 HSE 责任和活动实行检查和监控，必要时所采取的纠正措施。有 6 个二级要素。

3）全面监控要素。

对体系、过程、程序的表现、效果及适应性定期评价。有 2 个要素：一个二级要素（5.6.6 内部审核）和一个一级要素（5.7 管理评审）。

由以上分析可以看出：

（1）各要素有一定的相对独立性，分别构成了主体框架要素、支持性要素和全面监控要素的各个环节。

（2）各要素又是密切相关的，任何一个要素的改变必须考虑对其他要素的影响，以保证体系的一致性。

（3）各要素都有深刻的内涵，大部分有多个二级要素。

第二节　HSE 管理体系审核

一、审核概念

（一）审核

HSE 管理体系审核是一种有计划、有步骤、根据套系统化的程序而进行的活动，从审核范围的确定、审核准备、审核计划、市核实施、审核报告到审核结束，构成完整的系统。实施审核应准备审核用的文件、资料、检查清单和记录，并按照文件化的程序和方法来实施，审核结果形成正式文件。

根据审核方与受审核方关系的不同，审核目的、审核方式的不同，HSE 管理体系审核可以分为内部审核和外部审核两大类：（1）内部审核，有时称第一方审核，由组织自己或以组织的名义进行；（2）外部审核，包括通常所说的第二方审核和第三方审核。

第二方审核是由组织的相关方或以相关方的名义进行审核，以及对承包方和（或）供应方进行审核，包括上级组织对下级组织的审核、组织对承包方和（或）供应方的审核。第三方审核是由第三方认证机构对组织开展的审核。

（二）不符合

不符合是任何与工作标准、惯例、程序、法规、管理体系绩效等的偏离，其结果能够直接或间接导致伤害或疾病、财产损失、工作环境破坏、有害环境影响或这些情况的组合。不符合是 HSE 管理体系术语和名词，在审核中发现的不符合要求的问题即是不符合项。对不符合项均应采取有效的纠正措施，杜绝问题的重复发生。

（三）纠正措施

纠正措施是为消除已发现的不符合的原因所采取的措施。应在深入分析导致不符合项根源的基础上有针对性地采取纠正措施。

（四）预防措施

预防措施是为消除潜在不符合原因所采取的措施。应结合风险评价结果、不符合项或事件采取有效预防措施。

二、审核分类和要求

（一）内部审核

组织应建立起 HSE 管理体系审核机制，形成 HSE 管理体系运行的监控机制。按照规定的时间和程序进行 HSE 管理体系内部审核，每年度应进行不少于 1 次覆盖全要素、全部门的审核，两次审核间隔不超过 12 个月，当出现组织机构和职能分配有重大调整、发生重大变更和事故时，可追加审核。内部审核应由管理者代表组织实施，根据具体情况确定内部审核的频次。

组织可采用集中式审核、分段式审核等方式开展内部审核，也可根据需要进行其他形式的专项审核。集中式审核是在相对集中的时间内完成全部审核工作。优点是审核具有连续性、系统性，能综合分析体系运行状况；缺点是占用时间，给正常生产带来不便。分段式审核是每月对一个或几个部门（或要素）进行一次审核，在一年或半年内覆盖所有的部门（或要素），滚动完成全部审核工作。优点是时间短且灵活，抽调人员方便，给生产带来的影响小；缺点是缺乏系统性，每阶段审核后很难进行综合分析。组织应针对内部审核发现的不符合采取纠正措施和预防措施，并进行跟踪验证。内部审核形成的相关记录、报告等应完整、清晰并妥善保存，具备可追溯性。

（二）上级组织对下级组织的审核

上级组织对下级组织的审核包括公司总部（和/或专业板块）对企业的审核，以及企业对所属单位的审核。上级组织组成审核组或委托相关机构以组织的名义进行审核，审核组应确保审核人员的专业知识、经验与受审核区域相适应，并与受审核区域无直接关系，审核内容应考虑 HSE 管理体系运行情况的检查评价，以及相关政策要求的落实等。组织可结合审核采取 HSE 管理体系运行质量评估工具对其下级组织的 HSE 管理体系运行质量进行评估。

（三）组织对承包方和（或）供应方的审核

组织应将对承包方和（或）供应方进行 HSE 管理体系审核作为对其评定和选择的重要方法，宜通过合同约定明确审核要求和依据，并通过审核手段共同提高承包方和（或）供应方的健康、安全与环境绩效。组织对承包方和（或）供应方的审核应由组织组成审核组或委托相关机构以组织的名义进行。对承包方和（或）供应方的审核内容应考虑 HSE 管理体系运行情况，特别是生产作业现场的健康、安全与环境管理状况，以及相关合同条件的兑现情况等。组织应建立跟踪机制，采取适宜的措施对承包方和（或）供应方审核中发现的不符合进行跟踪验证。组织对承包方和（或）供应方的审核结果应纳入承包方和（或）供应方资质评价，作为承包方和（或）供应方持续评价管理的输入信息。

（四）认证审核

HSE 管理体系认证审核是由第三方认证机构实施的组织外部审核。通过第三方机构对组织 HSE 管理体系运行进行认证审核，在商务活动中获取优势，并推动和规范组织建立、实施和保持 HSE 管理体系，满足各方面的需求。认证审核应遵循自愿申请的原则，以及按照确定的方针和程序进行。HSE 管理体系初次认证的流程分为第一阶段审核和第二阶段审核。第一阶段审核旨在全面了解受审核方 HSE 管理体系的基本状况，确认审核范围，以及是否具备第二阶段审核的条件，包括文件审查和现场审核。第二阶段审核旨在判定受审核方的 HSE 管理体系是否满足标准要求，能否认证注册，在第一阶段审核的基础上全面地审核评价体系的运行状况。通过认证审核的组织每年应接受年度监督审核，验证 HSE 管理体系是否持续运行，确认与认证要求的持续符合性。一个认证周期为 3 年，到期后应进行再认证，再认证应对上一个认证周期的 HSE 管理体系实施与保持情况进行评价。

三、审核原则和审核方案管理

（一）审核原则

HSE 管理体系审核应遵守以下原则：

（1）独立性原则。审核员应独立于受审核的活动，没有利益上的冲突，审核员在审核过程中应保持客观，不存偏见，以保证审核发现和结论建立在审核证据的基础上。

（2）系统性原则，审核应依据明确规定的并以文件支持的方法和系统化程序予以实施。

（3）抽样性原则。审核是在有限的时间内并在有限的资源条件下进行的，应使用基于证据的方法，采用合理的抽样，使审核证据建立在可获得的信息样本的基础上。

（二）审核方案

组织应建立审核方案，用于指导审核的策划和实施，并确定审核需要。方案应基于组织活动、产品或服务的性质、风险和影响，以及以往审核的结果等。组织在审核时需按审核方案的安排来进行，审核方案应包括：需要审核的特定活动和区域、特定活动或区域的审核频率、审核活动的责任、审核时间表和审核方法、审核过程中资源的分配、审核组的人员能力要求等。

四、审核程序

HSE 管理体系审核程序包括审核启动、审核准备、现场审核活动实施等程序。适用程度取决于特定审核的范围和复杂程度以及审核目的。

（一）审核启动

审核启动阶段的主要工作包括确定审核目的、范围和准则，选派审核组长，根据实现审核目的所需的能力选择审核员。

（二）审核准备

审核准备工作包括文件评审、编制审核计划、审核前培训、审核组工作分配、准备工作文件等。

（1）在现场审核前应评审文件，以确定与审核准则的符合性，并收集有关审核的信息。文件可包括 HSE 管理体系的相关文件和记录，以及以前的审核报告。

（2）审核组长应编制审核计划，审核计划应考虑审核方案的要求，便于审核活动的日程安排和协调。审核计划包括审核目的、范围、审核组人员及审核日程安排。审核日程安排是一份可操作性极强的审核文件，现场审核包括哪些活动、什么时间、在什么部门、审核标准的什么条款、活动安排是什么内容等均通过审核日常安排明确。同时，审核日常安排也是指导审核员日常工作及受审核单位协作配合的计划文件。审核日常安排由审核组长编制，同时传递至受审核单位。

（3）在审核前应对审核员进行培训，使审核员了解审核要求，统一对审核标准的理解，提升审核员的审核技能和技巧。

（4）审核组长应与审核组其他成员协商，将具体的过程、职能、场所、区域或活动的审核职责进行分配。工作分配应考虑审核员的独立性和能力的需要，资源的有效利用以及审核组成员的不同作用和职责，并可随着审核的进展进行调整。

(5) 审核组成员应评审与其所承担的审核工作有关的文件资料，并准备必要的工作文件，包括审核检查表和审核抽样计划、记录信息的表格，用于审核过程。

(三) 现场审核活动实施

(1) 首次会议。应与受审核方管理层召集首次会议，必要时应包括受审核的过程、职能、场所、区域或活动的负责人。通过首次会议确认审核计划、介绍审核活动如何实施、确认沟通渠道，以及沟通关审核事项的说明，并向受审核方提供询问的机会。

(2) 审核中的沟通。审核组在审核实施过程中应进行内部的及时沟通，以及审核组与受审核方之间确定合适的时机进行审核信息沟通。

(3) 信息收集和验证。在审核中，审核员应依据已准备的工作文件进行审核，通过适当的抽样收集并验证有关的信息。收集信息的方法包括面谈、对活动的观察、文件评审。

(4) 形成审核发现和编写不符合报告。审核发现是在审核中收集到的客观证据的基础上形成的。汇总与审核准则的符合情况，记录不符合项及其支持的审核证据，并对不符合项进行分级。

(5) 形成审核结论。在末次会议前，审核组应集中讨论审议形成审核结论。审核结论应明确 HSE 管理体系与审核准则的符合程度，HSE 管理体系持续的适宜性、充分性、有效性，以及 HSE 管理体系自我完善的能力、需改进的内容及要求等。

(6) 末次会议。根据审核类型的不同，末次会议可采取适当的形式，参加末次会议的人员应包括受审核方，也可包括审核委托方和其他方。审核组应以受审核方能够理解和认同的方式提出审核发现和结论。

(7) 审核报告。审核报告是说明审核结果的正式文件，审核组长应对审核报告的编制和内容负责。审核报告应提供完整、准确和清晰的审核过程信息。审核报告应包含审核目的和范围、审核组成员、审核依据 (准则)、审核日期、审核综述、审核发现、体系各要素运行情况、不符合项及主要问题 (全部不符合项报告作为附件)、审核结论、体系运行改进建议。审核组应在商定的时间期限内提交审核报告，经批准的审核报告应分发给审核委托方指定的接受者。

(8) 审核后续活动。受审核方应针对不符合项应制定具体的纠正措施，纠正措施由责任部门通过收集信息、分析原因后组织制定，并在商定的期限内实施。不符合项的原因分析不仅要分析直接原因，而且要分析潜在原因，尤其要分析管理过程是否存在缺陷，针对深层次原因采取预防措施。纠正措施应由责任单位负责人认可审批，并有效实施。纠正措施实施情况及有效性应进行跟踪验证，纠正措施的实施效果必须得到验证，以保证纠正措施得到落实，问题的产生原因得到彻底消除，可根据不符合项的性质确定验证的期限。

统计分析是 HSE 体系管理过程中一项重要工作，是寻找管理改进机会的重要分析方法，一个部门检查了几项内容，有多少不符合项；一个过程检查了几项内容，有多少不符合项；一个部门在整个体系中有多少不符合项，一个生产成作业过程累计有多少不符合项，这些内容的统计分所，能准确地发现体系改进的切入点，确定改进工作目标。

五、审核员管理

组织应建立一支内部审核队伍、培养足够数量的具有责任心的内部审核员，并通过筛选、培训、交流、继续教育和参与审核工作，使审核人员具备审核所需的素质和工作能力。

（一）审核员素质和能力要求

HSE 管理体系的正常运行需要通过定期审核予以保障，而审核员的素质和能力直接决定审核的质量，因此审核员应具备教育、工作经历、必备的个人素质、审核员培训和审核经历以满足审核员工作所需要的知识和技能。

（1）审核员应具备的工作能力包括制定计划和审核准备工作、编制工作文件、实施现场审核、编写审核报告、跟踪和监督不符合项整改等。

（2）审核员应掌握有关审核原则、程序和技术的知识，有关管理体系方面的知识，有关企业的状况，适用的法律、法规和相关领域的其他要求，有关 HSE 方面的科学技术、管理方法以及与运行相关的典型危害因素、风险及其控制技术。

（3）审核员应具备的技能包括交流的能力、合作的能力、分析判断的能力、独立工作的能力、善于学习的能力、应变的能力等。

（4）审核员应具备的个人素质包括：遵守职业道德，做到公正、诚信、正直、保守秘密和谨慎；思想开明，善于交往；善于观察，有感知力；适应能力强，坚忍不拔；明断，自立；身体健康，能够承担繁重的审核工作。

（二）审核组长的能力要求

除满足审核员的要求之外，审核组组长应具有关于领导审核方面的知识和技能。审核组长应能够对审核进行策划并在审核中有效地利用资源；代表审核组与审核委托方和受审核方进行沟通，组织和指导审核组成员；领导审核组得出审核结论，预防和解决审核过程的冲突；编制和完成审核报告。

（三）审核组成员及职责

审核组由审核组长和审核员组成。审核组长应从优秀审核员中产生，审核员应依据审核计划在审核组长的领导下，按时完成审核任务。

（1）审核组长的职责：与企业领导确定审核范围；获得实现审核目的所需的背景资料；进行文件审核，协调组建审核组；组织编制审核文件；主持首末次会议；对体系有效性、符合性做出评价；与领导进行沟通；组织不符合跟踪。

（2）审核员的职责：服从组长领导，支持组长工作；参加审核会议，编制审核文件，完成审核任务；将个人审核发现形成文件。

（四）审核员能力评价

组织（或审核组长）应对审核员参与审核的表观进行评价，通过对审核员素质、知识和技能等方面的分析评价，识别培训和其他技能提高的需要。

第三节　HSE "两书一表" 管理实践

一、HSE "两书一表" 概念

中国石油从 1997 年在全系统推行 HSE 体系建设，积极探索适合于中国石油基层组织的

HSE 风险管理模式，以实现对风险的有效控制。根据中国石油所属企业基层组织员工的文化素质和企业管理现状，研发出了适用于中国石油基层组织特点的 HSE "两书一表"管理模式。

HSE "两书一表"，即《HSE 作业指导书》《HSE 作业计划书》和《HSE 检查表》。"两书"用于规范人的不安全行为，"一表"用于检查物的不安全状态。实践证明 HSE "两书一表"是实现 HSE 管理体系文件在基层 "落地" 与 "生根" 的一种有效途径，是风险管理理论对具体工作的指导。

中国石油所属企业根据 HSE "两书一表" 的风险管理原理，结合本专业特点，在推广应用 HSE "两书一表" 的实践中进一步开发了诸如 "两书一表一卡" "一书一表" "四有一卡" "三卡一表" 等形式多样应用形式，但这些都是以 HSE "两书一表" 风险管理模式为基础的。

二、HSE "两书一表" 的意义和作用

通过 HSE "两书一表" 的实施，把风险管理与基层工作紧密地联系在一起。使广大员工参与到风险管理活动中去，首先是参与本岗位的风险辨识活动，辨识本岗位存在哪些危害因素，为后续的风险评估提供信息输入；其次，通过风险管理过程制定出风险控制措施后，作为关键任务把它们分配到各相关岗位，并要求在相关岗位员工的参与下完成对风险的控制，强化了员工遵章守纪意识，减少了违章操作、违章指挥的行为，实现了对人的不安全行为和对物的不安全状态的控制，提升了基层组织风险管理水平，从而使得安全生产业绩有了显著提高。

三、"两书一表" 的管理做法与要求

(一) HSE "两书一表" 的策划与编制

《HSE 作业指导书》是对常规专业风险的管理，在策划指导书的编制时，首先是结合专业特点，使用某种危害因素辨识方法，对与本专业有关的危害因素进行全面、系统辨识；其次，在完成危害因素辨识的基础上，根据所辨识出的这些危害因素可能引发事故后果的严重程度，再结合该危害因素可能发生事故的概率，应用风险评估方法，对所辨识出危害因素风险的大小进行逐一评估，从而完成对风险严重程度的分级；然后，根据风险特点及其严重程度，分别制定出相应的削减或控制措施；最后，把所制定出的这些风险控制措施作为关键任务，分配到各相应岗位，落实到每个岗位员工，由每个岗位作业人员各司其职，从而实现对风险的有效控制。

《HSE 作业计划书》是对指导书内容的补充，即把指导书所未涉及的，由于人（人员）、机（机械）、料（材料）、法（工法）、环（环境）的变更而引起的新增风险进行控制。作业计划书主要是针对指导书中没有涉及的，除常规专业风险之外的新增风险内容的管理，是对由于人、机、料、法、环的变更而引发的新增风险的控制。

《HSE 现场检查表》是在现场施工过程中实施检查的工具，涵盖指导书和计划书的主要检查要求和检查内容，根据施工作业现场具体情况，事先精心设计的一套与 "两书" 相对应的检查表格。通过检查表实现对施工作业现场设备、设施安全的管理。

（二）HSE "两书一表" 的内容及使用

1. HSE 作业指导书

1）HSE 作业指导书的内容

2007 年，中国石油发布了《关于进一步规范 HSE 作业指导书和 HSE 作业计划书编制工作的指导意见》（安字〔2007〕44 号），明确了指导书的主要内容由以下 5 部分组成：

（1）岗位任职条件；

（2）岗位职责；

（3）岗位操作规程；

（4）巡回检查及主要检查内容；

（5）应急处置程序。

以上五部分是指导书的主要内容，随着基层岗位员工掌握程度和接受能力的提高，可逐步完善指导书的相关内容。对条件成熟的单位，应把现行的作业程序、设备操作规程、工艺技术规程以及应知应会知识等文件进行清理，充实指导书的内容，减少基层文件重复现象，确保指导书在规范基层岗位员工操作行为上具有唯一性和权威性。

2）HSE 作业指导书的使用

HSE 作业指导书用作对本岗位（专业）常规风险的管理，是以操作规程为主要内容的员工应知应会知识的集成。HSE 作业指导书的编制应在企业或企业所属二级生产技术部门牵头组织下，由负责人事、企管法规、生产、技术、设备、工艺、标准及安全环保等相关职能部门参加，组成编制工作组。编制时，首先对基层组织现有的操作规程、规章制度等相关作业文件进行清理，对于需要收入指导书的操作规程，应通过风险管理手段进行修改完善。

2. HSE 作业计划书

1）HSE 作业计划书的内容

2007 年，中国石油发布《关于进一步规范 HSE 作业指导书和 HSE 作业计划书编制工作的指导意见》（安字〔2007〕44 号），明确了计划书的主要内容由以下 5 部分组成：

（1）项目概况、作业现场及周边情况；

（2）人员能力及设备状况；

（3）项目新增危害因素辨识与主要风险提示；

（4）风险控制措施；

（5）应急预案。

2）HSE 作业计划书的使用

在内容上，计划书应满足"适时、实用、简练"要求。计划书编写应在基层组织主要负责人（队长、项目经理）主持下，对项目（活动）在人员、环境、工艺、技术、设备设施等方面发生变化或变更而产生的危害因素进行辨识，由生产技术人员、班组长、关键岗位员工及安全员共同参与编制，计划书是对指导书内容的补充，它是对指导书未覆盖的、本项目特有的新增风险的管理。

计划书的内容主要是对本项目中由于环境、人员、工艺技术、设备设施等各种变化、变更所产生的新增风险的管理和对本项目主要风险的提示。计划书编制完成后，应在项目开工前组织培训，并对相关方进行告知。

计划书应在项目开始之前完成编制并进行宣贯、交底，项目结束后，该项目计划书即宣告废止，严禁本项目计划书挪作下个项目使用。对于工期较长或作业环境等发生较大变化的项目，应通过（风险管理单）或"工作前安全分析（JSA）"等方式，对项目进行动态风险管理。

为进一步简化计划书编制内容，切实提高计划书的针对性和可操作性，指导意见对施工作业活动划分了四种类型，供在计划书编写时参考使用。

第一种：作业周期长、作业场所相对固定的作业项目（如钻井的探井，重点井，井下的大修、试油，以及炼化装置停工检修等），应在施工前编制项目计划书，并在计划书中增加《风险管理单》，在施工过程中应定期组织危害识别活动，对随着时间变化而带来的新增危害因素进行辨识，在原计划书基础上，制定相应的风险削减措施，填写《风险给管理单》，作为计划书的补充。

第二种：作业周期长、作业场所移动的作业项目（如物探作业、管道建设施工等），应在施工前编制项目计划书，并在计划书中增加《风险管理单》。在施工过程中，对随着时间、环境变化而带来的新增危害因素进行辨识，在原计划书基础上，制定相应的风险削减及控制措施，填写《风险管理单》，作为对计划书的补充。

第三种：作业周期短、作业场所移动且在同一区块内作业的项目（如钻井开发井，井下小修、压裂，以及测井、录井、固井等在同一区块作业），应在施工前编制区块计划书，并在计划书中增加《风险管理单》。在同一区块施工过程中，对随着时间、环境变化而带来的新增危害因素进行辨识，在原区块计划书基础上，制定相应的风险削减及控制措施，填写单写《风险管理单》。

第四种：作业周期短、作业场所相对固定的作业活动（如生产辅助性作业，炼化装置临检/维修等），作业前必须开展危害识别活动，填写《风险管理单》，也可将风险削减及控制措施纳入"作业许可""施工方案"或"工作单"等相关文件中。

3. HSE 现场检查表

（1）检查表的内容

为了达到全面覆盖的目的，操作岗应当以本岗作业操作规程、职责分工和巡回检查路线为基本检查面，理出有关设备运转、防护设施、防火、防漏电、防污染等点和项，作为检查内容列入检查表。班组长应当以班组工作区域和所属各岗使用设备为基本检查面，在各岗位检查表的基础上，理出班组长应当检查的事项和重要的关键点，加上下属岗位检查表执行情况，作为检查内容列入检查表。基层安全监督和管理干部，应当以项目风险评价结果和本身的管理职责为基本检查面，理出整个作业现场应当检查的事项、HSE 管理的重点要害点和项，作为检查内容列入检查表。

需要说明的是，班组长、管理者的检查内容，在重点要害点项上，与其下级应当有一定量的重复检查内容，这是管理者责任的表现。但是，各岗位之间的检查内容，应当尽量避免交叉和重复，这也是为了强调员工个人责任。

（2）HSE 检查表的编制

编写检查表必须研究作业过程安全生产的一般规律，抓住岗位的特点、突出安全的重点。其编写原则应当是由下而上，层层覆盖。检查设定的内容应该做到：操作岗"点多、项少、面窄"；管理岗逐级"增项、扩面、减点"。

一般来说，企业要从安全管理的需要出发，所有生产施工现场直接涉及健康、安全、环境的操作岗、管理岗位，都应当编制检查表。

第四节 风险控制工具简介及运用

一、工作前安全分析

工作前安全分析（JSA）适用于企业生产和施工作业现场的作业活动。通常下述作业需要进行作业安全分析：

（1）新的作业；

（2）非常规性（临时）的作业；

（3）承包商作业；

（4）改变现有的作业；

（5）评估现有的作业。

（一）工作任务初步审查

首先，现场作业人员提出需要进行 JSA 的工作任务。然后，单位生产负责人对提出的工作任务进行初步审查、确定工作任务内容，若初始审查判断出的工作任务风险无法接受，则应停止该工作任务，或者重新设定工作任务内容。

（二）JSA 步骤

（1）单位生产负责人指定 JSA 小组组长，组长选择熟悉 JSA 方法的管理、技术、安全生产调度操作人员组成小组。小组成员应了解工作任务及所在区域环境、设备和相关的操作规程。

（2）JSA 小组审查工作计划安排，分解工作任务，搜集相关信息，实地考察工作现场，核查以下内容：

① 以前此项工作任务中出现的健康安全、环境问题和事故；

② 工作中是否使用新设备；

③ 工作环境空间光线、空气流动、出口和入口等；

④ 实施此项工作任务的关键环节；

⑤ 实施此项工作任务的人员是否有足够的知识技能；

⑥ 是否需要作业许可及作业许可的类型；

⑦ 是否有严重影响本工作安全的交叉作业；

⑧ 其他。

（3）JSA 小组识别该工作任务关键环节的危害及影响，并填写 JSA 表。识别危害时，应充分考虑人员、设备、材料、环境、方法 5 个方面和正常、异常、紧急 3 种状态。

（4）对存在潜在危害的关键活动或重要步骤进行风险评价。根据判别标准确定初始风险等级和风险是否可接受。风险评价宜选择半定量风险矩阵法或 LEC 法。

（5）JSA 小组应针对识别出的每个风险制定控制措施将风险降低到可接受的范围。在选择风险控制措施时应考虑控制措施的优先顺序。

（6）制定出所有风险的控制措施后还应确定以下问题：

① 是否全面有效地制定了所有的控制措施；

② 对实施该项工作的人员还需要提出什么要求；

③ 风险是否能得到有效控制。

（7）在控制措施实施后，如果每个风险在可接受范围之内，并得到 JSA 小组成员的一致同意，方可进行作业前准备。

（三）现场监控

在实际工作中严格落实控制措施，任何人都有权利和责任停止他们认为不安全的或者风险没有得到有效控制的工作。

（四）总结与反馈

作业任务完成后，作业人员应进行总结，若发现 JSA 过程中的缺陷和不足，及时向 JSA 小组反馈。如果作业过程中出现新的隐患或发生未遂事件和事故，小组应审查 JSA，重新进行 JSA。根据作业过程中发生的各种情况 JSA 小组提出完善该作业程序的建议。

二、安全观察与沟通

安全观察与沟通方法主要分为制定计划、准备、执行、报告和结果分析 5 个步骤。

（一）制定计划

行为安全观察与沟通分为有计划的和随机的。有计划的行为安全观察与沟通是指制定有安全观察与沟通计划，并且按照计划实施的安全观察与沟通行为；随机的行为安全观察与沟通是指临时性、在计划之外的安全观察与沟通行为。

企业每年年初制定行为安全观察与沟通计划，实行分级管理原则，行为安全观察与沟通应覆盖所有区域和班次，并覆盖不同的作业时间段，如夜班作业、超时加班以及周末工作。

行为安全观察与沟通计划至少应包括以下内容：行为安全观察人员；行为安全观察区域；按年度编制的行为安全观察与沟通日程安排表；行为安全观察与沟通报告的要求。

按计划进行的行为安全观察与沟通应规定频率和观察时限，观察时限应包括观察员工作业过程的时间以及观察者与员工就观察发现进行沟通讨论的时间。

制定行为安全观察与沟通计划时，可考虑不同岗位、不同区域的交叉行为安全观察与沟通，非本区域内人员进行行为安全观察与沟通时，应有本区域员工陪同。

（二）准备

有计划的行为安全观察与沟通应按小组执行，行为安全观察小组应由有直线领导关系的人员组成。各级管理人员和基层单位班组长都应参与有计划的行为安全观察与沟通。

每个行为安全观察小组的人员通常限制在 1~3 人，有计划的行为安全全观察与沟通不宜由单人执行，随机的行为安全观察与沟通可由单人或多人执行。

（三）执行

行为安全观察与沟通以六步法为基础，步骤包括：

（1）观察：现场观察员工的行为，决定如何接近员工，并安全地阻止不安全行为。

（2）表扬：对员工的安全行为进行表扬。

（3）讨论：与员工讨论观察到的不安全行为状态和可能产生的后果，鼓励员工讨论更为安全的工作方式。

（4）沟通：就如何安全地工作与员工取得一致意见，并取得员工的承诺。

（5）启发：引导员工讨论工作地点的其他问题。

（6）感谢：对员工的配合表示感谢。

（四）内容

行为安全观察与沟通应重点关注可能引发伤害的行为，应多参考以往的伤害调查、未遂事件调查以及行为安全观察的结果。行为安全观察与沟通内容应包括以下 7 个方面：

（1）员工的反应：员工在看到他们所在区域内有观察者时，他们是否改变自己的行为（从不安全到安全）。员工在被观察时，有时会做出反应，如改变身体姿势、调整个人防护装备、改用正确工具、抓住扶手、系上安全带等。

（2）员工的位置：员工身体的位置是否有利于减小伤害发生的概率。

（3）个人防护装备：员工使用的个人防护装备是否合适，是否正确使用，个人防护装备是否处于良好状态。

（4）工具和设备：员工使用的工具是否合适、正确，工具是否处于良好状态，非标工具是否获得批准。

（5）程序：是否有操作程序，员工是否理解并遵守操作程序。

（6）人体工效学：办公室和作业环境是否符合人体工效学原则。

（7）整洁：作业场所是否整洁有序。

（五）报告

观察者应在行为安全观察与沟通过程中填写报告表，行为安全观察与沟通报告表中不得记录被观察人员的姓名。

（六）结果分析

行为安全观察与沟通报告的信息和数据可以为安全管理决策提供依据和参考。有计划的行为安全观察与沟通结果都应进行统计分析，每年进行一次统计分析，统计分析主要内容有：

（1）对所有的行为安全观察与沟通信息和数据进行分类统计。

（2）分析统计结果的变化趋势。

（3）根据统计结果和变化趋势提出安全工作的改进建议。

（4）利用专职安全人员的独立观察结果对行为安全观察统计结果进行对比分析，提出行为安全观察与沟通的改进建议。

三、个人安全行动计划

个人安全行为计划是指各级领导干部在履行 HSE 管理工作职责的同时，制定个人阶段性（月度、季度和年度）的安全行动计划，个人安全行动计划必须明确工作内容（HSE 管理知识学习、培训，现场检查、安全活动以及个人安全述职等）和实施时间，并且将计划内容在规定的时间内付诸实际行为。

（一）个人安全行动计划的编制与审批

个人安全行动计划是领导干部个人安全行为的承诺，由个人结合工作实际编写，包括安全行为、目的和频次三部分，报直线领导审批后实施，并报主管部门备案、备查。

（二）个人安全行为计划的检查与考核

安全主管部门每年年底对个人 HSE 行为计划实施情况进行检查与考核。对于个人安全行为计划的编制及实施情况，应随时进行抽查、验证，并纳入 HSE 绩效考核。

四、上锁挂签

上锁挂签是指通过安装上锁装置及悬挂标签识别来防止由于危险能源意外释放而造成的人员伤害或财产损失。上锁装置必须安装得有助于防止不经意的操作破坏危险能源隔离装置。每个可能暴露于危险能源的人员必须参与上锁挂签。

隔离是指将阀件、电器开关、蓄能配件等设定在合适的位置或借助特定的设施使设备不能运转或危险能量和物料不能释放的措施。

（一）辨识

作业前，为避免危险能量和物料意外释放可能导致的危害，应辨识作业区域内设备、系统或环境内所有的危险能量和物料的来源及类型，并确认有效隔离点。

（二）隔离

根据辨识出的危险能选择相匹配的断开、隔离装置。根据危险能量和物料可能产生的危害编制隔离方案，明确隔离方式、隔离点及上锁点清单。根据危险能量和物料性质及隔离方式选择隔离装置。

隔离装置的选择应考虑：满足特殊需要的专用危险能量隔离装置；安装上锁装置的技术要求；按钮、选择开关和其他控制线路装置不能作为危险能量隔离装置；控制阀和电磁阀不能单独作为物料隔离装置；如果必须使用控制阀门和电磁阀进行隔离，应按 Q/SY 1243—2009《管线打开安全管理规范》要求，制定专门的操作规程确保安全隔离；应采取措施防止因系统设计、配置或安装等原因造成能量可能再积聚（如有高电容量的长电缆）；系统或设备包含储存能量（如弹簧、飞轮、重力效应或电容器）时，应释放储存的能量或使用阻件阻塞；在复杂或高能电力系统中，应考虑安装防护性接地；可移动的动力设备（如燃油发动机、发动机驱动的设备）应采用可靠的方法（如去除电池、电缆、火花塞电线或相应措施）使其不能运转。

（三）上锁

根据上锁点清单，对已完成隔离的隔离设施选择合适的安全锁，填写警示标牌，对上锁点上锁挂签。

考虑到电气工作的特殊危害性，应制定专门的上锁挂签程序，对电气隔离点由电气专业人员上锁挂签及测试，作业人员确认。

电气上锁应注意以下 5 方面：

（1）主电源开关是电气驱动设备主要上锁点，附属的控制设备如现场启动/停止开关不可作为上锁点。

（2）若电压低于 220V，拔掉电源插头可视为有效隔离；若插头不在作业人员视线范围内，应对插头上锁挂签，以阻止他人误插。

（3）采用熔断丝、继电器控制盘供电方式的回路无法上锁时，应装上无熔断丝的熔丝器并加警示标牌。

（4）若必须在裸露的电气导线或组件上工作时，则上级电气开关应由电气专业人员断开或目视确认开关已断开；若无法目视开关状态时，可以将熔断丝拿掉或测电压、拆线来替代。

（5）对于具有远程控制功能的用电设备，不能仅依靠现场的启动按钮来测试确认电源是否断开，远程控制端必须置于"就地"或"断开"状态并上锁挂牌。

（四）确认

上锁挂签后，要确认危险能量和物料已被隔离或去除。可通过以下方式确认：观察压力表、视镜或液面指示器，确认容器或管道等储存的危险能量已被去除或阻塞；目视确认连接件已断开，转动设备已停止转动；对暴露于电气危险的工作任务，应检查电源导线已断开，所有上锁必须实物断开且经测试无电压存在。

（五）试验

有条件进行试验的，应通过正常启动或其他非常规的运转方式对设备进行试验。在进行试验时，应屏蔽所有可能会阻止设备启动或移动的限制条件（如联锁）。对设备进行试验前，应清理该设备周围区域内的人员和设备。

（六）解锁

作业完成后，操作人员确认设备、系统符合运行要求，每个上锁挂签的人员应亲自去解锁，他人不得替代；涉及多个作业人员的解锁，应在所有作业人员完成作业并解锁后操作人员按照上锁清单逐一确认并解除集体锁及标牌。非正常拆锁，上锁者本人不在场或没有解锁钥匙，且其警示标牌或安全锁需要移去时的解锁，拆锁程序应满足以下两个条件之一：与锁的所有人联系并取得其允许。

经操作单位和作业单位双方主管确认下述内容后方可拆锁：确知上锁的理由；确知目前工作状况；检查过相关设备；确知解除该锁及标牌是安全的；在该员工回到岗位时，告知其本人。

（七）管理

安全锁管理应明确以下信息：个人锁和钥匙归个人保管并标明使用人姓名，个人锁不得相互借用；集体锁应在锁箱的上锁清单上标明上锁的系统或设备名称编号日期原因等信息，锁和钥匙应有唯一对应的编号；集体锁应集中保管，存放于便于取用的场所。

危险警示标牌的设计应与其他标牌有明显区别。警示标牌应包括标准化用语（如"危险，禁止操作"或"危险，未经授权不准去除"）。危险警示标牌应标明员工姓名、联系方式、上锁日期、隔离点及理由。

如果保存有备用钥匙，应制定有备用钥匙控制程序，原则上备用钥匙只能在非正常拆锁时使用，其他任何时候除备用钥匙保管人外，任何人都不能接触到备用钥匙。严禁私自配制备用钥匙。

五、安全经验分享

(一) 概念和内涵

安全经验分享是指将本人亲身经历或所见所闻的健康、安全与环保方面的典型经验、教训、事故事件、安全工作方法、实用常识等总结出来，在会议、培训班等集体活动前进行宣传，从而使教训、经验、常识得到分享和推广的一项活动。

(二) 意义和作用

(1) 通过长期坚持开展安全经验分享，能启发员工互相学习，激发员工积极参与 HSE 管理，创造种以 HSE 为核心的"学习的文化"；

(2) 能强化员工正确的 HSE 做法，使其自觉纠正不安全习惯和行为，树立良好的 HSE 行为准则，促进全体员工 HSE 意识的不断提高，形成良好的安全文化氛围；

(3) 通过分享交流安全工作经验，获得正确的安全工作做法，提高员工安全工作技能；

(4) 领导层、管理层、操作层各层次人员参与一起互动的安全经验分享，以多种形式开展分享活动，既丰富了安全教育的内容，也改变了安全教育的方式。

(三) 开展安全经验分享的要求

(1) 不要将安全经验分享当作一项工作任务，去强行摊派或者执行，而应是自动自发的行为；

(2) 不要将安全经验分享形式化，不是走过场，确实要使得大家学到了经验、吸取了教训，能够有所收获；

(3) 重点是分享自己亲身经历的事故或事件，这样更具说服力和生命力；

(4) 进行安全经验分享时应考虑对象和受众，分享的内容应有一定的针对性，可以引起共鸣或反思；

(5) 安全经验分享不宜过多，每一项活动或者一个时间单元一般进行一次即可，比如召开工作交流会时，可每半天进行一个经验分享，不需要每个发言人都做一个安全经验分享。

(四) 做法

时间：不宜过长，一般为 3~5min。

内容：健康、安全和环境知识不限，工作中的 HSE 经验和生活中的 HSE 常识不限。

形式：可以直接口述，也可借助多媒体、图片、照片等形式讲述。

人员：进行安全经验分享的人员可以是会议或者活动的主持人，也可是事前指定的人员，或其他人员主动进行经验分享。

场所：人员集中地方，不限于各类 HSE 会议，各类活动或者培训之前都可以。

目的：通过共同分享，营造人人参与 HSE 管理的文化氛围。

六、作业许可

(一) 范围

一般情况下，作业许可管理应用范围包括：

（1）在所辖区域内或在已交付的在建装置区域内，进行下列工作均应实行作业许可管理，办理作业许可证：

① 非计划性维修工作（未列入日常维护计划或无程序指导的维修工作）；

② 承包商作业；

③ 偏离安全标准、规则、程序要求的工作；

④ 交叉作业；

⑤ 在承包商区域进行的工作；

⑥ 缺乏安全程序的工作。

（2）对不能确定是否需要办理许可证的其他工作办理许可证。

（3）如果工作中包含下列工作，还应同时办理专项作业许可证：

① 进入受限空间；

② 挖掘作业；

③ 高处作业；

④ 移动式吊装作业；

⑤ 管线打开；

⑥ 临时用电；

⑦ 动火作业。

（二）管理流程

作业许可管理流程如图 7-3 所示。

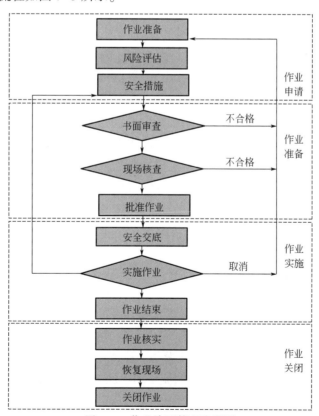

图 7-3　作业许可管理流程图

（三）实施作业许可注意事项

（1）作业许可不是行政审批，是作业风险辨识和控制的过程；要正确区别作业许可与行政审批，作业许可是针对某项具体的工作任务办理的许可证，其目的是控制该项作业的风险；而办理 HSE 市场准入证是对承包商资质的审查，属于行政审批范围。不能将作业许可与行政审批混淆。

（2）谁负责签批作业许可票证，谁负责组织作业风险辨识和控制；施工作业的人员应参与作业风险辨识和控制的全过程。

（3）许可证不是安全管理的万能工具。实现本质安全是风险控制的首选措施。设备的改善、防护装备的合理配备、员工安全意识和技能的提高是有效执行作业许可的前提。在硬件没有改善、安全防护不到位时，办理许可证没有实质意义。

七、变更管理

企业在人员、设备、工艺过程和程序上的任何变更都有可能对 HSE 产生不利影响。与变更有关的计则必须涉及各个阶段受变更影响所产生的 HSE 事项，以保证通过有效的计划和设计将危害或环境影响减少到最小。

（一）设施的变更

工艺或机械设计改变时会引起设施的变更，生产介质、添加剂、产品规格、副产品、废品、设计条款、监测仪器和控制系统变更也可能引起设施的变更。在下述条件下，设施变更可能发生：

（1）生产或工艺设施的建造。

（2）新设施的建设，包括生产或过程与现有设施的配套连接，设施的重新配置或对现有设施（设备）的改造。

（3）现有设施的改造导致设施或设备的设计和结构支持、布局、配置的变化。

（4）增加设施生产量或接纳不同介质的项目。

（5）操作条件的明显改变，包括与原始工艺或设计不同的压力、温度、流速或其他工艺条件的变化。

（6）设备的改变，包括增加新设备或改造现有设备，主要是报警、检测和控制程序的变化。

（7）工艺或设备的更改可导致设施泄压或放空要求的变化，包括生产量、提高操作温度或压力，扩大设备规格或要求更大压力的附加设备。

（8）正常使用中设备的跨接。

（9）超出现有操作程序规定范围的作业，包括启动、正常关闭和紧急关闭。

（10）HSE 管理体系风险评价和管理各要素所涉及的机械设计的变化。

（11）新的或不同化学试剂（如防腐剂、防垢剂和防泡剂）的引进。

（12）设施的改变，包括机械（如钻井设备、建造设备、临时连接或失效部件替换）的改变，其中的一些改变可能未在工艺和检测流程图中注明，这些可能包括：

① 替换了规格上不同于风险评价和管理过程中所考虑要求的机械和设备；

② 临时管线、连接件、皮管或修补过的管线；

③ 工艺材料、催化剂或反应剂的替代供给；

④ 临时电力设备或公用动力的连接，不包括应急情况。

（13）有关工艺控制或安全系统的程序变化。

（二）人员的变更

（1）承包商的变动及来自组织机构的变更、设备的变更和操作人的改变引起的变更；

（2）由于设施转让引起的组织机构变更需要公司对 HSE 管理体系进行修订。

（三）程序的变更

HSE 管理体系风险评价和管理体系各要素所涉及的操作过程及相应程序的变化。

（四）法律、法规的变更

（1）公司研究已颁布或新颁布的法律、法规的内容，以使 HSE 管理体系与法律、法规的要求相适应。

（2）HSE 关键事项的可能变更，首先应取得变更说明或方案的文件，在实施之前应进行评审，必要时应对 HSE 管理体系进行必要的补充，以保证引入变更后不会对良好的 HSE 表现产生不利影响。

（3）对于公司如何说明和评价将实施的新法规或补充法规，如何将修改的规则结合进 HSE 管理体系中去，变更管理程序应做出说明。

（4）当新操作（如购买、建立、废弃及产品、服务或过程）或更改操作引起了 HSE 方面的显著变化时，应分别建立专门的变更管理计划来确定：

① 要达到的 HSE 目标；

② 达到目标的方法；

③ 达到 HSE 目标的资源要求；

④ 处理工程进展过程中的变更或改变的程序；

⑤ 所采用的纠正方法和监测方法是否充分，如何实施这些方法。

（5）为了有助于变更管理的实施，应清楚地将标准和指南划分为强制要求和指导性要求。

（6）在变更管理中，诸如排放组成的逐渐变化或生产超出了原设计范围的逐渐变化应特别加以注意。这样的变化是缓慢进行的，往往容易被忽略，但很可能从量的变化转变为质的变化，从而引发事故。

第八章　安全生产标准化和"三标一规范"

第一节　安全生产标准化

一、安全生产标准化内涵

安全生产标准化，是指通过建立安全生产责任制，制定安全管理制度和操作规程，排查治理隐患和监控重大危险源，建立预防机制，规范生产行为，使各生产环节符合有关安全生产法律法规和标准规范的要求，人（人员）、机（机械）、料（材料）、法（工法）、环（环境）、测（测量）处于良好的生产状态，并持续改进，不断加强企业安全生产规范化建设。

二、安全生产标准化建设的重点内容

（一）确定目标

生产经营单位根据自身安全生产实际，制定总体和年度安全生产目标。按照所辖部门在生产经营中的职能，制定安全生产指标和考核办法。

（二）设置组织机构，确定相关岗位职责

生产经营单位按规定设立安全管理机构，配备安全生产管理人员。生产经营单位主要负责人按照法律法规赋予的职责，全面负责安全生产工作，并履行安全生产义务。

生产经营单位应建立安全生产责任制，明确各级单位、部门和人员的安全生产职责。

（三）安全生产投入保证

生产经营单位应建立安全生产投入保障制度，完善和改进安全生产条件，按规定提取安全费用，专项用于安全生产，并建立安全费用台账。

（四）法律法规的执行与完善安全管理制度

生产经营单位应识别和获取适用的安全生产法律法规、标准规范的制度，明确主管部门，确定获取的渠道、方式，及时识别和获取适用的安全生产法律法规、标准规范。生产经营单位各职能部门应及时识别和获取本部门适用的安全生产法律法规、标准规范，并跟踪、掌握有关法律法规、标准规范的修订情况，及时提供给本单位内负责识别和获取适用的安全生产法律法规的主管部门汇总。

生产经营单位应将适用的安全生产法律法规、标准规范及其他要求传达给从业人员。生

产经营单位应遵守安全生产法律法规、标准规范，并将相关要求及时转化为本单位的规章制度，贯彻到各项工作中。

（五）教育培训

生产经营单位应确定安全教育培训主管部门，按规定及岗位需要，定期识别安全教育培训需求，制定、实施安全教育培训计划，提供相应的资源保证，并对培训效果进行计进行评估和改进。应做好安全教育培训记录，建立安全教育培训档案，实施分级管理，生产经营单位应对操作岗位人员进行安全教育和生产技能培训，使其熟悉有关的安全生产规章制度和安全操作规程，并确认其能力符合岗位要求。未经安全教育培训，或培训考核不合格的从业人员，不得上岗作业。

（六）生产设备设施管理

生产经营单位建设项目的所有设备设施应符合有关法律法规、标准规范的要求，安全设备设施应与建设项目主体工程同时设计、同时施工、同时投入生产和使用。生产设备设施变更应执行变更管理制度，履行变更程序，并对变更的全过程进行隐患控制。

生产经营单位应对设备设施进行规范化管理，保证其安全运行。应有专人负责管理各种安全设施，建立台账，定期检维修，对安全设备设施应制定检维修计划。设备设施检维修前应制定方案，检维修方案应包含作业行为分析和控制措施，检维修过程应执行隐患控制措施并进行监督检查。安全设备设施不得随意拆除、挪用或弃置不用；确因检维修拆除的，应采取临时安全措施，检维修完毕后立即复原。

设备的设计、制造、安装、使用、检测、维修、改造、拆除和报废，应符合有关法律法规、标准规范的要求。执行生产设备设施到货验收和报废管理制度，应使用质量合格、设计符合要求的生产设备设施。拆除的设备设施应按规定进行处置。拆除的生产设备设施涉及危险物品的，须制定危险物品处置方案和应急措施，并严格按照规定组织实施。

（七）作业安全

1.生产现场管理和生产过程控制

生产经营单位应加强生产现场安全管理和生产过程的控制。对生产过程及物料、设备设施、器材、通道、作业环境等存在的隐患，应进行分析和控制。对动火作业、起重作业、受限空间作业、临时用电作业、高处作业等危险性较高的作业活动实施作业许可管理，严格履行审批手续。作业许可证应包含危害因素分析和安全措施等内容。

对于吊装、爆破等危险作业，应当安排专人进行现场安全管理，确保安全规程的遵守和安全措施的落实。

2.作业行为管理

生产经营单位应加强生产作业行为的安全管理。对作业行为隐患、设备设施使用隐患、工艺技术隐患等进行分析，采取控制措施，实现人、机、环的和谐统一。

3.安全警示标志

根据作业场所的实际情况，在有较大危险因素的作业场所和设备设施上，设置明显的安全警示标志，进行危险提示、警示，告知危险的种类、后果及应急措施等。

在进行设备设施检维修、施工、吊装等作业现场设置警示区域和警示标志，在检维修现场的坑、井、洼、沟、陡坡等场所设置围栏和警示标志。

4. 相关方管理

生产经营单位执行承包商、供应商等相关方管理制度，对其资格预审、选择、服务前准备、作业过程、提供的产品、技术服务、表现评估、续用等进行管理。

建立合格相关方的名录和档案，根据服务作业行为定期识别服务行为风险，并采取行之有效的控制措施。对进入同一作业区的相关方进行统安全管理。不得将项目委托给不具备相应资质或条件的相关方。生产经营单位和相关方的项目协议应明确规定双方的安全生产责任和义务，或签订专门的安全协议，明确双方的安全责任。

5. 变更管理

生产经营单位应执行变更管理制度，对机构、人员、工艺、技术，设备设施、作业过程及环境等永久性或暂时性的变化进行有计划的控制。变更的实施应履行审批及验收程序，并对变更过程及变更所产生的隐患进行分析和控制。

（八）隐患排查和治理

生产经营单位应组织事故隐患排查工作，对隐患进行分析评估，确定隐患等级，登记建档，及时采取措施治理。

1. 排查前提及依据

法律法规、标准规范发生变更或有新的公布，以及操作条件或工艺改变，新建、改建、扩建项目建设，相关方进入、撤出或改变，对事故、事件或其他信息有新的认识，组织机构发生大的调整的，应及时组织隐患排查。

2. 排查范围与方法

隐患排查的范围应包括所有与生产经营相关的场所、环境、人员、设备设施和活动。生产经营单位应根据安全生产的需要和特点，采用综合检查、专业检查、季节性检查、节假日检查、日常检查、专项检查等方式进行隐患排查。

3. 隐患治理

根据隐患排查的结果，制定隐患治理方案，对隐患及时进行治理。隐患治理方案应包括目标和任务、方法和措施、经费和物资、机构和人员、时限和要求。重大事故隐患在治理前应采取临时控制措施并制定应急预案。

隐患治理措施包括：工程技术措施、管理措施、教育措施、防护措施和应急措施。治理完成后，应对治理情况进行验证和效果评估。

4. 预测预警

生产经营单位应根据生产经营状况及隐患排查治理情况，运用定量的安全生产预测预警技术，建立体现本单位安全生产状况及发展趋势的预警指数系统。

（九）重大危险源监控

生产经营单位应根据国家重大危险源有关标准对本单位的危险设施或场所进行重大危险源辨识与安全评估。对构成国家规定的重大危险源应及时登记建档，并按规定向政府有关部门备案。生产经营单位应建立健全重大危险源安全管理制度，制定重大危险源安全管理技术措施。

（十）职业健康

1. 职业健康管理

生产经营单位应按照法律法规、标准规范的要求，为从业人员提供符合职业健康要求的工作环境和条件，配备与职业健康保护相适应的设施、工具。

定期对作业场所职业危害进行检测，在检测点设置标识牌告知，并将检测结果录入职业健康档案。

对可能发生急性职业危害的有毒、有害工作场所，应设置报警装置，制定应急预案，配置现场急救用品、设备，设置应急撤离通道和必要的泄险区。

各种防护器具应定点存放在安全、便于取用的地方，并有专人负责保管，定期校验和维护。应对现场急救用品、设备和防护用品进行经常性的检维修，定期检测其性能，确保其处于正常状态。

2. 职业危害告知和警示

生产经营单位与从业人员订立劳动合同时，应将工作过程中可能产生的职业危害及其后果和防护措施如实告知从业人员，并在劳动合同中写明。

生产经营单位应采用有效的方式对从业人员及相关方进行宣传，使其了解生产过程中的职业危害、预防和应急处理措施，降低或消除危害后果。对存在严重职业危害的作业岗位，应设置警示标识和警示说明。警示说明应载明职业危害的种类、后果、预防和应急救治措施。

3. 职业危害申报

生产经营单位应按规定及时、如实地向当地主管部门申报生产过程存在的职业危害因素，并依法接受其监督。

（十一）应急救援

1. 应急机构和队伍

生产经营单位应建立安全生产应急管理机构，或指定专人负责安全生产应急管理工作。建立与本单位生产特点相适应的专（兼）职应急救援队伍，或指定专（兼）职应急救援人员，并组织训练；无须建立应急救援队伍的，可与附近具备专业资质的应急救援队伍签订服务协议。

2. 应急预案

生产经营单位应按规定制定生产安全事故应急预案，并针对重点作业岗位制定应急处置方案或措施，形成安全生产应急预案体系。应急预案应根据规定报当地主管部门备案，并通报有关应急协作单位。应急预案应定期评审，并根据评审结果或实际情况的变化进行修订和完善。

3. 应急设施、装备、物资

生产经营单位应按规定建立应急设施，配备应急装备，储备应急物资，并进行经常性的检查、维护、保养，确保其完好、可靠。

4. 应急演练

生产经营单位应组织生产安全事故应急演练，并对演练效果进行评估。根据评估结果，修订、完善应急预案，改进应急管理工作。

5. 事故救援

发生事故后，应立即启动相关应急预案，积极开展事故救援。

(十二) 事故管理

1. 事故报告

生产经营单位发生事故后，应按规定及时向上级单位、政府有关部门报告，并妥善保护事故现场及有关证据，必要时向相关单位和人员通报。

2. 事故调查和处理

发生事故后，应按规定成立事故调查组，明确其职责与权限，进行事故调查或配合上级部门的事故调查。

事故调查应查明事故发生的时间、经过、原因和人员伤亡情况及直接经济损失等。事故调查组应根据有关证据、资料，分析事故的直接、间接原因和事故责任，提出整改措施和处理建议，编制事故调查报告。

(十三) 绩效评定和持续改进

生产经营单位每年至少一次对本单位安全生产标准化的实施情况进行评定，验证各项安全生产制度措施的适宜性、充分性和有效性，检查安全生产工作目标、指标的完成情况。主要负责人应对绩效评定工作全面负责。评定工作应形成正式文件，并将结果向所有部门、所属单位和从业人员通报，作为年度考评的重要依据。生产经营单位发生死亡事故后应重新进行评定。

生产经营单位应根据安全生产标准化评定结果和安全生产预警指数系统所反映的趋势，对安全生产目标、指标、规章制度、操作规程等进行修改完善，持续改进，不断提高安全生产管理水平。

第二节　"三标一规范"内涵和运行要点

一、内涵

"三标一规范"中，"三标"指的是标准化现场、标准化操作及标准化管理，"一规范"指的是规范化风险管理，具体结构如图 8-1 所示。

"三标一规范"具体内容是：运行以"一图一单"为核心的标准化现场模式，统一本质安全要求；运行以"两书一表"为核心的标准化操作模式，统一作业流程；运行以"三三一册"为核心的标准化管理模式，统一管理流程；运行以"二七"风险控制为核心的规范化风险管理模式，统一风险管理。其目的是为了进一步夯实基层安全环保管理基础，强化一线岗位员工执行力，有效防范和控制基层现场安全环保风险。

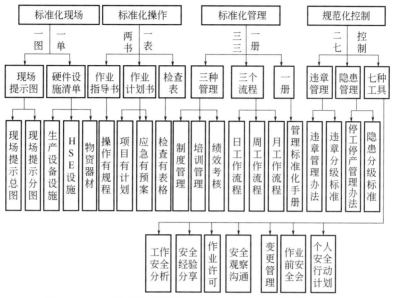

图 8-1　HSE 标准化基层队"三标一规范"建设内涵示意图

二、运行要点

（一）"三标"实施要点

1. 标准化现场

建立运行以"一图一单"为核心的标准化现场模式，统一本质安全要求，实现现场无隐患、设备无缺陷。

1）一图

一图即现场提示图。包括现场布置图、风险源分布图、应急设施分布图、逃生路线图等四图合一。

现场提示图分为现场提示总图及分区域提示图。现场提示总图标注现场总体布局，包括主要的区域、建筑物、设备设施等，重点标注安全间距、安全通道和安全说明。分区域提示图应重点标注各区域建筑物、安全通道的布局；设备设施、工器具的摆放位置、数量、规格、型号；区域责任牌、设备管理责任牌、操作规程、岗位职责；安全警示标志和标识等。通过严格执行现场提示图，确保总体布局和区域布局安全，实现安装布置本质安全。

2）一单

一单即硬件设施清单，包括生产设备设施、HSE 设施和物资器材的清单。

生产设备设施清单主要包括完成基层队生产工艺所需要的设备设施的类型、数量。HSE设施清单主要包括安全、消防、应急等设施的类型和数量。物资器材清单主要包括本队为保证生产和生活正常运行所需储备物资器材的类型和数量。

各单位应按照基层队主要设备类型、施工作业区域、主要施工工艺的不同，编制相应的硬件设施配置清单，统一硬件设施配置标准。通过按标配置，实现硬件配备环节的本质安全。

2. 标准化操作

（1）建立运行以"两书一表"为核心的标准化操作模式，统一作业流程，实现操作无违章。

（2）通过简化计划书、整合指导书、细化检查表，编制 HSE 标准化作业程序，做到项目有计划、培训有矩阵、操作有指南、检查有表格、应急有措施，全面规范员工操作行为。

（3）简化 HSE 计划书：分专业编制 HSE 计划书，统一格式，统一内容，实现 HSE 计划书的模板化、表格化，减少基层队计划书编制工作量，做到一个项目一个计划书。

（4）整合指导书：在集团公司规定的五项内容（岗位任职条件、岗位职责、岗位操作规程、巡回检查主要检查内容、应急处置程序）基础上，增加岗位培训矩阵和岗位风险识别与应急处置卡两个方面的内容，实现一个岗位一套岗位作业指导书，便于员工对照学习和检查。

（5）细化 HSE 检查表：将检查表细化为综合检查表、专业检查表和岗位检查表，分别用于队干部、大班人员、岗位操作人员开展检查，做到一个岗位一个检查表，提高检查针对性。

（6）持续规范作业程序：各单位应参照公司标准化作业程序和设备操作规程模板，将工艺危害分析结果融入标准化作业程序和设备操作规程编写，组织编写作业程序和设备操作规程，全面规范员工操作行为，杜绝自选动作，实现岗位操作无违章。

3. 标准化管理

建立运行以"三三一册"为核心的标准化管理模式，统一管理流程，实现管理无违规。

1）夯实三个基础

一是夯实基层队 HSE 制度系统。建立制度和记录两个清单，系统梳理基层队适用的制度标准、标准化作业程序、设备操作规程、应急预案，精减文件记录资料，推行文件记录的定岗、定置、分类管理。

二是夯实基层队站 HSE 培训管理。建立基层队培训制度，建立运行"四合一"培训矩阵，编制视频、动漫等课件，采取班前会培训、"教导示范队"培训、滚动视频播放培训等方式，实施"三在岗"培训，做到理论和实践相结合，提高培训的针对性和有效性。

三是夯实基层队 HSE 绩效考核。建立基层队季度综合考核排名和基层队员工月度考核制度，推行员工逐日工分考核，HSE 考核权重占 30% 以上，重点考核岗位 HSE 职责履行情况、岗位属地管理落实情况，以强有力的经济杠杆驱动员工按章操作、干部按章管理。

2）实施三个流程

将 HSE 管理的要求融入流程，通过流程的实施，实现 HSE 管理要求的有效落实。

一是实施每日管理流程，以班前会、班中检查、班后会为主线，将 HSE 检查、工作安全分析、作业许可、作业程序和操作规程培训、HSE 计划书实施等内容融入其中，形成基层队每日管理标准化流程。

二是实施每周管理流程，以周检查和周例会为载体，将周检查情况通报、周安全观察沟通讲评奖励、员工良好表现和奖励、重大违章隐患通报和处理、本周 HSE 工作回顾、下周 HSE 工作安排融入其中，形成基层队每周管理的标准化流程。

三是实施每月管理流程，以月度检查和月度例会为载体，将月度检查情况通报、月度安全观察沟通统计分析、月度员工 HSE 绩效考核、重大违章隐患通报和处理、本月 HSE 工作回顾、下月 HSE 工作安排融入其中，形成基层队每月管理的标准化流程。

3）推广一个手册

建立推广基层队管理标准化手册，规范"组织机构、岗位设置和职责""标准、工作规范、现场管理制度和作业提示""基础资料""检查考核"4 大类、76 个方面管理要求和 21 类附录文件记录资料，将 HSE 管理要求有机融入，统一基层队管理模式，实现基层队管理标准化。

（二）"一规范"实施要点

建立运行以"二七"风险控制为核心的规范化风险管理模式，统一风险管理，实现风险受控运行。

"二"——即严格违章和隐患两项管理，规范纠偏管理，建立查患纠违长效机制。

"七"——运行 7+N 种风险控制工具，规范风险管理，建立风险辨识管控长效机制。通过推行工作安全分析、作业许可、安全观察沟通、变更管理、作业前安全会、个人安全行动计划、安全经验分享等风险控制工具，有效辨识风险和防控风险。

第三节 "三标一规范"建设要求

一、企业安全文化

（1）大力宣贯和认真践行企业宗旨、企业精神、企业核心经营管理理念和安全环保理念；

（2）认真履行安全生产责任制，严格执行安全生产规章制度；

（3）改善基层生产生活环境，加强员工劳动保护，加强设备更新和技术改造，大力推广使用安全科学技术，提高安全生产工艺和设备可靠性，加大隐患治理力度，最大限度消除物的不安全状态；

（4）提高员工安全操作技能，实现不伤害自己、不伤害别人、不被别人伤害。

二、标准化现场

（一）一图

（1）现场布置图包括总图和分区域图。现场提示总图标注现场总体布局，包括现场布置图、风险分布图、应急设施分布图、逃生路线图等内容，并设置风险告知。

（2）涉及多个场所的基层队，在总图框架下，再按不同的场所分别编制分区域图册，包括区域责任牌、区域安全环保职业健康警示标志和标识（区域风险告知牌）等区域提示图。

（3）根据《标准化现场手册》等指南性文件进行布置。

（4）员工熟悉现场提示图，了解风险源和应急设施分布，清楚逃生路线。

（5）现场清洁生产得到落实。

（二）一单

（1）现场管理清单包括生产设备设施清单（如钻井现场的泥浆泵、绞车、水龙头、计量器具等台账）、健康安全环保设施清单（如消防器材、正压呼吸器、气体检测仪、防坠落装置、废弃物收集处理装置等）、风险管控清单。

（2）根据安全生产管理需要，梳理生产设备设施、健康安全环保设施和应急物资器材配置标准，并明确清单模版，优化设施器材台账。

三、标准化操作

（一）作业指导书

（1）按照集团公司 Q/SY 1217—2009《HSE 作业指导书编写指南》的要求，结合业务特点，二级单位完善本单位的作业指导书，并进行审核和评审，批准后发布实施。

（2）二级单位建立完善以工艺流程为主线的标准化操作程序，明确作业流程图、各步骤危险因素、风险控制措施和应急措施。

（3）基层队站将作业指导书纳入培训计划，作为岗位员工日常自学的重要内容。

（二）作业计划书

（1）按照集团公司 Q/SY 1710—2014《HSE"两书一表"管理规范》的要求，以作业项目为对象，系统识别项目安全环境职业健康等危害因素，针对作业指导书未覆盖的新增风险，如首次进入高风险区块作业、环境敏感区域作业等，制定消减和控制措施，形成针对基层特定作业活动的风险控制作业计划书。

（2）计划书内容简洁易操作，突出新增风险的识别与控制。

（三）检查表

（1）按照集团公司 Q/SY 135—2012《安全检查表编制指南》的要求，依据队伍现状、现场作业和专业特点，结合"日、周、月"管理流程，制定有针对性的检查表，重点突出设备设施完整性的检查，明确检查的要点和周期。

（2）将检查表细化为综合检查表、专业检查表和岗位检查表，分别用于基层队站干部和岗位操作人员，做到一个岗位一个检查表，提高检查效果和针对性，检查表内容简洁适用。

（四）操作规程

规程应得到有效执行，规程的可操作性、针对性和安全性得以持续改进，将工作安全分析结果，应用于设备操作规程、标准化作业程序的修订完善中。

（五）应急处置卡

基层队站配发有应急处置卡，并定期演练，持续改进完善应急处置卡。

四、标准化管理

（一）三个基础

（1）规范文件制度和记录两个清单，减轻基层资料负担；

（2）培训主管部门结合员工安全环保履职能力评估结果，完善培训矩阵，提高培训的针对性和有效性；

（3）结合单位管理要求和岗位特点，制定岗位 HSE 责任书或 HSE 绩效考核表（安全环保履职考核表），建立员工 HSE 绩效考核办法，完善基层队 HSE 考核机制，充分发挥 HSE 绩效的导向和激励作用。

（二）三个流程

三个流程指建立实施基层队或单井 HSE 管理"日、周、月"管理流程。

（三）一册

一册即基层队站积极推行《行为安全规范手册》，将其作为员工日常学习和培训的重要内容，对新入厂员工、新聘任岗位全部通过该手册知识的考试。

五、规范化风险管理

（一）"二"（违章和隐患管理）

（1）执行《安全生产违章行为管理办法》《常见违章行为风险分级标准》《员工违章行为管理规定（试行）》及《施工现场停工停产管理暂行办法》《常见隐患风险分级标准》《安全环保事故隐患排查治理管理办法》；

（2）建立或执行本队站危害因素、隐患、违章自查自纠的机制，员工自觉参与危害识别、安全检查、隐患排查治理等。

（二）七种工具

积极推广运用工作安全分析等 7+N 种风险控制工具，强化作业许可和变更管理，按工艺流程重新梳理许可、变更内容和审批要求，实现许可和变更的分级分类管理：

（1）作业前安全会：干部结合工作实际和作业内容，组织召开班前会、交底会等多种形式的作业前安全会，参加作业的人员主动分析作业风险，并清楚防范措施。

（2）工作安全分析：按照川庆钻探公司工作安全分析管理规范，严格四步流程，工作安全分析的相关资料及记录符合规范要求。

（3）作业许可：组织全体员工进行作业许可管理规范培训；队干部及管理人员、班组长了解本单位作业许可的范围、作业许可管理的流程等。气体检测、个人防护及应急措施等落实到位。

（4）上锁挂签：基层队锁具配备齐全有效，队干部及管理人员、班组长了解本单位上锁挂签作业要求，操作人员会使用锁具。能量隔离等措施落实到位。

（5）变更管理：管理人员要掌握本单位变更管理制度及范围、流程等，并按程序审批和实施。

（6）安全观察沟通：员工了解行为安全观察与沟通的内容和方法；按上级要求和计划开展行为安全观察与沟通活动，并进行统计、分析和上报；对安全观察与沟通的统计结果制定针对性的改进措施，评比优秀卡进行奖励，统计倾向性的重点问题，在下个讲评周期开展专项整治活动。

（7）安全经验分享：队干部、HSE 监督（安全员）、班组长带头进行安全经验分享。

第九章　风险管控和隐患治理双重预防机制建设

第一节　风险管控和隐患治理双重机制概述

一、风险管控和隐患治理双重预防机制的内涵

《国务院安委会办公室关于印发标本兼治遏制重特大事故工作指南的通知》（安委办〔2016〕3 号）要求企业把安全风险管控挺在隐患前面，把隐患排查治理挺在事故前面，扎实构建事故应急救援最后一道防线。到 2018 年构建形成点、线、面有机结合，无缝对接的安全风险分级管控和隐患排查治理双重预防性工作体系，全面遏制重特大事故发生。

双重预防指的是：风险分级管控、隐患排查治理，双重预防机制构筑防范生产安全事故的两道防火墙。第一道防火墙是管风险，第二道是治隐患：

第一道管风险，以安全风险辨识和管控为基础，从源头上系统辨识风险、分级管控风险，努力把各类风险控制在可接受范围内，杜绝和减少事故隐患。

第二道治隐患，以隐患排查和治理为手段，认真排查风险管控过程中出现的缺失、漏洞和风险控制失效环节，坚决把隐患消灭在事故发生之前。

通过双重预防的工作机制，切实把每一类风险都控制在可接受范围内，把每一个隐患都治理在形成之初，把每一起事故都消灭在萌芽状态。

构建双重预防机制的目的是：针对安全生产领域"认不清、想不到"的突出问题，强调安全生产的关口前移，从隐患排查治理前移到安全风险管控。

严把两道关口指的是：按照目标导向，坚持重大风险重点管控，严把风险管控关；按照问题导向，坚持重大隐患限期治理，严把隐患治理关。

二、风险分级管控和隐患排查治理关系

（一）风险分级管控

风险分级管控是指按照风险不同级别、所需管控资源、管控能力、管控措施复杂及难易程度等因素而确定不同管控层级的风险管控方式。

风险分级管控的基本原则是：风险越大，管控级别越高；上级负责管控的风险，下级必须负责管控，并逐级落实具体措施。风险按照"红橙黄蓝"分为四级，红色最高。

蓝色风险，分为5级风险和4级风险。5级风险，指稍有危险，需要注意或可忽略的、可接受的风险。对于该级别的风险，员工应引起注意；公司的基层工段、班组负责控制管理，可根据是否在生产场所或实际需要来确定是否制定控制措施及保存记录。4级风险，指轻度危险，可以接受或可容许的风险。对于该级别的风险，公司的车间、科室应引起关注并负责控制管理，所属工段、班组具体落实；不需要另外的控制措施，应考虑投资效果更佳的解决方案或不增加额外成本的改进措施，需要监视来确保控制措施得以维持现状，保留记录。

黄色风险：3级风险，中度（显著）危险，需要控制整改。对于该级别的风险，公司、部室（车间上级单位）应引起关注并负责控制管理，所属车间、科室具体落实；应制定管理制度、规定进行控制，努力降低风险，应仔细测定并限定预防成本，在规定期限内实施降低风险措施，在严重伤害后果相关的场合，必须进一步进行评价，确定伤害的可能性和是否需要改进控制措施。

橙色风险：2级风险，高度危险，重大风险，必须制定措施进行控制管理。对于该级别及以上的风险，公司应重点控制管理，由安全主管部门和各职能部门根据职责分工具体落实。当风险涉及正在进行中的工作时，应采取应急措施，并根据需求为降低风险制定目标、指标、管理方案或配给资源、限期治理，直至风险降低后才能开始工作。

红色风险：1级风险，不可容许的，巨大风险，极其危险，必须立即整改，不能继续作业。对于该级别风险，只有当风险已降低时，才能开始或继续工作。如果无限的资源投入也不能降低风险，就必须禁止工作，立即采取隐患治理措施。

（二）隐患排查、隐患治理、隐患信息

隐患排查是指企业组织安全生产管理人员、工程技术人员和其他相关人员对本单位的事故隐患进行排查，并对排查出的事故隐患，按照事故隐患的等级进行登记，建立事故隐患信息档案的工作过程。

隐患治理是指消除或控制隐患的活动或过程，包括对排查出的事故隐患按照职责分工明确整改责任，制定整改计划、落实整改资金、实施监控治理和复查验收的全过程。

隐患信息是包括隐患名称、位置、状态描述、可能导致后果及其严重程度、治理目标、治理措施、职责划分、治理期限等信息的总称。企业对事故隐患信息应建档管理。

（三）风险分级

公司级：通常风险级别为Ⅰ级和Ⅱ级的风险点，Ⅰ级和Ⅱ级风险点通常应包括重大危险源，风险点所产生的后果严重、易产生重大隐患的风险点，或后果不严重、但发生概率较高的风险点所涉及的危险源。

专业级：专业管理直接管理或相关的活动、过程、装置、设施、设备、物料等风险点所涉及的危险源，如供电专业的排查点可包括高压线路、高压配电、低压配电、配电柜（箱）、避雷系统、检维（抢）修等活动等风险点中的危险源。

车间级：基层单位管辖范围内所有的设施、设备、作业过程、人员（含外来人员）等风险点所涉及的危险源可设为排查点，包括在本区域内的公司级、专业级排查点。

班组级：除专业能力或设备能力不足导致无法实施排查的危险源，将本班组内所有

的设施、设备、作业过程、人员（含外来人员）等风险点所涉及的危险源可设为排查点。

岗位级：除专业能力或设备能力不足导致无法实施排查的风险点，将本岗位内所有的设施、设备、作业过程、人员（含外来人员）等风险点所涉及的危险源应设为排查点。

风险分级如图 9-1 所示。

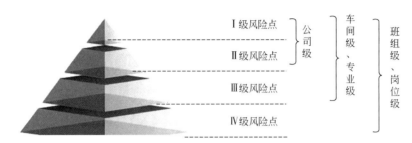

图 9-1　风险分级图

2014 年 11 月 26 日，中国石油天然气集团公司印发《生产安全风险防控管理办法》（中油安〔2014〕445 号）要求将生产安全风险防控的责任划分到总部、所属企业、二级单位、车间（站队）、基层岗位等各个层级，每一层级对照专业领域、业务流程，评估并确定生产安全风险防控重点，落实防控责任（图 9-2）。2016 年 9 月 7 日，在大庆油田召开的集团公司基层站队 HSE 标准化建设推进会上，进一步明确了集团公司"十三五"风险防控总体原则是"识别危害、控制风险、消除隐患，努力减少亡人事故"。

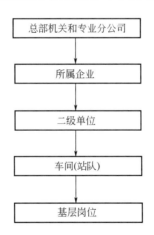

图 9-2　中国石油天然气集团公司五级风险防控组织体系

事故是由隐患发展积累导致的，隐患的根源在于风险，风险得不到有效管控就会演变成隐患，隐患得不到治理就会发生量变到质变的过程，质变到一定程度，就会导致事故发生。危险源到事故的演变如图 9-3 所示。

安全风险分级管控是隐患排查治理的前提和基础，隐患排查治理是安全风险分级管控的强化与深入。事故隐患来源于安全风险的管控失效或弱化，安全风险得到有效管控就会不出现或少出现隐患。

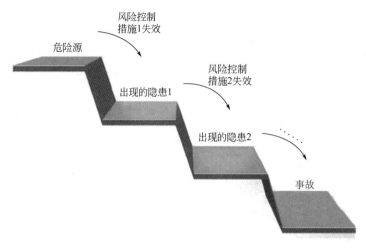

图 9-3　危险源到事故的演变图

第二节　风险管控和隐患治理双重机制的构建

一、双重预防机制建设的目标

构建双重预防机制就是要在全社会形成有效管控风险、排查治理隐患、防范和遏制重特大事故的思想共识，推动建立企业安全风险自辨自控、隐患自查自治，政府领导有力、部门监管有效、企业责任落实、社会参与有序的工作格局，促使企业形成常态化运行的工作机制，切实提升安全生产整体预控能力，夯实遏制重特大事故的坚实基础。

二、双重预防机制内容

（1）建立安全风险清单和数据库；

（2）制定重大安全风险管控措施；

（3）设置重大安全风险公告栏；

（4）制作岗位安全风险告知卡；

（5）绘制企业安全风险四色分布图；

（6）绘制企业作业安全风险比较图；

（7）建立安全风险分级管控制度；

（8）建立隐患排查治理制度；

（9）建立隐患排查治理台账或数据库；

（10）制定重大隐患治理实施方案。

三、风险分级管控程序

从总体上讲，风险分级管控程序包括 4 个阶段、7 个步骤。4 个阶段，即危险源识别、风险评价、风险控制、效果验证与更新。7 个实施步骤如图 9-4 所示。

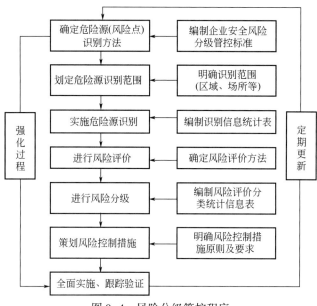

图 9-4 风险分级管控程序

四、隐患排查治理的基本程序

隐患排查治理程序如图 9-5 所示。隐患治理"五落实"是指责任、措施、资金、时限和预案"的落实"。重大事故隐患严格落实"分级负责、领导督办、跟踪问效、治理销号"制度。

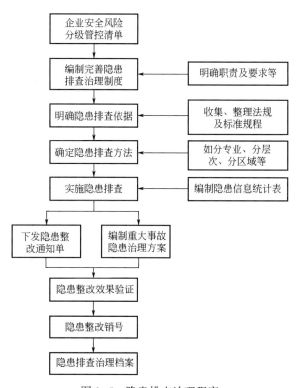

图 9-5 隐患排查治理程序

模拟习题及答案

第六章　安全生产法律法规

一、单选题

1. 下列关于我国安全生产法律体系的基本框架和效力的说法，正确的是（　　）。
   A. 安全生产立法可分为上位法和下位法，法律是安全生产法律体系中的上位法
   B. 安全生产法规可分为行政法规、部门法规和地方性法规
   C. 安全生产行政法规可分为国务院行政法规、部门行政法规和地方行政法规
   D. 安全生产行政规章可分为国务院规章、部门规章和地方政府规章

2. 依据《安全生产法》的规定，下列关于各级人民政府安全生产职责的说法，正确的是（　　）。
   A. 县级以上地方各级人民政府履行本行政区域内的安全监管职责，对生产经营单位安全生产状况实施监督检查
   B. 县级以上各级人民政府应当根据国民经济和社会发展规划制定安全生产规划，并组织实施
   C. 乡、镇人民政府应当支持、督促各有关部门依法履行安全监管职责，建立健全安全生产工作协调机制，及时协调、解决安全生产监督管理中存在的重大问题
   D. 街道办事处、开发区管理机构等地方人民政府的派出机关对本行政区域内的安全生产工作实施综合监督管理，加强对本行政区域内生产经营单位安全生产状况的监督检查

3. 张某为某服装厂安全主管，王某为某食品厂安全主管，李某为某炼钢厂安全主管，赵某为某建筑公司安全主管，依据《安全生产法》的规定，上述人员的任免应当告知安全监管主管部门的是（　　）。
   A. 张某　　　　　B. 王某　　　　　C. 李某　　　　　D. 赵某

4. 某危险物品储存单位有从业人员 25 人，依据《安全生产法》的规定，下列关于该单位设置安全生产管理机构和配备安全生产管理人员的说法，正确的是（　　）。
   A. 应当配备专职或者兼职的安全生产管理人员
   B. 可以不配备专职的安全生产管理人员，但必须配备兼职的安全生产管理人员
   C. 可以不设置安全生产管理机构，但必须配备专职安全生产管理人员
   D. 不需要设置安全生产管理机构和配备专职安全生产管理人员，可以委托具有相关安全资质的服务机构提供安全生产管理服务

5. 依据《安全生产法》的规定，下列建设项目需要进行安全评价的是（　　）。

    A. 150×10^{4}t/年花岗岩矿项目

    B. 20 万辆/年乘用车项目

    C. 15000m^2 日用品仓储项目

    D. 220kV 变电站项目

6. 某地铁运营企业的安全生产管理人员张某在日常安全检查中发现重大事故隐患。依据《安全生产法》的规定，下列关于张某报告隐患的正确做法应该是（　　）。

    A. 立即报告所在地安全监管部门

    B. 立即报告所在地的市政主管部门

    C. 立即报告地铁运营企业有关负责人

    D. 立即报告所在地交通主管部门

7. M 公司在其粮仓扩建项目中，将仓顶防水作业委托给 N 公司，同时委托 L 公司承担仓内电气设备安装作业，委托 W 公司负责施工监理。防水和安装作业同时开展。依据《安全生产法》的规定，下列关于上述作业活动安全管理职责的说法，正确的是（　　）。

    A. M 公司应与 W 公司签订安全生产管理协议，约定由 W 公司承担安全生产管理职责

    B. M 公司应与 N 公司、L 公司签订安全生产管理协议，约定安全生产管理职责由 N 公司、L 公司承担

    C. M 公司应与 N 公司、L 公司签订安全生产管理协议，约定各自安全生产管理职责

    D. M 公司应委托安全服务机构对该扩建项目的安全生产工作进行统一协调管理

8. 依据《安全生产法》的规定，当企业发生生产安全事故时，企业有关人员的正确做法应该是（　　）。

    A. 企业事故现场人员立即报告当地安全监管部门

    B. 企业事故现场人员应立即撤离作业场所，并在 2 小时内报告安全监管部门

    C. 企业负责人应当迅速组织抢救，减少人员伤亡和财产损失

    D. 企业负责人因组织抢救破坏现场的，必须报请安全监管部门批准

9. 依据《安全生产法》的规定，下列关于从业人员安全生产义务的说法，错误的是（　　）。

    A. 在作业过程中，严格遵守安全生产规章制度和操作规程，服从管理，正确佩戴和使用劳动防护用品

    B. 具备与本单位所从事的生产经营活动相应的安全生产知识和能力，并由有关行政主管部门考核合格

    C. 接受安全生产教育和培训，掌握工作所需的安全生产知识，提高安全生产技能，增强事故预防和应急处理能力

    D. 发现事故隐患或者其他不安全因素，应当立即向现场安全生产管理人员或本单位负责人报告

10. 某农药生产企业存在重大事故隐患，安全监管部门对该企业做出停产停业整顿处罚，但该企业仍然继续生产，安全监管部门决定对该企业采取停止供电措施。依据《安全生产法》的规定，通知对该生产经营单位停止供电措施的时间应当至少提前（　　）。

    A. 8h   B. 12h   C. 24h   D. 48h

11. 按照年度安全监督检查计划，某地级市安全监督管理负责危化品监管的执法人员张某。深入该市某化工企业检查其危化品生产和储存情况，依据《安全生产法》的规定，张某

在检查过程中的正确做法应该是（　　）。

A. 检查前，向企业负责人出示工作证

B. 企业未实施风险公告，当即责令其停产整改

C. 检查中涉及技术秘密，但仍要求企业提供相关工艺参数

D. 检查结束，未要求企业负责人在检查记录上签字

12. 2015 年 3 月 31 日，某县安全监管部门王某，对本县的某企业进行了现场检查，并针对检查发现的问题，采取了处理措施，依据《安全生产法》的规定，王某下列履职行为，正确的是（　　）。

A. 发现一台进口的设备未进行危险有害因素识别，予以查封

B. 发现安全生产教育和培训记录作假，给予 3 万元罚款处罚

C. 现场发现 10 多例违章作业行为，责令企业停产停业整顿

D. 发现一厂房有倒塌危险，提请当地人民政府对该企业予以关闭

13. 依据《安全生产法》的规定，下列关于安全监管人员履行监管职责的说法，错误的是（　　）。

A. 负有安全监管职责的部门在监督检查中，应当相互配合，实行联合检查

B. 执行监督检查任务时，对涉及被检查单位的技术秘密和业务秘密予以保密

C. 对违法生产、储存、使用、经营危险物品的作业场所予以查封

D. 将检查发现的问题及其处理情况以口头形式告知被检查单位的负责人

14. 县级以上各级人民政府要依法履行生产安全事故应急救援职责，做好应急救援准备，尽可能减少事故造成的人员伤亡和财产损失，依据《安全生产法》的规定，下列不属于政府应急救援相关职责的是（　　）。

A. 地方各级人民政府应加强生产安全事故应急能力建设，在重点领域建立应急救援基地

B. 国务院安全监管部门负责建立全国统一的生产安全事故应急救援信息系统

C. 县级以上地方各级人民政府应当组织有关部门制定本行政区域内较大生产安全事故应急救援预案

D. 地方各人民政府组织生产经营单位建立应急救援队伍，配备相应的应急救援装备和物资

15. 依据《安全生产法》的规定，下列关于生产经营单位应急救援工作的说法，错误的是（　　）。

A. 生产经营单位应当制定本单位生产安全事故应急救援预案，并与所在地县级以上地方人民政府组织定制的生产安全事故应急救援预案相衔接

B. 生产经营单位应当建立应急救援组织，生产经营规模较小的可以不建立应急救援组织，但应当指定兼职的应急救援人员

C. 危险物品的生产经营单位应当配备必要的应急救援器材、设备和物资，并进行经常性的维护保养，保证正常运转

D. 生产经营单位发生生产安全事故后，应当迅速采取有效措施，组织抢救，防止事故扩大

16. 某化工集团欲投资建设生产磷化物的工厂，委托某机构进行安全评价，该机构对项目的评价过程中，发现了若干不符合安全条件的问题，在化工集团将原定的服务报酬标准提

高至 50 万元后，出具了建设项目符合要求的安全评价报告，依据《安全生产法》的规定，对该机构出具虚假报告的处罚应该是（   ）。

A. 没收违法所得，并处 40 万元的罚款

B. 没收违法所得，并处 80 万元的罚款

C. 没收违法所得，并处 150 万元的罚款

D. 没收违法所得，并处 450 万元的罚款

17. 矿山开采风险高、生产复杂，需要满足相关的安全标准和条件，依据《矿山安全法》的规定，下列关于矿山安全保障的说法，正确的是（   ）。

A. 矿山设计保留的矿柱、岩柱，经风险评估后可进行适度开采

B. 矿山企业必须对井下湿度和温度进行检测

C. 矿山使用的有特殊安全要求的设备、器材和个人防护用具，必须符合国内外安全标准

D. 矿山企业必须对机电设备及其防护装置、安全检测仪器，定期检查、维修，保证使用安全

18. 依据《消防法》的规定，下列单位中，应当建立单位专职消防队，承担本单位的火灾扑救工作的是（   ）。

A. 某大型购物中心   B. 某大型民用机场

C. 某大型钢材仓库   D. 某省级重点文物保护单位

19. 依据《消防法》的规定，下列关于灭火救援的说法，正确的是（   ）。

A. 乡镇人民政府应当组织有关部门针对本行政区内的火灾特点制定应急预案，提供装备等保障

B. 单位、个人为火灾报警提供便利的，应获得适当报酬

C. 任何单位发生火灾，必须立即组织力量扑救，临近单位应当给予支援

D. 公安机关消防机构统一组织和指挥火灾现场扑救，应当优先保障国家财产安全

20. 依据《道路交通安全法》的规定，拖拉机、轮式专用机械车、铰接式客车、全挂拖斗车不得进入高速公路，其他机动车进入高速公路的设计最高时速不低于（   ）km。

A. 60   B. 70   C. 80   D. 90

21. 依据《道路交通安全法》的规定，机动车在车道减少的路段、路口，或者在没有交通信号灯、交通标志、交通标线或者交通警察指挥的交叉路口遇到停车排队等候或者缓慢行驶时，正确的做法应该是（   ）。

A. 停车避让   B. 抓紧快行

C. 鸣笛提醒通行   D. 依次交替通行

22. 依据《突发事件应对法》的规定，下列关于突变事件的预防与应急准备的说法，正确的是（   ）。

A. 乡镇人民政府应当建立应急救援物资、生活必需品和应急处理装备的储备制度

B. 学校应当把应急知识教育纳入教学内容，对学生进行相关知识教育

C. 国务院有关部门组织制定国家突发事件专项应急预案，并适当修订

D. 新闻媒体应当按照无偿与有偿相结合原则，积极开展突发事件预防与应急知识的宣传

23. 依据《突发事件应对法》的规定，国家将自然灾害、事故灾害和公共卫生事件的预警级别，按照突发事件发生的紧急程度、发展势态和可能的危害程度分为一级、二级、三级和四级，标示的颜色分别是（　　）。
   A. 红色、黄色、蓝色和绿色
   B. 红色、橙色、黄色和绿色
   C. 红色、紫色、橙色和黄色
   D. 红色、橙色、黄色和蓝色

24. 依据《突发事件应对法》的规定，社会安全事件发生后，针对事件的性质和特点，依据有关法律、行政法规和国家其他有关规定，采取应急处理措施的部门是（　　）。
   A. 人民法院　　　　　　　　　B. 公安机关
   C. 安全监管部门　　　　　　　D. 突发事件应急小组

25. 某矿井井下工人在工作时发现矿井通风设备出现故障，遂向当班副矿长报告，副矿长因急于下班回家，未及时安排人员维修，导致瓦斯聚集发生爆炸，造成21人死亡、1人重伤。依据《刑法》的规定，副矿长的行为构成（　　）。
   A. 重大责任事故罪　　　　　　B. 玩忽职守罪
   C. 重大劳动安全事故罪　　　　D. 危险物品肇事罪

26. 某技改煤矿生产矿长助理张某，在明知井下瓦斯传感器位置不当，不能准确检测瓦斯数据，安全生产存在重大隐患情况下，仍强行组织超过技改矿下井人数限制的大批工人下井作业，最终导致6人死亡的严重后果，依据《刑法》的有关规定，对张某应予判处（　　）。
   A. 3年以下有期徒刑　　　　　B. 3年以上7年以下有期徒刑
   C. 5年以下有期徒刑　　　　　D. 5年以上有期徒刑

27. 某企业因存在重大违法行为，被行政机关责令停产停业，依据《行政处罚法》的规定，下列关于行政处罚听证的说法，正确的是（　　）。
   A. 该企业要求听证的，应当在行政机关告知后七日内提出
   B. 举行听证的费用应该由行政机关和该企业合理分担
   C. 行政机构应当在听证的7日前，通知该企业举行听证的时间、地点
   D. 听证一般不向社会公开，经该企业申请且行政机关同意的可以公开

28. 依据《行政处罚法》的规定，下列关于行政处罚执行程序的说法，正确的是（　　）。
   A. 当事人对行政处罚决定不服申请行政复议或者提起行政诉讼的，行政处罚暂缓执行
   B. 除法律规定可当场收缴罚款的情形外，作为行政处罚决定的行政机关及其执法人员不得自行收缴罚款
   C. 当事人拒不履行法定义务的，行政机关只能申请法院强制执行
   D. 行政机关及其执法人员当场收缴罚款的，必须向当事人出具本部门统一制发的罚款收据

29. 依据《行政许可法》的规定，下列关于行政机关对申请人行政许可申请做出处理的说法，正确的是（　　）。
   A. 申请事项依法不需要取得行政许可的，应当在5日内告知申请人不受理
   B. 申请事项依法不属于本行政机关职权范围的，应当在3日内转交有关行政机关处理

C. 申请材料存在可以当场更正的错误的，应当允许申请人当场更正

D. 申请材料不齐全或者不符合法定形式的，应当当场或者在 7 日内一次告知申请人需要补正的全部内容

30. 依据《职业病防治法》的规定，下列患病情形中，当事人所患疾病不属于职业病的是（　　）。

A. 某水泥生产企业的水泥包装工在工作中因长期接触粉尘而罹患水泥尘肺

B. 某高校实验室实验员因长期接触放射性物质而罹患放射性皮肤疾病

C. 某家庭作坊劳动者在制鞋活动中因接触有毒黏结剂而罹患苯所致白血病

D. 某锅炉压力容器制造厂电焊工人因长期从事电弧焊作业而罹患腰颈椎疾病

31. 位于甲省乙市丙县某建材公司是乙市所属企业，正在进行项目改造，依据《职业病防治法》的规定，该公司应在项目竣工验收后，向（　　）申报职业病危害项目变更。

A. 国务院安全监管部门　　　　　　　B. 甲省安全监管部门

C. 乙市安全监管部门　　　　　　　　D. 丙县安全监管部门

32. 依据《职业病防治法》的规定，下列关于劳动过程中的防护与管理的说法，正确的是（　　）。

A. 用人单位应当每隔两年对工作场所进行职业病危害因素检测、评价、检测，评价结果存入用人单位职业卫生档案

B. 对可能发生急性职业损伤的有毒、有害工作场所，用人单位应当设置报警装置，配置现场急救用品、冲洗设备等

C. 职业病危害因素检测、评价由依法设立的县级以上安全监管部门认可的职业卫生技术服务机构进行

D. 发现工作场所职业病危害因素不符合国家职业卫生标准和卫生要求时，用人单位应当立即停止存在职业病危害因素的作业

33. 张某对职业病诊断有异议，遂向当地市级人民政府卫生行政部门申请鉴定，张某对鉴定结论不服。依据《职业病防治法》的规定，张某应向（　　）申请再鉴定。

A. 当地市级卫生行政部门

B. 省级卫生行政部门

C. 当地市级人力资源社会保障部门

D. 省级人力资源社会保障部门

34. 杨某曾在多个金矿从事风钻作业十多年，最近被诊断患有尘肺病。杨某拟向原工作过的单位索赔，但发现这些单位都已不存在，依据《职业病防治法》的规定，杨某可以向（　　）申请医疗救助和生活等方面救助。

A. 工伤保险机构　　　　　　　　　　B. 民政部门

C. 卫生行政部门　　　　　　　　　　D. 安全监管部门

35. 某汽车制造公司从技校毕业生中招收了一批新员工，拟安排从事喷漆作业，依据《劳动法》的规定，该公司拟安排从事喷漆作业的新员工应至少年满（　　）周岁。

A. 16　　　　　　B. 18　　　　　　C. 20　　　　　　D. 22

36. 赵某与某公司签订了劳动合同，该公司为其提供专项培训费用进行专业技术培训，赵某取得电焊工特种作业资格证，该公司由于转产进行裁员，与赵某解除了劳动合同，依据

《劳动合同法》的规定，下列关于赵某与该公司权利义务的说法，正确的是（　　）。

A. 赵某应向该公司返还为其支付的专业技术培训费

B. 该公司在解除与赵某的劳动合同前，应组织对赵某进行离岗前职业健康检查

C. 赵某离职后 3 年内不得到与该公司从事同类业务的有竞争关系的其他用人单位就业

D. 该公司可以直接单方解除与赵某的劳动合同

37. 某危化品生产企业的安全生产许可证在有效期内，严格遵守安全生产的法律规定，未发生死亡事故，依据《安全生产许可证条例》规定，下列关于其安全生产许可证有效期届满延期的说法，正确的是（　　）。

A. 应当在有效期满前提出延期的申请，经同意可免审延续 1 年

B. 应当在有效期满前提出延期的申请，经同意可免审延续 2 年

C. 应当在有效期满前提出延期的申请，经同意可免审延续 3 年

D. 应当在有效期满前提出延期的申请，经同意可免审延续 5 年

38. 依据《煤矿安全监察条例》的规定，下列关于煤矿安全监察执法检查的说法，正确的是（　　）。

A. 煤矿安全监察机构发现煤矿未依法建立安全生产责任制，有权责令停业整顿

B. 煤矿安全监察机构发现煤矿未设置安全生产管理机构或者配备安全生产管理人员的，应当责令停业整顿

C. 煤矿建设工程安全设施设计必须经煤矿安全监察机构审查同意，未经审查同意的，不得施工

D. 煤矿安全监察机构审查煤矿建设工程安全设施设计，应当自收到申请审查的设计资料之日起 45 日内审查完毕

39. 某煤矿因存在通风系统不合理，采区工作面数量严重超规定要求的重大安全隐患，被当地煤矿安全监察机构责令停产整顿，依据《国务院关于预防煤矿生产安全事故的特别规定》，下列关于煤矿安全监察内容的说法，正确的是（　　）。

A. 煤矿安全监管部门自收到复产申请之日起应在 45 日内组织验收完毕

B. 该煤矿擅自从事生产，煤矿安全监察机构应提请有关地方人民政府予以关闭

C. 验收合格后，经煤矿安全监察机构主要负责人审核同意，即可恢复生产

D. 因存在重大安全隐患该煤矿被关闭，该矿长 3 年内不得担任任何煤矿的矿长

40. 依据《建设工程安全生产管理条例》的规定，下列关于建设工程相关单位安全责任的说法，正确的是（　　）。

A. 建设工程的合理工期应由施工单位和监理单位双方协商一致确定

B. 建设单位在编制工程概算时，应当确定建设工程的安全作业环境和安全施工所需费用

C. 工程设计单位应向施工单位提供施工现场内供水、排水、供电、通信等地下管线资料

D. 建设单位应当在开工报告批准之日 30 日内，将安全施工保证措施报送有关主管部门备案

41. 依据《建设工程安全生产管理条例》的规定，实行施工总承包的建设工程，支付意外伤害保险费的单位是（　　）。

A. 总承包单位   B. 施工单位

C. 总承包单位与施工单位   D. 施工单位与监理单位

42. 依据《危险化学品安全管理条例》的规定，下列关于安全监管部门执法人员进行危险化学品监督检查的说法，正确的是（   ）。

A. 经所在地人民政府批准，查封违法生产、储存、使用、经营危险化学品的场所，扣押违法生产、储存、使用、经营、运输的危险化学品

B. 开展现场危险化学品监督检查工作，监督检查人员不得少于 3 人，并应当出示执法证件

C. 对不符合法律、行政法规、规章规定或者国家标准、行业标准要求的设施、设备、装置、器材、运输工具，监督检查人员立即扣押或查封

D. 监督检查人员发现影响危险化学品安全的违法行为，当场予以纠正或者责令限期改正

43. 依据《危险化学品安全管理条例》的规定，下列关于危险化学品生产、储存安全管理的说法，正确的是（   ）。

A. 建设单位应当将危险化学品生产建设项目的安全条件论证和安全评价的情况报告，报建设项目所在地县级以上人民政府安全监管部门审查

B. 进行可能危及危险化学品管道安全的施工作业，施工单位应当在开工的 15 日前书面通知管道所属单位

C. 危险化学品生产企业进行生产前，应当依照《安全生产许可证条例》的规定，取得危险化学品安全生产许可证

D. 剧毒化学品以及储存数量构成重大危险源的其他危险化学品，应当在仓库内与其他物品隔离存放，并实行专人保管制度

44. 依据《危险化学品安全管理条例》的规定，下列关于危险化学品使用安全管理的说法，正确的是（   ）。

A. 使用危险化学品从事生产的化工企业，均需取得危险化学品安全使用许可证

B. 申请危险化学品安全使用许可证的化工企业，应当有安全管理机构和专职安全管理人员

C. 申请危险化学品安全使用许可证的化工企业，应当向所在地县级人民政府安全监管部门提出申请

D. 安全监管部门应当将其颁发危险化学品安全使用许可证的情况，及时向同级工商行政管理机关和公安机关通报

45. 依据《烟花爆竹安全管理条例》的规定，下列关于烟花爆竹生产企业安全管理的说法，正确的是（   ）。

A. 企业应当配备专职或兼职安全生产管理人员

B. 企业办理《烟花爆竹安全生产许可证》，应当经所在地县级安全监管部门审查，所在地设区的市级安全监管部门核发

C. 企业从事搬运工序作业的人员应进行专业培训并经企业考核合格，方可上岗作业

D. 企业生产烟花爆竹所使用的引火线丢失，应当立即向当地安全监管部门和公安部门报告

46. 依据《民用爆炸物品安全管理条例》的规定，下列关于民用爆炸物品的销售和购买的说法，正确的是（　　）。

A. 民用爆炸物品生产企业销售自己生产的民用爆炸物品，应取得民用爆炸物品销售许可证

B. 销售民用爆炸物品的企业应自买卖成交3日内，将销售品种、数量和购买单位向省级民用爆炸物品行业主管部门和所在地县级公安机关备案

C. 购买民用爆炸物品的单位应自买卖成交3日内，将购买品种、数量向省级民用爆炸物品行业主管部门备案

D. 可以通过银行转账或者现金交易方式购买或销售民用爆炸物品

47. 依据《特种设备安全监察条例》的规定，下列关于特种设备使用的说法，正确的是（　　）。

A. 电梯使用单位对本单位所用电梯进行维护保养

B. 起重机械的作业人员和相关的管理人员必须取得特种作业人员证书

C. 将特种设备登记标志放入特种设备安全技术档案中

D. 对超过检验合格期的特种设备制定安全措施和应急预案后使用

48. 某企业是一家染料生产企业，在实际生产中，存在一般有毒物品，没有高毒物品。依据《使用有毒物品作业场所劳动保护条例》的规定，下列关于该企业使用有毒物品作业的劳动保护的说法，正确的是（　　）。

A. 当该企业职业中毒危害的通讯报警装置处于不正常状态时，应当立即停止有毒物品作业

B. 该企业应当设置淋浴间和更衣室以及清洗存放工作服、工作帽的专用间

C. 该企业应当至少每半年进行一次职业中毒危害效果评价

D. 该企业应当至少每月对作业场所进行一次职业中毒危害因素检测

49. 依据《生产安全事故报告和调查处理条例》的规定，下列情形中，应向安全监管部门进行事故补报的是（　　）。

A. 某化工厂发生火灾事故，造成27人死亡，10人重伤，事故发生的第29天，2名重伤人员死亡

B. 某高速公路发生车辆追尾事故，造成10人死亡，5人重伤，10天后，1重伤人员死亡

C. 某汽车生产企业发生机械伤害事故，造成3人死亡，2人重伤，事故发生的第30天，其中1名重伤人员出院

D. 某建筑工地发生高处坠落事故，造成5人死亡，3人重伤，事故发生的第8天，1名重伤人员死亡

50. 某企业职工王某发生工伤，经治疗伤情相对稳定后留下残疾，影响劳动能力。依据《工伤保险条例》的规定，下列关于王某劳动能力鉴定的说法，正确的是（　　）。

A. 劳动能力鉴定委员会应自收到王某鉴定申请之日起120日内做出劳动能力鉴定结论

B. 对王某劳动能力鉴定的专家组，应当从专家库中随机抽取3至7名专家组成

C. 王某对鉴定结论不服，可在收到鉴定结论之日起15日内向上一级鉴定委员会提出再次鉴定申请

D. 自劳动能力鉴定结论做出之日起半年后，王某认为伤残情况发生变化，可以申请劳动能力复查鉴定

51. 企业职工刘某发生工伤。依据《工伤保险条例》的规定，下列关于刘某工伤保险待遇的说法，正确的是（　　）。

A. 刘某因暂停工作接受工伤医疗，停工留薪期一般不超过 12 个月，特殊情况不得超过 18 个月

B. 刘某评定伤残等级后生活部分不能自理，经劳动能力鉴定委员会确认需要生活护理，护理费标准为统筹地区上年度职工月平均工资的 20%

C. 刘某经鉴定为六级伤残，从工伤保险基金支付一次性伤残补助金，标准为 12 个月的本人工资

D. 刘某不能工作，与该企业保留劳动关系，企业按月发放刘某的伤残津贴标准为刘某工资的 60%

52. 依据《生产经营单位安全培训规定》，下列关于生产经营单位主要负责人、安全生产管理人员安全培训时间的说法，正确的是（　　）。

A. 生产经营单位主要负责人初次安全培训时间不得少于 48 学时

B. 生产经营单位安全生产管理人员初次安全培训后，每年再培训时间不得少于 12 学时

C. 危险化学品、烟花爆竹等生产经营单位主要负责人安全培训时间不得少于 32 学时

D. 煤矿、非煤矿山企业安全生产管理人员每年安全再培训时间不得少于 24 学时

53. 依据《特种作业人员安全技术培训考核管理规定》，下列关于特种作业操作证复审的说法，正确的是（　　）。

A. 特种作业操作证每 2 年复审 1 次

B. 特种作业人员在特种作业操作证有效期内，连续从事本工种 6 年以上，严格遵守有关安全生产法律法规的，经原发证机关同意，复审时间可以延长至每 3 年 1 次

C. 特种作业操作证申请复审或者延期复审前，特种作业人员应当参加不少于 8 学时必要的安全培训并经考试合格

D. 特种作业人员有安全生产违法行为，并给予行政处罚或者有 3 次以上违章行为并经查证确实的，复审或者延期复审不予通过

54. 依据《职业病危害项目申报办法》的规定，下列关于职业病危害项目申报部门的说法，正确的是（　　）。

A. 中央企业的职业病危害项目，向其所在地省级安全监管部门申报

B. 中央企业的职业病危害项目，向国务院安全生产监督部门申报

C. 省属企业的职业病危害项目，向其所在地省级安全监管部门申报

D. 省属企业的职业病危害项目，向其所在地设区的市级安全监管部门申报

55. 依据《建设工程消防监督管理规定》，下列人员密集场所中，建设单位应当向公安机关消防机构申请消防设计审核，并在建设工程竣工后向出具消防设计审核意见的公安机关消防机构申请消防验收的是（　　）。

A. 建筑总面积大于 10000m² 的客运码头候船厅

B. 建筑总面积大于 8000m² 的商场

C. 建筑总面积大于 5000m² 的大学的教学楼

D. 建筑总面积大于 500m² 的幼儿园的儿童用房

56. 依据《安全生产事故隐患排查治理暂行规定》，下列关于生产经营单位对事故隐患排查治理情况进行统计分析，向安全监管监察部门和有关部门报送书面统计分析表的时间要求的说法，正确的是（　　）。

A. 生产经营单位应当每周对本单位事故隐患排查治理情况进行统计分析，并于下一周周三前向安全监管监察部门和有关部门报送书面统计分析表

B. 生产经营单位应当每月对本单位事故隐患排查治理情况进行统计分析，并于下月 10 日前向安全监管监察部门和有关部门报送书面统计分析表

C. 生产经营单位应当每季度对本单位事故隐患排查治理情况进行统计分析，并于下一季度 15 日前向安全监管监察部门和有关部门报送书面统计分析表

D. 生产经营单位应当每年对本单位事故隐患排查治理情况进行统计分析，并于下一年 2 月 15 日前向安全监管监察部门和有关部门报送书面统计分析表

57. 依据《安全生产事故隐患排查治理暂行规定》，下列关于生产经营单位安全生产事故隐患治理的说法，正确的是（　　）。

A. 对于一般事故隐患，应由生产经营单位有关人员会同安全监管执法人员共同组织整改

B. 对于一般事故隐患，应由生产经营单位主要负责人及有关人员立即组织整改

C. 对于重大事故隐患，应由生产经营单位分管负责人或者有关人员组织制定并实施事故隐患治理方案

D. 对于重大事故隐患，应由生产经营单位主要负责人组织制定并实施事故隐患治理方案

58. M 公司是中央管理的大型化工集团，其下属的 N 公司位于 Z 省 B 市 W 县的经济技术开发区，是一家危险化学品生产企业。依据《生产安全事故应急预案管理办法》的规定，下列关于 M 公司、N 公司应急预案备案的说法。正确的是（　　）。

A. M 公司的专项应急预案应抄送 B 市安全监管部门

B. M 公司的综合应急预案应报 Z 省安全监管部门

C. N 公司的应急预案应抄送 B 市安全监管部门

D. N 公司的专项应急预案应抄送 W 县安全监管部门

59. A 省 B 市 C 县的某煤矿发生生产安全事故，造成 2 人死亡，9 人重伤。依据《生产安全事故信息报告和处理办法》的规定，下列关于该事故应急处置的说法，正确的是（　　）。

A. A 省安全监管部门负责人应当立即赶赴现场

B. B 市安全监管部门负责人应当立即赶往现场

C. C 县安全监管部门负责人应当立即赶往现场

D. A 省煤矿安全监察局负责人应当立即赶往现场

60. 某省境内有如下四家中小型企业，N 公司是一家生产氢氧化钠企业，M 公司是一家生产氰化钾企业，K 公司是一家建筑施工企业，Q 公司是一家生产磷肥企业，S 公司是在该省取得乙级评价资质的安全评价机构。S 公司为上述四家公司进行了安全评价，并出具评价报告。依据《安全评价机构管理规定》，S 公司对（　　）的评价报告无效。

A. N 公司　　　　　　B. M 公司　　　　　　C. K 公司　　　　　　D. Q 公司

61. 依据《特种设备安全法》的规定，下列关于特种设备的生产、经营、使用的说法，正确的是（　　）。

A. 电梯安装验收合格、交付使用后，使用单位应当对电梯的安全性能负责

B. 锅炉改造完成后，施工单位应当及时将改造方案等相关资料归档保存

C. 进口大型起重机，应当向进口地的安全监管部门履行提前告知义务

D. 压力容器的使用单位应当向特种设备安全监管部门办理使用登记

62. 受甲公司委托，乙锅炉压力容器检测检验站委派具有检验资格的张某，到甲公司对一200m³的球型液氧储罐进行检测检验，该球罐是由丙公司制造，丁施工公司安装的。依据《特种设备安全法》的规定，下列关于张某检测和执业的说法，正确的是（　　）。

A. 检验发现球罐有重大缺陷，张某应当立即向当地安全监管部门报告

B. 张某检验球罐所需的技术资料，应由丙公司和丁公司提供，并对资料的真实性负责

C. 甲公司需要购置新球罐的，张某不得向其推荐产品

D. 张某经批准可以同时在两个检测、检验机构中执业

63. 依据《特种设备安全法》的规定，下列关于特种设备监督管理执法的说法，错误的是（　　）。

A. 发现特种设备存在事故隐患时，应当以书面形式发出特种设备安全监察指令，责令有关单位及时采取措施予以改正或者消除事故隐患

B. 对有证据表明不符合安全技术规范要求或者存在严重事故隐患的特种设备实施查封、扣押

C. 特种设备安全监管部门实施安全检查时，应当至少有 3 名特种设备安全监察员参加

D. 发现特种设备存在事故隐患，紧急情况下立即要求有关单位采取紧急处置措施，随后补发特种设备安全监察指令

64. 依据《安全生产培训管理办法》的规定，下列关于安全培训的说法，正确的是（　　）。

A. 生产经营单位的主要负责人、特种作业人员的安全培训，由所在地安全监管部门负责

B. 对从业人员的安全培训，生产经营单位应当自主进行，不得委托培训

C. 危险物品生产经营单位新招的危险工艺操作岗位人员，除按规定进行安全培训外，还应当在有经验的职工带领下实习满 1 个月后，方可独立上岗作业

D. 职业院校毕业生从事与所学专业相关的作业，可以免予参加初次培训，实际操作培训除外

65. 某企业计划建设一条氯气输送管道，根据《危险化学品管道输送安全管理规定》，下列关于该管道敷设禁止穿越的说法，正确的是（　　）。

A. 禁止穿越市区广场　　　　　　　B. 禁止穿越地震活动断层

C. 禁止穿越可能发生洪水的区域　　D. 禁止穿越公路

66. 安全生产行政法规一般专指国务院制定的有关安全生产规范性文件，下列关于其法律地位和效力的说法，正确的是（　　）。

A. 低于行政规章、国家强制性标准

B. 高于安全生产法，低于宪法

C. 低于宪法和安全生产法

D. 与国家安全生产监督管理总局令效力一致

67. 《安全生产法》明确了排除适用的特殊规定。下列关于《安全生产法》适用范围的说法，正确的是（　　　）。

A. 有关法律、行政法规对铁路交通安全没有规定的，适用《安全生产法》

B. 有关法律、行政法规对非煤矿山安全没有规定的，不适用《安全生产法》

C. 有关法律、行政法规对消防安全另有规定的，适用《安全生产法》

D. 有关法律、行政法规对危险化学品安全另有规定的，不适用《安全生产法》

68. 某食品生产企业有员工 350 人，管理人员 30 人。依据《安全生产法》的规定，下列关于该企业安全生产管理机构设置和人员配备的说法，正确的是（　　　）。

A. 应委托某注册安全工程师提供安全生产管理服务

B. 应委托某注册安全工程师事务所提供安全生产管理服务

C. 应配备专职的安全生产管理人员

D. 应配备兼职的安全生产管理人员

69. 某公司是一家易燃化学品生产企业，同时还开设了一家经营自产产品的零售店。该公司的下列做法，符合《安全生产法》规定的是（　　　）。

A. 该公司计划进行扩建，临时将部分成品存放在员工宿舍中无人居住的房间内

B. 为了扩大生产，该公司将员工宿舍一楼改建为产品生产车间

C. 由于员工宿舍一楼有闲置房间，因此公司利用该房间零售自产产品

D. 公司在生产区和员工宿舍区开设了通勤车，方便员工上下班

70. 某企业旧厂房和旧设备拆除中，需要进行吊装作业和定向爆破作业。依据《安全生产法》的规定，下列关于该吊装作业和定向爆破作业安全管理的说法，正确的是（　　　）。

A. 爆破作业前，应报告安全监管部门并实施现场监控

B. 爆破作业时，应安排公安人员进行现场警戒

C. 吊装作业前，应将吊装方案报安全监管部门备案

D. 吊装作业时，应安排专门人员进行现场安全管理

71. 某煤矿生产过程中存在粉尘职业危害，依据《安全生产法》的规定，下列关于防尘口罩佩戴及相关责任的说法，正确的是（　　　）。

A. 健康是矿工自己的事，是否佩戴口罩是矿工的权利

B. 煤矿为每个矿工配备防尘口罩，矿工必须按规定正确佩戴

C. 矿工不佩戴口罩导致尘肺病，其责任由矿工自己负责

D. 矿工不佩戴口罩导致尘肺病，其责任由煤矿和矿工共同负责

72. 某电厂的火电机组脱硫改造项目，由甲公司负责总体设计，乙公司承担其中的土建及设备基础工程，丙公司承担其中的钢结构安装、加固及管道工程，委托丁公司负责施工监理。四家公司同时开展相关工作。依据《安全生产法》的规定，下列关于签订安全生产管理协议的做法，正确的是（　　　）。

A. 甲公司与乙、丙公司分别签订安全生产管理协议，由乙、丙公司负责该改造项目安全生产工作的统一协调和管理

B. 电厂分别与甲、乙、丙、丁公司签订安全生产管理协议，并指定专职安全生产管理

人员进行安全检查与协调

C. 甲公司与丁公司签订安全生产管理协议，由丁公司负责该改造项目安全生产工作的统一协调和管理

D. 乙、丙公司与丁公司签订安全生产管理协议，由丁公司负责承包范围内的安全生产工作的协调和不定期管理

73. 某钢铁公司要新建一个厂房，选定由甲公司和乙公司承建，并与其签订专门的安全生产管理协议。甲公司没有相关的资质，在施工当中发生了人身伤亡事故。依据《安全生产法》的规定，下列关于安全生产管理职责的说法，错误的是（　　）。

A. 钢铁公司将建设项目发包给甲公司违反规定

B. 钢铁公司已经与甲、乙公司签订安全生产管理协议，因此事故发生后钢铁公司不承担安全生产责任

C. 钢铁公司与乙公司可以在承包合同中约定各自的安全生产管理责任

D. 钢铁公司需要对甲、乙公司的建设工程的安全生产工作进行统一协调、管理

74. 某企业施工队队长甲某率队开挖沟槽。作业中，现场未采取任何安全支撑措施。工人乙认为风险很大，要求暂停作业，但甲某以不下去干活就扣本月奖金相威胁，坚持要求继续作业，乙拒绝甲某的指挥。依据《安全生产法》的规定，下列关于企业对乙可采取措施的说法，正确的是（　　）。

A. 不得给予乙任何处分

B. 可以给予乙通报批评、记过等处分

C. 可以解除与乙订立的劳动合同

D. 可以降低乙的工资和福利待遇

75. 某煤矿企业与矿工签订的用工协议中规定：如果矿工作业时发生事故而丧失部分劳动能力，将得到一次性补偿金20000元，完全丧失劳动能力则一次性补偿50000元，此后企业与矿工不再有任何关系，不再负责其他善后事项。依据《安全生产法》的规定，下列关于该企业用工协议的说法，正确的是（　　）。

A. 该协议无效，应对企业的主要负责人给予10天以下拘留

B. 该协议具有法律效力，若矿工因工受伤，应遵照办理

C. 该协议无效，因工受伤的矿工有权向企业提出赔偿要求

D. 该协议中的赔偿事项成立，数额不足部分由企业补足

76. 甲市安全监管人员在执法检查时，发现某烟花爆竹企业存在重大事故隐患，监管人员责令企业立即停止作业，并要求立即从车间撤出作业人员，排除隐患。依据《安全生产法》的规定，该企业排除重大事故隐患后，有权对其恢复生产经营进行审查同意的单位是（　　）。

A. 企业上级主管部门　　　　　　　　B. 安全监管部门

C. 公安机关　　　　　　　　　　　　D. 人民政府

77. 某企业的主要负责人甲某因未履行安全生产管理职责，导致发生生产安全事故，于2008年9月12日受到撤职处分。该企业改制分立新企业拟聘甲某为主要负责人。依据《安全生产法》的规定，甲某可以任职的时间是（　　）。

A. 2009年9月12日后　　　　　　　　B. 2010年9月12日后

C. 2011 年 9 月 12 日后　　　　　　　　D. 2013 年 9 月 12 日后

78. 某矿山工会人员发现作业场所存在火灾隐患，可能危及职工生命安全。依据《矿山安全法》的规定，矿山工会有权采取的措施是（　　　）。

A. 立即决定停工

B. 告知职工拒绝作业

C. 直接采取排除火灾隐患的处理措施

D. 向矿山企业行政方面建议组织职工撤离危险现场

79. 依据《消防法》的规定，下列场所不得与易燃易爆危险品储存地点设置在同一建筑物内的是（　　　）。

A. 供销社　　　　B. 建材超市　　　　C. 员工宿舍　　　　D. 货物仓库

80. 某购物中心在营业期间顾客熙熙攘攘、人员密集，突然发生重大火灾。依据《消防法》的规定，该购物中心现场工作人员应采取的正确行为是（　　　）。

A. 立即组织在场的所有人员参与扑救火灾

B. 统一指挥公安消防队扑救火灾

C. 立即组织、引导在场人员疏散

D. 立即组织员工接通消防水源

81. 依据《道路交通安全法》的规定，残疾人机动轮椅车、电动自行车在非机动车道内行驶时，最高时速不得超过（　　　）km。

A. 15　　　　　　B. 20　　　　　　C. 25　　　　　　D. 30

82. 依据《突发事件应对法》的规定，事故灾难的预警级别按照发生的紧急程度、发展态势和可能造成的危害程度分为一级、二级、三级、四级，其中四级标示的颜色是（　　　）。

A. 蓝色　　　　B. 橙色　　　　C. 红色　　　　D. 黄色

83. 依据《突发事件应对法》的规定，下列关于突发事件的预防与应急准备的说法，正确的是（　　　）。

A. 应急预案制定机关应当按照本机关规定的修订程序修订应急预案

B. 可能引发社会安全事件的矛盾纠纷均应由县级以上人民政府及其有关部门负责调解处理

C. 各单位都应当制订具体应急预案，并及时采取措施消除隐患，防止发生突发事件

D. 新闻媒体应当无偿开展突发事件预防与应急、自救与互救知识的公益宣传

84. 某公司丢失了一枚放射源，可能会危害公共安全。依据《突发事件应对法》的规定，下列关于该公司报告的做法，正确的是（　　　）。

A. 及时向当地人民政府报告

B. 待确定捡拾者后报告给当地人民政府

C. 待确定伤害情况后报告给当地人民政府

D. 待确定放射源是否泄漏后报告给当地人民政府

85. 依据《刑法》的规定，由于强令他人违章冒险作业而导致重大伤亡事故发生或者造成其他严重后果，情节特别恶劣的，应处有期徒刑（　　　）。

A. 10 年以上　　　　　　　　B. 7 年以上

C. 5 年以上　　　　　　　　　D. 3 年以上

86. 某化工企业因安全生产设施不符合国家规定，发生事故，造成 6 人死亡的严重后果。依据《刑法》的规定，直接负责的主管人员触犯的刑法罪名是（　　）。

A. 重大责任事故罪　　　　　　　　B. 重大劳动安全事故罪

C. 危险物品肇事罪　　　　　　　　D. 消防责任事故罪

87. 根据不同的标准，行政处罚有不同的分类。下列行政处罚中属于行为罚的是（　　）。

A. 罚款　　　　　　　　　　　　　B. 销毁违禁物品

C. 责令停产停业　　　　　　　　　D. 没收违法所得

88. 某煤矿安全监察机构对煤矿企业进行安全监察时，发现安全监控系统不完善，决定对该煤矿企业做出行政处罚。依据《行政处罚法》的规定，下列关于当场做出行政处罚的做法，正确的是（　　）。

A. 当场制作对该企业处 1000 元罚款的行政处罚决定书，宣读后，交付在场的企业负责人

B. 当场制作对该企业处 1500 元罚款的行政处罚决定书，宣读后，交付在场的企业负责人

C. 当场口头做出罚款 1000 元的行政处罚决定，10d 后补办书面决定书并送达给该企业

D. 当场口头做出罚款 1000 元的行政处罚决定，10d 后补办书面决定书并以挂号函件方式邮寄给该企业

89. 依据《行政许可法》的规定，下列关于设定行政许可的说法，正确的是（　　）。

A. 地方性法规在不与法律、行政法规抵触的情况下，可以设定任何种类的行政许可

B. 法律可以根据需要设定任何一种形式的行政许可

C. 规章可对法律、法规设定的行政许可做出具体规定，并可增设行政许可条件

D. 行政法规无权对法律设定的行政许可做出具体规定

90. 依据《职业病防治法》的规定，新建煤化工项目的企业，应在项目的可行性论证阶段，针对尘毒危害的前期预防，向相关政府行政主管部门提交（　　）。

A. 职业病危害评价报告　　　　　　B. 职业病危害预评价报告

C. 职业病危害因素评估报告　　　　D. 职业病控制论证报告

91. 依据《职业病防治法》的规定，产生职业病危害的用人单位的设立，除应当符合法律、行政法规规定的设立条件外，其作业场所布局应遵循的原则是（　　）。

A. 生产作业与储存作业分开　　　　B. 加工作业与包装作业分开

C. 有害作业与无害作业分开　　　　D. 吊装作业与维修作业分开

92. 某汽车制造厂要进行整体搬迁，依据《职业病防治法》的规定，建设单位向安全监管部门提交职业病危害预评价报告的时间是（　　）。

A. 可行性论证阶段　　　　　　　　B. 初步设计阶段

C. 总体设计阶段　　　　　　　　　D. 试运行阶段

93. 某化工企业所在县级市有一家经省级人民政府卫生行政部门批准的职业卫生检测所。依据《职业病防治法》的规定，下列关于职业病诊断的说法，正确的是（　　）。

A. 企业可以委托该所对职工进行职业病诊断

B. 企业员工必须在该所进行职业病诊断

C. 该所进行职业病诊断时，须由 2 名以上具有职业病诊断资格的执业医师会诊

D. 该所发现企业存在职业病病人，应及时向省级卫生行政部门和民政部门报告

94. 依据《职业病防治法》的规定，下列关于职业病病人保障的说法，错误的是（ ）。

A. 职业病病人变动工作岗位，其依法享有的待遇不变

B. 用人单位应当按照国家有关规定安排职业病病人进行治疗、康复和定期检查

C. 用人单位对从事接触职业病危害作业的劳动者，应当给予适当的岗位津贴

D. 用人单位对不适宜继续从事原工作的职业病病人，可给予当事人一次性补助后解除劳动合同

95. 依据《劳动法》的规定，用人单位不得安排女职工在哺乳未满1周岁的婴儿期间从事的工作是（ ）。

A. 第一级体力劳动强度的劳动

B. 夜班劳动

C. 电工

D. 驾驶机动车

96. 依据《劳动合同法》的规定，用人单位自用工之日起超过1个月不满1年未与劳动者订立书面劳动合同的，应当向劳动者每月支付（ ）倍的工资。

A. 1   B. 2   C. 3   D. 5

97. 甲、乙、丙、丁均是某煤矿企业的员工，依据《劳动合同法》的规定，下列关于劳动合同解除的说法，正确的是（ ）。

A. 企业如果强令甲冒险作业并危及其人身安全，甲有权拒绝作业，但不能立即解除劳动合同

B. 乙非因工负伤，在规定的医疗期内，企业可以和乙解除劳动合同

C. 丙为疑似职业病病人，目前正在诊断期间，企业此时不能解除劳动合同

D. 丁经过企业培训后仍然不能胜任现在的工作，企业提前10d以书面形式通知丁后，可以解除劳动合同

98. 某非煤矿山企业拟申请安全生产许可证，企业负责人为此咨询了律师。依据《安全生产许可证条例》的规定，下列关于安全生产许可证申请的说法，正确的是（ ）。

A. 安全生产许可证的有效期是3年，并且不需要年检

B. 由矿产资源管理部门负责安全生产许可证的颁发

C. 安全生产许可证颁发机关自收到企业申请资料之日起，应当在30d内完成审查发证工作

D. 安全生产许可证可以在企业试生产期间提出申请

99. 依据《国务院关于预防煤矿生产安全事故的特别规定》，对（ ）2次或者2次以上发现有重大安全生产隐患，仍然进行生产的煤矿，有关部门应当提请有关地方人民政府关闭该煤矿。

A. 6个月内   B. 5个月内

C. 4个月内   D. 3个月内

100. 依据《国务院关于预防煤矿生产安全事故的特别规定》，下列关于煤矿停产整顿的说法，正确的是（ ）。

A. 高瓦斯矿井未建立瓦斯抽放系统和监控系统，仍然进行生产的，由县级以上地方人

民政府有关部门责令停产整顿，并处 50 万元以下的罚款

B. 对 1 个月内 2 次以上发现有重大安全生产隐患，仍然进行生产的煤矿，由县级以上地方人民政府有关部门责令立即停产整顿

C. 被责令停产整顿的煤矿擅自从事生产的，由县级以上地方人民政府有关部门予以关闭

D. 对被责令停产整顿的煤矿，在停产整顿期间，由有关地方人民政府采取有效措施进行监督检查

101. 建设单位是建筑工程的投资主体，在建筑活动中居于主导地位，依据《建设工程安全生产管理条例》的规定，下列关于建设单位安全责任的说法，正确的是（　　）。

A. 建设单位可以根据市场需求压缩合同约定的工期

B. 建设单位应当自开工报告批准之日起 10d 内，将保证安全施工的措施报送所在地建设行政主管部门或有关部门备案

C. 建设单位应当在拆除工程施工 10d 前，将有关资料报送所在地建设行政主管部门或有关部门备案

D. 建设单位应当根据工程需要向施工企业提供施工现场相邻建筑物的相关资料

102. 依据《建设工程安全生产管理条例》的规定，监理单位对施工组织设计进行强制性标准符合性审查，下列属于审查内容的是（　　）。

A. 安全管理方案　　　　　　　　B. 安全技术措施

C. 安全培训计划　　　　　　　　D. 安全投入计划

103. 某企业是位于 A 省 B 市 C 区港口内的一家危险化学品仓储经营企业，已经取得了港口经营许可证。依据《危险化学品安全管理条例》的规定，下列关于该企业申请危险化学品经营许可证的说法，正确的是（　　）。

A. 需要向 B 市的港口行政管理部门申请危险化学品经营许可证

B. 需要向 C 区的港口行政管理部门申请危险化学品经营许可证

C. 需要向 A 省的安全监督部门申请危险化学品经营许可证

D. 不需要申请危险化学品经营许可证

104. 依据《危险化学品安全管理条例》的规定，下列关于剧毒化学品运输管理的说法，正确的是（　　）。

A. 可以通过内河封闭水域运输剧毒化学品

B. 禁止通过内河运输剧毒化学品

C. 安全监管部门负责审批剧毒化学品道路运输通行证

D. 海事管理机构负责确定剧毒化学品船舶运输的安全运输条件

105. 依据《危险化学品安全管理条例》的规定，剧毒化学品、易制爆危险化学品的销售企业、购买单位，应当在销售、购买后（　　）d 内，将其销售、购买的剧毒化学品、易制爆危险化学品的品种、数量以及流向信息报所在地县级人民政府公安机关备案。

A. 5　　　　　　B. 7　　　　　　C. 10　　　　　　D. 15

106. 甲是 A 市 B 县的烟花爆竹零售经营者，需要办理烟花爆竹经营（零售）许可证。依据《烟花爆竹安全管理条例》的规定，下列关于甲申请经营许可证的说法，正确的是（　　）。

A. 应向 A 市安全监管部门提出申请

B. 应向 A 市公安机关提出申请

C. 应向 B 县安全监管部门提出申请

D. 应向 B 县公安机关提出申请

107. 甲公司是一家生产乳化震源药柱的中型企业，公司依照法律法规要求取得了民用爆炸物品生产许可证。乙公司是一家商贸公司，依法取得了民用爆炸物品销售许可证。依据《民用爆炸物品安全管理条例》的规定，下列关于甲、乙公司生产经营活动的说法，正确的是（　　）。

A. 甲公司必须取得民用爆炸物品销售许可证后方可出售本单位生产的乳化震源药柱

B. 乙公司向甲公司购买乳化震源药柱，应当通过银行账户交易，不得使用现金或者实物进行交易

C. 甲公司见到乙公司提供的民用爆炸物品销售许可证 5d 后，方可进行交易

D. 乙公司销售民用爆炸物品后 3d 内，要将销售的品种、数量和购买单位向所在地设区的市人民政府公安机关备案

108. 依据《民用爆炸物品安全管理条例》的规定，爆破作业人员应当经考核合格，取得爆破作业人员许可证后，方可从事爆破作业。对其考核的单位是（　　）。

A. 设区的市人民政府安全监管部门

B. 设区的市人民政府公安机关

C. 县级人民政府安全监管部门

D. 县级人民政府公安机关

109. 依据《使用有毒物品作业场所劳动保护条例》的规定，下列关于使用有毒物品作业场所预防措施的说法，正确的是（　　）。

A. 使用有毒物品作业场所未经批准不得住人

B. 使用有毒物品作业场所应当设置红色区域警示线

C. 高毒作业场所应当与其他作业场所隔离

D. 高毒作业场所应当设置黄色区域警示线

110. 下列设备中，不属于《特种设备安全监察条例》安全监察对象的是（　　）。

A. 化工厂的压力容器　　　　　　　B. 商场的电梯

C. 海上平台的起重机　　　　　　　D. 电厂的锅炉

111. 某化工厂发生一起火灾事故，造成 2 人死亡，1 人重伤，3 人轻伤。事故发生 1 个月后，重伤者因救治无效死亡。依据《生产安全事故报告和调查处理条例》的规定，下列关于事故补报的说法，正确的是（　　）。

A. 该厂应在 3d 内向安全监管部门补报该事故伤亡情况并说明情况

B. 该厂无须向安全监管部门补报该事故伤亡人数更新情况

C. 安全监管部门应根据更新的伤亡人数重新界定该事故等级

D. 安全监管部门应向本级人民政府补报该事故伤亡人数更新情况

112. 依据《生产安全事故报告和调查处理条例》的规定，事故发生单位对事故发生负有责任的，应处 20 万元以上 50 万元以下罚款的事故等级是（　　）。

A. 一般事故　　　　　　　　　　　B. 较大事故

C. 重大事故　　　　　　　　　　　D. 特别重大事故

113. 依据《工伤保险条例》的规定，下列关于劳动能力鉴定的说法，正确的是（　　）。
　　A. 劳动功能障碍分为十个伤残等级，最轻的为一级，最重的为十级
　　B. 劳动能力鉴定必须由用人单位、工伤职工向县级劳动能力鉴定委员会提出申请
　　C. 市级劳动能力鉴定委员会做出的鉴定结论是最终结论
　　D. 自劳动能力鉴定结论做出之日起 1 年后，工伤职工认为伤残情况发生变化的，可以申请复查鉴定

114. 某金属矿采掘企业自开办以来，一直不缴纳工伤保险费。依据《工伤保险条例》的规定，社会保险行政部门应当责令该企业限期参加工伤保险，补缴应当缴纳的工伤保险费，并自欠缴之日起，按日加收（　　）的滞纳金。
　　A. 万分之一　　　　　　　　　　　B. 万分之二
　　C. 万分之三　　　　　　　　　　　D. 万分之五

115. 依据《工伤保险条例》的规定，下列关于工伤保险待遇的说法，正确的是（　　）。
　　A. 职工住院治疗工伤的伙食补助费不在工伤保险基金的支付范围内
　　B. 经工伤职工本人提出，该职工可以与用人单位解除或者终止劳动关系，由工伤保险基金支付一次性工伤医疗补助金，由用人单位支付一次性伤残就业补助金
　　C. 工伤职工拒不接受劳动能力鉴定的，从拒不接受的第 4 个月起停止享受工伤保险待遇
　　D. 职工被借调期间受到工伤事故伤害的，由借调单位承担工伤保险责任，但借调单位与原用人单位可以约定补偿办法

116. 注册安全工程师张某已经离开 A 事务所到 B 事务所工作。依据《注册安全工程师管理规定》，张某应当办理变更注册手续。下列关于张某在未完成变更注册前的执业行为的说法，正确的是（　　）。
　　A. 可以 A 事务所名义执业　　　　B. 可以 B 事务所名义执业
　　C. 可以个人名义执业　　　　　　D. 不能执业

117. 依照《注册安全工程师管理规定》，注册安全工程师实行分类注册，类别包括煤矿安全、非煤矿矿山安全、危险化学品安全、（　　）和其他安全类。
　　A. 电气安全　　　　　　　　　　　B. 消防安全
　　C. 建筑施工安全　　　　　　　　　D. 特种设备安全

118. 依据《生产经营单位安全培训规定》，煤矿、非煤矿山、危险化学品、烟花爆竹等生产经营单位新上岗的从业人员，岗前培训不得少于（　　）学时。
　　A. 24　　　　　B. 36　　　　　C. 48　　　　　D. 72

119. 依据《生产经营单位安全培训规定》，下列关于生产经营单位主要负责人、安全生产管理人员、特种作业人员以外的其他从业人员安全培训的说法，正确的是（　　）。
　　A. 高危行业生产经营单位新上岗的人员，岗前培训时间不少于 36 学时
　　B. 非高危行业生产经营单位新上岗的人员，岗前培训时间不少于 24 学时
　　C. 安全生产经营单位三级安全培训是指厂（矿）级、车间级、部门级安全培训
　　D. 调整工作岗位或离岗 1 年重新上岗人员必须进行三级教育培训

120. 依据《特种作业人员安全技术培训考核管理规定》，特种作业人员操作证一般每 3 年复

审 1 次。下列关于特种作业操作证复审的说法，正确的是（　　）。

A. 特种作业操作证需要复审的，应当在期满前 90 天内，按规定申请复审

B. 特种作业操作证申请复审前，特种作业人员应参加不少于 8 个学时的安全培训

C. 按规定参加安全培训，考试不合格的允许补考一次

D. 有安全生产违法行为的，复审一律不予通过

121. 依据《劳动防护用品监督管理规定》，下列关于生产经营单位劳动防护用品的配备与使用的说法，正确的是（　　）。

A. 可以将经费发给劳动者用于自行购置防护用品

B. 可以用其他物品代替劳动防护用品

C. 不得使用无安全标志的特种劳动防护用品

D. 配备的劳动防护用品由劳动者自己决定是否使用

122. 依据《职业病危害项目申报办法》的规定，新建、改建、扩建、技术改造或者技术引进建设项目申请变更职业病危害项目的，应在规定的期限内进行申报，申报的期限是自建设项目竣工验收之日起（　　）。

A. 30 天内　　　　B. 45 天内　　　　C. 60 天内　　　　D. 90 天内

123. 依据《建设工程消防监督管理规定》，下列人员密集场所建设工程，应当向公安机关消防机构申请消防设计审核和消防验收的是（　　）。

A. 建筑总面积 15000m² 的博物馆

B. 建筑总面积 20000m² 的客运车站候车室

C. 建筑总面积 3000m² 的饭店

D. 建筑总面积 900m² 的托儿所

124. 依据《建设工程消防监督管理规定》，下列消防施工的质量和安全责任，属于施工单位的是（　　）。

A. 依法申请建设工程消防验收，依法办理消防设计和竣工验收备案手续并接受抽查

B. 依法应当经消防设计审核、消防验收的建设工程，未经审核或者审核不合格的，不得组织施工

C. 查验消防产品和具有防火性能要求的建筑构件、建筑材料及装修材料的质量，使用合格产品，保证消防施工质量

D. 实行工程监理的建设工程，应当将消防施工质量一并委托监理

125. 依据《安全生产事故隐患排查治理暂行规定》，下列关于事故隐患排查治理的说法，正确的是（　　）。

A. 生产经营单位应当每季对事故隐患排查治理情况进行统计分析并报政府有关部门备案

B. 生产经营单位将生产经营场所发包、出租的，应当与承包、承租单位签订安全管理协议，事故隐患排查治理由承包、承租单位负全责

C. 对一般事故隐患由生产经营单位的车间、分厂、区队等负责人或者有关人员立即组织整改

D. 局部停产停业治理的重大事故隐患，政府有关部门收到生产经营单位恢复生产的申请报告后，应当在 10 天内进行现场审查

126. 依据《生产安全事故应急预案管理办法》的规定，下列关于应急预案评审的说法，正确的是（　　）。

　　A. 所有生产经营单位应当组织专家对本单位编制的应急预案进行论证，论证应当形成书面纪要并附有专家名单

　　B. 省级安全监督管理部门编制的应急预案无须组织有关专家进行审定，设区的市、县级安全监督管理部门编制的应急预案应组织有关专家进行审定

　　C. 参加生产经营单位应急预案评审的人员应当包括应急预案涉及的政府部门工作人员和有关安全生产及应急管理方面的专家

　　D. 生产经营单位的应急预案经评审或者论证后，由生产经营单位分管安全的领导签署公布

127. 依据《生产安全事故应急预案管理办法》的规定，下列关于应急预案编制的说法，正确的是（　　）。

　　A. 生产经营单位应当根据存在的重大危险源，制订综合应急预案

　　B. 生产经营单位应当针对危险性较大的岗位，制订专项应急预案

　　C. 生产经营单位应当针对某一种类风险，制订现场处置方案

　　D. 现场处置方案应当包括危险性分析、可能发生的事故特征、处置程序等

128. 依据《安全评价机构管理规定》，下列有关安全评价机构开展安全评价业务活动的说法，正确的是（　　）。

　　A. 某评价机构对同一建设项目进行安全预评价和安全验收评价

　　B. 某评价机构与被评价对象通过合同协商确定评价费用

　　C. 某业务较多的评价机构将其承揽的项目转包给其他评价机构

　　D. 某评价机构的评价人员仅依据被评价对象提供的书面材料出具评价报告

129. 依据《国务院关于特大安全事故行政责任追究的规定》，负责行政审批的政府部门或机构，未依照规定履行职责，发生特大安全事故的，对部门或机构的正职负责人，根据情节轻重，给予的行政处分是（　　）。

　　A. 警告或记过　　　　　　　　　　B. 记过或记大过

　　C. 记大过或降职　　　　　　　　　D. 撤职或开除公职

130. 依据《建设项目安全设施"三同时"监督管理暂行办法》的规定，下列关于省级重点冶金建设项目可行性研究阶段安全生产条件论证和评价的说法，正确的是（　　）。

　　A. 对安全生产条件进行论证，不需要进行安全预评价

　　B. 不需对安全生产条件进行论证，但需要进行安全预评价

　　C. 需要对其安全生产条件进行论证和安全预评价

　　D. 仅需对其安全生产条件进行综合分析，形成书面报告并备案

二、多选题

1. 下列关于法的分类和效力的说法，正确的有（　　）。

　A. 按照法律效力范围的不同，可以将法律分为成文法和不成文法

　B. 按照法律的内容和效力强弱所做的分类，可以将法律分为特殊法和一般法

　C. 按照法律规定的内容不同，可以将法律分为实体法和程序法

D. 行政规章可以分为部门规章和地方政府规章，效力高于地方性法规

E. 宪法在我国具有最高的法律效力，任何法律都不能与其抵触，否则无效

2. 依据《职业病防治法》的规定，下列关于劳动者劳动过程中职业病的防护与管理的说法，正确的有（　　）。

A. 用人单位应当定期对工作场所进行职业病危害因素检测、评价、检测、评价结果存入用人单位职业卫生档案，定期向所在地安全监管部门报告并向劳动者公布

B. 对从事接触职业病危害作业的劳动者，用人单位应当组织上岗前、在岗期间和离岗时的职业健康检查，并将检查结果书面报告劳动者

C. 劳动者在已订立劳动合同期间因工作岗位或者工作内容变更，从事与所订立劳动合同中未告知的存在职业病危害的作业时，用人单位应当向劳动者履行如实告知的义务、原劳动合同相关条款可不予变更

D. 职业健康检查应当由省级以上人民政府卫生行政部门批准的医疗卫生机构承担。职业健康检查费用由用人单位承担

E. 劳动者离开用人单位时，有权索取本人职业健康监护档案复印件，用人单位应当如实、无偿提供，并在所提供的复印件上签章

3. 依据《危险化学品安全管理条例》的规定，申请危险化学品安全使用许可证的化工企业，应当具备的条件有（　　）。

A. 主要负责人经安全监管部门培训考核合格取得安全使用资格证书

B. 有与所使用的危险化学品相适应的专业技术人员

C. 有安全管理机构和专职安全管理人员

D. 有符合国家规定的危险化学品事故应急预案和必要的应急救援器材、设备

E. 依法进行了安全评价

4. 依据《消防法》的规定，下列关于消防安全重点单位的消防安全职责的说法，正确的有（　　）。

A. 确定消防安全管理人员，组织实施本单位的消防安全管理工作

B. 建立消防档案，确定消防安全重点部位

C. 设置防火标志，实行严格管理

D. 实行每周防火巡查.并建立巡查记录

E. 对职工进行岗前消防安全培训，定期组织消防安全培训和消防演练

5. 依据《注册安全工程师管理规定》，下列单位或机构注册安全工程师配备比例，符合要求的有（　　）。

A. 某煤矿企业，从业人员1600人，配备安全管理人员20人，其中注册安全工程师3人

B. 某安全评价机构，从业人员70人，配备安全专业服务人员60人.其中注册安全工程师12人

C. 某机械制造企业，从业人员200人，配备安全管理人员3人，其中注册安全工程师1人

D. 某建筑施工企业，从业人员260人，配备安全管理人员8人，其中注册安全工程师3人

E. 某木材加工企业，从业人员90人，与注册安全工程师事务所签订协议，由其选派1名

注册安全工程师提供安全生产服务

6. 某公司从事机械制造需使用起重机械，依据《特种设备安全法》的规定，下列关于起重机械使用的说法，正确的有（   ）。

A. 该公司使用的起重机械必须经检验合格

B. 起重机械出现故障或者发生异常情况，该公司应当对其进行全面检查，消除事故隐患

C. 该公司使用起重机械，应当在投入使用后 60 日内办理使用登记

D. 该公司使用起重机械，应当建立岗位责任、隐患治理等安全管理制度，制定操作规程

E. 该公司应当按要求在检验合格有效期届满前 1 个月向特种设备检验检测机构提出定期检验要求

7. 依据《安全生产培训管理办法》的规定，下列关于安全培训机构的说法，正确的有（   ）。

A. 安全培训机构应当具备从事安全培训工作所需要的条件

B. 从事危险物品的生产经营单位安全生产管理人员培训的安全培训机构，应当将教师、教学和实习实训设施等情况书面报告所在地安全监管部门

C. 从事煤矿企业主要负责人培训的安全培训机构，应当将教师、教学和实习实训设施情况书面报告所在地安全监管部门、煤矿安全培训监管机构

D. 从事注册安全工程师培训的安全培训机构，应当将教师教学和实习实训设施等情况书面报告所在地安全监管部门

E. 国家安全监管部门及省级安全监管部门对相应级别的安全培训机构实行统一管理

8. 依据《工伤保险条例》的规定，下列情形中，应当被认定为工伤的有（   ）。

A. 员工在工作时间和工作场所内，因工作原因受到事故伤害

B. 员工在上班途中，受到因他人负主要责任的交通事故伤害

C. 员工在工作时间和工作岗位，突发心脏病死亡

D. 员工因公外出期间，由于工作原因受到伤害

E. 员工在工作时间和工作场所内，因饮酒导致操作不当而受伤

9. 下列关于我国安全生产法律体系的表述正确的有（   ）。

A. 《安全生产法》《消防法》《道路交通安全法》《矿山安全法》是我国安全生产法律体系中有关安全生产的单行法律

B. 《安全生产法》是安全生产领域的普通法，普遍适用于生产经营活动的各个领域

C. 《矿山安全法》既是我国安全生产法律体系中有关矿山安全生产的单行法律，又是矿山安全生产的综合法律

D. 《消防法》《道路交通安全法》的规定不同于《安全生产法》的，应该适用《安全生产法》

E. 地方政府安全生产规章是最有计划性安全生产立法，其法律效力高于其他法律

10. 行政处罚的基本原则（   ）。

A. 处罚法定原则　　　　　　　　B. 处罚公平的原则

C. 处罚和教育的原则　　　　　　D. 保障当事人陈述权力原则

E. 一事不再罚原则

答　案

一、单选题

1. A　2. B　3. C　4. C　5. A　6. C　7. C　8. C　9. B　10. C　11. A　12. B　13. D
14. C　15. B　16. C　17. D　18. B　19. C　20. B　21. D　22. B　23. D　24. A　25. A　26. D
27. C　28. B　29. B　30. D　31. D　32. B　33. B　34. B　35. B　36. B　37. C　38. C　39. B
40. B　41. A　42. D　43. C　44. B　45. D　46. A　47. B　48. B　49. D　50. C　51. D　52. B
53. C　54. D　55. C　56. C　57. D　58. C　59. C　60. B　61. D　62. C　63. C　64. D　65. A
66. C　67. A　68. C　69. D　70. C　71. B　72. B　73. B　74. A　75. C　76. B　77. C　78. D
79. C　80. C　81. A　82. A　83. D　84. A　85. E　86. B　87. C　88. A　89. B　90. B　91. C
92. A　93. A　94. D　95. B　96. B　97. C　98. A　99. D　100. D　101. D　102. B　103. D
104. D　105. A　106. C　107. B　108. B　109. C　110. C　111. B　112. B　113. D　114. D
115. B　116. D　117. C　118. D　119. B　120. B　121. C　122. A　123. B　124. C　125. C
126. C　127. D　128. B　129. D　130. C

二、多选题

1. CE　2. ABDE　3. BCDE　4. ABCE　5. ACDE　6. ABDE　7. ABCD　8. ABD　9. BC
10. ACDE

第七章　HSE 管理体系

一、单选题

1. "全员参与" 的理念中（　　）是每个组织的基础。

　A. 领导　　　　　　　　　　B. 职工　　　　　　　　　　C. 管理层

2.（　　）是 HSE 体系的核心。

　A. 风险管理　　　　　　　　B. 风险削减　　　　　　　　C. 人员管理

3. 按照集团公司的要求，各单位主要领导负责，配备相应的资源，安排有技术、懂管理、会写作，有一定安全、生产技术工作经验的（　　）参与 HSE 管理体系文件的编写。

　A. 管理人员　　　　　　　　B. 专业技术人员　　　　　　C. 操作员工

4. 体系要素及相关部分分为三大块：主体框架要素、（　　）要素、全面监控要素。

　A. 支持性　　　　　　　　　B. 构成性　　　　　　　　　C. 全面性

5. 内部审核每年度应进行不少于（　　）次覆盖全要素、全部门的审核，两次审核间隔不超过（　　）个月，当出现组织机构和职能分配有重大调整、发生重大变更和事故时，可追加审核。

　A. 1、6　　　　　　　　　　B. 1、12　　　　　　　　　　C. 2、6

6. 组织应将对承包方和（或）供应方进行 HSE 管理体系审核作为对其评定和选择的重要方法，宜通过（　　）约定明确审核要求和依据，并通过审核手段共同提高承包方和（或）供应方的健康、安全与环境绩效。

  A. 合同   B. 口头   C. 双方

7. HSE 管理体系认证审核是由第三方认证机构实施的组织外部审核。一个认证周期为（　　）年。

  A. 2   B. 3   C. 4

8. 审核启动阶段的主要工作包括确定审核目的、范围和（　　），选派审核组长，根据实现审核目的所需的能力选择审核员。

  A. 准则   B. 尺度   C. 原则

9. 在项目开工前，一个项目风险管理"三部曲"是危害因素辨识、（　　）及风险的削减与控制。

  A. 工作安全分析   B. 风险评估   C. 召开安全会议

10.（　　）用于规范人的不安全行为。

  A. 两书   B. 操作规程   C. 劳动纪律

11.（　　）用于检查物的不安全状态。

  A. 风险控制表   B. 现场检查表   C. 设备安装表

12. HSE 作业指导书是对（　　）风险的管理。

  A. 特殊作业   B. 常规专业   C. 全部作业

13. HSE 作业指导书用作对本岗位（专业）常规风险的管理，是以（　　）为主要内容的员工应知应会知识的集成。

  A. 风险消减   B. 操作规程   C. 风险控制

14. 安全经验分享不宜过长，一般（　　）min。

  A. 1～3   B. 2～3   C. 3～5

15.（　　）是对常规作业风险的管理。

  A. HSE 作业计划书   B. HSE 作业指导书   C. 巡回检查表

二、多选题

1. 企业健康、安全与环境管理工作的目标是（　　）。

 A. 满足政府对健康、安全与环境管理的法律、法规要求

 B. 为企业提出的总方针、总目标以及各方面具体目标的实现提供保证

 C. 提高技术服务质量，满足顾客和企业内外部相关方的要求

 D. 减少事故发生，保证员工的健康与安全，保护企业财产不受损失

 E. 保护环境，满足可持续发展的要求

2. 健康、安全与环境管理体系包括（　　）。

 A. 领导和承诺

 B. 方针和战略目标

 C. 组织结构、资源和文件

 D. 评价和风险管理

E. 规划（策划）

F. 实施和监测

G. 审核和评审

3. 组织可采用（   ）审核、（   ）审核等方式开展内部审核，也可根据需要进行其他形式的（   ）审核。

A. 集中式　　　　　　　B. 分段式　　　　　　　C. 专项　　　　　　　D. 全覆盖

4. 审核原则包括（   ）。

A. 独立性原则　　　　　　　　　　　　　B. 系统性原则

C. 抽样性原则　　　　　　　　　　　　　D. 相关性原则

5. 审核方案应包括如下几项内容（   ）。

A. 特定活动和区域　　　　　　　　　　　B. 特定活动或区域的审核频率

C. 审核活动的责任　　　　　　　　　　　D. 时间表和审核方法

E. 审核过程中资源的分配　　　　　　　　F. 审核组的人员能力要求

6. 审核准备工作包括（   ）、编制（   ）、审核前（   ）、审核组（   ）、（   ）准备等。

A. 文件评审　　　B. 审核计划　　　C. 培训　　　D. 工作分配　　　E. 工作文件

7. 指导书的主要内容（   ）。

A. 岗位任职条件　　　　　　　　　　　B. 岗位职责　　　　C. 岗位操作规程

D. 巡回检查及主要检查内容　　　　　　E. 应急处置程序

8. 通常下述作业需要进行作业安全分析（   ）。

A. 新的作业

B. 非常规性（临时）的作业

C. 承包商作业

D. 改变现有的作业

E. 评估现有的作业

9. JSA 小组识别该工作任务关键环节的危害及影响，并填写 JSA 表。识别危害时，应充分考虑（   ）。

A. 人员设备　　　　　　　　　　　　　B. 材料环境

C. 方法　　　　　　　　　　　　　　　D. 正常、异常、紧急 3 种状态

10. JSA 小组制定出所有风险的控制措施后还应确定以下问题（   ）。

A. 是否全面有效地制定了所有的控制措施

B. 对实施该项工作的人员还需要提出什么要求

C. 风险是否能得到有效控制

11. 总体上来说作业许可管理流程分为（   ）。

A. 作业申请　　　B. 作业批准　　　C. 作业实施

D. 作业延期　　　E. 作业关闭

12. 在所辖区域内或在已交付的在建装置区域内，进行下列（   ）工作均应实行作业许可管理，办理作业许可证。

A. 非计划性维修工作（未列入日常维护计划或无程序指导的维修工作）

B. 承包商作业

C. 偏离安全标准、规则、程序要求的工作

D. 交叉作业

E. 在承包商区域进行的工作

F. 缺乏安全程序的工作

13. 危害因素是指一个组织的活动、产品或服务中可能导致（　　）或这些情况组合的要素，包括根源、状态或行为。

A. 人员伤害或健康损害　　　　　　　B. 财产损失、工作环境破坏

C. 有害的环境影响　　　　　　　　　D. 疾病

14. 事故是指造成（　　）。

A. 死亡　　　　　　　　　　　　　　B. 健康损害、伤害

C. 环境污染、损坏或其他损失的意外事件

15. 职业性有害因素分（　　）类。

A. 生产过程中产生的有害因素，包括化学因素，如粉尘、各种毒物

B. 劳动过程中的有害因素，如劳动强度过大，劳动时间过长，精神或视力过度紧张等

C. 与一般卫生条件和卫生技术措施不良有关的有害因素，如厂房矮小狭窄、采光照明不足、通风不良、烈日下室外作业、有毒作业和无毒作业安排在一个车间内等

三、简答题

1. JSA 小组审查工作计划安排，分解工作任务，搜集相关信息，实地考察工作现场需要核查哪些内容？

2. 行为安全观察与沟通包括哪些步骤？

3. 行为安全观察与沟通内容应包括哪些内容？

答　　案

一、单选题

1. B　2. A　3. B　4. A　5. B　6. A　7. B　8. A　9. B　10. A　11. B　12. B　13. B
14. C　15. B

二、多选题

1. ABCE　2. ABCDE　3. ABC　4. ABC　5. ABCDEF　6. ABCDE　7. ABCDE　8. ABCDE
9. ABCD　10. ABC　11. ABCE　12. ABCDEF　13. ABC　14. ABC　15. ABC

三、简答题

1. 答：JSA 小组审查工作计划安排，分解工作任务，搜集相关信息，实地考察工作现

场，核查以下内容：

（1）以前此项工作任务中出现的健康安全、环境问题和事故；

（2）工作中是否使用新设备；

（3）工作环境空间光线、空气流动、出口和入口等；

（4）实施此项工作任务的关键环节；

（5）实施此项工作任务的人员是否有足够的知识技能；

（6）是否需要作业许可及作业许可的类型；

（7）是否有严重影响本工作安全的交叉作业；

（8）其他。

2.答：行为安全观察与沟通以六步法为基础，步骤包括：

（1）观察：现场观察员工的行为，决定如何接近员工，并安全地阻止不安全行为。

（2）表扬：对员工的安全行为进行表扬。

（3）讨论：与员工讨论观察到的不安全行为状态和可能产生的后果鼓励员工讨论更为安全的工作方式。

（4）沟通：就如何安全地工作与员工取得一致意见，并取得员工的承诺。

（5）启发：引导员工讨论工作地点的其他问题。

（6）感谢：对员工的配合表示感谢。

3.答：行为安全观察与沟通内容应包括以下7个方面：

（1）员工的反应：员工在看到他们所在区域内有观察者时，他们是否改变自己的行为（从不安全到安全）。员工在被观察时，有时会做出反应，如改变身体姿势，调整个人防护装备，改用正确工具，抓住扶手，系上安全带等。

（2）员工的位置：员工身体的位置是否有利于减小伤害发生的概率。

（3）个人防护装备：员工使用的个人防护装备是否合适，是否正确使用，个人防护装备是否处于良好状态。

（4）工具和设备：员工使用的工具是否合适，是否正确，工具是否处于良好状态，非标工具是否获得批准。

（5）程序：是否有操作程序，员工是否理解并遵守操作程序。

（6）人体工效学：办公室和作业环境是否符合人体工效学原则。

（7）整洁：作业场所是否整洁有序。

第八章　安全生产标准化和"三标一规范"

一、单选题

1.生产经营单位按照所辖部门在生产经营中的（　　　），制定安全生产指标和考核办法。

　　A.作用　　　　　　　　B.职能　　　　　　　　C.职责　　　　　　　　D.功能

2.根据作业场所的实际情况，在有较大危险因素的作业场所和设备设施上，设置（　　　）。

　　A.警戒带　　　　　　　B.监视器　　　　　　　C.专职监护人员　　　　D.安全警示标志

3. 对构成国家规定的重大危险源应及时（　　），并按规定向政府有关部门备案。

　　A. 上交　　　　　　　B. 入库　　　　　　　C. 登记建档　　　D. 隔离

4. 应急预案应定期（　　），并根据其结果或实际情况的变化进行修订和完善。

　　A. 更新　　　　　　　B. 评审　　　　　　　C. 演练

5. 建立运行以"三三一册"为核心的标准化管理模式，推广一个手册是指（　　）。

　　A. 安全手册　　　　　B. 行为文化手册　　　C. 管理标准化手册　　D. 企业文化手册

二、多选题

1. 生产经营单位应将适用的（　　），并将相关要求及时转化为本单位的规章制度，贯彻到各项工作中。

　　A. 安全生产法律法规　　B. 标准规范　　　　　C. 环境法　　　　　　D. 行政规定

2. 安全设备设施应与建设项目主体工程（　　）。

　　A. 同时设计　　　　　B. 同时施工　　　　　C. 同时投入生产和使用　　D. 同时验收

3. 对可能发生急性职业危害的有毒、有害工作场所，应（　　）。

　　A. 设置报警装置，制定应急预案　　　　　B. 配置现场急救用品、设备

　　C. 设置应急撤离通道和必要的泄险区。　　D. 配置专职医生

4. "三标一规范"中"三标"指的是（　　）。

　　A. 标准化程序　　　　B. 标准化操作　　　　C. 标准化管理　　　D. 标准化现场

5. 建立运行以"三三一册"为核心的标准化管理模式，实施三个流程是指（　　）。

　　A. 实施每日管理流程　　　　　　　　　　B. 实施每周管理流程

　　C. 实施每季度管理流程　　　　　　　　　D. 实施每月管理流程

6. "一图一单"为核心的标准化现场模式，一单：即硬件设施清单，包括（　　）。

　　A. 生产设备设施　　　B. 消防器材清单　　　C. HSE 设施　　　　D. 物资器材的清单

三、简答题

简述"三标一规范"的内涵？

答　案

一、单选题

1. B　2. D　3. C　4. B　5. C

二、多选题

1. AB　2. ABC　3. ABC　4. BCD　5. ABD　6. ACD

三、简答题

答："三标一规范"中"三标"指的是标准化现场、标准化操作及标准化管理，"一规范"指的是规范化风险管理。

具体指运行以"一图一单"为核心的标准化现场模式，统一本质安全要求；运行以

"两书一表"为核心的标准化操作模式，统一作业流程；运行以"三三一册"为核心的标准化管理模式，统一管理流程；运行以"二七"风险控制为核心的规范化风险管理模式，统一风险管理。其目的是为了进一步夯实基层安全环保管理基础，强化一线岗位员工执行力，有效防范和控制基层现场安全环保风险。

第九章　风险管控和隐患治理双重预防机制建设

一、单选题

1. 风险点可分为 4 个等级，分别用红、橙、黄、蓝四种颜色表示。对于一级风险一般用（　　）标识。

    A. 红色　　　　　　　　B. 橙色　　　　　　　　C. 黄色　　　　　　　　D. 蓝色

2. 风险管控和隐患排查治理属于（　　）机制。

    A. 职业健康安全管理　　　　　　　　B. 双重预防

    C. 标准化运行　　　　　　　　　　　D. 安全管理

3. 开展隐患排查治理是企业安全管理的重要组成部分，是对（　　）的持续有效进行排查确认、有效控制风险的重要方法。

    A. 危险源　　　　　　B. 风险点　　　　　　C. 风险控制措施

4. 隐患排查应做到全面覆盖、责任到人、（　　）。

    A. 定期排查与日常管理相结合

    B. 专业排查与综合排查相结合

    C. 以上两种均包括

5. 对排查出来的风险点进行分级，按照危险程度及可能造成后果的严重性，将风险分为（　　）级，其中（　　）级最危险。

    A. 5、1　　　　　　　B. 4、1　　　　　　　C. 5、5　　　　　　　D. 4、4

6. 风险分级管控应遵循风险越高管控层级越高的原则，将（　　）确定重大风险、较大风险、一般风险和低风险的管控主体。

    A. 公司、车间、班组、岗位

    B. 公司、部门、车间、班组

    C. 公司、专业、车间、岗位

7. 风险分级管控程序四个阶段包括危险源识别、危险源分级、风险控制和（　　）。

    A. 效果验证　　　　　　　　　　B. 效果验证与更新

    C. 效果评价　　　　　　　　　　D. 效果验证与评价

8. 企业应对（　　）在醒目位置设置安全风险告知栏。

    A. 一级风险点　　　　B. 二级风险点　　　　C. 三级风险点

二、多选题

1. 风险典型管控措施包括（　　）。

    A. 工程控制　　　　　　　　　　B. 管理（行政）控制

C. 应急控制 D. 个体防护控制

2. 企业管控层级分为四级，那么企业重大风险应由（　　）管控层级进行控制管理。

A. 厂级 B. 部门级 C. 班组级 D. 岗位级

3. 企业应组织人员开展本单位的隐患排查治理工作（　　）。

A. 安全生产管理人员 B. 工程技术人员

C. 岗位员工 D. 厂级领导

4. 隐患治理应保证（　　）和预案"五到位"。

A. 整改措施 B. 资金

C. 责任 D. 时限

三、简答题

1. 构建双重预防机制的目的？

2. 双重预防机制内容？

答　　案

一、单选题

1. A　2. B　3. C　4. C　5. A　6. A　7. B　8. A

二、多选题

1. ABCD　2. AB　3. ABCD　4. ABCD

三、简答题

1. 答：构建双重预防机制就是针对安全生产领域"认不清、想不到"的突出问题，强调安全生产的关口前移，从隐患排查治理前移到安全风险管控。

2. 答：（1）建立安全风险清单和数据库；（2）制定重大安全风险管控措施；（3）设置重大安全风险公告栏；（4）制作岗位安全风险告知卡；（5）绘制企业安全风险四色分布图；（6）绘制企业作业安全风险比较图；（7）建立安全风险分级管控制度；（8）建立隐患排查治理制度；（9）建立隐患排查治理台账或数据库；（10）制定重大隐患治理实施方案。

第 三 篇

安全技术

第十章 井控安全技术

本章以中石油陆上钻井井控技术规范为依据，结合长庆油田井控实施细则相关规定，重点介绍钻井井控安全技术相关知识。

第一节 钻井井控基础知识

一、井控概念

井控，即井涌控制或压力控制，是指采取一定的方法控制住地层孔隙压力，基本上保持井内压力平衡，保证钻井工作顺利进行的技术。定义中所说的"一定的方法"包括两个方面：采取合理的压井液密度；采取合乎要求的井口防喷器。

定义中所说的"基本上保持井内压力平衡"指：$p_{井底}-p_{地层}=\Delta p$（井底压差）。对于油井，Δp 取 1.5~3.5MPa，对于气井取 3.0~5.0MPa。

二、井控分级

每口井进行地质、钻井工程设计时，要根据长庆油田钻井井控风险分级，制定相应的井控装备配置、技术及监管措施。长庆油田钻井井控风险分级如下。

（一）气井

（1）一级风险井："三高"井、区域探井、气体欠平衡井、探井、水平井。

（2）二级风险井：一级风险井以外的气井。

（二）油井

（1）一级风险井："三高"井、欠平衡井、探井、评价井、水平井。

（2）二级风险井：调整更新井、老井侧钻井、原始气油比大于$100m^3/t$的井。

（3）三级风险井：其他开发井。

三、井控设计要求

井控设计是钻井地质和钻井工程设计中的重要组成部分，地质、工程设计部门要严格按照井控设计的有关要求进行井控设计。

确定井位前，地质设计部门应对距离井位探井井口 5km、生产井井口 2km 以内的居民住宅、学校、厂矿（包括开采地下资源的矿业单位）、国防设施、高压电线、水资源情况、森林植被情况、通信设施和季风变化等进行勘察和调查，并在地质设计中标注说明；特别需标注清楚诸如煤矿等采掘矿井坑道及油气等集输管道的分布、走向、长度和距地表深度；江河、干渠周围钻井应标明河道、干渠的位置和走向等。

（一）地质设计书中井控设计要求

地质设计书中应明确所提供井位符合以下条件：

（1）油气井井口距离高压线及其他永久性设施大于等于75m，距民宅大于等于100m，距铁路、高速公路大于等于200m，距学校、医院、油库、河流、水库、人口密集及高危场所等大于等于500m。

（2）若因特殊情况不能满足上述要求时，由建设项目组组织进行安全评估，按其评估意见处置，经建设项目组项目经理批准后方可实施。安全评估至少在井场验收时完成。

（3）根据物探及本构造邻近井和邻构造的钻探情况，提供本井区全井段预测的地层孔隙压力梯度、目的层破裂压力、浅气层层位、油气水显示和复杂情况等预测资料，有条件的应提供相应的压力剖面；对于非均质性强的压力异常区、盐膏层等塑性地层发育区和破碎地层带等地区的井，应提供坍塌压力剖面。同时，应提供本圈闭邻近井的实测地层孔隙压力、实际地层破裂压力和实际钻井液密度。

（4）在可能含H_2S（或CO）等有毒有害气体的地区，钻井地质设计应对其层位、埋藏深度及含量进行描述和提示。

（5）应对异常高压、注水注气、邻井钻井事故及复杂情况（溢流、井涌、井漏、井喷等）进行描述和提示；对断层、漏层、超压层、膏盐层及浅气层等特殊层段要进行重点描述。

（6）在已开发调整区或先注后采区钻井时应提供本井区主地应力方向，井距500m以内的注水井井口数、注水井号、注水压力、注水层位、主应力方向、注水开始时间、累计注水量等有关资料。

（二）钻井工程设计书中井控设计要求

钻井工程设计书应根据预测的地层孔隙压力梯度、目的层的地层破裂压力和保护油气层的需要，设计合理的井身结构和套管程序，并满足如下要求：

（1）同一裸眼井段原则上不应有两个以上压力系数相差大于0.3的油气水层。

（2）新区块第一口预探井的井身结构应充分考虑不可预测因素，留有一层备用套管。

（3）在地下矿产采掘区钻井，井筒与采掘坑道、矿井坑道之间的距离不少于100m，套管下深应封住开采层并超过开采段底界100m。

（4）表层套管下深应满足井控安全，进入稳定地层30m以上，固井水泥返至地面，且封固良好。技术套管应满足封固复杂井段、固井工艺、井控安全要求，油气层套管应满足固井、完井、井下作业及油（气）生产需求；水泥返高执行油气田开发方案。

（5）"三高"油气井的生产套管、技术套管，其材质和连接螺纹应满足相应的技术要求。

（6）有浅气层的井，应将套管下至浅气层顶部，装好防喷器再打开浅气层。

（三）钻井液设计要求

应根据地质设计提供的资料进行钻井液设计，钻井液密度以各裸眼井段中的最高地层孔隙压力当量密度值为基准，另加一个安全附加值。附加值可按下列两种原则之一确定：附加密度，油井为 $0.05 \sim 0.10 \text{g/cm}^3$，气井、"两浅井"及气油比大于等于 $100 \text{m}^3/\text{t}$ 的油井为 $0.07 \sim 0.15 \text{g/cm}^3$；附加井底液柱压力，油井为 $1.5 \sim 3.5 \text{MPa}$，气井、"两浅井"及气油比大于等于 $100 \text{m}^3/\text{t}$ 的油井为 $3.0 \sim 5.0 \text{MPa}$。同时，必须注意以下几点：

（1）钻井液体系的确定应遵循有利于发现和保护油气层，有利于提高机械钻速、保持井壁稳定和井控安全的原则。

（2）在具体选择附加值时应综合考虑地层孔隙压力预测精度、油气水层的埋藏深度、井控装置配套情况以及 H_2S 等有毒有害气体含量。

（3）含 H_2S（或 CO）油气井在进入目的层后钻井液密度或井底液柱压力附加值要选用上限值，即油井为 0.10g/cm^3 或 3.5MPa，气井为 0.15g/cm^3 或 5.0MPa。

（四）加重材料和加重钻井液设计要求

钻井工程设计中应按以下要求设计钻开油气层前加重材料和加重钻井液的储备量：

1. 气井

（1）一级风险井：储备加重材料不少于 60t，同时储备加重钻井液不少于 60m^3，加重钻井液密度应在钻井工程设计中最高钻井液密度的基础上附加 0.3g/cm^3 以上；

（2）二级风险井：储备加重材料不少于 50t，同时储备加重钻井液不少于 40m^3，加重钻井液密度应在钻井工程设计中最高钻井液密度的基础上附加 0.2g/cm^3 以上；

（3）距离加重材料储备点超过 200km 以外或交通不便的井加重材料储备量在以上要求的基础上增加 50% 以上。

2. 油井

（1）一级风险井：储备加重材料不少于 50t；

（2）二级、三级风险井：储备加重材料不少于 30t；

（3）距离加重材料储备点超过 200km 以外或交通不便的井加重材料储备量在以上要求的基础上增加 50% 以上。

（五）其他

钻井工程设计书还应包括以下内容：

（1）满足井控装备安装的钻前工程及井场布置要求。

（2）钻开油气层前加重钻井液密度及储备量，加重材料储备量，油气井压力控制的主要措施，H_2S、CO 等有毒有害气体的安全防护措施。

（3）满足井控安全的井控装备配套、安装和试压要求。

（4）钻具内防喷工具、井控监测仪器、仪表及钻井液处理装置和灌注装置的配备要求。

（5）地层破裂压力试验及低泵冲试验要求。

（6）根据地质设计提示对出现井漏、溢流等复杂情况明确处置原则及技术措施。

钻井工程设计书中应根据地层流体中 H_2S、CO 等有毒有害气体含量及完井后最大关井压力值，并考虑能满足进一步增产措施和后期注水、修井作业的需要，按 GB/T 22513—2013《石油与天然气工业 钻井和采油设备 井口装置和采油树》标准选择完井井口装置的型号、压力等级和尺寸系列。

欠平衡作业时，在钻井工程设计书中必须制定确保井口装置安全、防止井喷失控、防火、防 H_2S 和 CO 等有毒有害气体伤害的安全措施及井控应急预案。预测储层天然气组分中 H_2S 含量大于等于 $75mg/m^3(50ppm)$ 的天然气井目的层段不能进行欠平衡钻井。

第二节　钻井井控装置及设备

一、井控装置配套原则

防喷器、四通、节流、压井管汇及防喷管线的压力级别，原则上应与相应井段中的最高地层压力相匹配。同时综合考虑套管最小抗内压强度 80%、套管鞋破裂压力、地层流体性质等因素。

防喷器的通径应比套管尺寸大，所装防喷器与四通的通径一致。同时应安装保护法兰或防偏磨法兰。

含硫地区井控装置选用材质应符合行业标准 SY/T 5087—2017《硫化氢环境钻井场所作业安全规范》。

防喷器安装、校正和固定应符合 SY/T 5964—2006《钻井井控装置组合配套　安装调试与维护》中的相应规定。

二、井控装置基本配套标准

针对不同的井控风险级别，井控装置按以下原则进行配备。

(一) 气井

1. 一级风险井

(1) 从下到上安装"四通+双闸板防喷器+环形防喷器"。天然气区域探井，从下到上安装"四通+双闸板防喷器+剪切闸板防喷器+环形防喷器"。防喷器组合的通径和压力等应一致，且压力等级满足地层最高压力。欠平衡井井控设备配置按照集团公司《欠平衡钻井技术规范》执行。

(2) 井口两侧安装与防喷器相同压力级别的防喷管线、双翼节流管汇、压井管汇、放喷管线。

(3) 控制设备为相同级别的远程控制台和司钻控制台。

(4) 钻具内防喷工具为钻具回压阀及方钻杆上、下旋塞。配备的钻具内防喷工具的最大工作压力应与井口防喷器工作压力一致。

2. 二级风险井

(1) 从下到上配"四通+双闸板防喷器+环形防喷器"，防喷器组合的通径和压力等级应一致，且压力等级满足地层最高压力。

(2) 井口两侧接与防喷器相同压力级别的防喷管线、双翼节流管汇、压井管汇、放喷管线。

(3) 控制设备为相同级别的远程控制台。

(4) 钻具内防喷工具为钻具回压阀及方钻杆上、下旋塞。配备的钻具内防喷工具的最大工作压力应与井口防喷器工作压力一致。

（二）油井

1. 一级风险井

（1）"三高"井，水平井，地层情况不清、地质资料参照较少的边缘石油预探井，发生过溢流、井涌区块的石油预探井、评价井，发生过井喷、着火事故区域的井，从下到上配"四通+双闸板防喷器+环形防喷器"。防喷器组合的通径和压力等级应一致，且压力等级满足地层最高压力。欠平衡井井控设备配置按照集团公司《欠平衡钻井技术规范》执行。

（2）井口两侧接与防喷器相同压力级别的防喷管线、节流管汇、压井管汇、放喷管线。

（3）控制设备为相同级别的远程控制台。

（4）钻具内防喷工具为钻具回压阀及方钻杆下旋塞。若井口安装有环形防喷器，应增加方钻杆上旋塞阀。配备的钻具内防喷工具的最大工作压力应与井口防喷器工作压力一致。

2. 其他油井一级风险井以及油井二级、三级风险井

（1）从下到上配"四通+双闸板防喷器"或从下到上配"四通+单闸板防喷器+环形防喷器"。防喷器组合的通径和压力等级应一致，且压力等级满足地层最高压力。

（2）井口两侧接与防喷器相同压力级别的防喷管线、节流管汇、压井管汇、放喷管线。

（3）控制设备为相同级别的远程控制台。

（4）钻具内防喷工具为钻具回压阀及方钻杆上、下旋塞。配备的钻具内防喷工具的最大工作压力应与井口防喷器工作压力一致。

需要注意的是，在后期开发过程中，如发现高含硫化氢、发生过井喷、着火事故的区域，井控装置配备可提高一个级别。

三、井控装置检修周期规定

（1）防喷器、四通、闸阀、远程控制台、司钻控制台、节流压井管汇及内防喷工具等装置，现场使用或存放不超过一年，检测到期必须送井控车间检修。

（2）井控装置已到检修周期，而井未钻完，在保证井控装置完好的基础上可延期到完井。若防喷器在同一口井连续使用6个月的必须送井控车间检修。

（3）实施压井作业的井控装置，完井后必须返回井控车间全面检修。

（4）新购置的井控设备必须经井控车间试压后才能投入现场使用。

（5）严格执行井控设备报废规定，防喷器、节流管汇、压井管汇使用年限不超过13年，远控台使用年限不超过15年。达到报废总年限后确需延期使用的，须经第三方检验并合格，延期使用最长三年，到期必须报废并停止使用。

（6）井控装置在井控车间的检修，检修内容按SY/T 5964—2006《钻井井控装置组合配套 安装调试与维护》等规定执行。

四、井控装置安装标准

（1）表层（技术）套管下完，井口先找正再固井，套管与转盘中心偏差小于等于10mm。

（2）底法兰螺纹洗净后涂上专用密封脂并上紧；井口用水泥回填牢固。

（3）顶法兰用 40mm 厚的专用法兰，顶、底法兰内径应比防喷器通径小 20mm 左右。

（4）各法兰钢圈上平，螺栓齐全，对称上紧，螺栓两端公扣均匀露出。

（5）防喷器用四根大于等于 φ16mm 钢丝绳和导链或者紧绳器成下"八字形"对角对称固定，装挡泥伞，保持清洁。

（6）具备安装手动锁紧机构的闸板防喷器要装齐手动锁紧装置，靠手轮端应支撑牢固，手轮应接出井架底座，其中心与锁紧轴之间的夹角不大于 30°，并挂牌标明旋转方向和锁紧、解锁到位的圈数。手动锁紧杆离地面高度超过 1.6m 应安装手轮操作台。

（7）防喷器半封闸板胶芯必须与使用的管柱尺寸相符，可使用变径闸板。

五、井控设备基础

（一）井控设备概述

井控设备是指实施油井压力控制技术的一整套专用设备、仪表与工具的统称。井控设备主要包括 7 个部分。典型的井控设备组成如图 10-1 所示。井控设备的遥控方式可采用液动、气动或电动。现场主要采用气动（机械钻机或电动钻机）和电动（电动钻机）遥控。

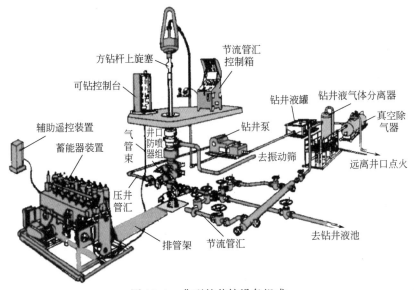

图 10-1　典型的井控设备组成

1. 井口装置

井口装置又称井口防喷器组，主要包括液压防喷器组手动锁紧装置、套管头、钻井四通、过渡法兰等。

2. 防喷器控制系统

防喷器控制系统主要包括司钻控制台、蓄能器装置、辅助遥控台等。

3. 井控管汇

井控管汇主要包括节流管汇压井管汇、防喷管线、放喷管线、注水及灭火管线、反循环管线、点火装置等。

4. 钻具内防喷工具

钻具内防喷工具主要包括钻具止回阀（箭形止回阀、球形止回阀、投入式止回阀及插杆式止回阀）、旋塞阀、钻具安全阀和旁通阀等。

5. 井控仪器仪表

井控仪器仪表主要包括循环罐液面监测报警仪、返出流量监测报警仪、有毒有害及易燃易爆气体检测报警仪、密度监测报警仪、返出温度监测报警仪、井筒液面监测报警仪、泵冲参数监测报警仪等。

6. 钻井液加重、除气、灌注设备

该类设备主要包括钻井液加重设备、钻井液气体分离器、真空除气器、钻井液自动灌注装置等。

7. 特殊井控设备

特殊井控设备主要包括强行起下钻装置、旋转防喷器、灭火设备、拆装井口设备及工具等。

（二）井控设备功用与组成

1. 环形防喷器

环形防喷器因其封井元件胶芯呈环状而得名。封井时，环形胶芯被迫向井眼中心集聚、环抱钻具。环形防喷器常与闸板防喷器配套使用。

1）功用

（1）能完成不同作业时的井口封闭，如测井、钻井、取心。

（2）可以完成对不同尺寸管子环形空间的封闭。

（3）井内无钻具时能全封井口。

（4）在采用减压调压阀或缓冲储能器控制的情况下，能通过18台肩的对焊接头钻杆进行强行起下钻作业。

（5）遇严重溢流或井喷时，可配合闸板防喷器及节流管汇实现软关井。

2）使用

（1）防喷器在现场安装后，应按最新试压标准进行现场试压。

（2）进入目的层后，每次起下钻，要试关防喷器一次以检查封井效果。如果发现胶芯失效或其他问题，应立即更换处理。

（3）在井内有钻具发生井喷时，可先用环形防喷器控制井口，但尽量不做长时间封井。这是因为胶芯易过早损坏，再则无锁紧装置。

（4）防喷器处于封井状态时，允许上下活动钻具，但不允许旋转钻具。同样，在钻具转动时，不允许关用防喷器，以防胶芯磨损。

（5）严禁打开环形防喷器来泄掉井口压力，以防刺坏胶芯。

（6）每次打开后，必须检查胶是否全开，以防挂坏胶芯。

（7）应使用符合标准的液压油，并注意保持其清洁。

（8）防喷器的最大控制压力为10.5MPa。

（9）使用环形防喷器强行起下钻时的注意事项。在套压不超过7MPa的情况下用环形防喷器进行不压井起下钻作业时，应使用 18 台肩接头的对焊钻杆，起下速度不大于 0.2m/s。由于强行起下钻时胶芯的工作环境比较恶劣，胶芯磨损严重，必须依照下述程序进行操作：

① 先以 10.5MPa 的液控油压关闭防喷器。

② 逐渐减小关闭压力，直至轻微渗漏，然后再进行强行起下钻作业。有微小的渗漏时可以润滑管柱与胶芯的接触面，防止胶芯温度过高。当胶芯磨损漏失量过大时，可适当增加液控油压。

③ 若强行起下钻具时不允许胶芯与钻杆之间有渗漏，那么液控油压应调到刚好满足密封为止。

④ 当关闭压力达到 10.5MPa 时，胶芯仍漏失严重，说明该防喷器胶芯已严重损坏，应及时处理后再进行封井起下钻作业。

（10）胶芯的存放。

① 根据新旧程度按顺序编号，先旧后新依次使用；

② 存放在光线较亮、干燥的室内。温度不能太高，应避开取暖设备和阳光直射；

③ 远离有腐蚀性的物品；

④ 远离高压带电设备，以防臭氧腐蚀；

⑤ 在胶芯自然状态下存放，严禁弯曲、挤压和悬挂；

⑥ 如发现有变脆、龟裂、弯曲、裂纹的不准再使用。

（11）现场更换胶芯的方法。

对于锥形胶芯环形防喷器和球形胶芯环形防喷器来说，胶芯一旦损坏或失效，可按如下步骤在现场更换：

① 卸掉顶盖与壳体的连接螺柱。

② 吊起顶盖。

③ 在胶芯上拧紧吊环螺丝，吊出旧胶芯，装上新胶芯。若井内有钻具，应先用割胶刀（借助于撬杠，用肥皂水润滑刀刃）将新胶芯割开，割面要平整。同样将旧胶芯割开、吊出，换上割开的新胶芯。

④ 装上顶盖，上紧顶盖与壳的连接螺栓；

⑤ 试压。

（12）故障判断与排除方法。

① 防喷器封闭不严。若胶芯关不严，可多次活动解决；撑筋已靠拢仍封闭不严，则应更换胶芯。对有脱块、严重磨损的旧胶芯，在可能影响正常使用时，应更换。若打开过程中长时间未关闭使用胶芯，使杂质沉积于胶芯沟槽及其他部位，应清洗胶芯并按规程活动胶芯。

② 防喷器关闭后打不开，是由于长时间关闭后，胶芯产生永久变形老化或固井后胶芯下有凝固的水泥浆而造成的。在这种情况下，只能清洗或更换胶芯。

③ 防喷器开关不灵活。若液控管线漏失，立即更换。若防喷器长时间不活动，有脏物堵塞，应立即清除。

2. 闸板防喷器

闸板防喷器是井控设备的重要组成部分，主要用于钻井、修井、试油试气等作业中，通过控制井口压力来实现对井内压力、地层压力的控制，有效地防止井喷事故的发生。

1）功用

（1）能完成钻进、起下钻等作业时井口环形空间的封闭。

（2）井内无钻具时，能全封井口。

（3）在采用减压调压阀或缓冲储能器控制的情况下，能配合环形防喷器或与另一闸板防喷器对接头钻杆进行强行起下钻作业。

（4）遇严重溢流或井喷时，可配合节流管汇进行循环放喷或反循环挤注压井液。

（5）配置剪切闸板，可在紧急情况下剪断钻具，达到封井的目的。

2）类型

闸板防喷器的种类很多，根据开关所用动力的不同可分为手动闸板防喷器和液压闸板防喷器两大类。手动闸板防喷器主要用于井下作业，石油钻井作业中主要用液压闸板防喷器。

（1）按闸板用途来分，可分为全封、半封、变径和剪切闸板。

（2）按闸板腔室来分，可分为单闸板和双闸板。双闸板防喷器通常安装一副全封闸板以及一副半封闸板。

3. 套管头、四通与法兰

1）套管头

套管头是安装在表层套管柱上端，用来悬挂除表层套管以外的套管和密封套管环形空间的井口装置部件，一般由本体、四通、套管悬挂器、密封组件和旁通管等组成。

（1）功用。套管头安装在套管柱上端，悬挂除表层套管以外的各层套管重量，使整个钻井井口装置实现压力匹配，是套管与防喷器、采气井口连接的重要装置。套管头能够提高钻井井口装置的稳定性；能在内、外套管柱之间形成压力密封，为释放聚积在两层套管柱之间的压力提供出口；在紧急情况下，可向井内泵入流体，如压井时的钻井液、水或高效能灭火剂等。进行钻采工艺方面的特殊作业有：①若固井质量不好，可从侧口处补灌水泥；②酸化压裂时，可从侧口处注压力平衡液。

（2）类型组成。套管头主要由套管头本体和悬挂器总成组成，其中多级套管头本体分为下部四通、中间四通和上部四通。有的在与油管头连接时，还有一中间转换法兰。而套管头悬挂器用来悬挂套管、油管并在内外套管柱之间的环形空间及上部连接（法兰）形成压力密封。其悬挂可用螺纹卡瓦或其他适用的方式。悬挂器总成的密封分为主副密封：主密封是悬挂器与本体和套管的密封；副密封在悬挂器的上部，用于上部连接体密封。常用密封分为有机材料和金属密封两种。按照结构，套管头可分为两种：①按悬挂套管层数，可分为单级、双级和多级；②按本体连接形式，可分为卡箍式、法兰式。

2）四通

按用途分，四通可分为钻井防喷器四通、采油树四通和套管头四通等。按结构分，四通可分为普通四通、转换四通和特殊四通。

钻井四通主要用于连接防喷器与套管底法兰及（两侧）节流压井管汇（管线），进行节流放喷或压井作业。

3）法兰

（1）功用。法兰是石油井口装置的重要连接件，其可靠性对井口装置的安全工作具有极其重要的作用。

（2）类型组成。环形法兰可分为 6B 型环形法兰和 6BX 型环形法兰两类。从结构上看，

6B 型环形法兰有整体式、螺纹式、盲板式和焊颈式等；而 6BX 型环形法兰有整体式、盲板式和焊颈式。

4. 液压防喷控制系统

液压防喷器控制系统（又称液控装置）是控制井口防喷器组、液动放喷阀的主要设备，是钻井作业期间防止井喷、排除溢流和压井过程中不可或缺的装置。控制装置的作用是预先制备与储存足量的压力油，开关防喷器设备时可控制压力油的流动方向，使防喷器得以迅速开关动作。在操作中，若油压降低到一定程度时，控制装置将自动启动补充压力，使液压油始终保持在规定的压力范围内。

控制系统由远程控制台、司钻控制台以及辅助控制台等组成。远程控制台主要由油泵储能器、阀件、管线、油箱等元件组成，通过操作换向阀可以控制压力油输入防喷器油腔，使防喷器实现开关动作。远程控制台安装在井口侧前方 25m 以远处。司钻控制台是实现远程控制台上的换向阀动作的遥控系统，间接使井口防喷器开关动作。司钻控制台安装在钻台上的司钻岗位附近。辅助控制台安置在值班房内，作为应急的各用遥控装置。

1）远程控制台

（1）组成。

远程控制台由储能器组、油泵组、油箱、底座、管汇、各种阀件、仪表及电控箱等组成。远程控制台的主要功能是将泵组提供的高压油储存在储能器组中。当需要开、关防喷器时，来自储能器的高压油直接通过汇流管汇下面的三位四通转阀被分配到各个控制对象（防喷器）实施开关控制。

（2）特点。

① 配有两套独立的动力源。FKQ 系列配有电动油泵和气动油泵，FK 系列配有电动油泵和手动油泵。即使在断电的情况下，亦可保证系统正常工作。

② 储能器组有足够的高压液体储备，满足关闭全部防喷器组和打开液动阀的控制要求。任一储能器瓶失效时，储能器总液量的损失不大于 25%。

③ 电动油泵和气动油泵均带有自动启动、停止的控制装置。在正常工作中即使自动控制装置失灵，溢流阀也可以迅速溢流泄压，以保证系统安全。

④ 每个防喷器的开关动作均由相应的三位四通转网控制。FKQ 系列控制装置既可直接用手动换向，又可气动遥控换向。FK 系列控制装置只能手动换向。

⑤ 远程控制台的控制管汇上有备用压力源接口，可以在需要时引入压力源，如氮气备用系统等。

⑥ FKQ 系列控制装置的环形防喷器一次油压可以气动遥控调压，而且当气源突然失效时，控制压力可以自动恢复为初始设定值。

2）司钻控制台

司钻控制台通常安装在钻台上使同钻能够很方便地对远程控制台实现通控。工作介质为压缩空气，以保证操作安全。各气转阀的阀芯均为 Y 形，并能自动复位，在任何情况下都不影响在远程控制台上对防喷器组进行操作，具有操作记忆功能。每个三位四通气转阀分别与一个显示气缸相接，当操作转阀转到"开"位或"关"位时，显示窗口同时出现"开"字或"关"字。气转阀手柄复位后，显示标牌仍保持不变，使操作人员能了解前一次在司钻上操作的状态。为确保对防喷器组的操作可靠无误，司钻控制台的转阀均采用二级操作方式，即首先要扳动气源转阀接通气源，然后扳动控制气转阀才能使相应的控制对象动作。

5. 井控管汇

在节流压井循环作业中，需要借助一套装有可调节流阀的专用管汇给井内施加一定的回压，并通过管汇控制井内各种流体的流动或改变流动路线，这套专用管汇称为井控管汇。井控管汇包括节流管汇、压井管汇、防喷管线、放喷管线等，节流压井管汇是成功控制溢流、实施油气井压力控制的可靠和必需的设备。节流管汇由节流阀、平板阀、五通、汇流管、缓冲管和压力表等组成。液动节流管汇还配有液控箱、阀位变送器、气动压力变送器等。压井管汇由单流阀、平板阀、三通和压力表等组成。

1）节流管汇的功用

（1）通过节流阀的节流作用实施压井作业，替换出井内被污染的钻井液。同时，控制井口套管压力与立管压力，恢复钻井液柱对井底压力的控制，制止溢流。

（2）通过节流阀的泄压作用降低井口压力，实现"软关井"。

（3）通过放喷阀的大量泄流作用，降低井口套管压力，保护井口防喷器组。

（4）起分流放喷作用，将溢流物引出井场以外，防止井场着火和人员中毒，以确保钻井安全。

2）压井管汇的功用

（1）用全封闸板全封井口时，通过压井管汇向井筒内顶入重钻井液，实施压井作业。

（2）当已经发生井喷时，通过压井管汇向井筒内强注清水，以防燃烧起火。

（3）当已经井喷着火时，通过压井管汇向井筒内强注灭火剂，以助灭火。

在节流压井作业期间，应首先使用下游平板阀，即"先外侧后内侧，先下游后上游"的使用原则，以确保整套井控管汇的可靠性。

6. 钻井内防喷工具

钻具内防喷工具是装在钻具管串上的专用防喷工具，用来封闭钻具的中心通孔。在钻井中发生溢流或井喷时，钻具内防喷工具能防止钻井液沿钻柱水眼向上喷出，保证水龙带及其他装置不因高压而憋坏。现场常用的钻具内防喷工具有方钻杆旋塞阀、钻具止回阀、旁通阀等。

1）旋塞阀

旋塞阀是安装在方钻杆或顶驱上的防喷控制阀，是防止钻柱内喷的有效工具之一。按使用方式不同可分为方钻杆旋塞阀和顶驱旋塞阀。方钻杆旋塞阀又可分为方钻杆上部旋塞阀（或称上旋塞）和下部旋塞阀（或称下旋塞）。其中，上旋塞连接于水龙头下端和方钻杆之间，下旋塞连接于方钻杆下端和方钻杆保护接头之间。顶驱旋塞阀一般也配置两个，一个是上部的遥控旋塞阀（常为液动），另一个是下部的手动旋塞阀。在防止水眼内喷时可用专用扳手或通过液动机构使阀芯顺旋90°即可关闭钻具水眼，实现防喷的目的。

2）钻具止回阀

钻具止回阀是钻井过程中的重要内防喷工具。按结构形式分，钻具止回阀可分为碟形、浮球形、箭形、投入式等。使用前应将其安装在钻具的预定部位，此阀只允许钻柱内的流体自上而下流动，而不允许其向上流动，从而达到防止钻具内喷的目的。它们的使用方法也不尽相同，有的被连接在钻柱中，有的在需要时才连接在钻柱上，还有的在需要时才投入钻具水眼内（投入式），起封堵钻柱内压力的作用。

（三）井控设备的使用要求

1. 防喷器远程控制台安装要求

防喷器控制系统控制能力应与所控制的防喷器组合及管汇等控制对象相匹配。防喷器远程控制台安装要求：

（1）防喷器控制系统的控制能力应满足控制对象的数量及开、关要求，并且备用一个控制对象。

（2）安装在面对井架大门左侧、距井口不少于 25m 的专用活动房内，并在周围留有宽度不少于 2m 的人行通道，周围 10m 内不得堆放易燃、易爆、腐蚀物品。控制系统安装完成后，应采用 21MPa 的液压压力对控制系统、液控管线及接头等部位进行密封可靠性试压。

（3）远控台的液控管线与节流压井管汇及防喷管线距离大于 1m；液控管线不允许埋在地下，车辆跨越处应装过桥盖板采取保护措施，不得挤压；管线接头处不允许遮盖，不允许在液控管线上堆放杂物或在其上进行割焊等其他作业。

（4）远控台气泵连接完好，总气源应与司钻控制台气源分开连接，气源压力为 0.65~0.8MPa；并配置气源排水分离器；严禁强行弯曲和压折气管束；司钻控制台显示的压力值与远程控制台压力表压力值的误差不超过 0.6MPa。

（5）电源应从发电房总配电板专线引出，单线截面积大于等于 6mm^2 并保持一致，并用单独的开关控制。

（6）远程控制台处于待命状态时，油面高于油标下限，储能器预充氮气压力为 7MPa±0.7MPa；储能器压力为 18.5~21MPa，管汇及控制环形防喷器的压力为 10.5MPa±0.7MPa。

（7）远程控制台上所有三位四通换向阀手柄应处于与控制对象工作状态一致的位置；控制剪切闸板的三位四通换向阀手柄应安装限位装置、控制全封闸板的三位四通换向阀手柄应安装保护装置。

（8）半封闸板防喷器的控制液路上应安装防提安全装置，其气路与防碰天车气路并联。

（9）液控管线安装前应逐根检查，确保畅通。拆除系统液控管线时，液压管线接头和气管束接头要包扎密封。

（10）司钻控制台固定在司钻操作台附近，调试正常。

2. 井控管汇安装要求

（1）井控管汇包括节流管汇、压井管汇、防喷管线、放喷管线和钻井液回收管线。

（2）四通两侧各装两个平板阀，紧靠四通的平板阀应处于常开状态，靠外的手动或液动平板阀应接出井架底座以外。

（3）防喷管线、放喷管线和钻井液回收管线应使用经探伤合格的钢制管材，防喷管线的法兰与管体之间连接不允许现场焊接。高含硫天然气井节流管汇、压井管汇、防喷管线应采用抗硫的专用钢制管材。

（4）35MPa 及以下压力等级防喷器所配套防喷管线及钻井液回收管线可使用相同压力级别的井控高压耐火隔热软管，并使用保险绳或安全链，固定牢靠。井控高压耐火隔热软管每口井必须进行试压和外观检查，防止失效。安装与判废执行标准要求。

（5）放喷管线安装要求如下：

① 放喷管线布局要考虑当地季节风向、居民区、水源、道路、油罐区、电力线及各种设施等情况。

② 放喷管线用 ϕ127mm 钻杆，其通径大于等于 78mm，连接螺纹按规定上紧，放喷管线不允许现场焊接。

③ 放喷管线一般情况下要求向井场两侧或后场平直引出；如因地形限制需要转弯时，转弯处应采用角度大于等于 120°的铸钢弯头或使用 90°的灌铅铸钢专用两通，两通应具有缓冲垫，缓冲端要正对流体方向。

④ 放喷管线出口前方 50m 以内不应有居民区、营房、河流、湖泊，也不宜有其他设备等障碍物。

⑤ 天然气井应装两条放喷管线，接出井口 75m 以外，高含硫气井放喷管线必须接出井口 100m 以外，两条放喷管线的夹角为 90°~180°。油井至少接一条放喷管线，接出井口 50m以外。

⑥ 放喷管线确因地面条件限制，无法满足安装长度时，可以接至井场边缘，且在现场要备有不足部分的放喷管线、固定基墩以及用于连接的螺栓和钢圈。对于不符合地质设计要求的井，应挖放喷坑或设置放喷罐，放喷坑（放喷罐）的位置和大小由施工单位选定后在安全评估意见中明确。

⑦ 放喷管线每隔 10~15m、转弯处及管线端口，要用水泥基墩、地脚螺栓及压板固定，压板下面垫胶皮；放喷管线出口处使用双基墩双卡固定；使用整体铸（锻）钢弯头时，其两侧用卡子固定。

⑧ 水泥基墩长×宽×深为 800mm×800mm×800mm，地脚螺栓直径大于等于 20mm、长度大于等于 500mm，固定压板宽度大于等于 80mm、厚度大于等于 10mm。

⑨ 放喷管线应采取防堵及防冻措施，保证管线畅通。

（6）钻井液回收管线内径大于等于 ϕ78mm，天然气井及油井一级风险井回收管线出口接至一号泥浆罐，并用 ϕ20mm 的螺栓及压板固定牢靠；常规油井接至钻井液沉砂池；拐弯处必须使用角度大于等于 120°的专用铸钢弯头，固定牢靠。

（7）压井管汇与节流管汇装在井架底座外侧。

（8）所有压力表必须抗震。节流、压井管汇高量程压力表要按照设计管汇压力级别最大值再附加 1/3 的原则选择：管汇压力级别为 21MPa 的高量程压力表量程选择 40MPa；管汇压力级别为 35MPa 的高量程压力表量程选择 60MPa；管汇压力级别为 70MPa 的高量程压力表量程选择 100MPa。节流、压井管汇低量程压力表量程天然气井选择 10~16MPa，油井选择 6~10MPa。压力表下必须有高压控制闸阀，并用螺纹或双面法兰固定，低量程压力表控制闸阀处于常关。

（9）天然气井配备专用点火装置或器具。

（10）所有井控管汇的闸阀应挂牌编号，并标明开关状态。

（11）节流控制箱摆放在钻台上靠节流管汇的一侧。待命状态时，油面高 30~50mm，气源压力 0.65~1.30MPa，油压 2~3MPa；气动节流控制箱的阀位开度 3/8~1/2，电动节流控制箱的阀位开启度 18~23mm；节流控制箱立压表的立管压力传感器要垂直安装。

（12）在节流管汇处应有关井压力提示牌，节流控制箱盖内壁上张贴关井压力提示图表。

3. 井控装置的试压

1）井控装置的试压检查

井控装置下列情况必须进行试压检查：

（1）井控装置从井控车间运往现场前；

（2）现场组合安装后；

（3）拆开检修或重新更换零部件后；

（4）进行特殊作业前。

2）井控装置试压要求及内容

（1）对所有的防喷器，节流、压井管汇及阀件均要逐一试压，节流阀不做密封试验。

（2）防喷器组在井控车间用清水试压。环形防喷器（封钻杆试压，不试空井）、闸板防喷器和节流压井管汇、防喷管线试压到额定工作压力，并做1.4~2.1MPa的低压试验。防喷器组发给钻井队时，要有井控车间检测报告，钻井队和井控车间各持一份，超过检修周期或预计不能在检修周期内打完一口井的不能发给钻井队使用。

（3）全套井口装置在现场安装好后，在不超过套管抗内压强度80%前提下，环形防喷器封闭钻杆试压到额定工作压力的70%，闸板防喷器、方钻杆旋塞阀、四通、压井管汇、防喷管线和节流管汇（节流阀前）试压到额定工作压力，节流管汇各阀门分别试压至额定工作压力；天然气井的放喷管线应进行试压，压力不低于10MPa。以上各项试压，稳压时间均大于等于10min，密封部位无渗漏为合格（允许压降参考值小于等于0.7MPa）。同时闸板防喷器应做1.4~2.1MPa的低压试验。

（4）防喷器控制系统用液压油按规定压力试压，其余井控装置试压介质均为清水（冬季加防冻剂，同时试完压后应该清空）。

4. 井控装置使用要求

1）主要井控装置使用要求

（1）环形防喷器不得长时间关井，除非特殊情况，一般不用来封闭空井。

（2）套压不超过7MPa情况下，用环形防喷器进行不压井起下钻作业时，应使用18°斜坡接头的钻具，起下钻速度不得大于0.2m/s。并要有熟悉井控的技术人员在场指导。

（3）具有手动锁紧机构的闸板防喷器若长时间关井，应手动锁紧闸板。打开闸板前，应先手动解锁，解锁应一次到位，然后回转1/4~1/2圈。

（4）环形防喷器或闸板防喷器关闭后，在关井套压不超过14MPa情况下，允许钻具以不大于0.2m/s的速度上下活动，但不准转动钻具或钻具接头通过胶芯。

（5）当井内有管柱时，严禁关闭全封闸板防喷器。

（6）关井时井内管柱应处于悬吊状态。

（7）严禁用打开防喷器的方式来泄井内压力。

（8）防喷器及其控制系统的维护保养按SY/T 5964—2006《钻井井控装置组合配套 安装调试与维护》以及相关规定执行。

（9）有二次密封的闸板防喷器和平行闸板阀，只能在其密封失效至严重漏失的紧急情况下才能使用二次密封功能，且止漏即可，待紧急情况解除后，立即清洗更换二次密封件。

（10）安装剪切闸板防喷器的井，由于钻具内防喷工具失效或井口处钻具弯曲等原因造成井喷失控而无法关井，采取其他措施也无法控制井口时，用剪切全封闸板剪断井内管柱。其操作程序为：

① 在确保管柱接头不在剪切全封闸板剪断井内管柱位置后，锁定钻机绞车刹车装置。

② 关闭剪切全封闸板防喷器以上的环形防喷器、闸板防喷器。

③ 打开主放喷管线泄压。

④ 在钻杆上（转盘面上）适当位置安装相应的钻杆死卡，用钢丝绳与转盘大梁连接固定牢固。

⑤ 打开剪切全封闸板防喷器以下的半封闸板防喷器。

⑥ 打开防喷器远程控制台储能器旁通阀，关闭剪切全封闸板防喷器，直到剪断井内管柱。

⑦ 关闭全封闸板防喷器，控制井口。

⑧ 手动锁紧全封闸板防喷器和剪切全封闸板防喷器。

⑨ 关闭防喷器远程控制台储能器旁通阀。

⑩ 将远程控制台的管汇压力调整到规定值。

（11）操作剪切闸板防喷器时应注意：

① 加强对远程控制台的管理，绝不能因误操作而导致管柱损坏或更大的严重事故。

② 操作剪切全封闸板防喷器时，除防喷器远程控制台操作人员外，其余人员全部撤至安全位置，同时按应急预案布置警戒、人员疏散、放喷点火及之后的应急处理工作。

③ 处理事故剪切管柱后的剪切闸板，应及时更换，不应再使用。

④ 剪切全封闸板防喷器的日常检查、试压、维护保养，按全封闸板防喷器的要求执行。

⑤ 现场配备直径 127mm、直径 88.9mm 的钻杆死卡各一副。

（12）平行闸板阀应使用明杆阀，开、关到底后，都应回转 1/4~1/2 圈。其开、关应一次完成，不允许半开半闭和作节流阀用。

（13）压井管汇不能用作日常灌注钻井液用。井控管汇上所有闸阀都应挂牌编号并标明其开、关状态。

（14）套管头、防喷管线及其配件的额定工作压力应与防喷器压力等级相匹配。最大允许关井套压在节流管汇处要挂牌标注。

（15）井控装置在现场安装试压、调试合格后，应始终处于待命状态。

2）其他井控装置使用要求

（1）钻具内防喷工具。

① 钻井施工现场应配备钻具内防喷工具，并保证完好可靠。钻具内防喷工具包括旋塞阀、钻具止回阀、防喷钻杆单根及相应配套工具等。

② 钻井队负责内防喷工具的现场安装、使用、维护，并如实填写内防喷工具使用记录。

③ 井控车间负责定期对内防喷工具进行检修、功能试验和试压并编号，填写检查、试验、试压记录，出具探伤、试压报告。试压后超过检修周期不得使用。

（2）旋塞阀。

① 气井钻井应安装方钻杆上、下旋塞阀或顶驱旋塞阀，油井钻井应安装方钻杆下旋塞

阀（若井口安装有环形防喷器，应增加方钻杆上旋塞阀）。钻台上应配备旋塞阀，备用旋塞阀应有配合接头或保护接头与下部钻具连接。钻台上配备与所用旋塞阀配套的开关工具并放在便于取用的位置。

② 旋塞阀每起下一趟钻开、关活动及保养一次。接单根卸扣时，不能采取关方钻杆下旋塞的方法来控制方钻杆内钻井液的流出。

（3）钻具止回阀。

① 天然气井、油井在油气层段钻井作业中，应在钻柱下部安装钻具止回阀或相同功能的内防喷工具。但下列特殊情况除外：堵漏钻具组合；下尾管前的承重钻具组合；处理卡钻事故中爆炸松扣钻具组合；穿心打捞测井电缆及仪器钻具组合；传输测井钻具组合。其他特殊情况，如不能接钻具止回阀应采取相应的安全措施，并报告钻井承包商现场井控负责人同意后实施。

② 钻具止回阀的外径、强度应与相连接的钻铤外径、强度相匹配。每口井保养1~2次，以确保灵活好用。

③ 钻具止回阀的安装位置以最接近钻头为原则，主要有以下几种做法：常规钻井、通井等钻具组合，止回阀接在钻头与入井第一根钻铤之间；带动力钻具的钻具组合，止回阀接在动力钻具与入井第一根钻铤之间；在油气层中取心钻进使用非投球式取心工具，止回阀接在取心工具与入井第一根钻铤之间。

④ 钻台上应备用与钻具尺寸相符的钻具止回阀，并配备抢接顶开装置，放于方便取用处。

⑤ 准备相应的防喷钻杆单根，其上端接钻具止回阀或旋塞阀（顶驱作业可接在下端），下端接与钻铤或与套管、或与复合钻具中大尺寸钻杆连接螺纹相符的配合接头，便于发生溢流后尽快与井内管柱连接关井，同时应连接相应的抢接顶开装置。起下钻时防喷钻杆单根应摆放在鼠洞内备用。

⑥ 钻具止回阀每次入井前检查有无堵塞、刺漏及密封情况，备用钻具止回阀及抢接专用工具每次起钻前检查一次，并做好记录。

⑦ 装有钻具止回阀下钻时，每下入20~30根钻杆向钻具内灌满钻井液一次；下钻至主要油气层顶部应灌满钻井液，循环一个循环周排出钻具内的空气后方可继续下钻。

（4）液面检测报警装置。

天然气井、油井水平井应在钻井液循环罐安装液面检测装置（直读式标尺或超声波液面检测仪）并配备专用的可计量的钻井液灌浆罐。

（5）钻井液液气分离器和除气器。

① 天然气井及油井水平井应配备除气器。除气器排气管线可以使用合格的橡胶管线，应接出罐区，出口距离除气器15m以远，并保持排气管畅通。

② 气井及气油比高的油井应配备钻井液液气体分离器；对于地层情况不清、地下情况复杂、地层资料参照较少的石油预探井也应配备钻井液液气体分离器，其他石油预探井是否需要配备钻井液液气分离器，由建设项目组组织进行安全评估，按其评估意见处置。

③ 钻井液液气体分离器液体最大处理量不低于8000m³/d，分离器罐体容积不小于6m³，压力等级的选择应满足钻井施工要求，并定期校验。安装与使用按照 Q/SY 1665—2014《液气分离器现场使用技术规范》以及长庆油田《关于钻井液液气分离器现场安装使用有关

要求的通知》（长油技管字〔2018〕4号）规定执行。

（6）套管头侧导流装置。

套管头侧导流装置安装完成后应对各阀件进行现场试压，试压要求执行节流压井管汇试压标准。

3）井控装备及配件的购买配置要求

（1）所有井控装备及配件必须使用具有中国石油天然气集团公司认证资格的厂家生产的合格产品。

（2）钻井队伍配备、购置的不符合集团公司准入的井控设备（包括内防喷工具），送检时各井控车间不予以接收。

（3）各项目组、监督单位现场检查验收时发现不符合集团公司准入的井控设备（包括内防喷工具），要及时叫停钻井队伍，停工整改。

第三节 钻井井控现场管理与检查

一、井控管理组织及职责

（1）油田公司井控工作实行公司、二级单位（项目组）两级管理，各级分别行使井控管理职责。油田公司井控领导小组（HSE委员会）在召开HSE委员会会议时，对井控工作进行部署和安排。

（2）油田公司钻井工程（含试油、试气）HSE专业委员会具体负责钻井工程井控管理工作，下设钻井工程井控办公室，办公室设在工程技术主管部门。

（3）各二级单位（项目组）相应成立钻井工程井控领导小组，领导小组组长由主要领导担任，成员由生产运行、安全环保、工程、地质、消防保卫、物资供应等人员组成。

二、油田公司钻井工程井控管理组织分级职责

（一）油田公司钻井工程HSE专业委员会井控职责

（1）贯彻落实集团公司、股份公司井控管理规定和有关文件精神。

（2）研究解决重大井控管理事项，审定有关井控管理的规章制度。

（3）组织召开油田公司井控例会，部署年度井控工作。

（4）组织实施油田公司井控预案演练及应急救援工作。

（5）组织并实施井喷失控事故的调查和处理。

（6）组织井控工作检查、年度总结评比与考核。

（二）钻井工程井控办公室职责

（1）贯彻落实各级有关井控管理的标准、制度。

（2）组织制（修）订井控实施细则、井控应急预案、井控规章制度和技术规定。

（3）负责年度井控工作计划的编制并监督实施。

（4）负责井控工艺技术管理和井控方案、设计的审核，组织实施井控新工艺、新技术

推广和应用，负责督促施工现场井控技术措施的实施。

（5）负责井控培训及井控演练工作。

（6）负责油田公司井控应急抢险工作的技术把关及井喷事故的调查。

（三）安全环保部门井控职责

（1）贯彻落实上级有关井控管理的标准、制度及本细则。

（2）对现场井控安全工作进行检查，参与油田公司组织的井控检查。

（3）发生井喷事故后，负责应急处理过程的安全指导，负责与地方政府安全环保监管部门的联络和协调。

（4）参与井喷事故原因的调查、分析。

（四）油（气）田开发部门井控职责

（1）贯彻落实上级有关井控管理标准、制度及本区域油田井控细则。

（2）负责在油田开发技术政策、技术方案、重大油田开发项目的管理过程中，应将井控管理要求纳入其中。

（3）负责油（气）田开发地质方案的制定，提供相关的油田区域地层压力情况、产层可燃及有毒有害气体情况及相邻井资料，应急状态下的相关技术支持。

（4）督促落实油田公司停注、泄压技术政策。

（五）生产运行部门井控职责

（1）贯彻落实上级有关井控管理标准、制度及本区域油田井控细则。

（2）作为油田生产应急指挥中心，负责公司 24h 应急值班、应急接警、预警工作。

（3）应急状态下承担应急调度指挥、信息收集、上传下达工作，具有调动公司内部一切应急资源的权力。

（4）参与油田公司井控应急演练，并对演练效果进行评价。

（六）消防与保卫部门井控职责

（1）贯彻落实上级有关井控管理标准、制度及本区域油田井控细则。

（2）负责重点区域钻井现场消防安全措施制定与落实，定期对钻井现场消防安全工作进行检查，参与油田公司组织的井控专项检查。

（3）应急处置中负责消防队伍、器材和设施等消防应急资源的调动，应急现场的警戒、人员疏散、治安保卫和道路管制，负责与地方政府部门联络和协调。

（七）安全环保监督部门（督查组）井控职责

（1）贯彻落实上级有关井控管理的标准、制度及本区域油田井控细则。

（2）定期对钻井现场井控安全工作进行监督检查，参与油田公司组织的井控专项检查。

（3）对油田公司项目组、现场各监督部的井控工作进行监督检查。

（4）对应急处理过程中各类安全环保措施落实情况进行监控和监督。

（八）采油（气）厂井控职责

采油（气）厂（勘探、评价主管部门）作为油气田项目建设单位（部门），对项目建设过程中的井控工作全面负责，其井控职责为：

（1）贯彻落实各项钻井井控管理的标准、制度与本区域油田井控细则。

（2）负责项目建设过程中钻井井控工作的管理和监督。

（3）负责落实油田公司注水井停注、泄压技术政策。

（4）发生井喷事故后，组织本厂进行事故初期的应急救援。

（5）组织对建设项目组以及钻井承包商井控工作进行检查。

（6）参与本单位范围内井喷事故的调查、分析。

（九）油田公司建设项目组井控职责

油田公司建设项目组作为油气田项目建设的执行单位，对项目建设过程中的井控工作具体组织实施，其井控职责为：

（1）贯彻落实各项钻井井控管理的标准、制度与本区域油田井控细则。

（2）对现场井控管理工作全权负责，落实属地管理。

（3）负责所管辖井的现场井控措施的落实。

（4）组织开展现场井控检查，落实各级现场井控检查发现问题的消项关闭。

（5）建立施工队伍井控设备、人员持证台账，及时跟踪井控设备检测、人员培训情况。

（6）负责组织召开井控例会。

（7）制定井控应急预案，督促和组织施工队伍进行井控演练。

（8）发生井控险情后，及时按规定程序汇报，及时上现场进行处置、督导。

（9）负责对所管辖的钻井队伍井控工作进行考核。

（十）培训中心井控职责

（1）贯彻落实各项钻井井控管理的标准、制度与本区域油田井控细则。

（2）按照井控培训计划、目标及要求，组织实施井控培训工作，对培训质量负责。

（3）对井控培训质量定期进行现场回访，研究和改进培训方法，及时完善培训教材。

（4）负责井控中心实训基地及设施的管理工作，确保培训设施完整、安全。

（5）参与油田公司组织的井控检查。

（十一）监督单位井控职责

（1）贯彻落实各项钻井井控管理的标准、制度与本区域油田井控细则。

（2）负责现场井控管理及井控措施的监督落实。

（3）负责督促整改现场井控问题，按消项制度进行监督复查、备案。落实现场井控检查发现问题的消项关闭。

（4）参与所管辖的施工队伍井控工作考核。

（5）参与井喷事故原因的调查、分析。

（十二）钻井承包商井控管理组织机构及职责

钻井承包商应按照集团公司规定，建立健全井控管理组织机构和制度、明确管理责任并负责落实。钻井承包商负责人为本单位井控管理第一责任人和井控领导小组组长，主管安全、生产、技术副职为副组长，成员由安全、生产、技术、设备等相关部门人员组成。其井控职责为：

（1）依据合同和钻井工程设计，严格落实各项井控规定和制度。

（2）督促钻井队伍按照本区域油田井控细则规定配齐井控装置及配件，对井控装置进行回厂检修、试压和现场试压。

（3）负责组织本单位应持证人员进行井控培训及取（复）证工作。

（4）定期组织井控工作例会和井控检查，检查、总结、布置钻井井控工作。

（5）负责组织对所属钻井队的各次开钻（工）前和钻开油气层前的井控安全验收、自查自改及申报验收工作，及时发现并解决井控工作存在的问题。

（6）按要求组织井控应急演练，发生井控险情后负责组织压井作业，并按规定及时向油田公司相关项目组、监督单位上报井控险情。

（7）负责收集、上报有关井控技术和管理工作的各种数据、报表和资料。

（8）完成油田公司相关项目组、监督单位交办的其他井控管理工作。

（十三）钻井队井控职责

钻井队要建立井控小组，履行井控职责。组长由钻井队长担任，副组长由主管生产安全的副职、钻井工程师（技术员）担任，成员由大班、司钻、安全（监督）员等组成。其井控职责为：

（1）严格执行本区域油田井控细则，认真落实各项井控安全规章制度和操作规程，坚持每天的井控检查制度，及时发现和解决问题。

（2）负责组织好各次开钻（工）前和钻开油气层前的井控自查自改、验收准备工作，达到井控安全要求。

（3）负责计划、安排本单位应持证人员参加取（复）证培训和日常井控培训。

（4）负责本单位井控设备的管理、检查、维修和保养工作，保证井控设备运转完好。

（5）组织每周召开一次井控安全例会。

（6）建立健全各项井控规章制度，制定有针对性、可操作性的井控预案和井控防范措施。

（7）定期组织井控培训和防井喷、防硫化氢等应急演习，做好演习的总结记录。发现异常及时控制井口，并按照程序立即上报。

（8）认真统计和上报井控台账、事故报表等资料。

（十四）录井队井控职责

（1）严格执行本区域油田井控细则，落实好井控职责。

（2）认真落实井控坐岗制度，及时发现溢流、有毒有害及可燃气体，并做好预告。钻井施工过程中实行钻井、录井双岗坐岗，确保第一时间发现溢流，及时有效地为钻井施工提供安全预警，按照要求认真做好坐岗观察记录。

（3）进入油气层前 100m 录井工开始坐岗。钻进中每 15min 监测一次钻井液（罐）池液面和气测值，发现异常情况要加密监测。起钻或下钻过程中核对钻井液灌入量或返出量。在测井、控井以及钻井作业中还应坐岗观察钻井液出口管，及时发现溢流显示。

（4）加强随钻地层对比，及时提出可靠的地质预报，地质录井队要掌握地质设计和邻井地层及油、气、水分布情况，落实地层岩性及油、气、水层预报工作；确保录井设备、循环罐液面监测仪、有毒有害气体检测仪等仪器灵敏可靠，采集数据准确，重点监控全烃含量、有毒有害气体含量、循环后效气测值，以及钻时变化等情况。

（5）参加钻井队组织的钻开油气层前的工程技术、井控措施和井控应急预案交底会，并将地层岩性及油、气、水层情况及下步录井工作要求向钻井队通报。录井队负责人应参加钻井队每天组织的生产例会。

（6）建立异常报告制度。坐岗发现油气异常等情况时，应立即报警，并下发异常情况通知单，告知钻井队值班干部和油田公司现场监督，组织及时关井。

（7）钻井队在起下钻、检修设备、电测等非钻进过程中，录井人员应坚持坐岗观察，发现溢流后通知当班司钻，并提供井控坐岗相关资料。已发生溢流险情时，应持续坐岗观察。

（8）录井队应服从录井监督的监管，对井控安全存在的问题及时整改，消除井控安全隐患。

（9）参与钻井队组织的井控应急演练，若发生溢流、井喷或发现 H_2S、CO 等有毒有害及可燃气体时，应服从钻井队安排，按照井控应急预案统一行动。

（十五）测井队井控职责

（1）严格执行本区域油田井控细则，落实好井控职责。

（2）负责在测井作业前检查井眼与现场准备情况，确保井下稳定符合测井要求时方可施工。

（3）测井前负责召集钻井队、地质录井队、测井队进行施工交底，相互通报情况。测井队与钻井队应签订现场安全作业协议，明确配合事宜。

（4）测井施工时，测井队应督促钻井队设专人观察井口，及时灌满钻井液，保持井壁和油气层的稳定，有异常情况立即报告钻井队值班干部，测井队负责监督执行。

（5）测井过程中，钻井队应确保钻井设备、井控设备等性能完好，人员、设备处于待命状态。

（6）若电测时间过长，测井队应督促钻井队及时进行短程起下钻或通井作业，循环除去后效。

（7）测井队在测井前应准备好消防设备、急救药箱，班前会要与钻井队明确报警信号、紧急集合点、逃生路线，并准备好应急工具。

（8）钻井队与测井队应共同落实测井作业时发生溢流的应急措施，并做好相关记录。

（9）测井过程中若发现井口溢流，停止电测作业，必要时剪断电缆，实施关井，视关井套压上升速度和大小，确定下一步处理措施。

（10）测井队要建立异常汇报制度，积极配合钻井队，及时将异常情况通报钻井队值班干部和油田公司现场监督，双方履行签字手续。

（11）测井队应服从测井监督的监管，对井控安全存在的问题及时整改，否则不允许进行测井作业。

（12）测井过程中，若发生溢流、井喷或发现 H_2S、CO 等有毒有害及可燃气体时，应服从钻井队安排，按照井控应急预案统一行动。

（十六）固井队井控职责

（1）严格执行本区域油田井控细则，落实好井控职责。

（2）及时跟踪钻井的全过程，应对施工井的井况进行详细了解，制定切实可行的单井防漏、压稳、防窜固井施工方案。

（3）确保表层、技术套管固井质量满足井控要求，特别是油气一级风险井的表层固井质量，应进行质量评价，对于固井质量存在问题的井，要采取水泥挤封等有效措施进行补救。

（4）负责召集钻井队、地质录井队进行施工前交底，相互通报情况，明确配合事宜。要针对不同的固井工艺及后续作业提出相关井控要求，确保完井过程中的井控安全。

（5）固井前，负责对井筒与钻井现场准备情况进行检查，对钻井队下套管及井筒固井前的状况进行确认，确认套管下深度、套管附件安放位置是否准确；确认井筒液柱是否平衡，井筒无出液及漏失现象；确认井筒连续循环两周以上，泥浆性能达到要求等，方可接水泥头实施固井作业。

（6）对固井施工过程中的井控安全负责，自接水泥头至顶替碰压结束，要做到连续施工、水泥浆密度均匀、液柱压力平衡、候凝方式可靠，确保固井过程井控安全。

（7）固井过程中，钻井队应确保钻井设备、井控设备等性能完好，人员、设备处于待命状态。

（8）固井碰压后要采取衡压或环空加压候凝，候凝时间要充足，候凝 24h 以上方可安装井口，候凝 48h 以上方可测水泥胶结质量。

（9）固井队应服从钻井监督的监管，对井控安全存在的问题及时整改，否则不允许进行固井作业。

（10）固井施工过程中，若发生溢流、井喷或发现 H_2S、CO 等有毒有害及可燃气体时，应服从钻井队安排，按照井控应急预案统一行动。各级负责人按照"谁主管、谁负责"的原则，应恪尽职守，做到有职、有权、有责。

三、油气层钻开前的准备和检查验收

（一）油气层钻开前的准备

钻井承包商井控管理人员在现场检查过程中，发现问题、要及时监督整改：

（1）指导钻井队制定有针对性的井控措施和应急预案。

（2）检查钻井队钻井液密度及其他性能、储备的加重钻井液、加重材料数量符合设计要求。

（3）对钻井队的自查自改情况进行复查，督促对存在的问题进行整改消项。

（4）检查落实确保井控工具、井控装置完好。

在打开油气层前，钻井队、录井队、定向井服务队、现场 HSE 监督和油田公司的现场监督要履行各自井控职责，进行检查和监督，确保各项井控措施落实到位。

（二）油气层钻开前的井控验收

（1）根据地质提示，打开油、气层前验收必须在进入第一个油气层 100m 前进行。

（2）钻井队进行自查自改后，确认可以钻开油气层时向上级有关部门申请井控验收。

（3）钻开油气层前的检查验收按照钻开油气层的申报、审批制度进行。

（4）气田区域探井、气体欠平衡井由钻井承包商主管井控的领导负责，组织相关部门和人员自我验收，合格后报油田公司，由工程技术部门牵头，组织生产运行、消防、安全、井控管理相关人员，进行检查验收。

（5）其他风险油气井由钻井承包商自我验收，合格后报油田公司项目组，由项目组牵头，组织钻井工程监督、安全、技术等相关人员进行检查验收。

（6）经检查验收合格，由验收小组负责人签字批准后方能钻开油气层。

四、油气层钻进过程中的井控作业

（一）不准钻开气层的情况

以下情况不准钻开油气层：

（1）未执行钻开油气层申报审批制度；

（2）未按设计储备加重钻井液和加重材料；

（3）井控装备未按要求试压或试压不合格；

（4）井控装备不能满足关井和压井要求；

（5）内防喷工具配备不齐或失效；

（6）防喷演习不合格；

（7）井控监测仪器仪表、辅助及安全防护设施未配套或未配套齐全的。

（二）油气层钻井过程中的坐岗要求

在油气层钻井过程中要加强坐岗观察，及时发现溢流。坐岗要求为：实行钻井、录井双岗坐岗，坐岗人员每15min按钻井、录井坐岗观察记录要求记录一次坐岗情况。钻井队技术员对使用的循环罐、钻具体积等坐岗所用的数据进行校正，告知坐岗人员；带班干部每小时对坐岗情况检查一次，并做好记录；坐岗人员负责检查、适时调校液面报警装置的报警值。

钻井队坐岗内容为：钻井液出口量变化、性能变化及液面增减情况，起钻钻井液灌入量或下钻钻井液返出量、有毒有害气体含量。坐岗人员发现溢流征兆等异常情况时，要立即报告司钻，停钻观察，根据实际情况及时采取相应措施。发现溢流征兆等异常情况，应立即停钻关井节流循环1~2周确认是否发生溢流，并根据实际情况及时采取相应的井控措施。

录井队要加强地层对比，及时提出地质预告。其坐岗内容为：油气显示情况或全烃含量、有毒有害气体含量、下钻循环后效监测值、钻井液循环罐（池）液面变化情况，起钻钻井液灌入量或下钻钻井液返出量，钻时、钻具悬重、泵压等变化情况。发现异常情况时要立即通知司钻或钻井队技术员。

（三）钻井队的井控职责

钻井队应严格按工程设计的钻井液类型和密度施工，当发现设计与实际不相符合时，应按审批程序及时申报更改设计，经批准后实施。若遇紧急情况，先处理，后及时上报。发生卡钻需泡油、混油或因其他原因需适当调整钻井液密度时，应确保井筒液柱压力大于裸眼段中的最高地层压力。

（四）油气层钻井过程规定

在油气层钻井过程中执行以下规定：

（1）钻开油气层后，钻井队应每天对闸板防喷器进行开、关活动。在井内有钻具的条件下应适当对环形防喷器试关井。

（2）在钻开油气层后起下钻作业时应：

① 起钻前充分循环钻井液，至少测量一个循环周的钻井液密度，进出口密度差不超过 0.02g/cm³。起下钻中注意观察、记录、核对起出（或下入）钻具体积和灌入（或流出）钻井液体积；要观察悬重变化；防止钻头堵塞的水眼在起钻或下钻中途突然打开，使井内钻井液面降低而引起井喷。

② 至少每起 3 个钻杆立柱、1 个钻铤立柱灌一次钻井液，重点井或钻具水眼堵塞起钻时必须连续灌钻井液。观察出口管和钻井液池，并记录灌入量和起出钻具体积是否相符，如发现井口不断流或灌不进钻井液时，应立即报告司钻。

③ 起钻遇阻时严禁拔活塞。特别是造浆性强的地层，遇阻划眼时应保持足够的排量，防止钻头泥包；若起钻中发现有钻井液随钻具上行长流返出、灌不进钻井液、上提悬重异常变化等现象时，应立即停止起钻，关井循环，调整钻井液性能，达到正常后方可继续起钻。钻头在油气层中和油气层顶部以上 300m 井段内起钻速度不得超过 0.5m/s。

④ 下钻要控制速度，防止压力激动造成井漏。若静止时间过长，可分段循环钻井液，防止后效诱喷。下钻到底先小排量循环顶通水眼，再逐渐增大排量，以防憋漏地层失去平衡造成井喷。要认真校核并记录入井钻具体积与井口钻井液返出量的变化。

⑤ 起钻完应及时下钻，检修设备时必须保持井内有一定数量的钻具，并观察出口钻井液返出情况。严禁在空井情况下进行设备检修。因故空井时间较长时，井口需经常灌钻井液，并有专人负责观察。

⑥ 发生溢流，应抢接钻具回压阀（或备用旋塞、防喷单根），及时组织关井。

（3）钻进中发生井漏应将钻具提离井底、方钻杆提出转盘，以便关井观察。根据井漏程度采取定时、定量反灌钻井液，保持井内液柱压力与地层压力平衡，防止发生溢流，其后采取相应措施处理井漏。若油气层以上地层发生漏失，承压堵漏当量密度必须达到油气层钻进中钻井液设计最高值，否则不得打开油气层；若钻开油气层发生井漏，应采取有效的堵漏方法，制定以井控安全为主的堵漏措施。每趟钻起钻前，应进行短程起下钻，测量油气体上窜速度，在确认井筒安全的条件下方可起钻，尤其在发生失返性漏失时不能盲目起钻。

（4）天然气井、水平井、重点井及曾发生过油气浸、溢流的井每次下钻到底，必须循环除去后效。

五、完井作业安全与措施

完井作业时，严格执行安全操作规程和井控措施，避免井下复杂情况和井喷事故的发生。

（一）电测作业注意事项

（1）钻井队与测井队要共同制定和落实电测作业时发生溢流的应急措施。

（2）井控坐岗工注意观察井口，每测完一条曲线及时灌满钻井液，保持井壁和油气层的稳定，有异常情况立即报告值班干部。

（3）根据油气上窜速度计算井筒钻井液稳定周期，若电测时间过长，应及时下钻循环排出油气侵钻井液。

（4）测井作业人员要在测井前准备好应急工具，在测井过程中若发现井口外溢，停止电测作业，起出电缆强行下钻。若溢流量增大，来不及起出电缆时，剪断电缆，实施关井，视关井套压上升速度和大小，确定下一步处理措施；不允许用关闭环形防喷器的方法继续起电缆。

（二）下套管、固井作业措施

（1）油气井在下套管前必须更换与套管尺寸相同的防喷器闸板，更换防喷器闸板后应按要求进行试压，试压标准在不超过套管抗内压强度80%前提下试压到额定工作压力，并在钻台上配备与套管连接螺纹相符的内防喷工具以便应急时使用。

（2）下套管必须控制下放速度，每30根要灌满一次钻井液。下完套管必须先灌满钻井液，开始用小排量顶通，再逐步提高排量循环，防止诱喷或憋漏地层。

（3）下套管时发现溢流应及时控制井口，按钻具内有单流阀的方法求取立压，并根据立管压力调整钻井液密度。

（4）循环钻井液时，发现溢流要调整钻井液密度，注水泥过程中发现溢流要强行固井并关井候凝，为抵消水泥浆初凝失重而引起的压力损失，可在环空施加一定的回压。

（三）水平井完井坐封、下筛管及换装防喷器井控措施

（1）裸眼封隔器完井方式。

① 建设单位（项目组）根据确定的完井方式，制定完井施工设计。完井施工设计中要有详细的井控设计，要对所使用工具存在的井控风险进行识别，制定详细的井控措施，并进行交底，明确相关方的职责。

② 在下完井工具前应准备好油管、钻柱内防喷工具、简易井口或采气井口等，防喷器的半封闸板胶芯尺寸应与主体送入管柱外径匹配。若发生溢流，应及时接内防喷工具、关井处置。

③ 在下完井工具过程中每下30根油管或每下10柱送入钻柱应灌一次完钻钻井液并灌满。应严格落实工程、地质人员同时井控坐岗。

④ 裸眼封隔器等工具下到位后，钻柱内要先灌满钻井液，循环一个循环周以上，观察钻井液性能和气测值无异常后，才能够坐封、验封、丢手。

⑤ 丢手后起钻前应循环钻井液一周以上，观察后效，无异常后方可起钻。起钻时应严格落实灌浆及井控坐岗制度。

⑥ 起完钻后及时安装油管防喷器或更换相匹配的闸板胶芯。下完油管后及时换装简易井口或采气井口，然后再进行拆卸作业。

⑦ 在完井作业未结束前，循环罐内应储备足量的钻井液，以备压井使用。

（2）悬挂套管（尾管）完井方式。

① 建设单位（项目组）根据确定的完井方式，对井控风险进行识别，制定详细的井控措施，并进行交底，明确相关方的职责。

② 在下套管（尾管）前应准备好悬挂器、油管、钻柱内防喷工具、简易井口或采气井口等，防喷器的半封闸板胶芯尺寸应与主体送入管柱外径匹配。若发生溢流，应及时接内防喷工具、关井处置。

③ 下套管（尾管）及下送入钻柱时，按照要求进行灌浆，并严格落实工程、地质人员

同时井控坐岗。

④ 套管（尾管）下到位后，钻柱内要先灌满钻井液，循环一个循环周以上，观察钻井液性能和气测值无异常后，才能够坐挂、验挂、丢手。

⑤ 悬挂器丢手后起钻前应循环钻井液一周以上，观察后效，无异常后方可起钻。起钻时应严格落实灌浆及井控坐岗制度。

⑥ 起完钻后及时安装油管防喷器或更换相匹配的闸板胶芯。下完油管后及时换装简易井口或采气井口，然后再进行拆卸作业。

⑦ 在完井作业未结束前，循环罐内应储备足量的钻井液，以备压井使用。

（3）换装防喷器。

① 送入钻柱起完后，应灌满钻井液，观察液面有无下降。观察液面 1 小时液面无下降时方可换装防喷器。

② 换装防喷器前施工单位根据井口装置，要制定换装防喷器操作程序，按照规范操作。换装完成后应对防喷器试压并做好记录。

（4）固井质量评价方式。对油气一级风险井的固井质量应使用变密度测井或其他先进有效的测井技术进行质量评价，对于固井质量存在严重问题的井，要采取水泥挤封等有效处理措施，确保封固良好，达到井控要求。

（5）空井及处理井下事故措施。

① 打开油气层后，因等停等特殊情况造成空井时，应将钻具下到套管脚，并认真落实坐岗制度，根据油气上窜速度，定时下钻分段循环通井，及时排出油气侵钻井液。

② 空井溢流关井后，根据溢流的严重程度，可采用强行下钻分段压井法、置换法、压回法等方法进行处理。

③ 处理卡钻事故时，要考虑解卡剂对钻井液液柱压力的影响，保证液柱压力大于地层流体压力。

④ 在油气层套管内进行磨、铣处理时，尽量避免油气层段套管磨损，一旦发现套管磨穿，应提高钻井液密度，压稳油气层。

（6）下列情况需进行短程起下钻检查油气侵和溢流，计算油气上窜速度，达不到起钻要求时，要对钻井液密度符合性进行调整，直至满足起钻要求方可起钻作业：

① 钻开油气层后第一次起钻前。

② 钻进中曾发生严重油气侵起钻前。

③ 溢流压井后起钻前。

④ 调低井内钻井液密度后起钻前。

⑤ 取心钻井后起钻前。

⑥ 目的层水平钻井后起钻前。

⑦ 钻开油气层井漏堵漏后起钻前。

⑧ 钻头在井底连续长时间工作后中途需起下钻划眼修整井壁时。

⑨ 需长时间停止循环进行其他作业（电测、下套管、下油管、中途测试等）起钻前。

（7）短程起下钻的基本做法如下：

① 一般情况下试起 10~15 柱钻具，再下入井底循环观察一个循环周，循环检测油气上窜速度，若油气侵上窜到井口的时间大于停泵时间（安全周期），便可正式起钻；否则应循

环排除受侵污钻井液并适当调整钻井液密度后再起钻。油气上窜速度计算推荐采用"迟到时间法"。

②特殊情况时（需长时间停止循环或井下复杂时），将钻具起至套管鞋内或安全井段，停泵观察一个起下钻周期或停泵所需的等值时间，再下入井底循环观察一个循环周。若油气侵上窜到井口的时间小于等值时间，应调整处理钻井液；若油气侵上窜到井口的时间大于等值时间，便可正式起钻。

（8）油田开发部门在钻井开钻前应督促落实停注、泄压措施。钻井二开之前应对所钻井周围 500m 以内的注水井采取停注措施，所钻井发生溢流后，应对所钻井周围相关注水井进行井口泄压；水平井在入窗之前的停注、泄压政策执行油田开发部门相关规定。停注、泄压后，在后期钻井过程中不能恢复注水作业，直到相应层位套管固井候凝为止。

（9）在超前注水区、地层裂缝较发育且主应力方向与正钻井一致的区块，或曾经发生过井涌、溢流的区块以及在油气重叠区域，所钻井在打开第一个油层前 100m 到完井，周围 1000m 以内的井禁止压裂施工（水平井以各靶点为基准计算井距）。在 1000m 以外进行压裂施工时，如果周围正钻井有溢流征兆，压裂施工也必须停止，直至所钻井完井。

（10）发现油气侵后应立即停钻，及时循环除气、观察，适当调整钻井液密度，做好加重压井准备工作。若油气侵现象消除，恢复正常钻进。

（11）无论何种工况或遇到任何井下复杂情况，发现溢流征兆或溢流，都要坚持"疑似溢流关井检查，发现溢流立即关井"的原则，立即关井，控制井口。关井前要发出报警信号，报警信号为一长鸣笛，关井信号为两短鸣笛，开井信号为三短鸣笛；长鸣笛时间 15s 以上，短鸣笛时间 2s 左右，鸣笛间隔时间 1s。

（12）关井时要严格执行操作规定程序迅速关井，并做到：

①发生溢流后关井，其最大允许关井套压不得超过井口装置额定工作压力、套管抗内压强度的 80% 和薄弱地层破裂压力所允许关井压力三者中最小值。

②关井前应注意的问题：

a.必须清楚压力级别及控制对象。

b.控制系统、节流压井管汇处于最佳工作状态。

c.了解各控制闸阀开启状况。

③关井（软关井）应注意的问题：

a.关井前必须首先保证井内流体有通道。

b.环形防喷器不得用于长期关井，闸板防喷器较长时间关井应使用手动锁紧装置。

c.关井操作应由司钻统一指挥。严禁未停泵、方钻杆接头未提出转盘面关井以及井内有钻具时使用全封闸板关井等错误操作。

④关井后应注意的问题：

a.应及时、准确求得关井立管压力、关井套压，并观察、记录溢流量。

b.关井后在套压不超过最大允许关井套压的情况下，关井时间不少于 15min，求取立压、套压以准确的计算地层压力，为压井计算提供依据。在后期关井期间，安排专人每 2min 观察记录一次关井套压和立管压力，并做压力变化曲线。

c.接回压阀时立压求取方法。在井完全关闭的情况下，排量控制在正常钻进排量的 1/3~1/2，缓慢启动泵并继续泵入钻井液。注意观察套压，当套压开始升高时停泵，并读出立管压力值。从读出的立管压力值中减去套压升高值，则为所测定的关井立管压力值。

d. 在闸板防喷器关井期间，不允许活动井内钻具。

e. 各岗位应认真检查所负责装备的工作情况，并做好防火、加重、除气、警戒等工作。

f. 在最大允许关井套压范围内严禁放喷。

⑤ 开井应注意的问题：

a. 检查立压、套压是否为零。

b. 检查手动锁紧装置是否解锁。

c. 先开节流阀前的平板阀，再开节流阀，然后从下至上开防喷器，关液动阀，并认真检查是否完全开启、关闭。

d. 开井前一定要从节流阀处泄压，开各种闸阀的顺序是从井口依次向外逐个打开，以避免发生开、关困难。严禁以开防喷器的办法进行泄压。

（13）关井后应根据关井立管压力和套压的不同情况，采取相应的处理方法及措施。

① 关井立管压力为零时的处理。

关井后立管压力为零表明钻井液静液柱压力足以平衡地层压力，溢流发生是因抽吸、井壁扩散气、钻屑气等使环空钻井液静液柱压力降低所致。

a. 关井套压为零时，全部打开节流阀，以原钻井液保持原钻进排量循环，排除受污染的钻井液即可。

b. 关井套压不为零时，应控制回压维持原钻进排量和泵压排除溢流，恢复井内压力平衡。再用短程起下钻检验，决定是否调整钻井液密度，然后恢复正常作业。

② 关井立管压力不为零时的处理。

根据井况可采用边循环边加重、一次循环法（工程师法）及二次循环法（司钻法）等常规压井方法，也可以采用置换法、压回法等特殊压井方法以及低套压压井法等非常规压井方法压井。

③ 在压井作业中，始终控制井底压力略大于地层压力排除溢流，重建井眼—地层系统的压力平衡。

④ 根据计算的压井参数和本井的具体条件，如溢流类型、加重钻井液和加重材料的储备情况、加重能力、井壁稳定性、井口装置的额定工作压力等选择压井方法。

⑤ 空井溢流关井后，根据溢流的严重程度，可采取强行下钻到底、置换法、压回法等特殊压井方法。

⑥ 压井施工前必须认真填写压井作业施工单，进行技术交底、设备安全检查等工作，落实操作岗位，详细记录立压、套压、钻井液泵入量，钻井液性能等压井参数。

⑦ 不允许长时间关井而不作处理。在等候加重材料或在加重过程中，视情况间隔一段时间向井内灌注加重钻井液，同时控制回压，保持井底压力略大于地层压力排放井口附近含气钻井液。若等候时间长，则应及时实施司钻法第一步排除溢流，防止井口压力过高。

⑧ 加重钻井液要慎重，预防密度过高导致井漏。加重时要适量加入降失水剂、稀释剂，以降低失水、改善钻井液流动性和滤饼质量。

⑨ 压井过程中发生井漏时，应向环空灌入钻井液以降低漏速。维持一定液面，保持井内压力平衡，然后堵漏。

（14）在关井或压井过程中，出现下列情况之一者，应采取放喷措施。

① 钻遇浅层气；

② 井口压力超过最大允许关井套压；

③ 井控装置出现严重的泄漏；

④ 层流体为气体时，应及时在放喷口点火。

六、井场安全保护和有毒有害气体预防措施

（一）井场布置要求

（1）锅炉房、发电房等有明火或有火花散发的设备、设施应设置在井口装置及储油设施季节风的上风侧位置；锅炉房与井口相距大于等于 50m；发电房、储油罐与井口相距大于等于 30m；储油罐与发电房相距大于等于 20m。

（2）井场、钻台、油罐区、机房、泵房、危险品仓库、电器设备等处应设置明显的安全防火标志，并悬挂牢固。

（3）在林区钻井作业时，井场四周应设防火墙或设置隔离带，并在井场选址时预留、设置防火墙或隔离带区域，井场外围植物高度低于 2m 时宜设防火墙，高于 2m 时宜设隔离带。防火墙高度应不低于 2.5m，防火隔离带应利用河流、沟壑、岩石裸露地带、沙丘、水湿地等自然障碍阻隔或工程阻隔的措施设置，宽度应不小于 20m。

（二）防火防爆要求

（1）井场严禁吸烟，需要使用明火及动用电气焊前，严格按 Q/SY 1241—2009《动火作业安全管理规范》规定办理动火手续、落实防火防爆安全措施，方可实施。

（2）柴油机排气管不面向油罐、不破漏、无积炭，安装具有冷却灭火功能装置。

（3）钻台上下、机泵房周围禁止堆放杂物及易燃易爆物，钻台、机泵房下无积油。

（4）井场工作人员穿戴"防静电"劳保护具。井口有可燃气体时，禁止铁器敲（撞）击等能产生明火的行为。

（5）放喷管线出口不应正对电力线、油罐区、宿舍、值班室、工作间、消防器材及其他障碍物等。

（6）进入井场的人员应劳保齐全，不允许带火种。打开油气层后进入井场的车辆必须佩戴防火装置，并按规定路线行驶。

（三）消防设施配备及管理

（1）井场消防器材应配备推车式 MFT35 型干粉灭火器 4 具、MFZ 型 8kg 干粉灭火器 10 具、5kg CO_2 灭火器 7 具、消防斧 2 把、消防钩 2 把、消防锹 6 把、消防桶 8 只、消防毡 10 条、消防砂不少于 4m³、消防专用泵 1 台、φ19mm 直流水枪 2 只、水罐与消防泵连接管线及快速接头 1 个、消防水龙带 100m。

（2）消防器材要定人定岗管理，定期检查保养，严禁挪作他用。

（3）井场集中放置的消防器材，摆放在指定地点或消防器材房内。

（四）电路及电器安装

（1）井场电器设备、照明器具及输电线的安装、走向与固定等执行 SY/T 5225—2012《石油天然气钻井、开发、储运防火防爆安全生产技术规程》和 SY/T 5974—2014《钻井井

场、设备、作业安全技术规程》等标准要求。

（2）钻台、井架、循环系统、机泵房、油罐区等必须使用防爆电器，井场电力线路要分路控制。

（3）远程控制台，探照灯电源线路应在配电房内单独控制。

（4）电力线路宜采用防油橡胶电缆，不得裸露，不得搭铁，不得松弛，不得交叉和捆绑在一起，不能接触和跨越油罐和主要动力设备。

（5）使用通用电器集中控制房或 MCC（电机控制）房，地面使用电缆槽集中排放。

（五）含硫油气井

含硫油气井严格执行 SY/T 5087—2017《硫化氢环境钻井场所作业安全规范》，防止 H_2S 或 CO 等有毒有害气体进入井筒、溢出地面，最大限度地减少井内管材、工具和地面设备的损坏，避免环境污染和人身伤亡。

（1）钻井队技术人员负责防 H_2S 或 CO 安全教育，队长负责监督检查。钻开油气层前，钻井队应向全队职工进行井控及防 H_2S 或 CO 安全技术交底，并充分做好 H_2S、CO 的监测和防护准备工作，对可能存在 H_2S 或 CO 的层位和井段，及时做出地质预报，建立预警预报制度。

（2）在井架、钻台上、井场盛行风入口处等地应设置风向标，一旦发生紧急情况，作业人员可向上风方向疏散。

（3）在气体易聚积的场所，应安装防爆排风扇以驱散工作场所弥漫的有毒有害、可燃气体。防爆排风扇吹向应科学合理，不得吹向明火或可能散发明火及人员工作、生活区。

① 含硫化氢天然气井、油井，在钻台上、井架底座周围、振动筛、液体罐和其他硫化氢可能聚集的地方应使用防爆排风扇，以驱散工作场所弥漫的硫化氢。

② 其他天然气井、油井配置要求：油井常规井配置一台防爆排风扇，放置在钻台上，风口正对井口；其余天然气井、油井配置两台排风扇，一台放置在钻台上，风口正对井口，另一台放置在振动筛处，风口正对振动筛出口。

（4）气井一级风险井应配备 1 套固定式气体检测系统，5 台便携式复合气体监测仪，1 台高压呼吸空气压缩机，当班生产人员每人应配备 1 套正压式空气呼吸器，并配备一定数量的正压式空气呼吸器作为公用；气井二级风险井、油井一级风险井、油井二级风险中原始气油比大于 100m³/t 的井应配备 1 套固定式气体检测系统、配备 3 台便携式复合气体监测仪，1 台高压呼吸空气压缩机，当班生产人员每人应配备 1 套正压式空气呼吸器；其他风险井应配备 3 台便携式复合气体监测仪，1 台高压呼吸空气压缩机，配备 6 套正压式空气呼吸器，并做到人人会使用、会维护、会检查。

固定式气体检测系统传感器至少应安装在司钻或操作员位置、方井、钻井液出口、钻井液循环罐等位置。天然气井固定式气体检测系统传感器至少安装在司钻或操作员位置、方井、钻井液出口、钻井液循环罐处，每个安装位置至少能检测 H_2S、可燃气体；油井固定式气体检测系统传感器至少安装在司钻或操作员位置、钻井液出口处，有钻井液循环罐的在循环罐上也得安装，至少能检测 H_2S 或 CO（根据设计提示确定）、可燃气体（伴生气）。设备报警的功能测试至少每天一次。油气田开发井固定式气体检测系统至少在打开第一个油气层之前 100m 处于完好待命状态，天然气探井以及地层情况不清、地层资料参照较少的石油预探井和评价井固定式气体检测系统在钻井二开前处于完好待命状态。

（5）当检测到空气中 H_2S 浓度达到 $15mg/m^3$（10ppm）或 CO 浓度达到 $31.25mg/m^3$（25ppm）阈限值时启动应急程序，现场应：

① 立即关井，切断危险区的不防爆电器电源；

② 立即安排专人观察风向、风速以便确定受侵害的危险区；

③ 安排专人佩戴正压式空气呼吸器到危险区检查泄漏点；

④ 开启排风扇，向下风向排风，驱散钻台上下、振动筛、循环罐等人员工作区域的弥漫的有毒有害、可燃气体。

⑤ 非作业人员撤入安全区。

（6）当检测到空气中 H_2S 浓度达到 $30mg/m^3$（20ppm）或 CO 浓度达到 $62.5mg/m^3$（50ppm）的安全临界浓度值时，启动应急程序，现场应：

① 戴上正压式空气呼吸器；

② 实施井控程序，控制 H_2S 或 CO 泄漏源；

③ 向上级（第一责任人及授权人）报告；

④ 指派专人至少在主要下风口距井口 100m、500m 和 1000m 处进行 H_2S 或 CO 监测，需要时监测点可适当加密；

⑤ 切断作业现场可能的着火源；

⑥ 撤离现场的非应急人员；

⑦ 清点现场人员；

⑧ 通知救援机构。

（7）当检测到空气中 H_2S 浓度达到 $150mg/m^3$（100ppm）或 CO 浓度达到 $375mg/m^3$（300ppm）的危险临界浓度值时，启动应急预案，除按（5）、（6）中的相关要求行动外，立即组织现场人员全部撤离，现场总负责人按应急预案的通信表通知（或安排通知）其他有关机构和相关人员（包括政府有关负责人）。由施工单位和建设单位按相关规定分别向上级主管部门报告。

（8）当井喷失控时，按下列应急程序立即执行：

① 关停生产设施；

② 由现场总负责人或其指定人员向当地政府报告，协助当地政府做好井口 500m 范围内居民的疏散工作，根据监测情况决定是否扩大撤离范围；

③ 设立警戒区，任何人未经许可不得入内；

④ 请求援助。井喷险情控制后，应对井场各岗位和可能积聚 H_2S 或 CO 的地方进行浓度检测。待 H_2S 或 CO 浓度降至安全临界浓度时，人员方能进入。

（9）含硫地区要加强对钻井液中 H_2S 浓度的监测，控制 H_2S 的溢出。井场要储备一定量的除硫剂，钻井液密度取上限值、pH 值控制在 9.5 以上直至完井。

（10）含硫油气井作业相关人员上岗前应按 SY/T 6277—2017《硫化氢环境人身防护规范》接受培训，熟知 H_2S 或 CO 防护技术等，经考核合格后上岗。

（11）当在空气中 H_2S 或 CO 含量超过安全临界浓度的污染区进行必要的作业时，应按 SY/T 5087—2017《硫化氢环境钻井场所作业安全规范》和 Q/CNPC 115—2006《含硫油气井钻井操作规程》中的相应要求做好人员安全防护工作。

（12）当检测到井口周围有 H_2S、CO 等有毒有害气体时，在作业现场入口处挂牌或挂旗警示，由坐岗人员负责。

① 绿色警示：H$_2$S 浓度在 0~15mg/m^3（10ppm）、CO 浓度在 0~31.25mg/m^3（25ppm）。

② 黄色警示：H$_2$S 浓度在 15~30mg/m^3（10~20ppm）；CO 浓度在 31.25~62.5mg/m^3（25~50ppm）。

③ 红色警示：H$_2$S 浓度大于 30mg/m^3（20ppm）、CO 浓度大于 62.5mg/m^3（50ppm）。

（六）井喷应急救援

1. 不同险情下的汇报程序

井控险情实行零汇报制度。

1）中石油、中石化钻井承包商汇报程序

（1）发生油气侵后钻井队立即汇报到钻井承包商和油田公司项目组，按本区域油田井控细则相应条款处置，并随时汇报处置情况。项目组接到汇报后应立即向油田公司井控主管部门上报。

（2）发生溢流、井涌后钻井队立即汇报到钻井承包商和油田公司项目组，按本区域油田井控细则相应条款处置，并随时汇报处置情况。项目组接到汇报后应立即向油田公司井控主管部门上报。

（3）发生井喷、井喷失控、井喷失控着火后钻井队立即汇报到钻井承包商和油田公司项目组，油田公司项目组接警后，立即向油田公司应急办公室汇报，油田公司在第一时间（30min 内）向集团公司总值班室电话报告，在 1h 内报书面汇报。

2）社会化钻井承包商汇报程序

（1）发生油气侵后钻井队立即向油田公司项目组汇报，按本区域油田井控细则相应条款处置，并随时汇报处置情况。项目组接到汇报后应立即向油田公司井控主管部门上报。

（2）发生溢流、井涌后钻井队立即向油田公司项目组汇报，按本区域油田井控细则相应条款处置，并随时汇报处置情况。项目组接到汇报后应立即向油田公司井控主管部门上报。

（3）发生井喷、井喷失控、井喷失控着火后立即向油田公司项目组汇报，项目组在接到汇报后立即汇报到油田公司应急办公室，同时向油田公司井控主管部门上报，油田公司在第一时间（30min 内）向集团公司总值班室电话报告，在 1h 内报书面汇报。

（4）发生井控险情后，钻井队立即向监督部汇报，监督部接到汇报后向监督单位汇报，监督单位向油田公司井控主管部门上报。

2. 井喷事故应急处置程序

（1）事故单位应急办公室接到井喷事故报告后，应立即通知本单位应急领导小组成员及其他抢险人员赶赴事故现场，组织抢险。

（2）井喷事故现场要有消防车、救护车、医护人员和技术安全人员在井场值班。

（3）关井以后，钻井队现场需要放喷、点火时，在确保人员安全的前提下，在放喷口上风方向实施点火。

（4）井喷险情控制后，应对井场各岗位和可能积聚硫化氢等有毒有害气体的地方进行浓度检测。待硫化氢等有毒有害气体浓度降至安全临界浓度时，人员方能进入。

3. 井喷失控临时处置原则

发生井喷失控时，作业现场前期应急行动要执行以下临时处置原则：

（1）立即停柴油机，关闭井架、钻台、机泵房等处照明，灭绝火种，打开专用探照灯；

（2）立即撤出现场人员，疏散无关人员，最大限度地减少人员伤亡；

（3）分析现场情况，及时界定危险范围，组织抢险，控制事态蔓延；

（4）按应急程序上报，保持通信畅通，随时上报井喷事故险情动态，并调集救助力量，对受伤人员实施紧急抢救。

4. 井喷失控后的处置程序

（1）井喷失控后，立即启动油田公司《钻井、试油气井喷突发事故专项应急预案》。

（2）严防着火。井喷失控后钻井队应立即停机、停车、停炉，关闭井架、钻台、机泵房等处全部照明灯和电器设备，必要时打开专用防爆探照灯；熄灭火源，组织设立警戒和警戒区；将氧气瓶、油罐等易燃易爆物品撤离危险区；迅速做好储水、供水工作，放喷管线全开分流，并尽快由注水管线向井口注水防火或用消防水枪向油气喷流和井口周围设备大量喷水降温，保护井口装置，防止着火或事故进一步恶化。

（3）井喷失控后应立即向上级主管单位或部门汇报，迅速制定抢险方案，统一领导，由一人负责现场施工指挥，技术、抢险、供水、治安、生活供应、物资器材供应、医务等分头开展工作。并立即指派专人向当地政府报告，协助当地政府做好井口 500m 范围内居民的疏散工作。在相关部门未赶到现场之前，由钻井队井控领导小组组织开展工作。抢险方案要经上级主管部门批准后执行。

（4）由现场应急指挥部派专人，测定井口周围及附近天然气和 H_2S 等有毒有害气体含量，划分安全区域，用醒目标志提示。在非安全区域的工作人员必须佩戴正压式呼吸器。

（5）消除井口周围及通道上的障碍物，充分暴露井口。未着火井清障时可用水力切割严防着火，已着火井要带火清障。同时准备好新的井口装置、专用设备及器材。

（6）井喷失控着火后，根据火势情况可分别采用密集水流法、大排量高速气流喷射法、引火筒法、快速灭火剂综合灭火法、空中爆炸法以及打救援井等方案灭火。

（7）井喷失控的井场内处理施工应尽量不在夜间和雷雨天进行，以免发生抢险人员人身事故，以及因操作失误而使处理工作复杂化；切断向河流、湖泊等环境的污染。施工同时，不应在现场进行干扰施工的其他作业。

（8）在处理井喷失控过程中，必须做好人身安全防护工作，应根据需要配备护目镜、阻燃镜、阻燃服、防尘口罩、防辐射安全帽、手套、防毒面具、正压式呼吸器等防护用品，避免烧伤、中毒、噪声等伤害。

（9）发生井喷事故，尤其井喷失控事故处理中的抢险方案制定及实施，要把环境保护同时考虑、同时实施，防止出现次生环境事故。

（10）井口装置和井控管汇完好条件下井喷失控的处理：

① 检查防喷器及井控管汇的密封和固定情况，确定井口装置的最高承压值。

② 检查方钻杆上、下旋塞阀的密封情况。

③ 井内有钻具时，要采取防止钻具上顶的措施。

④ 按规定和指令动用机动设备、发电机及电焊、气焊；对油罐、氧气瓶、乙炔发生器

等易燃易爆物采取安全保护措施。

⑤ 迅速组织力量配制加重钻井液压井，加重钻井液密度根据邻近井地质、测试等资料和油、气、水喷出总量以及放喷压力等来确定；其准备量应为井筒容积的2~3倍。

⑥ 当具备压井条件时，采取相应的压井方法进行压井作业。

⑦ 对具备投产条件的井，经批准可座钻杆挂以原钻具完钻。

（11）井口装置损坏或其他原因造成复杂情况条件下井喷失控或着火的处理：

① 在失控井的井场和井口周围清除抢险通道时，要清除可能因其歪斜、倒塌而妨碍进行处理工作的障碍物（转盘、转盘大梁、防溢管、钻具、垮塌的井架等），充分暴露并对井口装置进行可能的保护；对于着火井应在灭火前按照先易后难、先外后内、先上后下、逐段切割的原则，采取氧炔焰切割或水力喷砂切割等办法带火清障；清理工作要根据地理条件、风向，在消防水枪喷射水幕的保护下进行；未着火井要严防着火，清障时要大量喷水，应使用铜制工具。

② 采用密集水流法、突然改变喷流方向法、空中爆炸法、液态或固态快速灭火剂综合灭火法以及打救援井等方法扑灭不同程度的油气井大火；密集水流法是其余几种灭火方法须同时采用的基本方法。

（12）含 H_2S、CO 井井喷失控后的处理：当油气井 H_2S 浓度达到 $150mg/m^3$（100ppm）或 CO 浓度达到 $375mg/m^3$（300ppm）时，在人员生命受到巨大威胁、失控井无希望得到控制的情况下，作为最后手段应按抢险作业程序，制定点火安全措施，对油气井井口实施点火。井口失控点火决策人、组织人、点火人、点火操作程序等执行《长庆油田含硫化氢天然气井钻井、试气井口失控后井口点火的操作管理规定》，并按 SY/T 5087—2017《硫化氢环境钻井场所作业安全规范》中的要求做好人员撤离和人身安全防护。

（13）井喷失控后，现场录井、定向、测井等现场所有人员到应急集合点，听从统一指挥。

5. 井控险情应急原则

井控险情应急应坚持"以人为本、统一指挥、反应灵敏、措施得力、分工协作"的原则。做到职责明确，统一指挥，按照程序，有条不紊地组织抢险工作。

（七）井控管理制度

1. 井控培训合格证制度

（1）按照集团公司井控培训教学大纲规定，井控持证范围包括钻井专业管理、技术、操作人员和相关服务人员。

① 现场操作人员：钻井队大班司钻、正副司钻、井架工、钻井技师、大班司机、井控坐岗员等；

② 现场服务人员：井控车间的技术人员和设备维修人员等；

③ 专业技术人员：钻井队工程技术人员、泥浆技术人员，钻井工程设计人员、工程管理人员以及欠平衡钻井技术人员等；

④ 生产管理人员：主管钻井生产、技术、安全的各级领导、钻井生产管理人员以及钻井队正副队长、指导员、安全员、钻井安全监督、工程监督等；

⑤ 相关技术人员：地质设计人员、地质监督、测井监督以及测井、固井、录井、钻井

液、取心、打捞、定向井、中途测试等专业服务公司（队）的相关技术人员。

（2）没有取得井控培训合格证的管理和技术人员无权指挥生产，操作人员不得上岗操作。凡没有取得井控培训合格证而在井控操作中造成事故者要加重处罚，并追究主管领导责任。

（3）井控培训合格证的管理和落实。

① 钻井承包商工程技术管理部门负责钻井队井控培训合格证制度的落实。油田公司工程技术管理部门负责钻井承包商钻井队井控培训合格证持证情况的监督检查。

② 凡在长庆油田施工的钻井队伍，必须持有长庆油田公司认可的井控培训合格证。

③ 油田公司工程技术管理部门负责定期对井控培训工作进行检查、考核。

2. 井控装置的安装、检修、试压、现场服务制度

（1）井控装置的检修、保养及巡检必须由专业的井控车间负责服务。钻井队在用井控装备的管理、操作应有专人负责，并明确岗位职责。

（2）钻井队使用的井控装置达到检修周期后送井控车间进行维修、检验。

（3）钻井队应定岗、定人、定时对井控装置、工具进行检查、维护保养，并认真填写保养和检查记录。

（4）井控管理人员、HSE 监督员及井控车间服务人员在监督、巡检中要及时发现和处理井控装置存在的问题，确保井控装置随时处于正常工作状态。

（5）严格执行《中国石油天然气集团公司井控装备判废管理规定》。井控装备出厂总年限达到规定时间的应立即停用，确需延期使用的井控装备，必须经第三方检验并合格，延期使用最长三年。

（6）钻井承包商应建立井控装备台账。

3. 钻开油气层前的申报、审批制度

（1）钻开油气层前 100m，钻井队通过全面自查自改，确认准备工作就绪后，填写"钻开油气层检查验收证书"。

（2）井控检查验收小组，按检查验收标准严格检查。检查验收合格后，验收人在检查验收证书上签字、批准后，方可打开油气层。检查验收不合格，发出整改通知书限期整改，待整改合格验收后方能打开油气层。

（3）井控检查验收小组填写"钻开油气层检查验收证书"；如存在重大井控安全隐患时，应当场下达"井控停钻通知书"，钻井队按"井控停钻通知书"限期整改。检查验收证书一式两份，钻井队、检查验收小组各留一份备查。

（4）未经检查验收或检查验收不合格就钻开油气层的钻井队，应立即停钻整改，并按有关规定处理。

4. 防喷演习制度

（1）钻井队应在钻开油气层前，按照钻进、起下钻杆、起下钻铤、空井发生溢流的四种工况分班组、定期进行防喷演习，演习不合格者不得打开油气层。

（2）防喷演习原则上要求以班组为单位进行演习，当班人员按岗位分工和关井程序操作。钻井队也可适当组织全队性防喷演习，以当班人员为主完成关井操作，接班人员按岗位分工到各自岗位协助当班人员操作，第三班人员负责消防（关键是井口和循环系统）及场地警戒。

（3）作业班每月至少进行一次不同工况的防喷演习，夜间也应安排防喷演习。此外，在各次开钻前、特殊作业（取心、测试、完井作业等）前，都应进行防喷演习，达到合格要求。

（4）防喷演习关井速度要求：正常钻进和空井为3min，起下钻为5min。每次演习结束后由当班司钻组织，在紧急集合点进行讲评，并填写防喷演习记录表。演习记录包括班组、时间、工况、讲评、组织演习人等。

（5）关井操作岗位分工。

① 司钻：发出警报，负责刹把及司钻控制台的操作，关井完成后负责将溢流关井情况报告值班干部。

② 副司钻：负责远程控制台的操作，接受指令在远程控制台进行关井，同时传递防喷器开、关信息。

③ 井架工：配合井口操作，负责节流阀的开、关操作，并传递节流阀的开、关信息，关井后，负责观察、记录套压。

④ 井控坐岗工：配合井架工完成节流阀的操作，在钻台下观察闸板防喷器和放喷阀的开、关情况，并传递开、关信息。

⑤ 内钳工：配合外钳工完成井口操作，传递防喷器、放喷阀、节流阀开、关信息，在关井后负责观察、记录立压。

⑥ 外钳工：配合内钳工完成井口操作，负责开、关放喷阀，并传递开、关信息。

⑦ 钻井液工：负责观察钻井液出口和钻井液罐液面情况。

⑧ 司机：完成机房操作，站到可与司钻保持联系的位置，听候司钻的调遣。

⑨ 发电工：完成发电房操作，站到可与司钻保持联系的位置，听候司钻的调遣。

5. 坐岗制度

（1）一般情况下进入油气层前100m由钻井井控坐岗人员和录井工开始坐岗，但存在多气层、油气重叠层，根据地质提示，井控坐岗应提前，在进入第一个气层（或油层）100m前开始坐岗。钻进中每15min监测一次钻井液（罐）池液面和气测值，发现异常情况要加密监测。起钻或下钻过程中核对钻井液灌入或返出量。在测井、空井以及钻井作业中还应坐岗观察钻井液出口管，及时发现溢流显示。坐岗情况应认真填入坐岗观察记录。

（2）井控坐岗工坐岗记录包括时间、工况、井深、钻井液灌入量、钻井液增减量、原因分析、记录人、值班干部验收签字等内容。录井工坐岗记录包括时间、工况、井深、地层和气测数值等内容。

（3）坚持"发现溢流立即关井，疑似溢流关井检查"的原则，井控坐岗工在发现溢流和疑似溢流、井漏及油气显示异常情况应立即报告司钻，组织关井。录井工在坐岗时发现气测值异常等情况，应立即下发异常情况通知单，告知钻井队值班干部。

6. 钻井队干部24h值班制度

（1）进入油气层前100m开始，钻井队干部必须在生产现场坚持24h值班。值班干部应挂牌或有明显标志，并认真填写值班干部交接班记录。

（2）值班干部、HSE监督员应检查监督各岗位井控职责履行和井控管理制度落实情况，发现问题立即督促整改。井控装置试压、防喷演习、处理溢流、井喷、井下复杂等情况，值班干部必须在场组织指挥。

7. 井控工作监督检查制度

（1）钻井队干部要按照井控岗位职责对现场井控工作进行检查。

（2）各级井控检查人员在现场检查中，对违反井控管理制度的井场内所有工作人员，有权责令其停工，限期整改。不听劝阻者，按规定予以处罚。

（3）承包商 HSE 监督员要负责监督井控装置的安装、试压和保养、防喷演习、坐岗、加重材料和加重钻井液数量、防喷演习等，并做好记录。

（4）油田公司钻井工程监督要监督检查现场井控装置和套管试压、防喷演习、坐岗等情况；在钻开油气层后，要监督井控技术措施的落实情况，并做好记录。

（5）油田公司每半年进行一次井控工作检查。项目组每季度进行一次全面检查，钻井承包商按照集团公司规定执行。

（6）井控管理现场发现问题处理按照长庆油田公司《钻井井控管理违约处罚细则》执行。

8. 井控问题消项制度

（1）各钻井承包商，对各级井控检查和日常监督检查中提出的问题，按照整改要求进行消项整改，并及时将整改情况上报所属油田公司建设项目组和监督单位。

（2）现场监督检查发现的问题，由所检查的监督人员自行落实整改并验证，监督单位负责抽查。

（3）建设项目组检查发现的问题，由所检查的项目管理人员自行落实整改并验证，油田公司主管部门负责抽查。

（4）油田公司主管部门、油田公司、上级部门和地方国家安全监督部门监督检查发现的问题，由建设项目组、现场监督部负责落实整改，建设项目组将问题整改情况及时汇总并上报油田公司主管部门，油田公司主管部门负责抽查并验证。

（5）问题整改回执要注明发现问题的井号、施工队号、工况、具体问题描述、问题整改结果、整改落实责任单位、责任人等。

（6）对发现井控问题未按期整改的承包商、钻井队，依照油田公司《钻井井控管理违约处罚细则》处理，必要时可根据问题严重程度给予停工；对监督、建设项目组、主管部门未严格落实问题整改验证，导致问题未整改的，依照油田公司相关管理规定追究责任。

9. 井喷事故逐级汇报制度

1）井喷事故分级标准

一级突发事故（Ⅰ级）：油（气）井发生井喷失控，并造成超标有毒有害气体逸散，或窜入地下矿产采掘坑道。油（气）发生井喷，并伴有油气爆炸、着火，严重危及现场作业人员和周边居民的生命财产安全。

二级突发事故（Ⅱ级）：含超标有毒有害气体的油（气）井发生井喷。油（气）井发生井喷失控，在 12h 内仍未建立井筒压力平衡，难以在短时间内完成事故处理。

三级突发事故（Ⅲ级）：油（气）井发生井喷，油田公司所属单位或承包商自身能在 12 小时内建立井筒压力平衡，可以在短时间内完成事故处理。

四级突发事件（Ⅳ级）：油（气）井发生溢流、井涌或有毒有害气体，油田公司所属单位或承包商自身能在12h内建立井筒压力平衡，可以在短时间内完成事故处理。

2）井喷事故报告要求

（1）发生Ⅲ级及以上井控突发事故后，钻井队最短时间内向其上级单位和油田公司项目组同时汇报，项目组接到汇报后立即向油田公司应急办公室汇报，并立即启动油田公司井喷事故应急预案。油田公司在第一时间（30min内）向集团公司总值班室电话报告，在1h内报书面汇报。油田公司应根据相关法规和当地政府规定，在第一时间内向属地政府部门报告。

（2）发生Ⅲ级以下事件时，承包商施工队伍立即启动本单位现场处置预案，并向油田公司建设单位汇报，油田公司建设单位接到报警后，立即赶赴施工现场指挥、协调处理，并立即上报油田公司钻井井喷突发事故应急领导小组办公室。

（3）发生井喷或井喷失控事故后应有专人收集资料，资料要准确。

（4）发生井喷事故后，随时保持各级通信联络畅通无阻，并有专人值班。

（5）油田公司建设项目组在每月5日前以书面形式向油田公司井控主管部门汇报上一月度井控险情情况及险情报告。汇报实行零报告制度。

（6）井喷事故发生后，事故单位以本区域井控细则内的《钻井井喷失控事故信息收集表》内容向油田公司汇报，使油田公司领导及时掌握现场抢险救援动态。井喷事故得到控制，现场事态恢复正常后，事故单位要书面向油田公司工程技术部门、安全环保部门详细汇报事故经过、事故原因及处理过程及教训。

10. 井控例会制度

（1）钻井队每周召开一次以井控安全为主的会议。进入目的层前100m开始，值班干部、司钻应在班前、班后会上布置、检查讲评本班组井控工作。

（2）社会化钻井承包商每月召开一次井控例会，检查、总结、布置井控工作。中石油、中石化钻井承包商按照集团公司要求召开井控例会，检查、总结、布置井控工作。

（3）油田公司项目组每月组织召开一次井控例会，安排、布置、总结井控工作。

（4）油田公司每半年召开一次井控例会，总结、布置井控工作。

11. 井控管理考核与奖惩制度

油田各级井控管理人员、钻井队伍在钻井作业中，认真履行井控职责，杜绝或遏制了井喷事故，给国家和企业挽回重大经济损失，避免了人员伤亡，都应受到奖励。

（1）油田公司、钻井承包商应对钻井队伍全年的井控工作进行考核。中石油、中石化钻探公司自行组织考核。社会化钻井队伍由油田公司各建设项目组进行考核，并上报油田公司主管部门审定。

（2）油田公司二级单位（项目组）一年内未发生井喷事故，由油田公司对在井控工作中做出突出成绩的处级单位、处级单位的主要领导、主管领导，主管部门主要领导、主管领导，井控专职管理人员、在井控工作中做出突出成绩的其他人员进行适当的奖励。奖励方案由油田公司井控领导小组研究，主要领导审批。钻井承包商奖励方案和奖励标准自行制定并执行。

（3）一年内未发生一起井喷事故，重大井控安全隐患及时得到治理整改，钻井承包商应对工程项目部（分公司、前线指挥部）主要领导、主管领导、井控专职管理人员、在井控工作中做出突出成绩的其他人员、基层作业队进行适当的奖励。奖励办法和奖励标准由钻井承包商自行制定并执行。

12. 井喷事故追责

长庆油田公司井喷事故行政责任追究按《中国石油天然气集团公司生产安全事故与环境事件责任人员行政处分规定》（中油监〔2012〕167 号）、长庆油田公司有关事故责任追究制度执行，钻井承包商有关事故责任追究制度按集团公司规定自行制定并执行。

（八）井控装置保养和管理

1. 井控装置及管线的防冻保温工作

（1）远程控制台及液控节流阀控制箱采用低凝抗磨液压油，防止低温凝结或稠化影响防喷器和液动阀的操作。

（2）气温低于-10℃时，要对远程控制台、司控台、液控管线及气管束采取保温措施。

（3）防喷器、防喷管线、节流、压井管汇和放喷管线等防冻保温有以下几种方法：

① 排空液体。把防喷管线、节流及压井管汇和放喷管线，从井口向两边按一定坡度进行安装，以便排除管内积液。用压缩空气将防喷管线、节流及压井管汇和放喷管线内的残留液体吹净。

② 充入防冻液体。将防喷管线、节流及压井管汇内钻井液排掉，再用防冻液、柴油充满以备防冻。

③ 远程控制台气源管线上必须装有酒精雾化装置，防止冷凝水结冻堵塞气源管线。

④ 用暖气或电热带随管汇走向缠绕进行防冻保温。

2. 井控装置的管理

（1）井控装置的管理维修由具有集团公司资质的井控车间负责。井控装置现场的安装、维护、保养由钻井队安排专人负责。钻井队工程技术员负责日常管理；钻井队钻台大班负责井控设备的拆装及日常维护；司钻负责司钻控制台的操作、检查与保养；副司钻负责远控房的操作、检查与保养；井架工负责液控箱、防喷器的维护、检查与保养；内钳工负责内防喷工具及开、关工具的保管、操作与保养；外钳工负责节流管汇、防喷管汇及放喷管线的维护、检查；井控坐岗工负责压井管汇、液位（溢流）监测报警仪的维护、检查。

（2）对所有井控装置的管理必须落实岗位责任制和交接班巡回检查制。保养和检查必须要填写记录。

（3）井控车间应设置专用配件库房和橡胶件空调库房，库房温度、湿度应满足配件及橡胶件储藏要求。同时对各类井控装置配件应分类、编号、建档，并注明生产厂家、生产日期、有效期和库存数量。

（九）井控设备的日常检查

井控设备的日常检查是安全钻井作业的重要组成部分。在开钻前或施工过程中，对井控设施及所需材料等进行日常检查，对检查情况进行详细记录并由主管领导签字验收。

1. 井控设备配套情况检查

首先依据钻井工程设计对井控设备配套进行检查。检查控制系统的型号是否能够满足作业过程中对井的控制要求，检查环形防喷器、储能器及管汇的压力情况，油箱的容量、液面、储能器的预充压力是否符合要求。检查防喷器组的情况，包括自封头、环形防喷器、半封闸板防喷器、全封闸板防喷器的规格、开关位置、测试压力（低/高）、关闭所需的油量、关闭所需的时间。对防喷器配套装置包括液控阀、放喷阀、压井管线单向阀、压井管线阀、节流管汇、放喷管汇、压井管线、旋塞阀、管柱内防喷器以及循环头等，应检查其规格、压力测试情况。

2. 主要设备及配套装置检测情况检查

防喷器设备及配套装置整体安装后，要对检测结果进行检查。检查内容包括：

（1）放喷管汇是否进行过压力测试。

（2）放喷管汇的各阀是否进行过单独试压。

（3）各阀的开关是否灵活。

（4）是否打开放喷阀对调节阀体进行过测试。

（5）对防喷器液压控制管线进行详细的检查，是否有漏失。

（6）所有备用的管线及阀是否无堵塞，并进行了试压。

（7）没用的操作阀是否关闭或断开。

（8）是否安装了手动锁紧杆和手轮。

（9）所有的操作阀是否加以标记。

检查储能器中是否储存了足够的压力和液量。通常储能器的容量应大于关闭防喷器组中全部防喷器所需液量的 1.5 倍。检查启动储能器的电泵或气泵是否工作正常，是否对储能器的充压时间做了记录，并按厂家提供的数据检查防喷器的关闭时间、储能器的充压时间。

3. 井控及辅助设备工作状况检查

对井控及其辅助设备的工作状况检查项目包括：

（1）除气器的型号及试运转是否正常。

（2）钻井液气体分离器工作情况是否正常。

（3）防喷器的控制管汇安装情况是否正常并做了标记。

（4）司钻控制管汇是否正确安装并对各功能阀位做了正确的标记。

（5）自动储能器是否安装正确。

（6）压力表是否在所需的工作范围内工作。

（7）循环罐液面仪的安装是否正确，工作是否正常。

（8）在立管和节流管汇上的抗震压力表是否良好。

（9）溢流报警器和刻度记录功能是否准确。

（10）环空的容积是否作了准确的记录。

（11）灌液罐的液面是否准确。

（12）起下管柱是否使用灌液罐。

（13）起下管柱的排替量是多少。

（14）气体检测仪设置是否准确。

（15）硫化氢检测仪设置是否准确。

（16）温度记录表是否准确。

4. 现场加重钻井液和加重材料的储备量情况检查

在开油气层前应按设计要求储备足够的加重钻井液和加重材料，并对储备加重钻井液定期循环处理。其检查项目主要包括：

（1）储备的加重钻井液类型、密度及储备量是否合适、足够。

（2）是否定期对储备加重钻井液循环处理。

（3）储备的加重材料类型及储备量是否合适、足够。

（4）储备的水泥类型及储备量是否合适、足够。

第十一章　电气安全技术

第一节　电气基础知识

一、相电压和线电压

三根火线中任意相线与零线之间的电压叫相电压。我国的低压供电系统中，三根相线各自与中性线之间的电压为220V。三根相线彼此之间的电压，称为线电压。在对称的三相系统中，线电压的大小是相电压的1.73倍。在我国的低压供电系统中，线电压为380V。

二、零线和中性线

零线也叫中性线，是变压器二次侧中性点引出的线路，与相线构成回路对用电设备进行供电，通常情况下，零线在变压器二次侧中性点处与地线重复接地，起到双重保护作用。零线的作用是和火线一起提供电源，就会使操作人员触电，这种意外的触电是非常危险的。为了解决这个不安全的问题，采取的主要安全措施就是对电气设备的外壳进行保护接地或保护接零。

三、安全电压

所谓安全电压，就是把可能加在人身上的电压限制在某一范围之内，使得在这种电压下，通过人体的电流不超过允许的范围。但应注意，任何情况下都不能把安全电压理解为绝对没有危险的电压。具有安全电压的设备属于机类设备。

我国确定的安全电压标准是42V、36V、24V、12V、6V。特别危险环境中使用的手持电动工具应采用42V安全电压；有电击危险环境中使用的手持式照明灯和局部照明灯应采用36V或24V安全电压；金属容器内、特别潮湿处等特别危险环境中使用的手持式照明灯应采用12V安全电压；在水下作业等场所工作应使用6V安全电压。

四、安全间距

安全间距是指在带电体与地面之间、带电体与其他设施或设备之间、带电体与带电体之间保持的一定安全距离，简称间距。设置安全间距的目的是：防止人体触及或接近带电体造成触电事故；防止车辆或其他物体碰撞或过分接近带电体造成事故；防止电气短路事故、过电压放电和火灾事故。便于操作，安全间距的大小取决于电压高低、设备类型、安装方式等因素。

（一）线路间距

架空线路导线与地面或水面的距离不应低于表 11-1 所列的数值。架空线路应避免跨越建筑物。架空线路不应跨越屋顶为可燃材料的建筑物。架空线路必须跨越建筑物时，应与有关部门协商并取得有关部门的同意。架空线路建筑物的距离不应小于表 11-2 所列的数值。架空线路导线与街道或厂区树木的距离不应低于表 11-3 所列的数值。

表 11-1 导线与地面或水面的最小距离 单位：m

线路经过地区	线路电压，kV		
	1 以下	10	35
居民区	6	6.5	7
非居民区	5	5.5	6
交通困难地区	4	4.5	5
不能通航或浮运的河、湖冬季水面（或冰面）	5	5	5.4
不能通航或浮运的河、湖最高水面（50 年一遇的洪水水面）	3	3	3

表 11-2 导线与建筑物的最小距离 单位：m

线路电压，kV	1 以下	10	35
水平距离	1	1.5	3
垂直距离	2.5	3	4

表 11-3 导线与树木的最小距离 单位：m

线路电压，kV	1 以下	10	35
水平距离	1	2	—
垂直距离	1	1.5	3

架空线路也应与有爆炸危险的厂房或有火灾危险的厂房保持必要的防火间距。架空线路与铁道、道路、索道及其他架空线路之间的距离应符合有关规定。

（二）设备间距

配电装置的布置应考虑到设备搬运、检修、操作和试验的方便性。为了工作人员安全，配电装置以外需要保持必要的安全通道。如在配电室内，低压配电装置正面通道宽度，单列布置时应不小于 1.5m。室内变压器与四壁应留有适当的距离。

（三）检修间距

检修间距是指在维护检修中人体及所带工具与带电体之间必须保持的足够的安全距离。在低压工作中，人体及所携带的工具与带电体距离应不小于 0.1m。

起重机械在架空线路附近进行作业时，要注意其与线路导线之间应保持足够的安全距离，可参考表 11-4。

表 11-4 起重机械与线路导线的最小距离 单位：m

电压，kV	1 以下	10	35
距离	1.5	2	4

五、接零与接地

在施工现场，使用的电气设备很多。为了防止触电，通常可采用绝缘、隔离等技术措施以保障用电安全，但工人在作业过程中经常接触的是电气设备不带电的外壳或与其连接的金属体。这样当设备万一发生漏电故障时，平时不带电的外壳就带电，并与大地之间存在电压，就会使操作人员触电，造成伤害。为了解决这个不安全的问题，采取的主要安全措施就是对电气设备的外壳进行保护接地或保护接零。

（一）保护接零

将电气设备在正常情况下不带电的金属外壳与变压器中性点引出的工作零线或保护零线相连接，这种方式称为保护接零。保护接零的应用范围，主要是用于三相四线制中性点直接接地供电系统中的电气设备。在工厂里也就是用于 380V/220V 的低压设备上。

（二）保护接地

保护接地是指将电气设备平时不带电的金属外壳用专门设置的接地装置实行良好的金属性连接。保护接地的作用是当设备金属外壳意外带电时，将其对地电压限制在规定的安全范围内，消除或减小触电的危险。保护接地最常用于低压不接地配电网中的电气设备。

（三）重复接地

在中性点直接接地的低压配电系统中，为确保保护接零方式的安全可靠，防止零线断线所造成的危害，系统中除了工作接地外，还必须在整个零线的其他部位再进行必要的接地，这种接地称为重复接地。

六、加强绝缘

加强绝缘就是采用双重绝缘或另加总体绝缘，即保护绝缘体以防止通常绝缘损坏后的触电。

七、安全载流量

导体的安全载流量，是指允许持续通过导体内部的电流量。持续通过导体的电流如果超过安全载流量，导体的发热将超过允许值，导致绝缘损坏，甚至引起漏电和发生火灾。因此，根据导体的安全载流量确定导体截面和选择设备是十分重要的。

第二节　井场用电基础知识

一、供电系统

根据现行的国家标准 GB 50054—2011《低压配电设计规范》的定义，将低压配电系统分为 3 种，即 TN、TT、IT 3 种形式。其中，第一个大写字母 T 表示电源变压器中性点直接接地；I 则表示电源变压器中性点不接地（或通过高阻抗接地）。第二个大写字母 T 表示电气设备的外壳直接接地，但和电网的接地系统没有联系；N 表示电气设备的外壳与系统的接地中性线相连。

TN 系统：电源变压器中性点接地，设备外露部分与中性线相连。

TT 系统：电源变压器中性点接地，电气设备外壳采用保护接地。

IT 系统：电源变压器中性点不接地（或通过高阻抗接地），而电气设备外壳采用保护接地。

（一）TN 系统

电力系统的电源变压器的中性点接地，根据电气设备外露导电部分与系统连接的不同方式又可分 3 类：TN-C 系统、TN-S 系统、TN-C-S 系统。下面分别进行介绍。

1. TN-C 系统

TN-C 系统中，电源变压器中性点接地，保护零线（PE）与工作零线（N）共用。它是利用中性点接地系统的中性线（零线）作为故障电流的回流导线，当电气设备相线碰壳，故障电流经零线回到中点，由于短路电流大，因此可采用过电流保护器切断电源。TN-C 系统一般采用零序电流保护。

TN-C 系统适用于三相负荷基本平衡场合，如果三相负荷不平衡，则 PEN 线中有不平衡电流，再加一些负荷设备引起的谐波电流也会注入 PEN，从而中性线 N 带电，且极有可能高于 50V，它不但使设备机壳带电，对人身造成不安全，而且还无法取得稳定的基准电位。TN-C 系统应将 PEN 线重复接地，其作用是当接零的设备发生相与外壳接触时，可以有效地降低零线对地电压。

由上可知，TN-C 系统存在以下缺陷：

（1）当三相负载不平衡时，在零线上出现不平衡电流，零线对地呈现电压。当三相负载严重不平衡时，触及零线可能导致触电事故。

（2）通过漏电保护开关的零线，只能作为工作零线，不能作为电气设备的保护零线，这是由漏电开关的工作原理所决定的。

（3）对接有二极漏电保护开关的单相用电设备，如用于 TN-C 系统中其金属外壳的保护零线，严禁与该电路的工作零线相连接，也不允许接在漏电保护开关前面的 PEN 线上，但在使用中极易发生误接。

（4）重复接地装置的连接线，严禁与通过漏电开关的工作零线相连接。

TN-S 供电系统，将工作零线与保护零线完全分开，从而克服了 TN-C 供电系统的缺陷，所以现在施工现场已经不再使用 TN-C 系统。

2. TN-S 系统

TN-S 系统中，整个系统的中性线（N）与保护线（PE）是分开的，且：

（1）当电气设备相线碰壳，直接短路，可采用过电流保护器切断电源。

（2）当 N 线断开，如三相负荷不平衡，中性点电位升高，但外壳无电位，PE 线也无电位。

（3）TN-S 系统 PE 线首末端应做重复接地，以减少 PE 线断线造成的危险。

（4）TN-S 系统适用于工业企业、大型民用建筑。目前单独使用一个变压器供电的或变配电所距施工现场较近的工地基本上都采用了 TN-S 系统，与逐级漏电保护相配合，确实起到了保障施工用电安全的作用，但 TN-S 系统必须注意 3 个问题：

（1）保护零线绝对不允许断开。否则在接零设备发生带电部分碰壳或是漏电时，就构不成单相回路，电源就不会自动切断，就会产生两个后果：一是使接零设备失去安全保护；二是使后面的其他完好的接零设备外壳带电，引起大范围的电气设备外壳带电，造成可怕的触电威胁。因此在 JGJ 46—2005《施工现场临时用电安全技术规范（附条文说明）》规定，专用保护线必须在首末端做重复接地。

（2）同一用电系统中的电气设备绝对不允许部分接地部分接零。否则当保护接地的设备发生漏电时，会使中性点接地线电位升高，造成所有采用保护接零的设备外壳带电。

（3）保护接零 PE 线的材料及连接要求：保护零线的截面应不小于工作零线的截面，并使用黄/绿双色线；与电气设备连接的保护零线应为截面不少于 2.5mm^2 的绝缘多股铜线；保护零线与电气设备连接应采用铜鼻子等可靠连接，不得采用铰接；电气设备接线柱应镀锌或涂防腐油脂，保护零线在配电箱中应通过端子板连接，在其他地方不得有接头出现。

3. TN-C-S 系统

TN-C-S 系统由两个接地系统组成，第一部分是 TN-C 系统，第二部分是 TN-S 系统，其分界面在 N 线与 PE 线的连接点：

（1）当电气设备发生单相碰壳，直接短路，同 TN-S 系统；

（2）当 N 线断开，故障同 TN-S 系统；

（3）TN-C-S 系统中 PEN 线应重复接地，而 N 线不宜重复接地。

PE 线连接的设备外壳在正常运行时始终不会带电，所以 TN-C-S 系统提高了操作人员及设备的安全性。施工现场一般当变台距现场较远或没有施工专用变压器时采取 TN-C-S 系统。

（二）TT 供电系统

电源中性点直接接地，电气设备的外露导电部分用 PE 线接到接地极（此接地极与中性点接地没有电气联系）。

在采用此系统保护时，当一个设备发生漏电故障，设备金属外壳所带的故障电压较大，而电流较小，不利于保护开关的动作，对人和设备有危害。为消除 T 系统的缺陷，提高用电安全保障可靠性，根据并联电阻原理，特提出完善 TT 系统的技术革新。技术革新内容是：用不小于工作零线截面的绿/黄双色线（简称 PT 线），并联总配电箱、分配电箱、主要机械设备下埋设的 4~5 组接地电阻的保护接地线为保护地线，用绿/黄双色线连接电气设备金属外壳。它有以下优点：

（1）单相接地的故障点对地电压较低，故障电流较大，使漏电保护器迅速动作切断电源，有利于防止触电事故发生。

（2）PT 线不与中性线相连接，线路架设分明、直观，不会有接错线的事故隐患；几个施工单位同时施工的大工地可以分片、分单位设置 PT 线，有利于安全用电管理和节约导线用量。

（3）不用每台电气设备下埋设重复接地线，可以节约埋设接地线费用开支，也有利于提高接地线质量并保证接地电阻小于等于 10Ω，用电安全保护更可靠。

TT 系统在国外被广泛应用，在国内仅限于局部对接地要求高的电子设备场合，目前在施工现场一般不采用此系统。但如果是公用变压器，而有其他使用者使用的是 TT 系统，则施工现场也应采用此系统。

（三）IT 系统

电力系统的带电部分与大地间无直接连接（或经电阻接地），而受电设备的外露导电部分则通过保护线直接接地。这种系统主要用于 10kV 及 35kV 的高压系统和矿山、井下的某些低压供电系统，不适合在施工现场应用，故在此不再分析。

建设部新颁发的 JGJ 59—2011《建筑施工安全检查标准》规定：施工现场专用的中性点直接接地的电力系统中必须采用 TN-S 接零保护系统。因此，TN-S 接零保护系统在施工现场中得到了广泛的应用，但如果 PE 线发生断裂或与电气设备未做好电气连接，重复接地阻值达不到安全的要求，也同样会发生触电事故，为了提高 TN-S 接零保护系统的安全性，在此提出等电位联结概念。所谓等电位联结，是将电气设备外露可导电部分与系统外可导电部分（如混凝土中的主筋、各种金属管道等）通过保护零线（PE 线）作实质上的电气连接，使二者的电位趋于相等。应注意差异，即等电位连接线正常时无电流通过，只传递电位，故障时才有电流通过。

等电位联结的作用是：总等电位联结能降低预期接触电压；总等电位联结能消除装置外沿 PE 线传导故障电压带来的电击危险。因此，施工现场也应逐步推广该技术。当然，无论采取何种接地形式都绝不是万无一失绝对安全的。施工现场临时用电必须严格按 JGJ 46—2005《施工现场临时用电安全技术规范（附图文说明)》规范要求进行系统的设置和漏电保护器的使用，严格履行施工用电设计、验收制度，规范管理，才能杜绝事故的发生。

二、防雷

(一) 雷电基础知识

1. 雷电的形成

空中的尘埃、云滴、冰晶等物质在云层中翻滚运动的时候，经过一些复杂过程，使这些物质分别带上了正电荷与负电荷。一部分带电荷的云层对另一部分带异种电荷的云层，或者是带电的云层对大地之间迅猛的放电，这种放电过程产生强烈的闪光并伴随有巨大的声音，这就是"雷"（即闪电）。

2. 雷电的活动规律

（1）随机性：雷电发生的地点、时间、强度都是随机的，不能准确预报。因此一般按统计规律去研究雷击。

（2）季节性：夏天最活跃，冬季最少。

（3）地区性：一般来说，赤道附近最活跃，随纬度高减少，两极最少。评价一个地区的雷电活动强弱一般使用两个方法：雷电日（也称"雷暴日"）——以该地区一年中平均有多少天能听见雷鸣表示，因为有一次以上都统计为一个雷电日，这种统计比较粗略；雷闪频数——在该地区 $1km^2$ 范围内平均一年总共发生雷闪击的次数（有时也按 $1000km^2$ 范围统计）

（4）选择性：在土壤电阻率分布不均匀的地区，雷击经常击在土壤电阻率特别小的地方，例如：有金属矿藏的地方、河岸、地下水出口处、山坡与稻田接壤的地上和具有不同电阻率土壤的交界地段。湖泊、沼泽、低洼地区和地下水位高的地方也容易遭雷击。

另外，地面的设施也是影响雷击选择的重要因素，例如高耸突出的建筑物（如高的铁塔，易遭雷击）；空旷原野中的建筑物（包括亭子、草棚之类）；排烟的烟囱（因烟中含导电的微粒或游离分子）易遭雷；金属结构的建筑物、内部有大型金属体的厂房，或内部经常潮湿房屋等。

3. 雷电的防护

（1）直击雷的防护：防直击雷的外部装置包括接闪器（避雷针、避雷带、避雷线、避雷网）、引下线、接地装置，另外也包括屏蔽措施，通过这些装置迅速地把雷电流泄放放入地。

（2）电涌的防护：为保护设备安全和抑制各种雷电感应引起的浪涌过电压，必须采取系统有效的保护措施，即在电源线信号线上加装浪涌抑制器。

（3）等电位连接：为防护雷电流引起电磁感应和地电位反击的破坏作用，所有允许连接的设备金属外壳，接地的金属管线和导体间应进行等电位连接，是防雷电引起的电磁感应、地电位反击的重要措施。从实质上讲电涌保护也是一种瞬间的等电位连接，是用 SPD 器件把不能连续与地连接的通电导体（电源线、信号线）与地连接起来。

（4）屏蔽：用于防护雷电引起的电磁脉冲辐射的破坏作用。

（5）防闪络措施：对于不能采取等电位连接和使用电涌保护器防护时，通过保持距离抑制雷电引起的地点位反击和电磁感应等的破坏作用。

（二）石油井场雷电防护的基本原则

（1）井场内主要金属构件应具有可靠防雷接地通道，确保雷电能量的泄放与转换。

（2）石油井场主要金属构件及电气设备外壳应通过总等电位联结实现工频接地、防静电接地和防雷接地，重复接地体接地电阻不大于 4Ω。

（3）安装防雷器（主要指外部浪涌防雷器，主要针对感应雷防护）或浪涌抑制保护器（主要指内部及外部浪涌抑制器，主要针对部分感应雷、操作过电压和部分高次谐波防护）时，应满足防爆和钻机频繁搬迁的要求。

（4）防爆区及其上方区域，应尽量避免金属构件小间隙之间雷击产生火花放电。

三、静电防护

静电会聚集在金属设备、管道、容器上形成高电位，静电本身电量虽然不大，但因其电压很高而容易放电，静电放电的火花会引起燃烧或爆炸，造成人身和财产的损失。在石油化工场所，大多数装置中的介质具有易燃易爆的特点，引燃这些物质所需的引燃能量极低。当储存、运输过程中跑、冒、滴、漏现象发生或发生事故时，易燃易爆气体、液体蒸气、悬浮粉尘或纤维与空气形成可燃体系，而此时遇到物料、装置、构筑物以及人体所产生的微弱静电火花就可能导致火灾或爆炸，对安全生产构成严重威胁。若静电火花伴随人体行走而波及生产区域，就会形成一种流动性大、隐蔽性强、难控制的危险点火源。

因此，静电对安全生产、产品产量和质量、设备稳定运行及环境保护等方面都会带来极大危害，不可忽视。

（一）静电的产生

静电产生的主要原因是：两个物体相互紧密接触时，在接触面产生电子转移，而分离时造成两物体各自正、负电荷过剩，由此形成了静电带电。

（二）静电放电的危害

静电放电有着高电压，放电瞬时大电流，并伴有电磁辐射等特点，静电放电可引起种种灾害。

（1）造成干扰。静电放电能引起计算机、自动控制等电子设备的故障和误动作，造成安全事故。

（2）绝缘击穿引起短路。静电电压高易引起空气或介质绝缘击穿。

（3）引起人体电击和诱发二次事故。由于人体电击刺激带来的精神紧张，往往会造成手脚动作失常，被机器设备碰伤或从高处坠落，造成静电危害的二次事故（表 11-5）。

（4）火灾爆炸危险场所的点火源。静电火花等放电，其放电能量可直接点燃最小点火能较低的气体、液体、粉体、固体，成为安全事故的点火源。

表 11-5　人体对静电电击的敏感程度

人体电位，kV	电击程度	备注
1.0	完全无感觉	
2.0	手指外侧有感觉，但不疼	发出微弱放电声
2.5	有针触的感觉，有哆嗦感，但不疼	
3.0	有被针刺的感觉，微疼	
4.0	有被针深刺的感觉，手指微疼	见到放电的微光
5.0	从手掌到前腕感到疼	指尖延伸出微光
6.0	手指感到剧疼，后腕感到沉重	
7.0	手指和手掌感到剧疼，稍有麻木感觉	
8.0	从手掌到前腕有麻木的感觉	
9.0	手腕子感到剧疼，手感到麻木沉重	
10.0	整个手感到疼，有电流过的感觉	
11.0	手指剧麻，整个手感到被强烈电击	
12.0	整个手感到被强烈打击	

（三）静电的防护

（1）改善工艺操作条件，在生产、储运过程中应尽量避免大量产生静电荷；

（2）防止静电积聚，设法提供静电荷消散通道，保证足够的消散时间，泄漏和导走静电荷；

（3）选择适用于不同环境的静电消除器械，对带电体上积聚着的静电荷进行中和及消散；

（4）屏蔽或分隔屏蔽带静电的物体，同时屏蔽体应可靠接地；

（5）在设计工艺装置和制作设备时，应尽量避免具有高能量静电放电的条件，如在容器内避免出现细长的导电性突出物和未接地的孤立导体等；

（6）改善带电体周围环境条件，控制气体中可燃物的浓度，使其保持在爆炸极限以外；

（7）防止人体带电。

四、防爆

（一）危险场所区域划分

按场所中存在物质的物态的不同，将危险场所划分为爆炸性气体环境和可燃性粉尘环境。

按场所中危险物质存在时间的长短，将两类不同物态下的危险场所划分为三个区：对爆炸性气体环境，分为0区、1区和2区（表11-6）；对可燃性粉尘环境，分为20区、21区和22区。针对爆炸性气体环境，GB 3836.14—2014《爆炸性环境 第14部分：场所分类 爆炸性气体环境》中规定：

0区：爆炸性气体环境连续出现或长时间存在的场所。

1区：在正常运行时，可能出现爆炸性气体环境的场所。

2区：在正常运行时，不可能出现爆炸性气体环境，如果出现也是偶尔发生并且仅是短时间存在的场所。

在此，"正常运行"是指正常的开车、运转、停车，易燃物质产品的装卸、密闭容器盖的开闭，安全阀、排放阀以及所有工厂设备都在其设计参数范围内工作的状态。

表11-6 有爆炸性气体危险物所划分

危险物质	长期存在 （大于1000h/年）	正常运行时存在 （10~1000h/年）	仅在不正常时存在 （少于10h/年）
气体	0区	1区	2区

（二）防爆标志解析

防爆电气设备的防爆标志内容为"防爆型式+设备类别+气体组别+温度组别"。例如，NTAR-3000的防爆标志为ExdⅡBT5。

1.防爆型式

防爆型式及其标志见表11-7。可见，NTAR-3000属于隔爆型防爆型式。

表11-7 防爆型式及其标志

防爆型式	防爆型式标志	防爆型式	防爆型式标志
隔爆型	Exd	充砂型	Exq
增安型	Exe	浇封型	Exm
正压型	Exp	n型	Exn
本安型	Exia/Exib	特殊型	Exs
油浸型	Exo	粉尘防爆型	DIPA/DIPB

2.设备类别

爆炸性气体环境用电气设备分为：

（1）Ⅰ类：煤矿井下用电气设备；

（2）Ⅱ类：工厂用电气设备。

Ⅱ类隔爆型"d"和本质安全型"i"电气设备又分为ⅡA、ⅡB和ⅡC 3类。NTAR-3000属于Ⅱ类电气设备，可以使用在除煤矿以外的其他爆炸性气体环境。

3.气体组别

爆炸性气体混合物的传爆能力，标志着其爆炸危险程度的高低，爆炸性混合物的传爆能力越大，其危险性越高。爆炸性混合物的传爆能力可用最大试验安全间隙表示。同时，爆炸性气体、液体蒸汽、薄雾被点燃的难易程度也标志着其爆炸危险程度的高低，用最小点燃电流比表示。Ⅱ类隔爆型电气设备或本质安全型电气设备，按其适用于爆炸性气体混合物的最大试验安全间隙或最小点燃电流比，进一步分为ⅡA、ⅡB和ⅡC类（表11-8）。

表11-8　气体组别分类标准

气体组别	最大试验安全间隙(MESG)，mm	最小点燃电流比（MICR）
Ⅱ A	MESG≥0.9	MICR>0.8
Ⅱ B	0.9>MESG>0.5	0.8≥MICR≥0.45
Ⅱ C	0.5≥MESG	0.45>MICR

NTAR-3000可以使用于具有ⅡB类爆炸性气体环境，也可以用于ⅡA的环境。

4.温度组别

爆炸性气体混合物的引燃温度是能被点燃的温度极限值。电气设备按其最高表面温度分为T1~T6组，使得对应的T1~T6组的电气设备的最高表面温度不能超过对应的温度组别的允许值。温度组别、设备表面温度和可燃性气体或蒸汽的点燃温度之间的关系见表11-9。

表11-9　温度组别、设备最高表面温度和点燃温度的关系

温度级别（IEC/EN/GB 3836）	设备的最高表面温度，℃	可燃性物质的点燃温度 T，℃
$T1$	450	$T>450$
T2	300	$450≥T>300$
T3	200	$300≥T>200$
T4	135	$200≥T>135$
T5	100	$135≥T>100$
T6	85	$100≥T>8$

表11-9是与气体点燃温度有关的电气设备（假定环境温度为40℃时）的最高表面温度，点燃能量与点燃温度无关。NTAR-3000属于T5温度组别。

（三）名词解释

隔爆型电气设备（d）：把能点燃爆炸性混合物的部件封闭在一个外壳内，该外壳能承受内部爆炸性混合物的爆炸压力并阻止和周围的爆炸性混合物传爆的电气设备。

增安型电气设备（e）：正常运行条件下，不会产生点燃爆炸性混合物的火花或危险温度，并在结构上采取措施，提高其安全程度，以避免在正常和规定过载条件下出现点燃现象的电气设备。

本质安全型电气设备（i）：在正常运行或在标准试验条件下所产生的火花或热效应均不能点燃爆炸性混合物的电气设备。

（四）防爆监控设备

防爆监控设备主要有：防爆云台、防爆防护罩、防爆软管、防爆配电箱、防爆接线箱、防爆红外灯等。这些防爆监控设备成功应用于石油监控场所、煤炭监控场所、厂区监控场所、化学、药品监控场所等防爆监控场所。

第三节 电气系统安装技术

一、井场布局及安全距离

（1）井场设备布局应考虑风频、风向，井架大门宜朝向盛行的季节风来向，应在井架绷绳、钻台、井架、井场入口处、消防器材室等处设置风向标。

（2）油气井井口距离高压线及其他永久性设施应不小于 75m，距民宅应不小于 100m，距铁路、高速公路应不小于 200m，距学校、医院和大型油库等人口密集性、高危性场所应不小于 500m。

（3）生活区与井口距离不小于 100m，值班房、发电房、库房、化验室等井场工作房、油罐区距离井口不小于 30m，发电房与油管区间距不小于 20m。

（4）井控装置的远程控制台应安装在井架大门侧前方、距井口不少于 25m 的专用活动房内，并在周围保持 2m 以上的行人通道。

（5）距井口 30m 以内的电气系统中，所有电气设备（如电机、开关、照明灯具、仪器仪表、电器线路以及接插件、各种电动工具等）应符合防爆要求。

（6）在油罐区、消防房及井场明显处，设置防火安全标志。

二、电气系统安装具体要求

（一）发电房安装

（1）发电房应用耐火等级不低于四级的材料建造，内外清洁无油污；

（2）发电机组固定可靠，运转平稳，仪表齐全、灵敏、准确，工作正常；

（3）发电机外壳应接地，接地电阻应不大于 4Ω；

（4）发电房柴油机排气管出口不能对着油罐区。

（二）值班房安装

（1）单项负载三相不平衡度不超过 10%；

（2）安装一只带漏电保护装置的明装开关箱，控制值班室照明、临时用电设备；

（3）值班室内从配电屏到房檐的进线应装保护胶管，并安装滴水弯管。

（三）井场线路的敷设

（1）井场主电路宜采用 YCW 型防油橡套电缆，照明电路宜采用 YZ 型电缆。

（2）井场内严禁架设裸线，高压线与井口距离不少于 80m。

（3）钻台、机房、净化系统、井控装置的电器设备、照明灯具应分设开关控制，远程控制台、探照灯应设专线。

（4）井架照明电路宜采用 YZ2×2.5mm^2，钻台和井架二层平台以上应分路供电，分支照明电路宜采用 YZ2×1.5mm^2 电缆敷设，电缆与井架摩擦处应有防磨措施。

（5）井场用房照明主回路宜采用"YZ$4\times6+1\times2.5$mm^2"电缆，进房分支电路宜采用

YZ2×2.5mm^2 电缆，电缆入室过墙处应设防水弯头，室内过墙应穿绝缘管。

（四）井场照明灯具安装

（1）机房、泵房、钻井液循环罐上的照明灯具应高于工作面 1.8m 以上，其他部位灯具安装应高于地面 2.5m 以上。

（2）井控系统照明、场地探照灯、电磁刹车电源应从配电室控制屏处设置专线。

（3）井架、钻台、机泵房的照明线路因各接一组电源，探照灯电路应单独安装。

（4）所有灯具应安装牢固，灯具防爆插头应做防水处理。

（5）井架及钻台防爆灯数量不少于 20 只。

（6）机泵房灯具安装不少于 10 只，每台泥浆泵上方都应安装 1 只照明灯。

（五）循环系统的安装

（1）动力及照明应穿槽、穿钢管及穿防爆挠性管敷设。

（2）所有开关的安装位置，必须保证操作者能看到被操作设备的运转情况。

（六）油水罐区的安装

（1）油水罐区应采用电缆敷设供电。

（2）供电电源使用橡套线或橡套电缆。

（3）油罐安放在井架高度保护区以内的，安装防雷防静电接地电阻不大于 30Ω，保护区以外的，防雷防静电接地电阻不大于 10Ω。

（七）生活区的安装

（1）宿舍区采用 TN-S 系统供电。

（2）整个宿舍区应安装总等电位连接电缆，然后通过多处接地体接地，其接地电阻不大于 10Ω。

（3）每栋金属结构的活动房必须安装进户漏电保护装置。

（4）金属结构活动房的进户线，应加绝缘护套管，并做好防水措施。进户线长度超过 20m 时，必须在进户点加设电杆，严禁将导线与构筑物直接捆扎。

（5）在宿舍区电源总闸、各分闸后和每栋野营房应分别安装漏电保护设备。

（6）移动照明灯应采用安全电压工作灯。

（八）其他安装要求

（1）井场必须使用铁质配电箱，箱内配自动空气断路器，箱内的进出线全部在配电箱下方。

（2）配电柜金属构架应接地，接地电阻不宜超过 10Ω；配电柜前地面应设置绝缘胶垫，面积不小于 1m^2。

（3）电动机外壳接地电阻不宜大于 4Ω，运转部位护罩完好，露天使用电动机要有防雨水措施。

（4）电焊机使用前接好地线，电焊线完整。

（5）氧气瓶、乙炔气瓶应分库存放在专用支架上，阴凉通风，不应曝晒。氧气瓶上不应有油污。

（6）使用氧气瓶、乙炔气瓶时，两瓶相距应大于 5m，距明火处大于 10m，乙炔气瓶应直立使用，应加装回火保护装置，氧气瓶应有安全帽和防振圈。

（7）井场内需临时用电的电气设备，必须经漏电保护装置控制供电。

（8）供水排污线路架设应采用 TN-S 供电系统，即通过三相、零线和保护导线供电，供水泵及操作点处应安装照明灯。

（9）凡安装在室外的各型开关，必须安装在开关箱内，箱内所有进出线，应设置在开关箱下方。

（10）控制开关的保险丝，不能用铁、铝丝代替。

（11）供、配电线路及设备绝缘值不小于 0.5MΩ。

（12）井场生活区的行人路口、道路、厕所等处，应设置路灯，并安装开关控制。

三、接地接零安全技术要求

（一）保护接地（IT 系统）

如图 11-1 所示，电力系统不接地，用电设备外壳通过接地体与大地接通，当设备相碰壳时，由于保护接地电阻 R_b 与人体电阻 R_r 并联，且 $R_b \ll R_r$，根据 $U_d = 3UR_b / |3R_r + Z|$，因为 $R_r \ll Z$，故设备对地电压大大降低，只要控制 R_b 足够小，就可将漏电设备对地电压限制在安全范围之内。

（二）TT 系统

如图 11-2 所示，电力系统接地，用电设备外壳通过接地体与大地接通。必须配合使用漏电保护装置或过电流保护装置，并优先使用前者。

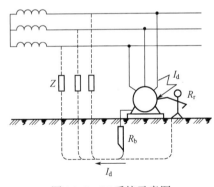

图 11-1　IT 系统示意图

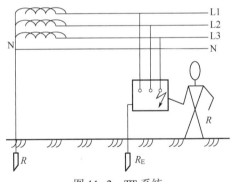

图 11-2　TT 系统

（三）保护接零（TN 系统）

如图 11-3 所示，电力系统接地，中性线重复接地，设备外壳导电部分与系统零线相连接，在熔断器 FU 的配合下，当设备漏电时，该相与零线短路，巨大的短路电流可使熔断器迅速动作，从而切断故障部分电源。

1. TN-C 系统

如图 11-4 所示，在三相四线制系统中，电力系统接地，PE 线与 N 线合并使用，电气设备外壳与 PEN 线连接。该系统可用于爆炸、火灾危险性较大或安全要求高的场所，宜用于独立附设变电站的车间。也适用于科研院所、计算机中心、通信局站等。

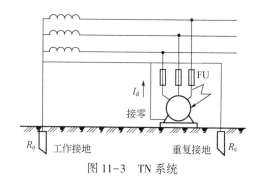

图 11-3 TN 系统

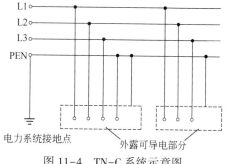

图 11-4 TN-C 系统示意图

2. TN-S 系统

如图 11-5 所示，三相五线制系统中，电力系统接地，PE 线与 N 线分设，设备外壳与 PE 线连接。该系统宜用于厂内设有总变电站，厂内低压配电场的场所及民用楼房。

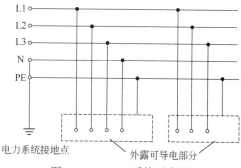

图 11-5 TN-S 系统示意图

3. TN-C-S 系统

如图 11-6 所示，三项四线制中，电力系统接地，在电路局部从零线上分出一根 PE 线，电气设备外壳与 PE 线或零线相连接。可用于爆炸、火灾危险性不大，用电设备较少、用电线路简单且安全条件较好的场所。

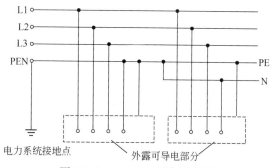

图 11-6 TN-C-S 系统示意图

（四）石油天然气井场电气系统接地

石油天然气井场 220/380V 电网的系统接地型式为 TN-C-S 或 TN-S 型，TN-S 系统适用于新制钻机，TN-C-S 系统适用于在用钻机。不同钻机和井下作业井场系统接地型式为：

（1）机械钻机和转盘电驱动钻机的系统接地型式如图 11-7 和图 11-8 所示。

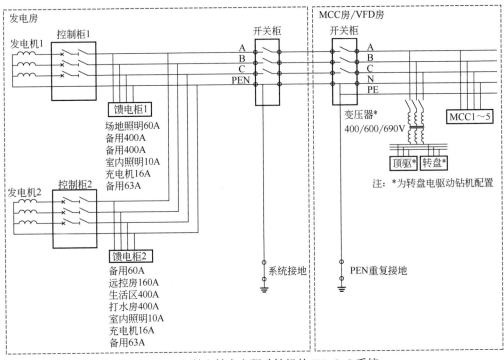

图 11-7　机械和转盘电驱动钻机的 TN-C-S 系统

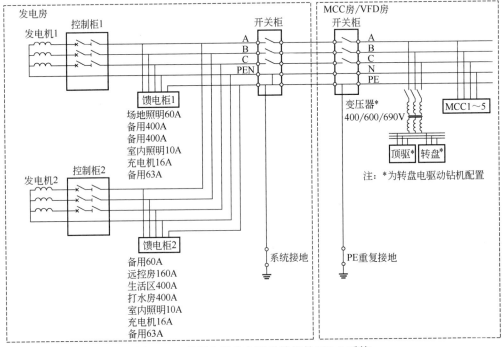

图 11-8　机械和转盘电驱动钻机的 TN-S 系统

（2）电驱动钻机系统接地型式如图 11-9 至图 11-12 所示。

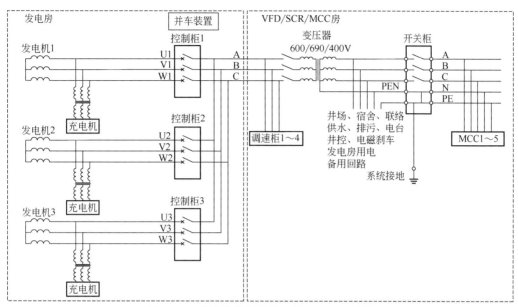

图 11-9　发电房带并车装置的 TN-C-S 系统

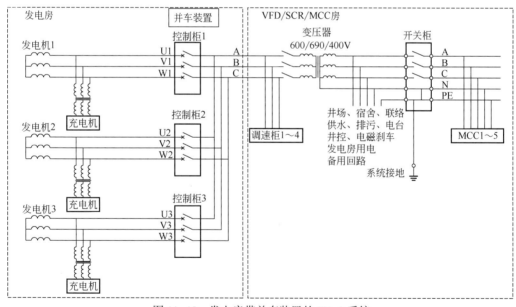

图 11-10　发电房带并车装置的 TN-S 系统

（3）井下作业井场系统接地型式。井下作业井场专用的电力线路应采用 TN-S 接零保护系统，电气设备的金属外壳应与专用保护零线连接，专用保护零线应由工作接地线、配电室的零线或第一级漏电保护器电源侧的零线引出。

（五）系统接地安全技术要求

（1）当动力或照明回路发生"相碰壳"或"相碰保护导体"故障时，所配置的保护电器应能自动切断发生故障部分的供电，且持续存在的预期接触电压不大于 50V。

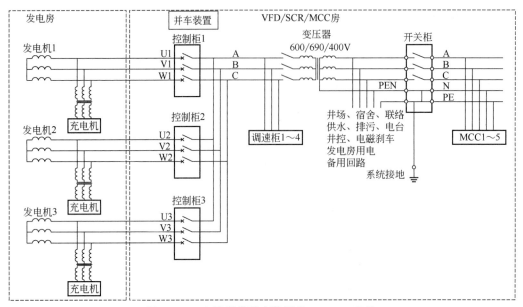

图 11-11　电控房带并车装置的 TN-C-S 系统

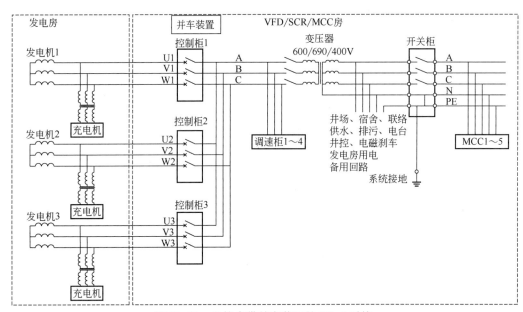

图 11-12　电控房带并车装置的 TN-S 系统

（2）在与系统接地型式有关的某些情况下，不论接触电压大小，切断时间允许放宽到不超过 5s。

（3）电气装置的"壳"（即外露可导电部分），都应通过保护导体 PE 或保护中性导体 PEN 与接地极相连接，以保证故障回路的形成。

（4）凡可被人体同时触及的"壳"（即外露可导电部分），应连接到同一接地系统。

（5）系统中应尽量实施总等电位连接。

（6）不得在保护导体 PE 回路中装设保护电器和开关，但允许设置只有工具才能断开的连接点。保护导体 PE 材料只能采用铜芯或铝芯导体。电气装置的"壳"（即外露可导电部分）不得用作保护导体的串联过渡点。

（7）保护导体 PE 必须有足够的截面，其截面可以用下述方法之一确定：

① 截面必须不小于表 11-10 中所列的相应值。

表 11-10　导线截面要求　　　　　　　　　　　　　　　单位：mm²

电气装置中相导体的截面 S	相应保护导体 PE 的最小截面
$S \leqslant 16$	S
$16 < S \leqslant 35$	16
$S > 35$	$S/2$

注：按表选取的截面若不是标称值，则应采用最接近它的又比它大的截面标称值。
表中所列的数值只在保护导体的材质与相导体的材质相同时才有效。若材质不同，则所选取的截面积的导体的电导应与按表所选取的截面积的导体的电导相同。

② 单根保护导体的截面在有机械保护时不得小于 2.5mm²，没有机械保护时不得小于 4mm²。注：包含在供电电缆中的保护导体以及电缆外护物作保护导体的可以不受上述限制。

（8）连接保护导体 PE 或保护中性导体 PEN 时，必须保证良好的电气连续性。遇有铜导体与铝导体相连接和铝导体与铝导体相连接时，更应采取有效措施（如使用专用连接器）防止发生接触不良等故障。

（9）系统中所装设的断路器的特性和回路的阻抗应满足下式的条件，以保证在电气装置内的任何地方发生相导体与保护导体（或外露可导电部分）之间的阻抗可以忽略不计的故障时，保护电器能在规定的时间内切断其供电：

$$Z_S I_a \leqslant U_0$$

式中　　Z_S——故障回路的阻抗，Ω；

　　　　I_a——保证断路器在规定时间内自动动作切断供电的电流，A；

　　　　U_0——对地标称电压，V。

式中与 I_a 有关的切断供电时间系指：

① 对于通过插座供电的末端回路，或不用插座而直接向 I 类手持式设备（或运行时需用手移动的设备）供电的末端回路为不超过 0.4s；

② 对于配电回路，或只给固定设备供电的末端回路，为不超过 5s。

系统主要由过电流保护电器（即断路器）提供电击防护。如使用过电流保护电器不能满足要求时，则应采用辅助等电位联结措施，也可增设漏电保护器或采取其他间接防护措施来满足要求。

四、等电位联结技术要求

（一）井场总等电位联结

（1）井场内凡涉及设备运行及用电安全的金属构件，采用总等电位联结母线进行联结。

（2）总等电位联结母线统一为完整的截面积为 25mm² 的铜芯导体或 35mm² 的铝芯导体。

（3）总等电位联结母线总长小于等于 100m。

（4）与金属构件的联结应可靠，应减小导线上的分布电感值。

（5）井场发电房、VFD 房、MCC 房、顶驱房、泥浆循环罐、电缆槽、井架底座、生活区营房及设备金属构件等各处应焊固专用连接螺栓，通过等电位联结母线组成井场或生活区总等电位联结系统。

（6）发电房、VFD 房、顶驱房、MCC 房、综合录井房、地质房、队长室及会议室等需要预防直击雷损害的重要金属构件，应在房体对角处同时与总等电位联结母线进行两处联结。

（7）营房内应安装局部等电位联结端子，将室内主要电气设备和人体能同时触及的外露可导电部分、PE 以及装置外的可导电部分互连。

（8）井场等电位连接电阻需要进行每月测试，其阻值应达到标准。

（9）等电位联结母线应在井场后场、VFD 房、顶驱房、录井房处重复接地，工频接地阻值应不大于 4Ω。

（二）综合录井房总等电位联结

（1）综合录井房房体应设置对角两处接地螺栓，同时通过引下线与接地体连接，接地体接地电阻应不大于 4Ω。

（2）房内仪器设备、电器设备的保护接地与金属构件应与房内局部等电位联结端子可靠连接。

（3）综合录井房至钻台底座右前端处通过 35mm^2 铝芯导线连接。

（4）房内总等电位联结端子与房体接地螺栓可靠连接，其连接电阻应小于 0.03Ω

（5）房内保护接地应与录井房可靠连接。

第四节　电气设备防火技术

一、电气线路防火措施

（1）电缆敷设应避免与其他管线交叉，且远离易燃易爆物及其他热源：

① 井场架空线路不得跨越油罐、柴油机排气管和放喷管线出口。

② 井场架空线路距离井架绷绳的距离不小于 2m，距油罐的水平距离不小于 3m，与柴油机排气管出口距离不小于 10m，距放喷管线出口的水平距离不小于 10m。

③ 机房、钻井液循环罐照明电路应采用耐油橡套电缆敷设，应有电缆槽或电缆穿线管。专用接线箱或防爆接插件要有防水措施。

（2）导线绝缘层不得破损、腐蚀，中间接头采用铰接、缠绕法连接、压接。连接管连接时，连接处接触应牢固、可靠，绝缘强度和接触电阻与同截面导线的强度和电阻一致。导线接线端子与导线绝缘层的空隙处，应采用绝缘带包缠严密。

（3）地面敷设电气线路应使用电缆槽集中排放，且工作电缆、备用电缆、动力及控制电缆宜分开，并进行防火分隔。

（4）井场电路架空高度不低于 3m，不得用铝线、单股铁丝做拉线。所有架空线的截面积不得小于 10mm^2，接户线的截面积不小于 4mm^2。

（5）金属结构的活动房，进户线应采用绝缘线穿管防护，进户钢管应设防水弯头，以防止雨水倒流造成短路或漏电引起火灾。

二、电动机防火措施

（1）电动机的选型应与其用途及工作环境相匹配。

（2）电动机应具备短路保护、失电压保护、过载保护、断相运行保护等防护功能。

（3）电动机运行中的防火要求：

① 长期没有运行的电动机，在启动前应测量绝缘电阻和空载电流。

② 电动机在冷状态下连续启动不应超过 3 次，热状态下连续启动不应超过 2 次。

③ 合闸后，如电动机不转，应立即拉闸，切断电源，检查排除故障。

④ 对运转中的电动机应加强监视，注意声响、温升和电流、电压变化情况。

⑤ 电动机停止运行，应切断动力电路总开关和电动机专用控制开关。

⑥ 运行中应检查电动机接线端子的接触情况。

三、照明装置的防火措施

（1）在火灾和爆炸危险场所安装使用的照明灯开关、灯座、接线盒、插头、按钮以及照明配电箱，应满足防爆要求。

（2）各种照明灯具安装前，应对灯座、挂线盒、开关等零件进行检查，发现松动、损坏的要及时修复。

（3）开关应安装在相线上，螺口灯座的螺口必须接在零线上。开关、插座、灯座外壳均应完好无损，带电部分不得裸露在外。

（4）功率在 150W 以上的开启式和 100W 以上的其他类型灯具，不准使用橡胶灯座，而必须采用瓷质灯座。

（5）各零件必须符合电压、电流等级要求，不得过电压、过电流使用。

（6）重量在 1kg 以上的灯具应使用金属链吊装，或采用铸铁底座和焊接钢管固定。重量超过 3kg 时应固定在预埋的吊钩或螺栓上。

（7）灯具的灯头线不得有接头，接地或接零的灯具金属外壳应有接地螺栓与接地网连接。

（8）各式灯具与可燃物、可燃结构面之间距离不应小于 50cm，周围应做好防火隔热处理。

（9）严禁用纸、布或其他可燃物遮挡灯具。

（10）灯泡距地面不应低于 2m，下方不得堆放可燃物品。

（11）室外使用的灯具，均应保持外壳完好，以防水滴溅射到高温灯泡、灯管上，引起炸裂。

（12）镇流器安装应注意通风散热，不准将镇流器直接固定在可燃顶棚、吊顶或墙壁上，应用隔热的不燃材料进行隔离。

四、控制开关的防火措施

（1）开关应设在开关箱里，开关箱内不得存放任何物品。

（2）开关箱应安装在干燥的地点

（3）在火灾爆炸危险区域，应采用隔爆型、防爆充油型防爆开关。

（4）在中性点接地的系统中，单级开关必须接在相线上。

（5）断路器不应安装在易燃、受振、潮湿、高温、多尘的场所，应安装在干燥、明亮，便于维修和施工的地方，并应配备电柜（箱）。

（6）刀熔开关的额定电流应在线路计算电流的 2.5 倍以上。安装时，应选择干燥、明亮处，并配备专用配电箱。

（7）刀熔开关的电源接在静触点上，使用过程中应定期检查各开关刀口与导线及刀触点处是否接触良好，开关胶盒、瓷底座、手柄等处有无损坏。

（8）操作刀熔开关不可面对开关，动作要迅速，确保动触头和静触头结合紧密。

（9）负荷开关（铁壳开关）外壳必须接地，且不能长期过载使用。如果发现机械联锁装置、外盖、插入式熔断器损坏，应及时维修或更换。

（10）接触器在使用过程中，要定期检查，保持触头良好接触、灭弧装置正常工作，发现故障及时排除。

（11）电气控制系统中，应根据实际情况选择合适规格的电压继电器、电流继电器、中间继电器、热继电器、时间继电器、温度继电器，继电器应安装在干燥的环境中，使用中要定期检查维修。

五、电源插座的防火措施

（1）使用前应选择与电器容量相符的插座。

（2）插座附近不能有可燃物品，应用覆盖物盖上插座以免落入粉尘等异物。

（3）在有爆炸危险的场所应安装防爆插座。

（4）插座应安装在干燥的环境中，在潮湿环境安装插座必须采取防潮措施。

（5）定期检查，发现插头、插座损坏时应及时修理更换。

六、配电箱的防火措施

（1）配电箱应安装在干燥、明亮、不易受潮、便于操作和维修的室内。

（2）配电箱不应安装在室外、浴室、厕所和经常锁门的房间内，用于仓库的配电箱应安装在库外。

（3）配电箱要保持清洁，专人管理。箱内外不准堆放任何杂物，附近不可堆放可燃物品。

（4）在爆炸危险场所应采用防爆配电箱，火灾危险场所应用金属制品配电箱，可燃粉尘或纤维场所的配电箱箱体和门应有封闭措施。

第五节　电气设备防爆技术

距井口 30m 以内电气设备应满足防爆要求，钻机防爆电气设备应具有防爆合格证，防爆电气产品或铭牌上应有红色的 Ex 标志，产品铭牌上还应有防爆类型、温度组别、气体组别、外壳防护等级和防爆合格证编号。

一、司控房电气设备

（1）房内电气柜（台）、顶驱普通操作台和 HMI（人机界面）操作台等采取正压防爆型式，并引入洁净和安全的气源。

（2）房内电控触摸屏、顶驱触摸屏、钻井参数显示屏、工业电视监视屏等应为本安防爆。

（3）房内电子防碰显示设备、录井终端及其他电气设备应为防爆型。

（4）房内照明灯具、开关、空调等均为防爆型，并采用电缆穿管敷设。

（5）司钻房各种外部电源防爆接插件选用无火花防爆型接插件。

（6）房内电气设备外壳应统一接到司钻房局部等位联结端子上，再统一与井场总等电位联结母线连接。

二、绞车和转盘电动机

（1）电动机位于 API 一级 1 类以外及 API 一级 2 类以内区域时，其风机应为防爆型，且风机进气口应位于 API 一级 2 类以外区域。

（2）电动机整体采用正压防爆型式或达到正压防爆效果，电动机外壳防护等级为 IP44。气源应为安全洁净的空气。

三、综合录井房

综合录井房布置在距井口 25m 以内时，应使用正压型防爆综合录井房。

四、压风机房/发电房

（1）照明应采用防爆灯具，穿管敷设电缆。

（2）电线敷设应满足防爆要求，一般不允许有中间接头。如果使用中因电缆损坏，需要中间接头，应对中间接头进行环氧树脂密封和热缩管保护处理。

（3）照明控制应采用防爆照明开关。

（4）发电房应距井口 30m 以上。

五、VFD/MCC 房

（1）出线柜快速接插件应采用防爆型。

（2）现场总线连接应采用防爆接插件。

六、井场照明防爆荧光灯具

（1）防爆型式为复合防爆，即灯具增安壳内行程开关、电子镇流器及灯管均为防爆型电子元件。

（2）增安型防爆灯具布置在 API 一级 2 类区域或不分类区域。

（3）隔爆型防爆灯具布置在 API 一级 1 类、2 类和不分类区域。

（4）增安型灯具的气体组别不低于ⅡC，温度组别不低于 T5。

（5）隔爆型灯具的气体组别不低于ⅡB，温度组别不低于 T4。

七、井场投光灯具

（1）防爆型式为隔爆或增安。

（2）气体组别不低于ⅡB，温度组别不低于T4。

八、井场防爆盒、箱

（1）用于接线用的平盖防爆分线盒应采用隔爆型，用于穿线用的平盖穿线盒可采用增安型或隔爆型。

（2）防爆区域内用于防爆型防雷器的防爆盒，应为隔爆型，其气体组别不低于ⅡB，温度组别不低于T4。

（3）防爆箱的防爆型式应满足相应防爆区域的防爆要求：

① API一级1类区域应采用隔爆型或本安型防爆箱。

② API一级2类区域可选用隔爆型、增安型（复合）、正压型等防爆箱，正压型防爆箱应引入洁净安全的气源。

九、储油罐

储油罐应在距离井口30m以上，距发电房20m以上的安全位置。

第六节　电气设备防雷技术

一、电气设备防雷安装技术要求

（1）井场应敷设总等电位联结母线，采取25mm²铜芯电缆或35mm²铝芯电缆，其总长度不大于150m，总等电位联结电阻值不大于0.03Ω。

（2）钻机天车、井架、二层台、钻台、底座、防喷器、节流管汇、套管与总等电位联结之间应有可靠的电气通道，各处等电位联结电阻值不大于0.2Ω。

（3）电控房/MMC房/顶驱房应有统一的保护接地，接地电阻应不大于4Ω，并通过房体对角处两处接地螺栓与井场总等电位联结电缆可靠连接。

（4）电控房/MCC房/顶驱房内所有电器设备保护接地及金属构件应统一接到接地母排上，形成房内区域或局部等电位连接。

（5）发电房动力电缆应通过屏蔽敷设措施进入电控房/MCC房/顶驱房，电控系统主要通过完善屏蔽、区域和局部等电位连接实现防雷保护，必要时可装设浪涌抑制保护器。

（6）电控信号传感器可在进出线柜处采取防雷措施。

（7）MCC房总柜内应配备电力避雷器。

（8）电控房/顶驱房外接的编码器电缆应具有可靠的接地，必要时可加装金属编织软管进行屏蔽并接地。

（9）司钻房钻井参数仪现场传感器、防爆箱内进线端子处可安装防爆信号防雷器，其防雷接地通过金属构件与总等电位联结母线电缆连接，其等电位电阻应小于0.03Ω。

（10）钻井参数仪主机的保护接地应与司控房保护接地可靠连接。

（11）综合录井房房体应设置对角两处接地螺栓，通过录井总等电位联结电线与钻机底座连接，同时通过引下线与接地体连接，接地体接地电阻应不大于 4Ω。

（12）综合录井房内仪器、电器设备的保护接地与金属构件应与房内局部等电位联结端子可靠连接。房内总等电位联结端子与房体接地螺栓可靠连接，其连接电阻应小于 0.03Ω。

（13）综合录井房内应安装两级保护的并联式三相交流电源防雷箱，末级采用防雷插座，三级保护能量配合及电压分配应合理，各级保护电压及额定通流量应合理，确保各级保护有效。

（14）综合录井房内录井终端应装设视频防雷器，其接地极应与房内局部等电位联结端子可靠连接。

（15）综合录井房信号电缆应采取穿管屏蔽措施，信号采集接口应安装信号防雷器。

（16）现场录井信号采集，包括钻台部分、泥浆罐和泵房等处，可采用本安、隔爆型、增安型防雷器，其接地极应与金属构件可靠连接，与就近的总等电位联结电缆电阻不大于 0.03Ω：

① 采用本安防爆措施时，应采用规定的安全栅、本安电缆及本安防雷器，同时，采用本安防雷器的电气设备应通过增安或隔爆壳体进行电气连接。

② 采用隔爆措施时，可在防爆壳体内安装防雷器，安装后其防雷接地与就近的总等电位联结电缆的电阻值应小于 0.03Ω。

③ 采用增安防爆壳体时，应采取复合防爆结构，即在壳内安装本安或隔爆的器件。

（17）生活区可分段敷设总等电位联结电缆，其总长不大于100m，并于多处重复接地，其接地电阻值应不大于 10Ω。分散的井场生活区应有保护接地的重复接地。

（18）队长/会议室房体应有对角两处接地螺栓，并接地可靠连接。房内应安装局部等电位联结端子，并与房体金属构件连接。

（19）电视机可装设电视防雷器，其防雷接地极应单独敷设接地。

（20）电脑、打印机、电视机、空调等电器设备的保护接地应与房内局部等电位联结端子可靠连接，其连接电阻应小于 0.03Ω。无线设备可装设天馈防雷器，其防雷接地与房体局部等电位连接端子连接，其连接电阻应小于 0.2Ω。

（21）视频监视系统的云台控制、摄像头控制、视频传输及其电源应采用屏蔽电缆，电源端应可靠接地。

（22）二层台摄像头及云台应布置在井架内侧，二层台摄像头及云台电缆应敷设在笼梯内。

（23）值班室内 H_2S 探测器、现场 H_2S 探头、H_2S 服务器端应可靠接地，应装设防雷器。

（24）每个发电房馈电柜内应安装电力防雷器，发电房体应布置对角两处接地螺栓，用于总等电位联结。发电房内应进行局部等电位联结。

二、电气防雷设施维护与管理

（1）施工单位应进行防雷技术培训，防雷装置的安装、测试、检查与日常维护应由熟悉雷电防护技术的专职或兼职人员负责。

（2）防雷装置投入使用后，应建立管理制度，对防雷装置安装技术资料、测试记录等，均应及时归档，妥善保管。

（3）每年雷雨季节到来之前，应对电气设备防雷装置进行一次全面检测。

（4）每次雷击之后，在雷电活动强烈的地区，对防雷装置应随时进行目测检查。

（5）当发生雷击事故后，应及时向有关部门报告，协同有关部门人员调查分析原因和雷电损失，提出改进保护措施。

第七节　静电安全防护技术

石油及天然气井筒施工作业现场，容易产生静电，引发火灾、爆炸、电击和电气设备故障的环节，主要涉及各类油品（柴油、机油、汽油、原油等）、液化石油天然气等易燃易爆品的拉运、储存和使用过程，以及可能产生粉尘的作业场所。静电防护主要从环境危险程度控制、工艺过程控制、接地和屏蔽等方面综合考虑。

一、环境危险程度的控制

（1）取代易燃介质。例如：利用清水或水基清洗剂代替汽油、煤油、柴油作洗涤剂。

（2）降低爆炸性混合物浓度。例如：在爆炸和火灾危险环境中，采用通风、抽气装置及时排出爆炸性混合物。

（3）减少氧化剂含量。例如：充氮、二氧化碳或其他不活泼气体。

二、工艺过程控制

工艺控制是从工艺上采取适当的措施，限制和避免静电的产生和积累。其具体要求为：

（1）在存在摩擦而且容易产生静电的场合，工作人员不应穿着丝绸、人造纤维或其他高绝缘衣料，生产设备宜于配备与生产物料相同的材料。

（2）限制摩擦速度或流速。例如，烃类燃油在管道内流动时，流速与管径应满足 $V^2D \leqslant 0.64$，V 为流速，单位 m/s；D 为管径，单位 m。油罐装油时，注油管出口应尽可能接近油罐底部，最初流速应限制在 1m/s 左右，待注油管出口被浸没以后，流速可增加至 4.5~6m/s。

（3）增强静电消散过程。为了防止静电放电，在液体灌装、循环或搅拌过程中不得进行取样、检测或测温操作。进行上述操作前，应使液体静置一定的时间，使静电得到足够的消散或松弛。

（4）消除附加静电。为了减轻从油罐顶部注油时的冲击，减少注油时产生的静电，应使注油管头（鹤管头）接近罐底；为了防止搅动罐底积水或污物产生附加静电，装油前应将罐底的积水和污物清除掉；为了降低罐内油面电位，过滤器不应离注油管口太近。

三、接地和屏蔽

（一）接地

为管道、储罐、过滤器、机械设备、加油站等能产生静电的设备设置良好的静电接地，可以保证产生的静电能迅速导入地下。装设接地装置时应注意，接地装置与冒出液体蒸汽的地点要保持一定距离，接地电阻不应大于 10Ω。接地要求为：

（1）加工、储存、运输各种易燃液体、易燃气体和粉体的设备都必须接地。如果袋形过滤器由纺织品或类似物品制成，建议用金属丝穿缝并予以接地；如果管道由不导电材料制成，应在管外或管内绕以金属丝，并将金属丝接地。

（2）可能产生静电的管道两端和每隔 200~300m 处均应接地。平行管道相距 10cm 以内时，每隔 20m 应用连接线互相连接起来。管道与管道或管道与其他金属物件交叉或接近，其间距离小于 10cm 时，也应互相连接起来。

（3）注油漏斗、浮动罐顶、工作站台、磅秤和金属检尺等辅助设备均应接地。油壶或油桶装油时，应与注油设备跨接起来，并予以接地。

（4）槽车在装油之前，应与储油设备跨接并接地；装、卸完毕先拆除油管，后拆除跨接线和接地线。

（5）可能产生和积累静电的固体和粉体作业中，各种辊轴、磨、筛、混合器等工艺设备均应接地。

（二）屏蔽

将带电体用间接的金属导体加以屏蔽，可防止静电荷向人体放电造成击伤。

（1）为防止设备与设备之间、设备与管道之间、管道与容器之间产生电位差，在其连接处，特别是在静电放电可引起燃烧的部位，用金属导体连接在一起，以消除电位差，达到安全的目的。

（2）对非导体管道，应在其连接处的内部或外部的表面缠绕金属寻线，以消除部件之间的电位差。

四、增大空气相对湿度

在有易燃易爆蒸汽存在的场所，通过向空气中喷射水雾的方法增大空气相对湿度，增强空气的导电性，防止和减少静电的产生和积累。一般从相对湿度上升到 70% 左右起，静电会很快减少。

五、人体静电消除

在易燃易爆危险性较高的场所，工作人员应先以触摸接地金属器件等方法导除人体所带静电后再进入。同时，还要避免穿化纤衣物及导电性能低的胶底鞋，以预防人体产生的静电在易燃易爆场所引发火灾，以及当人体接近另一高压带电体造成电击伤害。

六、防静电安全管理

（1）在防静电安全管理上，首先对操作人员加强防静电安全教育，实行人体静电安全接地。

（2）加强防静电环境管理，包括油罐周围的湿度、温度、可燃气体浓度，应定点、定时检测。

（3）一般来说，夏季油罐内可燃气体爆炸的可能性高于冬季。

（4）未盛满的油罐，其空间被挥发气和空气充满，易达到可燃的浓度。

（5）使用静电消除器，可消除电荷之间的放电。

第八节　井场用电常见隐患

根据区域分布对钻井作业现场的电气危害因素进行梳理和归类，见表11-11。

表11-11　电气安全危害因素辨识清单

序号	危害分布	危害因素
1	井电布置	高压线跨越井场、驻地，或与设备安全距离不足
2		发电房距离井口小于30m，距离油罐小于20m
3		架空电缆未使用钢丝绳支撑
4		井场输电线路跨越油罐、柴油机排气管、放喷管线出口
5	发电房、气源房	发电房未使用木质地板，或金属地板未铺设绝缘胶皮
6		发电房室内外杂物、油污未及时清理
7		发电房室内使用非防爆灯具、控制开关
8		发电机外壳未接地或接地电阻大于4Ω
9		发电机外壳未与井场总等电位连接电缆连接
10		防爆分线盒电缆引入装置未装压帽
11		照明灯具、开关外壳破损，电缆引入松动
12		除充电机外，未经电控房直接从发电房取电
13		控制开关壳体破损，或者接线头处无护盖
14		控制柜未与井场总等电位连接电缆连接
15		发电机漏油
16	VFD（MCC）房	室内温度、气味异常
17		地板绝缘垫破损
18		控制柜开关标识缺失
19		总电位连接电缆未有效连接
20		出线柜电缆插头松动或发热
21		MCC房总柜内未配置电力避雷器
22		井控房、电磁刹车和场地照明等用电设备，未在电控房内MCC总开关前端分设控制开关，单独取电
23	输电电缆	电缆绝缘老化、破损（裸露）
24		电缆接头裸露或绝缘失效
25		防爆区域电缆存在中间接头，或未做绝缘处理
26		电缆从电气设备接线盒外部割断连接
27		电缆选型、规格与电气设备参数不匹配
28		临时用电电路未经过漏电保护器控制供电

续表

序号	危害分布	危害因素
29	防爆照明灯具	开关、镇流器不防爆
30		防爆面密封失效
31		壳体破损，密封失效
32		电缆入口密封失效
33		电缆绝缘失效（中间接头或裸露）
34	振动筛控制箱	电缆引入方式错误（未使用金属穿管式）
35	磁力启动器	隔爆腔盖螺栓未上齐，密封失效
36		接线腔电缆引入两根电缆，密封失效
37	防爆按钮开关	电缆引入装置压帽未压紧
38	防爆电动机	隔爆接线盒盖螺栓不齐，防爆失效
39		隔爆接触面严重锈蚀
40		接线盒隔爆面锈蚀严重
41		电缆引入未使用防爆挠性管或挠性管损坏
42	泥浆罐隔爆箱	防爆插座未使用时未盖上防爆盖
43		电缆引入装置密封处密封失效
44		未引入电缆时未将垫圈换成盲板
45		箱体、箱盖锈蚀，防爆性能降低或失效
46		防爆插头与电缆固定不可靠
47	远控房磁力启动器接线盒及开关	单个电缆引入装置引入多根电缆
48		电缆外径与引入装置密封圈内径不一致
49		电缆引入装置压帽未压紧
50		备用电缆引入装置未安装盲板、堵柱
51		备用电缆引入装置塑料压帽未更换为金属压帽
52	油罐、机泵房	单个电缆引入装置引入多根电缆
53		防爆白炽灯无电缆引入装置
54		电缆中间接头未采取绝缘、防潮措施
55		磁力启动器压帽未压紧
56		电缆外径与电缆引入装置密封圈不匹配
57		水泵电动机电缆采取穿管式，电缆绝缘护套损坏
58		未采取防雷接地的储油罐，防静电接地少于 2 处，或接地电阻大于 100Ω
59	水罐	水泵、控制箱、控制开关无防水措施
60		电缆裸露或中间接头未做防水处理
61	钻台及底座	电缆存在中间接头，或未做绝缘处理
62		使用非防爆电动机、照明灯、控制柜及控制开关
63		电气设备电缆引入装置密封失效
64	钻台液压泵站配电箱	使用非防爆电气控制箱
65		控制箱电缆引入装置密封失效

序号	危害分布	危害因素
66	电磁刹车	直流冷风机使用非防爆电动机
67		防爆电动机接线盒密封失效
68		防爆电动机电缆引入装置密封失效
69		使用非防爆信号灯
70		防爆灯电缆引入装置密封失效
71		防爆灯灯罩密封失效
72	钻井参数仪	钻井参数采集箱使用非防爆插接件
73		变送器电缆采用了中间接头未进行防爆处理
74		二层台工业监控电视电缆敷设在井架笼梯外侧
75	综合录井仪	接头箱上插件不防爆
76	数码防碰装置	数字化高度仪面板不防爆，或铭牌上标识不全
77	井场等电位连接	接地线桩埋入地下，不便检测
78		等电位接线桩设置在安全通道处
79		MCC 房多根等电位电缆接在一个接地螺栓上
80		电气设备等电位连接未接通
81		在 PE 回路上安装保护电器或开关
82		发电房、VFD 房、MCC 房、顶驱房、综合录井房、会议室等需要预防直击雷损害的重要金属构建，未在房体对角线处同时与总等电位连接母线进行两处连接
83		等电位连接母线未在井场后场、VFD 房、顶驱房录井房处重复接地，或者接地电阻大于 4Ω
84	电动工具	电焊机接线柱、极板、接线端防护罩缺失、破损
85		电焊钳手柄绝缘失效
86		电焊机机壳未接地（接零），或接线桩松动
87		电焊机接地线中间有电缆接头
88		电焊面罩破损或未正确使用
89		电焊机空载自动断电保护装置失效或未安装
90		焊接电缆表皮破损
91		使用金属构件、管道等代替焊接电缆使用
92		电动工具外壳破损或接地不良
93		电动工具控制开关破损
94		剥线钳、电工刀等手工具柄部绝缘破损
95		多台电动工具使用一个控制开关
96	生活驻地及野营房	驻地未设置配电箱，或配电箱外壳无防水、防尘、防腐措施
97		野营房未与生活营地等电位电缆连接
98		营房未正确安装进户漏电保护开关
99		入户电缆航空插头松动，或压盖未旋紧

续表

序号	危害分布	危害因素
100	生活驻地及野营房	未使用的航空插头母端未旋紧压盖
101		开关、插线板、插座等壳体破损
102		电气接线头裸露
103		电脑、打印机等办公电脑未连接到防雷插座上
104		入户电缆未采取穿管保护
105		使用铁、铜、铝丝代替控制开关的保险丝

第十二章　机械安全技术

第一节　机械行业安全概要

机械是机器与机构的总称，是由若干相互联系的零部件按一定规律装配起来、能够完成一定功能的装置。

机械行业的主要产品包括农业机械、重型矿山机械、工程机械、石油化工通用机械、电工机械、机床、汽车、仪器仪表、基础机械、包装机械、环保机械及其他机械。

非机械行业的主要产品包括铁道机械、建筑机械、纺织机械、轻工机械、船舶机械等。

一、机械伤害类型及预防对策

（一）伤害类型

在机械行业，存在以下主要危险和危害因素：

（1）物体打击：物体在重力或其他外力的作用下产生运动，打击人体而造成人身伤亡事故，不包括主体机械设备、车辆、起重机械、坍塌等引发的物体打击。

（2）车辆伤害：企业机动车辆在行驶中引起的人体坠落和物体倒塌、飞落、挤压等伤亡事故，不包括起重提升、牵引车辆和车辆停驶时发生的事故。

（3）机械伤害：机械设备运动或静止部件、工具、加工件直接与人体接触引起的挤压、碰撞、冲击、剪切、卷入、绞绕、甩出、切割、切断、刺扎等伤害，不包括车辆、起重机械引起的伤害。

（4）起重伤害：各种起重作业（包括起重机械安装、检修、试验）中发生的挤压、坠落、物体（吊具、吊重物）打击等。

（5）触电：各种设备、设施的触电，电工作业时触电，雷击等。

（6）灼烫：火焰烧伤、高温物体烫伤、化学灼伤（酸、碱、盐、有机物引起的体内外的灼伤）、物理灼伤（光、放射性物质引起的体内外的灼伤），不包括电灼伤和火灾引起的烧伤。

（7）火灾：火灾引起的烧伤和死亡。

（8）高处坠落：在高处作业中发生坠落造成的伤害事故，不包括触电坠落事故。

（9）坍塌：物体在外力或重力作用下，超过自身的强度极限或因结构稳定性破坏而造成的事故。如挖沟时的土石塌方、脚手架坍塌、堆置物倒塌、建筑物坍塌等，不适用于矿山冒顶片帮和车辆、起重机械、爆破引起的坍塌。

（10）火药爆炸：火药、炸药及其制品在生产、加工、运输、储存中发生的爆炸事故。

（11）化学性爆炸：可燃性气体、粉尘等与空气混合形成爆炸混合物，接触引爆源发生的爆炸事故（包括气体分解、喷雾爆炸等）。

（12）物理性爆炸：锅炉爆炸、容器超压爆炸等。

（13）中毒和窒息：中毒、缺氧窒息、中毒性窒息。

（14）其他伤害：除上述以外的伤害，如摔、扭、挫、擦等伤害。

（二）预防对策

预防机械伤害包括两方面的对策。

1. 实现机械本质安全

（1）消除产生危险的原因；

（2）减少或消除接触机器的危险部件的次数；

（3）使人们难以接近机器的危险部位（或提供安全装置，使得接近这些部位不会导致伤害）；

（4）提供保护装置或者个人防护装备。

2. 保护操作者和有关人员安全

（1）通过培训，提高人们辨别危险的能力；

（2）通过对机器的重新设计，使危险部位更加醒目，或者使用警示标志；

（3）通过培训，提高避免伤害的能力；

（4）采取必要的行动增强避免伤害的自觉性。

二、通用机械安全设施的技术要求

（一）机械安全防护装置的一般要求

（1）安全防护装置应结构简单、布局合理，无锐利的边缘和突缘。

（2）安全防护装置应具有足够的可靠性，在规定的寿命期限内有足够的强度、刚度、稳定性、耐腐蚀性、抗疲劳性，以确保安全。

（3）安全防护罩装置与设备运转联锁，保证安全防护装置未起作用之前，设备不能运转；安全防护罩、屏、栏的材料及其至运转部件的距离应符合规定。

（4）光电式、感应式等安全防护装置应设置自身出现故障的报警装置。

（5）紧急停车开关应保证瞬时动作时，能终止设备的一切运动；对有惯性运动的设备，紧急停车开关应与制动器或离合器联锁，以保证迅速终止运行；紧急停车开关的形状应区别于一般开关，颜色为红色；紧急停车开关的布置应保证操作人员易于触及，且不发生危险；设备由紧急停车开关停止运动后，必须按启动顺序重新启动才能重新运转。

（二）机械设备安全防护罩的技术要求

（1）只要操作人员可能触及的传动部件，在防护罩没闭合前，传动部件就不能运转。

（2）采用固定防护罩时，操作工触及不到运转中的活动部件。

（3）防护罩与活动部件有足够的间隙，避免防护罩和活动部件之间的任何接触。

（4）防护罩应牢固地固定在设备或基础上，拆卸、调节时必须使用工具。

（5）开启式防护罩打开时或一部分失灵时，应使活动部件不能运转或运转中的部件停止运动。

（6）使用的防护罩不允许给生产场所带来新的危险。

（7）不影响操作，在正常操作或维护保养时不需拆卸防护罩。

（8）防护罩必须坚固可靠，以避免与活动部件接触造成损坏和工件飞脱造成的伤害。

（9）防护罩一般不允许脚踏和站立，必须做平台或阶梯时，应能承受 1500N 的垂直力，并采取防滑措施。

（三）机械设备安全防护网的技术要求

防护罩应尽量采用封闭结构；当现场要采用网状结构时，应满足对安全距离的规定，见表 12-1。

表 12-1　不同网眼开口尺寸的安全距离　　　　　单位：mm

防护人体通过部位	网眼开口宽度 （直径及边长或椭圆形孔短轴尺寸）	安全距离
手指尖	<6.5	≥35
手指	<12.5	≥92
手掌（不含第一掌指关节）	<20	≥135
上肢	<47	≥460
足尖	<76（罩底部与所站面间隙）	150

三、机械安全设计与安全装置

（一）本质安全

（1）采用本质安全技术：包括避免锐边、尖角和凸出部分，保证足够的安全距离，确定有关物理量的限值，使用本质安全工艺过程和动力源。

（2）限制机械应力：机械零件的机械应力不超过许用值，并保证足够的安全系数。

（3）提交材料和物质的安全性：包括材料的力学特性，材料应能适应预定的环境条件，材料应具有均匀性，应避免采用有毒的材料或物质。

（4）履行安全人机工程学原则。

（5）设计控制系统的安全原则：考虑操作模式或采用故障显示装置。

（6）防止气动和液压系统的危险：通过设计避免能量意外释放的危害。

（7）预防电气伤害。

（二）失效安全

设计者应该保证当机器发生故障时不出危险。相关装置包括操作限制开关、限制不应该发生的冲击及运动的预设制动装置、设置把手和预防下落的装置、失效安全的紧急开关等。

（三）定位安全

定位安全指把机器的部件安置到不可能触及的地点，通过定位达到安全。

（四）机器布置

机器布置时，应考虑空间、照明、管、线布置及维护时的出入安全因素。

（五）安全装置

（1）固定安全防护装置：防止操作人员接触机器危险部件的固定的安全装置。装置的有效性取决于其固定的方法和开口的尺寸，以及在其开启后距危险点有足够的距离。

（2）联锁安全装置：只有当安全装置关合时，机器才能运转；而只有当机器的危险部件停止运动时，安全装置才能开启。

（3）控制安全装置：为使机器迅速地停止运动，可以使用控制装置。

（4）自动安全装置：把暴露在危险中的人体从危险区域中移开，仅限于在低速运动的机器上采用。

（5）隔离安全装置：阻止人体的任何部分靠近危险区域的设施。

（6）可调安全装置：在无法实现对危险区域进行隔离的情况下，可以使用部分可调的安全装置。

（7）自动调节安全装置：工件的运动自动开启，操作完毕后又回到关闭的状态。

（8）跳闸安全装置：在操作到危险点之前，自动使机器停止运动或反向运动。

（9）双手控制安全装置：迫使操作者用双手来操纵控制器，仅能对操作者提供保护。

四、机械制造场所安全技术

（一）采光

对厂房一般照明的光窗设置要求为：厂房跨度大于 12m 时，单跨厂房的两边应有采光侧窗，窗宽不小于开间长度的一半；多跨厂房相连，相连各跨有天窗，跨与跨间不得有墙封死；车间通道照明灯应覆盖所有通道；覆盖长度大于 90% 的车间安全通道长度。

（二）通道

厂区干道的路面要求为：双向行驶干道宽度不小于 5m；有单向行驶标志的，主干道宽度不小于 3m；进入厂区门口，危险地段需设置限速限高、指示和警示牌。

车间安全通道宽度要求为：汽车通道>3m；电瓶车通道>1.8m；手推车和三轮车通道>1.5m；一般人行通道>1m。

（三）设备布局

（1）车间生产设备分为大、中、小型三类。最大外形尺寸长度>12m 为大型设备，6~12m 为中型设备，<6m 为小型设备。

（2）设备间距（以活动机件达到的最大范围计算），大型设备间距≥2m，中型设备间距≥1m，小型设备间距≥0.7m。

（3）设备与墙、柱距离（以活动机件达到的最大范围计算），大型设备与墙、柱的距离≥0.9m，中型设备距离≥0.8m，小型设备距离≥0.7m。

（4）高于 2m 的运输线应有牢固的防护罩（网），网格大小应能防止所输送物件坠落至地面，对低于 2m 高的运输线的起落段两侧应加设防护栏，栏高不低于 1.05m。

（四）物料堆放

（1）划分毛坯区、成品、半成品区、工位器具区及废物垃圾区；

（2）工件顺序符合操作顺序，工位器具、工具、模具、夹具存放指定的部位，安全稳妥；

（3）产品坯料等应限量存入，白班 1.5 倍班加工量，夜班 2.5 倍，但大件不超过当班定额；

（4）物料摆放不得超高，在垛底与垛高比为 1：2 的前提下，垛高不超出 2m，砂箱堆垛不超过 3.5m。

（五）地面状态

为生产而设置的深度大于 0.2m，宽度大于 0.1m 的坑、壕、池应有防护栏或盖板，夜间应有照明。

第二节　安全人机工程

安全人机工程是运用人机工程学的理论和方法研究"人—机—环境"系统，并使三者在安全的基础上达到最佳匹配，以确保系统高效、经济运行的一门综合性的科学。

一、人机系统的类型

人机系统主要分两类：一类为机械化、半机械化控制的人机系统；另一类为全自动化控制的人机系统。

在机械化、半机械化控制的人机系统中：人机共体，或机为主体，系统的动力源由机器提供，人在系统中充当生产过程的操作者与控制者，即控制器主要由人来进行操作。系统的安全性主要取决于人机功能分配的合理性、机器的本质安全性及人为失误状况。

在全自动化控制人机系统中：以机为主体，人只是监视者和管理者，只有在自动控制系统出现差错时，人才进行干预，采取相应的措施。系统的安全性主要取决于机器的本质安全性、机器的冗余系统失灵及人处于低负荷时应急反应变差等。

二、人的生理特性

（一）人体特性参数

与产品设计和操纵机器有关的人体特性参数较多，归纳起来主要有以下 4 类。

（1）静态参数：人体在静止状态下测得的形态参数，如人体身高及各部分长度尺寸等。

（2）动态参数：人体在运动状态下，人体的动作范围，主要包括肢体的活动角度和肢体所能达到的距离等，如手臂、腿脚活动时测得的参数等。

（3）生理学参数：人体各种活动和工作引起的生理变化，反映在活动和工作时负荷大小的参数，包括人体耗氧量、心跳频率、呼吸频率及人体表面积和体积等。

（4）生物力学参数：人体各部分（如手掌、前臂、上臂、躯干、大腿、小腿和脚）出力大小的参数，如握力、拉力、推力、推举力、转动惯量等。

（二）我国劳动强度分级

劳动强度指数是区分体力劳动强度等级的指标，指数大反映劳动强度大，指数小反映劳动强度小。体力劳动强度分级见表12-2。

表 12-2 体力劳动强度分级表

体力劳动强度级别	Ⅰ级	Ⅱ级	Ⅲ级	Ⅳ级
体力劳动强度指数 I	$I \leqslant 15$	$15 < I \leqslant 20$	$20 < I \leqslant 25$	$I > 25$

体力劳动强度指数 I 的计算式为:

$$I = 10TMSW$$

式中 T——劳动时间率(工作日净劳动时间与工作日总工时的比);

   M——8小时工作日能量代谢率,$kJ/(min \cdot m^2)$;

   S——性别系数,男性为1、女性为1.3;

   W——体力劳动方式系数,搬为1、抗为0.4、推/拉为0.05;

   10——计算常数。

(三)人的感觉与感觉器官

1. 视觉

(1)暗适应与明适应能力:暗适应指从光亮处进入黑暗处,完全适应时间约30min;明适应指从黑暗处进入光亮处,完全适应时间约1min。

(2)眩光:当人的视野中有极强的亮度对比时,由光源直射或光滑表面反射出的刺激或耀眼的强烈光线。眩光使眼睛不舒服,可见度下降,并引起视力明显下降。

(3)视错觉:人在观察物体时,光线不仅使神经系统产生反应,而且由于视网膜受到光线的刺激,会在横向产生扩大范围的影响,使得视觉印象与物体的实际大小、形状存在差异的现象。

(4)视觉损伤:在生产过程中,除切屑颗粒、火花、飞沫、热气流、烟雾、化学物质等有形物质会造成对眼的伤害之外,强光或有害光也会造成对眼的伤害。

(5)视觉疲劳:长期从事近距离工作和精细作业,将引起视觉疲劳;长期在劣质光照环境下工作,会引起眼睛局部疲劳和全身性疲劳。

2. 听觉

(1)听觉的绝对阈限:人的听觉系统感受到最弱声音和痛觉声音强度值,与频率和声压有关。听觉绝对阈限包括频率阈限、声压阈限和声强阈限。

(2)听觉的辨别阈限:人的听觉系统能分辨出两个声音的最小差异,与频率和强度有关。

(3)辨别声音方向和距离的能力:根据声音到达两耳的强度和时间先后之差可以判断声源方向。在自由空间,距离每增加一倍,声压级将减少6dB(A)。

3. 感觉与反应

(1)反应时间:人从机器或外界获得信息,经过大脑加工分析发出指令到运动器官开始执行动作所需的时间,即包括感觉反应时间和开始动作所用时间之和。一般条件下,反应时间约0.1~0.5s。对于复杂的选择性反应时间达1~3s,要进行复杂判断和认识的反应时间平均达3~5s。

(2)减少反应时间的途径:合理地选择感知类型,听觉反应时间最短,为0.1~0.2s,

其次是触觉和视觉；适合人的生理和心理要求，操作者技术的熟练程度直接影响反应速度，应通过训练来提高人的反应速度。

（四）疲劳

1. 疲劳的定义

疲劳分为肌肉疲劳（或称体力疲劳）和精神疲劳（或称脑力疲劳）两种。肌肉疲劳指过度紧张的肌肉局部出现酸痛现象，一般只涉及大脑皮层的局部区域。精神疲劳指与中枢神经活动有关，是一种弥散的、不愿意再做任何活动和懒惰的感觉，意味着身体迫切需要休息。

2. 疲劳产生的原因

（1）工作条件因素：劳动制度和生产组织不合理；机器设备和工具条件差；工作环境差。

（2）作业者本身因素：劳动效果不佳；劳动内容单调；劳动环境缺少安全感；劳动技能不熟练；劳动者精神状态欠佳。

（3）疲劳消除的途径：在进行显示器和控制器设计时应考虑人的生理和心理因素；通过改变操作内容、播放音乐等手段克服单调乏味的作业；改善工作环境，科学安排环境色彩、环境装饰及作业场所布局，保证合理的湿温度、充足的光照等；避免超负荷的体力或脑力劳动，合理安排作息时间，注意劳逸结合等。

三、机械的特性

（一）机械安全特性

现代机械的安全应具有系统性、防护性、友善性和整体性。

1. 系统性

现代机械的安全应建立在心理、信息、控制、可靠性、失效分析、环境学、劳动卫生、计算机等科学技术基础上，并综合与系统地运用这些科学技术。

2. 防护性

通过对机械危险的智能化设计，应使机器在整个寿命周期内发挥预定功能，包括误操作时，其机器和人身均是安全的，使人对劳动环境、劳动内容和主动地位的保障得到不断改善。

3. 友善性

机械安全设计涉及人和人所控制的机器，它在人与机器之间建立起一套满足人的生理特性、心理特性，充分发挥人的功能的、提高人机系统效率的技术安全系统，在设计中通过减少操作者的紧张和体力来提高安全性，并以此改善机器的操作性能和提高其可靠性。

4. 整体性

现代机械的安全设计必须全面、系统地对导致危险的因素进行定性、定量分析和评价，寻求整体降低风险的最优设计方案。

（二）机械故障诊断实施步骤

机械故障诊断具体可细分为 4 个基本步骤：

（1）信号检测：按诊断目的选择最能表征设备状态信号，进行全面检测，并汇集形成状态信号子集，即初始模式向量。

（2）特征提取（或称信号处理）：将初始模式向量进行维数变换、形式转换，去掉冗余信息，提取故障特征，形成待检模式。

（3）状态识别：将待检模式与样板模式（故障档案）对比，进行状态分类。

（4）诊断决策：根据判别结果采取对策。

（三）故障诊断技术

1. 振动信号的检测与分析

振动信号一般用位移、速度或加速度传感器来测量。传感器应尽量安装在诊断对象敏感点或离核心部位最近的关键点。对于低频振动，一般要从 3 个互相垂直的方向上采样；对于高频振动，通常只从 1 个方向上进行检测即可。

2. 油液分析技术

（1）光谱油液分析：利用原子吸收光谱来分析润滑油中金属的成分和含量，进而判断零件磨损程度的方法。

（2）铁谱油液分析：通过检查润滑油或液压系统的油液中所含磁性金属磨屑的成分、形态、大小及浓度来判断和预测机器系统中零件的磨损情况。

3. 温度检测及红外线监测技术

温度是工业生产中最常用、很重要的热工参数，物体表面发射的红外线与温度有关，红外线测温的原理利用红外线探测器将红外辐射转换成可识别的信号。

4. 超声探伤技术

超声探伤技术常用来检查内部结构的裂纹、搭接、夹杂物、焊接不良的焊缝、锻造裂纹、腐蚀坑以及加工不适当的塑料压层等，还可以检查管道中流体的流量、流速以及泄露等。

5. 表面缺陷探伤技术

常见材料缺陷检测方法包括磁粉探伤、渗流探伤和涡流探伤等。

（四）机械的可靠性设计及维修性设计

1. 可靠性定义及度量指标

可靠性指系统或产品在规定的条件下和规定时间内，完成规定功能的能力。可靠性度量指标包括可靠度、故障率、平均寿命、有效度、维修度。

2. 维修性设计

维修性设计是指产品设计时，设计师应从维修的观点出发，保证产品一旦出故障，能容易地发现故障，易拆、易检修、易安装，即可维修度高。维修性设计中应考虑的主要问题大致包括：

（1）可达性：检修人员接近产品故障部位进行检查、修理操作、插入工具和更换零件等维修作业的难易程度。

（2）零组部件的标准化与互换性：产品设计时应力求选用标准件，以提高互换性，因为标准化零件质量有保证，品种和规格大大减少，可以减少备件库存和资金积压，既能保证供应，又简化管理。

（3）维修人员的安全：除考虑操作人员安全外，还必须考虑维修人员的安全。

四、人机作业环境

（一）光环境

1. 光的度量

1）光通量

光通量是单位时间内通过的光量，利用光电管可测量光通量。

2）发光强度

发光强度是光源发出并包含在给定方向上单位立体角内的光通量，常用来描述点光源的发光特性。

3）亮度

亮度是发光面在指定方向的发光强度与发光面在垂直于所取方向的平面上的投影面积之比。发光面可以是直接辐射的面光源，也可以是被光照射的反射面或透射面。亮度可用亮度计直接测量。

4）照度

照度是被照面单位面积上所接受的光通量。测定工作场所的照度，可使用光电池照度计。工作场所内部空间的照度受人工照明、自然采光以及设备布置、反射系数等多方面因素的影响。一般站立工作的场所取地面上方85cm，座位工作时取40cm处进行测定。

2. 照明对作业的影响

1）照明与疲劳

合适的照明，能提高近视力和远视力。亮光下，瞳孔缩小，视网膜上成像更为清晰，视物清楚。当照明不良时，因反复努力辨认，易使视觉疲劳，工作不能持久。

2）照明与事故

事故的数量与工作环境的照明条件有密切的关系。视觉疲劳是产生事故和影响工效的主要原因。人眼在亮度对比过大或物体及其周围背景发出刺目和耀眼光线时（眩光），会因瞳孔缩小而降低视网膜上的照度，并在大脑皮层细胞间产生相互作用，使视觉模糊。

（二）色彩环境

1. 颜色的特性

1）色调

色调是颜色所具有的彼此相互区别的特性，即色彩的相貌，是物体颜色在质方面的特征。人眼能分辨出大约160种色调。

2）明度

明度指颜色的明暗程度，以此区别颜色的明暗与深浅，是物体颜色在量方面的特征。白色明度大，纯白色反射100%的光；黑色明度小，纯黑色反射0%的光。加入白色可提高明度，加入黑色可降低明度。

3）彩度

彩度指颜色的鲜明程度。波长越单一，颜色也就越纯和、越鲜艳。无白、灰、黑色混入，则呈饱和色；混入白色，则呈未饱和色；混入黑色、灰色，则呈过饱和色。

2. 色彩对人的影响

1）色彩对生理的影响

色彩的生理作用主要表现在对视觉疲劳的影响。人眼对明度和彩度的分辨力差，在选择色彩对比时，常以色调对比为主。

2）色彩对心理的影响

（1）色彩的冷暖感：红、橙、黄为暖色；蓝、绿、紫为冷色。

（2）色彩的轻重感：取决于颜色的明度，明度高的色（浅色）显得轻，而明度低的色（深色）则感觉重。

（3）色彩的尺度感：明度高的色和暖色有扩散作用，使物像轮廓给人以胀大的感觉；明度低的色和冷色有内聚作用，使物像轮廓给人以缩小的感觉。

（4）色彩的距离感：高明度和暖色系的颜色具有前进、凸出、接近的感觉，低明度和冷色系颜色有后退、凹陷、远离的感觉。一般主体色与背景色明度对比大时有进的感觉，反之则有退的感觉。

（5）色彩的软硬感：色彩的软硬感取决于色彩的明度和纯度。明色感软，暗色感硬；中等纯度的色感软；高纯度或低纯度色感硬；黑与白是坚固色，灰色是柔软色。

（6）色彩的情绪感：悦目的色彩对神经系统会产生良好的刺激，使人保持朝气蓬勃的精神状态；反之，杂乱而刺目的色彩会损伤人的健康和正常的心理情绪。

（三）微气候环境

1. 微气候要素

1）空气温度

空气温度是评价热环境的主要指标，它分为舒适温度和允许温度。舒适温度应在$(21\pm3)℃$，允许温度一般为舒适温度$\pm（3\sim5)℃$。

2）空气湿度

空气相对湿度对人体的热平衡和温热感有重大作用。一般情况下，相对湿度在30%～70%时感到舒适。

3）气流速度

气流主要是在温差形成的热压力作用下产生的。在室外的舒适温度范围内，一般气流速度为0.15m/s，可感到空气新鲜。在室内，即使温度适宜，由于空气流动速度小，也会有沉闷感。

4）热辐射

任何两种不同温度的物体之间都有热辐射存在，它不受空气影响，直至两物体的温度相平衡为止。温度、湿度、风速和热辐射对人体的影响有时可以相互代替，某一条件的变化对人体的影响，可由另一条件补偿。

2. 微气候环境的综合评价

研究微气候环境对人体的影响，不能仅考虑其中某个因素，因为人进入作业场所时，要受温度、湿度、风速和热辐射等多种因素的综合影响。

综合评价微气候环境有四种方法或指标：（1）有效温度（感觉温度）；（2）不适指数；（3）三球温度指数（WBGT）；（4）卡他度。

3. 微气候环境对人体的影响

（1）高温环境使人心率和呼吸加快，导致人的水分和盐分大量丧失。

（2）湿热环境对人体中枢神经系统具有抑制作用。

（3）低温环境下，人体皮肤血管收缩，体表温度降低，使辐射和对流散热达到最低限度。当局部温度降至组织冰点（-5℃）以下时，造成局部冻伤；长时间暴露于10℃以下，手的操作效率会显著降低。

五、人机系统

（一）人机特性比较及功能分配原则

人优于机器的能力主要有：信号检测、图像识别、灵活性、随机应变、归纳、推理、判断、创造性。机器优于人的能力主要有：对控制信号迅速做出反应，操作速度快、精确性高，输出功率大、耐久力强，重复性好，短期记忆，同一时间执行多种不同的功能，演绎推理以及能在恶劣环境下工作。

根据人机特性的比较，为了充分发挥各自的优点，人机功能合理分配的原则应该是：笨重、快速、持久、可靠性高、精度高、规律性、单调、高阶运算、操作复杂、环境条件差的工作，适合于机器来做；研究、创造、决策、指令和程序的编排，检查、维修、故障处理及应付突然事件等工作，适合于人来承担。

（二）人机系统的可靠度计算

（1）人机系统组成的串联系统的可靠度可表达为：

$$R_s = R_h R_m$$

式中　R_s——人机系统可靠度；

　　　R_h——人的操作可靠度；

　　　R_m——机器设备可靠度。

（2）人机系统的可靠度采用并联方法提高。常用方法为并行工作冗余法和后备冗余法。两人监控人机系统的可靠度可表达为：

异常情况时　　　　　$R'_{sr} = [1-(1-R_1)(1-R_2)]R_m$

正常情况时　　　　　$R''_{sr} = R_1 R_2 R_m$

式中　R_1，R_2——两人单独操作的可靠度；

　　　R_{sr}——两人监控人机系统的可靠度。

（3）多人表决的冗余人机系统可靠度可表达为：

$$R_{sd} = \left[\sum_{i-0}^{r-1} C_n^i (1-R^i) R^{(n-1)} \right] R_m$$

（4）控制器监控的冗余人机系统可靠度。设监控器的可靠度为 R_{mk}，则人机系统可靠度 R_{sk} 可表达为：

$$R_{sk} = \left[1 - (1 - R_{mk} R_h)(1 - R_h) \right] R_m$$

（5）自动控制冗余人机系统的可靠度。设自动控制系统的可靠度为 R_{mz}，则人机系统可靠度 R_{sz} 可表达为：

$$R_{sz} = \left[1 - (1 - R_{mz} R_h)(1 - R_{mz}) \right] R_m$$

（三）人机系统可靠性设计原则

（1）系统的整体可靠性原则：从人机系统的整体可靠性出发，合理确定人与机器的功能分配，从而设计出经济可靠的人机系统。

（2）高可靠性组成单元要素原则：系统要采用经过检验的、高可靠性单元要素来进行设计。

（3）具有安全系数的设计原则：设计的可靠性和有关参数应具有一定的安全系数。

（4）高可靠性方式原则：为提高可靠性，宜采用冗余设计、故障安全装置、自动保险装置等高可靠度结构组合方式。

（5）标准化原则：为减少故障环节，应尽可能简化结构，尽可能采用标准化结构和方式。

（6）高维修度原则：为便于检修故障，且在发生故障时易于快速修复，同时为考虑经济性和备用方便，应采用零件标准化、部件通用化、设备系列化的产品。

（7）事先进行试验和进行评价的原则：对于缺乏实践考验和实用经验的材料和方法，必须事先进行试验和科学评价，然后再根据其可靠性和安全性而选用。

（8）预测和预防的原则：要事先对系统及其组成要素的可靠性和安全性进行预测；对已发现的问题加以必要的改善，对易于发生故障或事故的薄弱环节和部位也要事先制定预防措施和应变措施。

（9）人机工程学原则：从正确处理人—机—环境的合理关系出发，采用人类易于使用并且差错较少的方式。

（10）技术经济性原则：必须考虑系统的质量因素和输出功能指标，其中还包括技术功能和经济成本。

（11）审查原则：对设计进行可靠性审查和其他专业审查，也就是要重申和贯彻各专业、各行业提出的评价指标。

（12）整理准备资料和交流信息原则：为便于设计工作者进行分析、设计和评价，应充分收集和整理设计者所需要的数据和各种资料，以有效地利用已有的实际经验。

（13）信息反馈原则：应对实际使用的经验进行分析之后，将分析结果反馈给有关部门。

（14）设立相应的组织机构：为实现高可靠性和高安全性的目的，应建立相应的组织机构，以便有力推进综合管理和技术开发。

第三节 砂轮机安全技术要求

砂轮机是机械工厂最常用的机器设备之一，每个工种都有可能用到。砂轮质脆易碎、转速高、使用频繁，极易伤人。

一、砂轮机安装

（一）安装位置

砂轮机禁止安装在正对着附近设备及操作人员或经常有人过往的地方。较大的车间应设置专用的砂轮机房。如果因厂房地形的限制不能设置专用的砂轮机房，则应在砂轮机正面装设不低于 1.8m 高度的防护挡板，并且挡板要求牢固有效。

（二）砂轮的平衡

砂轮不平衡造成的危害主要表现在两个方面：一方面在砂轮高速旋转时，引起振动；另一方面，不平衡加速了主轴轴承的磨损，严重时会造成砂轮的破裂，造成事故。直径大于或等于 200mm 的砂轮装上法兰盘后应先进行平衡调试，砂轮在经过整形修整后或在工作中发现不平衡时，应重复进行调试直到平衡。

（三）砂轮与卡盘的匹配

匹配问题主要是指卡盘与砂轮的安装配套问题。按标准要求，砂轮法兰盘直径不得小于被安装砂轮直径的 1/3，且规定砂轮磨损到直径比法兰盘直径大 10mm 时应更换新砂轮。此外，在砂轮与法兰盘之间还应加装直径大于卡盘直径 2mm、厚度为 1~2mm 的软垫。

（四）砂轮机的防护罩

防护罩是砂轮机最主要的防护装置，其作用是当砂轮在工作中因故破坏时，能够有效地罩住砂轮碎片，保证人员的安全。砂轮防护罩的开口角度在主轴水平面以上不允许超过 65°；防护罩的安装应牢固可靠，不得随意拆除或丢弃不用。防护罩在主轴水平面以上开口大于或等于 30°时必须设挡屑屏板，以遮挡磨削飞屑，避免伤及操作人员。它安装于防护罩开口正端，宽度应大于砂轮防护罩宽度，并且应牢固地固定在防护罩上。此外，砂轮圆周表面与挡板的间隙应小于 6mm。

（五）砂轮机的工件托架

托架是砂轮机常用的附件之一。砂轮直径在 150mm 以上的砂轮机必须设置可调托架。砂轮与托架之间的距离最大不应超过 3mm。

（六）砂轮机的接地保护

砂轮机的外壳必须有良好的接地保护装置。

二、砂轮机使用

（一）禁止侧面磨削

按规定，用圆周表面做工作面的砂轮不宜使用侧面进行磨削。砂轮的径向强度较大，而轴向强度很小，且受到不平衡的侧向力作用，操作者用力过大会造成砂轮破碎，甚至伤人。

（二）不准正面操作

使用砂轮机磨削工件时，操作者应站在砂轮的侧面，不得在砂轮的正面进行操作，以免砂轮破碎飞出伤人。

（三）不准共同操作

2人共用1台砂轮机同时操作，是一种严重的违章操作，应严格禁止。

第四节 LGK-100G 型逆变式等离子切割机安全技术要求

一、主要技术参数

LGK-100G 型逆变式等离子切割机的主要技术参数见表 12-3。

表 12-3 LGK-100G 型逆变式等离子切割机的主要技术参数

项目	基本参数
额定输入电源电压	三相 380V
额定输入电源频率	50Hz
额定输入电流	36A
额定空载电压	300V
额定最大切割电流/约定负载电压	100A/120V
额定最小切割电流/约定负载电压	30A/92V
额定负载持续率	100A@60%
工作气压范围	0.3~0.5MPa
质量切割厚度（钢材）	0.1~22mm
最大切割厚度（钢材）	26mm
防护等级	IP21S
质量	30kg
绝缘等级	F
外形尺寸	610mm×290mm×430mm

二、结构图

LGK-100G 型逆变式等离子切割机结构见图 12-1。

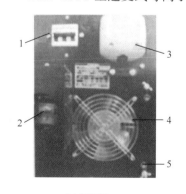

(a) 前面板

1—空气开关；2—进气气阀；3—电源接线盒；
4—风机；5—接地螺丝

(b) 后面板

1—电流显示表；2—过欠压指示灯；3—电流调节；4—保护指示灯；
5—电源指示灯；6—检气开关；7—输出正极；8—引弧端子；
9—枪开关接口；10—切割枪接口

图 12-1 LGK-100G 型逆变式等离子切割机结构图

三、安全操作规程

(一) 启动前准备

启动前检查内容及要求、注意事项见表 12-4。

表 12-4　启动前准备工作表

项目	检查内容及要求	注意事项 (提示、警示、严禁)
外观及安装	(1) 根据实际使用情况，选择 $3×10mm^2+1×6mm^2$ 电缆线与切割机后面板标配电源接盒进行连接。 (2) 将电源接线盒的接地线、后面板的接地螺钉与大地相接，确保接地电阻不大于 $4Ω$。 (3) 将输出负极、输出正极分别与工件、切割枪相连接，两芯航空插头、引弧端子分别与切割枪的控制开关、引弧线相连接。 (4) 检查切割机的电路和气路连接正确，固定牢靠 (按使用说明书要求)；检查切割机的放置、安装及操作者的防护符合要求	警示：电器连接操作必须在关闭配电箱电源开关后进行。 提示：机器应尽量水平放置，倾斜时倾角不应大于 $10°$。 严禁：雨天不得在露天焊割，潮湿地带作业时，操作人员应站在铺有绝缘物品的地方，并穿绝缘鞋
辅助设备	检查割炬配件安装正确	
连接线	(1) 检查电源接线盒的接地线、后面板的接地螺钉接到大地上，接地电阻不大于 $4Ω$。 (2) 通电后检查各部位无异常现象	
劳保护具	防护眼镜、电焊手套、滤膜防尘口罩、隔音耳罩等穿戴齐全	警示：操作人员劳保护具穿戴齐全，避免吸入切割时产生的烟尘，避免弧光伤害眼睛和皮肤
作业许可	作业前必须办理作业许可	

(二) 启动

启动步骤及要求、注意事项见表 12-5。

表 12-5　启动步骤及要求、注意事项

步骤及要求	注意事项 (提示、警示、严禁)
(1) 检查安装无误后，闭合后面板上的空气开关启动，绿色电源指示灯发亮	严禁：将切割电源用作管道解冻
(2) 正常开机后，根据所选工件厚度匹配切割电流的大小	警示：由于过压而引起的故障指示灯亮时，应立即关闭，待电压正常后再使用。 严禁：接触裸露的导电部件
(3) 检查确认切割机的通风口：未被杂物覆盖或者堵塞，切割机与周围物体的距离不小于 0.3m，保持焊接场地通风良好	
(4) 检查割炬中的电极、喷嘴：有无安装到位 (割炬未装电极及喷嘴时，不能接通割炬开关)，固定有无松动，内腔是否干净。发现松动时，电极须用专用扳手旋紧	严禁：使用活动扳手等非专用扳手旋紧电极。 严禁：将割炬头作为敲击工具使用。 提示：电极、喷嘴更换及使用前均需查看内腔是否干净，清除杂质后方可使用
(5) 清洁干净工件上的油污及杂物，将接地线夹在工件上	警示：切割过程中，不要赤手触摸焊接部位或焊接电缆、焊钳，避免灼伤皮肤。 警示：切割运行时，必须把打开的机壳盖好，严禁将手指或细物伸进风扇罩

续表

步骤及要求	注意事项（提示、警示、严禁）
（6）将喷嘴孔外边缘对准工件边缘，按动割炬开关起弧，匀速移动割炬进行正常切割（若未引燃电弧，松开割炬开关，并再次按动割炬开关）	提示：移动速度根据板材厚度不同而改变，如火花上翻，说明移动速度太快，工件没有切透，应调节移动速度
（7）同时检查电缆线，尽量保持平直，不要形成死弯，避免与利器接触	严禁：切割时卸下割炬轮架，否则不能保证喷嘴到板材的距离，慎防喷嘴碰到板材造成割炬烧毁 严禁：让手、头发以及工具等靠近风机内的带电器件，以免受伤或者造成机器损坏
（8）切割过程中：出现过压保护（红色 LED 故障灯亮），立即关停设备，待电压正常后再继续使用；出现过热保护（黄色 LED 故障灯亮），先保持在开机状态进行休息，待过热指示灯灭后方可继续工作；听见"卟"的响声，弧光发红，弧碴上窜，应立即关断主机电源停止使用，更换电极、喷嘴（此时电极、喷嘴已损坏，如继续使用会损坏割炬）	提示：必须待完全冷却（可用压缩空气吹）后更换电极，否则电极基座受热膨胀发腻较紧；放松时不能用力过猛，否则容易损坏电极基座
（9）工件将要切断时，应放慢切割速度（防止工件变形引起工件与喷嘴相碰，造成短路）	严禁：不必要的反复闭合（按下）割炬开关（反复闭合将引起电源故障或降低电极使用寿命）

（三）停机

（1）先关闭切割机后面板上的空气开关，然后关闭切割机供电电源的控制开关。

（2）清理作业场地及切割枪、引弧线、接地线，将切割机放置于固定存放位置。

（3）长时间停用，应将切割机存放于干燥的环境空间。

四、维护保养

（1）定期用干燥清洁的压缩空气吹去灰尘。

（2）避免水或水汽进入机器内部，如果出现该状况，应对切割机内部进行干燥处理。

（3）定期检查切割机所有电缆绝缘皮，确保无破损。

（4）使用后卸下喷嘴罩、喷嘴、电极，开机并打开试气开关，使气体从割炬的喷气管孔内喷出，清理管内脏物一次（每次大约 15s），在清理过程中，不能按动割炬开关，以免损坏割炬。

第十三章 特种设备安全技术

第一节 特种设备类型简介

一、特种设备的基本概念

特种设备是指涉及生命安全、危险性较大的锅炉、压力容器（含气瓶）、压力管道、电梯、起重机械、客运索道、大型游乐设施和场（厂）内专用机动车辆。

特种设备依据其主要工作特点，分为承压类特种设备和机电类特种设备。

（一）承压类特种设备

承压类特种设备是指承载一定压力的密闭设备或管状设备，包括锅炉、压力容器（含气瓶）、压力管道。

1. 锅炉

锅炉是指利用各种燃料、电能或者其他能源，将所盛装的液体加热到一定的参数，并对外输出热能的设备。其范围规定为容积大于或等于30L的承压蒸汽锅炉；出口水压大于或等于0.1MPa(表压)，且额定功率大于或等于0.1MW的承压热水锅炉；有机热载体锅炉。

2. 压力容器

压力容器是指盛装气体或者液体，承载一定压力的密闭设备。其范围规定为最高工作压力大于或等于0.1MPa(表压)，且压力与容积的乘积大于或等于2.5MPa·L的气体、液化气体和最高工作温度高于或者等于标准沸点的液体的固定式容器和移动式容器；盛装公称工作压力大于或等于0.2MPa(表压)，且压力与容积的乘积大于或等于1.0MPa·L的气体、液化气体和标准沸点等于或低于60℃液体的气瓶；氧舱；等等。

3. 压力管道

压力管道是指利用一定的压力，用于输送气体或者液体的管状设备。其范围规定为最高工作压力大于或等于0.1MPa(表压)的气体、液化气体、蒸汽介质或者可燃、易爆、有毒、有腐蚀性、最高工作温度高于或等于标准沸点的液体介质，且公称直径大于25mm的管道。

（二）机电类特种设备

机电类特种设备是指必须由电力牵引或驱动的设备，包括电梯、起重机械、客运索道、大型游乐设施和场（厂）内专用机动车辆。

1. 电梯

电梯是指动力驱动，利用沿刚性导轨运行的箱体或者沿固定线路运行的梯级（踏步），进行升降或者平行运送人、货物的机电设备，包括载人（货）电梯、自动扶梯、自动人行道等。

2. 起重机械

起重机械是指用于垂直升降或者垂直升降并水平移动重物的机电设备。其范围规定为额定起重量大于或等于 0.5t 的升降机；额定起重量大于或等于 1t，且提升高度大于或等于 2m 的起重机和承重形式固定的电动葫芦等。

3. 客运索道

客运索道是指动力驱动，利用柔性绳索牵引箱体等运载工具运送人员的机电设备，包括客运架空索道、客运缆车、客运拖牵索道等。

4. 大型游乐设施

大型游乐设施是指用于经营目的，承载乘客游乐的设施。其范围规定为设计最大运行线速度大于或等于 2m/s，或者运行高度距地面高于或等于 2m 的载人大型游乐设施。

5. 场（厂）内专用机动车辆

场（厂）内专用机动车辆是指除道路交通、农用车辆以外仅在工厂厂区、游景区、游乐场所等特定区域使用的专用机动车辆。

第二节　起重机械安全技术

起重机械是指用于垂直升降或者垂直升降并水平移动重物的机电设备。

一、起重机械分类

（一）轻小型起重设备

轻小型起重设备一般只有一个升降机构，常见的有千斤顶、电动或手拉葫芦、绞车、滑车等。有的电动葫芦配有可沿单轨运动的运行机构。

（二）升降机

常见的升降机有垂直升降机、电梯等。它虽也只有一个升降机构，但由于配有完善的安全装置及其他附属装置，故单独分为一类。

（三）起重机

除了起升机构以外还有其他运动机构的起重设备。

1. 桥架类型起重机

（1）桥式起重机：主梁和两个端梁组成桥架，整个起重机直接运行在建筑物高架结构的轨道上。

（2）门式起重机：主梁通过支撑在地面轨道上的两个刚性支腿或刚性—柔性支腿，形成一个可横跨铁路轨道或货场的门架，外伸到支腿外侧的主梁悬臂部分可扩大作业面积。

（3）绳索起重机：适用于跨度大、地形复杂的货场、水库或工地作业。由于跨度大，固定在两个塔架顶部的缆索取代了桥形主梁。悬挂在起重小车上的取物装置被牵引索高速牵引，沿承载索往返运行，两塔架分别在相距较远的两岸轨道上，可以低速运行。

2. 臂架类型起重机

（1）流动式起重机：包括汽车起重机、轮胎起重机、履带起重机，采用充气轮胎或履带作运行装置，可以在无轨路面长距离移动。

（2）塔式起重机：结构特点是悬架长（服务范围大）、塔身高（增加升降高度）、设计精巧，可以快速安装、拆卸；轨道临时铺设在工地上，以适应经常搬迁的需要。

（3）门座式起重机：它是回转臂架安装在门形座架上的起重机，沿地面轨道运行的座架下可通过铁路车辆或其他车辆，多用于港口装卸作业，或造船厂进行船体与设备装配。

二、典型起重机械事故

（一）重物失落事故

重物失落事故指起重作业中，吊载、吊具等重物从空中坠落所造成的人身伤亡和设备毁坏的事故。常见的重物失落事故有以下 4 种类型。

1. 脱绳事故

脱绳事故指重物从捆绑的吊装绳索中脱落溃散发生的伤亡毁坏事故。其主要原因有：重物的捆绑方法与要领不当，造成重物滑脱；吊装重心选择不当，造成偏载起吊或吊装中心不稳，使重物脱落；吊载遭到碰撞、冲击而摇摆不定，造成重物失落等。

2. 脱钩事故

脱钩事故指重物、吊装绳或专用吊具从吊钩口脱出引起重物失落的事故。其主要原因有：吊钩缺少护钩装置；护钩保护装置机能失效；吊装方法不当，吊钩钩口变形引起开口过大等。

3. 断绳事故

断绳事故指升绳和吊装绳因破断造成的重物失落事故。起升绳破断的主要原因有：超载起吊拉断钢丝绳；起升限位开关失灵造成开关过卷拉断钢丝绳；斜吊、斜拉造成乱绳挤伤切断钢丝绳；钢丝绳长期使用缺乏维护保养造成疲劳变形、磨损损伤；达到或超过报废标准仍然使用。吊装绳破断的主要原因有：吊钩上吊装绳夹角大于 120°，使吊装绳拉力超过极限值而拉断；吊装钢丝绳品种规格选择不当，或仍使用已达到报废标准的钢丝绳捆绑吊装重物，造成吊装绳破断；吊装绳与重物之间接触处无垫片等保护措施，造成棱角割断钢丝绳。

4. 吊钩断裂

吊钩断裂是指吊钩断裂造成的重物失落事故。其主要原因有：吊钩因长期磨损，使断面减小；已达到报废极限标准却仍然使用或经常超载使用，造成疲劳断裂。

（二）挤伤事故

在起重作业中，作业人员被挤压在两个物体之间，会造成挤伤、压伤、击伤等人身伤亡事故。

1. 吊具或吊载与地面物体的挤伤

在车间、仓库等室内场所，地面作业人员处于大型吊具或吊载与机器设备、土建墙壁、牛腿立柱等障碍物之间的狭窄地带，在进行吊装、指挥、操作或从事其他作业时，由于指挥失误或误操作，作业人员躲闪不及被挤压在大型吊具（吊载）与各种障碍物之间，造成挤伤事故。

2. 升降设备的挤伤事故

电梯、升降货梯、建筑升降机的维修人员或操作人员，不遵守操作规程，发生被挤压在轿箱、吊笼与井壁、井架之间而造成挤伤的事故也时有发生。

3. 机体与建筑物间的挤伤事故

这类事故多发生在高空从事桥式起重机维护检修人员中，被挤在起重机端梁与支承、承轨梁的立柱或墙壁之间，或在高空承轨梁侧通道通过时被运行的起重机击伤。

4. 机体回转挤伤事故

这类事故多发生在野外作业的汽车、轮胎和履带起重机作业中，往往由于此类作业的起重机回转时配重部分将吊装、指挥和其他作业人员撞伤，或把上述人员挤压在起重机配重与建筑物之间致伤。

5. 翻转作业中的挤伤事故

从事吊装、翻转、倒个作业时，由于吊装方法不合理，装卡不牢，吊具选择不当，重物倾斜下坠，吊装选位不佳，指挥及操作人员站位不好，造成吊载失稳、吊载摆动冲击，造成翻转作业中的砸、撞、碰、挤、压等各种伤亡事故。

（三）坠落事故

坠落事故指从事起重作业的人员，从起重机机体等高空处坠落至地面的摔伤事故。坠落事故也包括工具、零部件等从高空坠落，使地面作业人员受伤的事故。

常见的坠落事故包括以下情形：从机体上滑落摔伤；机体撞击坠落；轿厢坠落摔伤；维修工具零部件坠落；振动坠落；制动下滑坠落。

（四）触电事故

触电事故指从事起重操作和检修作业人员，因触电导致人身伤亡。

（五）机体毁坏事故

机体毁坏事故指起重机因超载失稳等产生结构断裂、倾翻造成结构严重损坏及人身伤亡的事故。

1. 断臂事故

各种类型的悬臂起重机，由于悬臂设计不合理、制造装配有缺陷或者长期使用已有疲劳损坏隐患，一旦超载起吊就易造成断臂或悬臂事故。

2. 倾翻事故

倾翻事故是自行式起重机的常见事故，自行式起重机倾翻事故大多是由起重机作业前支承不当引发的，如野外作业场地支承地基松软，起重机支腿未能全部伸出等。起重量限制器或起重力矩限制器等安全装置动作失灵、悬臂伸长与规定起重量不符、超载起吊等因素也都会造成自行式起重机倾翻事故。

3. 机体摔伤事故

在室外作业的门式起重机、门座起重机、塔式起重机等，由于无防风夹轨器，无车轮止垫或无固定锚链等，或者上述安全设施机能失效，当遇到强风吹击时，可能会倾倒、移位，甚至从栈斩上翻落，造成严重的机体摔伤事故。

4. 相互撞毁事故

在同一跨中的多台桥式类型起重机由于相互之间无缓冲碰撞保护措施，或缓冲碰撞保护设施毁坏失效，易因起重机相互碰撞致伤。在野外作业的多台悬臂起重机群中，悬臂回转作业中也难免相互撞击面出现碰撞事故。

三、起重机械事故的预防措施

（1）加强对起重机械的管理。认真执行起重机械各项管理制度和安全检查制度，做好起重机械的定期检查、维护、保养，及时消除隐患，使起重机械始终处于良好的工作状态。

（2）加强教育和培训，严格执行安全操作规程，提高操作技术能力和处理紧急情况的能力。

（3）起重作业"十不吊"原则：

① 无专人指挥、指挥信号不明不吊；

② 设施有安全缺陷、支撑不安全不吊；

③ 吊物固定状态未消除、有附着物不吊；

④ 吊物未拴引绳、无人牵引不吊；

⑤ 吊物上站人、危险区域有人不吊；

⑥ 吊物内盛装过多液体不吊；

⑦ 斜拉不平、超载不吊；

⑧ 吊物棱刃未加衬垫不吊；

⑨ 与输电线路无安全距离不吊；

⑩ 环境恶劣、光线不足不吊。

四、起重机械安全装置

（1）位置限制与调整装置。位置限制装置是用来限制机构在一定空间范围内运行的安全防护装置，包括上升极限位置限制器、运行极限位置限制器、偏斜调整和显示装置、缓冲器。

（2）防风防爬装置。起重机防风防爬装置主要有3类：夹轨器、锚定装置和铁鞋。

（3）安全钩、防后倾装置和回转锁定装置。

（4）起重量限制器。起重量限制器也称超载限制器，它是用来限制起重机的起升机构起吊起重量的安全防护装置。它的工作原理是：当起升机构吊起的质量超过预警质量时，装置能发出报警信号；当吊起的质量超过允许的起重量时，能切断起升机构的工作电源，使起重机停止运行。

超载限制器按其功能形式可以分为自动停止型、报警型、综合型等三大类型；按结构可以分为机械式、电子式和液压式等。

（5）力矩限制器。常用的起重力矩限制器有机械式和电子式等。臂架式起重机的工作特点是它的工作幅度可以改变，工作幅度是臂架式起重机的一个重要参数。起重量与工作幅度的乘积称为起重力矩。当起重力矩大于允许的极限力矩时，会造成臂架折弯或折断，甚至还会造成起重机整机失稳而倾覆或倾翻。臂架式起重机在设计时，已为其起重量与工作幅度之间求出了一条力矩极限关系曲线，即起重机特性曲线。起重量与工作幅度的对应点在该曲线以下时该点为安全点；对应点在该曲线以上时该点为超载点；对应点在该曲线上时该点为极限点。起重机械设置力矩限制器后，应根据其性能和精良情况进行调整或标定，当载荷力矩达到额定起重力矩时，能自动切断起升动力源，并发出禁止性报警信号，其综合误差不应大于额定力矩的10%。

小车变幅式塔式起重机常用的是全力矩法机械式起重力矩限制器。全力矩法机械式起重力矩限制器并不直接控制起重力矩，而是测取和限制吊臂上所有载荷对臂根铰点力矩的大小。此时，被控制的起重力矩要符合臂根铰点力矩的要求。

（6）防坠安全器。防坠安全器是非电气、气动和手动控制的防止吊笼或对重坠落的机械式安全保护装置，主要用于施工升降机等起重设备上。其作用是限制吊笼的运行速度，防止吊笼坠落，保证人员设备安全。安全器在使用过程中必须按规定进行定期坠落实验及周期检定。设备正常工作时，防坠安全器不应动作。当吊笼超速运行，其速度达到防坠安全器的动作速度时，防坠安全器应立即动作，并可靠地制停吊笼。

（7）导电滑线防护措施。桥式起重机采用裸露导电滑线供电时，在以下部位应设置导电滑线防护板：

① 司机室位于起重机电源引入滑线端时，通向起重机的梯子和走台与滑线间应设防护板，以防司机通过时发生触电事故。

② 起重机导电滑线端的起重机端梁上应设置防护板（通常称为挡电架），以防止吊具或钢丝绳等摆动与导电滑线接触而发生意外触电事故。

③ 多层布置的桥式起重机，下层起重机应在导电滑线全长设置防电保护设施。其他使用滑线引入电源的起重机，对于易发生触电危险的部位都应设置防护装置。

（8）防碰装置。同层多台起重机同时作业比较普遍，还有两层、甚至三层起重机共同作业的场所。在这种工况环境中，单凭行程开关、安全尺，或者单凭起重机操作员目测等传统方式来防止碰撞，已经不能保证安全。目前，在上述环境使用的起重机上要求安装防撞装置，用来防止上述起重机在交会时发生碰撞事故。防撞装置通常采用红外线、超声波、微波等无触点式开关与起重机电气控制系统相配合，当某台起重机运行到距离另一台起重机达到一定长度时，防撞装置的无触点式开关会及时发出警号或直接切断运行机构的动力源，由起重机的操作员操作或由机构自动停止工作，达到确保起重机安全运行的目的。这些防撞装置具有可同时设定多个报警距离、精度高、功能全、环境适应能力强的特点。

防碰装置的结构形式主要有：反射型——由发射器、接收器、控制器和反射板组成；直射型——检测波不经过反射板反射的产品统称为直射型。

（9）登机信号按钮。对于司机室设置在运动部分（与起重机自身有相对运动的部位）的起重机，应在起重机上容易触及的安全位置安装登机信号按钮，对于司机室安装在塔式起重机上部，司机室安装架设在有相对运动部位的门座起重机及特大型桥式起重机必要时也应安装登机信号按钮。其作用是用于司机和维修人员在登机时，按钮按动后在司机室明显部位显示信号，使同机人能注意到有人登机，防止意外事故发生。

（10）危险电压报警器。臂架型起重机在输电线附近作业时，由于操作不当，臂架、钢丝绳等过于接近甚至碰触电线，都会造成感电或触电事故。为了防止这类事故，东欧各国和日本等国从 20 世纪 70 年代起研制危险电压报警器，目前已进入系列化生产阶段。

五、起重机械使用安全技术

（一）吊运前的准备

（1）正确佩戴个人防护用品，包括安全帽、工作服、工作鞋和手套；高处作业还必须佩戴安全带和工具包。

（2）检查清理作业场地，确定搬运路线，清除障碍物。室外作业要了解当天的天气预报。流动式起重机要将支撑地面垫实垫平，防止作业中地基沉陷。

（3）对使用的起重机和吊装工具、辅件进行安全检查。不使用报废元件，不留安全隐患；熟悉被吊物品的种类、数量、包装状况以及周围联系。

（4）根据有关技术数据，进行最大受力计算，确定吊点位置和捆绑方式。

（5）编制作业方案。

（6）预测可能出现的事故，采取有效的预防措施，选择安全通道，制定应急对策。

（二）起重机司机安全操作技术

（1）开机作业前：所有控制器置于零位；起重机上和作业区内无关人员，作业人员撤离到安全区；起重机运行范围内清除障碍物；起重机与其他设备或固定建筑物的最小距离在 0.5m 以上；电源断路装置加锁或有警示标牌；流动式起重机场地平整，支脚牢固可靠。

（2）开车前：必须鸣铃或示警；操作中接近人时，应给断续铃声或示警。

（3）司机在正常操作过程中：不得利用极限位置限制器停车；不得利用打反车进行制动；不得在起重作业过程中进行检查和维修；不得带载调整起升、变幅机构的制动器，或带载增大作业幅度；吊物不得从人头顶上通过，吊物和起重臂下不得站人。

（4）严格按指挥信号操作，对紧急停止信号，无论何人发出，都必须立即执行。

（5）吊载接近或达到额定值，或起吊危险器时，吊运前认真检查制动器，并用小高度、短行程试吊，确认无问题后再吊运。

（6）起重机各部位、吊载及辅助用具与输电线的最小距离应满足安全要求。

（7）有下述情况时，司机不应操作起重机：结构或零部件有影响安全工作的缺陷和损伤；吊物超载或有超载可能，吊物质量不清；吊物被埋置或冻结在地下、被其他物体挤压；吊物捆绑不牢，或吊挂不稳，被吊重物棱角与吊索之间未加衬垫；被吊物上有人或浮置物；作业场地昏暗，看不清场地、吊物情况或指挥信号；在操作中不得歪拉斜吊。

（8）工作中突然断电时，应将所有控制器置零，关闭总电源。重新工作前，应先检查起重机工作是否正常，确认安全后方可正常操作。

（9）有主、副两套起升机构的，不许同时用主、副钩工作。

（10）联合起吊时：每台起重机都不得超载；吊运过程应保持钢丝绳垂直，保持运行同步；吊运时，有关负责人员和安全技术人员应在场指导。

（11）露天作业的轨道起重机，当风力大于 6 级时，应停止作业。

（12）当工作结束时，应锚定住起重机。

（三）司索工安全操作技术

1. 准备吊具

准备吊具时，对吊物的质量和重心估计要准确：

（1）如果是目测估算，应增大20%来选择吊具，每次吊装都要对吊具进行认真的安全检查。

（2）如果是旧吊索应根据情况降级使用，绝不可侥幸超载或使用已报废的吊具。

2. 捆绑吊物

（1）对吊物进行必要的归类、清理和检查，吊物不能被其他物体挤压，被埋或被冻的物体要完全挖出。

（2）切断与周围管、线的一切联系，防止造成超载。

（3）清除吊物表面或空腔内杂物，将可移动的零件锁紧或捆牢，形状或尺寸不同的物品无特殊捆绑不得混吊，防止坠落伤人。

（4）吊物捆扎部位的毛刺要打磨平滑，尖棱利角应加垫物，防止起吊吃力后损坏吊索。

（5）表面光滑的吊物应采取措施来防止起吊后吊索滑动或吊物滑脱。

（6）吊运大而重的物体应加诱导绳，诱导绳长应能使司索工既可握住绳头，同时又能避开吊物正下方，以便发生意外时司索工可利用该绳控制吊物。

3. 挂钩起钩

（1）吊钩要位于被吊物重心的正上方，不准斜拉吊钩硬挂，防止提升后吊物翻转、摆动。

（2）吊物高大需要垫物攀高挂钩、摘钩时，脚踏物一定要稳固垫实，禁止使用易滚动物体做脚踏物。攀高必须佩戴安全带，防止人员坠落跌伤。

（3）挂钩要坚持"五不挂"：起重或吊物质量不明不挂；重心位置不清楚不挂；尖棱利角和易滑工件无衬垫物不挂；吊具及配套工具不合格或报废不挂；包装松散捆绑不良不挂。

（4）当多人吊挂同一吊物时，由一专人负责指挥，在确认吊挂完备，所有人员都离开站在安全位置以后，才可发出起钩信号。

（5）起钩时，地面人员不应站在吊物倾翻、坠落可波及地方。

（6）如果作业场地为斜面，则应站在斜面上方（不可在死角），防止吊物坠落后继续沿斜面滚移伤人。

4. 摘钩卸载

（1）吊物运输到位前，应选择好安置位置，卸载不要挤压电气线路和其他管线，不要阻塞通道。

（2）不同吊物应采取不同措施加以支撑、垫稳、归类摆放，不得混码、互相挤压、悬空摆放，防止吊物滚落、侧倒、塌垛。

（3）摘钩时应等所有吊索完全松弛再进行，确认所有绳索从钩上卸下再起钩，不允许抖绳摘索，更不许利用起重机抽索。

5. 搬运过程的指挥

（1）无论采用何种指挥信号，必须规范、准确、明了。

（2）指挥者所处位置应能全面观察作业现场，并使司机、司索工都可清楚看到。

（3）在作业进行的整个过程中，指挥者和司索工都不得擅离职守，应密切注意观察吊物及周围情况，发现问题，及时发出指挥信号。

6. 高处作业的安全防护

在起重机上，凡是高度不低于 2m 的一切合理作业点均应予以防护。如高处的通行走台、休息平台、转向用的中间平台，以及高处作业平台等。

第三节　压力容器安全技术

压力容器用于完成反应、传质、传热、分离和储存等生产过程，并能承受压力；广泛应用于石油、化工、能源、冶金、机械、轻纺、医药、国防等工业领域。一般由筒体（壳体）、封头（端盖）、法兰、密封元件、开孔与接管、附件和支座等组成。

一、压力容器分类

按压力等级划分，低压容器，$0.1MPa \leq p < 1.6MPa$；中压容器，$1.6MPa \leq p < 10.0MPa$；高压容器，$10.0MPa \leq p < 100.0MPa$；超高压容器，$p \geq 100.0MPa$。

二、压力容器事故

（一）压力容器事故特点

（1）易发生爆炸、撕裂等事故；

（2）发生爆炸事故设备被毁，并且波及范围大；

（3）有毒物质的大量外溢会造成中毒的恶性事故，可能会引起重大火灾和二次爆炸。

（二）压力容器事故发生原因

（1）设计原因：结构不合理、材质不合要求、焊接质量不好、受压元件强度不够以及其他设计制造方面的原因。

（2）安装原因：安装不符合技术要求，安全附件规格不对、质量不好，以及其他安装、改造或修理方面的原因。

（3）管理原因：运行中违反劳动纪律、违章作业、超过检验期限没有进行定期检查，以及其他运行管理不善方面原因。

（三）压力容器事故应急措施

1. 超压超温

（1）应马上切断进汽阀门；

（2）对于反应容器停止进料；

（3）对于无毒非易燃介质，要打开放空管排汽；

（4）对于有毒、易燃、易爆介质要打开放空管；

（5）如果属超温引起的超压，还要通过水喷淋冷却以降温。

2. 泄漏

（1）应马上切断进料阀门及泄漏处前端阀门；

（2）本体泄漏或第一道阀门泄漏，根据容器、介质不同使用专用堵漏技术和堵漏工具进行堵漏；

（3）易燃易爆介质泄漏时，要对周边明火进行控制，切断电源，严禁一切用电设备运行，并防止静电产生。

（四）典型压力容器事故及预防

1. 压力容器爆炸事故及危害

压力容器发生物理爆炸时，容器内高压气体迅速膨胀并以高速释放内在能量。

压力容器发生化学爆炸时，容器内的介质发生化学反应，释放能量生成高压、高温，其爆炸危害程度往往比物理爆炸现象严重。

2. 压力容器爆炸的危害

（1）冲击波及其破坏作用（人员伤亡、建筑物破坏）；

（2）爆破碎片的破坏作用（附近设备、管道及连续爆炸火灾）；

（3）介质伤害（毒害和高温蒸汽烫伤）；

（4）二次爆炸及燃烧危害（影响附近场所，加重灾情）；

（5）压力容器快开门事故危害（快开门式压力容器）。

3. 压力容器泄漏事故及危害

压力容器的元件开裂、穿孔、密封失效等会造成容器内的介质泄漏，压力容器泄漏的危害如下：

（1）有毒介质伤害（有毒介质汽化，体积增大 100～250 倍）。所形成的毒害区的大小及毒害程度，取决于容器内有毒介质的质量、容器破裂前的介质温度和压力、介质毒性。

（2）高温灼烫伤（高温介质气化灼烫伤害）。

（3）爆炸及燃烧危害。容器盛装的是可燃介质时，这些介质会从容器破裂处泄漏，液化气会瞬间汽化，在现场形成大量可燃气体，并与空气混合。达到爆炸极限达，遇明火即会造成空间爆炸。未达到爆炸极限，遇明火即会形成燃烧。

4. 爆炸条件

使压力容器发生爆炸的条件有：（1）易燃易爆物；（2）助燃物（氧气）；（3）爆炸极限范围；（4）点火源。

5. 压力容器事故的预防

预防压力容器事故可从以下 3 个方面进行：

（1）设计结构上应采用合理的结构（本质安全设计）。采用全焊透结构、能自由膨胀结构等，避免应力集中、几何突变。针对设备使用工况，选用塑性、韧性较好的材料。强度计算及安全阀排量计算符合标准。

（2）制造、修理、安装、改造。加强焊接管理，提高焊接质量并按规范要求进行热处理和探伤；加强材料管理，避免采用有缺陷的材料或用错钢材、焊接材料。

（3）压力容器的使用。加强管理，避免操作失误、超温、超压、超负荷运行、失检、失修、安全装置失灵等。

发生下列异常现象，应立即采取紧急措施，停止容器运行：

（1）超温、超压、超负荷时，采取措施仍不能得到有效控制；

（2）压力容器主要受压元件发生裂纹、鼓包、变形等现象；

（3）安全附件失效；

（4）接管、紧固件损坏，难以保证安全运行；

（5）发生火灾、撞击等直接威胁压力容器安全运行的情况；

（6）充装过量；

（7）压力容器液位超过规定，采取措施仍不能得到有效控制；

（8）压力容器与管道发生严重振动，危及安全运行。

三、压力容器安全附件

（一）安全阀（全启式、微启式）

1. 工作原理

安全阀的工作原理是：由进口静压开启的自动泄压阀门，依靠介质自身的压力排出一定数量的流体介质，以防止容器或系统内的压力超过预定的安全值。当容器内的压力恢复正常后，阀门自行关闭，并阻止介质继续排出。

2. 安全阀分类

根据安全阀的整体结构和加载方式划分，安全阀可分为静重式、杠杆式、弹簧式、先导式。

3. 安全阀的主要故障

（1）泄漏：阀瓣与阀座密封面之间发生超过允许程度的泄漏。

（2）到规定压力时不开启：安全阀锈死、阀瓣与阀座黏住、杠杆被卡死、安全阀定压不准等。

（3）不到规定压力时开启：安全阀定压不准、弹簧老化等。

（4）排气后压力继续上升：安全阀排量太小、排气管截面太小等原因。

（5）排放泄压后阀瓣不回座：阀杆、阀瓣安装位置不正确或被卡住。

（二）爆破片

爆破片是一种非重闭式泄压装置，由进口静压使爆破片受压爆破而泄放出介质，以防止容器或系统内的压力超过预定的安全值。其特点是：结构简单，泄压反应快，密封性能好，适应性强。

（三）安全阀与爆破片装置的组合

1. 安全阀与爆破片装置并联组合

（1）爆破片的标定爆破压力不得超过容器的设计压力；

（2）安全阀的开启压力应略低于爆破片的标定爆破压力，安全阀为一级泄放，爆破片为二级泄放。

2. 安全阀与爆破片串联（安全阀进口侧）

（1）安全阀和爆破片装置组合的泄放能力应满足要求；

（2）爆破片破裂后的泄放面积应不小于安全阀进口面积，同时应保证爆破片破裂的碎片不影响安全阀的正常动作；

（3）爆破片装置与安全阀之间应装设压力表、旋塞、排气孔或报警指示器，以检查爆破片是否破裂或渗漏。

3. 安全阀与爆破片串联（安全阀出口侧）

（1）容器内的介质应是洁净的，不含有胶着物质或阻塞物质；

（2）安全阀的泄放能力应满足要求；

（3）当安全阀与爆破片之间存在背压时，阀仍能在开启压力下准确开启；

（4）爆破片的泄放面积不得小于安全阀的进口面积；

（5）安全阀与爆破片装置之间应设置放空管或排污管，以防止该空间的压力累积。

4. 爆破帽

爆破帽为一端封闭，中间有一薄弱层面的厚壁短管，爆破压力误差较小，泄放面积较小，多用于超高压容器。

（1）超压时其断裂的薄弱层面在开槽处；

（2）工作时有温度影响，一般选用热处理性能稳定，且随温度变化较小的高强度材料制造；

（3）破爆压力与材料强度之比一般为 0.2~0.5。

5. 易熔塞

易熔塞属于"熔化型"（"温度型"）安全泄放装置，它的动作取决于容器壁的温度，主要用于中、低压的小型压力容器，在盛装液化气体的钢瓶中应用更为广泛。

6. 紧急切断阀

紧急切断阀通常与截止阀串联安装在紧靠容器的介质出口管道上，其作用是在管道发生大量泄漏时紧急止漏，一般还具有过流闭止及超温闭止的性能，并能在近程和远程独立进行操作。按操作方式可分为机械（或手动）牵引式、油压操纵式、气压操纵式和电动操纵式等，前两种目前在液化石油气槽车上应用非常广泛。

7. 减压阀

减压阀是利用膜片、弹簧、活塞等敏感元件改变阀瓣与阀座之间的间隙，在介质通过时产生节流，压力下降而使其减压的阀门。

8. 压力表

活塞式压力计通常用作校验用的标准仪表；液柱式压力计一般只用于测量很低的压力。

9. 液位计

液位计是用于观察和测量容器内液体位置变化情况的仪表。特别是对于盛装液化气体的容器，液位计是一个必不可少的安全装置。

10. 温度计

对于需要控制壁温的容器，还必须装设测试壁温的温度计。

四、压力容器运行期间的检查

(一) 检查内容

压力容器运行期间的检查内容包括工艺条件、设备状况以及安全装置等方面。

工艺条件（外界环境的影响）：主要检查操作压力、操作温度、液位是否在安全操作规程规定的范围内，容器工作介质的化学组成，特别是那些影响容器安全（如产生应力腐蚀、使压力升高等）的成分是否符合要求。

设备状况方面（设备本质的缺陷）：主要检查各连接部位有无泄漏、渗漏现象，容器的部件和附件有无塑性变形、腐蚀以及其他缺陷或可疑迹象，容器及其连接管道有无振动、磨损等现象。

安全装置方面（附加设施的完好）：主要检查安全装置以及与安全有关的计量器具是否保持完好状态。

(二) 压力容器的紧急停止运行

紧急停止的情况有：

（1）操作压力或壁温超过安全操作规程规定的极限值，而且采取措施仍无法控制，并有继续恶化的趋势；

（2）承压部件出现裂纹、鼓包变形、焊缝或可拆连接处泄漏等；

（3）安全装置全部失效，连接管件断裂，紧固件损坏等；

（4）操作岗位发生火灾，威胁到容器的安全操作；

（5）高压容器的信号孔或警报孔泄漏。

(三) 压力容器的维护保养

1. 保持完好的防腐层

工作介质对材料有腐蚀作用的容器，常采用防腐层，包括涂漆、喷镀或电镀、衬里等方式。若发现防腐层损坏，即使是局部的，也应该先经修补妥善处理后再继续使用。

2. 消除产生腐蚀的因素

（1）工作介质在特定条件下对容器材料产生腐蚀。一氧化碳气体只有在含有水分的情况下才可能对钢制容器产生应力腐蚀，应尽量采取干燥、过滤等措施。

（2）碳钢容器的碱脆需要具备温度、拉伸应力和较高的碱液浓度等条件，介质中含有稀碱液的容器，必须采取措施消除使稀碱液浓缩的条件，如接缝渗漏、器壁粗糙或存在铁锈等多孔性物质。

（3）盛装氧气容器，底部积水造成水和氧气交界面腐蚀严重，使氧气经过干燥，或在使用中经常排放容器中的积水。

3. 消灭容器的"跑、冒、滴、漏"

"跑气""冒水""滴液""漏液"不仅浪费原料和能源，污染工作环境，还能造成设备的腐蚀，引起容器的破坏事故。因此应经常保持容器的完好状态。

4. 加强容器在停用期间的维护

（1）停用的容器，必须将内部的介质排除干净，腐蚀性介质要经过排放、置换、清洗等技术处理；

（2）注意防止容器的"死角"积存腐蚀性介质；

（3）要经常保持容器的干燥和清洁，防止大气腐蚀。

5. 经常保持容器的完好状态

容器上所有的安全装置和计量仪表，应定期进行调整校正，使其始终保持灵敏、准确；容器的附件、零件必须保持齐全和完好无损，连接紧固件残缺不全的容器，禁止投入运行。

第四节　多功能装载机安全作业

一、操作使用基本要求

（1）操作人员必须取得"装载机场内作业上岗操作证"，严格落实操作规程。

（2）使用装载机实行作业许可制度。

（3）操作人员应熟悉作业环境和作业内容，按《使用维护说明书》规定的技术性能、承载能力和使用条件，正确操作，合理使用，严禁超载作业。

（4）严禁在边坡、壕沟、凹坑、泥浆池、悬崖边进行作业。严禁进行挖泥浆池、拖车等超出规定使用范围的作业。

（5）每天作业任务完成后，填写运转记录，做好检查、清洁工作，锁好车门，钥匙由专人保管。

（6）装载机从事管具装卸作业，项目部要综合评价驾驶人员实际操作技能，评价合格后，方可进行管具装卸作业。

二、维护保养与维修

（1）现场日常维护保养与维修工作应由确定的机房大班人员负责落实，专业维护保养与维修由机修公司负责落实。维护保养必须严格落实保养规程。

（2）更换装载机专用作业装置必须在持证大班人员指导下进行。

（3）载机上的各种安全防护装置应齐全完好，有缺损时应及时修复。安全防护装置不完整或已失效，不得使用。

（4）在中心铰接区内进行维修或检查作业时，要装上"防转动杆"以防止前、后车架相对转动。

（5）需要举臂进行维修或检查作业时，必须将举起的动臂支撑垫牢，保证在任何情况下，动臂绝对不会落下。

三、装载机井间转移

（1）在沙漠、平原且不经过公路时，由兼职操作人员驾驶进行井间转移。

（2）在山区、沟边或经过公路，应用平板拖车车载转移。其方法是：将装载机开上拖车，用掩木将四个轮胎前后掩住，再用绳索捆绑牢靠装载机，到新井后解除掩木、绳索，将装载机开下拖车。禁止用吊车装卸。

四、轮式装载机安全操作规程

（1）施工作业前按《使用维护说明书》规定项目和标准检查车辆各部技术状况，使之处于完好状态，重点检查制动、转向、轮胎是否正常有效，各部机件有无脱落、松动或变形，液压元件有无泄漏。

（2）发动机起动前要检查润滑油、冷却液、柴油、液压油是否符合规定，并将各操作杆放在空挡位置，经检查合格后再起动发动机，低速运转；同时检查各种仪表指示是否符合要求，待水温、油温、电液系统正常后方可带负荷。

（3）起步前要了解目的地及沿途路面状况，观察四周、底盘下部，取消转向架闭锁连接杆，动臂下、铰接处、车身周围 2m 内严禁站人，确认安全后，空载提升动臂和快换装置 3 次，将动臂和快换装置放在行走位置，方可鸣笛起步。

（4）施工作业时驾驶员必须坐在驾驶椅上并系好安全带才能操作方向盘、操纵杆，施工时不允许搭人，严禁铲斗载人。

（5）在下坡道上行走施工时严禁发动机熄火及挂空挡溜坡。

（6）在坡道上行走时，由于车辆的重心移动到前轮或后轮，要慎重操作，决不可用急刹车。

（7）在山坡、堤坝或斜坡上行驶时，使铲斗接近地面，离地面 20~30cm，在紧急情况下，应迅速把铲斗降到地面，以帮助车辆停住或防止翻倒。

（8）如果满载到坡道时采用Ⅰ挡行驶，上坡要前进，下坡要后退行走，不可转弯。

（9）改变行驶方向、变换驱动操纵杆要在停车后进行。

（10）运载物料、管件、线材、集装箱时，应保持动臂下铰点离地 400~500mm，不得将铲斗、卡钳提升到最高位置运送货物，必须将铲斗、卡钳内倾，处于安全运输状态运载。在物料、集装箱、管件、线材移动范围内不得有人和各种障碍。

（11）铲斗装物料时，根据物料的密度确定装载量，物料分布应左右平衡避免偏载；卡钳抓管材和线材时应在中央位置，左右误差不得超过 100mm；平叉装载货物、集装箱时左右受力要匀称。

（12）严格执行安全操作"十不准"：

① 不准用高速挡取货。严禁以高速行驶将卡钳插进料堆，以保证夹钳的使用寿命及操作人员的安全；

② 不准边转向边取货；

③ 不准边行驶边起升；

④ 不准铲斗、卡钳超载；

⑤ 不准在机器移动时，上机或下机；

⑥ 不准在铲斗、卡钳悬空时驾驶员离车；

⑦ 不准在起升的铲斗、卡钳下面站人；

⑧ 不准用铲斗、卡钳举升人员从事高处作业；

⑨ 不准移运未抓牢固的管件、线材、化工材料；

⑩ 不准机体侧身在斜坡上行走、施工作业。

（13）行走、作业视线不清时应有专人指挥。

（14）在架空管线下面作业，铲斗起升时应注意不要碰到上面的障碍物，在高压输电线路下面作业时，机器应与输电线保持表 13-1 所示的安全距离。

表 13-1　架空输电线路线下作业的安全距离

项目	电压，V	最小安全距离，m
低压	100～200	2
	6600	2
高压	22000	3
	66000	4
	154000	5
	187000	6
	275000	7
	500000	11

（15）在为载重汽车倾卸物料时，卸载动作要慢速缓和，铲斗不得刮碰车辆，不得从驾驶室顶部通过；在推运或刮平作业中，应注意观察地面有无异物，随时观察运行情况，发现作业受阻，应审慎操作，不得强行推进。

（16）高速行驶时应采用前两轮驱动；低速铲装时，应采用四轮驱动；行驶中，应避免突然转向；铲斗、卡钳装载后行驶时，不得急转弯或紧急制动。

（17）当铲装阻力较大，出现轮胎打滑时，应立即停止铲装，排除过载后再铲装。

（18）操纵手柄换向时，不应过急、过猛，满载操作时，铲臂不得快速下降。

（19）铲臂向上或向下动作到最大限度时，应速将操纵杆回到空挡位置。

（20）在各种工况的施工作业过程中，操作和行走要平稳、可靠，不得发生瞬间加速过载行为。

（21）不要在斜坡上停车，如果确实需要停放，斜坡必须小于 1/5，同时应把楔块放在车轮下，以防止移动。

（22）装载机停靠在平坦硬地层上，将铲斗或卡钳平放在地面，用锁紧装置将操纵杆锁紧，关闭发动机，把停车制动开关拉起，将其置于制动位置。锁闭转向架，垫好前后轮胎楔木，检查四周及轮胎无异常。

（23）在寒冷冬天作业时要注意以下 4 点：

① 要彻底进行预热作业。在开始操作操纵杆之前，如果机器没有彻底预热，机器反应将迟缓，可能造成意想不到的事故。

② 操作各操纵杆让液压系统里的液压油进行循环，以对液压油升温。

③ 作业完成后，要把附着在电线、电线插接头、开关或传感器以及这些零件的覆盖件上面的水、雪或淤泥清除干净。

④ 如果蓄电池的电解液已结冰，不要对蓄电池充电，也不要用别的电源启动发动机。这会使蓄电池着火。必须将电解液熔化，并检查是否有泄漏后，才能进行充电或用别的电源来启动。

（24）在维护和保养该设备前，将车停靠在平坦硬地层上，垫好前后轮胎楔木，变速杆位于空挡，闭合液压锁，启用停车制动，在驾驶室车门外明显处挂上"保养设备禁止操纵"警告牌。

（25）装载机动臂升起后在进行润滑和保养时，必须装好安全销或采取稳固可靠的支撑措施，防止动臂下落伤人。

（26）严格按照《使用保养手册》规定的时间、内容进行维护保养。

第十四章　防火防爆及消防安全技术

第一节　火灾爆炸基础知识

一、火灾

（一）燃烧的定义

燃烧是可燃物与氧化剂发生的一种氧化放热反应，通常伴有光、烟、或火焰。

（二）火灾的定义

《消防词汇　第一部分：通用术语》（GB/T 5907.1—2014）定义火灾为：在时间和空间上失去控制的燃烧所造成的灾害。以下情况也列入火灾的统计范围：

（1）民用爆炸物品引起的火灾。

（2）易燃或可燃液体、可燃气体、蒸气、粉尘及其他化学易燃易爆物品爆炸和爆炸引起的火灾（地下矿井部分发生的爆炸，不在火灾统计范围）。

（3）破坏性试验中引起非实验体燃烧的事故。

（4）机电设备因内部故障导致外部明火燃烧需要组织灭火的事故，火灾引起其他物件燃烧的事故。

（5）车辆、船舶、飞机及其他交通工具发生的燃烧事故，火灾由此引起的其他物件燃烧的事故（飞机因飞行事故而导致本身燃烧的除外）。

（三）燃烧的三要素

可燃物、氧化剂、点火源，就是燃烧的三要素。这三个要素缺少其中任何一个，燃烧都不能发生或持续。三要素是燃烧的必要条件，所以在火灾防治中，阻断三要素的任何一个要素就可以扑灭火灾。

（四）火灾的分类

GB/T 4968—2008《火灾分类》按物质的燃烧特性将火灾分为6类：

A类火灾：固体火灾，通常为有机物质，一般在燃烧时能产生灼热灰烬，如木材、棉、毛、麻火灾等。

B类火灾：液体火灾或可融化的固体火灾，如汽油、煤油、柴油、原油、沥青、石蜡火灾等。

C类火灾：气体火灾，如煤气、天然气火灾等。

D类火灾：金属火灾，如钾、钠、镁、铝合金火灾等。

E 类火灾：带电火灾，指物体带电燃烧的火灾，如发电机、电缆、家用电器火灾等。

F 类火灾：指烹饪器具内烹饪物火灾，如动植物油脂等。

按照一次火灾事故造成的人员伤亡、受灾户数和财产直接损失金额，国家公安部办公厅印发了《关于调整火灾等级标准的通知》（公消〔2007〕234 号），要求按条例做好有关火灾事故的统计和报告工作，并对火灾等级标准调整如下：火灾等级增加为四个等级，分别为特别重大火灾、重大火灾、较大火灾和一般火灾。等级标准分别为：特别重大火灾是指造成30 人以上死亡，或者 100 人以上重伤，或者 1 亿元以上直接财产损失的火灾；重大火灾是指造成 10 人以上 30 人以下死亡，或者 50 人以上 100 人以下重伤，或者 5000 万元以上 1 亿元以下直接财产损失的火灾；较大火灾是指造成 3 人以上 10 人以下死亡，或者 10 人以上 50人以下重伤，或者 1000 万元以上 5000 万元以下直接财产损失的火灾；一般火灾是指造成 3人以下死亡，或者 10 人以下重伤，或者 1000 万元以下直接财产损失的火灾。（注："以上"包括本数，"以下"不包括本数）。新标准从 2007 年 6 月 1 日起执行。火灾事故等级标准如图 14-1 所示。

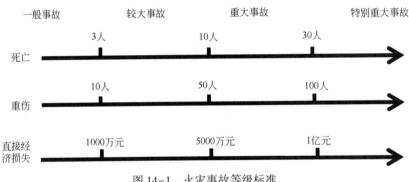

图 14-1　火灾事故等级标准

二、爆炸

（一）爆炸的定义

爆炸是物质系统的一种极为迅速的物理或化学的能量释放或转化过程，是系统蕴藏的或瞬间形成的大量能量在有限的体积和极短的时间内，骤然释放或转化的现象。

（二）爆炸的特征

（1）爆炸过程高速进行；

（2）爆炸点附近压力急剧升高，多数爆炸伴有温度升高；

（3）发出响声；

（4）周围介质发生震动或临近物质遭到破坏。

（三）爆炸的分类

按照爆炸反应的物质的相态，将爆炸分为以下 3 类：

（1）气相爆炸：可燃性气体和助燃性气体混合物的爆炸；气体的分解爆炸；液体被喷射成雾状物在剧烈燃烧时引起的爆炸；飞扬悬浮在空气中的可燃粉尘引起的爆炸等，见表 14-1。

表 14-1 气相爆炸类别

类别	爆炸机理	举例
混合气体爆炸	可燃性气体与助燃气体以适当的浓度混合,由于燃烧波或爆炸的传播而引起的爆炸	空气和氢气、乙醚等混合气体的爆炸
气体的分解爆炸	单一气体由于分解反应产生大量的反应热引起的爆炸	乙炔、乙烯等在分解时引起的爆炸
粉尘爆炸	空气中飞散的易燃性粉尘,由于剧烈燃烧引起的爆炸	空气中飞散的铝粉、镁粉等引起的爆炸
喷雾爆炸	空气中易燃液体被喷射成雾状,在剧烈的燃烧时引起的爆炸	油压机喷出的油雾,喷漆作业引起的爆炸

（2）液相爆炸（表 14-2）：聚合爆炸、蒸发爆炸以及由不同液体混合所引起的爆炸。如硝酸和油脂混合时引起的爆炸；熔融的矿渣与水接触或钢水包与水接触时，由于过热发生快速蒸发引起的蒸汽爆炸等。

（3）固相爆炸（表 14-2）：爆炸性化合物及其他爆炸性物质的爆炸（如乙炔铜的爆炸）；导致因电流过载，由于过热金属迅速气化而引起的爆炸等。

表 14-2 液相、固相爆炸类别

类别	爆炸机理	举例
混合危险物质的爆炸	氧化性物质与还原性物质或其他物质混合引起爆炸	硝酸和油脂、液氧和煤粉、高锰酸钾和浓酸、无水顺丁烯二酸和烧碱等混合时引起的爆炸
易爆化合物的爆炸	有机过氧化物、硝基化合物、硝基酯等燃烧引起爆炸和某些化合物的分解反应引起爆炸	丁酮过氧化物、三硝基甲苯、硝基甘油等的爆炸;偶氧化铅、乙炔铜的爆炸
导线爆炸	在有过载电流流动时,使导线过热,金属迅速气化而引起爆炸	导线因电流过载而引起的爆炸
蒸气爆炸	由于过热,发生快速蒸发而引起爆炸	熔融的矿渣与水接触,钢水与水混合产生蒸气爆炸
固相转化时造成的爆炸	固相相互转化时放出热量,造成空气急速膨胀而引起爆炸	无定形锑转化成结晶锑时,由于放热而造成爆炸

（四）爆炸的破坏作用

爆炸过程表现为两个阶段：在第一阶段中，物质的潜在能以一定的方式转化为强烈的压缩能；第二阶段压缩物质急剧膨胀，对外做功，从而引起周围介质的变化和破坏。不管由何种能源引起的爆炸，它们都同时具备两个特征，即能源具有极大的密度和极大的能量释放速度。

1. 冲击波

爆炸形成的高温、高压、高能量密度的气体产物，以极高的速度向周围膨胀，强烈压缩周围的静止空气，使其压力、密度和温度突跃升高，像活塞运动一样推向前进，产生波状气压向四周扩散冲击。这种冲击波能造成附近建筑物的破坏，其破坏程度与冲击波能量的大小有关，与建筑物的坚固程度及其与产生冲击波的中心距离有关。

2. 碎片冲击

爆炸的机械破坏效应会使容器、设备、装置以及建筑材料等的碎片，在相当大的范围内飞散而造成的伤害。碎片四处飞散的距离一般可达数十米到数百米。

3. 震荡作用

爆炸发生时，特别是较猛烈的爆炸往往会引起短暂的地震波。在爆炸波及的范围内，这种地震波会造成建筑物的震荡、开裂、松散倒塌等。

4. 次生事故

发生爆炸时，如果车间、库房里存放有可燃物，会造成火灾；高空作业人员受到冲击波或震荡作用，会造成高处坠落事故；粉尘作业场所轻微的爆炸冲击波会使积存在地面上的粉尘扬起，造成更大范围的二次爆炸等。

第二节　消防设施与器材

《消防法》中规定：消防设施是指火灾自动报警系统、自动灭火系统、消火栓系统、可提式灭火器系统、灭火器防烟排烟系统以及应急广播和应急照明、安全疏散设施等。消防器材是指灭火器等移动灭火器材和工具。

一、消防设施

（一）火灾自动报警系统

自动消防系统应包括探测、报警、联动、灭火、减灾等功能。火灾自动报警系统主要完成探测和报警功能。火灾自动报警系统包括由触发装置、火灾报警装置、火灾警报装置和电源等部分组成的通报火灾发生的全套设备（图 14-2）。

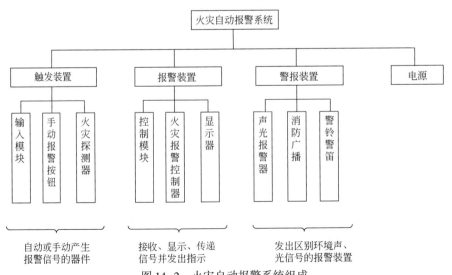

图 14-2　火灾自动报警系统组成

在火灾自动报警系统中，自动或手动产生火灾报警信号的器件称为触发器件，主要包括火灾探测器和手动火灾报警按钮；用以接收、显示和传递火灾报警信号，并能发出控制信号和具有其他辅助功能的控制指示称为火灾报警装置，火灾报警控制器就是其中最基本的一种；用以发出区别于环境声、光的火灾报警信号的装置称为火灾警报装置，它以声、光音响方式向报警区域发出火灾警报信号，以警示人们采取安全疏散、灭火救灾措施；在火灾自动报警系统中，当接收到来自处罚器件的火灾报警信号，能自动或手动启动相关消防设备并显示其状态的设备，称为消防控制设备。

1. 系统分类

根据工程建设的规模、保护对象的性质、火灾报警区域的划分和消防管理机构的组织形式，将火灾自动报警系统划分为 3 种基本形式：区域火灾报警系统、集中火灾报警系统和控制中心报警系统（表 14-3）。

表 14-3 火灾自动报警系统划分

系统划分	保护对象	系统组成	实例应用
区域火灾报警系统	二级	探测器、报警按钮、报警控制器、报警装置、电源	行政事业单位、工况企业要害部门、娱乐场所
集中火灾报警系统	一级、二级	集中控制器、区域控制器、火灾报警装置、电源	高层建筑、饭店等、大型建筑群
控制中心报警系统	特级、一级	集中控制器、区域控制器、探测器、联动控制设备	大型宾馆、饭店等、大型建筑群、综合楼

区域报警系统包括火灾探测器、手动报警按钮、区域火灾报警控制器、火灾警报装置和电源等部分。这种系统比较简单，但使用很广泛，例如行政事业单位、工矿企业的要害部门和娱乐场所均可使用。

集中报警系统由一台集中报警控制器、两台以上的区域报警控制器、火灾警报装置和电源等组成。高层宾馆、饭店、大型建筑群一般使用的都是集中报警系统。集中报警控制器设在消防控制室，区域报警控制器设在各层的服务台处。对于总线控制火灾报警控制系统，区域报警控制器就是重复显示屏。

控制中心报警系统除了集中报警控制器、区域报警控制器、火灾探测器以外，在消防控制室内增加了消防联动控制设备。被联动控制的设备包括火灾警报装置、火警电话、火灾应急照明、火灾应急广播、防排烟、通风空调、消防电梯和固定灭火控制装置等。也就是说集中报警系统加上联动的消防控制设备就构成了控制中心报警系统。控制中心报警系统用于大型宾馆、饭店、商场、办公室等。

2. 火灾报警控制器

火灾报警控制器（以下简称控制器）是火灾自动报警系统中的主要设备，它除了具有控制、记忆、识别和报警功能外，还具有自动检测、联动控制、打印输出、图形显示、通信广播等功能。当然，控制器功能的多少也反映出火灾自动报警系统的技术构成、可靠性、稳定性和性能价格比等因素，是评价火灾自动报警系统先进与否的一项重要指标。火灾报警控制器按其用途不同，可分为区域火灾报警控制器、集中火灾报警控制器和通用火灾报警控制器 3 种基本类型。

3. 火灾自动报警系统的试用范围

火灾自动报警系统是一种用来保护生命和财产安全的技术设施。理论上讲，除某些特殊场所，如生产和储存炸药、火药、弹药等场所外，其余场所都能适用。由于建筑，特别是工业与民用建筑，是人类的主要生产和生活场所，因而也就成为火灾自动报警系统的基本保护对象。从实际情况看，国内外有关标准规范都对建筑中安装的火灾自动报警系统做了规定，我国现行标准 GB 50116—2013《火灾自动报警系统设计规范》规定：本规定适用于工业与民用建筑和场所内设置的火灾自动报警系统，不适用于生产和储存火药、炸药、弹药等场所设置的火灾自动报警系统。

（二）自动灭火系统

1. 水灭火系统

水灭火系统包括室内外消火栓系统、自动喷水灭火系统、水幕和水喷雾灭火系统。

2. 气体自动灭火系统

以气体作为灭火介质的灭火系统称为气体灭火系统。气体灭火系统的使用范围是由气体灭火剂的灭火性质决定的。灭火剂应当具有的特性是：化学稳定性好、耐储存、腐蚀性小、不导电、毒性低、蒸发后不留痕迹、适用于扑救多种类型火灾。

3. 泡沫灭火系统

泡沫灭火系统指空气机械泡沫系统。按发泡倍数泡沫系统可分为低倍数泡沫灭火系统（发泡倍数在 20 倍以下）、中倍数泡沫灭火系统（发泡倍数在 21～200 倍之间）、高倍数泡沫灭火系统（发泡倍数在 201～1000 倍之间）。

（三）防排烟与通风空调系统

火灾产生的烟气，包括烟雾、有毒气体和热气，不但影响消防人员的扑救，而且会直接威胁人身安全。火灾时，水平和垂直分布的各种空调系统、通风管道及竖井、楼梯间、电梯井等是烟气蔓延的主要途径。要把烟气排出建筑物外，就要设置防排烟系统，机械排烟系统可以减少火层烟气及其向其他部位的扩散，利用加压送风有可能建立无烟区空间，可防止烟气越过挡烟屏障进入压力较高的空间。因此，防排烟系统能改善着火地点的环境，使建筑内的人员能安全撤离现场，使消防人员能迅速靠近火源，用最短的时间抢救濒危的生命，用最少的灭火剂在损失最小的情况下将火扑灭。此外，它还能将未燃烧的可燃性气体在尚未形成易燃烧混合物之前加以驱散，避免轰燃或烟气爆炸的产生；将火灾现场的烟和热及时排去，减弱火势的蔓延，排除灭火的障碍，是灭火的配套措施。

排烟有自然排烟和机械排烟两种形式。排烟窗、排烟井是建筑物中常见的自然排烟形式，它们主要适用于烟气具有足够大的浮力、可能克服其他阻碍烟气流动的驱动力的区域。机械排烟可克服自然排烟的局限，有效地排除烟气。

（四）火灾应急广播与警报装置

火灾警报装置（警铃、警笛、警灯等）是发生火灾时向人们发出警告的装置，即告诉人们着火了，或者有什么意外事故。火灾应急广播，是火灾时（或意外事故时）指挥现场人员进行疏散的设备。为了及时向人们通报火灾，指导人们安全、迅速地疏散，火灾事故广播和警报装置按要求设置是非常必要的。

二、消防器材

消防器材主要包括灭火器、火灾探测器等。

（一）灭火器

1. 灭火剂

灭火剂是能够有效地破坏燃烧条件，中止燃烧的物质。一切灭火措施都是为了破坏已经产生的燃烧条件，并使燃烧的连锁反应中止。灭火剂被喷射到燃烧物和燃烧区域后，通过一系列的物理、化学作用，使燃烧物冷却、燃烧物与氧气隔绝、燃烧区内氧的浓度降低、燃烧的连锁反应中断，最终导致维持燃烧的必要条件受到破坏，停止燃烧反应，从而起到灭火作用。

1）水和水系灭火剂

水是最常见的灭火剂，既可以单独用来灭火，也可以在其中添加化学物质配制成混合液使用，从而提高灭火效率，减少用水量。这种在水中加入化学物质的灭火剂称为水系灭火剂。

水能从燃烧物中吸收很多热量，使燃烧物的温度迅速下降，从而中止燃烧。水在受热汽化时，体积增大 1700 多倍，当大量的水蒸气笼罩在燃烧物周围时，可以阻止空气进入燃烧区，从而大大减少氧的含量，使燃烧因缺氧而窒息熄灭。在用水灭火时，加压水能喷射到较远的地方，具有较大的冲击作用，能冲过燃烧物表面而进入内部，从而使未着火的部分与燃烧区隔离开来，防止燃烧物继续分解燃烧。同时水能稀释和冲淡某些液体或气体，降低燃烧强度；能浸湿未燃烧的物质，使之难以燃烧；还能吸收某些气体、蒸汽和烟雾，有助于灭火。不能用水扑灭的火灾主要包括：

（1）密度小于水和不溶于水的易燃液体的火灾，如汽油、煤油、柴油等。如用水扑救，则水会沉在液体下层，被加热后会引起液体爆沸，形成可燃液体的飞溅和溢流，使火势扩大。

（2）遇水产生燃烧物的火灾，如金属钾、钠、碳化钙等，不能用水，而应用砂土灭火。

（3）硫酸、盐酸和硝酸引起的火灾，不能用水流冲击，因为强大的水流能使酸飞溅，流出后遇可燃物质，有引起爆炸的危险。酸溅在人身上，能灼伤人。

（4）电气火灾未切断电源前不能用水扑救，因为水是良导体，容易造成触电。

（5）高温状态下化工设备的火灾不能用水扑救，以防高温设备遇冷水后骤冷，引起形变或爆裂。

2）气体灭火剂

二氧化碳的来源较广，利用隔绝空气后的窒息作用可成功抑制火灾，因此，早期的气体灭火剂主要采用二氧化碳。二氧化碳不溶于水、不导电、无腐蚀性，对绝大多数物质无破坏作用，可以用来扑灭精密仪器和一般电气火灾。它还适用于扑救可燃液体和固体火灾，特别是那些不能用水灭火以及受到水、泡沫、干粉等灭火剂的污染容易损坏的固体物质火灾。二氧化碳不适用于扑灭金属钾、镁、钠、铝等及金属过氧化物。因为二氧化碳从灭火器中喷射而出时，温度降低，使环境空气中的水蒸气凝聚成小水滴，上述物质遇水即发生反应，释放大量的热量，同时释放出氧气，使二氧化碳的窒息作用受到影响。

3）泡沫灭火剂

泡沫灭火剂有两大类型：化学泡沫灭火剂和空气泡沫灭火剂。化学泡沫是通过硫酸铝和碳酸氢钠的水溶液发生化学反应，产生二氧化碳，形成泡沫。空气泡沫是由含有表面活性剂的水溶液在泡沫发生器中通过机械作用而产生的，泡沫中所含的气体为空气。空气泡沫也称为机械泡沫。

空气泡沫灭火剂种类繁多，根据发泡倍数的不同可分为低倍数泡沫、中倍数泡沫和高倍数泡沫灭火剂。高倍数泡沫的应用范围远比低倍数泡沫广泛得多。高倍数泡沫灭火剂的发泡倍数高（201~1000 倍），能在短时间内迅速充满着火空间，特别适用于大空间火灾，具有灭火速度快的优点；而低倍数泡沫则与此不同，它主要靠泡沫覆盖着火对象表面，将空气隔绝而灭火，且伴有水渍损失，所以它对液化烃的流淌火灾和地下工程、船舶、贵重仪器设备及物品的灭火无能为力。高倍数泡沫灭火技术已被各工业发达国家应用到石油化工、冶金、地下工程、大型仓库和贵重仪器库房等场所，尤其在近 10 年来，高倍数泡沫灭火技术多次在油罐区、液化烃罐区、地下油库、汽车库、油轮等场所扑救失控性大火起到决定性作用。

4）干粉灭火剂

干粉灭火剂由一种或多种具有灭火能力的细微无机粉末组成，主要包括活性灭火组分、疏水成分、惰性填料，粉末的粒径大小及其分布对灭火效果有很大的影响。窒息、冷却、辐射及对有焰燃烧的化学抑制作用是干粉灭火效能的集中体现，其中化学抑制作用是灭火的基本原理，起主要灭火作用。干粉灭火剂中的灭火组分是燃烧反应的非活性物质，当进入燃烧区域火焰中时，捕捉并终止燃烧反应产生的自由基，降低了燃烧反应的速率，当火焰中干粉浓度足够高，与火焰的接触面积足够大，自由基终止速率大于燃烧反应生成的速率，链式燃烧反应被终止，从而使火焰熄灭。

干粉灭火剂与水、泡沫、二氧化碳灭火剂相比，在灭火速率、灭火面积、等效单位灭火成本效果三个方面有一定优越性。因其灭火速率快、制作工艺过程不复杂、使用温度范围宽广、对环境无特殊要求，以及使用方便，不需外界动力、水源，无毒、无污染、安全等特点，目前在手提式灭火器和固定式灭火系统上得到广泛的应用。

2. 灭火器种类及其使用范围

图 14-3　灭火器

灭火器如图 14-3 所示，由筒体、器头、喷嘴等部件组成，借助驱动压力可将所充装的灭火剂喷出，达到灭火目的。灭火器由于结构简单、操作方便、轻便灵活、使用面广，是扑救初期火灾的重要消防器材。

灭火器的种类很多，按其移动方式可分为手提式、推车式和悬挂式；按驱动灭火剂的动力来源可分为储气瓶式、储压式、化学反应式；按所充装的灭火剂又可分为清水、泡沫、酸碱、二氧化碳、卤代烷、干粉、7150 等。

1）清水灭火器

清水灭火器充装的是清洁的水，并加入适量的添加剂，采用储气瓶加压的方式，利用二氧化碳钢瓶中的气体作动力，将灭火剂喷射到着火物上，达到灭火的目的。它主要由筒体、筒盖、喷射系统及二氧化碳储气瓶等组成，适用于扑救可燃固体物质火灾，即 A 类火灾。

2）泡沫灭火器

泡沫灭火器包括化学泡沫灭火器和空气泡沫灭火器两种，分别通过筒内酸性溶液与碱性溶液混合后发生化学反应或借助气体压力，喷射出泡沫覆盖在燃烧物表面，隔绝空气起到窒息灭火的作用。泡沫灭火器适合扑救脂类、石油产品等 B 类火灾以及木材等 A 类物质的初期火灾，但不能扑救 B 类水溶性火灾，也不能扑救带电设备及 C 类和 D 类火灾。

3）酸碱灭火器

酸碱灭火器是一种内部装有 65% 的工业硫酸和碳酸氢钠的水溶液作灭火剂的灭火器。使用时，两种液体混合发生化学反应，产生二氧化碳压力气体，灭火剂在二氧化碳气体压力下喷出进行灭火。它适用于扑救 A 类物质的初期火灾，不能用于扑救 B 类物质燃烧的火灾，也不能用于扑救 C 类和 D 类火灾，不能用于带电场合火灾的扑救。

4）二氧化碳灭火器

二氧化碳灭火器是利用内部充装的液态二氧化碳的蒸汽压将二氧化碳喷出灭火的一种灭火器具，降低燃烧物周围氧气含量，达到窒息灭火。一般情况下，当氧气含量低于 12% 或二氧化碳浓度达到 30%~35% 时，燃烧中止。1 千克的二氧化碳液体，在常温常压下可以生成 500L 左右气体，足以使 $1m^3$ 空间范围内火焰熄灭。由于二氧化碳是一种无色的气体，灭火不留痕迹，并具有一定的电绝缘性能，因此适用于扑救 600V 以下带电电器、贵重设备、图书档案、精密仪器仪表的初期火灾，以及一般可燃气体的火灾。

5）卤代烷灭火器

凡是内部充入卤代烷灭火剂的灭火器，统称为卤代烷灭火器。卤代烷灭火剂主要通过抑制燃烧的化学反应过程，中断燃烧达到灭火目的。通过除去燃烧连锁反应中的活性基因来完成，这一过程称为抑制灭火。卤代烷灭火剂的种类较多，我国只生产 1211 灭火器和 1301 灭火器。1211 灭火器主要用于扑救易燃、可燃液体、气体及带电设备的初期火灾，也能对固体物质，如竹、木、纸等的表面火灾进行扑救。尤其适用于扑救精密仪器、计算机、珍贵文物等的初期火灾。

6）干粉灭火器

干粉灭火器以液态二氧化碳或氮气作动力，将灭火器内干粉灭火剂喷出进行灭火。该类灭火器主要通过抑制作用灭火，按照使用范围可分为普通干粉灭火器和多用干粉灭火器。普通干粉也称为 BC 干粉，是指碳酸氢钠干粉、改性钠盐、氨基干粉等，主要用于扑灭可燃液体、可燃气体以及带电设备火灾；多用干粉也称为 ABC 干粉，是指磷酸铵盐干粉、聚磷酸铵干粉等，不仅适用于扑救可燃液体、可燃气体和带电设备的火灾，还适用于扑救一般固体物质火灾，但不能扑救轻金属火灾。

（二）火灾探测器

物质在燃烧过程中，通常会产生烟雾，同时产生火焰，导致周围环境温度升高。这些烟雾、温度、火焰称为火灾参量。

火灾探测器的基本功能就是对烟雾、温度、火焰等火灾参量做出有效反应，通过敏感元件，将表征火灾参量的物理量转化为电信号，送到火灾报警控制器。根据对不同的火灾参量响应和不同的响应方法，分为若干种不同类型的火灾探测器，主要包括感光式火灾探测器、感烟式火灾探测器、感温式火灾探测器、可燃气体火灾探测器和复合式火灾探测器等。

1. 感光式火灾探测器

感光式火灾探测器适用于监视有易燃物质区域的火灾发生，如仓库、燃料库、变电所等场所，特别适用于没有阴燃阶段的燃料火灾（如醇类、汽油、煤气等）的早期检测报警。

2. 感烟式火灾探测器

感烟式火灾探测器是一种感知燃烧和热解产生的固体或液体微粒的火灾探测器。用于探测火灾初期的烟雾，并发出火灾报警讯号的火灾探测器。具有早期发现火灾、灵敏度高、响应速度快、适用面广等特点。

感烟火灾探测器分为点型感烟火灾探测器和线型感烟火灾探测器。点型感烟火灾探测器是对警戒范围中某一点周围的烟参数响应的火灾探测器，分为离子感烟火灾探测器和光电感烟火灾探测器两种。离子感烟火灾探测器是应用烟雾粒子改变探测器中电离室原有电离电流的原理。光电感烟火灾探测器是利用烟雾粒子对光线产生散射、吸收的原理。线型感烟火灾探测器是利用烟雾粒子吸收或散射红外线光束的原理，目前所生产和使用的线型感烟火灾探测器都是红外光束型的感烟火灾探测器。

3. 感温式火灾探测器

感温式火灾探测器是对警戒范围中的温度进行监测的一种探测器，物质在燃烧过程中释放出大量热量，使环境温度升高，探测器中的热敏元件发生物理变化，将物理变化转变成电信号传输给火灾报警控制器，经判别发出火灾报警信号。

4. 可燃气体火灾探测器

可燃气体包括天然气、煤气等，当其浓度超过一定值时，偶遇明火便会发生燃烧或爆炸。可燃物质燃烧时除有大量烟雾、热量和火光之外，还有许多可燃性气体产生，利用可燃气体探测器监视这些可燃气体浓度值，及时发出火灾报警信号，及时采取灭火措施是非常必要的。

5. 复合式火灾探测器

复合式火灾探测器包括复合式感温感烟火灾探测器、复合式感温感光火灾探测器、复合式感温感烟感光火灾探测器、分离式红外光束感温感光火灾探测器。

（三）消防梯

消防梯是消防队员扑救火灾时，登高灭火、救人或翻越障碍物的工具（图14-4）。目前普遍使用的有单杠梯、挂钩梯、拉梯3种。按使用的材料分为木梯、竹梯、铝合金梯等。

（四）消防水带

消防水带是火场供水或输送泡沫混合液的必备器材，广泛应用于各种消防车消防泵消火栓等消防设备上。按材料不同分为麻织、锦织涂胶、尼龙涂胶；按口径不同分为50mm、65mm、75mm、90mm；按承压不同分为甲、乙、丙、丁四级，各承受的水压强度不同，水带承受工作压力分别为大于1MPa、0.8~0.9MPa，0.6~0.7MPa、小于0.6MPa等，按照水带长度不同分为15m、20m、25m、30m。消防水带及消防水枪如图14-5所示。

图 14-4　消防梯

(a) 消防水带

(b) 消防水枪

图 14-5　消防水带及消防水枪

（五）消防水枪

消防水枪是灭火时用来射水的工具。其作用是加快流速，增大和改变水流形状。按照水枪口径不同分为 13mm、16mm、19mm、22mm、25mm 等规格；按照水枪开口形式不同分为直流水枪、开花水枪、喷雾水枪、开花直流水枪几种。

（六）消防车

目前我国的消防车有水罐泵浦车、泡沫消防车、干粉消防车、CO_2 消防车、干粉泡沫水罐泵浦联用消防车、火灾照明车、曲臂登高消防车（图 14-6）。

图 14-6　消防车

第三节 防火防爆技术

一、火灾爆炸预防基本原则

（一）防火基本原则

根据火灾发展过程的特点，防火应采取如下基本技术措施：

（1）以不燃溶剂代替可燃溶剂；

（2）密闭和负压操作；

（3）通风除尘；

（4）惰性气体保护；

（5）采用耐火建筑材料；

（6）严格控制火源；

（7）阻止火焰的蔓延；

（8）抑制火灾可能发展的规模；

（9）组织训练消防队伍和配备相应消防器材。

（二）防爆基本原则

防爆的基本原则是根据对爆炸过程特点的分析采取相应的措施，防止第一过程的出现，控制第二过程的发展，削弱第三过程的危害。主要应采取以下措施：

（1）防止爆炸性混合物的形成；

（2）严格控制火源；

（3）及时泄出燃爆开始时的压力；

（4）切断爆炸传播途径；

（5）减弱爆炸压力和冲击波对人员、设备和建筑的损坏；

（6）检测报警。

二、点火源及其控制

消除着火源是防火和防爆最基本的措施，控制着火源对防止火灾和爆炸事故的发生具有极其重要的意义。

（一）明火

1.加热用火的控制

加热易燃物料时，要尽量避免采用明火设备，而宜采用热水或其他介质间接加热，如蒸汽或密闭电气加热等加热设备，不得采用电炉、火炉、煤炉等直接加热。明火加热设备的布置，应远离可能泄漏易燃气体或蒸气的工艺设备和储罐区，并应布置在其上风向或侧风向。对于有飞溅火花的加热装置，应布置在上述设备的侧风向。如果存在一个以上的明火设备，应将其集中于装置的边缘。如必须采用明火，设备应密闭且附近不得存放可燃物质。熬炼物质时，不得装盛过满，应留出一定的空间。工作结束时，应及时清理，不得留下火种。

2. 维修焊割用火的控制

焊接切割时，飞散的火花及金属熔融碎粒低的温度高达1500~2000℃，高空作业时飞散距离可达20m远。在焊割时必须注意以下4点：

（1）在输送、盛装易燃物料的设备、管道上，或在可燃可爆区域内动火时，应将系统和环境进行彻底的清洗清理。如该系统与其他设备连通时，应将相连的管道拆下断开或加堵金属盲板隔绝，再进行清洗。然后用惰性气体进行吹扫置换，气体分析合格后可动焊。同时可燃气体应符合爆炸下限大于4%（体积分数）的可燃气体或蒸气，浓度应小于0.5%；爆炸下限小于4%的可燃气体或蒸气，浓度应小于0.2%的标准。

（2）动火现场应配备必要的消防器材，并将可燃物品清理干净。在可能积存可燃气体的管沟、电缆沟、深坑、下水道内及其附近，应用惰性气体吹扫干净，再用非燃体（如石棉板）进行遮盖。

（3）气焊作业时，应将乙炔发生器放置在安全地点，以防回火爆炸伤人或将易燃物引燃。

（4）电杆线破残应及时更换或修理，不得利用与易燃易爆生产设备有联系的金属构件作为电焊地线，以防止在电路接触不良的地方产生高温或电火花。

3. 其他明火

存在火灾和爆炸危险的场所，如厂房、仓库、油库等地，不得使用蜡烛、火柴或普通灯具照明；汽车、拖拉机一般不允许进入，如确需进入，其排气管上应安装火花熄灭器。在有爆炸危险的车间和仓库内，禁止吸烟和携带火柴、打火机等，为此，应在醒目的地方张贴警示标记以引起注意。明火与有火灾爆炸危险的厂房和仓库相邻时，应保证足够的安全距离。

（二）摩擦和撞击

摩擦和撞击往往是可燃气体、蒸气和粉尘、爆炸物品等着火爆炸的根源之一。例如机器轴承的摩擦发热、铁器和机件的撞击、钢铁工具的相互撞击、砂轮的摩擦等都能引起火灾；甚至铁桶容器裂开时，也能产生火花，引起逸出的可燃气体或蒸气着火。

在易燃易爆场合，工人应禁止穿钉鞋，不得使用铁器制品。搬运储存可燃物体和易燃液体的金属容器时，应当用专门的运输工具，禁止在地面上滚动、拖拉或抛掷。吊装可燃易爆物料用的起重设备和工具，应经常检查，防止吊绳等断裂下坠发生危险。如果机械设备不能用不发生火花的各种金属制成，应当使其在真空中或惰性气体中操作。

输送可燃气体或易燃液体的管道应做耐压试验和气密性检查，以防止管道破裂、接口松脱而跑漏物料，引起着火。

（三）电气设备

（1）电气设备或线路出现危险温度、电火花和电弧时，就成为引起可燃气体、蒸气和粉尘着火、爆炸的一个主要火源。

（2）要保持电气设备的电压、电流、温升等参数不超过允许值，保持电气设备和线路绝缘能力以及良好的连接等。电气设备和电线的绝缘，不得受到生产过程中产生的蒸气及气体的腐蚀。

（3）在运行中，应保持设备及线路各导电部分连接的可靠，活动触头的表面要光滑，并要保证足够的触头压力，以保证接触良好。铝导线间的连接应用压接、熔焊或钎焊，不得简单的采用缠绕接线。

（4）电气设备应保持清洁，因为灰尘堆积和其他脏污既能降低电气设备的绝缘，又妨碍通风和冷却，还可能由此引起着火。

（5）具有爆炸危险的厂房内，应根据危险程度的不同，采用防爆型电气设备。按照防爆结构和防爆性能的不同特点，防爆电气设备可分为隔爆型、充油型、充砂型、通风充气型、本质安全型、无火花型等。

（四）静电放电

为防止静电放电火花引起的燃烧爆炸，可根据生产过程中的具体情况采取相应的防静电措施：

（1）控制流速。易燃液体在管道中的流速不宜超过 4~5m/s，可燃气体在管道中的流速不宜超过 6~8m/s。灌注液体时，应防止产生的液体飞溅和剧烈的搅拌现象。向储罐输送液体的导管，应放在液面之下或将液体沿容器的内壁缓慢流下，以免产生静电。

（2）保持良好接地。下列生产设备应有可靠的接地装置：输送可燃气体和易燃液体的管道以及各种阀门、灌油设备和油槽车；通风管道上的金属网过滤器；生产或加工易燃液体和可燃气体的设备储罐；输送可燃粉尘的管道和生产粉尘的设备以及其他能够产生静电的生产设备。为消除各部件的电位差，可采用等电位措施。例如在管道法兰之间加装跨接导线，既可以消除两者之间的电位差，又可以造成良好的电气通路，以防止静电放电火花。

（3）采用静电消散技术。在静电产生区域是把静电分离成相等的正、负电荷，在静电消散区，带电物体上的电荷经过泄漏而消散。显然，通过增强消散过程可以使静电危害得以减轻和消除。

流体在管道输送过程中，一般来说管道部分是产生静电的区域，管道末端的容器或料斗、料仓等接受容器则是静电消散区域。当液体输送管线上装有过滤器时，甲、乙类液体输送自过滤器至装料之间应有 30s 的缓冲时间。如果满足不了缓冲时间，可配置缓和器或采取其他防静电措施。

（4）人体静电防护。生产和工作人员应尽量避免穿锦纶或涤纶等易产生静电的工作服，最好穿布底鞋或导电橡胶底胶鞋，工作地点应采用水泥地面。

三、爆炸控制

防止爆炸的一般原则是：一是控制混合气体中的可燃物含量处在爆炸极限以外；二是使用惰性气体取代空气；三是使氧气浓度处于其极限值以下。

在生产过程中，应根据可燃易燃物质的燃烧爆炸特性，以及生产工艺和设备等的条件，采取有效的措施，预防在设备和系统里或在其周围形成爆炸性混合物。这类措施主要有惰性气体保护、系统密闭和正压操作、厂房通风、以不燃溶剂代替可燃溶剂、危险物品隔离储存等。

（一）爆炸预防措施

1. 惰性气体保护

由于爆炸的形成需要有可燃物质、氧气以及一定的点火能量，用惰性气体取代空气，避免空气中的氧气进入系统，就消除了引发爆炸的一大因素，从而使爆炸过程不能形成。在化工生产中，采取的惰性气体主要有氮气、二氧化碳、水蒸气、烟道气等。以下情况通常需要考虑采用惰性介质保护：

（1）可燃固体物质的粉碎、筛选处理及其粉末输送。

（2）处理可燃易爆的物料系统，在进料前用惰性气体进行置换，以排除系统中原有的气体，防止形成爆炸混合物。

（3）将惰性气体通过管线与火灾爆炸危险的设备、储槽等连接起来，在万一发生危险时使用。

（4）易燃液体利用惰性气体充压输送。

（5）在有爆炸性危险的生产场所，对有可能引起火灾危险的电器、仪表等采用充氮正压保护。

（6）易燃易爆系统检修动火前，使用惰性气体进行吹扫置换。

（7）发现易燃易爆气体泄漏时，采用惰性气体冲淡。发现火灾时，用惰性气体进行灭火。

2. 系统密闭和正压操作

容易发生可燃易燃物质泄漏的部位主要有设备的转轴与壳体或墙体的密封处，设备的各种孔盖及封头盖与主体的连接处，以及设备与管道、管件的各个连接处等。为保证设备和系统的密闭性，在验收新的设备时，在设备修理之后及在使用过程中，必须根据压力计的读数用水压试验来检查其密闭性，测定其是否漏气并进行气体分析。此外，可于接缝处涂抹肥皂液进行充气检测。为了检查无味气体是否漏出，可在其中加入显味剂。

当设备内充满易爆物质时，要采用正压操作，以防外部空气渗入设备内。设备内的压力必须加以控制，不能高于或低于额定的数值。压力过高，轻则渗漏加剧，重则破裂导致大量可燃物质排出；压力过低，就有渗入空气、发生爆炸的可能。通常可设置压力报警器，在设备内压力失常时及时报警。对爆炸危险度大的可燃气体以及危险设备和系统，在连接处应尽量采用焊接接头，减少法兰连接。

3. 厂房通风

要使设备达到绝对密闭是很难办到的，总会有一些可燃气体、蒸气或粉尘从设备系统中泄漏出来，而且生产过程中某些工艺会大量释放可燃性物质。因此，必须用通风的方法使可燃气体、蒸气或粉尘的浓度不致达到危险的程度，一般应控制在爆炸下限 1/5 以下。

在设计通风系统时，应考虑到气体的相对密度。某些密度比空气大的可燃气体或蒸气，即使是少量物质，如果在地沟等低洼地带积聚，也可能达到爆炸极限。此时，车间或厂房的下部也应设通风口，使可燃易爆物质及时排出。从车间排出含有可燃物质的空气时，应设防爆的通风系统，鼓风机的叶片应采用碰击时不会产生火花的材料制造，通风管内应设有防火遮板，使一处失火时迅速隔断管路，避免波及他处。

4. 以不燃溶剂代替可燃溶剂

在满足生产工艺要求的条件下，应当尽可能地用不燃溶剂或火灾危险性小的物质代替易燃溶剂或火灾危险性较大的物质，这样可防止形成爆炸性混合物，为生产创造更为安全的条件。常用的不燃溶剂主要有甲烷和乙烷的氯衍生物，如四氯化碳、三氯甲烷和三氯乙烷等。使用汽油、丙酮、乙醇等易燃溶剂的生产，可以用四氯化碳、三氯乙烷或丁醇、氯苯等不燃溶剂或危险性较低的溶剂代替。

5. 危险物品隔离储存

性质相互抵触的危险化学品如果储存不当，往往会酿成严重的事故。例如，无机酸本身不可燃，但与可燃物质相遇能引起着火及爆炸；铝酸盐与可燃的金属相混合时能使金属着火或爆炸。由于各类危险化学品的性质不同，因此，他们的储存条件也不同。为防止不同性质物品在储存中相互接触而引起火灾和爆炸事故，禁止一起储存的物品见表14-4。

表14-4　禁止一起储存的物品

物品类别	物品名称	禁止储存的物品	备注
爆炸物品	苦味酸、TNT、硝化棉、硝化甘油、硝铵炸药、雷汞等	不准与任何其他类的物品共储，必须单独隔离储存	起爆药、雷管与炸药必须隔离储存
易燃液体	汽油、笨、二硫化碳、丙酮、乙醚、甲苯、酒精、硝基漆、煤油	不准与其他种类物品共同储存	如数量甚少，允许与固体易燃物品隔开后存放
易燃气体	乙炔、氢、氯化甲烷、硫化氢、氨等	除惰性气体外，不准和其他种类的物品共储	
惰性气体	氮、二氧化碳、二氧化硫、氟利昂等	除惰性气体和有毒物品外，不准和其他物品共储	
助燃气体	氧、氯、氟	除惰性气体和有毒物品外，不准和其他物品共储	氟兼有毒害性
遇水或空气能自燃的物品	钾、钠、电石、磷化钙、锌粉、铝粉、黄磷等	不准与其他种类的物品共储	钾、钠须浸入石油中，黄磷浸入水中，均单独储存
易燃固体	硝化纤维塑料、胶片、赤磷、萘、樟脑、硫黄、火柴等	不准与其他种类的物品共储	硝化纤维塑料、胶片、火柴均须单独隔离储存
氧化剂	能形成爆炸混合物物品、氯酸钾、氯酸钠、硝酸钾、硝酸钠、硝酸钡、次硝酸钙、亚硝酸钠、过氧化钠等	除惰性气体外，不准与其他种类的物品共储	过氧化物遇水有发热爆炸危险，应单独储存，过氧化氢应储存在阴凉处所
能引起燃烧的物品	硝酸、高锰酸钾、重硝酸钾、溴、铬酸	不准与其他种类的物品共储	与氧化剂应隔离
有毒物品	光气、三氧化二砷、氰化钾、氰化钠等	除惰性气体外，不准与其他种类的物品共储	

（二）防止容器或室内爆炸的安全措施

（1）抗爆容器。对已知的爆炸结果做系统的评定表明，在符合一定结构要求的前提下，即使容器和设备没有附加的防护措施，也能承受一定的爆炸压力。若选择这种结构形式的设备在剧烈爆炸下没有被炸碎，而只产生部分变形，那么设备的操作人员就可以安然无恙，这也就达到了最重要的防护目的。

（2）爆炸卸压。通过固定的开口及时进行泄压，则容器内部就不会产生高爆炸压力，因而也就不必使用能抗这种高压的结构。把没有燃烧的混合物和燃烧的气体排放到大气里去，就可把爆炸压力限制在容器材料强度所能承受的某一数值。卸压装置可分为一次性和重复使用的装置。

（3）房间泄压。主要是用来保护容器和装置的，能使被保护设备不被炸毁和使用人员不受伤害。它可用卸压措施来保护房间，但不能保护房间里的人。这种情况下，房间内的设施必须是遥控的，并在运行期间严禁人员进入房间。一般可以通过窗户、外墙和建筑物的房顶来进行卸压。

（三）爆炸抑制系统

爆炸抑制系统由能检测初始爆炸的传感器和压力式的灭火剂罐组成，灭火剂罐通过传感装置动作。在尽可能短的时间内，把灭火剂均匀地喷射到应保护的容器里，爆炸燃烧被扑灭，控制住爆炸的发生。爆炸燃烧能自行进行检测，并在停电后的一定时间里仍能继续进行工作。

四、防火防爆安全装置及技术

防火防爆安全装置可以分为阻火隔爆装置与防爆泄压装置两大类。

（一）阻火及隔爆装置

阻火隔爆是通过某些隔离措施防止外部火焰蹿入存有可燃爆炸物料的系统、设备、容器及管道内，或者阻止火焰在系统、设备、容器及管道之间蔓延。按照作用机理，可分为机械隔爆和化学抑爆两类。机械隔爆是依靠某些固体或液体物质阻隔火焰的传播；化学抑爆主要是通过释放某些化学物质来抑制火焰的传播。

机械阻火隔爆装置主要有工业阻火器、主动式隔爆装置和被动式隔爆装置等。其中工业阻火器装于管道中，形式最多，应用也最为广泛。

1. 工业阻火器

工业阻火器分为机械阻火器、液封和料封阻火器。工业阻火器常用于阻止爆炸初期火焰的蔓延。一些具有复合结构的机械阻火器也可以阻止爆轰火焰的传播。

2. 主动式隔爆装置

主动式、被动式隔爆装置是靠装置的某一元件的动作来阻隔火焰的，这与工业阻火器靠本身的物理特性来阻火是不同的。工业阻火器在工业生产过程当中时刻都在起作用，对流体介质的阻力较大，而主动式、被动式隔爆装置只是在爆炸发生时才起作用，因此它们在不动作时对流体介质的阻力小，有些隔爆装置甚至不会产生任何压力损失。另外，工业阻火器对于纯气体介质才是有效的，对气体中含有杂质的输送管道，应当选用主动式、被动式隔爆装置为宜。

主动式（监控式）隔爆装置由一灵敏的传感器探测爆炸信号，经放大后输出给执行机构，控制隔爆装置喷洒抑爆剂或关闭阀门，从而阻隔爆炸火焰的传播，被动式隔爆装置是由爆炸波来推动隔爆装置的阀门或闸门来阻隔火焰。

3. 被动式隔爆装置

被动式隔爆装置主要有自动断路阀、管道换向隔爆等形式。

4. 其他阻火隔爆装置

1）单向阀

单向阀又称止回阀。它的作用是仅允许液体向一个方向流动，遇到倒流时自行关闭，从而避免在燃气或燃油系统中发生液体倒流，或高压窜入低压造成容器管道的爆裂，或发生回火时火焰倒吸和蔓延等事故。在工业生产上，通常在系统中流体的进口和出口之间，与燃气或燃油管道及设备相连接的辅助管线上，高压与低压系统之间的低压系统上，或压缩机与油泵的出口管线上安装单向阀。生产中用的单向阀有升降式、摇板式、球式等几种。

2）阻火阀门

阻火阀门是为了阻止火焰沿通风管道或生产管道蔓延而设置的阻火装置。在正常情况下，阻火阀门受环状或者条状的易熔金属的控制，处于开启状态。一旦着火，温度升高，易熔金属即会熔化，此时闸门失去控制，受重力作用自动关闭，将火阻断在闸门一边。

3）火星熄灭器

由烟道或车辆尾气排放管飞出的火星也可能引起火灾。因此，通常在可能产生火星设备的排放系统，如加护热炉的烟道，汽车、拖拉机的尾气排放管道上等安装火星熄灭器，用以防止飞出的火星引燃可燃物料。火星熄灭器熄火的基本方法主要有以下 3 种：

（1）当烟气由管径较小的管道进入管径较大的火星熄灭器中，气流由小容积进入大容积，致使流速减慢、压力降低，烟气中携带的体积、质量较大的火星就会沉降下来，不会从烟道飞出。

（2）在火星熄灭器中设置网格等障碍物，将较大、较重的火星挡住；或者采用设置旋转叶轮等方法改变烟气流动方向，增加烟气所走的路程，以加速火星的熄灭或沉降。

（3）用喷水或通水蒸气的方法熄灭火星。

5. 化学抑制防爆装置

化学抑爆是在火焰传播显著加速的初期通过喷洒抑爆剂来抑制爆炸的作用范围及猛烈程度的一种防爆技术。它可用于装有气相氧化剂中可能发生爆燃的气体、油雾或粉尘的任何密闭设备。爆炸抑制系统主要由爆炸探测器、爆炸抑制器和控制器 3 部分组成。其作用原理是：高灵敏度的爆炸探测器探测到爆炸发生瞬间的危险信号后，通过控制器启动爆炸抑制器，迅速将抑爆剂喷入被保护的设备中，将火焰熄灭从而抑制爆炸进一步发展。

（二）防爆泄压技术

生产系统内一旦发生爆炸或压力骤增时，可通过防爆泄压设施将超高压力释放出去，以减少巨大压力对设备、系统的破坏或者减少事故损失。防爆泄压装置主要有安全阀、爆破片、防爆门（窗）等。

1. 安全阀

安全阀的作用是为了防止设备和容器内压力过高而爆炸，包括防止物理性爆炸和化学性爆炸。当容器和设备内的压力升高超过安全规定的限度时，安全阀自动开启，泄出部分介质，降低压力至安全范围内再自动关闭，从而实现设备和容器内压力的自动控制，防止设备和容器的破裂爆炸。安全阀在泄出气体或蒸气时，产生动力声响，还可起到报警的作用。安全阀按其结构和作用原理可分为杠杆式、弹簧式和脉冲式等；按气体排放方式分为全封闭式、半封闭式和敞开式三种。安全阀的分类方式、作用原理、结构特点及适用范围见表14-5。

表 14-5 安全阀分类

分类方式	类别	作用原理	结构特点及适用范围
整体结构及加载方式分	杠杆式	利用加载机构(重锤和杠杆)来平衡介质作用载阀瓣上的力	加载机构中重锤质量和位置的变化可以获得较大的开启或关闭力，调整容易而且较正确
			所加载不因阀瓣的升高而增加
			加载机构对振动敏感，常因振动产生泄漏
			结构简单但笨重，限于中、低压系统
			适于温度较高的系统
			不适于持续运行的系统
	弹簧式	利用压缩弹簧的力来平衡介质作用载阀瓣上的力	通过调整螺母来调整弹簧压缩量，从而按需要来校正安全阀的开启压力
			弹簧力随阀的开启高度而变化，不利于阀的迅速开启
			结构紧凑，灵敏度较高，安装位置无严格限制，应用广泛
			对振动的敏感性小，可用于移动式的压力容器
			长期高温会影响弹簧力，不适用于高温系统
	脉冲式	通过辅阀上的加载机构(杠杆式或弹簧式)动作产生的脉冲作用带动主阀动作	结构复杂，通常只使用于安全泄放量很大的系统或者用于高压系统
气体排放方式	全封闭式		排出的气体全部通过排放管排放，介质不外泄，主要用于存有毒或易燃气体的系统
	半封闭式		排出的气体部分通过排放管排放，其他部分从阀盖或阀杆之间的空隙漏出，多用于存有对环境无害气体的系统
	敞开式		没有安装排气管的连接结构，排出的气体从安全阀出口直接排到大气中。多用于存有压缩空气、水蒸气的系统

设置安全阀时应注意以下6点：

（1）新装安全阀，应有产品合格证；安装前应由安装单位继续复校后加铅封，并出具安全阀校验报告。

（2）当安全阀的入口处装有隔断阀时，隔断阀必须保持常开状态并加铅封。

（3）压力容器的安全阀最好直接装设在容器本体上。液化气体容器上的安全阀应安装于气相部分，防止排出液体物料，发生事故。

（4）如安全阀用于排泄可燃气体，直接排入大气，则必须引至远离明火或易燃物，而且通风良好的地方，排放管必须逐段用导线接地以消除静电作用。如果可燃气体的温度高于它的自燃点，应考虑防火措施或将气体冷却后再排入大气。

（5）安全阀用于泄放可燃液体时，宜将排泄管接入事故储槽、污油罐或其他容器；用于泄放高温油气或易燃、可燃气体等遇空气可能立即着火的物质时，宜接入密闭系统的放空塔或事故储槽。

（6）一般安全阀可放空，但要考虑放空口的高度及方向的安全性。室内的设备，如蒸馏塔、可燃气体压缩机的安全阀、放空口宜引出房顶，并高于房顶 2m 以上。

2. 爆破片

爆破片又称防爆膜、防爆片，是一种断裂型的安全泄压装置。当设备、容器及系统因某种原因压力超标时，爆破片即被破坏，使过高的压力释放出来，以防止设备、容器及系统受到破坏。爆破片与安全阀的作用基本相同，但安全阀可根据压力自行开关，如一次因压力过高开启泄放后，待压力正常即自行关闭；而爆破片的使用则是一次性的，如果被破坏，需要重新安装。

爆破片的另外一个作用是，如果压力容器的介质不干净、易于结晶或聚合，这些杂质或结晶体有可能堵塞安全阀，使得阀门不能按规定的压力开启，失去了安全阀的泄压作用，在此情况下就只能用爆破片作为泄压装置。此外，对于工作介质为剧毒气体或可燃气体的压力容器，其泄压装置也采用爆破片而不宜用安全阀，以免污染环境。因为对于安全阀来说，微量的泄漏是难免的。爆破片的防爆效率取决于它的厚度、泄压面积和膜片材料的选择。

设备和容器运行时，爆破片需长期承受工作压力、温度或腐蚀，还要保证设备的气密性，而且遇到爆炸增压时必须立刻破裂。这就要求泄压膜材料要有一定的强度，以承受工作压力；有良好的耐热耐腐蚀性；同时还应具有脆性，当受到爆炸波冲击时，易于破裂；厚度要尽可能的薄，但气密性要好。

爆破片一定要选用有生产许可证单位制造的合格产品，安装要可靠，表面不得有油污；运行中应经常检查法兰连接处有无泄漏；爆破片一般 6~12 个月更换一次。此外，如果在系统超压后未破裂的爆破片以及正常运行中有明显变形的爆破片应立即更换。凡是有重大爆炸危险的设备、容器及管道，都应安装爆破片（例如气体氧化塔、球磨机、进焦煤炉的气体管道、乙炔发生器等）。

3. 防爆门（窗）

防爆门（窗）一般设置在使用油、气或燃烧煤粉的燃烧室外壁上，在燃烧室发生爆燃或爆炸时用于泄压，以防设备遭到破坏。泄压面积与厂房体积的比值宜采用 0.05~0.22。爆炸介质威力较强或爆炸压力上升速度较快的厂房应尽量加大比值。为防止燃烧火焰喷出时将人烧伤或者翻开的门盖将人打伤，防爆门应设置在人不常到的地方，高度不低于 2m。

第十五章 职业危害控制技术

第一节 职业卫生概述

一、职业卫生基本概念

(一) 职业卫生

GB/T 15236—2008《职业安全卫生术语》中对职业卫生的定义是：以职工的健康在职业活动过程中免受有害因素侵害为目的的工作领域及其在法律、技术、设备、组织制度和教育等方面所采取的相应措施。

(二) 职业性有害因素及分类

1. 职业性有害因素

（1）生产过程，指按生产工艺所要求的各项生产工序进行连续或间断作业的过程，它随生产技术、机器设备、使用材料和工艺流程变化而改变。

（2）劳动过程，指在按生产工艺所要求的各项生产中，从事有目的和有价值的职业活动过程，它涉及针对生产工艺流程的劳动组织、生产设备布局、作业者操作体位和劳动方式以及智力和体力劳动的比例。

（3）生产环境，指作业场所环境，包括按工艺过程建立的室内作业环境和周围大气环境以及户外作业大自然环境。

（4）工作场所，也称作业场所，指劳动者进行职业活动的全部地点。

（5）职业性有害健康，也称职业性危害因素或职业危害因素，是指在生产过程中、劳动过程中、作业环境中存在的各种有害的化学、物理、生物因素以及在作业过程中产生的其他危害劳动者健康、能导致职业病的有害因素。

2. 职业性有害因素分类

1）按来源分类

各种职业性有害因素按其来源可分为以下3类：

（1）生产过程中产生的有害因素。

① 化学因素，包括生产性粉尘和化学有毒物质。生产性粉尘，如矽尘、煤尘、石棉尘、电焊烟尘等。化学有毒物质，如铅、汞、锰、苯、一氧化碳、硫化氢、甲醛、甲醇等。

② 物理因素，如异常气象条件（高温、高湿、低温）、异常气压、噪声、振动、辐

射等。

③ 生物因素，如附着于皮毛上的炭疽杆菌、甘蔗渣上的真菌，医务工作者可能接触到的生物传染性病原物等。

（2）劳动过程中的有害因素。

① 劳动组织和制度不合理，劳动作息制度不合理等；

② 精神性职业紧张；

③ 劳动强度过大或生产定额不当；

④ 个别器官或系统过度紧张，如视力紧张等；

⑤ 长时间不良体位或使用不合理的工具等。

（3）生产环境中的有害因素。

① 自然环境中的因素，如炎热季节的太阳辐射；

② 作业场所建筑卫生学设计缺陷因素，例如照明不良、换气不足等。

2）按有关规定分类

2016 年颁布的《职业病分类和目录》将职业危害因素分为十大类 132 种，具体包括：

（1）职业性尘肺病及其他呼吸系统疾病（19 种）：

① 尘肺病（13 种）：硅肺、煤工尘肺、石墨尘肺、炭黑尘肺、石棉肺、滑石尘肺、水泥尘肺、云母尘肺、陶工尘肺、铝尘肺、电焊工尘肺、铸工尘肺、根据《尘肺病诊断标准》和《尘肺病理诊断标准》可以诊断的其他尘肺病。

② 其他呼吸系统疾病（6 种）：过敏性肺炎、棉尘病、哮喘、金属及其化合物粉尘肺沉着病（锡、铁、锑、钡及其化合物等）、刺激性化学物所致慢性阻塞性肺疾病、硬金属肺病。

（2）职业性皮肤病（9 种）：接触性皮炎、光接触性皮炎、电光性皮炎、黑变病、痤疮、溃疡、化学性皮肤灼伤、白斑、根据《职业性皮肤病的诊断总则》可以诊断的其他职业性皮肤病。

（3）职业性眼病（3 种）：化学性眼部灼伤、电光性眼炎、白内障（含放射性白内障、三硝基甲苯白内障）。

（4）职业性耳鼻喉口腔疾病（4 种）：噪声聋、铬鼻病、牙酸蚀病、爆震聋。

（5）职业性化学中毒（60 种）：铅及其化合物中毒（不包括四乙基铅）、汞及其化合物中毒、锰及其化合物中毒、镉及其化合物中毒、铍病、铊及其化合物中毒、钡及其化合物中毒、钒及其化合物中毒、磷及其化合物中毒、砷及其化合物中毒、铀及其化合物中毒、砷化氢中毒、氯气中毒、二氧化硫中毒、光气中毒、氨中毒、偏二甲基肼中毒、氮氧化合物中毒、一氧化碳中毒、二硫化碳中毒、硫化氢中毒、磷化氢（锌、铝）中毒、氟及其无机化合物中毒、氰及腈类化合物中毒、四乙基铅中毒、有机锡中毒、羰基镍中毒、苯中毒、甲苯中毒、二甲苯中毒、正己烷中毒、汽油中毒、一甲胺中毒、有机氟聚合物单体及其热裂解物中毒、二氯乙烷中毒、四氯化碳中毒、氯乙烯中毒、三氯乙烯中毒、氯丙烯中毒、氯丁二烯中毒、苯的氨基及硝基化合物（不包括三硝基甲苯）中毒、三硝基甲苯中毒、甲醇中毒、酚中毒、五氯酚（钠）中毒、甲醛中毒、硫酸二甲酯中毒、丙烯酰胺中毒、二甲基甲酰胺中毒、有机磷中毒、氨基甲酸酯类中毒、杀虫脒中毒、溴甲烷中毒、拟除虫菊酯类中毒、铟及其化合物中毒、溴丙烷中毒、碘甲烷中毒、氯乙酸中毒、环氧乙烷中毒、上述条目未提及的与职业有害因素接触之间存在直接因果联系的其他化学中毒。

（6）物理因素所致职业病（7种）：中暑、减压病、高原病、航空病、手臂振动病、激光所致眼（角膜、晶状体、视网膜）损伤、冻伤。

（7）职业性放射性疾病（11种）：外照射急性放射病、外照射亚急性放射病、外照射慢性放射病、内照射放射病、放射性皮肤疾病、放射性肿瘤（含矿工高氡暴露所致肺癌）、放射性骨损伤、放射性甲状腺疾病、放射性性腺疾病、放射复合伤、根据《职业性放射性疾病诊断标准（总则）》可以诊断的其他放射性损伤。

（8）职业性传染病（5种）：炭疽、森林脑炎、布鲁氏菌病、艾滋病（限于医疗卫生人员及人民警察）、莱姆病。

（9）职业性肿瘤（11种）：石棉所致肺癌和间皮瘤、联苯胺所致膀胱癌、苯所致白血病、氯甲醚和双氯甲醚所致肺癌、砷及其化合物所致肺癌和皮肤癌、氯乙烯所致肝血管肉瘤、焦炉逸散物所致肺癌、六价铬化合物所致肺癌、毛沸石所致肺癌和胸膜间皮瘤、煤焦油、煤焦油沥青、石油沥青所致皮肤癌、β-萘胺所致膀胱癌。

（10）其他职业病（3种）：金属烟热、滑囊炎（限于井下工人）、股静脉血栓综合征、股动脉闭塞症或淋巴管闭塞症（限于刮研作业人员）。

（三）职业接触限值（OEL）

职业性有害因素的接触限值，指劳动者在职业活动过程中长期反复接触，对绝大多数接触者的健康不引起有害作用的容许接触水平。其中，化学有害因素的职业接触限值包括时间加权平均容许浓度、最高容许浓度、短时间接触容许浓度、超限倍数4类。

（1）时间加权平均容许浓度（PC-TWA）：指以时间为权数规定的8小时工作日、40小时工作周的平均容许接触浓度。

（2）最高容许浓度（MAC）：工作地点、在一个工作日内、任何时间有毒化学物质均不应超过的浓度。

（3）短时间接触容许浓度（PC-STEL）：在遵守时间加权平均允许浓度前提下允许短时间（15min）接触的浓度。

（4）超限倍数：对未制定PC-STEL的化学有害因素，在符合8h加权平均允许浓度的情况下，任何一次短时间（15min）接触的浓度均不应超过的PC-TWA的倍数值。

（四）职业禁忌与职业健康监护

1. 职业禁忌

职业禁忌指员工从事特定职业或者接触特定职业危害因素时，比一般职业人群更易于遭受职业危害的侵袭和罹患职业病，或者可能导致原有自身疾病的病情加重，或者在从事作业过程中诱发可能导致对他人生命健康构成危险的疾病的个人特殊生理或者病理状态。

2. 职业健康监护

职业健康监护是通过各种检查和分析，评价职业性有害因素对接触者健康影响及其程度，掌握职工健康状况，及时发现健康损害征象，以便采取相应的预防措施，防止有害因素所致病患的发生和发展。它包括开展职业健康体检、职业病诊疗、建立职业健康监护档案等。

3.职业健康监护档案

职业健康监护档案指生产经营单位需要建立的劳动者职业健康档案，包括劳动者的职业史、职业危害接触史、职业健康检查结果和职业病诊疗等有关个人健康资料。

二、职业卫生工作方针与原则

职业危害因素预防控制工作的目的是：预防、控制和消除职业危害，防治职业病，保护劳动者健康及相关权益，促进经济发展；利用职业卫生与职业医学和相关学科的基础理论，对工作场所进行职业卫生调查，判断职业危害对职业人群健康的影响，评价工作环境是否符合相关法规、标准的要求。

职业危害防治工作，必须发挥政府、生产经营单位、工伤保险、职业卫生技术服务机构、职业病防治机构等各方面的力量，由全社会加以监督，贯彻"预防为主，防治结合"的方针，遵循职业卫生"三级预防"的原则，实行分类管理，综合治理，不断提高职业病的防治管理水平。

第一级预防，又称病因预防，是从根本上杜绝职业危害因素对人的作用，即改进生产工艺和生产设备，合理利用防护设施及个人防护用品，以减少工人接触的机会和程度。将国家制订的工业企业设计卫生标准、工作场所有害物质职业接触限值等作为共同遵守的接触限值或"防护"的准则，可在职业病预防中发挥重要的作用。

根据职业病防治法对职业病前期预防的要求，产生职业危害的生产经营单位的设立，除应当符合法律、行政法规规定的设立条件外，其工作场所还应当符合以下要求：

（1）职业危害因素的强度或者浓度符合国家职业卫生标准。

（2）有与职业危害防护需求相适应的设施。

（3）生产布局合理，符合有害与无害作业分开的原则。

（4）有配套的更衣间、洗浴间、孕妇休息间等卫生设施。

（5）设备、工具、用具及设施符合保护劳动者生理、心理健康的要求。

（6）法律、行政法规和国务院卫生行政部门关于保护劳动者健康的其他要求。

国家实行由安全生产监督管理部门主持的职业危害项目的申报制度，即新建、扩建、改建建设项目和技术改造、技术引进项目可能产生职业危害的，建设单位在可行性论证阶段应当提交职业危害预评价报告。建设项目在竣工验收前，建设单位应当进行职业危害控制效果评价。建设项目竣工验收时，其职业病防护设施经卫生行政部门验收合格后，方可投入正式生产和使用。建设项目的职业危害防护设施所需费用，应当纳入建设项目工程预算，并与主体工程同时设计，同时施工，同时投入生产和使用。这些措施均属于第一级预防措施。

第二级预防，又称发病预防，是早期检测和发现人体受到职业危害因素所致的疾病。其主要手段是定期进行环境中职业危害因素的监测和对接触者的定期体格检查，评价工作场所职业危害程度，控制职业危害，加强防毒防尘，防止物理性因素等有害因素的危害，使工作场所职业危害因素的浓度（强度）符合国家职业卫生标准。对劳动者进行职业健康监护，开展职业健康检查。早期发现职业性疾病损害，早期鉴别和诊断。

第三级预防，是在病人患职业病以后，合理进行康复处理，包括对职业病病人的保障和对疑似职业病病人进行诊断。第三级预防保障职业病病人享受职业病待遇，安排职业病病人进行治疗、康复和定期检查，对不适宜继续从事原工作的职业病病人，应当调离原岗位并妥善安置。

第一级预防是理想的方法，针对整体或选择的人群，对人群健康和福利状态均能起根本的作用，一般所需投入比第二级预防和第三级预防要少，且效果更好。

第二节 职业卫生法规标准

一、职业卫生法规标准体系构成

我国职业卫生法规标准体系包括法律、行政法规、地方性法规、部门规章、规范性文件和标准（表15-1）。

表 15-1 职业卫生法规标准体系

法律		职业病防治法
行政法规		使用有毒物品作业场所劳动保护条例
		尘肺病防治条例
		放射性同位素与射线装置安全和防护条例
		生产安全事故报告和调查处理条例
部门规章	安监总局	作业场所职业危害申报管理办法
		作业场所职业健康监督管理暂行规定
		劳动防护用品监督管理规定
		安全生产监管监察职责和行政执法责任追究的暂行规定
	卫生部	放射工作人员职业健康管理办法
		建设项目职业病危害分类管理办法
		职业卫生技术服务机构管理办法
		职业健康监护管理办法
		国家职业卫生标准管理办法
		职业病危害事故调查处理办法
		职业病危害项目申报管理办法
地方法规		
规范性文件		
标准		

二、主要法规标准简介

（一）法律

1. 根本法

《中华人民共和国宪法》第四十二条明确规定：公民有劳动的权利和义务。国家通过各种途径，创造劳动就业条件，加强劳动保护，改善劳动条件，并在发展的基础上，提高劳动报酬和福利待遇。国家对就业前的公民进行必要的劳动就业培训。

2. 基本法律

《职业病防治法》为职业卫生领域的最高普通法，明确了"保障劳动者健康权益"这一立法基本宗旨和"预防为主、防治结合"的基本工作方针。《职业病防治法》分总则、前期预防、劳动过程中的预防与管理、职业病诊断与职业病病人保障、监督检查、法律责任和附则。

（二）主要行政法规

1.《尘肺病防治条例》

该条例分总则、防尘、监督和监测、健康管理、奖励和处罚、附则。对企业的防尘责任、防尘投入、禁止危害转嫁、建设项目防尘工作"三同时"、接尘工人的健康体检和职业病诊疗等进行了规定。

2.《使用有毒物品作业场所劳动保护条例》

该条例的目的是"为了保证作业场所安全使用有毒物品，预防、控制和消除职业中毒危害，保护劳动者的生命安全、身体健康及相关权益"，共八章71条，基本架构同《职业病防治法》，对一些具体事项进行了详细规定。

（三）主要部门规章

主要部门规章是卫生部、国家安全生产监督管理总局制定的部门规章。主要有《作业场所职业健康监督管理暂行规定》《作业场所职业危害申报管理办法》《劳动防护用品监督管理规定》《放射工作人员职业健康管理办法》《职业卫生技术服务机构管理办法》《职业健康监护管理办法》等。

（四）主要规范性文件

主要规范性文件指国务院、国家安全生产监督管理总局和卫生部等制定的规范职业卫生工作的政策文件。主要有《国务院办公厅关于印发国家职业病防治规划》《国务院关于加强放射性同位素和射线装置放射防护管理工作的通知》《国务院关于加强防尘防毒工作的决定》《国家安全监管总局关于加强石棉矿山及石棉制品企业粉尘危害治理工作的通知》《国家安全监管总局关于加强石英砂加工企业粉尘危害治理工作的通知》《高毒物品目录》《职业病分类和目录》和《职业危害因素分类目录》等。

（五）标准

《标准化法》规定，在工业产品的生产、储藏以及运输过程中必须按照安全卫生要求制定标准。依据该法，标准分为国家标准、部门标准、地方标准、企业标准4类，国家标准有GB（强制性国家标准）、CB/T（推荐性国家标准）、CB/Z（国家标准化指导性技术文件）3种。目前涉及职业卫生标准的部门标准包括卫生（WS）标准和安全（AQ）标准。依据《职业病防治法》，卫生部于2002年制定《国家职业卫生标准管理办法》，提出了国家职业卫生标准（GB/Z）及其分类，包括职业卫生专业基础标准、工作场所作业条件卫生标准、职业接触限值标准、职业病诊断标准、职业照射放射防护标准、职业防护用品卫生标准、职业性危害因素监测检验方法标准等几类。

第三节 职业危害识别与控制

一、职业危害识别

（一）粉尘与尘肺

1. 生产性粉尘

能够较长时间悬浮于空气中的固体微粒叫作粉尘。从胶体化学观点来看，粉尘是固态分散性气溶胶。其分散媒是空气、分散相是固体微粒。

在生产中，与生产过程有关而形成的粉尘叫作生产性粉尘。生产性粉尘对人体有多方面的不良影响，尤其是含有游离二氧化硅的粉尘，能引起严重的职业病——硅肺。

不同分散度的生产性粉尘，因粉尘颗粒粒径大小的差异，其进入人体呼吸系统的情况存在差异，在生产性粉尘的采样监测与接触限值制定上，通常将其分为总粉尘与呼吸性粉尘两种类型：

（1）总粉尘：可进入整个呼吸道（鼻、咽和喉、胸腔支气管、细支气管和肺泡）的粉尘，简称"总尘"。技术上是用总粉尘采样器按标准方法在呼吸带测得的所有粉尘。

（2）呼吸性粉尘：按呼吸性粉尘标准测定方法所采集的可进入肺泡的粉尘粒子，其空气动力学直径均在 7.07μm 以下，空气动力学直径 5μm 粉尘粒子的采样效率为 50%，简称"呼尘"。

2. 生产性粉尘的来源

生产性粉尘来源于以下 3 个方面：

（1）固体物质的机械加工、粉碎，其所形成的尘粒，小者可为超显微镜下可见的微细粒子，大者肉眼即可看到，如金属的研磨、切削，矿石或岩石的钻孔、爆破、破碎、磨粉以及粮谷加工等。

（2）物质加热时产生的蒸气可在空气中凝结成小颗粒，或者被氧化形成颗粒状物，其所形成的微粒直径多小于 1um，如熔炼黄铜时，锌蒸气在空气中冷凝、氧化形成氧化锌烟尘。

（3）有机物质的不完全燃烧，其所形成的微粒直径多在 0.5um 以下，如木材、油、煤炭等燃烧时所产生的烟。

此外，对铸件翻砂、清砂作业时或生产中使用粉末状物质在进行混合、过筛、包装、搬运等操作时，也可产生多量粉尘；沉积的粉尘由于振动或气流的影响重又回到空气中（二次扬尘）也是生产性粉尘的一项主要来源。

3. 生产性粉尘的分类

生产性粉尘根据其性质可分为 3 类。

1）无机性粉尘

（1）矿物性粉尘，如煤尘、硅石、石棉、滑石等。

（2）金属性粉尘，如铁、锡、铝、铅、锰等。

（3）人工无机性粉尘，如水泥、金刚砂、玻璃纤维等。

2）有机性粉尘

（1）植物性粉尘，如棉、麻、面粉、木材、烟草、茶等。

（2）动物性粉尘，如兽毛、角质、骨质、毛发等。

（3）人工有机粉尘，如有机燃料、炸药、人造纤维等。

3）混合性粉尘

混合性粉尘指上述各种粉尘混合存在。在生产环境中，最常见的是混合性粉尘。

4. 生产性粉尘的致病机理

生产性粉尘的理化性质与其生物学作用及现场防尘措施等有密切关系。在卫生学上有意义的粉尘理化性质有分散度、溶解度、比重、形状、硬度、荷电性、爆炸性及粉尘的化学成分等。

一般认为，硅肺的发生和发展与从事接触矽尘作业的工龄、粉尘中游离二氧化硅的含量、二氧化硅的类型、生产场所粉尘浓度、分散度、防护措施以及个体条件等有关。劳动者一般在接触矽尘5~10年才发病，有的潜伏期可长达15~20年。接触游离二氧化硅含量高的粉尘，也有1~2年发病的。其机理是由于矽尘进入肺内，可引起肺泡的防御反应，成为尘细胞。其基本病变是硅结节的形成和弥漫性间质纤维增生，主要是引起肺纤维性改变。

5. 生产性粉尘引起的职业病

生产性粉尘的种类繁多，理化性状不同，对人体所造成的危害也是多种多样的。就病理性质可概括为以下7种：

（1）全身中毒性，如铅、锰、砷化物等粉尘。

（2）局部刺激性，如生石灰、漂白粉、水泥、烟草等粉尘。

（3）变态反应性，如大麻、黄麻、面粉、羽毛、锌烟等粉尘。

（4）光感应性，如沥青粉尘。

（5）感染性，如破烂布屑、兽毛、谷粒等粉尘，有时附有病原菌。

（6）致癌性，如铬、镍、砷、石棉及某些光感应性和放射性物质的粉尘。

（7）尘肺，如煤尘、矽尘、矽酸盐尘。

尘肺是由于吸入生产性粉尘引起的以肺的纤维化为主要变化的职业病。由于粉尘的性质、成分不同，对肺脏所造成的损害、引起纤维化程度也有所不同。从病因上分析，可将尘肺分为6类：硅肺、硅酸盐肺、炭尘肺、金属尘肺、混合性尘肺、有机尘肺。

6. 生产性粉尘治理的技术措施

采用工程技术措施消除和降低粉尘危害，是治本的对策，是防止尘肺发生的根本措施。

1）改革工艺过程

通过改革工艺流程使生产过程机械化、密闭化、自动化，从而消除和降低粉尘危害。

2）湿式作业

湿式作业防尘的特点是防尘效果可靠，易于管理，投资较低。该方法已为厂矿广泛应用，如石粉厂的水磨石英和陶瓷厂、玻璃厂的原料水碾、湿法拌料、水力清砂、水爆清砂等。

3）密闭、抽风、除尘

对不能采取湿式作业的场所应采用该方法。干法生产容易造成粉尘飞扬，可采取密闭、抽风、除尘的办法，但其基础是首先必须对生产过程进行改革，理顺生产流程，实现机械化生产。在手工生产、流程紊乱的情况下，该方法是无法奏效的。密闭、抽风、除尘系统可分为密闭设备、吸尘罩、通风管、除尘器等几个部分。

4）个体防护

当防尘、降尘措施难以使粉尘浓度降至国家标准水平以下时，应佩戴防尘护具。另外，应加强对员工的教育培训、现场的安全检查以及对防尘的综合管理等。

（二）生产性毒物与职业中毒

1. 生产性毒物及其危害

凡少量化学物质进入机体后，能与机体组织发生化学或物理化学作用，破坏正常生理功能，引起机体暂时或长期病理状态的，称为毒物。

在生产经营活动中，通常会生产或使用化学物质，它们发散并存在于工作环境空气中，对劳动者的健康产生危害，这些化学物质称为生产性毒物（或化学性有害物质）。

1）毒物毒性

毒物毒性大小可以用引起某种毒性反应的剂量来表示。在引起同等效应的条件下，毒物剂量越小，表明该毒物的毒性越大。化学物质的危害程度分级分为剧毒、高毒、中等毒、低毒、和微毒 5 个级别。

2）毒物危害性

毒物的危害性不仅取决于毒物毒性，还受生产条件、劳动者个体差异的影响。因此，毒性大的物质不一定危害性大；毒性与危害性不能画等号。

影响毒物毒性作用有以下因素：

（1）化学结构。毒物的化学结构对其毒性有直接影响。在各类有机非电解质之间，其毒性大小依次为芳烃>醇>酮>脂肪烃。同类有机化合物中卤族元素取代氢时，毒性增加。

（2）物理特性。毒物的溶解度、分解度、挥发性等与毒物的毒性作用有密切关系。毒物在水中溶解度越大，其毒性越大；分解度越大，不仅化学活性增加，而且易进到呼吸道的深层部位而增加毒性作用；挥发性越大，危害性越大。一般，毒物沸点与空气中毒物浓度和危害程度成反比。

（3）毒物剂量。毒物进人体内需要达到一定剂量才会引起中毒。在生产条件下，毒物剂量与毒物在工作场所空气中的浓度和接触时间有密切关系。

（4）毒物联合作用。在生产环境中，毒物往往不是单独存在的，而是与其他毒物共存，可对人体产生联合毒性作用，可表现为相加作用、相乘作用、拮抗作用。

（5）生产环境与劳动条件。生产环境的温度、温度、气压、气流等能影响毒物的毒性作用。高温可促进毒物挥发，增加人体吸收毒物的速度；湿度可促使某些毒物如氧化氢、氟化氢的毒性增加，高气压可使毒物在体液中的溶解度增加；劳动强度增大时人体对毒物更敏感，或吸收量加大。

（6）个体状态。接触同一剂量的毒物，不同个体的反应可迥然不同。引起这种差异的个体因素包括健康状况、年龄、性别、营养、生活习惯和对毒物的敏感性等。一般，未成年人和妇女生理变动期（经期、孕期、哺乳期）对某些毒物敏感性较高；烟酒嗜好往往增加毒物的毒性作用；也有遗传缺陷或遗传疾病等遗传因素，造成个体对某些化学物质更为敏感。

3）毒物作用于人体的危害表现

中毒有急性、慢性之分，也可能以身体某个脏器的损害为主，表现多种多样：

（1）局部刺激和腐蚀。例如，人接触氨气、氯气、二氧化硫等，可出现流泪、睁不开眼、鼻痒、鼻塞、咽干、咽痛等表现，这是因为这些气体有刺激性，严重时可出现剧烈咳嗽、痰中带血、胸闷、胸疼。高浓度的氨、硫酸、盐酸、氢氧化钠等酸碱物质，还可腐蚀皮肤、黏膜，引起化学灼伤，造成肺水肿等。

（2）中毒。例如，长期吸入汞蒸气，可出现头痛、头晕、乏力、倦息、情绪不稳等全身症状，还可有流涎、口腔溃疡、手颤等体征，实验室检查尿汞高，可诊断为汞中毒。

此外，有的化学物质长期接触后，会造成女工自然流产、后代畸形；有的会增加群体肿瘤的发病率；有的则会改变免疫功能等。

2. 职业中毒

劳动者在生产过程中过量接触生产性毒物引起的中毒，称为职业中毒。由于它是在生产过程中形成的，与所从事的作业密切相关，所以称之为职业中毒。当然，职业中毒并不都是急性中毒，还有慢性中毒。毒物可经过呼吸道吸入，也可经过皮肤吸入。总之，职业中毒的表现是多种多样的。

1）生产性毒物存在方式

生产性毒物在生产过程中，可在原料、辅助材料、夹杂物、半成品、成品、废气、废液及废渣中存在。各种毒物由于其物理和化学性质不同，以及职业活动条件的不同，在工作场所空气中的存在状态有所不同。

2）生产性毒物侵入人体的途径

（1）吸入。呈气体、蒸气、气溶胶状态的毒物经呼吸道进入人体内。进入呼吸道的毒物，可通过肺泡直接进入血液循环，其毒性作用大、发生快。大多数情况下，毒物都是由此途径进入人体的。

（2）经皮吸收。在作业过程中经皮肤吸收而导致中毒者也较常见。经皮吸收有两种，经表皮或经过汗腺、毛囊等吸收，吸收后直接进入血液循环。

（3）食入。较少见，可为误食或吞入。氰化物可在口腔中经黏膜吸收。

3）职业中毒的类型

侵入人体的生产性毒物引起的职业中毒，按发病过程可分为3种类型：

（1）急性中毒。由毒物一次或短时间内大量进入人体所致，多数由生产事故或违反操作规程所引起。

（2）慢性中毒。慢性中毒是长期小剂量毒物进入机体所致，绝大多数是由蓄积作用的毒物引起的。

（3）亚急性中毒。亚急性中毒介于以上两者之间，是在短时间内有较大量毒物进入人体所产生的中毒现象。

4）职业接触生产性毒物机会

（1）正常生产过程存在生产性毒物的生产过程中，到装置内取样，样品可挥发溢出；

在罐顶检查储罐储存量、进入装置设备巡检、清罐、加料等，均可接触到有关的化学毒物；装置排污、污水处理和设备泄漏等作业接触毒物的机会更多。

（2）检修与抢修过程中，进入塔、罐检修，对设备进行吹扫置换时，会释放出有害气体。

（3）意外事故，往往造成大量毒物泄漏，增加人员接触毒物的机会。

5）生产性毒物危害治理措施

生产过程的密闭化、自动化是解决毒物危害的根本途径。采用无毒、低毒物质代替有毒或高毒物质是从根本上解决毒物危害的首选办法。

（1）密闭—通风排毒系统。

该系统由密闭罩、通风管、净化装置和通风机构成。采用该系统必须注意两点：①系统必须注意安全、防火、防爆问题；②正确选择气体的净化和回收利用方法，防止二次污染，防止环境污染。

（2）局部排气罩。

"就地密闭，就地排出，就地净化"是通风防毒工程的一个重要的技术准则。排气罩就是实施毒源控制，防止毒物扩散的具体技术装置。局部排气罩按其构造分为3种类型：

① 密闭罩。在工艺条件允许的情况下，尽可能将毒源密闭起来，然后通过通风管将含毒空气吸出，送往净化装置，净化后排放大气。

② 开口罩。在生产工艺操作不可能采取密闭罩排气时，可按生产设备和操作的特点，设计开口罩排气。按结构形式，开口罩分为上吸罩、侧吸罩和下吸罩。

③ 通风橱。为防止通风橱内机械设备的扰动、化学反应或热源的热压、室内横向气流的干扰等原因而引起的有害物质逸出，必须对通风橱实行排气，使橱内形成负压状态，以防止有害物质逸出。

（3）排出气体的净化。

根据输送介质特性和生产工艺的不同，可采用不同的有害气体净化方法。大致分为洗涤法、吸附法、袋滤法、静电法、燃烧法和高位排空法。

（4）个体防护。

凡是接触毒物的作业都应规定有针对性的个人卫生制度，必要时应列入操作规程，比如不准在作业场所吸烟、吃东西，班后洗澡，不准将工作服带回家中等等。个体防护制度不仅保护操作者自身，而且可避免家庭成员，特别是儿童间接受害。属于作业场所的防护用品有防护服装、防毒口罩和防毒面具。

（三）物理性职业危害因素及所致职业病

作业场所常见的物理性职业性危害因素包括噪声、振动、电磁辐射、异常气象条件（气温、气流、气压）等。

1. 噪声

1）生产性噪声的特性、种类及来源

在生产过程中，由于机器转动、气体排放、工件撞击与摩擦所产生的噪声，称为生产性噪声或工业噪声。可归纳为以下3类：

（1）空气动力噪声，由于气体压力变化引起气体扰动，气体与其他物体相互作用所致。

如风机、空气压缩机、风动工具。

（2）机械性噪声，机械撞击、摩擦或质量不平衡旋转等机械力作用下引起固体部件振动所产生的噪声。例如，各种车床、电锯、电刨等发出的噪声。

（3）电磁噪声，由于磁场脉冲，磁致伸缩引起电气部件振动所致。如电磁式振动台和振荡器、大型电动机等产生的噪声。

生产性噪声引起的职业病——噪声聋，由于长时间接触噪声导致的听阈升高，不能恢复到原有水平的，称为永久性听力阈移，临床上称噪声聋。职业噪声还具有听觉外效应，可引起人体其他器官或机能异常。

2）噪声的控制措施

（1）消除或降低噪声、振动源，如铆接改为焊接、锤击成型改为液压成型等。为防止振动，使用隔绝物质，如用橡皮、软木和砂石等隔绝噪声。

（2）消除或减少噪声、振动的传播，如吸声、隔声、隔振、阻尼。

（3）加强个体防护和健康监护。

2. 振动

生产过程中产生振动的机械有锻造机、冲压机、压缩机、振动机等。在生产中手臂振动所造成的危害，较为明显和严重，国家已将手臂振动的局部振动病列为职业病。存在手臂振动的生产作业主要有以下4类。

（1）使用捶打工具作业。以压缩空气为动力，如凿岩机、选煤机、混凝土搅拌机、倾卸机、空气锤、筛选机、风铲等。

（2）使用手持转动工具作业。如电钻、风钻、手摇钻、油锯等。

（3）使用固定轮转工具作业。如砂轮机、抛光机、球磨机、电锯等。

（4）驾驶交通运输工具或农业机械作业。如汽车、火车、收割机等驾驶员，手臂长时间把持操作把手，也存在手臂振动。

振动的控制措施包括：

（1）控制振动源。应在设计、制造生产工具和机械时采用减振措施，使振动降低到对人体无害水平。

（2）改革工艺，采用减振和隔振等措施。如采用焊接等新工艺代替铆接工艺；采用水力清砂代替风铲清砂；工具的金属部件采用塑料或橡胶材料，减少撞击振动。

（3）限制作业时间和振动强度。

（4）改善作业环境，加强个体防护及健康监护。

3. 电磁辐射

1）非电离辐射

（1）高频作业、微波作业。

高频作业主要有高频感应加热，如金属的热处理、表面淬火、金属熔炼、热轧及高频焊接等。射频辐射对人体的影响不会导致组织器官的器质性损伤，主要引起功能性改变，并具有可逆性特征，症状往往在停止接触数周或数月后可消失。

微波对机体的影响分致热效应和非致热效应两类，由于微波可选择性加热含水分组织而可造成机体热伤害，非致热效应主要表现在神经、分泌和心血管系统。

（2）红外线。

在生产环境中，加热金属、熔融玻璃、强发光体等可成为红外线辐射源。炼钢工、铸造工、轧钢工、锻造工等可接触到红外线辐射。

白内障是长期接触红外辐射而引起的常见职业病，其原因是红外线可致晶状体损伤。职业性白内障已列入我国职业病名单。

（3）紫外线。

生产环境中，物体温度达 1200℃ 以上辐射的电磁波谱中即可出现紫外线。常见的工业辐射源有冶炼炉（高炉、平炉、电炉）、电焊、氧乙炔气焊、氩弧焊、等离子焊接等。紫外线作用于皮肤能引起红斑反应。强烈的紫外线辐射可引起皮炎，皮肤接触沥青后再经紫外线照射，能发生严重的光感性皮炎，并伴有头痛、恶心、体温升高等症状。长期遭受紫外线照射，可发生湿疹、毛囊炎、皮肤萎缩、色素沉着，甚至可导致皮肤癌的发生。

在作业场所比较多见的是紫外线对眼睛的损伤，即由电弧光照射所引起的职业病——电光性眼炎。此外，在雪地作业、航空航海作业时，受到大量太阳光中紫外线的照射，也可引起类似电光性眼炎的角膜、结膜损伤，称为太阳光眼炎或雪盲症。

（4）激光。

激光也是电磁波，属于非电离辐射。在工业生产中主要利用激光辐射能量集中的特点，进行焊接、打孔、切割、热处理等作业。

激光对健康的影响主要由其热效应和光化学效应造成，可引起机体内某些酶、氨基酸、蛋白质、核酸等的活性降低甚至失活。

眼部受激光照射后，可突然出现眩光感、视力模糊等。激光意外伤害，除个别人会发生永久性视力丧失外，多数经治疗均有不同程度的恢复。激光对皮肤也可造成损伤。

2）电离辐射

凡能引起物质电离的各种辐射称为电离辐射。如各种天然放射性核素和人工放射性核素、X 线机等。

电离辐射能引起职业病——放射病。放射性疾病是人体受各种电离辐射照射而发生的各种类型和不同程度损伤（或疾病）的总称。它包括：全身性放射性疾病，如急、慢性放射病；局部放射性疾病，如急、慢性放射性皮炎、放射性白内障；放射所致远期损伤，如放射所致白血病。

电离辐射的防护，主要是控制辐射源的质和量。电离辐射的防护分为外照射防护和内照射防护。外照射防护的基本方法有时间防护、距离防护和屏蔽防护，通称"外防护三原则"。内照射防护的基本防护方法有围封隔离、除污保洁和个人防护等综合性防护措施。

4. 异常气象条件

气象条件主要是指作业环境周围空气的温度、湿度、气流与气压等。在作业场所，由这4 个要素组成的微小气候和劳动者的健康关系很大。作业场所的微小气候既受自然条件影响，也受生产条件影响。

1）异常气象条件定义

（1）空气温度。生产环境的气温，受大气和太阳辐射的影响，在纬度较低的地区，夏季容易形成高温作业环境。生产场所的热源，如各种熔炉、锅炉、化学反应釜及机械摩擦和转动等产生的热量，都可以通过传导和对流加热空气。在人员密集的作业场所，人体散热也可对工作场所的气温产生一定影响。

（2）湿度。对作业环境湿度的影响主要来自车间内各种敞开液面的水分蒸发或蒸汽放散情况，如造纸、印染、缫丝、电镀、屠宰等工艺中就存在上述情况，可以使生产环境的湿度增大。潮湿的矿井、隧道以及潜涵、捕鱼等作业也可以遇到相对湿度大于80%的高湿度的作业环境。在高温作业车间也可遇到相对湿度小于30%的低湿度。影响车间内温度的因素还包括大气气象条件。

（3）风速。生产环境的气流除受自然风力的影响外，也与生产场所的热源分布和通风设备有关。热源使室内空气加热，产生对流气流，通风设备可以改变气流的速度和方向。矿井或高温车间的空气淋浴，生产环境的气流方向和速度要受人工控制。

（4）热辐射。热辐射是指能产生热效应的辐射线，主要是指红外线及一部分可见光。太阳的辐射以及生产场所的各种熔炉、开放的火焰、熔化的金属等均能向外散发热辐射，既可以作用于人体，也可以使周围物体加热成为二次热源，扩大了热辐射面积，加剧了热辐射强度。

（5）气压。一般情况下，工作环境的气压与大气压相同，虽然在不同的时间和地点可以略有变化，但变动范围很小，对机体无不良影响。

2）异常气象条件对人体的影响

（1）高温作业对机体的影响。高温作业对机体的影响主要是体温调节和人体水盐代谢的紊乱，机体内多余的热不能及时散发掉，产生蓄热现象而使体温升高。在高温作业条件下大量出汗，可使体内水分和盐大量丢失。一般生活条件下出汗量为每日6L以下，高温作业工人日出汗量可达0~10L，甚至更多。汗液中的盐主要是氧化钠和少量钾，大量出汗可引起体内水盐代谢紊乱，对循环系统、消化系统、泌尿系统都可造成一些不良影响。

（2）低温作业对机体的影响。在低温环境中，皮肤血管收缩以减少散热，内脏和骨骼肌血流增加、代谢加强，骨骼肌收缩产热，以保持正常体温。如时间过长，超过了人体耐受能力，体温逐渐降低。由于全身过冷，使机体免疫力和抵抗力降低，易患感冒、肺炎、肾炎、肌痛、神经痛，甚至可导致冻伤。

（3）高低气压作业对人体的影响。高气压对机体的影响，在不同阶段表现不同。在加压过程中，可引起耳冲塞、耳鸣、头晕等，甚至造成鼓膜破裂。在高气压作业条件下，欲恢复到常压状态时，有个减压过程，在减压过程中，如果减压过速，则可引起减压病。低气压作业对人体的影响主要是由于低氧性缺氧而引起的损害，如高原病。

3）异常气象条件引起的职业病

（1）中暑。中暑是高温作业环境下发生的一类疾病的总称，是机体散热机制发生障碍的结果。按病情轻重可分为先兆中暑、轻症中暑、重症中暑。重症中暑可出现晕倒或痉挛，皮肤干燥无汗，体温在40℃以上等症状。

（2）减压病。急性减压病主要发生在潜水作业后，减压病的症状主要表现为：皮肤奇痒、灼热感；肌肉、关节和骨骼酸痛或针刺样剧烈疼痛；头痛、眩晕、失明、听力减退等。

（3）高原病。高原病是发生于高原低氧环境下的一种疾病。急性高原病分为三种：急性高原反应、高原肺水肿、高原脑水肿等。

二、职业危害控制

职业危害控制主要是指针对作业场所存在的职业危害因素的类型、分布、浓度和强度等情况，采用多种措施加以控制，使之消除或者降到容许接受的范围之内，以保护作业人员的身体健康和生命安全。

（一）工程控制技术措施

指应用工程技术的措施和手段（如密闭、通风、冷却、隔离等），控制生产工艺过程中产生或存在的职业危害因素的浓度或强度，使作业环境中有害因素的浓度或强度降至国家职业卫生标准容许的范围。

（二）个体防护措施

对于经工程技术治理后仍然不能达到限值要求的职业危害因素，为避免其对劳动者造成健康损害，需要为劳动者配备有效的个体防护用品。针对不同类型的职业危害因素，应选用合适的防尘、防毒或者防噪等个体防护用品。

（三）组织管理等措施

在生产和劳动过程中，加强组织管理也是职业危害控制工作的重要一环，通过建立健全职业危害预防控制规章制度，确保职业危害预防控制有关要素的良好与有效运行，是保障劳动者职业健康的重要手段，也是合理组织劳动过程、实现生产工作高效运行的基础。

第十六章　现场急救知识与实用技术

第一节　现场急救概述

一、急救的类型

（一）院前救护（现场急救）

院前救护是指危急重病人进入医院前的急救护理，其含义是：

（1）接到呼救后，争取在最短的时间内到达现场；

（2）给予现场伤员以最有效的救护措施；

（3）在不停止救护的情况下，安全、迅速地将伤员转运到相关医院继续救治。

（二）院内急诊救护

院内急诊救护指医院内急诊部门的医护人员接收各类急性伤病员、慢性病急性发作及危重症病人，对其进行抢救、治疗和护理。

（三）重症监护（ICU）

重症监护是指专业医护人员将各类危重病人集中管理，应用现代化的医疗设施和先进临床检测技术对病人进行严密的监护、有力的治疗和护理，从而使病人能度过危险期，为康复奠定基础，提高危重病人的抢救成功率和治愈率。

二、现场急救的目的

现场急救的目的是：

（1）保存生命；

（2）防止病情恶化；

（3）改善预防。

第二节　现场急救常用急救技术

一、心肺脑复苏

通常将心肺脑复苏分为 3 个阶段：基础生命支持（BLS）、进一步生命支持（ALS）、长程生命支持（即脑复苏）。

（一）基础生命支持

基础生命支持也称基础复苏。其目的是迅速恢复循环和呼吸，维持重要器官供氧和供血，维持基础生命活动，为进一步复苏处理创造有力条件。基础生命支持包括心脏骤停或呼吸停止的识别、气道阻塞的处理、建立气道、人工呼吸和循环。

1. 确定病人是否心脏骤停

发现突然丧失意志的病人时，立即呼唤和摇动病人肩部，观察有无反应，同时触摸病人颈动脉或股动脉有无搏动。

2. 呼唤救助

如果病人无反应，应立即呼唤救助。

3. 安置病人

当确定病人意识丧失时，立即将病人置于平坦，坚硬的地面或硬板上，复苏者位于病人右侧，开始心肺复苏。

4. 保持气道通畅

对意识丧失的病人迅速建立气道，并清除气道内异物或污物，常用开放气道解除梗阻的方法有 3 种：头后仰—下颌上提法；头后仰—抬颈法；下颌前提法。

5. 人工呼吸

1）口对口呼吸

复苏者用拇指和食指捏住病人鼻孔，深吸气后，向其口腔吹气两次，每次吹气量为 800~1200mL。吹气速度均匀，保持肺膨胀压低于 20cm 水柱。继而以每分钟 12 次的频率继续人工通气，直至获得其他辅助通气装置或病人恢复自主呼吸。

2）口对鼻呼吸

对有严重口部损伤或牙关紧闭者，采用口对鼻通气法。复苏者一只手前提病人下颌，另一只手封闭病人口唇，进行口对鼻通气。通气量及通气频率同口对口呼吸。

6. 建立人工循环

1）判断病人有无脉搏

人工通气支持时，应随时检查颈动脉有无搏动，5~10s 无脉搏，立即开始人工循环。

2）胸外心脏按压

采用胸外心脏按压应掌握 6 个要点：（1）复苏者应在病人右侧；（2）按压部位与手法——双手叠加，掌根部放在胸骨中下 1/3 处垂直按压；（3）按压深度——成人为 4~5cm，儿童为 3~4cm，婴儿为 1.3~2.5cm；（4）按压频率——成人和儿童为 80~100 次/min，婴儿为 100 次/min 以上；（5）按压/放松时间比为 1：1；（6）按压与呼吸频率——单人复苏时为 15：2，双人复苏时为 5：1。

心肺复苏期间，心脏按压中断时间不得超过 5s。气道内插管或搬动病人时，中断时间不应超过 30s。

（二）进一步生命支持

进一步生命支持是指在医院急诊部门的急救，主要措施为：

（1）开放气道与通气支持，包括供氧、开放气道、机械辅助通气。

（2）人工辅助循环。

（3）心电监测。

（三）脑复苏

复苏成功并非仅指自主呼吸和循环恢复，智能恢复，即脑复苏是复苏的最终目的。因此，从现场基础生命支持开始，即应着眼于脑复苏。脑复苏需要借助检测仪器对病情进行严密观察，这里不再赘述。

二、止血技术

（1）加压包扎止血法：一般用于较小创口的出血。

（2）指压止血法：主要用于动脉出血的一种临时止血方法。

（3）抬高肢体止血法：抬高出血的肢体是减缓血液流速的临床应急止血措施。

（4）屈肢加垫止血法：主要用于无骨折和关节损伤的四肢出血的止血方法。

（5）填塞止血法：先可用吸收性明胶海绵填入伤口，后用大块无菌敷料加压包扎。

（6）止血带止血法：主要用于四肢大血管出血加压包扎不能有效止血时，在出血部位近心端肢体上选择动脉搏动处，在伤口近心端垫上衬垫；左手在距止血带一端约10cm处用拇指、食指和中指捏紧止血带，手背下压衬垫，右手将止血带绕伤肢一圈，扎在衬垫上，绕第二圈后把止血带塞入左手食指和中指之间，两指夹紧，向下牵拉，打成一个活结，外观呈一个倒置A字形。

三、包扎技术

包扎具有保护创面、压迫止血、骨折固定、用药及减轻疼痛的作用。包扎用物有绷带、三角巾、多头带、丁字带。包扎方法主要包括绷带和三角巾包扎法。

四、固定技术

对于骨折、关节严重损伤、肢体挤压和大面积软组织损伤的伤病员，应采取临时固定的方法，以减轻痛苦、减少并发症、方便转运。

（一）固定材料

固定使用的材料有：木制夹板、充气夹板、钢丝夹板、可塑性夹板及其他制品。

（二）固定方法

固定方法为：是脊柱骨折固定，上肢骨折固定，下肢骨折固定。

（三）固定的注意事项

（1）对于各部位骨折，其周围软组织、血管、神经可能有不同程度的损伤，或有体内器官的损伤，应先处理危及生命的伤情和病情，如心肺复苏、抢救休克、止血包扎等，然后才是固定。

（2）固定的目的是防止骨折断端移位，而不是复位。对于伤病员，看到受伤部位出现畸形，也不可随便矫正拉直，注意预防并发症。

（3）选择固定材料应长短、宽窄适宜，固定骨折处上下两个关节，以免受伤部位的移动。

（4）对于开放性骨折合并关节脱位，应先包扎伤口。用夹板固定时，先固定骨折下部，以防充血。

（5）固定时动作应轻巧，固定应牢靠，且松紧适度。

五、转运技术

在转运过程中应正确地搬运病人，可徒手搬运或用担架搬运，要根据病情选择合适的搬运方法和搬运工具。

徒手搬运，即救护人员不使用工具，而只运用技巧徒手搬运伤病员，包括单人搀扶、背驮、双人搭椅、拉车式及三人搬运等。

担架搬运的种类有：

（1）铲式担架搬运，适用于脊柱损伤，骨盆骨折的病人。

（2）板式担架搬运，适用于心肺复苏及骨折病人。

（3）四轮担架搬运，可以推行，固定于救护车、救生艇、飞机上，也可以与院内担架车对接，而不必搬运病人即可将病人连同担架移至另一辆担架车上。

（4）其他搬运包括帆布担架、可折叠式搬运椅等。

第三节　常见急症的急救

一、出血

（一）定义

出血是许多疾病的一个急性症状，也是创伤后的主要并发症之一。要及时判断血压是否正常，估计出血量。

（二）急救措施

首先判断出血性质：动脉出血者，出血为搏动样喷射，呈鲜红色；静脉出血者，血液从伤口持续涌出，呈暗红色；毛细血管出血，血液从伤口渗出或流出，量少，呈红色。

500mL 以下出血，病人常无明显反应；500～1000mL 出血，病人可表现口唇苍白或发绀、四肢冰凉、头晕、无力等；1000～2000mL 出血，病人可表现心悸、四肢厥冷、脉搏细速、反应冷淡、心率 130 次/min 以上、血压下降。

根据出血性质，采用不同的止血措施，方可达到良好的止血效果。

二、晕厥

（一）定义

晕厥是突然发生的、短暂的、完全的意识丧失。

（二）急救措施

（1）卧床休息；

（2）保持呼吸道畅通，解开衣领，病人平卧或头低脚高；

（3）注意环境空气流通；

（4）注意保暖；

（5）病人清醒后可给热糖水；

（6）安慰病人。

三、抽搐与惊厥

（一）定义

抽搐是由于各种不同原因引起的一时性脑功能紊乱，伴有或不伴有意识丧失，出现全身或局部骨骼肌群非自主的强直性或阵挛性收缩，导致关节运动。

惊厥是全身或局部肌肉突然出现的强直性或阵发性痉挛，双眼球上翻并固定，常伴有意识障碍。

（二）急救措施

抽搐与惊厥发作时的救护：

（1）平卧，头偏向一侧；

（2）开放气道；

（3）安全保护，保持环境安静，避免刺激；

（4）降温，解毒。

发作后的护理：

（1）安静，充分休息让其恢复体力；

（2）安慰病人。

四、昏迷

（一）定义

昏迷是指高级神经活动对内、外环境的刺激处于抑制状态。

（二）急救措施

（1）使昏迷的人取平卧位，避免搬动，松解衣领、腰带，取出义齿。头偏向一侧，防止舌后坠，或用舌钳将舌拉出，开放气道。

（2）保持呼吸道通畅。

（3）禁食。

（4）针灸，根据病情，可按压或针刺人中，合谷等穴位。

（5）转运，迅速转运到医院进一步救护。

五、猝死

（一）定义

猝死是指突然意外临床死亡（从发病到死亡不超过 1h）。

（二）猝死原因

猝死原因有：冠心病、心律失常、胰腺炎、触电、溺水、中毒和创伤等。

（三）猝死诊断

（1）意识突然丧失。

（2）大动脉（颈动脉和股动脉）搏动消失（或听诊心音消失）。

（3）呼吸突然变慢或停止。

（4）皮肤苍白，发绀，全身抽搐。

（5）瞳孔散大。

（四）现场急救

猝死的现场急救参见心肺脑复苏。应在 5～10s 内做出心脏骤停的诊断，不应为诊断而延迟开始复苏的时间。

六、休克

（一）定义

休克是以突然发生的低灌注导致广泛组织细胞缺氧和重要器官严重功能障碍为特征的临床综合征。

（二）休克的原因和类型

（1）失血大于 1000mL 引起的休克；

（2）心肌梗死、心衰引起的休克；

（3）过敏引起的休克；

（4）神经源性引起的休克；

（5）放射性引起的休克；

（6）烧伤引起的休克；

（7）呕吐、腹泻引起的休克；

（8）感染性休克。

（三）休克的症状与体征

各种原因引起的休克的共同症状与体征表现为：低血压、心动过速、呼吸增快、少尿、意识模糊、皮肤湿冷、四肢末端皮肤出现网状青斑、胸骨部皮肤或甲床按压后毛细血管再充盈时间大于 2s 等。

（四）休克的急救

（1）根据原因的不同，采取不同的措施。对最常见的低血容量性休克或神经源性休克，应取仰卧位，下肢抬高 20°～30°；心源性休克（因心脏因素出乎意料的猝死）有呼吸困难者，头部抬高 30°～45°。

（2）保暖。

（3）观察病情并及时转院。

七、中毒

（一）一氧化碳中毒

（1）病因：吸入过量 CO。

（2）机理：CO 进入血液与血红蛋白结合成碳化血红蛋白而降低血液携带氧气的能力，使肌体缺氧。

（3）分型：急性、慢性。

（4）症状：轻型表现为头晕、心悸、恶心、呕吐、无力；重型表现为昏睡、昏迷、猝死。

（5）急救：

① 脱离环境，打开门窗，吸入新鲜空气（氧气）；

② 保温；

③ 对猝死者立即进行心肺复苏；

④ 急送医院高压氧舱治疗。

（二）蛇毒中毒

（1）病因：不慎被蛇咬伤。

（2）机理：蛇毒含有溶血毒素/神经毒素，损坏血液和神经功能。

（3）症状（与毒蛇毒素种类有关）：伤口疼痛、麻木、变色；心悸、头昏、胸闷、呼吸急速；严重时迅速昏迷、抽搐、心跳与呼吸停止。

（4）急救：

① 停止行走；

② 结扎伤口近心端，防止毒物回流；

③ 冲洗伤口减少毒素（可切开伤口挤压排毒后再冲洗）；

④ 寻求救援；

⑤ 密切观察，待送医院。

（三）蜂毒中毒

（1）病因：不慎被毒蜂、黄蜂等叮伤。

（2）机理：蜂毒进入人体，引起激烈疼痛刺激、过敏反应和毒性作用。

（3）症状：局部红肿、剧疼；恶心、呕吐；皮疹。严重型出现过敏性休克，喉头水肿，甚至猝死。

（4）急救：轻型只需局部伤口冷敷，止疼；重型须立即抢救，抗过敏（激素）；对猝死者进行心肺脑复苏，送转医院。

（5）预防：勿捅马蜂窝，绕开蜂巢，遭蜂攻击时用衣物遮住暴露部分。

（四）硫化氢中毒

（1）病因：不慎吸入硫化氢气体（无色、臭蛋味、溶于水和油，相对密度比空气大；积聚于低洼处；易燃、易爆、剧毒）。国家标准最高容许浓度为 $10mg/m^3$。

（2）机理：硫化氢进入人体随血液进入器官组织，与组织细胞呼吸酶结合，使其丧失活性，造成细胞缺氧。

（3）症状：急性轻度中毒时眼睛畏光、流泪、胸闷；急性中度中毒时头昏、恶心、呕吐、晕撅；急性重度中毒时几秒钟内神志不清，抽搐、昏迷，呈"电击样死亡"。

（4）急救：

① 迅速将中毒者移到通风处，脱离污染区；

② 吸氧，对猝死者实施心肺复苏；

③ 药物解毒：用10%DMAP（对-二甲氨基酚盐酸盐）2.0mL肌注（该药是新型高铁血红蛋白形成剂，夺取氢硫基，使细胞色素氧化酶活性恢复）；

④ 待病人生命体征平稳后转送附近医院（高压氧治疗）。

（5）预防：安装硫化氢监测仪；在超标部位作业应用防毒面具；服用预防药对-氨基苯丙酮90~180mg，40min起作用，可维持4~5h。

（五）食物中毒

（1）病因：食用不洁、有毒的食物。

（2）机理：

① 食物中存在过多致病微生物；

② 有毒物质污染（常见的有农药、砷、亚硝酸盐）导致吸收中毒；

③ 食物加工不合理生成毒物（如扁豆、蚕豆、白果、发芽土豆、野蘑菇、木薯等）导致中毒。

（3）症状：

① 潜伏期短，起病急，来势凶，可造成集体中毒；

② 急性胃肠炎症状，表现为剧烈腹痛，吐、泻频繁；

③ 特异的中毒症状，根据毒物而定。如：河豚——神经麻痹；发芽土豆——龙葵素中枢衰竭；扁豆——生物碱凝，溶血；亚硝酸盐——窒息发绀。

（4）分型：

① 轻度，一般呈急性胃肠炎表现，如呕吐、腹痛、腹泻等；

② 中度，出现神经、循环、呼吸系统症状；

③ 重度，出现昏迷、休克、呼吸心跳停止。

（5）急救：

① 排除毒物：主要有催吐、导泻、洗胃、利尿；

② 对症处理：补液、休息；

③ 对毒处理：微生物中毒选用抗生素；亚硝酸盐中毒选用1%美兰静脉注射。

（6）预防：

① 认真清洗食物，不吃变质、过期、腐败食品；

② 把住采购关，不采购"三无"、污染食品；

③ 食品要煮熟，合理加工；

④ 剩余食品必须加热处理后才食用；

⑤ 水质、饮料须检验过才服用。

（六）铅中毒

（1）病因：人体内存在超标准的铅（100µg/L），主要原因是焊接、印刷、油漆作业及吸入含铅汽油、使用陶器所致，经呼吸、口进入体内。

（2）机理：铅对人体神经、消化和血液具有毒性作用。

（3）分型：急性中毒和慢性积蓄中毒。

（4）症状：神经系统出现末梢神经炎（典型为腕下垂）、智力降低（儿童明显）、感觉迟钝、神经衰弱等；消化系统出现脐周阵发腹痛（绞痛）、消化不良；血液系统出现贫血、苍白无力；铅中毒特征表现为牙齿铅线、点彩红细胞、铅口味。

（5）急救：用依地酸二钠钙驱铅，10%葡萄糖酸钙推注止腹痛。

（6）预防：早期铅积蓄，人体无异常表现，但对神经、血液的毒性已经发生（对小儿的智力损害尤大），因此应日常预防。常用预防办法为：降低场所的铅浓度，通风或减少接触时间，使用劳保用品等；同时长期从事焊接、印刷、油漆作业的人员要定期体检，检测血铅浓度（国外已列入常规检查），做到及时动态观察、及时治疗。

八、软组织扭伤（踝关节扭伤）

（一）定义

软组织扭伤是指踝关节受到外力冲击引起关节周围软组织的损伤。其病因为：行、跑时足踩到不平地面，受力不平衡；腾空落地时，足部受力不均匀；躯体摆动时，足部摆动不平衡。

（二）机理

软组织扭伤的机理是：部分软组织（肌肉、肌腱、韧带）过度牵拉或收缩。

（三）症状

一般表现为红、肿、热、痛。红，即损伤处皮肤发红或瘀斑；肿，即局部肿胀、发亮；热，即用手触摸受伤部位温度增高；痛，即局部疼痛难忍、压痛明显、不敢触摸。

（四）处置

（1）立即休息，受伤踝关节不许活动；

（2）抬高患肢，冷敷（24h内冷敷，24h后热敷）；

（3）用绷带"8字"缠裹固定；

（4）服药，如跌打丸、白药等；

（5）怀疑骨折时，应送医院检查、治疗；

（6）急性期过后，可按摩治疗。

（五）预防

（1）活动前，踝关节做准备运动；

（2）野外作业，不穿高跟鞋（反复扭伤者更应如此）。

九、急性腰扭伤

（一）定义

急性腰扭伤是指腰部脊柱、软组织受到外力冲击。

（二）机理

急性腰扭伤的机理是：过重外力、不平衡外力使脊柱关节，软组织过度牵拉或收缩、移位，而使关节结构改变，软组织受伤。

（三）症状

（1）局部撕裂感（响声），立即剧烈疼痛；

（2）局部肿胀，僵直，不敢活动（翻身、起床、咳嗽时剧烈痛）；

（3）明显的压痛点；

（4）椎间盘突出者脊柱侧弯，出现下肢麻木、放射痛。

（四）处理

（1）立即休息、停止移动；

（2）局部封闭治疗；

（3）急性期后按摩治疗；

（4）怀疑椎间盘突出时应送医院检查、处理。

（五）预防

（1）干活前，腰部做适应活动；

（2）扛重物时，腰、胸挺直，髋、膝弯曲；

（3）提重物时，半蹲位，腰挺直，身体尽量接近物体；

（4）集体扛物时，听指挥，迈步要稳；

（5）负荷不应超过自己的能力（切勿不堪重负）；

（6）强劳动时可用护腰带（举重、负重）。

十、多发伤

（一）定义

多发伤是指在同一伤因的打击下，人体同时或相继有两个或两个以上解剖部位的组织或器官受到严重创伤，其中之一即使单独存在也可能危及生命。

（二）多发伤的急救

（1）立即脱离现场，避免现场不安全因素的再度损害。

（2）保持良好通气，使伤员呼吸道始终保持通畅。

（3）对疑为呼吸、心脏停止者，应立即进行心肺复苏。

（4）止血：压迫，加压包扎，抬高伤肢，四肢大血管撕裂时可用止血带止血等。

（5）包扎：因包扎可减轻疼痛，还可以帮助止血和保护创面，减少污染；包扎材料可就地取材，如清洁毛巾、衣服、被单、布类等均可。

（6）固定：可减轻疼痛和休克，并可避免骨折移位，而导致血管和神经损伤。现场固定材料可以是树枝、树皮、树干、木棍、木板、书卷成筒等。

（7）观察病情，及时转入医院。

十一、烧伤

（一）定义

烧伤是由于热力、化学物质、电流及放射线所致引起的皮肤、黏膜及深部组织器官的损伤，一般指热烧伤。

（二）烧伤面积计算

1. 中国新九分法

以人体表面积9%为单位计算烧伤面积：成人头颈部表面积为9%（1个9%）；双上肢为18%（2个9%）；躯干为27%（含会阴1%，3个9%）；双下肢为46%（含臀部，5个9%+1%）。

2. 手掌法

病人自己五指并拢的手掌面积相当于自己体表面积的1%。

（三）烧伤分度

采用三度四分法：Ⅰ度——皮肤发红、肿胀、灼痛，但无渗出、水疱；浅Ⅱ度——肿胀明显、渗液多，形成大小不等的水疱，剧痛；深Ⅱ度——局部肿胀、有小水疱、感觉迟钝；Ⅲ度——局部苍白、焦黄、焦黑色，无痛觉。

（四）烧伤分类

（1）轻度烧伤：烧伤总面积小于9%的Ⅱ度烧伤；
（2）中度烧伤：烧伤总面积为10%～29%或Ⅲ度烧伤面积小于10%；
（3）重度烧伤：烧伤总面积为30%～49%或Ⅲ度烧伤面积为10%～19%；
（4）特重烧伤：烧伤总面积大于50%或Ⅲ度烧伤面积大于20%或伴有严重并发症。

（五）急救

（1）脱离致伤场所（灭掉伤员身上的火），若是酸、碱等化学品所致的伤，应用清水长时间冲洗，最好采用中和方法冲洗。
（2）检查危及生命的情况，首先应进行处理和抢救。如大出血、窒息、开放性气胸、严重中毒等，应迅速进行处理与抢救。
（3）镇静、镇痛。
（4）保持呼吸道通畅。
（5）全面处理：防感染，用清洁被单、衣服等简单保护，冬季防寒保暖，急救包扎时，已肯定灭火的衣服可不脱掉，以减少再污染，若为化学烧伤，浸湿衣服必须脱掉。
（6）掌握运转时机转运医院。

十二、中暑

（一）定义

中暑是由于高温环境或烈日暴晒，引起人的体温调节中枢功能障碍，汗腺功能衰竭和水、电解质丢失过多，从而导致代谢失常而发病。

（二）中暑分类

中暑可分为热射病、日射病、热痉挛和热衰竭。

（三）现场处理

（1）脱离高温环境，移到凉爽、低温处；

（2）积极降温，用冷水、风扇等方法降温；

（3）休息，安慰病人；

（4）补液、补盐；

（5）危重者送医院抢救。

十三、电击

（一）定义

当一定量的电流或电能量（静电）通过人体时所造成的组织损伤和功能障碍称为电损伤，严重者可危及生命。

（二）现场救护

触电时的急救包括两个阶段：使触电者摆脱电流的作用；在医生到达前对其进行医疗救护。触电的后果取决于电流通过人体的持续时间。因此，使触电者尽快摆脱电流，并立即给予医疗救护是十分重要的。这一点同样适用于触电即死的事故，因为诊断死亡期可延续数分钟。在任何触电情况下，必须立即对触电者进行不间断的抢救，同时要立即去请医生。

摆脱电流作用的方法是：触电时，触电者往往继续处于与带电部分接触的状态，而且不能独立脱离这种状态，以致大大加重了触电伤害的严重程度。为了使触电者摆脱电流，首先应迅速切断他所接触的那部分电气设备的电源。如果触电者位于高处，必须采取预防坠落或保证其安全的措施。在任何情况下，救护人员都应当使触电者尽快摆脱电流的作用，并且当心自己，不要触及带电部分和触电者的身体，也不要处于跨步电压的作用下。

现代医学拥有使触电死亡者复苏的一切手段。但是，要让医务人员携带一切必要的急救器材，很快赶到事故地点的可能性是很小的。因此，每一个电气工人，都要学会对触电进行急救的技能。按现行安全技术规程的要求，电气设备的所有操作人员，都要掌握使触电者摆脱电流的手段和在医生到达之前进行急救的方法。经验表明，当人处于诊断残废状态时，若施行及时，正确的急救一般都能使假死者苏醒。

必须强调指出，只有在心脏停止跳动不超过 4~5min 的情况下，施行复苏急救才可能奏效。触电者的复苏，往往是由共同工作的同志和其他现场人员，在医生到达之前对其进行及时而又熟练的抢救的结果。在伤势十分严重的情况下，这样的救助可以维持假死者机体内的生命力，直到医生的到来，以便采取最有效的复苏措施。但必须注意，在医生到达之前，急救工作不能间断，有时甚至要坚持数小时，记载的许多复苏触电者，一般是在 3~4h 后复苏的，个别的在 10~12h 以后才复苏。在这段时间内，救护者对触电者不断地施行人工呼吸和心脏按压。只有医生才有权对处于诊断死亡状态的人做出不必继续抢救的决定和关于他是否真死（生物学死亡）的结论。

十四、淹溺

(一) 定义

淹溺是指人淹没于水或其他液体中，由于液体充塞呼吸道及肺泡或反射性引起喉痉挛，发生窒息和缺氧。

(二) 发病机理

淹溺的发病机理有干性淹溺（窒息）、湿性淹溺（淡水淹溺、海水淹溺）。

(三) 现场救护

(1) 清理呼吸道，将淹溺者救出水后，首先清理呼吸道；

(2) 心肺复苏；

(3) 保温；

(4) 严密观察。

对淹溺时间较长者，仍然存在救活的可能性，不应轻易放弃抢救的机会。

十五、灾难急救

(一) 定义

世界卫生组织对灾难所下的定义为：任何能引起设施破坏、经济受损、人员伤亡、健康状况及卫生服务条件变化的事件，如其规模已超出事件发生社区的承受能力而不得不向社区外部专门援助时，称其为灾难。

(二) 灾难分类

灾难分为自然灾难和人为灾难。

(三) 灾难所致伤病类型

(1) 机械损伤所致疾病；

(2) 生物因素所致疾病；

(3) 气体尘埃因素所致疾病；

(4) 应激性疾病；

(5) 灾难性心理障碍。

(四) 急救

(1) 进入灾区，首先初步将伤员分类，第一类、第二类危重伤员经过适当救治，伤情常能稳定，第三类可推迟数小时而不危及生命。按轻、中、重、死亡分别用红、黄、蓝、黑标志分类标明，将标志置于伤员左胸部或明显部位，便于医护人员到来时辨认并采取相应的急救措施。

(2) 检查伤情：注意发现危及生命的病情，如出血、气道堵塞、内脏器官穿孔、发热抽搐、骨折等，都应在转运前处理。

(3) 伤情处理：针对不同病情进行适时处理。

（4）掌握好时机转运伤员到附近就医。

第四节　突发事件应对知识

一、触电时的紧急救护

进入潮湿气候期，特别容易发生触电现象。发生触电时，最重要的抢救措施是迅速切断电源，此前不能触摸受伤者，否则会造成更多的人触电。如果一时不能切断电源，救助者应穿上胶鞋或站在干的木板凳子上，双手戴上厚的塑胶手套，用干的木棍、扁担、竹竿等不导电的物体，挑开受伤者身上的电线，尽快将受伤者与电源隔离。

110~220V 交流电，对心脏有很强的作用；心室纤颤是触电死亡的主要原因。当电流量接触身体达到 18~22mA 时，会引起呼吸肌不能随意收缩，致使呼吸停止，产生严重窒息。触电电源与皮肤接触的部位主要表现为烧伤。由于触电时肢体肌肉强烈收缩，还可发生骨折或关节脱位；电击伤也可引起内脏损伤或破裂。

对触电者的急救应分秒必争，若发现心跳呼吸已停，应立即进行口对口人工呼吸和胸外心脏按压等复苏措施。除少数确实已证明被电死者外，一般抢救维持时间不得少于 60~90min。如果抢救者体力不支，可轮换人操作，直到使触电者恢复呼吸心跳，或确诊已无生还可能。对触电造成的局部电灼伤，其处理原则同烧伤，可用盐水棉球洗净创口，外涂"蓝油烃"或覆盖凡士林油纱布。为预防感染，应到医院注射破伤风抗毒血清，并及早选用抗生素；另外，应仔细检查有无内脏损伤，以便及早处理。

二、火灾紧急救护

在我国，一旦发生火灾、中毒等灾害事故，救护工作通常依靠目前极其有限的政府的医疗力量。我们大多想到的就是设法赶紧把危重伤员，尤其是昏迷及停止呼吸者送至医院，而没有想过第一时间进行现场急救对挽救危重伤者的生命是多么重要。为此有必要掌握一些紧急救援的基本知识，以便在紧急时刻出手拯救垂危的生命。

火场中的被困者可能受到的伤害是：吸入浓烟造成中毒，呼吸道和肺部被炽热浓烟灼伤，一些被困者还可能直接被火烧伤。被抬出火场的伤者若已进入昏迷或半昏迷状态，首先要做三件事：

（1）解开伤者上衣，暴露胸部，松开皮带以散热；

（2）急救者把手插入伤者颈后将其向上托起，一手按压伤者前额让其头部后仰，使伤者的呼吸道尽量畅通（做人工呼吸时，务必使呼吸道保持畅通开放）；

（3）将耳贴近伤者口鼻倾听有无呼吸声，观察胸部是否起伏，瞳孔是否有放大，检查是否有心跳、脉搏，确认有没有出现心跳、呼吸停止。

三、其他突发事件应对知识

（一）心跳和呼吸停止，马上进行人工呼吸，一秒也不能等

在常温下，心跳停止 3s 病人感到头昏；10~20s 病人发生昏厥；30~40s 瞳孔散大；40s

左右出现抽搐；60s 后呼吸停止。脑组织对血缺氧十分敏感，在呼吸循环停止 4~6min 后，脑组织即可发生不可改变性损害。

复苏开始越早，存活率越高。大量资料证明：在心跳呼吸骤停 4min 内进行心肺复苏者可能有一半人被救活；4~6min 开始心肺复苏者可能有 10% 被救活；超过 6min 开始心肺复苏者可能有 4% 被救活；10min 以上开始心肺复苏者几乎无存活可能。

心跳呼吸停止，是最紧迫的急症，心肺复苏（人工呼吸和胸外心脏按压）便是对这一急症所采取的急救措施。一旦确认伤者心跳、呼吸停止，必须争分夺秒进行急救，切记时间就是生命。

(二) 掌握正确的急救方法，首先要懂心肺复苏术的原理

人的心跳停止后，全身血液循环即停止，脑组织及许多主要器官因得不到新鲜氧气和血液供给而将发生细胞坏死。此时，必须在病人肺内有新鲜氧气进行气体交换的情况下进行胸外心脏按压。因此实施心肺复苏时，首先要做人工呼吸，再进行胸外心脏按压。

人工呼吸的原理是：正常人吸入的空气含氧量为 21%，二氧化碳为 0.04%；肺脏只吸收所吸入氧气的 20%，其余 80% 的氧从肺脏呼出。因此，当正常人给病人吹气时，只要有较大的气量，则进入病人心跳肺内的氧气量是足够的。在病人心跳呼吸停止后，肺处于半萎缩状态，给病人做人工呼吸能在呼吸道畅通的情况下将新鲜空气吹入病人肺内以扩张肺组织，有利于气体交换。

胸外心脏按压的原理是：胸外心脏按压是利用人体胸腔及心血管系统的特点来起作用的；当做胸外心脏按压时，由于是用外界的压力将心脏压在胸骨与脊柱之间，心脏内的血液自然向动脉流去，放松时，心脏恢复原状，静脉血被吸回心脏。

(三) 家庭急救八戒

一旦家中发生危重病人，家庭里如果有人能在医生到来之前进行急救，则直接关系到病人的安全和预后。因此，家庭急救是很重要的，但必须注意：

一戒惊慌失措。遇事慌张，于事无补，如慌慌张张用手去拉触电者，只能连自己也触电。此时应首先切断电源，用木棍、竹竿等绝缘物将病人离开电线，方可进行急救。

二戒因小失大。当遇到急重病人时，首先应着眼于有无生命活动体征，知道现场急救时必须对病人做哪些初步检查，看病人是否还有心跳和呼吸，瞳孔是否散大。如心跳停止、呼吸停止，则应马上做口对口人工呼吸和胸外心脏按压，而不能一见出血，便忙于止血，连病人已无生命体征也不知道。

三戒随意搬动。万一发生意外时，病属往往心情紧张，乱叫病人姓名或称呼，猛推、猛摇病人。其实，宁可原地救治，切忌随意搬动，特别是骨折、脑出血、颅脑外伤病人更忌搬动。

四戒舍近就远。抢救伤病之时，时间就是生命，应该就近送医院，特别是当伤病员心跳、呼吸濒临停止时，更不该远送。

五戒乱用药。不少家庭都有些备用药，但是使用药物的知识却有限，切勿乱用。如急性腹痛者，由于过量服用止痛药会掩盖病情，妨碍正确的判断，此时不应也不准乱给患者服止痛药。

六戒滥进饮料。不少人误以为给病人喝点热茶、热水会缓解病情，实际上毫无必要。

七戒一律平卧。并非急重病人都要平卧，至于以什么体位最好应该根据病情来决定，可以让病人选择最舒适的体位。如失去意识的病人让其平卧，头偏向一侧；心脏性喘息者，可让其坐着，略靠在椅子上；急性腹痛者可让其屈膝以减轻疼痛；脑出血病人则让其平卧，但可取头高脚低体位。

八戒自作主张乱处理。如敌敌畏，敌百虫中毒时，忌用热水及酒精擦洗，而应立即脱去污染的衣服，用清洁水洗干净；小而深的伤口切忌草率包扎。

（四）中暑的处理

（1）迅速将病人移到阴凉通风地方，解开衣扣，平卧休息。

（2）用冷水毛巾敷头部，或用30%酒精擦身降温。

（3）喝一些淡盐水或清凉饮料。清醒者也可服人丹、绿豆汤等。

（4）昏迷者针刺人中、十宣穴或即送医院。

（五）中暑的预防

（1）盛夏期间做好防暑降温工作，教室应开窗使空气流通，地面经常洒水，设遮阳窗帘等。

（2）合理安排作息时间，不宜在炎热的中午强烈日光下过多活动。加强个人防护，戴遮阳帽，饮消暑饮料。

（3）有头痛、心慌时应立即到阴凉处休息、饮水。

（六）酒醉急救法

酒精的化学名称叫乙醇，对中枢神经系统先兴奋后抑制。严重时，可引起呼吸中枢的抑制甚至麻痹，而且对肝脏也有毒性。一旦酒醉，先出现兴奋现象，表现为红光满面、爱说话、语无伦次、步态不稳以致摔倒；呕吐、昏睡、颜面苍白、血压下降，最后陷入昏迷，极严重的甚至可造成死亡。酒醉时可采取以下措施急救：

（1）浸冷水。当酒醉者不省人事时，可取两条毛巾，浸上冷水，一条敷在后脑上，一条敷在胸膈上，并不断地用清水灌入口中，可使酒醉者渐渐苏醒。

（2）敷花露水。在热毛巾上滴数滴花露水，敷在酒醉者的脸上，此法对醒酒止呕吐有奇效。

（3）多喝茶。沏上些绿茶（浓一些为好），晾温后多喝一些。由于茶叶中所含的单宁酸能分解酒精，酒精中毒的程度就能减轻。

需要注意的是：

（1）轻度酒醉的人，经过急救，睡几小时后就会恢复常态。如果过度兴奋已陷入昏迷，就应请医生处理。

（2）空腹喝酒还能引起低血糖症。此时应喝点糖开水，禁忌喝醋，要注意保暖和卧床休息。如出现抽搐、痉挛时，要防止咬破舌头。

（七）蜂蜇伤急救法

被蜂蜇伤应引起重视，有时会导致严重的后果。假如蜂毒进入血管，会发生过敏性休克，甚至死亡。急救措施为：

（1）被蜂蜇伤后，其毒针会留在皮肤内，必须用消毒针将叮在肉内的断刺剔出，然后用力掐住被蜇伤的部分，用嘴反复吸吮，以吸出毒素。如果身边暂时没有药物，可用肥皂水充分洗患处，然后再涂些食醋或柠檬。

（2）万一发生休克，在通知急救中心或去医院的途中，要注意保持呼吸畅通，并进行人工呼吸、心脏按压等急救处理。

需要注意的是：

（1）被毒蜂蜇伤后，往患处涂氨水基本无效，因为蜂毒的组织胺用氨水是中和不了的。

（2）黄蜂有毒，但蜜蜂没有毒。被蜜蜂蜇伤后，也要先剔出断刺。在处置上与黄蜂不同的是，可在伤口涂些氨水，小苏打水或肥皂水。

（3）被蜂蜇伤20min后无症状者，可以放心。

（八）鱼刺刺伤急救法

吃鱼时，不慎将鱼刺卡在喉咙里，也会引起很多麻烦，如果引起炎症，说不定要长期求医。急救措施为：

（1）较小的鱼刺，有时随着吞咽，自然就滑下去了。如果感觉刺痛，可用手电筒照亮口咽部，用小勺将舌背压低。仔细检查咽喉部，主要是喉咽的入口两边，因为这是鱼刺最容易卡住的地方。如果发现刺不大，扎得不深，就可用长镊子夹出。

（2）对较小的细刺，也可用食醋或威灵仙煎汤含漱，效果也较为理想。

需要注意的是：

（1）较大的或扎得较深的鱼刺，无论怎样做吞咽动作，疼痛不减，喉咙的入口两边及四周如果均不见鱼刺，就应去医院治疗。

（2）当鱼刺卡在嗓子里时，千万不能让患者囫囵吞咽大块馒头、烙饼等食物。虽然有时这样做可以把鱼刺除掉，但有时这样不恰当的处理，不仅没把鱼刺除掉，反而使其刺得更深，更不宜取出，严重时感染发炎就更麻烦了。

（3）如果大口咽饭鱼刺仍不掉时，自己就不要再动手。有时鱼刺已掉，但还遗留有刺的感觉。所以要等待观察一下，如果仍感到不适时，一定要到医院请医生诊治。这也是鱼刺刺伤时最恰当的处理方法。

（4）鱼刺刺着喉头的说法并不正确，多数是鱼刺长在舌根或咽喉的入口处。

（九）鼻出血急救法

鼻出血的原因很多，有的是鼻部疾病所致，也可能是全身疾病的一个症状。轻者鼻涕带血，或流几滴血就止了；重者出血不止，会引起失血性休克。急救措施为：

（1）安慰病人不要紧张，然后让病人取坐位或半坐位，头部用冰袋或冷毛巾冷敷，滴入1%麻黄素或1:1000肾上腺素溶液（高血压病人忌用），也可用一般滴鼻液浸湿棉团塞入鼻腔止血。

（2）若出血不止应送医院处理。

（十）骨折固定

意外伤害面致骨折，会出现局部疼痛、畸形、功能障碍等情况。有的骨折外观无创口，称为闭合性骨折；同时存有创口的骨折，称为开放性骨折。骨折后要限制伤处活动，避免加重损伤和减少疼痛。

　　用夹板固定骨折是最简单有效的方法。所用固定材料可就地取材，如小木板条、木棒、竹片、手杖、硬纸板等。上夹板前，可用棉花、软物垫好，绑扎时应将骨折上下两个关节都必须同时固定，才能限制骨折处的活动。四肢固定要露出指（趾）尖，以便随时观察末梢血液循环。如果指（趾）尖苍白、发凉、发麻或发紫，说明固定太紧，要松开重新调整固定压力。上肢骨折固定的位置要取屈肘位，绑好后用带子悬吊于颈部，下肢骨折要取伸直位固定。脊柱骨折要将伤员平抬平放在硬板上再给予固定。千万不能用帆布、绳索等软担架运送，一定要保持脊柱挺直位置，更不能扶持伤员试图行走。如果处理不当，可造成脊髓神经损伤，导致截瘫，后果不堪设想。

　　肋骨骨折往往伴有胸腔脏器损伤，要注意有无血气胸发生。对没有明显呼吸困难的肋骨骨折，可在呼气末了时用宽胶布或三角巾紧贴廓扎好，以便限制呼吸运动，减少痛苦。

（十一）误食毒鼠药急救法

　　毒鼠的药类较多，常见的有敌鼠钠盐、磷化锌、安妥等。人误食之后会有生命的危险。急救措施为：

　　（1）人误食敌鼠钠盐后，会发生咯血、血尿、便血、黏膜及皮下广泛出血。急救原则是催吐。

　　（2）磷化锌中毒后，在半小时至数小时内即出现口腔及胃部烧灼感、咽喉部麻木、口渴、恶心和呕吐等胃肠系统症状。呼出的气体和呕吐出来的东西都有磷化锌特有的蒜臭味。发现中毒者后，应立即用手指刺激咽喉部催吐。严禁让中毒者吃蛋黄、肥肉等油类食物，以防加速磷化锌的吸收。

　　（3）安妥稍有点香味，成年人吃一点安妥就可能中毒死亡，小孩更加敏感。误食了安妥以后，可让中毒者连喝几杯盐水，一杯水加一匙盐，然后催吐，一直到吐出来的东西像清水一样为止。禁让中毒者吃油类食物。

　　需要注意的是：

　　（1）对误食毒鼠药中毒者，在经急救处理之后，应快速送往医院进行诊治。

　　（2）为了防止磷化锌中毒，可以毒饵掺入 1/3 左右的吐酒石。这样一来，人误食之后会呕吐，可减轻中毒症状，并不影响毒鼠的效果。

　　（3）毒死的老鼠要妥善处理，不小心毒死的鸡、免等禽畜，千万不能吃，要深埋或烧掉。

　　（4）毒鼠药应在晚上放，早晨收，剩下的毒饵及时埋掉。

（十二）现场止血法

　　血液对于人的正常生理非常重要。成年人正常时全身的血液占体重的8%。当伤口小、出血量少时，伤者全身情况无明显变化。当损伤后失血量超过全部血量的20%时，就会出现脸色苍白、手脚发凉、脉搏细弱等休克表现。当出血量达到总血量的40%时，病人就会有生命危险。外伤发生后，失血的速度越快，对人的生命威胁越大。几分钟内失血 1000mL 就可致人死亡。所以，在急救现场根据伤口的部位、大小、深度以及出血的颜色、速度，迅速判断出血的性质，决定止血方法，是挽救伤员生命的关键。如果伤口内随心跳节律一股喷射而出鲜红色的血液，这种情况为动脉出血；如果伤口内出血速度较慢、血色暗红、持续涌出，则为静脉出血。以下介绍的是现场急救中外出血的止血方法，而脏器破裂造成的内出血则必须经医院手术治疗：

（1）直接压迫止血法。在野外发生意外伤害，如果伤口不大且为表浅，血液流出速度缓慢，可直接用干净柔软的敷料或手巾压在伤口上止血。若此法无效，再改用其他止血方法。

（2）指压法。在现场急救中最快速、最有效的止血法是指压动脉止血法。此法根据人体主要动脉的体表投影位置，用单个或多个手指向骨骼方向加压，以压闭动脉来止住伤口的大量出血。指压止血只要摸准位置、压迫力度够，就能起到立竿见影的止血效果。此法的缺点是效果有限、不能持久，但是在发生大出血时能为寻找急救材料或使用其他止血方法赢得时间。

（十三）溺水的急救

1.溺水致死原因

溺水致死的原因主要是气管内吸入大量水分阻碍呼吸，或因喉头强烈窒息死亡。

2.症状

溺水时，溺水者面部青紫、肿胀、双眼充血，口腔、鼻孔和气管充满血性泡沫；肢体冰冷，脉搏细弱，甚至抽搐或呼吸、心跳停止。

3.溺水自救与救护

当发生溺水时，不熟悉水性时可采取自救法：除呼救外，取仰卧位，头部向后，使鼻部可露出水面呼吸；呼气要浅，吸气要深，因为深吸气时，人体密度降到0.967，比水略轻，可浮出水面（呼气时人体密度为1.057，比水略重）；此时千万不要慌张，不要将手臂上举乱扑动，而使身体下沉更快。

会游泳者，如果发生小腿抽筋，要保持镇静，采取仰泳位，用手将抽筋的腿的脚趾向背侧弯曲，可使痉挛松解，然后慢慢游向岸边。救护溺水者，应迅速游到溺水者附近，观察清楚位置，从其后方出手救援；或投入木板、救生圈、长杆等，让落水者攀扶上岸。

4.出水后的救护

首先清理溺水者口鼻内污泥、痰涕，取下假牙，然后进行控水处理。救护人员单腿屈膝，将溺水者俯卧于救护者的大腿上，借体位使溺水者体内水由气管口腔中排出。若在农村，可将溺水者俯卧横在牛背上，头脚下悬，赶牛行走，这样既控水又起到人工呼吸作用。如果溺水者呼吸、心跳已停止，立即进行口对口人工呼吸，同时进行胸外心脏按压。

（十四）煤气中毒

凡是有明火燃烧场所，如果密闭或通风极差，可因燃烧不完全而使空气中CO浓度大幅度增加，人们吸入后短时间内就会发生急性CO中毒。煤气中含CO为10%~40%，煤气中毒实际上就是CO中毒。CO能与血红蛋白结合成为碳氧血红蛋白，妨碍了红细胞的带氧和输氧功能，CO中毒的基本病变就是缺氧，主要表现是大脑因缺氧而昏迷。急救措施为：

（1）将中毒者安全地从中毒环境内抢救出来，迅速转移到清新空气中。

（2）若中毒者呼吸微弱甚至停止，立即进行人工呼吸；只要心跳还存在就有救治可能，人工呼吸应坚持2h以上；如果患者曾呕吐，人工呼吸前应先消除口腔中的呕吐物。如果心跳停止，就进行心脏复苏。

（3）高浓度吸氧，氧浓度越高，碳氧血红蛋白的解离越快。吸氧应维持到中毒者神志清醒为止。

（4）如果中毒者昏迷程度较深，可将地塞米松10mg放在20%的葡萄糖液20mL中缓慢静脉注射，并用冰袋放在头颅周围降温，以防止或减轻脑水肿的发生，同时转送医院。最好是有高压氧舱的医院，以便对脑水肿进行全面的有效治疗。

（5）如有肌肉痉挛，可肌肉或静脉注射安定10mg，并减少肌体耗氧量。

（6）在现场抢救及送医院过程中，都要给中毒者充分吸氧，并注意呼吸道的畅通。

中毒急救原则：

（1）对有害气体吸入中毒者，应立即离开现场，吸入新鲜空气，解开衣物、静卧、注意保暖。

（2）对皮肤，黏膜沾染体表而中毒者，应马上离开毒源，脱去污染衣物，用清水冲洗体表、毛发、指甲缝等。如果是腐蚀性毒物应冲洗半小时左右。

（3）对食物中毒者，应用催吐、洗胃导泻等方法排除毒物。催吐的方法是：用筷子、勺把或手指刺激咽喉部引起呕吐。但对腐蚀性食物中毒时则不宜催吐，因为易引起消化道出血或穿孔；昏迷休克或有心脏病、肝硬化等也不宜催吐。洗胃的方法是，神志清楚患者，用大量清水分次喝下后，用催吐法吐出，初次饮水量不超过500mL，反复进行，直至洗出无色无味为止。对于腐蚀性毒物中毒者，禁止洗胃。导泻是肠内毒物排出的方法之一，用硫酸钠导泻或灌肠，此方法一般在医院进行。误服腐蚀性毒物，如强酸、强碱等应及时服稠米汤、鸡蛋清、牛奶、豆浆、面糊或蓖麻油等保护剂，保护胃黏膜。

（十五）怎样预防细菌性食物中毒

细菌性食物中毒是由于食用被细菌或细菌毒素而污染的食物以后引起的急性感染性中毒性疾病。夏天由于气温高，细菌繁殖快，食入不洁食品易发生细菌性食物中毒。根据临床表现分类胃肠型和神经型两大类。主要临床表现为恶心、呕吐、腹痛、腹泻、头痛、头晕等。

预防细菌性食物中毒主要应做到以下几点：

（1）食品要洁净、煮透，尤其是大块食品（如大块肉、熏鸡、烤鸭等）要煮熟、烧透，不能外熟内生；

（2）不食用病死的禽畜肉类、内脏和一切腐败变质的东西；

（3）煮熟的食物不宜放置过久、隔夜，如食用隔夜的食物在食前要充分煮沸；

（4）切熟食的菜刀、砧板要分开专用，不得混用；

（5）夏秋季节要消灭苍蝇、蟑螂，防止食物被叮咬；注意用水和炊事用具、盛具的卫生和消毒，防止食品的污染。

（十六）"119" 救护车紧急救护的对象

（1）因灾害或意外事故急待救护者。

（2）路倒，伤病无法行动者。

（3）孕妇待产者。

（4）其他紧急伤病需紧急就医者。

(十七) 心肺复苏（CPR）急救法

实施 CPR 并无特定的疾病对象，任何人只要处于呼吸与心跳停止的状态之下，便需要 CPR 的急救处置，如溺水、心脏病发作或呼吸衰竭所引起的呼吸与心跳停止。

对于一个有脉搏、呼吸的正常人，绝对不能随意练习 CPR，因为会造成不必要的危险，如骨折、肝脾脏裂伤、心律不齐等。

CPR 的施行步骤是：

(1) 呼叫患者，评估意识。

(2) 请人报警求救。

(3) 打开呼吸道。

(4) 人工呼吸。

(5) 心外按摩。

单人 CPR 施救方法为：

(1) 胸外按压与人呼吸的比率为 15：2。

(2) 胸外按压的速率为 80~100 次/min。

(3) 每做完 15 次心脏按压后，给予患者人工呼吸 2 次。

(十八) 哈姆立克法

哈姆立克法急救步骤为：

(1) 询问：你哽到了吗（协助拍打背部使异物咳出）。

(2) 实行腹部挤压（假如病人怀孕或过肥胖，则实施胸部压挤）

(3) 持续第（2）步的动作，直到异物排出或病人意识发生变化。

(4) 如病患无法站立，将病患平放在坚固的平面上，跨坐在病患大腿上双手合握，在肚脐上方用力推挤五次，再检查病患有无将异物咳出。

(5) 送医求救。

(6) 将舌头及下巴抓住抬高，然后用另一侧的手指消除口腔异物（不可盲目掏挖）。

(7) 畅通呼吸道。

(8) 如果呼吸道阻塞，则重复腹部压挤 5 次。

(9) 重复 5~7 次动作，直至异物清除。

1 岁以下小孩呼吸道梗塞时，用哈姆立克法急救的步骤急救：

(1) 先拍背，将婴儿翻转，使面朝下，让婴儿趴在手臂上，以手掌抓住婴儿脸部，以掌根叩击两肩胛中间 5 次。

(2) 将婴儿翻转成面朝上，于 CPR 位置用两指压，也是按压 5 下。

(3) 用小指掏挖物时，只在看到异物才掏挖。

模拟习题及答案

第十章　井控安全技术

一、单选题

1. 为有效地预防井喷、井喷失控、井喷着火事故的发生，保证人民生命财产安全，保护环境和油气资源不受破坏，结合长庆油田特点，实行《长庆油田石油与天然气钻井井控实施细则》的主要依据是（　　　）。
   A.《钻井井控技术规范》《石油与天然气钻井井控规定》
   B.《长庆油田公司钻井工程设计管理办法》《硫化氢环境钻井场所作业安全规范》
   C.《钻井井控装置组合配套、安装调试与维护》《欠平衡钻井技术规范》
   D.《欠平衡钻井技术规范》

2. 井控，即井涌控制或压力控制，是指采取一定的方法控制住（　　　）基本上保持井内压力平衡，保证钻井工作顺利进行的技术。
   A. 地层压力　　　　B. 地底压力　　　　C. 底下压力　　　　D. 地层孔隙压力

3. 井控，即井涌控制或压力控制，是指采取一定的方法控制住地层孔隙压力，基本上保持井内压力平衡，保证钻井工作顺利进行的技术。其中一定的方法指（　　　）。
   A. 合格达标的井控设备充足的人力
   B. 合理的压井液密度合乎要求的井口防喷器
   C. 合理的制度管理合乎要求的井口作业
   D. 合理的起下钻作业合乎要求的压井液密度

4. 每口井进行地质、钻井工程设计时，要根据长庆油田钻井井控风险分级，制定相应的井控装备配置、技术及监管措施。长庆油田气井钻井井控风险分级为（　　　）。
   A. 一级风险井　　二级风险井
   B. 一级风险井
   C. 二级风险井
   D. 一级风险井　　二级风险井　　三级风险井

5. 每口井进行地质、钻井工程设计时，要根据长庆油田钻井井控风险分级，制定相应的井控装备配置、技术及监管措施。长庆油田油井钻井井控风险分级为（　　　）。
   A. 一级风险井
   B. 一级风险井　　二级风险井
   C. 一级风险井　　二级风险井　　三级风险井

D. 一级风险井　二级风险井　三级风险井　四级风险井

6. 油井的二级风险井指调整更新井、老井侧钻井、原始气油比大于（　　　）m³/t 的井。
   A. 70　　　　　　　B. 80　　　　　　　C. 90　　　　　　　D. 100

7. 气井一级风险井储备加重材料不少于（　　　）t，同时储备加重钻井液不少于（　　　）m³，加重钻井液密度应在钻井工程设计中最高钻井液密度的基础上附加（　　　）g/cm³ 以上。
   A. 60、60、0.3　　B. 40、50、0.2　　C. 50、50、0.3　　D. 60、50、0.2

8. 气井二级风险井：储备加重材料不少于（　　　）t，同时储备加重钻井液不少于（　　　）m³，加重钻井液密度应在钻井工程设计中最高钻井液密度的基础上附加（　　　）g/cm³ 以上。
   A. 50、40、0.2　　B. 40、60、0.3　　C. 40、40、0.2　　D. 50、50、0.3

9. 距离加重材料储备点超过（　　　）km 以外或交通不便的井加重材料储备量在以上要求的基础上增加（　　　）%以上。
   A. 200、50　　　　B. 300、50　　　　C. 200、40　　　　D. 300、40

10. 欠平衡作业时，在钻井工程设计书中必须制定确保井口装置安全、防止井喷失控、防火、防 H_2S、CO 等有毒有害气体伤害的安全措施及井控应急预案。预测储层天然气组分中 H_2S 含量≥（　　　）mg/m³（50ppm）的天然气井目的层段不能进行欠平衡钻井。
    A. 70　　　　　　　B. 75　　　　　　　C. 80　　　　　　　D. 85

11. 防喷器、四通、节流、压井管汇及防喷管线的压力级别，原则上应与相应井段中的最高地层压力相匹配。同时综合考虑套管最小抗内压强度（　　　）%、套管鞋破裂压力、地层流体性质等因素。
    A. 70　　　　　　　B. 75　　　　　　　C. 80　　　　　　　D. 85

12. （　　　）、（　　　）、（　　　）、远程控制台、司钻控制台、节流压井管汇及内防喷工具等装置，现场使用或存放不超过一年，检测到期必须送井控车间检修。
    A. 防喷器、四通、闸阀　　　　　　B. 四通、闸阀、万向轴
    C. 防喷器、闸阀、万向轴　　　　　D. 防喷器、四通、万向轴

13. 井控装置已到检修周期，而井未钻完，在保证井控装置完好的基础上可延期到完井。若防喷器在同一口井连续使用（　　　）的必须送井控车间检修。
    A. 5　　　　　　　　B. 6　　　　　　　　C. 7　　　　　　　　D. 8

14. 根据地质提示，打开油、气层前验收必须在进入第一个油气层（　　　）m 前进行。
    A. 50　　　　　　　B. 100　　　　　　　C. 150　　　　　　　D. 175

15. 气田一级风险井，从下到上安装（　　　），确需安装剪切闸板防喷器的井，在钻井工程设计中进行要求和明确。
    A. 四通+双闸板防喷器+环形防喷器　　　B. 四通+双闸板防喷器
    C. 双闸板防喷器+环形防喷器　　　　　　D. 四通+环形防喷器

16. 油田一级风险井中的"三高"井，欠平衡井，在已开发的彭阳地区、庄211、演224、镇429 等区域硫化氢含量≥100ppm 的井，发生过井喷、着火事故区域的井从下到上配（　　　）。
    A. 四通+双闸板防喷器+环形防喷器　　　B. 四通+双闸板防喷器

C. 四通+单闸板防喷器+环形防喷器　　　　D. 四通+环形防喷器

17. 表层（技术）套管下完，井口先找正再固井，套管与转盘中心偏差≤（　　）mm。
　　A. 7　　　　　　　B. 8　　　　　　　C. 9　　　　　　　D. 10

18. 新修订钻井井控细则规定，其他油田一级风险井以及油田二级、三级风险井，从下到上配（　　）或从下到上配"四通+单闸板防喷器+环形防喷器"。
　　A. 四通+双闸板防喷器+环形防喷器　　　B. 四通+双闸板防喷器
　　C. 四通+单闸板防喷器+环形防喷器　　　D. 四通+环形防喷器

19. 在油气层钻井过程中要加强坐岗观察，及时发现溢流。坐岗要求为：实行钻井、录井双岗坐岗，坐岗人员每（　　）min 按钻井、录井坐岗观察记录要求记录一次坐岗情况。
　　A. 20　　　　　　B. 10　　　　　　C. 30　　　　　　D. 15

20. 钻开油气层后，钻井队应（　　）对闸板防喷器进行开、关活动。在井内有钻具的条件下应适当对环形防喷器试关井。
　　A. 每天　　　　　B. 每班　　　　　C. 每起下一趟钻　　D. 每周

21. 防喷器、四通、闸阀、远程控制台、司钻控制台、节流压井管汇及内防喷工具等装置，现场使用或存放不超过（　　），检测到期必须送井控车间检修。
　　A. 一年　　　　　B. 两年　　　　　C. 三年　　　　　D. 四年

22. 井控设备报废规定，防喷器、节流管汇、压井管汇使用年限不超过（　　）年，远控台使用年限不超过（　　）年。达到报废总年限后确需延期使用的，须经第三方检验并合格，延期使用最长（　　）年，到期必须报废并停止使用。
　　A. 13、14、4　　B. 13、15、3　　C. 15、16、3　　D. 15、13、3

23. 电测过程中，井控坐岗工注意观察井口，每测完（　　）曲线及时灌满钻井液，保持井壁和油气层的稳定，有异常情况立即报告值班干部。
　　A. 一条　　　　　B. 两条　　　　　C. 三条　　　　　D. 不确定

24. 闸板防喷器关井后进行手动锁紧，若锁紧圈数为 23 圈，则开井解锁圈数为（　　）圈。
　　A. 20　　　　　　B. 22　　　　　　C. 23　　　　　　D. 25

25. 为使闸板防喷器实现可靠封井，必须保证其良好密封的部位有（　　）。
　　A. 二处　　　　　B. 三处　　　　　C. 四处　　　　　D. 五处

26. 手动关井时，先将远程控制台上的换向阀手柄迅速扳至（　　）。
　　A. 开位　　　　　B. 关位　　　　　C. 中位　　　　　D. 任意位置

27. 钻具止回阀（　　）检查有无堵塞、刺漏及密封情况，备用钻具止回阀及抢接专用工具每次起钻前检查一次，并做好记录。
　　A. 每次入井前　　B. 每班　　　　　C. 每周　　　　　D. 每天

28. 全套井口装置在现场安装好后，在不超过套管抗内压强度 80%前提下，环形防喷器封闭钻杆试压到额定工作压力的 70%；闸板防喷器、方钻杆旋塞阀、四通、压井管汇、防喷管线和节流管汇（节流阀前）试压到（　　）压力。
　　A. 21MPa　　　　B. 19MPa　　　　C. 10MPa　　　　D. 额定工作

29. 司钻控制台显示的压力值与远程控制台压力表压力值的误差不超过（　　）MPa。
　　A. 0.65　　　　　B. 0.6　　　　　C. 0.75　　　　　D. 0.80

30. 根据套管抗内压强度确定关井套压时需要考虑一定的安全系数，即一般要求关井套压不能超过套管抗内压强度的（　　）。

A. 80%　　　　　B. 85%　　　　　C. 90%　　　　　D. 95%

31. 环形防喷器因其封井元件胶芯呈环状而得名。封井时，环形胶芯被迫向井眼中心集聚、环抱钻具。环形防喷器常与闸板防喷器配套使用，它具有的功用有（　　）。

A. 井口封闭、环形空间的封闭、全封井口、实现软关井

B. 现场试压、环形空间的封闭、全封井口、控制井口

C. 全封井口、实现软关井、现场试压、环形空间的封闭

D. 全封井口、控制井口、环形空间的封闭、全封井口

32. 接头的对焊钻杆，起下速度不大于 0.2m/s。由于强行起下钻时胶芯的工作环境比较恶劣，胶芯磨损严重，必须先以（　　）MPa 的液控油压关闭防喷器。

A. 9.5　　　　　B. 10.5　　　　　C. 11.5　　　　　D. 12.5

33. 当关闭压力达到（　　）MPa 时，胶芯仍漏失严重，说明该防喷器胶芯已严重损坏，应及时处理后再进行封井起下钻作业。

A. 9.5　　　　　B. 10.5　　　　　C. 11.5　　　　　D. 12.5

34. 对于锥形胶芯环形防喷器和球形胶芯环形防喷器来说，胶芯一旦损坏或失效，在现场更换步骤：（　　）。

①装上顶盖，上紧顶盖与壳的连接螺栓。

②在胶芯上拧紧吊环螺丝，吊出旧胶芯，装上新胶芯。若井内有钻具，应先用割胶刀（借助于撬杠，用肥皂水润滑刀刃）将新胶芯割开，割面要平整。同样将旧胶芯割开、吊出，换上割开的新胶芯。

③吊起顶盖。

④卸掉顶盖与壳体的连接螺柱

⑤试压。

A. ①②③④⑤　　　B. ④③②①⑤　　　C. ④③①⑤②　　　D. ⑤①②③④

35. 钻井施工队伍应坚持干部（　　）h 值班制度，采取切实可行的措施，强化对现场的技术支撑和井控管理。

A. 8　　　　　B. 12　　　　　C. 6　　　　　D. 24

36. 按照中国石油天然气集团公司 2006 年 5 月颁发的（　　）中指出，井控设计是钻井设计中的重要组成部分。

A.《石油与天然气钻井井控规定》

B.《健康、安全与环境管理体系标准》

C.《石油与天然气井下作业井控技术规定》

D.《井控技术管理实施细则》

37. 应急计划的演练，在有"三高"油气井的地区，建设方应组织进行企地联动的应急预案的演练，每年不少于（　　）次。

A. 1　　　　　B. 2　　　　　C. 3　　　　　D. 4

38. 关井程序中，如未安装司钻控制台，由（　　）通过远程控制台关防喷器。

A. 司钻　　　　　B. 副司钻　　　　　C. 井架工　　　　　D. 场地工

39. 防喷演习关井速度要求：正常钻进和空井为（　　）min，起下钻为（　　）min。每
次演习结束后由当班司钻组织，在紧急集合点进行讲评，并填写防喷演习记录表。

A. 34　　　　　　　　B. 35　　　　　　　　C. 44　　　　　　　　D. 45

40. 检查储能器中是否储存了足够的压力和液量。通常储能器的容量应大于关闭防喷器组中
全部防喷器所需液量的（　　）倍。检查启动储能器的电泵或气泵是否工作正常，是否
对储能器的充压时间做了记录，并按厂家提供的数据检查防喷器的关闭时间、储能器的
充压时间。

A. 1　　　　　　　　B. 1.5　　　　　　　C. 2　　　　　　　　D. 2.5

二、多选题

1. 井喷失控的直接原因，包括（　　）等方面。

A. 地质设计与工程设计缺陷　　　　　　B. 井控装置安装、使用及维护不符合要求

C. 井控技术措施不完善、未落实　　　　D. 未及时关井、关井后复杂情况处理失误

2. 井控不仅是井眼压力控制，还包括（　　），因此做好井控工作是落实科学发展观，构建
和谐社会的需要。

A. 环境保护　　　　　　　　　　　　　B. 次生事故的预防

C. 职工群众的安全　　　　　　　　　　D. 钻井成本控制

3. 井控设计包括（　　）与井控装备设计、有关法规及应急计划等内容。

A. 满足井控安全和环保要求的钻前工程及合理的井场布置

B. 全井段的地层孔隙压力和地层破裂压力剖面

C. 钻井液设计

D. 合理的井身结构

4. 与井控设计有关的行业标准包括（　　）等。

A. SY/T 6426《钻井井控技术规程》

B. SY/T 5964《钻井井控装置组合配套安装调试与维护》

C. SY/T 6551《欠平衡钻井安全技术规程》

D. SY/T 6203《油气井井喷着火抢险作法》

5. "三高"油气井包括（　　）。

A. 高压油气井　　　B. 高成本油气井　　　C. 高含硫油气井　　　D. 高危地区油气井

6. 及早发现溢流的基本措施有（　　）。

A. 严格执行坐岗制度

B. 做好地层压力监测工作

C. 认真做好接班时的巡回检查

D. 钻进过程中要密切观察参数的变化

7. 常规的关井操作程序中包括（　　）工况。

A. 起下钻杆　　　B. 起下钻铤　　　C. 下套管　　　D. 固井

8. 井控设备是对油气井实施压力控制，对事故进行（　　）的关键手段，是实现安全钻井
的可靠保证，是钻井设备中必不可少的系统装备。

A. 预防　　　　　　B. 监测　　　　　　C. 控制　　　　　　D. 处理

9. 井控管汇包括（　　）、放喷管线、反循环管线、点火装置等。
　　A. 防喷管线　　　　B. 节流管汇　　　　　　C. 压井管汇　　　　　D. 气管束

10. 为保障钻井作业的安全，防喷器必须满足的要求是（　　）。
　　A. 关井动作迅速　　B. 操作方便　　　　　　C. 密封安全可靠　　　D. 现场维修方便

11. 在井上安装好后，井口装置做 1.4~2.1MPa 的低压试压。在不超过套管抗内压强度 80%的前提下，闸板防喷器、（　　）的高压试压值为各个控制元件的额定工作压力。
　　A. 四通　　　　　　B. 防喷管线　　　　　　C. 压井管汇　　　　　D. 节流管汇

12. 在钻井过程中，由于（　　）以及其他方面的变更，可能影响应急预案的正常实施。
　　A. 施工环境　　　　B. 人员　　　　　　　　C. 技术　　　　　　　D. 设施

13. 井控细则规定：井场消防器材应配备推车式 MFT35 型干粉灭火器 4 具、MFZ 型 8kg 干粉灭火器（　　）具、5kg CO_2 灭火器（　　）具、消防斧 2 把、消防钩 2 把、消防锹 6 把。
　　A. 10　　　　　　　B. 4　　　　　　　　　C. 7　　　　　　　　D. 6

14. 在钻开油气层后起钻前充分循环钻井液，至少测量一个循环周的钻井液密度，进出口密度差不超过 0.02g/cm³。起下钻中注意（　　）起出（或下入）钻具体积和灌入（或流出）钻井液体积。
　　A. 观察　　　　　　B. 记录　　　　　　　　C. 核对　　　　　　　D. 循环

15. 井控细则规定：在测井过程中若发现井口外溢，停止电测作业，起出电缆强行下钻。若溢流量增大，来不及起出电缆时，应（　　），视关井套压上升速度和大小，确定下一步处理措施；不允许用关闭环形防喷器的方法继续起电缆。
　　A. 剪断电缆　　　　B. 实施关井　　　　　　C. 向司钻汇报　　　　D. 向值班干部汇报

16. 井控细则规定：对所有井控装置的管理必须落实（　　），保养和检查必须要填写记录。
　　A. 岗位责任制　　　B. 交接班巡回检查制　C. 试压制度　　　　　D. 维护检查制度

17. 新修订后的《长庆油田石油与天然气钻井井控实施细则》重新划分的油田一级风险井为（　　）。
　　A. "三高"井　　　　B. 欠平衡井　　　　　　C. 探井
　　D. 评价井　　　　　E. 水平井

18. 有下列情况之一者，不准钻开油气层（　　）。
　　A. 未执行钻开油气层申报审批制度
　　B. 未按设计储备加重钻井液和加重材料
　　C. 井控装备未按要求试压或试压不合格
　　D. 井控装备不能满足关井和压井要求
　　E. 内防喷工具配备不齐或失效
　　F. 防喷演习不合格
　　G. 井控监测仪器仪表、辅助及安全防护设施未配套或未配套齐全的

19. 下列为监督单位井控职责的是（　　）。
　　A. 贯彻落实各项钻井井控管理的标准、制度与本细则
　　B. 负责现场井控管理及井控措施的监督落实
　　C. 负责督促整改现场井控问题，按消项制度进行监督复查、备案。落实现场井控检查发

现问题的消项关闭

D. 参与所管辖的施工队伍井控工作考核

E. 参与井喷事故原因的调查、分析

F. 参与井队的生产作业

20. 井控细则规定：放喷管线出口处用双卡固定；使用整体铸（锻）钢弯头时，两侧用卡子固定；水泥基墩长×宽×深为 800mm×8000mm×800mm，地脚螺栓直径≥（　　　）mm、长度≥（　　　）mm，固定压板宽度≥（　　　）mm、厚度≥10mm。

A. 15　　　　　　　B. 800　　　　　　　C. 20

D. 500　　　　　　E. 10　　　　　　　F. 80

三、简答题

1. 当井喷失控时，应立即执行哪些应急程序？

2. 哪些情况需进行短程起下钻检查油气侵和溢流，计算油气上窜速度，达不到起钻要求时，要对钻井液密度符合性进行调整，直至满足起钻要求方可起钻作业？

3. 油气层钻进过程中哪些情况下不准钻开油气层？

4. 在节流压井循环作业中，需要借助一套装有可调节流阀的专用管汇给井内施加一定的回压，并通过管汇控制井内各种流体的流动或改变流动路线，这套专用管汇称为井控管汇。井控管汇包括节流管汇、压井管汇、防喷管线、放喷管线等，节流压井管汇是成功控制溢流、实施油气井压力控制的可靠和必需的设备。其中，节流管汇的功用有哪些？

5. 每口井进行地质、钻井工程设计时，要根据长庆油田钻井井控风险分级，制定相应的井控装备配置、技术及监管措施。长庆油田钻井井控风险分级为？

答　案

一、单选题

1. A　2. D　3. B　4. A　5. C　6. D　7. A　8. A　9. A　10. B　11. B　12. A　13. B　14. B
15. A　16. A　17. A　18. B　19. D　20. A　21. A　22. B　23. A　24. C　25. C　26. D　27. A
28. B　29. D　30. A　31. A　32. A　33. B　34. C　35. D　36. A　37. A　38. B　39. B　40. B

二、多选题

1. ABCD　2. ABC　3. ABCD　4. ABCD　5. ACD　6. ABD　7. AB　8. ABCD　9. ABC
10. ABCD　11. ABCD　12. ABCD　13. AC　14. ABC　15. AB　16. AB　17. ABCDE
18. ABCDEFG　19. ABCDE　20. CDF

三、简答题

1. 答：（1）关停生产设施；（2）由现场总负责人或其指定人员向当地政府报告，协助当地政府做好井口 500m 范围内居民的疏散工作，根据监测情况决定是否扩大撤离范围；（3）设立警戒区，任何人未经许可不得入内；（4）请求援助。

2. 答：（1）钻开油气层后第一次起钻前；（2）钻进中曾发生严重油气侵起钻前；（3）溢流压井后起钻前；（4）调低井内钻井液密度后起钻前；（5）取心钻井后起钻前；（6）目的层水平钻井后起钻前；（7）钻开油气层井漏堵漏后起钻前；（8）钻头在井底连续长时间工作后中途需起下钻划眼修整井壁时；（9）需长时间停止循环进行其他作业（电测、下套管、下油管、中途测试等）起钻前。

3. 答：（1）未执行钻开油气层申报审批制度；（2）未按设计储备加重钻井液和加重材料；（3）井控装备未按要求试压或试压不合格；（4）井控装备不能满足关井和压井要求；（5）内防喷工具配备不齐或失效；（6）防喷演习不合格；（7）井控监测仪器仪表、辅助及安全防护设施未配套或未配套齐全的。

4. 答：（1）通过节流阀的节流作用实施压井作业，替换出井内被污染的钻井液。同时，控制井口套管压力与立管压力，恢复钻井液柱对井底压力的控制，制止溢流。（2）通过节流阀的泄压作用降低井口压力，实现"软关井"。（3）通过放喷阀的大量泄流作用，降低井口套管压力，保护井口防喷器组。（4）起分流放喷作用，将溢流物引出井场以外，防止井场着火和人员中毒，以确保钻井安全。

5. 答：（1）气井：一级风险井："三高"井、区域探井、气体欠平衡井、探井、水平井。二级风险井：一级风险井以外的气井。（2）油井：一级风险井："三高"井、欠平衡井、探井、评价井、水平井。二级风险井：调整更新井、老井侧钻井、原始气油比大于 $100m^3/t$ 的井。三级风险井：其他开发井。

第十一章 电气安全技术

一、单选题

1. 三相电网除火线、中线外另有接地的保护线 PE，电气设备外露金属部分和电源的 PE 线相接：这样的系统叫作（   ）。
   A. IT 系统　　　　　B. TT 系统　　　　　C. TN-C 系统　　　　　D. TN-S 系统

2. 电网为三相四线制中线接地，电气设备外露金属部分单独直接接地而不与中线相连，这样的系统叫作（   ）。
   A. IT 系统　　　　　B. TT 系统　　　　　C. TN-C 系统　　　　　D. TN-S 系统

3. 在下列各种供电用统中，最需要安装漏电保护器的是（   ）。
   A. IT 系统　　　　　B. TT 系统　　　　　C. TN-C 系统　　　　　D. TN-S 系统

4. 在低压 IT 系统中，保护接地电阻一般应不大于（   ）Ω。
   A. 10　　　　　　　B. 4　　　　　　　C. 100　　　　　　　D. 20

5. 剩余电流动作保护装置主要用于（　　　）。

    A. 防止人身触电事故　　　　　　　　　　B. 防止中断供电

    C. 减少线路损耗　　　　　　　　　　　　D. 防止跨步电压

6. 电力线路发生接地故障时，在接地点周围将产生（　　　）。

    A. 接地电压　　　　　B. 跨步电压　　　　　C. 短路电压　　　　　D. 无电压

7. 如果工作场所潮湿，为避免触电，使用手持电动工具的人（　　　）。

    A. 站在铁板上操作

    B. 站在绝缘胶板上操作

    C. 穿防静电鞋操作

8. 低压线路零线（中性线）每一重复接地装置的接地电用不应大于（　　　）。

    A. 4Ω　　　　　　　B. 10Ω　　　　　　　C. 50Ω　　　　　　　D. 100Ω

二、多选题

1. 我国的安全电压标准是（　　　）。

    A. 42V　　　　　　　B. 36V　　　　　　　C. 24V　　　　　　　D. 12V　　　　E. 6V

2. 起重机与线路导线的最小距离（　　　）。

    A. 1kV 以下 1.5m　　B. 10kV2m　　　　　C. 35kV4m　　　　　D. 10kV2.5m

3. 以下属于防爆类型有（　　　）。

    A. 隔爆型　　　　　　B. 增安型　　　　　　C. 质安型

    D. 本安型　　　　　　E. 正压型

4. 以下属于井场电器要求的有（　　　）。

    A. 机房、泵房、钻井液循环罐上的照明灯具应高于工作面 1.8m 以上

    B. 电磁刹车电源应从配电室控制屏处设置专线

    C. 防雷防静电接地电阻≤10Ω

    D. 配电柜前地面应设置绝缘胶垫，面积小于 1m^2

5. 保护接零系统有（　　　）。

    A. TN-C 系统　　　　B. TN-C-S 系统　　　C. TT 系统　　　　　D. TN-S 系统

6. 井场接地阻值要求不大于 4Ω 的有（　　　）。

    A. 顶驱房　　　　　　B. 录井房　　　　　　C. VFD 房　　　　　D. 营房

7. 控制开关的防火措施（　　　）。

    A. 开关应设在开关箱里

    B. 在火灾爆炸危险区域，应采用隔爆型、防爆充油型防爆开关

    C. 刀熔开关的额定电流应在线路计算电流的 2 倍以上

    D. 负荷开关（铁壳开关）外壳必须接地，且不能长期过载使用

8. 井场照明设备选用要求（　　　）。

    A. 增安型防爆灯具布置在 API 一级 2 类区域或不分类区域

    B. 隔爆型防爆灯具布置在 API 一级 1 类、2 类和不分类区域

    C. 增安型灯具的气体组别不低于ⅡC，温度组别不低于 T5

    D. 隔爆型灯具的气体组别不低于ⅡB，温度组别不低于 T4

三、简答题

1.保护接地和保护接零相比较有哪些不同之处？

2.井场总等电位联结有哪些要求？

3.电气线路防火有哪些措施？

答　案

一、单选题

1.D　2.B　3.B　4.B　5.A　6.B　7.B　8.B

二、多选题

1.ABCDE　2.ABC　3.ABDE　4.ABC　5.ABD　6.ABC　7.ABD　8.ABCD

三、简答题

1.答：保护接地和保护接零是维护人身安全的两种技术措施，其不同处是：

其一，保护原理不同。低压系统保护接地的基本原理是限制漏电设备对地电压，使其不超过某一安全围；高压系统的保护接地，除限制对地电压外，在某些情况下，还有促成系统中保护装置动作的作用。保护接零的主要作用是借接零线路使设备潜心电形成单相短路，促使线路上保护装置迅速动作。

其二，适用范围不同。保护接地适用于一般的低压不接地电网及采取其他安全措施的低压接地电网；保护接地也能用于高压不接地电网。不接地电网不必采用保护接零。

其三，线路结构不同。保护接地系统除相线外，只有保护地线。保护接零系统除相线外，必须有零线；必要时，保护零线要与工作零线分开；其重要装置也应有地线。

2.答：（1）井场内凡涉及设备运行及用电安全的金属构件，采用总等电位联结母线进行联结。

（2）总等电位联结母线统一为完整的截面积为 $25mm^2$ 的铜芯导体或 $35mm^2$ 的铝芯导体。

（3）总等电位联结母线总长≤100m。

（4）与金属构件的联结应可靠，应减小导线上的分布电感值。

（5）井场发电房、VFD 房、MCC 房、顶驱房、泥浆循环罐、电缆槽、井架底座以及生活区营房及设备金属构件等各处应焊固专用连接螺栓，通过等电位联结母线组成井场或生活区总等电位联结系统。

（6）发电房、VFD 房、顶驱房、MCC 房、综合录井房、地质房、队长室及会议室等需要预防直击雷损害的重要金属构件，应在房体对角处同时与总等电位联结母线进行两处联结。

（7）营房内应安装局部等电位联结端子，将室内主要电气设备和人体能同时触及的外露可导电部分、PE 以及装置外的可导电部分互连。

（8）井场等电位连接电阻需要进行每月测试，其阻值应达到标准。

（9）等电位联结母线应在井场后场、VFD 房、顶驱房、录井房处重复接地，工频接地阻值应不大于 4Ω。

3. 答：（1）电缆敷设应避免与其他管线交叉，且远离易燃易爆物及其他热源。

井场架空线路不得跨越油罐、柴油机排气管和放喷管线出口；井场架空线路距井架绷绳的距离不小于 2m，距油罐的水平距离不小于 3m，与柴油机排气管出口距离不小于 10m，距放喷管线出口的水平距离不小于 10m；机房、钻井液循环罐照明电路应采用耐油橡套电缆敷设，应有电缆槽或电缆穿线管。专用接线箱或防爆接插件要有防水措施。

（2）导线绝缘层不得破损、腐蚀，中间接头采用铰接、缠绕法连接、压接、连接管连接时，连接处接触应牢固、可靠，绝缘强度和接触电阻与同截面导线的强度和电阻一致。导线接线端子与导线绝缘层的空隙处，应采用绝缘带包缠严密。

（3）地面敷设电气线路应使用电缆槽集中排放，且工作电缆、备用电缆、动力及控制电缆宜分开，并进行防火分隔。

（4）井场电路架空高度不低于 3m，不得用铝线、单股铁丝做拉线。所有架空线的截面积不得小于 10mm^2，接户线的截面积不小于 4mm^2。

（5）金属结构的活动房，进户线应采用绝缘线穿管防护，进户钢管应设防水弯头，以防止雨水倒流造成短路或漏电引起火灾。

第十二章　机械安全技术

一、单选题

1. 起重机械运动部件移动范围大，有多个运动机构，绝大多数起重机械本身就是移动式机械，容易发生碰撞、脱钩、倾倒等事故。在机械行业的 12 类主要产品中，起重机械属于（　　）类的机械产品。

   A. 重型矿山　　　　B. 汽车　　　　　　C. 石油化工通用　　　D. 其他

2. 在齿轮传动机构中，两个齿轮开始啮合的部位是最危险的部位，不管啮合齿轮处于何种位置都应装设安全防护装置，下列关于齿轮安全防护的做法正确的是（　　）。

   A. 齿轮传动机构必须装有半封闭的防护装置

   B. 齿轮防护罩的材料可利用有金属骨架的铁丝网制作

   C. 齿轮防护罩应能方便地打开和关闭

   D. 在齿轮防护罩开启的情况下机器才可以启动

3. 齿轮啮合机构、皮带、联轴器、蜗轮、蜗杆等都是常用的机械传动机构。各种机械传动机构的特点不同，其中皮带传动的特点是（　　）。

   A. 保护能力强　　B. 传动精度高　　　C. 保护不方便　　　D. 静电危险性小

4. 某机械厂一次桥式起重机检修中，一名检修工不慎触及带电的起重机滑触线，遭到强烈电击，坠落地面，经抢救无效身亡。从主要危险和有害因素角度分析，这起死亡事故属于

（　　　）类型的事故。

A. 车辆伤害　　　　B. 触电　　　　　　C. 高处坠落　　　　D. 起重伤害

5. 实现机械本质安全有多种方法，例如，（1）减少或消除操作人员接触机器危险部位的次数；（2）提供保护装置或个人防护装置；（3）消除生产危险状态的原因；（4）使人员难以接近机器的危险部位，按照机械本质安全的原则，上面四种方法优先顺序是（　　　）。

A.（3）（1）（4）（2）　　　　　　　B.（1）（2）（3）（4）

C.（4）（3）（2）（1）　　　　　　　D.（3）（4）（1）（2）

6. 安全防护罩是预防机械伤害的常用装置，现场应用十分普遍。设计安全防护罩必须全面考虑各项技术要求。下列技术要求中，错误的是（　　　）。

A. 只有防护罩闭合后，传动部件才能运转

B. 对于固定安装的防护罩，操作人员身体的任何部位不能触及运动部件

C. 防护罩与运动部件之间有足够的间隙

D. 为了便于调整，应安装开启防护罩的按键式机构

7. 机械设计本质安全是在设计阶段采取措施来消除隐患的设计方法，下列关于机械安全设计的方法中，不属于机械本质安全设计范畴的是（　　　）。

A. 设计安全的控制系统　　　　　　　B. 设计合理的人行通道

C. 设计符合人机工程学的原则　　　　D. 设计安全的传动系统

8. 机械失效安全和定位安全都属于机械本质安全设计的范畴。下列做法中，不属于机械失效安全设计的是（　　　）。

A. 设计操作限制开关

B. 将机械的危险部件安置到不可触及的地点

C. 预设限制不应该发生的冲击及运动的制动装置

D. 设置预防下落的装置

9. 机械设备的故障往往是易损件的故障，因此，在设计制造中应保证易损件的质量和使用寿命，在运行中应该对零部件进行检测。下列机床的零部件中，需要重点检测的是（　　　）。

A. 轴承、齿轮、叶轮、床身　　　　　B. 床身、传动轴、轴承、齿轮

C. 传动轴、轴承、齿轮、叶轮　　　　D. 刀具、轴承、齿轮、叶轮

10. 砂轮机是常用机械设备。砂轮质脆易碎、使用频繁、极易伤人。因此，砂轮机的安装必须符合安全要求。下列关于砂轮机安装的叙述中，不正确的是（　　　）。

A. 砂轮机不得安装在正对着附近设备的地方

B. 砂轮机不得安装在正对着附近经常有人过往的地方

C. 较大的车间应设置专用的砂轮机房

D. 设置砂轮机房有困难时，应在砂轮机正面装设高度不低于 1.5m 的防护挡板

11. 机械冷加工车间常用的台式砂轮机，安全检查中，一台直径 200mm 砂轮机的现场检查记录是：（1）砂轮机无专用机房，但正面装设高度 2m 的固定防护挡板；（2）砂轮托架与砂轮之间相距 6mm；（3）砂轮防护罩与主轴水平线的开口角度为 65 度；（4）砂轮法兰盘的直径为 80mm。请指出检查记录中不符合安全要求的是（　　　）。

A.（1）　　　　　　B.（2）　　　　　　C.（3）　　　　　　D.（4）

12. 在人机系统中，人始终起着核心和主导作用，机器起着安全可靠的保证作用。在半机械

化控制的人机系统中，人在系统中主要充当生产过程的（ ）。

    A. 操作者与管理者   B. 监视者与控制者

    C. 操作者与控制者   D. 监视者与管理者

13. 下列人体测量仪器中，（ ）常常用于测量肩宽、胸厚等部位的尺寸。

    A. 人体测量用直脚规   B. 人体测量用弯脚规

    C. 人体测量用三脚平行规   D. 软卷尺

14. 为防止人体部位误通过而造成伤害，在防护栅栏与传动机构危险区域之间的直线距离为135mm 时，防护栅栏的间隙尺寸应不大于（ ）mm。

    A. 50   B. 40   C. 30   D. 20

15. 下列有关视觉损伤与视觉疲劳的说法错误的是（ ）。

    A. 300mm 以下的短波紫外线可引起紫外线眼炎

    B. 紫外线照射 4~5h 后会使眼睛剧痛而不能睁眼

    C. 常受红外线照射可能引起白内障

    D. 长期在劣质光照环境下工作，会引起眼睛局部疲劳和全身性疲劳

16. 与产品设计和操纵机器有关的人体特性参数是（ ）。

    A. 静态参数、动态参数、身高参数、肢体活动范围参数

    B. 生理学参数、生物力学参数、心理参数、生物化学参数

    C. 基本参数、辅助参数、静态参数、动态参数

    D. 静态参数、动态参数、生理学参数、生物力学参数

17. 以下选项不属于使用砂轮机的安全要求的是（ ）。

    A. 禁止使用砂轮侧面磨削   B. 必须佩戴耳塞

    C. 不准正面操作   D. 不准共同操作

18. 某职工在皮革厂负责给皮革上拉链，工作时间从早八点到下午四点。工作一段时间后，该职工感觉作业单一、乏味，没有兴趣，经常将拉链上错。根据安全人机工程原理，造成失误的原因是（ ）。

    A. 肌肉疲劳   B. 体力疲劳   C. 心理疲劳   D. 行为疲劳

19. 下列关于气质表现特征的说法错误的是（ ）。

    A. 精力旺盛、热情直率、刚毅不屈的人往往易于性情急躁、主观任性

    B. 灵活机智、活泼好动、善于交际、性格开朗的人往往易于情绪多变、生活散漫、轻举妄动

    C. 孤僻寡言、心绪消沉、行动迟缓、自卑退让的人往往不容易相处

    D. 沉着踏实、从容不迫、耐心谨慎的人往往易于因循守旧、动作缓慢、沉默寡言

20. 在人机系统设计过程中，减少操作者的紧张和体力消耗来提高安全性，并以此改善机器的操作性能和提高其可靠性。这一特性称为机械安全的（ ）。

    A. 系统性   B. 友善性   C. 防护性   D. 整体性

21. 故障诊断是通过诊断装置获取设备运行状态的信息，再对信息进行识别，以监视和预测设备运行状态的技术方法。故障诊断的基本步骤的正确实施顺序是（ ）。

    A. 信号检测—信号处理—状态识别—诊断决策

    B. 信号检测—状态识别—信号处理—诊断决策

C. 状态识别—信号检测—信号处理—诊断处理

D. 信号检测—状态识别—诊断决策—信号处理

22. 随着我国城市建设的快速发展，为保证新建或在用供水和供气管道这两个生命线子系统的安全运行，降低或消除安全事故发生的可能性，需要检查供水和供气管道内部结构的裂纹、腐蚀和管道中流体的流量、流速及泄漏情况。常用的故障诊断技术是（　　　　）。

A. 超声波探伤　　　　B. 渗透探伤　　　　　　C. 涡流探伤　　　　　　D. 磁粉探伤

23. 维修性是指对故障产品修复的难易程度。完成某种产品维修任务的难易程度取决于规定的（　　　　）。

A. 条件和时间　　　　B. 时间和范围　　　　C. 内容和地点　　　　D. 地点和条件

24. 下列项目中，不属于机械产品结构维修性设计的是（　　　　）。

A. 可达性　　　　　　　　　　　　B. 零组部件的标准化与互换性

C. 维修人员的安全　　　　　　　　D. 耐环境设计

25. 生产作业环境的空气温度、空气相对湿度、热辐射、风速等都属于微气候环境的条件参数。就温度而言，在无强迫热对流、员工穿薄衣服、员工未经过热环境习惯的条件下，感觉舒适的空气温度是（　　　　）℃。

A. 31±3　　　　　　　B. 26±3　　　　　　　C. 21±3　　　　　　　D. 16±3

26. 微气候环境对人体的影响与多种因素有关，综合评价微气候环境的指标除卡他度外，还有（　　　　）。

A. 有效温度、舒适指数、干球温度指数

B. 有效湿度、不适指数、黑球温度指数

C. 有效温度、不适指数、三球温度指数

D. 有效温度、不适指数、湿球温度指数

27. 根据人机特性的比较，为了充分发挥各自的优点，需要进行人机功能的合理分配。下列关于人机功能合理分配的说法中，正确的是（　　　　）。

A. 指令和程序的编排适合于机器来做

B. 故障处理适合于机器来做

C. 研究、决策适合于人来承担

D. 操作复杂的工作适合于人来承担

28. 根据人机特性和人机功能合理分配的原则，适合于机器做的是（　　　　）工作。

A. 快速、高可靠性、高精度的

B. 单调、复杂、决策性的

C. 持久、笨重、维修性的

D. 环境条件差、规律性、创造性的

29. 某公司购置了一台24m长的大型龙门铣床，安装时，该设备与墙、柱之间的安全距离至少是（　　　　）m。

A. 0.6　　　　　　　　B. 0.9　　　　　　　　C. 1.2　　　　　　　　D. 1.5

30. 某机械加工车间使用普通车床加工细长杆金属材料时，发生长料甩机伤人事故，车间决定进行整改。下列措施中，对杜绝此类事故最具针对性的是（　　　　）。

A. 安全防护网　　　　　　　　　　B. 安装防弯装置

C. 穿戴防护用品   D. 加强监督检查

31. 砂轮机的砂轮两侧用法兰压紧，固定在转轴上。法兰与砂轮之间需加垫软垫。砂轮柱面在使用中会逐渐磨损。下列关于砂轮机安装和使用的要求中，正确的是（　　）。

A. 软垫厚度应小于 1mm

B. 压紧法兰直径不得小于砂轮直径的 1/4

C. 砂轮直径不大于压紧法兰直径 10mm 时应更换砂轮

D. 砂轮的圆柱面和侧面均可用于磨削，必要时允许两人同时操作

32. 齿轮、齿条、皮带、联轴器、蜗轮、蜗杆等都是常用的机械传动机构。机械传动机构运行中处在相对运动的状态，会带来机械伤害的危险。下列机械传动机构的部位中，属于危险部位的是（　　）。

A. 齿轮、齿条传动的齿轮与齿条分离处   B. 皮带传动的两皮带轮的中间部位

C. 联轴器的突出件   D. 蜗杆的端部

33. 通过设计无法实现本质安全时，应使用安全装置消除危险。在安全装置设计中不必考虑的是（　　）。

A. 强度、刚度、稳定性和耐久性   B. 对机器可靠性的影响

C. 机器危险部位具有良好的可视性   D. 工具的使用

34. 在机械安全设计与机器安装中，车间内设备的合理布局可以减少事故发生。车间布局应考虑的因素是（　　）。

A. 照明、空间、管线布置、维护时的出入安全

B. 预防电器危害、空间、维护时的出入安全、管线布置

C. 预防电器危害、照明、空间、降低故障率

D. 空间、管线布置、照明、降低故障率

35. 运动机械的故障往往是易损件的故障。因此，应该对在役的机械设备易损件进行检测。下列机械设备的零部件中，应重点检测的部位是（　　）。

A. 轴承和工作台   B. 叶轮和防护罩

C. 传动轴和工作台   D. 齿轮和滚动轴承

36. 劳动过程中，人体受工作负荷的影响产生负担，随时间不断积累，从而引发疲劳。按疲劳产生的原因，可分为体力疲劳和（　　）。

A. 生理疲劳   B. 精神疲劳   C. 视觉疲劳   D. 环境疲劳

37. 维修性是指对故障产品修复的难易程度。完成某种产品维修任务的难易程度取决于规定的（　　）。

A. 条件和时间   B. 时间和范围   C. 内容和地点   D. 地点和条件

38. 不同颜色在不同背景对比作用下，可使人对色彩的感觉产生距离上的变化。一般情况下，具有前进、凸出和接近感觉的颜色是（　　）。

A. 高明度和冷色系   B. 高明度和暖色系

C. 低明度和暖色系   D. 低明度和冷色系

39. 人机系统组成串联系统，若人的操作可靠度为 0.9900，机器设备可靠度也为 0.9900，人机系统可靠度为（　　）。

A. 0.9999   B. 0.9801   C. 0.9900   D. 0.9750

40. 联轴器是用来把两轴连接在一起的常用机械转动部件，下列关于联轴器的安全要求中，错误的是（   ）。

A. 联轴器应安装 Ω 形防护罩

B. 安全型联轴器上不应装有凸出的螺钉

C. 联轴器应能保证只有机器停车并将其拆开后两轴才能分离

D. 任何情况下，联轴器都不允许出现径向位移

41. 机械安全防护装置主要用于保护人员免受机械性危害。下列关于机械安全防护装置的说法中，正确的是（   ）。

A. 隔离安全装置可以阻止身体任何部位靠近危险区域

B. 自动安全装置仅限在高速运动的机器上使用

C. 跳闸安全装置依赖于敏感的跳闸机构和机器能迅速启动

D. 双手控制安全装置可以对操作者和协作人员提供保护

42. 机械设备防护罩应尽量采用封闭结构，当现场需要采用安全防护网时，应满足网眼开口尺寸和安全距离的需要。某车间机械设备安全防护网采用椭圆形孔，椭圆孔长轴尺寸为 20mm，短轴尺寸为 13mm，与机械传动装置的安全距离为 30mm。

该防护网能有效防护人体的部位是（   ）。

A. 手掌（不含第一掌指关节）、手指尖

B. 上肢、手掌（不含第一掌指关节）

C. 手掌（不含第一掌指关节）、手指

D. 手指、手指尖

43. 为了保证厂区内车辆行驶、人员流动、消防灭火和救灾，以及安全运送材料等需要，企业的厂区和车间都必须设置完好的通道。车间内人行通道宽度至少应大于（   ）。

A. 0.5m   B. 0.8m   C. 1.0m   D. 1.2m

44. 我国国家标准综合考虑到作业时间和单项动作能量消耗，应用体力劳动强度指数将体力劳动强度分为Ⅰ、Ⅱ、Ⅲ、Ⅳ四级。重体力劳动的体力劳动强度指数为 20~25，级别是（   ）级。

A. Ⅰ   B. Ⅱ   C. Ⅲ   D. Ⅳ

45. 疲劳分为肌肉疲劳和精神疲劳。下列措施中，不属于消除精神疲劳的是（   ）。

A. 播放音乐克服作业的单调乏味

B. 不断提示工作的危险性

C. 科学地安排环境色彩

D. 科学地安排作业场所布局

46. 通过对机械设备的危害因素进行全面分析，采用智能设计手段，使机器在整个寿命周期内发挥预定功能，保证误操作时机器和人身均安全。上述概念较完整地反映了现代机械安全原理关于机械安全特性中的（   ）。

A. 系统性   B. 防护性   C. 友善性   D. 整体性

47. 人机系统是由人和机器构成并依赖于人机之间相互作用而完成一定功能的系统。按照人机系统可靠性设计的基本原则，为提高可靠性，宜采用的高可靠度结构组合方式为（   ）。

A. 信息反馈、技术经济性、自动保险装置

    B. 冗余设计、整体防护装置、技术经济性

    C. 信息信号、整体防护装置、故障安全装置

    D. 冗余设计、故障安全装置、自动保险装置

48. 机械本质安全是指机械的设计者，在设计阶段采取措施消除隐患的一种实现机械安全的方法。下列关于机械本质安全的说法中，正确的是（　　）。

    A. 通过培训提高人们辨识危险的能力

    B. 使运动部件处于封闭状态

    C. 采取必要的行动增强避免伤害的自觉性

    D. 对机器使用警示标志

49. 因视觉环境的特点，使作业人员的瞳孔短时间缩小，从而降低视网膜上的照度，导致视觉模糊、视物不清楚。这种现象称为（　　）。

    A. 视错觉   B. 眩光效应   C. 明适应   D. 暗适应

50. 色彩的生理作用主要表现在对视觉疲劳的影响。对引起眼睛疲劳而言，（　　）色调不易引起视觉疲劳且认读速度快、准确度高。

    A. 蓝色   B. 紫色   C. 橙色   D. 黄绿

51. 人耳对（　　）的感觉最灵敏，常常能感觉其微小变化。

    A. 频率   B. 强度   C. 声压   D. 声波

52. 某司机驾驶一辆具有自动报警装置的小汽车，开始时汽车内仪表板上显示器各系统安全正常，运行一段时间后，发动机机油指示灯发出报警声音，但汽车还能继续行驶，根据人机系统可靠性设计的基本原则，此项功能设计属于（　　）原则。

    A. 系统的整体可靠性   B. 高可靠性

    C. 具有安全系数的设计   D. 人机工程学

二、多选题

1. 皮带传动机构具有一定的风险，下图为皮带传动机构示意图，图上表明了 A、B、C、D、E 五个部分，其中属于危险部位的有（　　）。

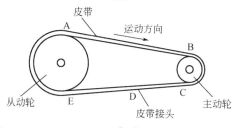

    A. A   B. B   C. C   D. D   E. E

2. 在无法利用过设计达到本质安全时，为了消除危险，应补充安全装置，设计安全装置时必须考虑的因素有（　　）。

    A. 有足够的强度、刚度和耐久性

    B. 不能影响机器运行的可靠性

    C. 不应影响对机器危险部位的可视性

    D. 一律用绝缘材料制作

    E. 一律用金属材料制作

3. 机械制造场所的通道包括厂区干道和车间安全通道。通道的规划、设置与厂内车辆安全行驶、人员安全通行、物料安全运送、灭火救灾等有密切关系。下列关于机械制造场所通道说法中，正确的有（　　）。

A. 车辆双向行驶的干道的宽度不应小于 5m

B. 厂区干道危险地段应设有限速、限高等类型的警示标志

C. 电瓶车通道宽度应大于 1.5m

D. 通道边沿标记应醒目，拐弯处应化成直角边沿线

E. 人行通道的宽度应大于 0.5m

4. 机械制造场所的状态安全直接或间接涉及设备和人的安全，下列关于机械制造场所安全技术的说法中，正确的是（　　）。

A. 采光、自然光与人工照明相结合；保持有足够的光照度

B. 道路；厂区车辆双向行驶干道宽度不小于 5m，进入厂区门口、危险地段需设置限速限高牌，指示牌和警示牌等

C. 设置布局：设备间距，大型设备≥2m，小型设备≥0.7m

D. 物料堆放：划分物料区域，摆放层高有一定限制

E. 地面状态：为生产设置的坑、壕、池必须全封闭

5. 劳动过程中工作条件因素和劳动本身的因素都有可能是导致疲劳的原因，下列造成疲劳的原因中，属于工作条件因素的有（　　）。

A. 劳动者连续作业时间过长　　　　B. 劳动者未经过专业训练

C. 劳动者的心理压力过大　　　　　D. 作业环境噪声过大

E. 显示器不便观察

6. 在作业活动中，由于人的心理因素的影响会导致事故的发生，安全心理学是针对人的心理因素进行的研究，主要内容包括能力、气质、情绪与情感、意志等，下列选项中属于能力的有（　　）。

A. 自律能力　　　B. 感觉和感知能力　　　C. 思维能力

D. 注意力　　　　E. 操作能力

7. 机械安全是指机器在预定使用条件下执行其功能，以及在对其进行运输、安装、调试、运行、维修和拆卸时对操作者不造成伤害的能力。因此机械安全特性包括（　　）。

A. 系统性　　　B. 友善性　　　C. 防护性

D. 可达性　　　E. 整体性

8. 故障诊断实施过程是故障诊断的中心工作，它可以细分为（　　）等基本步骤。

A. 信号检测　　　B. 特征提取　　　C. 状态识别

D. 数值比较　　　E. 诊断决策

9. 人优于机器的能力主要有（　　）。

A. 通用性强　　　　　　　　　　　B. 精确性高

C. 图像识别能力强　　　　　　　　D. 反应、操作速度快

E. 随机应变能力强

10. 可靠性是指系统或产品在规定的条件下和规定的时间内完成规定功能的能力。可靠性设计的目的是保证系统或产品的可靠性得以实现，人机系统可靠性设计应遵循一系列基本

原则。下列各项原则中，属于人机系统可靠性设计的基本原则有（　　）。

A. 系统的整体可靠性原则
B. 技术经济原则
C. 高维修度原则
D. 人机工程学原则
E. 相邻系统波及事故的处理原则

11. 机械伤害的危险性与机器的类型、用途和操作人员的技能、工作态度密切相关。预防机械伤害包括两方面对策：一是实现机械本质安全，二是保护操作者及有关人员安全。下列措施中，属于保护操作者及有关人员安全的措施是（　　）。

A. 通过对机器的重新设计，使危险部位更加醒目
B. 通过培训，提高避免伤害的能力
C. 采用多人轮班作业的劳动方式
D. 采取必要的行动增强避免伤害的自觉性
E. 通过培训，提高人们辨别危险的能力

12. 机械安全是指机器在预定使用条件下执行其功能和在对其进行运输、安装、调试、运行、维修、拆卸和处理时，不致对操作者造成损伤或危害其健康的能力。机械安全的特性包括（　　）。

A. 系统性
B. 友善性
C. 防护性
D. 局部性
E. 整体性

13. 机械制造场所的状态安全直接或间接涉及设备和人的安全。下列关于机械制造场所安全技术的说法中，正确的是（　　）。

A. 采光：自然光（白天）与人工照明（夜间及阴天）相结合；保证有足够的光照度等
B. 通道：厂区车辆双向行驶的干道宽度不小于 5m；进入厂区门口，危险地段需设置限速限高牌、指示牌和警示牌等
C. 设备布局：设备间距，大型设备≥2m，中型设备≥1m，小型设备≥0.7m 等
D. 物料堆放：划分毛坯等物料区域；物料摆放超高有一定限制；工器具放在指定部位；产品坯料等应限量存入等
E. 地面状态：为生产而设置的坑、壕、池必须全封闭

14. 能力标志着人的认识活动在反映外界事物时所达到的水平，影响能力的因素有（　　）。

A. 观察力
B. 注意力
C. 克制力
D. 思维想象力
E. 操作能力

15. 机械安全故障诊断技术包括信号分析、状态分析和材料分析技术等。常见的材料表面缺陷检测擦伤方法包括（　　）。

A. 温度探伤
B. 磁粉探伤
C. 渗透探伤
D. 涡流探伤
E. γ射线探伤

16. 砂轮机是机械工厂最常用的机械设备之一，其主要特点是易碎、转速高、使用频繁和易伤人。砂轮在使用时有严格的操作程序和规定，违反操作规程将给操作人员造成伤害。下列关于砂轮机操作要求的说法中，正确的有（　　）。

A. 不允许站在砂轮正面操作
B. 允许在砂轮侧前方操作
C. 不允许多人共同操作

D. 禁止侧面磨削

E. 允许砂轮正反转

17. 人与机器的功能和特性在很多方面有着显著的不同，为充分发挥各自的优点，需要进行人机功能的合理分配。下列工作中，适合机器完成的有（　　）。

A. 快速、高可靠性、高精度的工作　　　　B. 单调、操作复杂、简单决策的工作

C. 持久、笨重的工作　　　　　　　　　　D. 环境条件差、规律性、输出功率大的工作

E. 灵活性差、高干扰、信号检测的工作

18. 掌握（　　）等规律，有利于在工程设计中满足人机工程学的设计要求。

A. 当眼睛偏离视中心时，在偏离距离相同的情况下，观察优先的顺序是左上、右上、左下、右下

B. 视线运动的顺序习惯于从右到左，从上到下，逆时针进行

C. 在视线突然转移的过程中，约有 3% 的视觉能看清目标，其余 97% 的视觉都是不真实的，所以在工作时，不应有突然转移视线的要求，否则会降低视觉的准确性

D. 对物体尺寸和比例的估计，水平方向比垂直方向准确、迅速，且不易疲劳

E. 眼睛的水平运动比垂直运动快，即最容易看到水平方向的东西，对垂直方向的东西感受慢，所以，一般机器的外形常设计成横向长方形

答　　案

一、单选题

1. A　2. C　3. A　4. B　5. A　6. D　7. B　8. B　9. C　10. D　11. B　12. C　13. B　14. D　15. B　16. D　17. B　18. C　19. C　20. B　21. A　22. A　23. A　24. D　25. C　26. C　27. C　28. A　29. B　30. B　31. C　32. C　33. D　34. A　35. D　36. B　37. A　38. B　39. B　40. D　41. A　42. B　43. C　44. C　45. B　46. B　47. D　48. B　49. B　51. A　52. B

二、多选题

1. BDE　2. ABC　3. AB　4. ABCD　5. ADE　6. BCDE　7. ABCE　8. ABCE　9. ACE　10. ABCD　11. ABDE　12. ABCE　13. ABCD　14. ABDE　15. BCD　16. ACD　17. ACD　18. ACDE

第十三章　特种设备安全技术

一、单选题

1. 根据《特种设备安全监察条例》，特种设备是指涉及生命安全、危险性较大的锅炉、压力容器、压力管道等。下列各组设备中，均属于特种设备的是（　　）。

A. 防爆电器、起重机械、客运索道、大型游乐设施

B. 电梯、客运索道、大型游乐设施、冶金机械

C. 电梯、起重机械、客运索道、大型游乐设施

D. 电梯、起重机械、锻压机械、大型游乐设施

2. 根据国务院 373 号令《特种设备安全监察条例》中规定的、属于特种设备监管范围的压力管道最高工作压力大于或等于（　　）MPa（表压），公称直径大于（　　）mm。

A. 1.0，40　　　　　B. 0.5，35　　　　　C. 0.2，30　　　　　D. 0.1，25

3. 起重机的稳定性是指整机不得在振动、风载或其他预期的外载荷作用下，抵抗或不应有（　　）的能力。

A. 倾翻、位移　　　　　　　　　　B. 机构损坏、倾翻

C. 结构破坏、机构损坏　　　　　　D. 结构破坏、位移

4. 倾翻事故是自行式起重机的常见事故，下列情形中，容易造成自行式起重机倾翻事故的是（　　）。

A. 没有车轮止垫　　　　　　　　　B. 没有设置固定锚链

C. 悬臂伸长与规定起重量不符　　　D. 悬臂制造装配有缺陷

5. 为保证压力容器安全运行，通常设置安全阀、爆破片等安全附件。下列关于安全阀、爆破片设置要求的说法中，不正确的是（　　）。

A. 安全阀与爆破片并联组合时，安全阀开启压力应略低于爆破片的标定爆破压力

B. 安全阀与爆破片并联组合时，爆破片的标定爆破压力不得超过容器的设计压力

C. 安全阀出口侧串联安装爆破片时，容器内介质应不含胶着物质

D. 安全阀进口与容器间串联安装爆破片时，爆破片破裂后泄放面积应小于安全阀的进口面积

6. 压力容器专职操作人员在容器运行期间应经常检查容器的工作状况，以便及时发现设备的不正常状态，下列检查项目中，属于运行期间检查的有（　　）。

A. 容器及其连接管道的振动情况　　B. 容器材质劣化情况

C. 容器耐压试验　　　　　　　　　D. 容器受压元件及扩展情况

7. 做好压力容器的维护保养工作，可以使容器经常保持完好状态，延长容器的使用寿命。下列关于压力容器维护保养的说法中，正确的是（　　）。

A. 压力容器加载应缓慢进行

B. 防止压力容器过载

C. 对运行中的容器进行检查

D. 保持完好的防腐层

8. 下列有关压力容器检验的做法中，不安全的是（　　）。

A. 实施检验前，确认扶梯、平台、脚手架、射线防护等符合安全作业要求，设置了安全警戒标志

B. 设备内部介质已放空，对其内部残留的易燃介质用空气进行置换

C. 关闭所有连接被检设备的阀门，用盲板隔断所有液体、气体或蒸汽的来源

D. 检验人员进入压力容器内部时，外部有人监护

9. 在特种设备检测中，无损检测适合于构件的（　　）检查。

A. 直观　　　　　　　　　　　　　B. 内部缺陷

C. 耐腐性   D. 承载能力

10. 根据无损检测方法的原理、特点和适用范围判断，如果对一台材料为奥氏体不锈钢的压力容器筒体纵焊缝进行表面缺陷的检测，宜采用（   ）检测方法。

    A. 涡流   B. 声发射探伤   C. 磁粉   D. 渗透

11. 遇 4 级以上地震或发生重大设备事故、露天作业的起重机械经受 9 级以上的风力后的起重机，使用前后都应做（   ）。

    A. 自我检查   B. 每日检查   C. 每月检查   D. 全面检查

12. 起重机械定期检验时指在使用单位进行经常性日常维护保养和自行检查的基础上，由检验机构进行的全国检验。《起重机械定期检验规则》规定，起重机械定期检验中应当进行性能试验，首检后每间隔 1 个检验周期应进行一次的试验项目是（   ）。

    A. 静载荷试验   B. 动载荷试验

    C. 额定载荷试验   D. 超载试验

13. 特种设备中，压力管道是指公称直径 >25mm 并利用一定的压力输送气体或者液体的管道。下列介质中，必须应用压力管道输送的是（   ）。

    A. 最高工作温度高于标准沸点，低于 0.1MPa（表压）的气体

    B. 有腐蚀性、最高工作温度低于标准沸点的液化气体

    C. 最高工作温度低于标准沸点的液体

    D. 有腐蚀性、最高工作温度高于或等于标准沸点的液体

14. 压力容器的原件开裂、穿孔、密封失效等会造成容器内的介质泄漏，当压力容器发生泄漏时，下列处理方法中，错误的是（   ）。

    A. 切断泄漏处相关联的阀门   B. 堵漏

    C. 打开放空管排气   D. 控制周围明火

15. 安全附件是为了使压力容器安全运行而安装在设备上的一种安全装置，应根据压力容器自身的特点安装不同的安全附件。在盛装液化气体的钢瓶上，应用最广泛的安全附件是（   ）。

    A. 爆破片   B. 易熔塞   C. 紧急切断阀   D. 减压阀

16. 对一台在用压力容器的全面检验中，检验人员发现容器制造时焊缝存在超标的体积性缺陷，据检验报告，未发现缺陷发展或扩大。根据压力容器安全状况等级划分规则，该容器的安全状况等级为（   ）。

    A. 2   B. 3   C. 4   D. 5

17. 起重机械定期检验包括审查技术文件、检查安全保护装置等项目，下列项目中，不属于起重机械定期检验内容的是（   ）。

    A. 力矩限制器检查   B. 液压系统检查

    C. 额定载荷试验   D. 静载荷试验

18. 做好压力容器的日常维护保养工作，可以使压力容器保持完好状态，提高工作效率，延长压力容器使用寿命，下列项目中，属于压力容器日常维护保养项目的是（   ）。

    A. 容器及其连接管道的振动检测   B. 保持完好的防腐层

    C. 进行容器耐压试验   D. 检测容器受压元件缺陷扩展情况

19. 起重机司机安全操作要求：吊载接近或达到额定值，或起吊液态金属、易燃易爆物时，

吊运前应认真检查制动器，并（　　　）。

　　A.用小高度、长行程试吊，确认没有问题后再吊运

　　B.用小高度、短行程试吊，确认没有问题后再吊运

　　C.缓慢起重，一次性吊运到位

　　D.一次性吊运到位

20. 压力容器在运行中，应当紧急停止运行的情况是（　　　）。

　　A.容器的操作压力即将达到安全操作规程规定的极限值

　　B.容器的操作温度即将达到安全操作规程规定的极限值

　　C.高压容器的信号孔泄漏

　　D.容器接管法兰有渗漏

21. 起重机械重物失落事故主要发生在起重卷扬系统中，如脱绳、脱钩、断绳和断钩。下列状况中，可能造成重物失落事故的是（　　　）。

　　A.钢丝绳在卷筒上的余绳为 1 圈　　　　　　B.有下降限位保护

　　C.吊装绳夹角小于 120°　　　　　　　　　　D.钢丝绳在卷筒上用压板固定

22. 我国对压力容器的使用管理有严格的要求，使用单位应按相关规定向所在地的质量技术监督部门办理使用登记或变更手续。下列关于压力容器使用或变更登记的说法中，错误的是（　　　）。

　　A.压力容器在投入使用前或者投入使用后 30 日内应当申请办理使用登记

　　B.压力容器长期停用应当申请变更登记

　　C.压力容器移装、变更使用单位应当申请变更登记

　　D.压力容器维修后应当申请变更登记

23. 在盛装危险介质的压力容器上，经常进行安全阀和爆破片的组合设置。下列关于安全阀和爆破片组合设置的说法中，正确的是（　　　）。

　　A.并联设置时，爆破片的标定爆破压力不得小于容器的设计压力

　　B.并联设置时，安全阀的开启压力应略高于爆破片的标定爆破压力

　　C.安全阀出口侧串联安装爆破片时，爆破片的泄放面积不得小于安全阀的进口面积

　　D.安全阀进口侧串联安装爆破片时，爆破片的泄放面积应不大于安全阀进口面积

24. 在压力容器受压元件的内部，常常存在着不易发现的缺陷，需要采用无损检测的方法进行探查。射线检测和超声波检测是两种常用于检测材料内部缺陷的无损检测方法。下列关于这两种无损检测方法特点的说法中，错误的是（　　　）。

　　A.射线检测对面积型缺陷检出率高，对体积型缺陷有时容易漏检

　　B.超声波检测易受材质、晶粒度影响

　　C.射线检测适宜检验对接焊缝，不适宜检验角焊缝

　　D.超声波检测对位于工件厚度方向上的缺陷定位较准确

25. 叉车等车辆的液压系统，一般都使用中高压供油，高压软管的可靠性不仅关系车辆的正常工作，一旦发生破裂还将直接危害人身安全。因此高压软管必须符合相关标准要求，并通过耐压试验、爆破试验、泄漏试验以及（　　　）等试验检测。

　　A.脉冲试验、气密试验　　　　　　　　　　B.长度变化试验、拉断试验

　　C.长度变化试验、脉冲试验　　　　　　　　D.拉断试验、脉冲试验

26. 压力容器专职操作人员在容器运行期间应经常检查容器的工作状况，以便及时发现设备上的不正常状态，采取相应的措施进行调整或消除，保证容器安全运行。压力容器运行中出现下列异常情况时，应立即停止运行的是（　　）。

    A. 操作压力达到规定的标称值   B. 运行温度达到规定的标称值

    C. 安全阀起跳   D. 承压部件鼓包变形

27. 起重作业挂钩操作要坚持"五不挂"原则。下列关于"五不挂"的说法中，错误的是（　　）。

    A. 重心位置不清楚不挂   B. 易滑工件无衬垫物不挂

    C. 吊物质量不明不挂   D. 吊钩位于被吊物重心正上方不挂

28. 腐蚀是造成压力容器失效的一个重要因素。对于有些工作介质来说，只有在特定的条件下才会对压力容器的材料产生腐蚀。因此，要尽力消除这种能够引起腐蚀的条件。下列关于压力容器日常保养的说法中，错误的是（　　）。

    A. 盛装一氧化碳的压力容器应采取干燥和过滤的方法

    B. 盛装压缩天然气的钢制容器只需采取过滤的方法

    C. 盛装氧气的碳钢容器应采取干燥的方法

    D. 介质含有稀碱液的容器应消除碱液浓缩的条件

29. 压力容器一般泛指工业生产中用于盛装反应、传热、分离等生产工艺过程的气体或液体，并能承载一定压力的密闭设备。下列关于压力容器压力设计的说法中，正确的是（　　）。

    A. 设计操作压力应高于设计压力

    B. 设计压力应高于最高工作压力

    C. 设计操作压力应高于最高工作压力

    D. 安全阀起跳压力应高于设计压力

30. 压力容器发生泄漏时，要马上（　　）及泄漏处前端阀门。

    A. 关闭进汽阀门   B. 切断进料阀门

    C. 切断电源   D. 打开放空管

31. 大型关键性在用压力容器，经定期检验，发现难于修复的超标缺陷。使用单位因生产急需，无法立即进行缺陷修复时，可以通过（　　）判定能否监控使用到下一检验周期。

    A. 应力分析   B. 化学成分分析

    C. 应力应变测试   D. 缺陷安全评定

32. 关于磁粉检测的特点，叙述错误的是（　　）。

    A. 检测灵敏度较低

    B. 工件的形状和尺寸有时因难以磁化而对探伤有影响

    C. 检测成本很低，速度快

    D. 磁粉检测适宜铁磁材料探伤，不能用于非铁磁材料

二、多选题

1. 压力管道是指利用一定的压力，用于输送气体或者液体的管状设备。下列不属于压力管道的是（　　）。

A. 天然气管道　　　　B. 自来水管道　　　　C. 蒸汽管道

D. 城市地下水管道　　E. 通信线路管道

2. 特种设备是指涉及生命安全、危险性较大机械设备。（　　）属于特种设备的监管范围。

A. 商场自动扶梯　　　B. 住宅楼电梯　　　　C. 大型冲压机床

D. 3t 电动葫芦　　　　E. 球磨破碎机

3. 压力容器爆炸的危险主要表现在（　　）。

A. 冲击波的破坏作用　　　　　　　B. 爆破碎片的破坏作用

C. 有毒或高温介质伤害　　　　　　D. 二次爆炸的危险

E. 物体打击作用

4. 造成起重机脱绳事故的原因有（　　）。

A. 超重　　　　　　　　　　　　　B. 重物的捆绑方式与要领不当

C. 钢丝绳磨损　　　　　　　　　　D. 吊装重心选择不当

E. 吊载遭到碰撞、冲击

5. 压力容器运行中出现下列情况，需要立即停止运行的是（　　）。

A. 容器的操作压力或壁温超过安全操作规程的规定的极限值，而且采取措施无法控制，并有继续恶化的趋势

B. 容器的承压部件出现裂纹、鼓包变形、焊缝可拆卸连接处泄漏

C. 容器的安全阀失效

D. 操作岗位发生火灾

E. 高压容器的信号孔或报警孔泄漏

6. 起重机械触电事故是指从事起重操作和检修作业的人员，因触电而导致人身伤亡的事故，为防止此类事故，主要应采取的防护措施有（　　）。

A. 照明使用安全电压　　　　　　　B. 与带电体保持安全距离

C. 保护线可靠连接　　　　　　　　D. 电源滑触线断电

E. 加强屏护

答　　案

一、单选题

1. C　2. D　3. A　4. C　5. D　6. A　7. D　8. B　9. B　10. D　11. D　12. C　13. D
14. C　15. B　16. B　17. D　18. B　19. B　20. C　21. A　22. A　23. C　24. A　25. C　26. D
27. D　28. D　29. B　30. A　31. D　32. A

二、多选题

1. BDE　2. ABD　3. ABCD　4. BDE　5. ABE　6. ABE

第十四章　防火防爆及消防安全技术

一、单选题

1. 超出有效范围的燃烧称为（　　）。
   A. 闪燃　　　　　　　B. 自燃　　　　　　　C. 火灾　　　　　　　D. 着火

2. 可燃液体发生着火时，燃烧的是（　　）。
   A. 可燃蒸气　　　　　　　　　　　　B. 可燃液体
   C. 以可燃蒸气为主和部分可燃液体　　D. 以可燃液体为主和部分可燃蒸气

3. 液体可燃物燃烧过程的描述正确的是（　　）。
   A. 氧化分解—燃烧—气化　　　　　　B. 燃烧—气化—氧化分解
   C. 气化—燃烧—氧化分解　　　　　　D. 气化—氧化分解—燃烧

4. 金属燃烧属于（　　）。
   A. 扩散燃烧　　　　　B. 蒸发燃烧　　　　　C. 分解燃烧　　　　　D. 表面燃烧

5. 物质燃烧特性火灾分为（　　）类。
   A. 2　　　　　　　　　B. 3　　　　　　　　　C. 4　　　　　　　　　D. 5

6. 固体有机物质燃烧的火灾为（　　）类火灾。
   A. A　　　　　　　　　B. B　　　　　　　　　C. C　　　　　　　　　D. D

7. 易燃可燃液体燃烧的火灾为（　　）类火灾。
   A. A　　　　　　　　　B. B　　　　　　　　　C. C　　　　　　　　　D. D

8. 气体燃烧的火灾为（　　）类火灾。
   A. A　　　　　　　　　B. B　　　　　　　　　C. C　　　　　　　　　D. D

9. 轻金属燃烧的火灾为（　　）类火灾。
   A. A　　　　　　　　　B. B　　　　　　　　　C. C　　　　　　　　　D. D

10. 下列（　　）情况不属于特大火灾。
    A. 死亡 10 人以上　　　　　　　　　B. 重伤 10 人以上
    C. 受灾户 50 户以上　　　　　　　　D. 烧毁财物损失 100 万元以上

11. 衡量可燃液体火灾危险性大小的主要参数是（　　）。
    A. 沸点　　　　　　　B. 闪点　　　　　　　C. 自燃点　　　　　　D. 燃点

12. 可燃液体发生闪燃时，其持续燃烧时间不足（　　）s。
    A. 5　　　　　　　　　B. 10　　　　　　　　C. 15　　　　　　　　D. 30

13. 空气中的氧气浓度低于（　　）时，木材燃烧则停止。
    A. 5%～6%　　　　　B. 8%～10%　　　　　C. 14%～16%　　　　D. 20%～24%

14. 根据《建筑设计防火规范》（GB 50016—2014），闪点大于或等于 60℃的液体属（　　）液体。
    A. 甲类　　　　　　　B. 乙类　　　　　　　C. 丙类　　　　　　　D. 丁类

15. 清洁、环保的综合性能优化的阻燃技术和产品，将取代对环境造成污染的阻燃技术和产品，下面不属于无污染、清洁阻燃剂的是（   ）。
    A. 磷系阻燃剂
    B. 含卤阻燃剂
    C. 成炭型阻燃剂
    D. 金属氢氧化物阻燃剂

16. 下列（   ）不是添加型阻燃剂。
    A. 聚烯烃　　　　　B. 聚氯乙烯　　　　　C. 聚苯乙烯　　　　　D. 聚氨酯

17. 非接触式探测器主要是根据火焰或烟气的（   ）进行探测的。
    A. 化学性质　　　　B. 温度　　　　　　　C. 浓度　　　　　　　D. 光学效果

18. 下列探测器中属于接触式探测器的是（   ）。
    A. 感烟式探测器
    B. 感光式探测器
    C. 图像式探测器
    D. 光束式探测器

19. 在建筑火灾的发展过程中，轰燃发生在（   ）。
    A. 最盛期　　　　　B. 初起期　　　　　　C. 发展期　　　　　　D. 熄灭期

20. 火灾使人致命的最主要原因是（   ）。
    A. 被人践踏　　　　B. 窒息　　　　　　　C. 烧伤　　　　　　　D. 高温

21. 下列（   ）灭火器不适用于扑灭电器火灾。
    A. 二氧化碳　　　　B. 干粉剂　　　　　　C. 泡沫　　　　　　　D. 1301

22. 灭火器应（   ）检查一次。
    A. 半年　　　　　　B. 一年　　　　　　　C. 一年半　　　　　　D. 两年

23. 下列气体灭火剂中由于破坏臭氧层，而被逐步取替的是（   ）。
    A. 二氧化碳灭火剂
    B. 卤代烷 1211 灭火剂、1301 灭火剂
    C. 七氟丙烷灭火剂
    D. IG-541 灭火剂

24. 扑救极性溶剂 B 类火灾不得选用（   ）灭火器。
    A. 化学泡沫　　　　B. 二氧化碳　　　　　C. 干粉　　　　　　　D. 卤代烷

25. 高倍数泡沫灭火剂的发泡倍数为（   ）倍。
    A. 201～1000　　　B. 301～1000　　　C. 401～1000　　　D. 501～1000

26. 油脂接触纯氧发生燃烧属于（   ）。
    A. 着火　　　　　　B. 闪燃　　　　　　　C. 受热自燃　　　　　D. 自热自燃

27. 油脂滴落于高温暖气片上发生燃烧的现象是属于（   ）。
    A. 着火　　　　　　B. 闪燃　　　　　　　C. 自热自燃　　　　　D. 受热自燃

28. 下列（   ）自燃不是由发酵热蓄积引起的自燃。
    A. 稻草　　　　　　B. 树叶　　　　　　　C. 麦芽　　　　　　　D. 消化纤维

29. 可燃物质的自燃点越低，发生着燃烧的危险性（   ）。
    A. 越小　　　　　　B. 越大　　　　　　　C. 无关　　　　　　　D. 无规律

30. 在易燃易爆场所，不能使用（   ）工具。
    A. 铁制　　　　　　B. 铜制　　　　　　　C. 木制　　　　　　　D. 铍青铜

31. 公共建筑防烟楼梯间前室的面积不应小于（   ）m^2。
    A. 5　　　　　　　　B. 6　　　　　　　　C. 7　　　　　　　　D. 8

32. 人员密集的公共场所观众厅的入场门、太平门，不应设置门槛，门内外（   ）m 范围

内不应设置踏步。

A. 1. 2   B. 1. 3   C. 1. 4   D. 1. 5

33. 室外疏散楼梯的最小净宽度不应小于（   ）m。

A. 0. 8   B. 0. 9   C. 1. 0   D. 1. 1

34. 疏散标志牌设在墙面上时，标志牌的上边缘距地面应不大于（   ）m。

A. 0. 9   B. 1. 0   C. 1. 1   D. 1. 2

35. 高层建筑发生火灾时，人员可通过（   ）逃生。

A. 安全出口   B. 乘坐客梯   C. 从窗户跳出   D. 乘坐货梯

36. 疏散用应急照明最低照度不应低于（   ）h。

A. 0. 4   B. 0. 5   C. 0. 6   D. 0. 7

37. 影院、礼堂发生火灾后，吊灯掉落时间一般在起火后（   ）min。

A. 15~20   B. 20~25   C. 25~30   D. 30~35

38. 消防应急灯具的应急转换时间应不大于（   ）s。

A. 15   B. 5   C. 2. 5   D. 0. 25

39. 扑救 A、B、C 类和带电火灾，应选用（   ）灭火器。

A. 水型   B. 泡沫   C. 磷酸铵盐干粉   D. 二氧化碳

40. 电石起火时必须用干砂或（   ）进行灭火。

A. 泡沫灭火器   B. 二氧化碳灭火器   C. 水   D. 沙子

41. 电石和石灰是（   ）。

A. 易燃物品   B. 遇湿易燃物品   C. 氧化剂   D. 有毒物质

42. 使用水剂灭火器时，应射向（   ）位置才能有效将火扑灭。

A. 火源底部   B. 火源中间   C. 火源顶部   D. 火源四周

43. 下列（   ）气体属于易燃气体。

A. 二氧化碳   B. 乙炔   C. 氧气   D. 氮气

44. 诸如化学危险品库、氢氧站、氮氧站、油料库应远离火源，布置在厂区边缘地区及（   ）。

A. 最大频率风向的下风侧   B. 最大频率风向的上风侧

C. 最小频率风向的下风侧   D. 最小频率风向的上风侧

45. 化工厂燃气系统保持正压生产的作用是（   ）。

A. 防止可燃气体泄漏   B. 防止空气进入燃气系统

C. 保持压力稳定   D. 起保温作用

46. 化工厂的防爆车间采取通风良好的防爆措施，其目的是（   ）。

A. 消除氧化剂   B. 控制可燃物   C. 降低车间温度   D. 冷却加热设备

47. 化工厂的燃气系统着火时，应立即关闭截门，其目的是（   ）。

A. 消除可燃物   B. 消除氧化剂   C. 消除着火源   D. 降低系统压力

48. 手提灭火器宜设置在挂钩、托架上或灭火器箱内，其顶部离地面高度应小于（   ）m。

A. 1. 2   B. 1. 3   C. 1. 4   D. 1. 5

49. 处于楼层（   ）层以下的被困位置，当火势危及生命又无其他方法可自救时，可将室内席梦思、被子等软物抛到楼底，人从窗口跳至软物上逃生。

A. 2   B. 3   C. 4   D. 5

50. 在火灾中，由于毒性造成人员伤亡的罪魁祸首是（　　）。
    A. CO_2　　　　　　　B. NO　　　　　　　C. SO_2　　　　　　　D. CO

51. 火灾烟气是一种混合物，包括可燃物热解和燃烧产生的气相产物，如未燃燃气、水蒸气、CO_2、（　　）及其他有毒或有腐蚀性的气体。
    A. 水　　　　　　　　B. CO　　　　　　　C. N_2　　　　　　　D. 臭氧

52. 按照产生的原因和性质，爆炸可分为（　　）。
    A. 物理爆炸、化学爆炸、分解爆炸　　　B. 物理爆炸、化学爆炸、锅炉爆炸
    C. 物理爆炸、化学爆炸、核爆炸　　　　D. 化学爆炸、核爆炸、分解爆炸

53. 爆炸现象的最主要特征是（　　）。
    A. 温度升高　　　B. 周围介质振动　　　C. 压力急剧升高　　　D. 发光发热

54. 不属于炸药爆炸三要素的是（　　）。
    A. 反应过程的燃烧性　　　　　　　　B. 反应过程的高速性
    C. 反应过程的放热性　　　　　　　　D. 反应生成物含有大量的气态物质

55. 解释燃烧实质的现代燃烧理论是（　　）。
    A. 分子碰撞理论　　B. 燃烧素学说　　　C. 过氧化物理论　　　D. 链式反应理论

56. 氢气和氧气以 2∶1 比例混合后，在 500℃时的爆炸低限是（　　）Pa。
    A. 200　　　　　　　B. 300　　　　　　　C. 400　　　　　　　D. 500

57. 可燃气体、蒸气和粉尘与空气（或助燃气体）的混合物，必须在一定的浓度范围内，遇到足以起爆的火源才能发生爆炸。这个可爆炸的浓度范围，叫作该爆炸物的（　　）。
    A. 爆炸极限　　　B. 爆炸浓度极限　　　C. 爆炸上限　　　D. 爆炸下限

58. 混合气体的初始压力对爆炸极限有影响，但在（　　）MPa 的压力下，对爆炸下限影响不大，对爆炸上限影响较大。
    A. 0.1~10　　　B. 0.1~2.0　　　C. 0.1~3.0　　　D. 0.1~4.0

59. 爆炸性混合物燃爆最强烈的浓度是（　　）。
    A. 爆炸下限　　　B. 爆炸极限　　　C. 爆炸上限　　　D. 爆炸反应当量浓度

60. 燃料容器、管道直径越小，发生爆炸的危险性（　　）。
    A. 越小　　　B. 越大　　　C. 无关　　　D. 无规律

61. 提高可燃气体混合物的氧含量，对爆炸极限的影响是（　　）。
    A. 爆炸下限降低　　B. 爆炸上限降低　　C. 爆炸下限提高　　D. 爆炸上限提高

62. 爆炸极限范围越大，则发生爆炸的危险性（　　）。
    A. 越小　　　B. 越大　　　C. 无关　　　D. 无规律

63. 爆炸性气体混合物按照（　　）被分为 6 组。
    A. 最大试验安全间隙　　　　　　　B. 最小点燃电流
    C. MESG 和 MIC　　　　　　　　　D. 引燃温度

64. 爆炸下限小于 10%的气体属（　　）类气体。
    A. 甲　　　　　　　B. 乙　　　　　　　C. 丙　　　　　　　D. 丁

65. 下列物质爆炸危险度最高的是（　　）。
    A. 氢气　　　　　　B. 苯　　　　　　　C. 汽油　　　　　　D. 乙炔

66. 乙炔分解爆炸的临界压力是（　　）MPa。
    A. 0.13　　　　　B. 0.14　　　　　C. 0.15　　　　　D. 0.16

67. 已知某混合气体中甲烷占80%，乙烷占20%，甲烷爆炸下限为5%，乙烷爆炸下限为3.22%，此混合气爆炸下限为（　　）。
    A. 2.57%　　　　B. 3.57%　　　　　C. 4.57%　　　　D. 5.57%

68. 乙烷在空气中的爆炸下限是（　　）。
    A. 2.38%　　　　B. 3.38%　　　　　C. 4.38%　　　　D. 5.38%

69. 下列属于物理爆炸的是（　　）。
    A. 面粉爆炸　　　B. 乙炔爆炸　　　C. 锅炉爆炸　　　D. 煤粉爆炸

70. 若对产生可燃粉尘的生产装置用惰性气体进行保护时，应使装置中实际氧含量比临界氧含量低（　　）。
    A. 10%　　　　　B. 20%　　　　　　C. 30%　　　　　D. 40%

71. （　　）对粉尘爆炸压力上升速率的影响比粉尘爆炸压力大得多。
    A. 粉尘粒度　　　B. 初始压力　　　C. 粉尘爆炸容器　　D. 湍流速

72. 下列粉尘中，（　　）的粉尘不可能发生爆炸。
    A. 生石灰　　　　B. 面粉　　　　　C. 煤粉　　　　　D. 铝粉

73. 对产生尘、毒危害较大的工艺、作业和施工过程，应采取有效的密闭、（　　）、吸收、净化等综合措施和监测装置，防止尘、毒的泄漏、扩散和溢出。
    A. 高压　　　　　B. 中压　　　　　C. 零压　　　　　D. 负压

74. 可燃粉尘的粒径越小，发生爆炸的危险性（　　）。
    A. 越小　　　　　B. 越大　　　　　C. 无关　　　　　D. 无规律

75. 当气体爆炸危险场所的等级属于0区或1区，且可燃物的最小点燃能量在（　　）MJ以下时，工作人员应穿无静电点燃危险的工作服。当环境相对湿度保持在50以上时，可穿棉工作服。
    A. 0.25　　　　　B. 0.025　　　　　C. 0.0025　　　　D. 0.00025

76. 从事易燃易爆作业的人员应穿（　　），以防静电危害。
    A. 合成纤维工作服　　　　　　　　B. 防油污工作服
    C. 含金属纤维的棉布工作服　　　　D. 普通工作服

77. 在作业场所液化气浓度较高时，应佩戴（　　）。
    A. 面罩　　　　　B. 口罩　　　　　C. 眼罩　　　　　D. 防毒面具

78. 存放爆炸物的仓库内，应该采用（　　）照明设备。
    A. 白炽灯　　　　B. 日光灯　　　　C. 防爆型灯具　　D. 钠灯

79. 硝化甘油炸药和乳化炸药属于（　　）。
    A. 猛炸药　　　　B. 起爆药　　　　C. 火药　　　　　D. 烟火药

80. 下列关于粉状乳化炸药生产的火灾爆炸危险因素主要来源说法不正确的是（　　）。
    A. 物质危险性
    B. 生产过程中的高温、撞击摩擦、电气和静电火花、雷电
    C. 运输与储存方面的危险性
    D. 成品乳化炸药具有低的爆轰和殉爆特性

二、多选题

1. 燃烧三要素是（　　）。
   A. 可燃物质　　　　　　B. 火源　　　　　　C. 助燃物质　　　　　　D. 温度

2. 重大火灾是指（　　）的火灾。
   A. 死亡 3 人以上　　　　　　　　　B. 死亡及重伤 10 人以上
   C. 重伤 20 人以上　　　　　　　　　D. 受灾 30 户以上

3. 建筑物火灾的发展过程一般包括（　　）。
   A. 初起期　　　　　　B. 发展期　　　　　　C. 最盛期
   D. 熄灭期　　　　　　E. 酝酿期

4. 下列各项中属于石油、化工生产装置停车后的安全处理主要步骤的有（　　）。
   A. 隔绝　　　　　　B. 试压　　　　　　C. 吹扫　　　　　　D. 置换

5. 扑救地下建筑火灾的基本方法有（　　）。
   A. 深入地下近战　　　　　　　　　B. 地面喷射灭火
   C. 封闭窒息火焰　　　　　　　　　D. 采取注水措施

6. 自动报警灭火系统有三种类型（　　）。
   A. 简单报警灭火系统　　　　　　　B. 全自动报警灭火系统
   C. 半自动报警灭火系统　　　　　　D. 手动报警灭火系统

7. 火场逃生的方法有（　　）。
   A. 用手巾，手帕捂鼻护嘴　　　　　B. 乘坐普通电梯逃生
   C. 寻找避难处所　　　　　　　　　D. 利用疏散通道逃生

8. 火灾探测系统主要包括（　　）两部分。
   A. 自动灭火器　　　　　　　　　　B. 火灾探测器
   C. 温度仪　　　　　　　　　　　　D. 报警控制器

9. 非接触式探测器包括（　　）。
   A. 感烟式探测器　　　　　　　　　B. 感光式探测器
   C. 图像式探测器　　　　　　　　　D. 光束式探测器

10. 烟气控制主要有（　　）两条途径。
    A. 挡烟　　　　　　B. 排烟　　　　　　C. 加强通风　　　　　　D. 封闭窗户

11. 火灾过程的双重性是指（　　）。
    A. 偶然性　　　　　　B. 突发性　　　　　　C. 确定性　　　　　　D. 随机性

12. 防止机械工业电气火灾事故的主要措施是（　　）。
    A. 准备大量的灭火器具　　　　　　B. 正确匹配的灭火器具
    C. 合理的配线方式　　　　　　　　D. 导线安装时采取必要的防火保护处理措施

13. 下列（　　）物质与水作用会出现化学自燃着火。
    A. 钠　　　　　　B. 氢化钠　　　　　　C. 硼氢化钠　　　　　　D. 黄磷

14. 下列介质中（　　）等主要依靠化学抑制作用进行灭火。
    A. 卤代烷灭火剂　　B. 泡沫灭火剂　　　　C. 干粉灭火剂　　　　　D. 二氧化碳

15. 适用于带电火灾的灭火剂有（　　　）等。
　　A. 水　　　　　　　B. 二氧化碳　　　　　　C. 泡沫　　　　　　　D. 干粉

16. 常用的灭火方法有（　　　）。
　　A. 隔离灭火法　　　B. 冷却灭火法　　　　　C. 窒息灭火法
　　D. 抑制灭火法　　　E. 扑打法

17. 建筑物的耐火等级是由建筑构件的（　　　）决定的。
　　A. 燃烧性能　　　　B. 耐火极限　　　　　　C. 体积　　　　　　　D. 面积

18. 化学爆炸三要素是指（　　　）。
　　A. 反应过程放热性　　　　　　　　　B. 反应过程的高速度
　　C. 反应生成物必定含有大量的气态物质　D. 突发性

19. 防止火灾爆炸事故发生的基本原则是（　　　）。
　　A. 防止限制易燃易爆系统的形成　　　B. 防止可燃物外溢泄漏
　　C. 消除各类点火源　　　　　　　　　D. 通风置换

20. 可燃液体的爆炸极限可以用（　　　）表示。
　　A. 可燃液体的温度极限　　　　　　　B. 可燃液体的浓度极限
　　C. 可燃蒸气的浓度极限　　　　　　　D. 可燃蒸气的温度极限

21. 对于有爆炸危险的可燃物，当可燃物的（　　　），则发生爆炸危险性越大。
　　A. 爆炸下限越低　　　　　　　　　　B. 爆炸上限越高
　　C. 爆炸下限越高　　　　　　　　　　D. 爆炸上限越低

22. 控制生产粉尘爆炸的主要技术措施是（　　　）。
　　A. 扩大粉尘扩散范围　　　　　　　　B. 控制火源
　　C. 适当增湿　　　　　　　　　　　　D. 消除粉尘

23. 扑救石油化工企业火灾的主要任务是（　　　）。
　　A. 排除爆炸危险　　B. 抢救人命　　　　　C. 防止中毒　　　　D. 抢救财产

24. 《生产性粉尘作业危害程度分级》不适用于（　　　）。
　　A. 爆炸性粉尘　　　B. 放射性粉尘　　　　　C. 致癌性粉尘
　　D. 引起化学中毒的粉尘　　　　　　　E. 矿山井下作业接触的粉尘

25. 下列属于防爆泄压装置的有（　　　）。
　　A. 安全阀　　　　　B. 单向阀　　　　　　　C. 爆破片　　　　　　D. 防爆门

答　案

一、单选题

　　1. C　2. A　3. D　4. D　5. C　6. A　7. B　8. C　9. D　10. B　11. B　12. A　13. C
14. C　15. B　16. D　17. D　18. A　19. C　20. B　21. C　22. B　23. B　24. A　25. A　26. D
27. D　28. D　29. B　30. A　31. B　32. C　33. D　34. C　35. A　36. B　37. A　38. B　39. C
40. B　41. B　42. A　43. B　44. D　45. B　46. B　47. A　48. D　49. B　50. D　51. B　52. C

53. C 54. A 55. D 56. A 57. A 58. B 59. D 60. A 61. D 62. B 63. D 64. A 65. D
66. B 67. C 68. B 69. C 70. B 71. A 72. A 73. D 74. B 75. A 76. C 77. A 78. C
79. A 80. D

二、多选题

1. ABC 2. ABD 3. ABCD 4. ACD 5. ABC 6. BCD 7. ACD 8. BD 9. BCD 10. AB
11. CD 12. BCD 13. ABC 14. AC 15. BD 16. ABCD 17. AB 18. ABC 19. BCD
20. AC 21. AB 22. BCD 23. ABC 24. BDE 25. ACD

第十五章　职业危害控制技术

一、单选题

1. 消除粉尘危害的根本途径是（　　）。
   A. 改革工艺、采用新技术
   B. 湿式作业
   C. 密闭尘源，生产过程管道化、机械化、自动化
   D. 通风除尘

2. 粒径小于（　　）μm 的粉尘，称为飘尘，其对人的健康危害更大。
   A. 1　　　　　　　　B. 5　　　　　　　　C. 10　　　　　　　　D. 50

3. 利用了气体射流作用的排风罩是（　　）。
   A. 密闭罩　　　　　B. 外部罩　　　　　　C. 吹吸罩　　　　　　D. 接受罩

4. 设计合理的外部罩要求在控制点的风速（　　）控制风速。
   A. 小于　　　　　　B. 大于　　　　　　　C. 小于或等于　　　　D. 大于或等于

5. 分割粒径（　　），旋风除尘器的除尘效率越高。
   A. 越小　　　　　　B. 越大　　　　　　　C. 无影响　　　　　　D. 不确定

6. 通风除尘系统中，在风机的吸入端，全压为（　　）值，静压为（　　）值。
   A. 正，正　　　　　B. 负，负　　　　　　C. 正，负　　　　　　D. 负，正

7. 风机实际运行工况点为管道特性曲线与系统风机的（　　）特性曲线之交点。
   A. 风量和风压特性曲线　　　　　　　　B. 风压与功率特性曲线
   C. 风量和功率特性曲线　　　　　　　　D. 风量和效率特性曲线

8. 吸收法是采用适当的（　　）作为吸收剂，根据废气中各组分在其中的（　　）不同，
   而使气体得到净化的方法。
   A. 液体，分散度　　B. 固体，分散度　　　C. 液体，溶解度　　　D. 固体，溶解度

9. 冷凝净化技术适用于（　　）有害物质的净化。
   A. 气体状态　　　　B. 蒸汽状态　　　　　C. 雾　　　　　　　　D. 烟

10. 高温作业系指当室外实际出现本地区夏季通风室外计算温度时，工作场所的气温高于室
    外（　　）℃或以上的作业。
    A. 1　　　　　　　　B. 2　　　　　　　　C. 3　　　　　　　　D. 4

11. 音频声的频率范围是（　　　）。

　　A. 10～1000Hz　　　B. 10～10000Hz　　　C. 20～2000Hz　　　D. 20～20000Hz

12. 中频噪声与高频噪声的分界线是（　　　）。

　　A. 100Hz　　　B. 500Hz　　　C. 1000Hz　　　D. 5000Hz

13. 两个声源单独发声在某点造成的声压级均为40dB，其叠加后在该点的声压级为（　　　）。

　　A. 43dB　　　B. 46dB　　　C. 49dB　　　D. 80dB

14. 某一机加工车间，因投入生产的机床型号不同和开动台数不同，一天8h车间内噪声起伏变化较大，作为噪声测量的正确方法：应测量该环境下噪声的（　　　）。

　　A. A声级

　　B. B声级

　　C. 等效连续A声级

　　D. 等效连续B声级

15. 根据《工业企业设计卫生标准》，工业企业的生产车间和作业场所的工作地点的噪声标准为（　　　）。

　　A. 80dB（A）　　　B. 85dB（A）　　　C. 90dB（A）　　　D. 95dB（A）

16. 为了使声音的客观物理量与人耳听觉的主观感受近似取得一致，目前常使用计权声级作为评价噪声的参数，这是因为计权声级考虑了（　　　）加权，模仿了人耳听觉的特点。

　　A. 时间　　　B. 能量　　　C. 频率　　　D. 随机性

17. 靠近声源的场所，采用（　　　）措施，通常而言不会取得理想的降噪效果。

　　A. 吸声　　　B. 隔声　　　C. 减振　　　D. 阻尼降噪

18. 消声器能较为有效地衰减（　　　）噪声。

　　A. 机械动力性　　　B. 电磁动力性　　　C. 空气动力性　　　D. 高频

19. 车间内噪声源数量较多，而且声源在车间内分布得较为分散时，宜采取（　　　）的方式（　　　）降低噪声。

　　A. 隔声间　　　B. 隔声罩　　　C. 吸声处理　　　D. 消声器

20. 电磁辐射的量子能量水平达到（　　　）eV以上时，会对生物体产生电离作用，称为电离辐射。

　　A. 8　　　B. 10　　　C. 12　　　D. 15

21. 非电离辐射可分为（　　　）。

　　A. 高频电磁场、红外辐射、紫外辐射、激光

　　B. 微波、红外辐射、紫外辐射

　　C. 射频辐射、红外辐射、紫外辐射、激光

　　D. 微波、红外辐射、紫外辐射、激光

22. 下列方法中，不属于从减少扰动方面来控制振动的方法是（　　　）。

　　A. 改善机器的平衡性

　　B. 改变振动系统的扰动频率

　　C. 减少构件加工误差

　　D. 提高安装时对中质量

23. 中压风机的风压范围是（　　　）。

　　A. 500Pa$<p<$1000Pa

　　B. 1000Pa$<p<$2000Pa

　　C. 1000Pa$<p<$3000Pa

　　D. 1000Pa$<p<$5000Pa

24. 高温作业是指在生产劳动过程中，其作业地点平均WBGT指数等于或大于（　　　）℃的

作业。

    A. 20   B. 25   C. 30   D. 32

25. 处理（   ）粉尘，湿法除尘的除尘效率不高。

    A. 亲水性   B. 疏水性   C. 水硬性   D. 以上均是

26. 在工艺条件允许的前提下，优先考虑采用（   ）。

    A. 密闭罩   B. 外部罩   C. 吹吸罩   D. 接受罩

27. 布袋除尘器的过滤风速是指气体通过滤料表面时的（   ）速度。

    A. 瞬时   B. 平均   C. 最大   D. 最小

28. 下列叙述中，正确的描述有（   ）。

    ①粉尘不存在爆炸上限的数值。

    ②电除尘器是利用粉尘能荷电的特性进行工作的。

    ③各种湿式除尘器均是依靠粉尘的湿润性而设计的。

    ④通风除尘管道的阻力包括摩擦阻力和局部阻力，主要以摩擦阻力为主。

    A.①②   B.②③④   C.②③   D.①②④

29. 关于通风除尘管道的设计，下列表述正确的是（   ）。

    ①将粉尘性质和含尘气体性质相同的尘源划为一套系统。

    ②每套系统的吸尘点不宜过多，一般不超过 10~20 个。

    ③除尘管道内气流速度应根据粉尘和含尘气体的性质选择经济风速。

    A.①②   B.①③   C.②③   D.①②③

30. （   ）是电磁辐射中量子能量小、波长长的波段。

    A. 射频辐射   B. 红外辐射   C. 紫外辐射   D. 激光

31. （   ）是用来描述声音大小的主观感觉量。

    A. 声强   B. 声强级   C. 响度   D. 响度级

32. 在各种噪声控制工程技术措施中，吸声措施一般可取得（   ）dB 的降噪效果。

    A.1~3   B.4~12   C.12~15   D.15~20

33. 人类无法听到频率低于（   ）Hz 的声音。

    A. 10   B. 20   C. 50   D. 100

34. 在空间上一点，4 个相同声压级的声音叠加后，该点上的声压级增加（   ）。

    A.4dB   B.3dB   C.6dB   D.7dB

35. 分割粒径是反映（   ）除尘器除尘性能的重要指标之一。

    A. 湿式   B. 旋风   C. 布袋   D. 电

36. 根据《生产性粉尘作业危害程度分级》标准，将接触粉尘作业的危害程度分为（   ）级。

    A. 6   B. 5   C. 4   D. 3

37. 生产性毒物进入人体的途径中，（   ）是最主要、最危险、最常见的途径。

    A. 呼吸道   B. 皮肤   C. 消化道   D. 以上均不正确

38. 毒物的化学结构在某种程度上亦决定其毒性，碳氢化合物中，一般直链的毒性比支链的（   ）长链的毒性比某些短链的（   ），成环的比不成环的毒性（   ），不饱和键越多，毒性越（   ）。

A. 大，大，小，小   B. 大，小，大，大

C. 大，小，大，小   D. 大，大，大，大

39. 目前，（   ）已成为国际标准化组织和绝大多数国家用作评价噪声的主要指标。

     A. A 声级   B. B 声级   C. C 声级   D. D 声级

40. 经频率计权后测量得到的分贝数称为计权声级，B 计权曲线近似于（   ）方等响曲线的倒置。

     A. 40   B. 50   C. 70   D. 100

答　案

一、单选题

  1. A   2. C   3. C   4. D   5. A   6. B   7. A   8. C   9. B   10. B   11. D   12. C   13. A
14. C   15. B   16. C   17. A   18. C   19. C   20. C   21. C   22. B   23. C   24. B   25. B   26. A
27. B   28. C   29. B   30. A   31. C   32. B   33. B   34. C   35. B   36. B   37. A   38. B   39. A
40. C

第十六章　现场急救知识与实用技术

一、单选题

1. 成人心肺复苏时打开气道的最常用方式为（   ）。

     A. 仰头举颏法   B. 双手推举下颌法   C. 托颏法   D. 环状软骨压迫法

2. 包扎止血法不能用的物品是（   ）。

     A. 绷带   B. 三角巾   C. 止血带   D. 麻绳

3. 下列（   ）不属于心肺复苏的有效指标。

     A. 颈动脉搏动   B. 面色由发绀转为苍白

     C. 出现自主呼吸   D. 瞳孔恢复对光反射

4. 夏天在户外，（   ）情况下最易中暑。

     A. 高温天气   B. 桑拿天，空气湿度大

     C. 户外活动长达 3h   D. 每天喝水太少

5. 心肺复苏时急救者在电击除颤后应（   ）。

     A. 立即检查心跳或脉搏

     B. 先行胸外按压，在 5 组（或者约 2min）心肺复苏后再进行心跳检查

     C. 立即进行心电图检查

     D. 调节好除颤仪，准备第二次除颤

6. 下列（   ）情况不适宜进行口对口人工呼吸。

     A. 触电休克   B. 溺水   C. 心跳、呼吸骤停者   D. SO_2 中毒者

7. 包扎止血法不能用的物品是（　　　）。

    A. 绷带　　　　　　　B. 三角巾　　　　　　C. 止血带　　　　　　D. 麻绳

8. 成人心肺复苏时胸外按压的深度为（　　　）。

    A. 至少胸廓前后径的一半　　　　　　　　B. 至少 3cm

    C. 至少 5cm　　　　　　　　　　　　　　D. 至少 6cm

9. 心肺复苏基本生命支持包括（　　　）。

    A. 低温疗法、脱水疗法、激素疗法

    B. 呼吸兴奋剂、循环兴奋剂、电除颤

    C. 开放气道、人工通气、人工循环

    D. 去除病因、补充血容量、改善微循环

10. 可引起血压升高的毒物是（　　　）。

    A. 砷类　　　　　　　B. 氧化物　　　　　　C. 强酸　　　　　　D. 樟脑

二、多选题

1. 口对口人工呼吸时，吹气的正确方法是以（　　　）。

    A. 病人口唇包裹术者口唇　　　　　　　　B. 闭合鼻孔

    C. 吹气量至胸廓扩张时止　　　　　　　　D. 频率为 8~12 次/min

    E. 每次吹气量 500mL

2. 现场止血的方法有（　　　）。

    A. 直接压迫止血法　　　　　　　　　　　B. 动脉行径按压法

    C. 压迫包扎法　　　　　　　　　　　　　D. 填塞法

    E. 止血带止血法

3. 下列（　　　）是心肺复苏有效的特征。

    A. 颈动脉、股动脉搏动　　　　　　　　　B. 出现应答反应

    C. 瞳孔由小变大　　　　　　　　　　　　D. 收缩压在 65mmHg 以上

    E. 呼吸改善

4. 人工呼吸包括（　　　）方式。

    A. 口对口人工呼吸　　　　　　　　　　　B. 口对鼻人工呼吸

    C. 侧卧对压法　　　　　　　　　　　　　D. 仰卧压胸法

    E. 俯卧压背法

5. 对溺水者的急救正确的是（　　　）。

    A. 救出溺水者后，立即送到比较温暖、空气流通的地方

    B. 以最快的速度检查溺水者的口鼻，清除泥水和污物，畅通呼吸道

    C. 使溺水者仰卧

    D. 使溺水者侧卧

    E. 人工呼吸及心脏复苏

6. 对触电者的急救以下说法正确的是（　　　）。

    A. 立即切断电源，或使触电者脱离电源

    B. 迅速测量触电者体温

C. 使触电者俯卧

D. 迅速判断伤情，对心搏骤停或心音微弱者，立即心肺复苏

E. 用干净衣物包裹创面

7. 以下关于急性中毒现场抢救的说法正确的是（　　）。

A. 切断毒源和脱离中毒现场，迅速将中毒者移至通风好，空气新鲜处

B. 保暖，避免活动和紧张

C. 解开衣领，通畅呼吸道：用简易方法给氧

D. 对心跳、呼吸停止者，实施正确有效的心肺复苏术

E. 体表或眼遭刺激性、腐蚀性化学物污染时，应立即脱去衣服，用大量清水反复冲洗

8. 使用止血带应注意（　　）。

A. 扎止血带时间越短越好

B. 必须做出显著标志，注明使用时间

C. 避免勒伤皮肤

D. 缚扎部位原则是尽量靠近伤口以减少缺血范围

E. 缚扎止血带要很紧

三、简答题

1. 胸外心脏按压应有哪些要点？

2. 吃东西哽住怎么办（哈姆立克法）

答　案

一、单选题

1. A　2. D　3. B　4. A　5. A　6. D　7. D　8. C　9. C　10. D

二、多选题

1. BC　2. ABCDE　3. AE　4. ABDE　5. ABCE　6. ADE　7. ABCDE　8. ABCD

三、简答题

1. 答：采用胸外心脏按压应掌握六个要点：（1）复苏者应在病人右侧；（2）按压部位与手法——双手叠加，掌根部放在胸骨中下 1/3 处垂直按压；（3）按压深度——成人为 4~5cm，儿童为 3~4cm，婴儿为 1.3~2.5cm；（4）按压频率——成人和儿童为 80~100 次/min，婴儿为 100 次/min 以上；（5）按压/放松时间比为 1∶1；（6）按压与呼吸频率——单人复苏时为 15∶2，双人复苏时为 5∶1。

心肺复苏期间，心脏按压中断时间不得超过 5s。气道内插管或搬动病人时，中断时间不应超过 30s。

2. 答：吃东西哽住的救助方法是：

（1）询问：你哽到了吗（协助拍打背部使异物咳出）。

（2）实行腹部挤压（假如病人怀孕或过肥胖，则实施胸部压挤）。

（3）持续第二步骤之动作，直到异物排出或病人意识发生变化。

（4）如病患无法站立，将病患平放在坚固的平面上，跨坐在病患大腿上双手合握，在肚脐上方用力推挤五次，再检查病患有无将异物咳出。

第四篇

安全监督实用技术

第十七章 安全监督概论

一、安全监督的权力

（1）在监督过程中，有权进入现场检查、调阅有关资料和询问有关人员；

（2）有权对违章行为进行制止和纠正，并可按企业相关制度给予处理；

（3）对发现的事故隐患，有权责令整改；

（4）发现危及员工生命安全的紧急情况时，有权责令停止作业或者停工、责令作业人员立即撤出危险区域；

（5）对被监督单位安全生产工作业绩的考评有建议权。

二、安全监督的责任

HSE 监督人员必须依据企业安全监督管理规范、制度和管理流程认真履职，主要包括：

（1）按规定对施工作业现场开展巡回监督检查，督促整改物的不安全状态，纠正人的不安全行为；

（2）按规定对现场高危作业进行旁站监督；

（3）及时审查、确认高危作业许可票；

（4）不得私自离开派驻现场或工作岗位。

三、安全监督的职能

（一）监督

要求 HSE 监督人员积极深入现场开展"查患纠违"工作，及时消除事故隐患。

（二）急救

HSE 监督人员应经系统地急救知识培训，熟练掌握"止血、包扎、固定、搬运"等外科急救及"心肺复苏"知识和操作技能。遇到现场伤害事故时，积极协助施工单位开展现场急救。

针对现场监督检查中反映出的突出问题和普遍性问题，组织开展安全培训。

（三）评价

定期对施工方的 HSE 工作进行现场阶段性 HSE 评价、项目 HSE 管理综合评价、专项 HSE 工作评价、承包商 HSE 工作评价，提升被监督单位安全管理水平，强化安全生产执行力。

（四）协调

钻井队是井筒施工作业的责任主体，为其提供测井、固井、钻具转运、设备检修、设备搬迁等配属服务企业均应纳入承包（分包）商管理，现场 HSE 监督人员应及时协调并督促工程主体施工方及其承包商落实 HSE 职责。

（五）参谋

HSE 监督人员对 HSE 管理和施工作业中存在的普遍性问题和突出问题，应及时向管理者提出意见和建议，做好管理者的参谋。

（六）培训

针对现场监督检查中反映的突出问题和普遍性问题，组织开展安全培训。

（七）咨询

对所发现问题应指出法律、标准和制度的要求，并给出整改和纠正建议。

四、安全监督方式

驻钻井队安全监督实行年度承包派驻制，每年进行一次轮换，安全监督轮休、出差等离开岗位期间安排替班监督顶岗替换。现场运行中根据钻井队和安全监督配比分为 3 种运行机制：

（1）派驻监督，是指根据钻井队作业实际派驻一名安全监督落实安全过程监督的一种监督方式。

（2）双岗监督，是指针对高风险井、特殊时期、重点工序，向一支钻井队同时派驻两名安全监督，明确白班和夜班监督职责，强化现场风险管控的一种监督方式。

（3）跟班监督，是指针对特殊时期、关键工序，根据施工作业现场班组数量，同时派驻三名及以上安全监督，明确一名主要负责人，划分监督责任，实行 24h 不间断跟班监督的一种监督方式。

第十八章 监督检查

一、安全监督方法

(一) 巡回监督要求

驻井安全监督每天必须坚持巡查作业现场。其中：交接班前半小时持表对标检查主要以查纠物的不安全状态为主；针对重点工序巡查主要以查纠作业人员不安全行为为主；夜间巡查主要以督促落实岗位劳动纪律和干部值班制度为主。

(二) 旁站监督要求

安全监督应对风险较大的施工作业进行旁站监督，重点监督施工作业井队和相关方值班干部的到位情况、作业程序（操作规程）的执行情况、岗位人员的（属地管理）履职情况和安全防护措施的落实情况。当现场有多个需要安全监督旁站的作业点时，安全监督应先对各作业点进行风险危害识别，然后选择风险最大的作业点进行旁站监督。

(三) 持表对标检查

在开钻前完成全面检查后，应每班监督钻井队对重点要害部位、井控装置和特殊施工作业的安全管理及班前检查等情况进行检查。安全监督巡回检查路线为：值班室→远程控制台→压井管汇→井口装置→节流管汇→循环、固控系统→泵房→加重泵房及储备物资→储备罐→发电房→机房→井电房（SCR 房、MCC 房、VFD 房）→钻台→综合录井室→消防室→锅炉房油罐区→井场附属设施→防污染设施→生活区（野营房、食堂）→会议室。

二、安全监督工作流程

(一) 驻井安全监督"678 工作流程"

驻井安全监督以"678 工作流程"（图 18-1）为主线，全面落实监督工作计划。

1. 驻井安全监督 6 步管理流程

1）能力评价

驻井安全监督人员必须经过专业培训，取得《HSE 监督培训合格证》《井控培训合格证》，掌握 HSE 管理基础知识、硫化氢防护知识、安全设施及安全防护用品使用等专业知识，上岗前从理论考试和综合素质等方面进行综合能力评价，不胜任人员不得安排单独上岗，特殊项目派驻前需要结合项目工艺特点进行专项能力评价，确认能够胜任该项目的现场监督需求。

2）现场交接

驻井监督人员被派驻到一个新的项目时，由所属的直线领导送到现场进行面对面交接，主

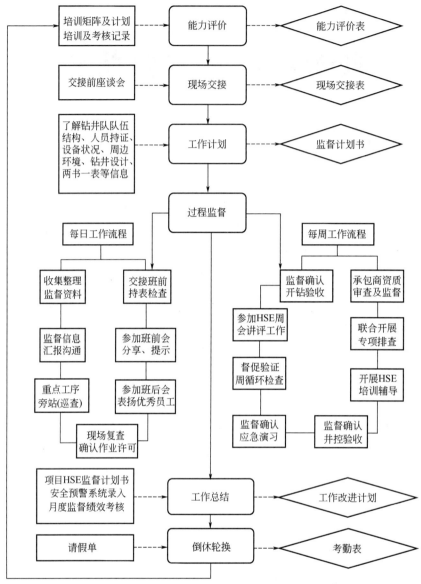

图 18-1 驻井安全监督管理流程图

要从现场查患纠违记录、《HSE 监督计划书》填写、现场违章及隐患台账、安全设施台账、关键岗位持证台账等方面，和将要离岗监督人员交接清楚，并在《HSE 监督员派驻交接单》上签字。同时，和钻井队骨干召开一次座谈会，座谈会内容包括但不限于以下几个方面：

（1）离岗监督员对派驻期间钻井队 HSE 工作进行评价，指出其管理中的特色做法和需要进一步改进的方面；

（2）新到岗监督员结合其他钻井队的特色做法，向钻井队提出改进意见和建议，传播安全文化；

（3）钻井队对离岗监督员工作进行阶段性讲评，指出履职中好的方面和需要进一步努力和改进的方向，对新到岗监督员工作表示支持和欢迎，简单介绍本队、本项目的基本情况，结合本队实际提出下一步的监督需求；

（4）监督管理主管结合新到岗监督人员的工作能力和性格特点，以及钻井队管理现状和工程进度，向钻井队和新到岗监督员提出强化沟通、严格现场风险管控的要求。

3）工作计划

安全监督人员每到一个新的项目，首先应从队伍结构、设备状况、周边环境、安全设施、钻井设计、两书一表等方面对钻井队的基本情况和项目关键技术环节进行全面了解，并认真学习上级下达的"安全监督计划"。在此基础上补充完善《项目安全监督计划书》，制定个人阶段性工作、学习计划。

4）过程监督

以查患纠违为重点，通过旁站监督和巡回监督，及时消除事故隐患。

5）工作总结

安全监督人员应通过《监督日报》《项目安全监督评价报告》《专项排查报告》等形式，及时总结评价现场安全管理工作，积极为管理者提供提升安全管理水平的参谋意见。同时，结合上级部门巡查以及绩效考核中提出的问题，进行阶段性工作总结，检查、反思、改进自身在监督、急救、培训、评价、协调、参谋、咨询等七大职能履行中的不足和薄弱环节。

6）倒休轮换

安全驻井监督人员完成一个驻井工作周期（一般不超过两个月）应及时安排倒休。监督员倒休期间应积极上级部门组织的集中培训，离开矿区时要提前向直线主管说明情况，并保持信息畅通，服从临时性工作调派和安排。

2. 驻井安全监督每日 7 项重点工作

安全监督驻井期间，每日主要工作包括但不限于以下内容：

（1）交接班前半小时进入现场持表检查，督促岗位员工落实交接班检查，及时消除事故隐患。

（2）参加班前会：结合当班工况组织开展安全经验分享，督促开展岗位风险识别及措施制定，并签字许可。

（3）参加班后会：讲评当班安全工作，对安全表现优秀员工提出表扬。

（4）现场确定作业许可：对危险作业督促办理作业许可票，并到现场复查验证，作业中加强巡查，督促落实安全措施；

（5）旁站和巡查：按照安全监督旁站监督项目、方法和内容（见附表一）对关键施工环节进行旁站监督，不定期对作业现场进行巡回检查，及时查纠作业人员违章行为，督促整改事故隐患。

（6）监督信息沟通汇报：每天至少及时向上级主管部门汇报 1 次现场安全监督信息，事故事件、重大隐患及违章、叫停等信息随时汇报。

（7）收集整理监督资料：按照学习计划完成当天学习内容，整理安全监督资料，做到工作"一日一清"。

3. 驻井安全监督每周 8 项重点工作

安全监督驻井期间，每周主要工作包括但不限于：

（1）监督确认开钻验收：项目开钻前应督促施工单位按要求开展开钻前验收，督促整改现场隐患，做到不安全不生产，实现项目风险的源头控制。

（2）承包商资质审查：对进入作业现场的承包商人员资质及设备安全状况认真审查，督促施工方及时向承包商人员告知现场风险和安全政策。

（3）联合开展专项排查：按照监督计划或上级指令，及时联合施工单位主管干部认真落实专项排查。专项排查前要结合现场实际编制《检查表》，对照《检查表》深入现场逐项排查核实，及时督促整改事故隐患，排查结束要及时整理《专项排查报告》，送钻井队领导签字确认，并按要求期限报送上级主管部门。

（4）组织安全培训：结合钻井队培训需求，以安全警示教育、程序文件学习为重点，广泛搜集资料、制作课件，每月至少为钻井队上1堂"安全课"。同时，结合现场隐患和违章分布情况，对岗位操作员工进行针对性辅导。每月结合培训内容出题考试，检验培训效果，并以《培训签认单》的形式，积极听取钻井队的意见和建议，以便及时改进培训的方法和技巧。

（5）监督确认井控验收：钻开目的层前要督促施工单位按要求组织开展钻开油气层井控验收工作，重点围绕井控设备安装及试压、压井物资储备、井控预案演习等方面，督促整改事故隐患。

（6）监督确认应急演习：督促施工单位结合项目实际，完善更新各项应急处置预案，并按计划组织演练。

（7）监督验证周循环检查：督促施工单位属地主管按计划组织开展安全专项检查，及时消除事故隐患。

（8）参加安全例会：积极参加钻井队安全周会、完井总结会、项目交底会等安全会议，会上要对阶段性工作进行讲评、对下一步作业将要面临的风险进行提示。

（二）安全监督查患纠违"二·八流程"

安全监督查患纠违"二·八流程"如图18-2所示。

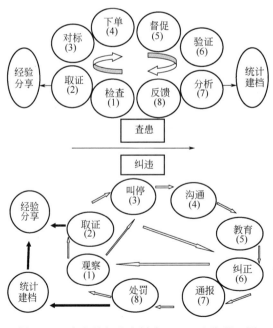

图18-2　安全监督查患纠违"二·八流程"图

1. 查纠隐患八步流程

"查纠隐患八步流程"是指导各级安全监督人员履行隐患查纠职责的工作指南，是及时消除隐患、实现现场本质安全、预防事故的主要途径，运行中要注意以下 8 个环节：

（1）检查。安全监督在监督施工单位岗位员工开展交接班检查的同时，要手持《安全监督巡回检查表》进行复核性检查，对于查出问题及时督促整改。同时，通过与岗位人员和值班干部沟通，督促落实属地管理责任。另外，要认真落实上级部门安排的阶段性专项排查，专项排查前要结合现场实际编写检查表，逐项进行检查确认，检查结束及时整理上报《专项排查报告》。

（2）取证。安全监督人员在例行检查中要随身携带照相机，发现安全良好表现和安全不符合项时及时拍照，以便进一步分析，或作为安全经验与大家一起分享。现场取证时要注意：

① 反映现场位置关系时尽量使用"全景照"或"局部照"，即把所要反映的事物之间的空间位置关系和安全防护距离等要素表现清楚，并在后期照片处理时予以标注；

② 反映设备、设施、工具等的局部缺陷时尽量使用"细目照"，即把存在的缺陷反映清楚，并在后期照片处理时予以圈注。

（3）对标。安全监督人员要针对查出的安全不符合项，查阅相关标准进行对标，找出现场情况与标准之间存在的差距。这是确保隐患整改质量、发挥培训职能的重要环节。

（4）下单。检查结束后及时签发《安全不符合整改通知单》，并计入"隐患台账"，注意以下 4 点：

① 隐患描述要准确，不能牵强附会、模棱两可，例如"××不合格、××不规范""××不符合要求"等，这样的描述会使整改人员不知所措；

② 隐患整改要求要从所要达到的标准、整改期限等方面予以明确，必要时要到现场指导。尤其查出隐患较多时，要结合现场实际利用风险等级评估（LEC）法进行分析评价，根据隐患可能对安全生产构成威胁的严重程度和紧急程度进行排列，分批安排整改，不要笼统地下达"上述问题立即整改"的指令。另外，隐患整改无特殊情况一般安排白班完成，为避免理解偏差或争执，"限当班整改"比"限当日整改"更严谨。

③ 对于经 LEC 法评价认定，风险度大于 320 的项目，必须立即叫停，签发《重大隐患整改通知单》，督促施工单位停产、停工整改，并及时向上级部门汇报信息。对于无法立即停工的重大隐患必须制定安全措施、安排专人监护，并制定专项事故应急预案。

④ 为提高隐患整改效率，避免引发监督责任事故，要求检查结束到签发《安全不符合整改通知单》，时间控制在 2h 以内，巡井监督人员应在检查结束后，必须现场签发《不符合整改通知单》。

（5）督促。《安全不符合整改通知单》下达后要加强巡查，及时督促、提醒，巡井监督人员要通过电话多询问、督促，掌握隐患整改进度。对于不按要求组织整改的单位，进行管理责任追究。

（6）验证。隐患整改验收工作坚持"谁检查、谁验收"的原则，驻井监督人员查出的隐患要全部到现场逐项验收消项；巡井监督开具的一般隐患可通过电话问讯，消项关闭，但应纳入下一轮巡查计划予以核实，重大隐患必须到现场复查消项，对于复查中发现作业队谎报整改信息的按照管理违章处理；上级部门管理人员查出的隐患，可委托现场驻井监督人员验收消项。

（7）分析。各级安全监督人员应及时更新"钻井队事故隐患台账"和"安全生产预警系统"。定期对钻井队的隐患按照隐患分类标准和岗位属地进行统计分析，找出隐患分布规律，进一步分析评价《安全两书一表》运行情况和现场管理的薄弱环节。

（8）反馈。各级安全监督人员应定期向上级主管部门汇报现场隐患信息，并结合统计分析情况积极向基层队主要领导和主管领导反馈信息，协助完善重复隐患的治理及管控机制。

2. 现场查纠违章八步流程

"查纠违章八步流程"是指导各级安全监督人员履行违章查纠职责的工作指南，是强化监管沟通、树立监督权威、及时纠正违章、实现作业安全、超前预防事故的主要途径，运行中要注意以下 8 个环节。

1）观察

养成和培养勤于观察、及时发现违章的过硬基本功，是纠正违章的前提。各级安全监督人员进入作业现场开展行为安全审核应优先选择《井筒施工作业现场旁站监督规定》中明确必须旁站的作业环节和办理了作业许可票的高风险作业。同时，要在不断观察分析的基础上，结合作业队管理实际，将违章相对集中的班组、人群、工况、时段纳入重点监控范围。现场安全观察的主要内容包括但不限于以下 7 个方面：

（1）人员的反应：观察作业人员意识到被观察时是否存在调整个人防护装备、改变原来的位置、重新安排工作、停止工作、接上地线、上锁挂牌以及其他异常动作或反映，这种本能的改变或许就将成为发现违章的提示和突破口。

（2）人员的位置：观察作业人员所处的位置是否存在被撞击、被绊倒或滑倒、高处坠落、接触极端温度的物体、接触或吸入有害物质、接触振动或转动设备、被夹住、触电或可能造成其他伤害的可能。

（3）个人防护：观察作业人员是否使用了符合安全防护要求的眼睛和脸部、耳部、头部、手和手臂、脚和腿部、呼吸系统、躯干等身体其他部位，以及满足其他特殊情况下使用的安全防护用品。

（4）工具与设备：观察作业人员使用的工具和设备是否存在缺陷，是否合规作业，是否被正确使用，是否存在其他作业风险等。

（5）程序与规程：观察作业是否有完善的作业程序文件，作业程序是否适用，作业程序是否被熟知或理解，作业程序是否被员工遵守等。

（6）作业环境：观察作业区域是否整洁有序，作业场所是否存在坑洞、沟渠、障碍物等潜在风险，材料及工具的摆放是否适当等。

2）取证

安全监督人员在现场观察到不安全行为后及时拍照取证，一方面便于进一步和作业人员分析沟通，同时通过这种方式积累大量的现场第一手资料，可用于安全经验分享和安全培训。由于不安全行为在突发性、持久性等方面有别于物的不安全状态，因此拍照取证时要注意以下 5 个方面：

（1）事先要有所准备，检查中照相机、摄像机开机待命，发现不安全行为立即采集；

（2）拍照不要追求完美，把不安全行为表现出来即可，以免在调焦、对焦过程中不安全行为已经结束；

（3）不安全行为一旦错过，绝不能安排作业人员重新模拟补拍照片；

（4）为尊重作业人员，或者避免使其在无意识情况下受到突然惊吓，一般不要正面拍照，更不要正对其面部使用闪光灯；

（5）为提高安全观察能力，监督人员可通过随机拍摄现场作业视频短片，然后组织大家讨论辨识作业过程中的不安全行为。

3）叫停

安全监督人员观察到员工操作中有违章行为时应立即停止其作业，发现现场生产组织中有超越程序、盲目指挥、冒险作业等管理违章时，应立即暂停作业，避免引发事故。现场叫停中需要注意以下 4 点：

（1）尽量选择从违章人员正面靠近，配合面部表情、肢体动作让其感知到其行为已经违章，进而自觉停止违章行为；

（2）当面叫停作业时态度要和蔼，尤其作业人员没有感知到你的到来时，叫停动作不能具有攻击性和挑逗性；

（3）叫停员工个人违章行为后一般需要将违章人员带到安全区域进行下一步沟通，但为了确保现场工作安全、顺利衔接，允许其进行必要的工作交代后再离开作业现场；

（4）对于因存在违章指挥、违反程序、盲目冒险作业等管理违章行为需要暂停生产时，应首先通知现场负责人将生产恢复到正常情况或采取一定安全措施后，再停下来进行沟通。

4）沟通

安全监督人员要通过与违章人员交心谈心，了解其违章的思想动机。沟通应建立在平等、友善、诚恳的基础上，尽量避免批评性、责备性发问，要通过真诚的倾听和交流找出违章的真正原因，通过积极引导让违章者反思其行为的后果，便于进行针对性教育。

5）教育

安全监督人员要利用自己掌握的专业安全知识、操作规程、事故案例等，对违章人员进行说服教育。教育过程中必须阐明以下两个方面：

（1）通过进行危害识别和风险评价，说明违章行为可能造成的严重后果，推理要严密，尽量结合典型事故案例佐证分析，切忌牵强附会。

（2）要围绕违章可能造成的伤害进行亲情教育。对于违章可能造成作业人员自身伤害的，要阐明其行为后果将会对其家庭造成的严重影响；对于违章可能造成工友受伤害的，要阐明其行为后果将会造成的社会影响，以及因此引发的法律责任、良心谴责等。亲情教育要以情动人，但应张弛有度、恰如其分，避免过分的放大影响范围反而造成违章人员反感和抵触。

6）纠正

安全监督人员在确认违章人员已经清楚其违章行为可能造成的后果及影响后，要结合操作规程和作业文件，明确告知其应该如何作，纠正其错误做法，纠正中要注意以下 3 点：

（1）告诉其正确做法应以操作规程和作业文件为依据，切忌凭经验和个人主观臆断；

（2）如果违章人员行为在作业文件和操作规程中没有明确要求，可提出两种以上解决方案，通过讨论选择风险最低的最佳解决办法，必要时扩大讨论范围；

（3）纠正违章人员错误操作后，不宜立即离开，至少再观察一个完整的作业周期，确认正确的做法已被接受和遵守，否则对于累教不改或明知故犯、不听劝阻者，应立即责任停工、停职，交管理者按相关人事管理制度处理。

7）通报

安全监督人员纠正作业人员违章行为后，要及时向相关方通报信息，目的是教育其他作业人员，避免类似违章行为再次发生，通报按照以下4个层面进行：

（1）及时向上级主管部门传送违章照片或视频短片，汇报违章经过和现场沟通情况，征求下一步处理意见；

（2）结合事故案例在班后会上和安全例会上进行通报，对工作属地其他作业人员进行安全警示教育；

（3）将违章查纠情况通报给基层队主要领导，求得管理者的支持，尤其在违章人员思想波动或压力过大时，将其带到主要领导处进行三方沟通交流，及时化解矛盾和压力；

（4）利用网络平台，将违章行为以及查纠处理过程向班组其他监督人员通报，分享工作经验。

8）处罚

对于现场查纠的违章行为，在确认已被违章者接受后，依据相关制度进行处罚，以便起到震慑、警示作用。处罚的形式主要包括通报批评、停工培训、经济处罚、违章记分等，对于安全监督人员来讲主要以通报批评和经济处罚权为主，根据违章性质和情节的不同，现场执行不同的处罚权限：

（1）一般违章的处罚由现场驻（巡）井监督员执行，但要在处罚前上报监督站核准；

（2）较大违章的处罚由监督站执行，或授权现场驻（巡）井监督执行；

（3）重大违章的处罚由二级单位监督管理部门执行，或授权监督站或现场驻（巡）井监督执行。

各级监督人员处罚违章一律不准现场收取现金，必须使用统一的《违章处罚单》。《违章处罚单》一经开出不得现场涂改或作废，变更处罚必须经上级部门批准并加盖印章，《违章处罚单》每月及时交主管部门核对、据此收缴罚款，纳入财务系统单独建账管理。违章处罚资金主要用于安全生产奖励，使用前必须上报上级主管部门批准。

三、钻井工序安全监督

（一）拆、搬、安作业安全监督要点

（1）完井拆卸（安装）作业前，督促钻井队组织召开钻井队全员参加的安全会议，明确岗位分工，辨识作业风险，落实安全措施。

（2）设备搬迁作业前，督促生产组织部门组织召开运输单位和钻井队管理人员参加的搬迁协调会，明确搬迁作业中的工作职责和安全保障措施。

（3）设备拆卸（安装）作业前，对进入施工现场吊车司机的资质、吊车安全性认真审查，围绕起重作业"十不吊""五个确认"和"吊装指挥信号"等内容对吊车司机、吊装指挥人员进行提问评价。

（4）搬迁作业前监督或组织钻井队管理人员对吊索具进行一次全面检查，对于严重锈蚀、断丝超标的吊索具及时进行报废处理，吊装作业必须选择与所吊物重量相匹配的吊索具。

（5）拆、搬、安期间，对移动式吊车进行的吊装作业必须全程旁站监督，吊装作业与其他旁站项目冲突时，优先吊装作业过程监督；当施工现场出现多处吊装作业时，与钻井队负责人协商、沟通，明确吊装过程中的监管分工，并记录在案。其他环节按照"两危相比顾其重"的原则合理分配精力，强化现场巡查，督促整改事故隐患，纠正不安全行为。

（6）遇5级及以上大风、大雨、雷雨、大雾、沙尘暴天气和黑夜严禁起升、拆装井架和现场吊装作业。

（7）设备拆、搬、安作业中电气焊作业、动土作业、临时登高、有限空间、临时用电等高危作业，督促办理作业许可证，并对作业过程进行旁站监督。

（8）对起、放井架作业进行全程旁站监督，督促钻井队按规定对井架进行试起，经检查无误后，再进行起升作业；井架起、放过程中，督促钻井队对危险区域进行隔离，严禁人员进入危险区域。

（二）开钻前验收安全监督要点

（1）监督确认钻井工程设计到位，设计单位名称、设计人、审核人、审批人及审批日期齐全。

（2）监督确认岗位人员配备齐全，各类操作证件、H_2S证、安全培训合格证、特种作业证件等证件齐全有效。

（3）监督确认钻井井架进行了检测，报告真实有效；井架承载能力及底座满足钻井工程设计施工要求，无严重变形损伤；天车、游车、大钩等设备型号、载荷与绞车、井架相匹配，其他设备设施配置数量、载荷、功率符合工程设计要求，完好有效。

（4）监督钻井队组织人员对施工井各工序中的危险点、危险源进行识别、评估，制定相应的安全消减措施和安全预案。

（5）组织或监督钻井队人员进行开钻安全大检查，发现问题，及时整改。

（6）监督钻井队组织召开全员大会，由工程技术人员将施工井工程、地质、井控方面存在的风险以及《安全作业计划书》对全体员工进行交底。

（7）监督钻井队建立健全生产、技术、安全环保、人员培训制度，岗位职责、"集团公司六项禁令"等相关制度按要求上墙悬挂。

（8）监督钻井队按照相关要求配置消防器材和安全防护器材。

（9）对井场环境进行检查，排查治理环境安全隐患，督促钻井队储备必要的环境应急装备和物资，制定突发环境事件应急预案并组织演练。

（10）监督钻井队作业人员进入施工现场必须正确穿戴劳保用品。

（三）表层施工作业安全监督要点

（1）督促钻井队按照设计要求正确选用一开钻具组合，执行钻井参数和技术措施。

（2）按照设计要求核对表层深度和表层套管数量、下入深度。

（3）表层（技术）套管下完，监督钻井队先找正井口再固井，套管与转盘中心偏差≤10mm。

（四）井控装置安装安全监督要点

（1）监督确认远控台、环形防喷器、闸板防喷器型号符合设计要求，已检测，核对生产厂家、出厂日期、检测日期、检测机构、在有效期内，检测报告真实；核查方钻杆上下旋塞及单向。

（2）对从变径法兰、四通安装开始，到防喷器和挡泥伞起吊到位结束（对角两条或四条定位螺栓紧固）的作业过程安装进行旁站监督。

（3）监督确认各法兰钢圈上平，螺栓齐全，对称上紧，螺栓两端公扣均匀露出；防喷器用四根不小于 ϕ16mm 钢丝绳和导链或者紧绳器成下"8字形"对角对称拉紧，装挡泥伞，保持清洁。

（4）监督确认具备安装手动锁紧机构的闸板防喷器要装齐手动锁紧装置，靠手轮端应支撑牢固，手轮应接出井架底座，其中心与锁紧轴之间的夹角不大于30°，并挂牌标明旋转方向和锁紧、解锁到位的圈数。手动锁紧杆离地面高度超过1.6m应安装手轮操作台；防喷器半封闸板胶芯必须与使用的管柱尺寸相符，可使用变径闸板。

（5）旁站监督环形防喷器、全封、半封、钻井四通、防喷管线、节流管汇、压井管汇、放喷管线、套管头侧导流管、井筒等试压时间、试压值、稳压时间、压降值，符合要求。

（五）钻进作业过程安全监督要点

（1）按时参加班前（后）会，监督岗位进行交接班检查、识别作业风险、制定预防措施，并签字许可。

（2）钻井队井筒作业临时变更，督促钻井队管理人员组织召开作业前安全会，识别作业变更带来的主要风险，并制定对应的消减措施。

（3）起下钻作业前督促作业人员对钻井大绳、死活绳头、绞车固定、控制系统、刹车系统进行全面检查，对防碰天车进行检查和调试，确保有两套以上防碰装置处在良好工作状态。起钻前10柱、下钻后10柱到接方钻杆循环，以及起钻中途遇阻等环节坚持现场旁站监督，及时纠正不安全行为。

（4）钻开目的层后督促钻井队和录井队开展井控坐岗和有毒有害气体检测。

（5）监督钻井队按照应急演习计划监督开展井控、消防、中毒等应急演习。

（6）对震击、泡油、倒扣、套铣等处理井下复杂以及处理井涌、溢流等井控险情时，进行全程旁站监督，对作业人员的不安全行为及时提醒。

（7）正常施工作业阶段，每天进入现场巡查不应少于6次，其中早晚2次交接班，提前半小时进入现场，手持《钻井安全监督巡回检查表》，在督促落实施工单位岗位交接班的同时，以督促整改事故隐患为主，其他4次巡查要选择作业风险较高的作业区域，以查纠作业人员不安全行为为主。

（8）欠平衡、气体钻井等特殊钻井施工前认真学习工程设计，督促钻井队开展工艺危害分析，组织技术交底和培训，完善应急预案并组织演练、落实第三方设备安装作业许可制度并及时签订安全协议、落实干部24小时值班制度。

（六）完井作业阶段安全监督要点

（1）完井电测作业前督促钻井队对测井作业人员进行入厂安全提示，作业区域设置警戒线和安全警示标志。

（2）电测期间监督落实20小时井控坐岗制度，每次起出仪器向井筒内灌满钻井液。电测期间发现溢流及时报告，视情况快速起出仪器或切断电缆实施关井。

（3）监督中子原装卸期间非工作人员撤离井场，到安全区域躲避。

（4）下套管前督促钻井队对钻井大绳、死（活）绳头、绞车固定、刹车系统、钻井控制系统、防碰天车、井架连接及附件、钻井泵、动力设备、井控设备、井口工具、吊钩和吊带等进行一次全面检查。

（5）监督钻井队下套管前按照要求组织进行通井，根据井架载荷卸去部分钻具。

（6）监督钻井队下套管前更换与套管尺寸一致的防喷器闸板，试压合格。

（7）监督钻井队下套管前在场地通内径、清洗螺纹、涂抹铅油。

（8）监督钻井队下套管过程中按规定向套管内灌满钻井液，专人坐岗，核对灌入量、记录井口钻井液返出情况。

（9）组织或督促钻井队召开固井作业前协调会，明确钻井队、固井队、管具公司等相关方职责。

（10）确认固井作业前合理排放车辆，设置警戒线和安全标志。

（11）对管线试压、顶替碰压、完井试压等环节选择安全区域进行旁站监督，非工作人员不得进入高压区。

（12）完井拆装井口前参加作业前安全会议，监督钻井队落实工作安全分析，作业过程全程旁站。

（七）钻井辅助作业安全监督要点

（1）监督确认钻具、工具、仪器上下钻台，按规定选择提丝、吊绳或吊带；鼠洞管、方钻杆、取心筒、套铣管等特殊工具上下钻台，用游车配合气动绞车平稳起吊，专人指挥，地面配合人员不得进入大门坡道两侧及前方 10m 危险区域。

（2）监督确认检修钻井泵前办理作业许可票、切断控制气路、上锁挂签、专人监护，检修完启动前要检查确认地面阀门开关状态。

（3）监督确认检修液气大钳前关停液压泵站、切断气路、锁定控制开关，作业人员佩戴护目镜。

（4）监督确认绞车内部检修前办理作业许可票，切断动力，控制开关上锁挂签，专人监护，检修结束后及时安装护罩。

（5）监督确认调节刹把、更换刹带、检修传感器等作业必须在空载下进行，专人监护。

（6）监督确认检修柴油机、发电机前切断控制气路、电路，控制开关上锁挂签，高温设备须等温度降到安全范围后进行作业。

（7）监督确认更换冲管、水轮带前办理临时登高许可票，高空作业系好安全带，手工具拴好安全绳，作业面下方危险区域不得站人。

（8）监督确认滑大绳、倒大绳作业前，将游车绷到地面滑板上，或者用专用吊具挂在井架上，专人指挥，作业完成后及时安装、调试防碰天车，检查死、活绳头固定。

（9）监督确认清理泥浆罐前办理受限空间作业许可票，检测有毒有害气体及氧气浓度，切断搅拌器电源，控制开关上锁挂签，安排专人监护。

（10）监督确认清洗、保养设备，不得攀爬、跨越运转设备护罩，必要时停止设备运转，清洗机接好地线。

（11）监督确认动土挖掘、工业动火、临时用电、临时登高、临时吊装等其他风险较大的辅助作业，须办理作业许可票，进行工作安全分析，召开作业前安全会议，落实专人监护。

四、特殊环节安全监督

（一）硫化氢防护

（1）含硫化氢油（气）井钻井开钻前，监督钻井队按要求配备硫化氢监测仪、可燃气体检测仪、正压式空气呼吸器和空气压缩机。

（2）钻开含硫油气层前，对钻井队关键岗位人员《硫化氢防护培训合格证》的持证情况进行检查，监督钻井队对所有上岗人员进行防硫化氢培训，编写、报审和演练本井硫化氢应急预案。

（3）在进入含硫化氢油气层后，监督钻井队严格实施本井《钻井设计》规定的防硫化氢技术措施，如钻井液密度采用高限、钻井液的 pH 值应达到 9.5 以上以及储备钻井液、加重材料和除硫剂数量符合要求等。

（4）按照本井《钻井设计》和所属油田的井控细则要求，监督钻井队落实其他技术措施。

（二）井控安全

（1）监督钻井队按要求，配置、安装、检修、维护、保养和试压井控装置（包括防喷器、地面防喷器控制装置、井控管汇、放喷管线、钻具内防喷器、钻井液气体分离器、试压装备及工具等），并做好试压的记录。

（2）监督钻井队在钻台上配置钻具止回阀和旋塞阀以及和井内钻杆尺寸相同的钻杆死卡，其中钻具止回阀和旋塞阀应抢接、开关的专用工具；监督钻井队应在井场配置一付与在用闸板封井器同规格的闸板芯子和相应的密封件及其拆装和试压工具。

（3）监督井口闸门、节流管汇、压井管汇上各阀门的挂牌、开关状态和定期活动、保养情况，以及节控箱、节流管汇旁"最高关井压力值"的标示情况。

（4）检查远程控制台上各操作手柄的工作位置情况；对于安装有剪切闸板的井，监督钻井队执行剪切闸板的使用程序及操作要求，以及配套防误操作装置等。

（5）监督钻井队定期对液面报警装置、固定式 H_2S 监测仪、防爆排风扇和逃生滑道等安全设施进行检查，发现问题立即整改。

（6）监督钻井队相关人员井控操作证的持证、换证情况。

（7）监督钻井队进行井口装置进行试压。凡倒换井口或更换封井器胶芯后应重新试压，并记录。

（8）监督钻井队严格执行钻开油气层前的检查、验收、申报、审批制度，在取得钻开油气层审批书后才能开钻，并向员工进行井控、安全、技术交底。

（9）监督钻井队每周召开一次以井控安全为重点的安全例会，总结上周井控安全工作、存在问题以及布置下周井控安全工作重点、实施方案。

（10）监督钻井队严格执行钻井液密度设计，若井筒内钻井液密度超出设计范围，应有上级技术部门或者甲方的书面变更通知书。

（11）监督作业人员落实液面"坐岗"情况和干部 24h 跟班及值班记录填写的情况。

（12）监督钻井队按规定组织防喷演习，演习有讲评、记录。

（13）监督钻井队严格按照要求储备加重钻井液、加重剂和堵漏材料，并定期对储备加重钻井液进行循环。若遇损耗，应及时补充。

（14）在油气层起下钻作业时，监督钻井队严格控制钻井液的循环时间、进行短程起下钻和控制油气层提升速度，以及钻井液灌入量、返出量等的相关规定。

（15）油气层打开后起下钻中途若遇设备检修，应监督钻井队将钻具下至套管鞋内进行，并在井口钻具装上钻具止回阀。

（16）监督钻井队按本井《钻井设计》要求在钻具组合中安装钻具止回阀，并在每次起下钻时其进行检查。

（17）监督钻井队应在猫道一侧放置系好吊带等工具以方便应急取用的防喷单根，以及备用与钻铤相连接的配合接头。

（18）按照本井《钻井设计》和井控细则要求，监督钻井队落实其他井控管理工作。

（三）高危作业许可认可监督

钻井现场作业许可项目及认可项目清单见附表二。

1. 作业许可方式

（1）作业票；

（2）作业许可证；

（3）作业批准书；

（4）施工方案审批书（单）；

（5）项目安全作业计划书（表）。

2. 作业许可内容

（1）危险作业；

（2）井控作业；

（3）现场临时维修作业；

（4）偏离安全标准、规则、程序要求的作业；

（5）两个以上作业方在同一作业区域，可能危及对方生产安全的作业；

（6）无程序可控制的作业；

（7）屏蔽报警或移除安全防护设备的作业；

（8）新工艺、新技术、新设备和新材料的应用；

（9）需要验收批准的作业；

（10）需要编制施工作业方案、作业计划书（表）的作业；

（11）其他需要控制风险作业。

3. 监督认可内容

（1）作业票、作业许可证办理情况；

（2）问题整改情况和作业批准程序执行情况；

（3）施工方案编制、审批和学习落实情况；

（4）班前班后会召开情况；

（5）作业前安全会召开情况；

（6）大型施工安全技术交底会召开情况；

（7）联合施工安全技术交底会召开情况；

（8）项目安全作业计划书、应急预案培训情况；

（9）承包商作业入场教育和安全培训情况；

（10）其他需要监督认可的情况。

4. 监督认可方式

（1）签字确认：在作业许可票（证）、验收发现问题整改表等表、单上签字，对施工作业单位已进行作业许可的行为进行确认。

（2）参加会议：参加班前班后会、作业前安全会、施工方案技术交底会等会议，以及安全作业计划书和应急预案培训，补充作业安全环保要求，并在会议和培训签到表上签字。

（3）旁听旁站：旁听承包商作业人员入场安全教育；旁站监督关键岗位操作和关键作业，确认风险防控措施已得到落实。

（四）事故及复杂工况监督

1. 卡钻事故处理

（1）卡钻事故处理前，应监督钻井队对钻机固定、活绳头、大绳、刹车系统、指重表、大钩安全销、死绳固定器以及井架大腿等进行检查。

（2）在处理卡钻事故过程中，使用吊卡悬挂钻杆或使用卡瓦转动钻具时，应监督作业人员将吊卡插销或卡瓦把子捆牢；强行上提下放活动钻具前，应监督操作人员用钢丝绳将大钩捆牢。

（3）强行转动钻具时，应监督作业人员锁好转盘大方瓦和方补心的销子，挂好方补心保险绳，固定在方钻杆上，其他人员撤离危险区域。

（4）用事故销子倒扣，应监督施工作业现场有指挥人员和司钻，其他人撤离危险区域。

（5）在处理事故中进行高空作业时，应监督高空作业人员的防护措施是否得到落实

2. 井下复杂处理

（1）溢流、井涌、井喷及压井作业时，督促落实井控坐岗和有毒有害及可燃气体检测，督促及时汇信息，按程序启动应急预案，查阅并督促落实压井技术方案。

（2）震击、泡油、倒扣、套铣等处理井下复杂时，应做到：

① 督促制定安全技术方案，召开交底会；

② 落实干部大班跟班，震击时二层台及钻台多余人员撤离；

③ 督促对天车、钻井大绳、绞车及死绳固定器、悬挂系统（包括大钩捆绑）等进行全面检查；

④ 泡油作业前督促对井场电器、电路、消防器材进行检查；

⑤ 方钻杆、鼠洞、取心筒、套铣筒等上钻台严格遵守程序文件和操作规程，专人指挥、平稳起吊。

（五）新技术、新工艺应用安全监督

（1）监督钻井队针对新工艺制定工作危害分析，落实工艺危害分析。

（2）监督钻井队针对新工艺制定专项应急预案。

（3）监督落实技术措施交底和新技术培训。

五、安全监督信息管理

（一）安全监督信息主要内容

安全监督信息的内容主要包括公司和安全监督区域施工单位安全管理体系运行中的常规信息和安全生产事故、事件、事故隐患及人员违章等信息。

（二）安全监督信息管理原则

安全监督信息管理的原则是：分类建档，分级管理；纵向到底，横向畅达；落实责任，及时准确。

（三）安全监督信息管理职责

安全监督信息管理的职责是：驻井安全监督负责施工作业现场监督信息的收集与上报工作，对原始信息的准确性、及时性负责。

（四）安全监督信息分类

安全监督信息按照严重性、紧急度，分为 A 类信息、B 类信息、C 类信息，实行分级管理。

"A 类"监督信息包括但不限于：

（1）钻井现场存在的重大隐患；

（2）钻井现场发生的各类安全生产事故；

（3）钻井现场发生的未遂事件；

（4）钻井现场发生的工程复杂及事故；

（5）钻井现场发生的溢流及井喷事故；

（6）钻井现场停工停产信息；

（7）其他类似的重要安全生产信息。

"B 类"监督信息包括但不限于：

（1）钻井现场发生的严重及重大人员违章信息；

（2）钻井现场发生的一般隐患信息；

（3）钻井现场发生的失返性漏失；

（4）其他类似的重要安全生产信息。

"C 类"监督信息包括但不限于：

（1）钻井现场发生的危害因素与整改信息；

（2）钻井现场发生的一般违章信息；

（3）其他类似的重要安全生产信息。

（五）安全监督信息汇报

安全监督信息汇报坚持自下而上、分级负责、限时传递的原则。

（1）现场 A 类安全监督信息汇报：采取双向汇报，发生后 20min 以内由监督员通过电话或网络将基本情况先后报到公司安全管理科和安全监督站，并在《项目安全监督计划书》中记录；安全监督站在接到汇报 30min 以内向安全管理科上传快报或文本材料；安全管理科接到信息后 30min 以内以短信形式报送公司主管领导，并进一步核实信息，及时向公司主要领导及相关方汇报、通报。当遇到网络不通或电话无法接通时，A 类信息可以在公司内部越一级汇报，但必须以手机短信、腾讯通或中油邮箱等途径向上一级领导或机构告知，事后及时补充汇报。

（2）现场 B 类安全监督信息汇报：发生后，由监督员及时将详细信息报到安全监督站，并在《项目安全监督计划书》中记录；安全监督站整理后填入次日日报报送到安全管理科，安全管理科整理形成《监督日报》，当日刊登在公司网页上，并以手机短信方式送达公司领导及相关方，并在公司相关会议上通报最新进展。

（3）现场 C 类安全监督信息汇报：发生后，由现场监督员当日汇报到安全监督站，由安全监督站跟踪管理。

（六）安全监督信息规范

（1）安全监督信息传递的途径包括电话汇报、信息报表、附件传真、照片上传、会议发布等。

（2）安全生产事故（事件）信息可先通过电话简要汇报事故（事件）时间、地点、损失及伤害程度以及现场采取的应急措施等，并及时按要求上传事故快报。

（3）重大事故隐患信息、重大工程质量事故汇报后，必须限时监督整改，上传隐患整改前后对比照片，或出具经施工单位上级主管部门审批签字的安全措施，否则不得许可继续作业，并追究监督责任。

（4）主要安全监督信息原始记录要求加盖单位公章，传真发送并保存原件。有特殊要求的保存复印件，上交原件。凡通过传真发送信息时，接发双方均应真实记录。

（5）凡在各种会议上发布的安全监督信息，必须使用书面材料，经主管领导审核后发布，文档由同级信息管理人员保存。

（6）凡涉及企业机密的信息在内部交流时不得向与会人员拷贝，一般不印发文本材料，需要时加注保密等级，签名发放，会后统一收回。涉密信息不得对外发布。

（7）各类安全监督信息不得随意向其他没有隶属关系的无关人员披露或传递。

附表一　安全监督旁站监督工作指导卡（参考）

序号	监督旁站内容	关键时间	关键工序	关键岗位	关键地点	发挥关键作用
1	移动式（吊车）吊装作业	对移动式吊车进行的吊装作业全程旁站监督	吊装作业前	吊车司机吊装指挥司索人员	吊装场所	1.对吊车和车辆准入信息进行检查核实，核查吊车司机和吊装指挥人员资质，并进行监督评价； 2.督促施工单位召开作业前安全会，针对作业内容进行补充风险提示； 3.对吊索具、吊物和作业现场进行检查，严格落实作业许可制度； 4.当吊装作业与其他旁站项目冲突时，优先吊装作业过程监督，当施工现场出现多处吊装作业时，与施工单位负责人协商、沟通，明确吊装过程中的监管分工，并记录在案

续表

序号	监督旁站内容	关键时间	关键工序	关键岗位	关键地点	发挥关键作用
1	移动式（吊车）吊装作业	对移动式吊车进行的吊装作业全程旁站监督	吊装作业过程中	吊车司机吊装指挥司索人员	吊装场所	1. 人员劳保护具是否穿戴齐全、整齐； 2. 作业过程中验证"十不吊""五个确认"是否落实到位； 3. 及时发现、纠正吊装作业过程中的不安全行为
			吊装作业结束后			1. 检查吊物是否摆放稳妥，是否符合施工现场布置规范； 2. 督促司索人员及时收回绳套等作业工具，恢复作业现场
2	起、放井架	对起、放井架作业进行全程旁站监督	起、放井架作业前	指挥人员刹把操作人员高空作业人员	钻台、场地	1. 督促施工单位做好起、放井架的各项检查和准备工作，对作业存在风险和防范措施进行重点提示； 2. 监督检查设备、安全设施、设备试运转情况，人员配备、人员资质等准备工作情况； 3. 督促召开作业前安全会，学习作业程序，开展工作安全分析，针对作业内容进行补充风险提示，人员分工明确
			起、放井架作业过程中			1. 督促起升井架先按规定进行试起，经检查无误后，再进行起升作业； 2. 井架起、放过程中，督促对危险区域进行隔离，严禁人员进入危险区域； 3. 监督施工单位严格执行起、放井架作业程序
3	起、下钻，倒换钻具组合	起钻前检查、调试防碰天车至起出10根立柱	起钻前检查、调试防碰天车	司钻井架工内外钳工	钻台	1. 督促施工单位召开作业前安全会，做到人员岗位分工明确，风险识别和风险消减措施落实到位； 2. 督促司钻检查并确认死、活绳头固定可靠、防碰天车、刹车片（块）完好，控制系统和指重表等反应灵敏、可靠； 3. 督促内、外钳工检查并确认井口工具、液压猫头和液压大钳完好，钳尾绳、钳绳无锈蚀和断丝，逃生通道畅通； 4. 督促井架工检查并确认井架登梯助力器、逃生装置、差速器、云梯攀升保护器、安全带齐全完好
			起出10根立柱作业过程中	司钻井架工坐岗工内外钳工		1. 检查作业人员劳保护具是否穿戴齐全、完好； 2. 监督作业人员站位、手势信号和工具的使用情况，发现错误，及时纠正； 3. 打开油气层起钻时，检查坐岗工是否按照要求进行灌浆和气体检测； 4. 及时发现、纠正作业过程中的不安全行为
		下最后10根立柱，接方钻杆，开泵返出正常	下最后10根立柱	司钻井架工坐岗工内外钳工	钻台	1. 检查作业人员劳保护具是否穿戴齐全、完好； 2. 监督作业人员站位、手势信号和工具的使用情况，发现错误，及时纠正； 3. 提示司钻校准指重表，控制游车下方速度，遇阻或提前接方钻杆，循环划眼下放； 4. 打开油气层下钻时，检查坐岗工是否按照要求进行坐岗检查和气体检测； 5. 及时发现、纠正作业过程中的不安全行为

序号	监督旁站内容	关键时间	关键工序	关键岗位	关键地点	发挥关键作用
3	起、下钻，倒换钻具组合		接方钻杆，开泵返出正常	司钻 副司钻 内外钳工		1.督促副司钻提前调试泥浆泵，确保运转正常，并确认好高压阀门开关状态，开泵时人员及时撤离高压区域；2.开泵钻井液返出正常后，督促井口作业人员及时收回和清理井口工具
		接（卸）钻头、螺杆、扶正器、止回阀以及其他工具(方钻杆、鼠洞、取心筒、套铣管等)	倒换钻具组合作业前	司钻 井架工 坐岗工 内外钳工	钻台	1.督促内、外钳工检查并确认提丝、吊带和提升短节完好；2.督促作业人员学习作业程序，识别风险并制定风险消减措施；3.各类接头、扶正器等工具摆放固定(防止滚动)、整齐，逃生通道畅通
		上钻台	倒换钻具组合作业过程中			1.接、卸钻头时使用钻头盒子和其他专用工具；2.督促安装近钻头处钻具止回阀，钻具止回阀的外径、强度应与相连接的钻铤外径、强度相匹配；3.方钻杆、鼠洞、取心筒、套铣管等上钻台严格遵守程序文件和操作规程，专人指挥、平稳起吊
			倒换钻具组合作业后			作业结束后及时督促作业人员及时清理现场和回收工具
4	安装、拆卸放喷器及防喷器试压	从变径法兰、四通开始，到防喷器和挡泥伞起吊到位结束（对角两条或四条定位螺栓紧固）	安装井口防喷器作业前	技术员	方井	1.督促施工单位召开作业前安全会，学习作业程序，开展工作安全分析，办理作业许可，措施落实到位，进行技术交底，人员分工明确；2.检查并确认卸扣、钢丝绳及其他吊索具完好，气动绞车吊钩完好，固定牢靠，刹车灵敏可靠；3.督促清理方井周围泥浆，填埋坑洞，做好防滑跌措施
			安装井口防喷器作业过程中	指挥人员 配合作业人员		1.监督检查作业人员护目镜等劳保护具是否穿戴齐全、完好，人员站位、手工具实用是否合理；2.监督作业人员，严禁将手伸入吊物下方放置钢圈、清理杂物等；3.监督高处作业人员按规定使用安全带和防坠器，禁止立体交叉作业；4.吊装过程中由专人指挥，绞车与气动绞车相互配合，平稳起吊；5.督促检查施工单位是否严格按照井控实施细则安装井口防喷装置
			安装井口防喷器作业后	技术员 指挥人员 配合作业人员	方井	1.作业结束后及时督促作业人员及时收回和清理工具；2.检查防喷器固定是否可靠，无晃动
	安装、拆卸放喷器及防喷器试压	试压全过程	试压作业前	技术员 试压车操作人员	方井、节流压井管汇	1.督促施工单位召开作业前安全会，开展安全工作分析，办理作业许可，风险消减措施落实到位，进行技术交底，人员分工明确；2.试压前督促工程技术员检查并确认防喷器、节流压井管汇各阀门开关正确，管线、接头等高压件的连接、固定应牢靠，液压控制线路安装正确，与远控台手柄标识一致；3.督促将高压区域进行隔离

序号	监督旁站内容	关键时间	关键工序	关键岗位	关键地点	发挥关键作用
4	安装、拆卸放喷器及防喷器试压	试压全过程	试压作业过程中	技术员试压车操作人员	方井、节流压井管汇	1. 试压时人员及时离开高压区域； 2. 督促落实对所有的防喷器、节流、压井管汇及阀件逐一试压，压力符合井控细则要求； 3. 监督待试压压力稳定后，人员方可进入取照
			试压作业结束后			1. 监督卸压过程，严禁采用开井的方式泄压； 2. 试压结束后先泄压再打开防喷器，阀门复位
		拆卸挡泥伞、防喷器组、完井井口装置的起吊过程	拆卸井口防喷器组作业前	技术员指挥人员作业人员	方井	1. 督促召开施工前安全会，开展工作安全分析，办理作业许可，风险消减措施落实到位，人员分工明确； 2. 督促检查并确认卸扣、钢丝绳及其他吊索具完好，气动绞车吊钩完好，固定牢靠，刹车灵敏可靠； 3. 督促清理方井周围泥浆，填埋坑洞，做好防滑跌措施
			起吊井口防喷器组作业过程中			1. 检查钢丝绳套悬挂位置，是否悬挂牢靠； 2. 吊装过程由专人指挥，绞车与气动绞车配合，平稳起吊
5	处理井下复杂和井控险情	震击、泡油、倒扣、套铣等处理井下复杂	处理井下复杂作业过程中	技术员司钻井口操作人员	钻台	1. 督促施工单位召开作业前安全会，进行技术交底和工作安全分析，明确各岗位人员职责，对作业风险进行提示； 2. 监督落实作业许可和风险消减措施； 3. 作业前督促对天车、钻机大绳、绞车及死活绳固定、悬吊系统(包括大钩捆绑)等进行全面检查并确认完好； 4. 震击时二层台及钻台多余人员撤离；泡油作业前督促对井场电器、电路、消防器材进行检查
		对溢流、井涌、井喷及压井作业进行全程旁站监督	处理井控险情作业过程中	技术员司钻井口操作人员	钻台	1. 发现溢流，督促司钻立即组织关井，将溢流信息及时上报监督站； 2. 督促坐岗工实时进行有毒、有害及可燃气体检测； 3. 根据关井套压和立压情况，协助施工单位落实压井技术方案，并要求施工单位按照程序启动应急预案
6	完井、固井作业	从甩钻具作业前准备开始到甩完第15根单根	甩钻具作业前	司钻井架工内外钳工场地配合人员	钻台	1. 督促召开作业前安全会，学习作业程序，开展工作安全分析，风险消减措施落实到位，人员分工明确； 2. 督促检查并确认调试防碰天车、井口工具、钻具提丝、吊带、提升短节完好； 3. 督促清理钻台、场地管架区周围的工具和杂物，疏通安全通道
			甩15根钻具作业过程中			1. 监督作业人员劳保护具穿戴是否齐全、完好，人员站位、手工具实用是否合理； 2. 游车、气动绞车、二层台、井口及场地作业协调指挥，无超越程序、交叉作业

续表

序号	监督旁站内容	关键时间	关键工序	关键岗位	关键地点	发挥关键作用
6	完井、固井作业	从下套管作业前准备开始到下完第10根套管	下套管作业前	司钻井口操作人员	钻台	1. 督促召开作业前安全会,学习作业程序,开展工作安全分析,风险消减措施落实到位,人员分工明确; 2. 检查并确认套管钳安装牢固,扭矩报警仪工作正常; 3. 督促更换与套管尺寸相同的防喷器闸板; 4. 检查确认灌浆管线连接正确,钻井液储备充足
		从下套管作业前准备开始到下完第10根套管	下10根套管作业过程中	司钻井口操作人员	钻台	1. 监督作业人员劳保护具穿戴是否齐全、完好,人员站位; 2. 下套管期间落实好井控坐岗; 3. 游车与气动小绞车协调配合,严禁游车与鼠洞套管同时起、下放; 4. 下完套管必须先灌满钻井液,开始用小排量顶通,再逐步提高排量循环
		固井前准备及管线安装、试压	固井前准备工作和管线安装	技术员固井作业人员	钻台场地	1. 督促钻井队下完套管及时清理井场垫杠(管架); 2. 协助固井车辆摆放,车辆移动时专人指挥; 3. 督促钻井队召开作业前协调会,进行技术交底,明确各方安全职责,划定作业区域
			试压过程			1. 监督作业人员劳保护具是否穿戴齐全、完好; 2. 高压区域设置隔离带和安全标志,专人负责,限制非作业人员进入

附表二　钻井现场安全监督作业认可项目清单

序号	认可类别	认可内容	认可方式
1	作业许可落实情况	作业票办理情况	签字确认
2		作业许可证办理情况	签字确认
3		作业批准书编制批准情况	签字确认
4		施工方案审批书(单)编写审批情况	签字确认
5		项目安全作业计划书编写审批情况	签字确认
6	不需办理许可作业风险防控措施落实情况	班前班后会召开情况	参加会议
7		作业前安全会召开情况	参加会议
8		大型施工安全技术交底会召开情况	参加会议
9		联合施工安全技术交底会召开情况	参加会议
10		施工方案培训情况	旁听
11		项目安全作业计划书培训情况	旁听
12		应急预案培训情况	旁听
13		承包商作业入场教育和安全培训情况	旁听
14		关键岗位操作规程执行情况	旁站
15		关键作业风险防控措施落实情况	旁站

模拟习题及答案

一、单选题

1. 电测期间应落实（　　）井控坐岗制度，每次起出仪器向井筒内灌满钻井液。
   A. 10h   B. 20h   C. 24h   D. 12h

2. "跟班监督"是需同时派驻（　　）名及以上安全监督，实行（　　）h 跟班监督的一种监督方式。
   A. 1　12   B. 3　24   C. 2　24   D. 4　24

3. 现场 A 类安全监督信息汇报，采取双向汇报，发生后（　　）min 以内由监督员通过电话或网络将基本情况先后报到公司安全管理科和安全监督站，并在《项目安全监督计划书》中记录。
   A. 20   B. 30   C. 40   D. 50

4. 安全监督站在接到 A 类安全监督信息汇报（　　）min 以内向安全管理科上传快报或文本材料。
   A. 20   B. 30   C. 40   D. 50

5. 安全管理科接到 A 类安全监督信息后（　　）min 以内以短信形式报送公司主管领导，并进一步核实信息，及时向公司主要领导及相关方汇报、通报。当遇到网络不通或电话无法接通时，A 类信息可以在公司内部越一级汇报，但必须以手机短信、腾讯通或中油邮箱等途径向上一级领导或机构告知，事后及时补充汇报。
   A. 20   B. 30   C. 40   D. 50

二、多选题

1. HSE 监督人员必须依据企业安全监督管理规范、制度和管理流程认真履职，主要包括（　　）。
   A. 按规定对施工作业现场开展巡回监督检查，督促整改物的不安全状态，纠正人的不安全行为
   B. 按规定对现场高危作业进行旁站监督
   C. 及时审查、确认高危作业许可票
   D. 不得私自离开派驻现场或工作岗位

2. 安全监督的职能有（　　）。
   A. 监督、急救   B. 培训、评价   C. 协调、参谋   D. 咨询及其他

3. 现场交接：驻井监督人员被派驻到一个新的项目时，由所属的直线领导送到现场进行面对面交接，主要从"现场查患纠违记录、《HSE 监督计划书》填写、现场违章及隐患台账、安全设施台账、关键岗位持证台账"等方面，和将要离岗监督人员交接清楚，并在《HSE 监督员派驻交接单》上签字。同时，和钻井队骨干召开一次座谈会，座谈会内容包括但

不限于以下（　　）方面。

A. 离岗监督员对派驻期间钻井队 HSE 工作进行评价，指出其管理中的特色做法和需要进一步改进的方面

B. 新到岗监督员结合其他钻井队的特色做法，向钻井队提出改进意见和建议，传播安全文化

C. 钻井队对离岗监督员工作进行阶段性讲评，指出履职中好的方面和需要进一步努力和改进的方向；对新到岗监督员工作表示支持和欢迎，简单介绍本队、本项目的基本情况，结合本队实际提出下一步的监督需求

D. 监督管理主管结合新到岗监督人员的工作能力和性格特点，以及钻井队管理现状和工程进度，向钻井队和新到岗监督员提出强化沟通、严格现场风险管控的要求

4. 现场安全观察的主要内容包括（　　）。

A. 人员的反映、人员的位置　　　　　B. 个人防护、工具与设备

C. 程序与规程、作业环境　　　　　　D. 取证

5. 安全监督人员观察到员工操作中有违章行为时应立即停止其作业，发现现场生产组织中有超越程序、盲目指挥、冒险作业等管理违章时，应立即暂停作业，避免引发事故。现场叫停中需要注意（　　）。

A. 尽量选择从违章人员正面靠近，配合面部表情、肢体动作让其感知到其行为已经违章，进而自觉停止违章行为

B. 当面叫停作业时态度要和蔼，尤其作业人员没有感知到你的到来时，叫停动作不能具有攻击性和挑逗性

C. 叫停员工个人违章行为后一般需要将违章人员带到安全区域进行下一步沟通，但为了确保现场工作安全、顺利衔接，允许其进行必要的工作交代后再离开作业现场

D. 对于因存在违章指挥、违反程序、盲目冒险作业等管理违章行为需要暂停生产时，应首先通知现场负责人将生产恢复到正常情况或采取一定安全措施后，再停下来进行沟通

6. 安全监督人员纠正作业人员违章行为后，要及时向相关方通报信息，目的是教育其他作业人员，避免类似违章行为再次发生（　　）。

A. 及时向上级主管部门传送违章照片或视频短片，汇报违章经过和现场沟通情况，征求下一步处理意见

B. 结合事故案例在班后会上和安全例会上进行通报，对工作属地其他作业人员进行安全警示教育

C. 将违章查纠情况通报给基层队主要领导，求得管理者的支持，尤其在违章人员思想波动或压力过大时，将其带到主要领导处进行三方沟通交流，及时化解矛盾和压力

D. 利用网络平台，将违章行为以及查纠处理过程向班组其他监督人员通报，分享工作经验

7. 对于现场查纠的违章行为，在确认已被违章者接受后，依据相关制度进行处罚，以便起到震慑、警示作用。处罚的形式主要包括"通报批评、停工培训、经济处罚、违章记分"等，对于安全监督人员来讲主要以通报批评和经济处罚权为主，根据违章性质和情节的不同，现场执行不同的处罚权限（　　）。

A. 一般违章的处罚由现场驻（巡）井监督员执行，但要在处罚前上报监督站核准

B. 较大违章的处罚由监督站执行，或授权现场驻（巡）井监督执行

C. 重大违章的处罚由二级单位监督管理部门执行，或授权监督站或现场驻（巡）井监督执行

D. 各级监督人员处罚违章一律不准现场收取现金，必须使用统一的《违章处罚单》。《违章处罚单》一经开出不得现场涂改或作废，变更处罚必须经上级部门批准并加盖印章，《违章处罚单》每月及时交主管部门核对、据此收缴罚款，纳入财务系统单独建账管理。违章处罚资金主要用于安全生产奖励，使用前必须上报上级主管部门批准

8. 监督确认钻井工程设计到位，安全监督应确认哪些监督要点（　　　）。

A. 设计单位名称　　　　B. 设计人　　　　　　　C. 审核人

D. 审批人　　　　　　　E. 审批日期齐全

9. 钻井辅助作业的监督要点，以下说法正确的有（　　　）。

A. 钻井辅助作业中，安全监督应确认钻具、工具、仪器上下钻台，按规定选择提丝、吊绳或吊带；鼠洞管、方钻杆、取心筒、套铣管等特殊工具上下钻台，用游车配合气动绞车平稳起吊，专人指挥，地面配合人员不得进入大门坡道两侧及前方10m危险区域

B. 钻井辅助作业中，安全监督应确认检修钻井泵前办理作业许可票、切断控制气路、上锁挂签、专人监护，检修完启动前要检查确认地面闸门开关状态

C. 钻井辅助作业中，安全监督应确认检修液气大钳前关停液压泵站、切断气路、锁定控制开关，作业人员佩戴护目镜

D. 钻井辅助作业中，安全监督应确认绞车内部检修前办理作业许可票，切断动力，控制开关上锁挂签，专人监护，检修结束后及时安装护罩

10. 钻井辅助作业的监督要点，以下说法正确的有（　　　）。

A. 钻井辅助作业中，安全监督应确认调节刹把、更换刹带、检修传感器等作业必须在空载下进行，专人监护

B. 钻井辅助作业中，安全监督应确认检修柴油机、发电机前切断控制气路、电路，控制开关上锁挂签，高温设备须等温度降到安全范围后进行作业

C. 钻井辅助作业中，安全监督应确认更换冲管、水轮带前办理临时登高许可票，高空作业系好安全带，手工具拴好安全绳，作业面下方危险区域不得站人

D. 钻井辅助作业中，安全监督应确认滑大绳、倒大绳作业前，将游车绷到地面滑板上，或者用专用吊具挂在井架上，专人指挥，作业完成后及时安装、调试防碰天车，检查死活绳头固定

11. 钻井辅助作业的监督要点，以下说法正确的有（　　　）。

A. 钻井辅助作业中，安全监督应确认滑大绳、倒大绳作业前，将游车绷到地面滑板上，或者用专用吊具挂在井架上，专人指挥，作业完成后及时安装、调试防碰天车，检查死活绳头固定

B. 钻井辅助作业中，安全监督应确认清理泥浆罐前办理受限空间作业许可票，检测有毒有害气体及氧气浓度，切断搅拌器电源，控制开关上锁挂签，安排专人监护

C. 钻井辅助作业中，安全监督应确认清洗、保养设备不得攀爬、跨越运转设备护罩，必要时停止设备运转，清洗机接好地线

D. 钻井辅助作业中，安全监督应确认动土挖掘、工业动火、临时用电、临时登高、临时

吊装等其他风险较大的辅助作业，须办理作业许可票，进行工作安全分析，召开作业前安全会议，落实专人监护

12. 以下关于硫化氢防护安全监督工作要点，正确的有（　　　）。

A. 含硫化氢油（气）井钻井开钻前，监督钻井队按要求配备硫化氢监测仪、可燃气体检测仪、正压式空气呼吸器和空气压缩机

B. 钻开含硫油气层前，对钻井队关键岗位人员《硫化氢防护培训合格证》的持证情况进行检查，监督钻井队对所有上岗人员进行防硫化氢培训，编写、报审和演练本井硫化氢应急预案

C. 在进入含硫化氢油气层后，监督钻井队严格实施本井《钻井设计》规定的防硫化氢技术措施，如钻井液密度采用高限、钻井液的 pH 值应达到 9.5 以上以及储备钻井液、加重材料和除硫剂数量符合要求等

D. 按照本井《钻井设计》和所属油田的井控细则要求，监督钻井队落实其他技术措施

13. 以下井控安全监督要点中，正确的有（　　　）。

A. 监督钻井队按要求，配置、安装、检修、维护、保养和试压井控装置（包括防喷器、地面防喷器控制装置、井控管汇、放喷管线、钻具内防喷器、钻井液气体分离器、试压装备及工具等），并做好试压的记录

B. 监督钻井队在钻台上配置钻具止回阀和旋塞阀以及和井内钻杆尺寸相同的钻杆死卡，其中钻具止回阀和旋塞阀应抢送、开关的专用工具；监督钻井队应在井场配置一付与在用闸板封井器同规格的闸板芯子和相应的密封件及其拆装和试压工具

C. 监督井口闸门、节流管汇、压井管汇上各闸门的挂牌、开关状态和定期活动、保养情况，以及节控箱、节流管汇旁"最高关井压力值"的标示情况

D. 检查远程控制台上各操作手柄的工作位置情况；对于安装有剪切闸板的井，监督钻井队执行剪切闸板的使用程序及操作要求，以及配套防误操作装置等

14. 以下井控安全监督要点中，正确的有（　　　）。

A. 监督钻井队相关人员井控操作证的持证、换证情况

B. 监督钻井队进行井口装置进行试压。凡倒换井口或更换封井器胶芯后应重新试压，并记录

C. 监督钻井队严格执行钻开油气层前的检查、验收、申报、审批制度，在取得钻开油气层审批书后才能开钻，并向员工进行井控、安全、技术交底

D. 监督钻井队每周召开一次以井控安全为重点的安全例会，总结上周井控安全工作、存在问题以及布置下周井控安全工作重点、实施方案

15. 以下井控安全监督要点中，正确的有（　　　）。

A. 监督钻井队每周召开一次以井控安全为重点的安全例会，总结上周井控安全工作、存在问题以及布置下周井控安全工作重点、实施方案

B. 监督钻井队严格执行钻井液密度设计，若井筒内钻井液密度超出设计范围，应有上级技术部门或者甲方的书面变更通知书

C. 监督作业人员落实液面"坐岗"情况和干部 24h 跟班及值班记录填写的情况

D. 监督钻井队按规定组织防喷演习；演习有讲评、记录

16. 以下井控安全监督要点中，正确的有（　　　）。

A. 监督钻井队严格按照要求储备加重钻井液、加重剂和堵漏材料，并定期对储备加重钻井液进行循环。若遇损耗，应及时补充

B. 在油气层起下钻作业时，监督钻井队严格控制钻井液的循环时间、进行短程起下钻和控制油气层提升速度，以及钻井液灌入量、返出量等的相关规定

C. 油气层打开后起下钻中途若遇设备检修，应监督钻井队将钻具下至套管鞋内进行，并在井口钻具装上钻具止回阀

D. 监督钻井队按本井《钻井设计》要求在钻具组合中安装钻具止回阀，并在每次起下钻时其进行检查

17. 以下井控安全监督要点中，正确的有（　　）。

A. 油气层打开后起下钻中途若遇设备检修，应监督钻井队将钻具下至套管鞋内进行，并在井口钻具装上钻具止回阀

B. 监督钻井队按本井《钻井设计》要求在钻具组合中安装钻具止回阀，并在每次起下钻时其进行检查

C. 监督钻井队应在猫道一侧放置系好吊带等工具的以方便应急取用的防喷单根，以及备用与钻铤相连接的配合接头

D. 按照本井《钻井设计》和井控细则要求，监督钻井队落实其他井控管理工作

18. 钻井作业现场安全监督需要进行作业认可的项目有（　　）。

A. 作业票办理情况

B. 作业许可证办理情况

C. 作业批准书编制批准情况

D. 施工方案审批书（单）编写审批情况

E. 项目安全作业计划书编写审批情况

19. 钻井作业现场安全监督需要进行作业认可的项目有（　　）。

A. 作业票办理情况

B. 作业许可证办理情况

C. 作业批准书编制批准情况

D. 关键岗位操作规程执行情况

20. 钻井作业现场安全监督需要进行作业认可的项目有（　　）。

A. 作业票办理情况

B. 作业许可证办理情况

C. 作业批准书编制批准情况

D. 承包商作业入场教育和安全培训情况

21. 钻井作业现场安全监督不需要进行作业认可的项目有（　　）。

A. 大型施工安全技术交底会召开情况

B. 联合施工安全技术交底会召开情况

C. 关键岗位操作规程执行情况

D. 关键作业风险防控措施落实情况

22. 处理卡钻事故时，以下说法正确的是（　　）。

A. 卡钻事故处理前，应监督钻井队对钻机固定、活绳头、大绳、刹车系统、指重表、大

钩安全销、死绳固定器以及井架大腿等进行检查

B. 在处理卡钻事故过程中，使用吊卡悬挂钻杆或使用卡瓦转动钻具时，应监督作业人员将吊卡插销或卡瓦把子捆牢；强行上提下放活动钻具前，应监督操作人员用钢丝绳将大钩捆牢

C. 强行转动钻具时，应监督作业人员锁好转盘大方瓦和方补心的销子，拴好方补心保险绳，固定在方钻杆上，其他人员撤离危险区域

D. 用事故销子倒扣，应监督施工作业现场有指挥人员和司钻，其他人撤离危险区域

E. 在处理事故中进行高空作业时，应监督高空作业人员的防护措施是否得到落实

23. 震击、泡油、倒扣、套铣等处理井下复杂时，以下做法正确的是（　　）。

A. 督促制定安全技术方案，召开交底会

B. 落实干部大班跟班，震击时二层台及钻台多余人员撤离

C. 督促对天车、钻井大绳、绞车及死绳固定器、悬挂系统（包括大钩捆绑）等进行全面检查

D. 泡油作业前督促对井场电器、电路、消防器材进行检查

E. 方钻杆、鼠洞、取心筒、套铣筒等上钻台严格遵守程序文件和操作规程，专人指挥、平稳起吊

24. 安全监督信息分类，安全监督信息按照严重性、紧急度，分为（　　）。

A. A 类信息　　　　B. B 类信息　　　　C. C 类信息　　　　D. D 类信息

25. "A 类"监督信息包括（　　）。

A. 钻井现场存在的重大隐患

B. 钻井现场发生的各类安全生产事故

C. 钻井现场发生的未遂事件

D. 钻井现场发生的工程复杂及事故

E. 钻井现场发生的溢流及井喷事故

F. 钻井现场停工停产信息

G. 其他类似的重要安全生产信息

26. "B 类"监督信息包括（　　）。

A. 钻井现场发生的严重及重大人员违章信息

B. 钻井现场发生的一般隐患信息

C. 钻井现场发生的失返性漏失

D. 其他类似的重要安全生产信息

三、简答题

1. 请简述"678 工作流程"中的"6 步管理流程"。

2. 请简述安全监督"查纠隐患"八步流程。

3. 请简述安全监督"查纠违章"八步流程。

4. 请简述"硫化氢"防护安全监督要点。

5. 请简述"井控安全"安全监督要点。

6. 哪些作业需要进行"作业认可"？

答 案

一、单选题

1. B 2. B 3. A 4. B 5. B

二、多选题

1. ABCD 2. ABCD 3. ABCD 4. ABCD 5. ABCD 6. ABCD 7. ABCD 8. ABCDE
9. ABCD 10. ABCD 11. ABCD 12. ABCD 13. ABCD 14. ABCD 15. ABCD 16. ABCD
17. ABCD 18. ABCDE 19. ABC 20. ABC 21. ABCD 22. ABCDE 23. ABCDE 24. ABC
25. ABCDEFG 26. ABCD

三、简答题

1. 答：驻井安全监督 6 步管理流程。

（1）能力评价：驻井安全监督人员必须经过专业培训，取得《HSE 监督培训合格证》《井控培训合格证》，掌握 HSE 管理基础知识、硫化氢防护知识、安全设施及安全防护用品使用等专业知识，上岗前从理论考试和综合素质等方面进行综合能力评价，不胜任人员不得安排单独上岗，特殊项目派驻前需要结合项目工艺特点进行专项能力评价，确认能够胜任该项目的现场监督需求。

（2）现场交接：驻井监督人员被派驻到一个新的项目时，由所属的直线领导送到现场进行面对面交接，主要从"现场查患纠违记录、《HSE 监督计划书》填写、现场违章及隐患台账、安全设施台账、关键岗位持证台账"等方面，和将要离岗监督人员交接清楚，并在《HSE 监督员派驻交接单》上签字。同时，和钻井队骨干召开一次座谈会，座谈会内容包括但不限于以下几个方面：

① 离岗监督员对派驻期间钻井队 HSE 工作进行评价，指出其管理中的特色做法和需要进一步改进的方面；

② 新到岗监督员结合其他钻井队的特色做法，向钻井队提出改进意见和建议，传播安全文化；

③ 钻井队对离岗监督员工作进行阶段性讲评，指出履职中好的方面和需要进一步努力和改进的方向；对新到岗监督员工作表示支持和欢迎，简单介绍本队、本项目的基本情况，结合本队实际提出下一步的监督需求；

④ 监督管理主管结合新到岗监督人员的工作能力和性格特点，以及钻井队管理现状和

工程进度，向钻井队和新到岗监督员提出强化沟通、严格现场风险管控的要求。

（3）工作计划：安全监督人员每到一个新的项目，首先应从"队伍结构、设备状况、周边环境、安全设施、钻井设计、两书一表"等方面对钻井队的基本情况和项目关键技术环节进行全面了解，并认真学习上级下达的"安全监督计划"。在此基础上补充完善《项目安全监督计划书》，制定个人阶段性工作、学习计划。

（4）过程监督：以查患纠违为重点，通过旁站监督和巡回监督，及时消除事故隐患。

（5）工作总结：安全监督人员应通过《监督日报》《项目安全监督评价报告》《专项排查报告》等形式，及时总结评价现场安全管理工作，积极为管理者提供提升安全管理水平的参谋意见。同时，结合上级部门巡查以及绩效考核中提出的问题，进行阶段性工作总结，检查、反思、改进自身在"监督、急救、培训、评价、协调、参谋、咨询"等七大职能履行中的不足和薄弱环节。

（6）倒休轮换：安全驻井监督人员完成一个驻井工作周期（一般不超过两个月）应及时安排倒休。监督员倒休期间应积极上级部门组织的集中培训，离开矿区时要提前向直线主管说明情况，并保持信息畅通，服从临时性工作调派和安排。段性工作进行讲评、对下一步作业将要面临的风险进行提示。

2. 答："查纠隐患八步流程"是指导各级安全监督人员履行隐患查纠职责的工作指南，是及时消除隐患、实现现场本质安全、预防事故的主要途径，运行中要注意以下八个环节：

（1）检查。安全监督在监督施工单位岗位员工开展交接班检查的同时，要手持《安全监督巡回检查表》进行复核性检查，对于查出问题及时督促整改。同时，通过与岗位人员和值班干部沟通，督促落实属地管理责任。另外，要认真落实上级部门安排的阶段性专项排查，专项排查前要结合现场实际编写"检查表"，逐项进行检查确认，检查结束及时整理上报《专项排查报告》。

（2）取证。安全监督人员在例行检查中要随身携带照相机，发现安全良好表现和安全不符合项时及时拍照，以便进一步分析，或作为安全经验与大家一起分享。现场取证时要注意：

① 反映现场位置关系时尽量使用"全景照"或"局部照"，即把所要反映的事物之间的空间位置关系和安全防护距离等要素表现清楚，并在后期照片处理时予以标注；

② 反映设备、设施、工具等的局部缺陷时尽量使用"细目照"，即把存在的缺陷反映清楚，并在后期照片处理时予以圈注。

（3）对标。安全监督人员要针对查出的安全不符合项，查阅相关标准进行对标，找出现场情况与标准之间存在的差距。这是确保隐患整改质量、发挥培训职能的重要环节。

（4）下单。检查结束后及时签发《安全不符合整改通知单》，并计入"隐患台账"，注意以下几点：

① 隐患描述要准确，不能牵强附会、模棱两可，例如"＊＊不合格、＊＊不规范""＊＊不符合要求"等，这样的描述会使整改人员不知所措。

② 隐患整改要求要从所要达到的标准、整改期限等方面予以明确，必要时要到现场指导。尤其查出隐患较多时，要结合现场实际利用 LEC 法进行分析评价，根据隐患可能对安全生产构成威胁的严重程度和紧急程度进行排列，分批安排整改，不要笼统得下达"上述问题立即整改"的指令。另外，隐患整改无特殊情况一般安排白班完成，为避免理解偏差

或争执，"限当班整改"比"限当日整改"更严谨。

③ 对于经 LEC 法评价认定，风险度大于 320 的项目，必须立即叫停，签发《重大隐患整改通知单》，督促施工单位停产、停工整改，并及时向上级部门汇报信息。对于无法立即停工的重大隐患必须制定安全措施、安排专人监护，并制定专项事故应急预案。

④ 为提高隐患整改效率，避免引发监督责任事故，要求检查结束到签发《安全不符合整改通知单》，时间控制在 2h 以内，巡井监督人员应在检查结束后，必须现场签发《不符合整改通知单》。

（5）督促。《安全不符合整改通知单》下达后要加强巡查，及时督促、提醒，巡井监督人员要通过电话多询问、督促，掌握隐患整改进度。对于不按要求组织整改的单位，进行管理责任追究。

（6）验证。隐患整改验收工作坚持"谁检查、谁验收"的原则，驻井监督人员查出的隐患要全部到现场逐项验收消项；巡井监督开具的一般隐患可通过电话问讯，消项关闭，但应纳入下一轮巡查计划予以核实，重大隐患必须到现场复查消项，对于复查中发现作业队谎报整改信息的按照管理违章处理；上级部门管理人员查出的隐患，可委托现场驻井监督人员验收消项。

（7）分析。各级安全监督人员应及时更新"钻井队事故隐患台账"和"安全生产预警系统"。定期对钻井队的隐患按照隐患分类标准和岗位属地进行统计分析，找出隐患分布规律，进一步分析评价《安全两书一表》运行情况和现场管理的薄弱环节。

（8）反馈。各级安全监督人员应定期向上级主管部门汇报现场隐患信息，并结合统计分析情况积极向基层队主要领导和主管领导反馈信息，协助完善重复隐患的治理及管控机制。

3. 答："查纠违章八步流程"是指导各级安全监督人员履行违章查纠职责的工作指南，是强化监管沟通、树立监督权威、及时纠正违章、实现作业安全、超前预防事故的主要途径，运行中要注意以下八个环节：

（1）观察。养成和培养勤于观察、及时发现违章的过硬基本功，是纠正违章的前提。各级安全监督人员进入作业现场开展行为安全审核应优先选择《井筒施工作业现场旁站监督规定》中明确必须旁站的作业环节和办理了《作业许可票》的高风险作业。同时，要在不断观察分析的基础上，结合作业队管理实际，将违章相对集中的班组、人群、工况、时段纳入重点监控范围。现场安全观察的主要内容包括但不限于以下 7 个方面：

① 人员的反应：就是观察作业人员意识到被观察时是否存在调整个人防护装备、改变原来的位置、重新安排工作、停止工作、接上地线、上锁挂牌以及其他异常动作或反映，这种本能的改变或许就将成为你发现违章的提示和突破口。

② 人员的位置：就是观察作业人员所处的位置是否存在被撞击、被绊倒或滑倒、高处坠落、接触极端温度的物体、接触或吸入有害物质、接触振动或转动设备、被夹住、触电或可能造成其他伤害的可能。

③ 个人防护：就是观察作业人员是否使用了符合安全防护要求的眼睛和脸部、耳部、头部、手和手臂、脚和腿部、呼吸系统、躯干等身体其他部位，以及满足其他特殊情况下使用的安全防护用品。

④ 工具与设备：就是观察作业人员使用的工具和设备是否存在缺陷？是否适合该作业？

是否被正确使用？是否存在其他作业风险等。

⑤ 程序与规程：就是观察作业是否有完善的作业程序文件？作业程序是否适用？作业程序是否被熟知或理解？作业程序是否被员工遵守等。

⑥ 作业环境：就是观察作业区域是否整洁有序？作业场所是否存在坑洞、沟渠、障碍物等潜在风险？材料及工具的摆放是否适当等。

（2）取证。安全监督人员在现场观察到不安全行为后及时拍照取证，一方面便于进一步和作业人员分析沟通，同时通过这种方式积累大量的现场第一手资料，可用于安全经验分享和安全培训。由于不安全行为在突发性、持久性等方面有别于物的不安全状态，因此拍照取证时要注意以下几个方面：

① 事先要有所准备，检查中照相机、摄像机开机待命，发现不安全行为立即采集；

② 拍照不要追求完美，把不安全行为表现出来即可，以免在调焦、对焦过程中不安全行为已经结束；

③ 不安全行为一旦错过，绝不能安排作业人员重新模拟补拍照片；

④ 为尊重作业人员，或者避免使其在无意识情况下受到突然惊吓，一般不要正面拍照，更不要正对其面部使用闪光灯；

⑤ 为提高安全观察能力，监督人员可通过随机拍摄现场作业视频短片，然后组织大家讨论辨识作业过程中的不安全行为。

（3）叫停。安全监督人员观察到员工操作中有违章行为时应立即停止其作业，发现现场生产组织中有超越程序、盲目指挥、冒险作业等管理违章时，应立即暂停作业，避免引发事故。现场叫停中需要注意以下几点：

① 尽量选择从违章人员正面靠近，配合面部表情、肢体动作让其感知到其行为已经违章，进而自觉停止违章行为；

② 当面叫停作业时态度要和蔼，尤其作业人员没有感知到你的到来时，叫停动作不能具有攻击性和挑逗性；

③ 叫停员工个人违章行为后一般需要将违章人员带到安全区域进行下一步沟通，但为了确保现场工作安全、顺利衔接，允许其进行必要的工作交代后再离开作业现场；

④ 对于因存在违章指挥、违反程序、盲目冒险作业等管理违章行为需要暂停生产时，应首先通知现场负责人将生产恢复到正常情况或采取一定安全措施后，再停下来进行沟通。

（4）沟通。安全监督人员要通过与违章人员交心谈心，了解其违章的思想动机。沟通应建立在平等、友善、诚恳的基础上，尽量避免批评性、责备性发问，要通过真诚的倾听和交流找出违章的真正原因，通过积极引导让违章者反思其行为的后果，便于进行针对性教育。

（5）教育。安全监督人员要利用自己掌握的专业安全知识、操作规程、事故案例等，对违章人员进行说服教育。教育过程中必须阐明以下几个方面：

① 通过进行危害识别和风险评价，说明违章行为可能造成的严重后果，推理要严密，尽量结合典型事故案例佐证你的分析，切忌牵强附会。

② 要围绕违章可能造成的伤害进行亲情教育。对于违章可能造成作业人员自身伤害的，要阐明其行为后果将会对其家庭造成的严重影响；对于违章可能造成工友受伤的，要阐明其行为后果将会造成的社会影响，以及因此引发的法律责任、良心谴责等。亲情教育要以情

动人，但应张弛有度、恰如其分，避免过分的放大影响范围反而造成违章人员反感和抵触。

（6）纠正。安全监督人员在确认违章人员已经清楚其违章行为可能造成的后果及影响后，要结合操作规程和作业文件，明确告知其应该如何作，纠正其错误做法，纠正中要注意以下几点：

① 告诉其正确做法应以操作规程和作业文件为依据，切忌凭经验和个人主观臆断；

② 如果违章人员行为在作业文件和操作规程中没有明确要求，可提出两种以上解决方案，通过讨论选择风险最低的最佳解决办法，必要时扩大讨论范围；

③ 纠正违章人员错误操作后，不宜立即离开，至少再观察一个完整的作业周期，确认正确的做法已被接受和遵守，否则对于累教不改或明知故犯、不听劝阻者，应立即责任停工、停职，交管理者按相关人事管理制度处理。

（7）通报。安全监督人员纠正作业人员违章行为后，要及时向相关方通报信息，目的是教育其他作业人员，避免类似违章行为再次发生，通报按照四个层面进行：

① 及时向上级主管部门传送违章照片或视频短片，汇报违章经过和现场沟通情况，征求下一步处理意见；

② 结合事故案例在班后会上和安全例会上进行通报，对工作属地其他作业人员进行安全警示教育；

③ 将违章查纠情况通报给基层队主要领导，求得管理者的支持，尤其在违章人员思想波动或压力过大时，将其带到主要领导处进行三方沟通交流，及时化解矛盾和压力；

④ 利用网络平台，将违章行为以及查纠处理过程向班组其他监督人员通报，分享工作经验。

（8）处罚。对于现场查纠的违章行为，在确认已被违章者接受后，依据相关制度进行处罚，以便起到震慑、警示作用。处罚的形式主要包括"通报批评、停工培训、经济处罚、违章记分"等，对于安全监督人员来讲主要以通报批评和经济处罚权为主，根据违章性质和情节的不同，现场执行不同的处罚权限：

① 一般违章的处罚由现场驻（巡）井监督员执行，但要在处罚前上报监督站核准；

② 较大违章的处罚由监督站执行，或授权现场驻（巡）井监督执行；

③ 重大违章的处罚由二级单位监督管理部门执行，或授权监督站或现场驻（巡）井监督执行。

各级监督人员处罚违章一律不准现场收取现金，必须使用统一的《违章处罚单》。《违章处罚单》一经开出不得现场涂改或作废，变更处罚必须经上级部门批准并加盖印章，《违章处罚单》每月及时交主管部门核对、据此收缴罚款，纳入财务系统单独建账管理。违章处罚资金主要用于安全生产奖励，使用前必须上报上级主管部门批准。

4. 答：含硫化氢油（气）井钻井开钻前，监督钻井队按要求配备硫化氢监测仪、可燃气体检测仪、正压式空气呼吸器和空气压缩机。

（1）钻开含硫油气层前，对钻井队关键岗位人员《硫化氢防护培训合格证》的持证情况进行检查，监督钻井队对所有上岗人员进行防硫化氢培训，编写、报审和演练本井硫化氢应急预案。

（2）在进入含硫化氢油气层后，监督钻井队严格实施本井《钻井设计》规定的防硫化氢技术措施，如钻井液密度采用高限、钻井液的pH值应达到9.5以上以及储备钻井液、加重材料和除硫剂数量符合要求等。

按照本井《钻井设计》和所属油田的井控细则要求，监督钻井队落实其他技术措施。

5. 答：监督钻井队按要求，配置、安装、检修、维护、保养和试压井控装置（包括防喷器、地面防喷器控制装置、井控管汇、放喷管线、钻具内防喷器、钻井液气体分离器、试压装备及工具等），并做好试压的记录。

（1）监督钻井队在钻台上配置钻具止回阀和旋塞阀以及和井内钻杆尺寸相同的钻杆死卡，其中钻具止回阀和旋塞阀应抢接、开关的专用工具；监督钻井队应在井场配置一付与在用闸板封井器同规格的闸板芯子和相应的密封件及其拆装和试压工具。

（2）监督井口阀门、节流管汇、压井管汇上各阀门的挂牌、开关状态和定期活动、保养情况，以及节控箱、节流管汇旁"最高关井压力值"的标示情况。

检查远程控制台上各操作手柄的工作位置情况；对于安装有剪切闸板的井，监督钻井队执行剪切闸板的使用程序及操作要求，以及配套防误操作装置等。

（3）监督钻井队定期对液面报警装置、固定式 H_2S 监测仪、防爆排风扇和逃生滑道等安全设施进行检查，发现问题立即整改。

（4）监督钻井队相关人员井控操作证的持证、换证情况。

（5）监督钻井队进行井口装置进行试压。凡倒换井口或更换封井器胶芯后应重新试压，并记录。

（6）监督钻井队严格执行钻开油气层前的检查、验收、申报、审批制度，在取得钻开油气层审批书后才能开钻，并向员工进行井控、安全、技术交底。

（7）监督钻井队每周召开一次以井控安全为重点的安全例会，总结上周井控安全工作、存在问题以及布置下周井控安全工作重点、实施方案。

（8）监督钻井队严格执行钻井液密度设计，若井筒内钻井液密度超出设计范围，应有上级技术部门或者甲方的书面变更通知书。

（9）监督作业人员落实液面"坐岗"情况和干部 24h 跟班及值班记录填写的情况。

（10）监督钻井队按规定组织防喷演习；演习有讲评、记录。

（11）监督钻井队严格按照要求储备加重钻井液、加重剂和堵漏材料，并定期对储备加重钻井液进行循环。若遇损耗，应及时补充。

（12）在油气层起下钻作业时，监督钻井队严格控制钻井液的循环时间、进行短程起下钻和控制油气层提升速度，以及钻井液灌入量、返出量等的相关规定。

（13）油气层打开后起下钻中途若遇设备检修，应监督钻井队将钻具下至套管鞋内进行，并在井口钻具装上钻具止回阀。

（14）监督钻井队按本井《钻井设计》要求在钻具组合中安装钻具止回阀，并在每次起下钻时其进行检查。

（15）监督钻井队应在猫道一侧放置系好吊带等工具的以方便应急取用的防喷单根，以及备用与钻铤相连接的配合接头。

（16）按照本井《钻井设计》和井控细则要求，监督钻井队落实其他井控管理工作。

6. 答：作业票办理情况，作业许可证办理情况，作业批准书编制批准情况，施工方案审批书（单）编写审批情况，项目安全作业计划书编写审批情况。

附录　危险化学品重大危险源辨识
GB 18218—2018

1　范围

本标准规定了辨识危险化学品重大危险源的依据和方法。

本标准适用于生产、储存、使用和经营危险化学品的生产经营单位。

本标准不适用于：

a) 核设施和加工放射性物质的工厂，但这些设施和工厂中处理非放射性物质的部门除外；

b) 军事设施；

c) 采矿业，但涉及危险化学品的加工工艺及储存活动除外；

d) 危险化学品的厂外运输（包括铁路、道路、水路、航空、管道等运输方式）；

e) 海上石油天然气开采活动。

2　规范性引用文件

下列文件对于本文件的应用是必不可少的。凡是注日期的引用文件，仅注日期的版本适用于本文件。凡是不注日期的引用文件，其最新版本（包括所有的修改单）适用于本文件。

GB 30000.2　化学品分类和标签规范　第2部分：爆炸物

GB 30000.3　化学品分类和标签规范　第3部分：易燃气体

GB 30000.4　化学品分类和标签规范　第4部分：气溶胶胶

GB 30000.5　化学品分类和标签规范　第5部分：氧化性气体

GB 30000.7　化学品分类和标签规范　第7部分：易燃液体

GB 30000.8　化学品分类和标签规范　第8部分：易燃固体

GB 30000.9　化学品分类和标签规范　第9部分：自反应物质和混合物

GB 30000.10　化学品分类和标签规范　第10部分：自燃液体

GB 30000.11　化学品分类和标签规范　第11部分：自燃固体

GB 30000.12　化学品分类和标签规范　第12部分：自热物质和混合物

GB 30000.13　化学品分类和标签规范　第13部分：遇水放出易燃气体的物质和混合物

GB 30000.14　化学品分类和标签规范　第14部分：氧化性液体

GB 30000.15　化学品分类和标签规范　第15部分：氧化性固体

GB 30000.16　化学品分类和标签规范　第16部分：有机过氧化物

GB 30000.18　化学品分类和标签规范　第18部分：急性毒性

3　术语和定义

下列术语和定义适用于本文件。

3.1 危险化学品 hazardous chemicals

具有毒害、腐蚀、爆炸、燃烧、助燃等性质，对人体、设施、环境具有危害的剧毒化学品和其他化学品。

3.2 单元 unit

涉及危险化学品的生产、储存装置、设施或场所，分为生产单元和储存单元。

3.3 临界量 threshold quantity

某种或某类危险化学品构成重大危险源所规定的最小数量。

3.4 危险化学品重大危险源 major hazard installations for hazardous chemicals

长期地或临时地生产、储存、使用和经营危险化学品，且危险化学品的数量等于或超过临界量的单元。

3.5 生产单元 production unit

危险化学品的生产、加工及使用等的装置及设施，当装置及设施之间有切断阀时，以切断阀作为分隔界限划分为独立的单元。

3.6 储存单元 storage unit

用于储存危险化学品的储罐或仓库组成的相对独立的区域，储罐区以罐区防火堤为界限划分为独立的单元，仓库以独立库房（独立建筑物）为界限划分为独立的单元。

3.7 混合物 mixture

由两种或者多种物质组成的混合体或者溶液。

4 危险化学品重大危险源辨识

4.1 辨识依据

4.1.1 危险化学品应依据其危险特性及其数量进行重大危险源辨识，具体见表 1 和表 2。危险化学品的纯物质及其混合物应按 GB 30000.2、GB 30000.3、GB 30000.4、GB 30000.5、GB 30000.7、GB 30000.8、GB 30000.9、GB 30000.10、GB 30000.11、GB 30000.12、GB 30000.13、GB 30000.14、GB 30000.15、GB 30000.16、GB 30000.18 的规定进行分类。危险化学品重大危险源可分为生产单元危险化学品重大危险源和储存单元危险化学品重大危险源。

4.1.2 危险化学品临界量的确定方法如下：

a）在表 1 范围内的危险化学品，其临界量应按表 1 确定；

b）未在表 1 范围内的危险化学品，应依据其危险性，按表 2 确定其临界量；若一种危险化学品具

多种危险性，应按其中最低的临界量确定。

表 1 危险化学品名称及其临界量

序号	危险化学品名称和说明	别名	CAS 号	临界量/t
1	氨	液氨;氨气	7664-41-7	10
2	二氟化氧	一氧化二氟	7783-41-7	1
3	二氧化氮		10102-44-0	1
4	二氧化硫	亚硫酸酐	7446-09-5	20
5	氟		7782-41-4	1

续表

序号	危险化学品名称和说明	别名	CAS 号	临界量/t
6	碳酰氯	光气	75-44-5	0.3
7	环氧乙烷	氧化乙烯	75-21-8	10
8	甲醛(含量>90%)	蚁醛	50-00-0	5
9	磷化氢	磷化三氢;膦	7803-51-2	1
10	硫化氢		7783-06-4	5
11	氯化氢(无水)		7647-01-0	20
12	氯	液氯;氯气	7782-50-5	5
13	煤气(CO,CO 和 H_2、CH_4 的混合物等)			20
14	砷化氢	砷化三氢、胂	7784-42-1	1
15	锑化氢	三氢化锑;锑化三氢;	7803-52-3	1
16	硒化氢		7783-07-5	1
17	溴甲烷	甲基溴	74-83-9	10
18	丙酮氰醇	丙酮合氰化氢; 2-羟基异丁腈氰丙醇	75-86-5	20
19	丙烯醛	烯丙醛;败脂醛	107-02-8	20
20	氟化氢		7664-39-3	1
21	1-氯-2,3-环氧丙烷	环氧氯丙烷 (3-氯-1,2-环氧丙烷)	106-89-8	20
22	3-溴-1,2-环氧丙烷	环氧溴丙烷; 溴甲基环氧乙烷;表溴醇	3132-64-7	20
23	甲苯二异氰酸酯	二异氰酸甲苯酯;TDI	26471-62-5	100
24	一氯化硫	氯化硫	10025-67-9	1
25	氰化氢	元水氢氰酸	74-90-8	1
26	三氧化硫	硫酸酐	7446-11-9	75
27	3-氨基丙烯	烯丙胺	107-11-9	20
28	溴	溴素	7726-95-6	20
29	乙撑亚胺	吖丙院;1-氮杂环丙烷;氮丙啶	151-56-4	20
30	异氰酸甲酯	甲基异氰酸酯	624-83-9	0.75
31	叠氮化钡	叠氮钡	18810-58-7	0.5
32	叠氮化铅		13424-46-9	0.5
33	雷汞	二雷酸汞;雷酸汞	628-86-4	0.5
34	三硝基苯甲醚	三硝基茴香醚	28653-16-9	5
35	2,4,6-三硝基甲苯	梯恩梯;TNT	118-96-7	5
36	硝化甘油	硝化丙三醇; 甘油三硝酸酯	55-63-0	1

序号	危险化学品名称和说明	别名	CAS 号	临界量/t
37	硝化纤维素[干的或含水(或乙醇)<25%]			1
38	硝化纤维素(未改型的,或增塑的,含增塑剂<18%)	硝化棉	9004-70-0	1
39	硝化纤维素(含乙醇≥25%)			10
40	硝化纤维素(含氮≤12.6%)			50
41	硝化纤维素(含水≥25%)			50
42	硝化纤维素溶液(含氮量≤12.6%,含硝化纤维素≤55%)	硝化棉溶液	9004-70-0	50
43	硝酸铵(含可燃物>0.2%,包括以碳计算的任何有机物,但不包括任何其他添加剂)		6484-52-2	5
44	硝酸铵(含可燃物≤0.2%)		6484-52-2	50
45	硝酸铵肥料(含可燃物≤0.4%)			200
46	硝酸钾		7757-79-1	1000
47	1,3-丁二烯	联乙烯	106-99-0	5
48	二甲醚	甲醚	115-10-6	50
49	甲烷,天然气		74-82-8(甲烷) 8006-14-2(天然气)	50
50	氯乙烯	乙烯基氯	75-01-4	50
51	氢	氢气	1333-74-0	5
52	液化石油气(含丙烷、丁烷及其混合物)	石油气(液化的)	68476-85-7 74-98-6(丙烷) 106-97-8(丁烷)	50
53	一甲胺	氨基甲烷;甲胺	74-89-5	5
54	乙炔	电石气	74-86-2	1
55	乙烯		74-85-1	50
56	氧(压缩的或液化的)	液氧;氧气	7782-44-7	200
57	苯	纯苯	71-43-2	50
58	苯乙烯	乙烯苯	100-42-5	500
59	丙酮	二甲基酮	67-64-1	500
60	2-丙烯腈	丙烯腈;乙烯基氰;氰基乙烯	107-13-1	50
61	二硫化碳		75-15-0	50
62	环己烷	六氢化苯	110-82-7	500
63	1,2-环氧丙烷	氧化丙烯;甲基环氧乙烷	75-56-9	10
64	甲苯	甲基苯;苯基甲烷	108-88-3	500
65	甲醇	木醇;木精	67-56-1	500

序号	危险化学品名称和说明	别名	CAS 号	临界量/t
66	汽油(乙醇汽油、甲醇汽油)		86290-81-5(汽油)	200
67	乙醇	酒精	64-17-5	500
68	乙醚	二乙基醚	60-29-7	10
69	乙酸乙酯	醋酸乙酯	141-78-6	500
70	正己烷	己烷	110-54-3	500
71	过乙酸	过醋酸;过氧乙酸;乙酰过氧化氢	79-21-0	10
72	过氧化甲基乙基酮 (10%<有效氧含量≤10.7%, 含 A 型稀释剂≥48%)		1338-23-4	10
73	白磷	黄磷	12185-10-3	50
74	烷基铝	三烷基铝		1
75	戊硼烷	五硼烷	19624-22-7	1
76	过氧化钾		17014-71-0	20
77	过氧化纳	双氧化纳;二氧化纳	1313-60-6	20
78	氯酸钾		3811-04-9	100
79	氯酸纳		7775-09-9	100
80	发烟硝酸		52583-42-3	20
81	硝酸(发红烟的除外,含硝酸>70%)		7697-37-2	100
82	硝酸胍	硝酸亚氨脲	506-93-4	50
83	碳化钙	电石	75-20-7	100
84	钾	金属钾	7440-09-7	1
85	钠	金属钠	7440-23-5	10

表 2 未在表 1 中列举的危险化学品类别及其临界量

类别		符号	危险性分类及说明	临界量/t
健康危害		J (健康危害性符号)	—	—
急性毒性		J1	类别1,所有暴露途径,气体	5
		J2	类别1,所有暴露途径,固体、液体	50
		J3	类别2、类别3,所有暴露途径,气体	50
		J4	类别2、类别3,吸入途径,液体(沸点≤35℃)	50
		J5	类别2,所有暴露途径,液体(除 J4 外)、固体	500
物理危害		W (物理危险性符号)	—	—
爆炸物		W1.1	——不稳定爆炸物 ——1.1 项爆炸物	1
		W1.2	1.2、1.3、1.5、1.6 项爆炸物	10
		W1.3	1.4 项爆炸物	50

类别	符号	危险性分类及说明	临界量/t
易燃气体	W2	类别1和类别2	10
气溶胶	W3	类别1和类别2	150（净重）
氧化性气体	W4	类别1	50
易燃液体	W5.1	——类别1 ——类别2和类别3，工作温度高于沸点	10
	W5.2	——类别2和类别3，具有引发重大事故的特殊工艺条件包括危险化工工艺、爆炸极限范围或附近操作、操作压力大于1.6MPa等	50
	W5.3	——不属于W5.1或W5.2的其他类别2	1000
	W5.4	——不属于W5.1或W5.2的其他类别3	5000
自反应物质和混合物	W6.1	A型和B型自反应物质和混合物	10
	W6.2	C型、D型、E型自反应物质和混合物	50
有机过氧化物	W7.1	A型和B型有机过氧化物	10
	W7.2	C型、D型、E型、F型有机过氧化物	50
自燃液体和自然固体	W8	类别1自燃液体 类别1自燃固体	50
氧化性固体和液体	W9.1	类别1	50
	W9.2	类别2、类别3	200
易燃固体	W10	类别1易燃固体	200
遇水放出易燃气体的物质和混合物	W11	类别1和类别2	200

4.2 重大危险源的辨识指标

4.2.1 生产单元、储存单元内存在危险化学品的数量等于或超过表1、表2规定的临界量，即被定为重大危险源。单元内存在的危险化学品的数量根据危险化学品种类的多少区分为以下两种情况：

a）生产单元、储存单元内存在的危险化学品为单一品种时，该危险化学品的数量即为单元内危险化学品的总量，若等于或超过相应的临界量，则定为重大危险源。

b）生产单元、储存单元内存在的危险化学品为多品种时，按式（1）计算，若满足式（1），则定为重大危险源：

$$S = q_1/Q_1 + q_2/Q_2 + \cdots + q_n/Q_n \geq 1 \tag{1}$$

式中 S——辨识指标；

$q_1, q_2, \cdots, q_n$——每种危险化学品的实际存在量，t；

$Q_1, Q_2, \cdots, Q_n$——与每种危险化学品相对应的临界量，t。

4.2.2 危险化学品储罐以及其他容器、设备或仓储区的危险化学品的实际存在量按设计最大量确定。

4.2.3 对于危险化学品混合物，如果混合物与其纯物质属于相同危险类别，则视混合物为纯物质，按混合物整体进行计算。如果混合物与其纯物质不属于相同危险类别，则应按新危险类别考虑其临界量。

4.2.4 危险化学品重大危险源的辨识流程参见附录 A。

4.3 重大危险源的分级

4.3.1 重大危险源的分级指标

采用单元内各种危险化学品实际存在量与其相对应的临界量比值，经校正系数校正后的比值之和 R 作为分级指标。

4.3.2 重大危险源分级指标的计算方法

重大危险源的分级指标按式（2）计算。

$$R = \alpha \left(\beta_1 \frac{q_1}{Q_1} + \beta_2 \frac{q_2}{Q_2} + \cdots + \beta_n \frac{q_n}{Q_n} \right) \tag{2}$$

式中 R——重大危险源分级指标；

α——该危险化学品重大危险源厂区外暴露人员的校正系数；

$\beta_1, \beta_2, \cdots, \beta_n$——与每种危险化学品相对应的校正系数；

$q_1, q_2, \cdots, q_n$——每种危险化学品的实际存在量，t；

$Q_1, Q_2, \cdots, Q_n$——与每种危险化学品相对应的临界量，t；

根据单元内危险化学品的类别不同，设定校正系数 β 值。在表 3 范围内的危险化学品，其 β 值按表 3 确定；未在表 3 范围内的危险化学品，其 β 值按表 4 确定。

表 3 毒性气体校正系数 β 取值表

名称	校正系数 β
一氧化碳	2
二氧化硫	2
氨	2
环氧乙烷	2
氯化氢	3
溴甲烷	3
氯	4
硫化氢	5
氟化氢	5
二氧化氮	10
氰化氢	10
碳酰氯	20
磷化氢	20
异氰酸甲酯	20

表 4 未在表 3 中列举的危险化学品校正系数 β 取值表

类别	符号	β 校正系数
急性毒性	J1	4
	J2	1
	J3	2

类别	符号	β 校正系数
急性毒性	J4	2
	J5	1
爆炸物	W1.1	2
	W1.2	2
	W1.3	2
易燃气体	W2	1.5
气溶胶	W3	1
氧化性气体	W4	1
易燃液体	W5.1	1.5
	W5.2	1
	W5.3	1
	W5.4	1
自反应物质和混合物	W6.1	1.5
	W6.2	1
有机过氧化物	W7.1	1.5
	W7.2	1
自燃液体和自燃固体	W8	1
氧化性固体和液体	W9.1	1
	W9.2	1
易燃固体	W10	1
遇水放出易燃气体的物质和混合物	W11	1

根据危险化学品重大危险源的厂区边界向外扩展 500m 范围内常住人口数量，按照表 5 设定暴露人员校正系数 α 值。

表 5　暴露人员校正系数 α 取值表

厂外可能暴露人员数量	校正系数 α
100 人以上	2.0
50~99 人	1.5
30~49 人	1.2
1~29 人	1.0
0 人	0.5

4.3.3　重大危险源分级标准

根据计算出来的 R 值，按表 6 确定危险化学品重大危险源的级别。

表 6　重大危险源级别和 R 值的对应关系

重大危险源级别	R 值
一级	$R \geqslant 100$

重大危险源级别	R 值
二级	$100 > R \geqslant 50$
三级	$50 > R \geqslant 10$
四级	$R < 10$

附录 A　（资料性附录）危险化学品重大危险源辨识流程

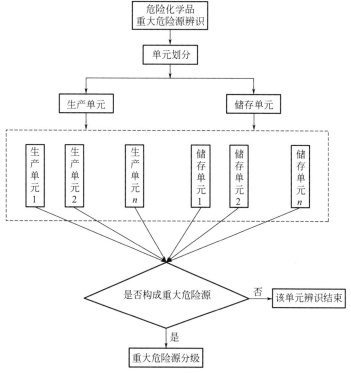

图 A.1　给出了危险化学品重大危险源辨识流程。

参 考 文 献

[1] 王凯全. 安全工程概论. 1 版. 北京：中国劳动社会保障出版社，2010.

[2] 邵辉. 系统安全工程. 北京：石油工业出版社，2016.

[3] 吴穹. 安全管理学. 北京：煤炭工业出版社，2002.

[4] 中国安全生产协会注册安全工程师工作委员会. 安全生产管理知识（2008 年版）. 北京：中国大百科全书出版社，2008.

[5] 中国就业培训技术指导中心. 安全评价师（国家职业资格一级、二级、三级）. 北京：中国劳动社会保障出版社，2010.

[6] 张德义. 石油化工危险化学品实用手册. 北京：中国石化出版社，2006.

[7] 吴宗之. 重大事故应急救援系统及预案导论. 北京：冶金工业出版社，2003.

[8] 孙孝真. 实用井控手册. 北京：石油工业出版社，2010.

[9] 中国石油天然气集团公司质量安全环保部. 安全监督. 北京：石油工业出版社，2003.

[10] 郭书昌，刘喜福. 钻井工程安全手册. 北京：石油工业出版社，2009.

[11] 宋大成. 安全生产技术内容精讲与试题解析. 北京：中国石化出版社，2012.

[12] 中国石油勘探与生产分公司工程技术与监督处. 钻井监督. 北京：石油工业出版社，2003.

[13] 穆剑. 陆上油气田安全监督实用技术手册. 北京：石油工业出版社，2011.

[14] 全国注册安全工程师执业资格考试辅导教材编审委员会. 安全生产技术. 北京：中国大百科全书出版社，2008.

[15] 杨岳. 电气安全. 2 版. 北京：机械工业出版社，2010.

[16] 张凤娥，杨建清. 消防应用技术. 北京：中国石化出版社，2006.

[17] 《安全环保法律法规石油石化员工务实读本（2017 年版）》编写组. 安全环保法律法规石油石化员工务实读本. 北京：石油工业出版社，2018.

[18] 中国法制出版社. 中国华人民共和国安全生产法. 北京：中国法制出版社，2014.

[19] 法律出版社法规中心. 中华人民共和国职业病防治法注释本. 北京：法律出版社，2017.

[20] 国务院法制办公室. 中华人民共和国劳动合同法注解与配套. 北京：中国法制出版社，2017.

[21] 中国石油川庆长庆监督公司. 井筒施工作业现场 HSE 监督履职管理指南. 北京：石油工业出版社，2014.